北京市哲学社会科学研究基地智库报告系列丛书

法治政府蓝皮书

BLUE BOOK OF
LAW-BASED GOVERNMENT

中国法治政府评估报告
（2018）

ANNUAL ASSESSMENT REPORT ON CHINA'S LAW-BASED
GOVERNMENT (2018)

中国政法大学法治政府研究院／编

社会科学文献出版社
SOCIAL SCIENCES ACADEMIC PRESS (CHINA)

图书在版编目（CIP）数据

中国法治政府评估报告 . 2018 / 中国政法大学法治
政府研究院编 . -- 北京：社会科学文献出版社，2018.9
（法治政府蓝皮书）
ISBN 978 - 7 - 5201 - 3384 - 5

Ⅰ.①中…　Ⅱ.①中…　Ⅲ.①国家机构 - 行政管理 -
研究报告 - 中国 - 2018　Ⅳ.①D630.1

中国版本图书馆 CIP 数据核字（2018）第 201985 号

法治政府蓝皮书
中国法治政府评估报告（2018）

编　　者 / 中国政法大学法治政府研究院

出　版　人 / 谢寿光
项目统筹 / 刘骁军
责任编辑 / 关晶焱　单远举　张　娇　李惠惠　徐成志

出　　　版 / 社会科学文献出版社（010）59367161
　　　　　　地址：北京市北三环中路甲 29 号院华龙大厦　邮编：100029
　　　　　　网址：www. ssap. com. cn
发　　　行 / 市场营销中心（010）59367081　59367018
印　　　装 / 三河市龙林印务有限公司

规　　　格 / 开　本：787mm × 1092mm　1/16
　　　　　　印　张：39.25　字　数：734 千字
版　　　次 / 2018 年 9 月第 1 版　2018 年 9 月第 1 次印刷
书　　　号 / ISBN 978 - 7 - 5201 - 3384 - 5
定　　　价 / 168.00 元

皮书序列号 / PSN B - 2016 - 576 - 2/2

本书是国家社科基金重大项目"国家治理体系现代化与法治政府建设"（课题批准号：14ZDA018）的阶段性成果

为贯彻落实中共中央和北京市委关于繁荣哲学社会科学的系列指示精神，北京市社科规划办和北京市教委自2004年以来，依托首都高校和科研机构的优势学科领域，建设了一批北京市哲学社会科学研究基地。研究基地在优化整合社科资源、资政育人、体制创新、服务首都改革发展等方面发挥了生力军作用，为首都新型高端智库建设进行了积极探索，做出了突出贡献。

围绕新时期首都改革发展的重点和热点问题，北京市哲学社会科学规划办公室与社会科学文献出版社联合推出"北京市哲学社会科学研究基地智库报告系列丛书"，旨在推动研究基地成果深度转化的同时打造首都新型智库拳头产品。

中国法治政府评估报告（2018）
项　目　组

主 持 人　马怀德

顾　　问　应松年

项目组成员　（以姓氏笔画为序）

王敬波　王青斌　王　翔　成协中　张　莉

林鸿潮　林　华　赵　鹏　郝　倩　曹　鎏

詹承豫

主要编撰者简介

顾问　应松年

著名行政法学家，现任中国政法大学终身教授、博士生导师。中国法学会行政法学研究会名誉会长，第九届、第十届全国人大代表，内务司法委员会委员，全国人大法工委行政立法研究组副组长，北京市第十届、十一届、十二届、十三届人大代表法制委员会副主任，第十四届北京市人大常委会法制建设顾问，享受国务院颁发的政府特殊津贴。兼任国家减灾委员会专家委员会成员，中国法学会学术委员会委员，最高人民法院、最高人民检察院专家咨询委员，北京市、四川省、福建省人民政府法律顾问等。曾两度获北京市优秀教师奖，并获中央国家机关"五一劳动奖章""百名法学家百场报告会最佳宣讲奖""2006年度法治人物"，2015年获中国行政法学研究会颁布的中国行政法学"终身成就奖"、日本名古屋大学名誉法学博士等。

主编　马怀德

中国政法大学副校长，教授，博士生导师，校学术委员会副主席，享受国务院颁发的政府特殊津贴。兼任中国法学会行政法学研究会会长，中国监察学会副会长，最高人民法院特邀咨询委员，最高人民检察院专家咨询委员，中纪委监察部特邀监察员。研究方向：行政法学。出版学术专著、合著二十余部，包括《国家赔偿法的理论与实务》《行政许可》《行政法制度建构与判例研究》等。发表论文百余篇，包括《公有公共设施致害的国家赔偿》《公务法人问题研究》《透视中国的行政审判体制：问题与改革》等。

《中国法治政府评估报告（2018）》
撰写分工

本书是中国政法大学法治政府研究院"中国法治政府评估"项目组团队合作的成果，由马怀德教授主持研究，应松年教授担任顾问，各部分负责人和参与人如下：

《总报告》负责人为王敬波教授，葛方晨协助进行数据检索、分析及图表制作等工作；

《依法全面履行政府职能》负责人为詹承豫教授，赵博然、罗海月、田晓乐等协助进行数据检索、分析及图表制作等工作；

《法治政府建设的组织领导》负责人为赵鹏副教授，林稼朋、葛方晨、张怡铮、陈茗等协助进行数据检索、分析及图表制作等工作；

《依法行政制度体系》负责人为曹鎏副教授，杜宏伟、宋平等协助进行数据检索、分析及图表制作等工作；

《行政决策》负责人为王青斌教授，张莹莹、王路瑶、谢金秋、陈刻勤等协助进行数据检索、分析及图表制作等工作；

《行政执法》负责人为张莉教授，朱江、陈格、朱夏、张玉等协助进行数据检索、分析及图表制作等工作；

《政务公开》负责人为林华副教授，邓勋、刘艳艳、付丹等协助进行数据检索、分析及图表制作等工作；

《监督与问责》负责人为郝倩副教授，孙娜、郭礼兴、张钰堃等协助进行数据检索、分析及图表制作等工作；

《社会矛盾化解与行政争议解决》负责人为林鸿潮副教授，谈桔芳、张璇、刘文浩等协助进行数据检索、分析及图表制作等工作；

《优化营商环境的法治保障》负责人为成协中教授，刘丝燕、蔡笑盈、于玮宁协助进行数据检索、分析及图表制作等工作；

《社会公众满意度调查》负责人为王翔，何婷婷、宿金梦协助进行数据检索、分析及图表制作等工作。

摘　要

本报告是中国政法大学法治政府研究院 2018 年地方法治政府评估的最终成果，是 2013 年启动的地方法治政府评估工作的延续。法治政府研究院在自主研发的"法治政府评估指标体系"的基础上，根据近年来中共中央、国务院发布的有关法治政府建设的一系列纲领性文件的基本要求，并结合过去 4 年的评估实践，修订而成"2018 年版法治政府评估指标体系"，并据此完成评估。评估对象共计 100 个地方政府，包括 4 个直辖市、27 个省府所在地市、23 个国务院批准的较大市和 46 个其他城市。根据各个三级指标的不同，项目组在具体测评对象的选择上，分别以市政府、市政府全部职能部门、市政府部分职能部门作为具体的观察对象。评估自 2018 年 1 月开始，历时 8 个月。数据采集主要通过三种方式：网络检索、信息公开申请、实地调查。法治政府研究院开展的法治政府评估是学术界推动法治政府建设的社会责任的体现和担当。2018 年的评估报告建立在不断完善、更加科学的指标体系上，以期能够较为客观地反映出当前我国法治政府建设所取得的新进展，深刻地揭示我国法治政府建设仍然存在的短板和不足。

目　录

Ⅲ 城市分报告（按城市名拼音升序排列）

IV　附　录

总 报 告

General Report

B.1

总报告

摘　要： 2018 年评估显示：地方法治政府水平小有进步，八成地方政府的评估得分及格。区域不平衡的现象客观存在，东部城市间的差距在加大，中西部城市间的差距出现缩小的迹象。法治政府的组织领导、依法行政的制度体现、行政执法短板明显。权力清单普遍建立，政府权责边界渐趋厘定，但其实际应用有待加强。法治政府建设的机构和工作机制不断完善，关键在于提高实效性。电子政务发展迅速，但是用户体验较差，应提升交互功能。政府诚信状况堪忧，营商环境的改善并未得到应有的重视，诚信社会需要诚信政府的引领。公众对政府工作的满意度不高，对法治政府的获得感不强，应引起高度重视。

关键词： 法治政府　评估报告　发展趋势

中国政法大学法治政府研究院自 2013 年开展地方法治政府评估至今已经六年。通过评估发现法治政府建设存在的问题，并有针对性地提出完善建议，对于地方法治政府建设发挥了巨大的促进作用。

一 评估指标体系

2018 年在延续以往评估工作的基础上，对评估指标进行了调整，有以下六个方面。

第一，增加"优化营商环境的法治保障"作为一级指标，本次评估的指标体系共有 10 项一级指标，33 项二级指标，87 项三级指标（观测点），合计 1000 分（具体见附录一：2018 年中国法治政府评估指标得分表）。主要考虑的是，优化营商环境是推动供给侧改革的重要内容，也是推动政府职能转变、建设法治政府的重要环节。将优化营商环境的法治保障纳入法治政府评估体系，有助于更加科学、完整、深入地评价我国法治政府建设的实效。本次测评设置市场准入的便捷程度、政务诚信状况、行政审批便捷高效情况、优化营商环境的推进机制四个方面作为二级指标，通过 9 项三级指标（观测点）具体考察了各城市的落实情况。

第二，增设体现加强党对法治政府建设的领导作用的观测点。党的十九大报告提出"坚持党对一切工作的领导"，同时，《法治政府建设实施纲要（2015—2020 年）》（简称新《纲要》）也提出，加强党对法治政府建设的领导。考虑到实际工作中各级党委对地方政府工作的领导作用，在一级指标"法治政府建设的组织领导"下设置"加强党对法治政府建设工作的领导"观测点。

第三，围绕党中央和国务院的重点工作调整指标，发挥评估的促进作用。例如，针对国家对于生态保护的重视，在一级指标"依法全面履行政府职能"下新增加二级指标"（五）生态保护"，下设三级指标 7 "生态环境保护情况"。在二级指标"（三）公共服务"下新增加三级指标 5 "'减证便民'实施情况"。在一级指标"政务公开"项下，根据《国务院办公厅 2017 年政务公开工作要点》的部署，测评地方政府食品抽检和产品质量监管的相关信息公开情况。

第四，进一步优化了评估指标的科学性，发挥评估的引导功能。针对实践中重大决策的内涵和外延并不清晰的现实，部分地方政府开展了重大决策事项的目录制度，本评估将这些行之有效的地方经验吸纳进来，作为评估指标。在一级指标"行政决策"中增加了"制定重大决策事项目录情况"作为三级指标，考察行政机关重大决策事项目录的设置情况。为推动政府提高行政执法信息化的程度，在一级指标"行政执法"中，重点将"行政执法信息平台建设"作为观测点。评估强调法治政府建设的公众导向，在一级指标"政务公开"中，增加了"是否设置投诉举报渠道并提供使用说明",推动政府网站对公众关切的回应与互动；增加了"政府网站的检索便利性",引导政府网站改善用户体验。

第五,删除了部分测评价值不显著的指标。由于中共中央印发的《深化党和国家机构改革方案》指出"不再保留国务院法制办公室"并要求地方各级政府进行相应调整,原三级指标"是否设置独立的法制机构"不再具有考察意义,故从指标体系中删除。对于各地已经普遍建立或者实施的制度,评估所具有的以评促建的功能已经完成,该类指标不再继续使用,例如,一级指标"监督与问责"中以往曾使用三级指标"是否通过建设电子监察系统等方式改善监督手段",各地已基本建立电子监察系统,近年来普遍得分较高且区分度不大,因而本年度不再测评。

第六,为进一步提高社会调查的科学性,本次评估中的社会满意度调查的一级指标中,实行分类调查的原则。针对普通市民、政务服务相对人和专家设计了不同的问卷,每套调查问卷设置10个问题。加大样本量,在每个被调查城市发放200余份问卷,回收问卷样本量总计为79292份,有效样本量为76969份,比往年增加一倍以上。

二　评分标准及方式

2018年评估中的评分标准基本维持稳定,根据具体的三级指标,主要分为五种情况。第一,以考察"是否开展某类工作"或者"有无建立某种制度"等客观事实作为评分依据,根据检索资料的情况,进行赋分。第二,以"多寡"或者"频率"等客观事实分层赋分。第三,为了突出城市之间的可比性,项目组对于部分指标采取将所有被评估城市的平均分作为参照的评分方式。第四,以项目组成员实际的执法体验进行赋分,例如,"行政执法"一级指标项下的"违法行为投诉体验情况"三级指标,项目组委派调研员进行实地调查,发现违法行为后向相关行政部门进行举报,对相关部门接到举报后的行政执法行为进行全程记录。第五,公众社会调查指标中,根据被调查对象的评价进行综合评分。

为拓宽和保障评估所需要的资料获取途径和来源的多样性,项目组采取以下四种方式收集具体的信息和资料。

第一,网络检索。项目组全面检索被评估政府及其职能部门的官方网站、地方政府信息公开网站,对于无法在地方政府及其职能部门的官网上直接获取的信息,项目组还采用百度等检索平台进行关键词检索等间接方式。关键词的选择尽量宽泛,以免遗漏相关信息。

第二，申请信息公开。通过向被评估城市的相关部门申请信息公开，获得评估所需要的信息和数据。

第三，实地调研。项目组委派调研员到被评估的城市开展实地调研，进行社会公众满意度调查和执法体验，形成社会公众满意度调查报告和执法体验报告，作为相关指标评测的依据。

第四，本次评估获得最高人民法院信息中心和中国司法大数据研究院的大力支持，为评估提供了司法裁判的数据，对于客观评价行政诉讼所反映的行政机关依法行政的状况起到重要作用。

三　评估对象和过程

2018年的评估对象仍然是100个地方政府，包括北京、上海、天津、重庆四个直辖市，长春、长沙、成都、福州、贵阳、广州、哈尔滨、海口、呼和浩特、杭州、合肥、昆明、济南、拉萨、兰州、南昌、南京、石家庄、沈阳、太原、武汉、乌鲁木齐、西安、西宁、南宁、银川、郑州27个省府所在地的市，鞍山、包头、本溪、大连、大同、抚顺、邯郸、淮南、吉林、洛阳、宁波、齐齐哈尔、青岛、汕头、深圳、苏州、唐山、无锡、厦门、徐州、珠海、淄博、喀什23个国务院批准的较大的市，佛山、常德、烟台、济宁、德州、衡阳、温州、岳阳、盐城、六安、泰安、茂名、临沂、阜阳、台州、南通、南阳、襄阳、聊城、驻马店、遵义、东莞、湛江、菏泽、泉州、荆州、邢台、沧州、潍坊、宜春、黄冈、玉林、揭阳、毕节、保定、南充、邵阳、上饶、新乡、达州、赣州、周口、信阳、商丘、曲靖、绥化46个根据人口数量选择的其他城市。

本次评估于2018年1月启动，6月结束调查，7～8月撰写报告，历时8个月。

四　评估结论与建议

（一）八成以上地方政府的法治水平达到及格

2016年的评估显示88个城市得分在600分以上；2017年的评估显示93个城市得分在600分以上；2018年的评估显示80个城市得分在600分以上。综合三年评估的情况，可以得出基本的结论是，全部被评估的100个城市中，八成的城市达到了及格水平（见表1-1）。

表 1 - 1 各分数段统计及分数段累计统计

各分数段统计（2014～2018 年）				
分数段	2014 年	2015 年	2016 年	2017 年	2018 年
800 分以上	0	0	1	3	0
700～799 分	12	12	28	41	21
600～699 分	34	50	59	49	59
500～599 分	47	34	10	5	19
500 以下分	7	4	2	2	1
各分数段累计（2014～2018 年）				
分数段	2014 年	2015 年	2016 年	2017 年	2018 年
800 分以上	0	0	1	3	0
700 分以上	12	12	29	44	21
600 分以上	46	62	88	93	80
500 分以上	93	96	98	98	99
400 分以上	100	100	100	100	100

（二）地方法治政府的水平小有进步

本年度评估中指标调整较大，除增加了优化营商环境的法治保障作为一级指标外，在具体观测点上也更倾向于对实施效果层面的考量，考虑到指标趋于严格，虽然平均得分率仅 65.43%，较之 2016 年和 2017 年略有降低，但是从整体上看还是小有进步（见图 1 - 1）。

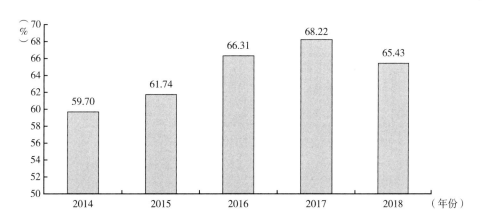

图 1 - 1 2014～2018 年的平均得分率

本年度评估中排名在前 10 名的城市分别是：深圳、青岛、广州、苏州、杭州、上海、北京、南京、宁波、成都（见图 1-2）。

不及格的城市分别是：兰州、邵阳、福州、鞍山、呼和浩特、本溪、唐山、南阳、揭阳、商丘、沧州、包头、宜春、玉林、太原、乌鲁木齐、大同、绥化、拉萨、喀什（见图 1-3）。

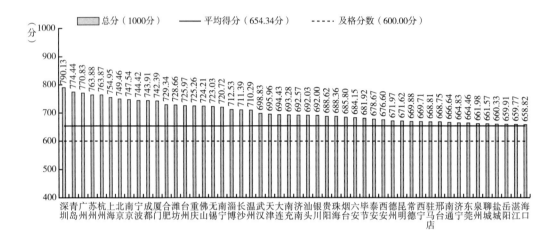

图 1-2 被评估城市得分情况（排名 1~50 名）

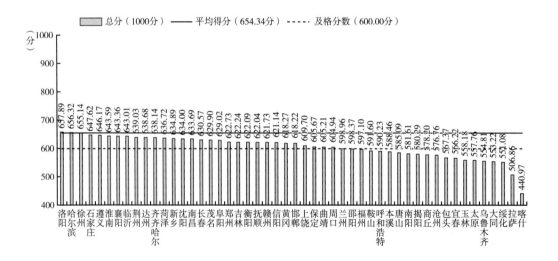

图 1-3 被评估城市得分情况（排名 51~100 名）

（三）区域不平衡的情况依然存在，东部城市间的差距加大，中部和西部城市之间的差距缩小

从东中西部城市得分率的平均值看，东部高于中西部的情况仍然比较明显。值得注意的是西部城市的平均分高于中部城市的平均分，这说明西部有城市进步较大。从城市间的均衡度情况看，中西部城市间的均衡度也在降低，这些都是值得关注的现象（见表1-2）。

表1-2　东中西部区域均衡度情况比较

区域	年份	统计量	最小值	最大值	平均值	极差	标准差
全国	2014	100	408.91	753.90	597.01	344.99	72.22
	2015	100	402.94	782.88	617.36	379.94	70.61
	2016	100	426.36	825.61	663.07	399.25	64.72
	2017	100	456.78	816.33	682.22	359.55	66.83
	2018	100	440.97	790.13	654.34	349.16	62.49
东部	2014	48	475.03	753.90	625.28	278.87	65.61
	2015	48	534.46	782.88	644.85	248.42	63.03
	2016	48	576.16	825.61	690.73	249.45	53.82
	2017	48	601.70	816.33	717.82	214.63	51.76
	2018	48	551.08	790.13	678.67	239.05	58.06
中部	2014	32	408.91	715.88	579.31	306.97	63.98
	2015	32	465.08	737.38	600.25	272.30	61.63
	2016	32	428.14	764.00	645.09	335.86	59.38
	2017	32	515.76	787.93	661.85	272.17	55.58
	2018	32	553.22	729.34	631.10	176.12	41.65
西部	2014	20	420.18	717.55	557.48	297.37	75.24
	2015	20	402.94	722.14	578.77	319.20	77.37
	2016	20	426.36	722.12	625.46	295.76	70.27
	2017	20	456.78	796.48	654.39	339.70	83.76
	2018	20	440.97	743.91	633.15	302.94	76.97

（四）法治政府的组织领导、制度建设和行政执法始终是法治建设的短板

从2014～2018年各项一级指标的得分率来看，法治政府的组织领导得分率基本处于不及格状态。依法行政的制度建设和行政执法始终是短板，得分率偏低。近年来，行政执法领域的怠政现象尤其突出（见表1-3、图1-4）。以行政裁量基准制度为例，早

在 2008 年国务院发布的《关于加强市县政府依法行政的决定》中即指出"要抓紧组织行政执法机关对法律、法规、规章规定的有裁量幅度的行政处罚、行政许可条款进行梳理，根据当地经济社会发展实际，对行政裁量权予以细化，能够量化的予以量化，并将细化、量化的行政裁量标准予以公布、执行"。但本次评估发现，部分城市在裁量基准的修订方面并不及时，仅有 41 个城市根据《环境保护法》、《水污染防治法》或《大气污染防治法》的修订及时更新了环保领域的行政处罚裁量基准。有些城市仅以省级环保处罚裁量基准为参照，并未因地制宜地制定本地区的裁量基准。

表 1 - 3　2014～2018 年一级指标平均得分率对比

单位：%

年份 \ 指标	1. 职能履行	2. 组织领导	3. 制度建设	4. 行政决策	5. 行政执法	6. 政务公开	7. 监督问责	8. 争议解决	9. 公众调查
2014	78. 10	37. 44	56. 01	62. 02	53. 86	68. 93	60. 74	47. 11	63. 47
2015	79. 80	41. 66	54. 33	64. 47	52. 33	81. 25	64. 95	53. 70	58. 68
2016	76. 23	49. 24	63. 45	68. 87	57. 93	77. 15	68. 02	68. 10	64. 80
2017	82. 81	59. 03	57. 40	72. 19	57. 52	81. 65	73. 45	70. 48	64. 07
2018	68. 76	57. 48	56. 88	69. 41	54. 26	67. 51	76. 97	72. 57	57. 83
平均得分率	77. 14	48. 97	57. 61	67. 39	55. 18	75. 30	68. 83	62. 39	61. 77

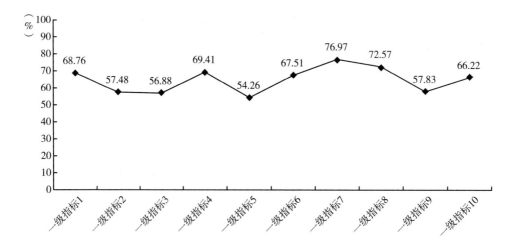

图 1 - 4　2018 年评估中各一级指标得分率

（五）权力清单普遍建立，政府权责边界渐趋厘定，但其实际应用有待加强

权力清单作为厘定政府职能的重要方式在国务院的大力推动下，已经取得明显成效，有 94 个城市的市政府公布了各个部门的权力清单，并且及时做了动态的调整。

虽然还有一些城市政府及其职能部门的权力清单尚未制定或者公开程度不高,但是应当说,权力清单制度总体上还是比较好的。关键问题是,清单仅仅挂在网上,实际效用发挥不足。至少可以在以下几个方面加强对权力清单的应用。第一,强化部门按单履责并将其作为厘定政府权力边界的基础。提高各部门按照清单履行责任的意识,防止权力清单虚置。第二,将权力清单的履行情况作为政府绩效考核的指标之一。每年政府考核部门工作时,应将权力清单中各项职能的履行情况进行分析,对于未履行的责任应当说明理由,对于长期不履行的责任应当进行深入研究,提出解决方案。

(六)法治政府建设的机构和工作机制不断完善,关键在于提高实效性

超过九成的地方党委设有"全面依法治市领导小组/委员会"或"法治政府建设领导小组"等领导议事机构,但是还有部分城市尚未开展实质性的工作,而且城市市委常委会议上对法治政府建设或依法行政议题进行过讨论研究的不多。虽有过半数的城市于2017年专门召开政府常务会议专题研究本市的法治政府建设,针对"放管服改革""政府信息公开""行政执法体制改革"等法治政府建设的相关议题进行了讨论,但是形式大于实质,尤其缺乏对本地区法治政府建设具有较强针对性的具体举措。各地法治政府报告的内容也属泛泛而谈,针对性不强,实效性不足。

地方政府普遍建立法律顾问制度,但是实际履职效果有待加强,部分地方政府把法律顾问当作形象工程,让顾问处于"顾而不问"的尴尬境地。需要进一步提高法律顾问的参与度,更加有效地发挥法律顾问的作用。

(七)电子政务发展迅速,但是用户体验较差,应提升交互功能

所有城市均已建立行政服务中心,并覆盖了教育、就业、社保、社会服务、医疗、计生、住房、文体八大领域的基本公共服务。各地政府网站上不同程度地提供表格下载、办事指南等便民服务,有的政府网站功能强大,具备个人账号登录在线查询、办理、追踪等功能,正在向"一网通办"的方向努力。例如,针对各个城市"行政审批在线办理快捷便民程度"这个观测点,83个城市获得满分,占到总数的83.00%,这表明在国务院大力推动行政审批改革的背景下,地方政府开通的行政审批在线办理取得了较好的成效。但是我们还必须认识到,相当数量的地方政府网站仍然停留在宣传功能上,服务功能开发不足。无论是栏目设置还是服务项目,从社会公众角度考虑的用户体验不良。例如,很多地方政府网站欠缺咨询服务功能,即使有,也答复质量偏低,有的回复并不全面和准确,有的回复很慢,有的限制咨询对象。部

分网站的检索功能效果不好，或者政府网站的搜索引擎不可用，或者不支持模糊检索，或者检索出来的内容关联度不高。

（八）多元纠纷解决格局虽然形成，但是行政调解、行政复议作用发挥不足，相关立法工作需要加快进度

行政调解制度是行政机关依托其专业优势和权威协助解决民事纠纷的重要方式，曾经发挥过比较重要的作用，但是由于对行政调解的认识存在争议，行政调解的作用发挥还很有限。应通过行政调解立法，促进并规范行政调解制度，从而让行政调解释放出更大的制度优势。

行政复议制度的改革虽经过多年的试点，但是一直缺乏对其经验的总结，行政复议法的修改一再延迟，直接影响行政复议作用的发挥，有关部门应加快行政复议法的修改进程，从而更好地协调行政复议、行政诉讼等争端解决机制之间的关系，形成合力。

（九）政府诚信状况堪忧，营商环境的改善并未得到应有的重视，诚信社会需要诚信政府的引领

地方政府"新官不理旧政"的现象并不鲜见，制定加强政府诚信建设相关制度的地方政府并不多。一些地方开始通过制定优化营商环境的文件等方式改善本地区的营商环境，但是还有相当数量的地方政府对此认识不足，没有引起重视。

（十）公众对政府工作的满意度不高，对法治政府的获得感不强，应引起高度重视

考虑到普通市民对政府法治工作的了解有限，因此本次调查中对于普通市民的调查在于他们对政府相关工作的满意度。总体来看，普通市民对于政府在保障食品安全、解决"看病难"两个方面的工作情况的评价为不及格，在保护生态环境、城市交通管理、维护社会治安、保障市容市貌等八个方面刚刚及格，满意度不高。不过，到当地政务服务大厅办过事的民众，对于政务服务总体满意度更高一些，得分率达到70.2%。针对政务服务大厅的环境设施、公务人员的服务态度、办事效率、服务公开透明度、廉洁自律和投诉监督等十个方面的调查显示，其得分都比普通民众对政府工作的满意度更高一些。专家的调查显示，政府在行政效率、信息公开、依法化解社会矛盾、推进生态文明建设、诚信、廉洁等方面的表现处于及格水平，平均得分率为

64.76%，高于普通民众，低于政务服务的相对人。参与度低和与公务人员的交往中的感受差是降低社会评价的影响因素之一。例如，针对政务服务相对人的调查显示，得分较低的三个题目如下。第四题"当地的政务大厅、服务中心窗口工作人员的办事效率"，该题的平均得分率为70.30%；第六题"当地的政务大厅、服务中心一次性告知来办事人员相关注意事项或需要补正的材料的情况"，该题的平均得分率为70.31%；第十题"当地的政务大厅、服务中心里面的投诉渠道的畅通程度"，该题的平均得分率为70.60%。针对专家的调查问题中，第二题"市政府作出重大行政决策时听取市民意见建议的情况"，该题的平均得分率为63.51%，在十个题目中得分最低。

各指标分报告

Topicel Reports

B.2

依法全面履行政府职能

摘　要：　2018 年度测评"依法全面履行政府职能"下设"机构设置""领导职
数""公共服务""公共安全""生态保护"五项二级指标并细化为七
个具体观测点，在观测点上新增了"'减证便民'实施情况"和"生态
环境保护情况"，以便更合理地形成对各被测评城市依法全面履行政府
职能情况的整体观察。总体来看，各个被评估城市依法全面履行政府职
能的情况较好，虽然本年度测评分数出现一定波动，当前 100 个城市平
均得分率为 68.76%，与上一年度（82.81%）相比得分率有所下降，
但这主要与指标调整，同时评估过程更加重视政府履行职能的质量考
察，采取更加严格的评判标准存在关系。从各项指标来看，机构改革与
领导编制优化方面与往年表现相对持平，这是因为在 2017 年中央层面
的机构改革尚未启动，所以地方政府层面变化不大。在公共服务方面，
虽然得分有所下降，但公共服务的内在质量却有显著提升。可以感受到
地方政府在公共服务方面正处于蜕变期，同时面临了一定的瓶颈，即已
经普遍能够提供较好的基础公共服务，但对如何继续优化服务内容、革
新服务方式，各地仍处于探索过程中。新增加的"'减证便民'实施情
况"各城市间差距较大，这与有的城市率先优化服务并取得较为良好的
效果有关。"重特大安全事故发生情况"与"生态环境保护情况"得分

率相对较高，但从单个案例来看的话，部分被评估城市也仍然存在风险防范意识不足和生态环境保护欠账等情况。

关键词： 机构职能　简政放权　公共服务　公共安全　生态保护

一　指标设置及评估标准

（一）指标设置

本次测评的"依法全面履行政府职能"一级指标之下设置五项二级指标，分别为"机构设置"、"领导职数"、"公共服务"、"公共安全"和"生态保护"（具体内容见表 2－1）。

七项三级指标通过分析考察市政府机构数是否超过平均值、政府副职领导的人数是否超过平均值、行政服务中心对基本公共服务覆盖的比例、权力清单的动态调整情况、"减证便民"实施情况、重特大安全事故发生情况和生态环境保护情况等具体信息，从不同角度反映被评估城市 2017 年度的政府全面依法履行职能情况。

表 2－1　依法全面履行政府职能

一级指标	二级指标	三级指标
依法全面履行政府职能（80分）	（一）机构设置（10分）	1. 市政府机构数是否超过平均值（平均值为所有被评估城市的平均值）（10分）
	（二）领导职数（10分）	2. 市政府副职领导的人数是否超过平均值（平均值为所有被评估城市的平均值）（10分）
	（三）公共服务（35分）	3. 行政服务中心对基本公共服务覆盖的比例（15分）
		4. 权力清单的动态调整情况（10分）
		5. "减证便民"实施情况（10分）
	（四）公共安全（10分）	6. 重特大安全事故发生情况（10分）
	（五）生态保护（15分）	7. 生态环境保护情况（15分）

（二）设置依据和评估标准

在今年的测评中，为了更好地反映被评估城市依法全面履行政府职能情况，评估组将部分三级指标进行了修订，包括指标的增删以及分数的调整。具体包括以下几个方面。

1. 为了适应法治政府建设的新形势新要求，将原有的二级指标"（四）行政审批"整体删除并移至新增一级指标"优化营商环境的法治保障"下。

2. 将原有的二级指标"（五）应急管理下的重特大安全事故发生情况"更新至二级指标"（四）公共安全"下，总分 10 分。

3. 二级指标"（三）公共服务"下新增加三级指标 5 "'减证便民'实施情况"，总分 10 分。

4. 为了加强对生态保护的政府职能评估，新增加二级指标"（五）生态保护"，下设三级指标 7 "生态环境保护情况"，总分 15 分。

测评中，评估团队所依据的材料与数据来源主要为被评估的市政府、人民代表大会常务委员会门户网站、相关部门网站、网络搜索引擎关键词查询和电话核实四种。通过相关方式未能检测到相关内容的，则视为未落实该项工作或该项服务，各三级指标（观测点）的测评方法及赋分标准如下。

1. 市政府机构数是否超过平均值（10分）

【设置依据】 新《纲要》明确要求"优化政府组织结构"；"深化行政体制改革，优化政府机构设置、职能配置、工作流程，理顺部门职责关系，积极稳妥实施大部门制"。

【测评方法】 通过对被评估城市的政府网站进行检索，以 2017 年 1 月 1 日至 2017 年 12 月 31 日为准，将所有机构数目进行统计，同时以网络公开搜索引擎补充辅证。将所有被评估城市的机构总数除以城市数得出平均机构数，然后针对各个城市机构数与平均数的比较，按以下方式赋分。

【评分标准】 赋分值为 10 分，当平均值为整数时，低于平均值，得 10 分；等于平均值，得 6 分；大于平均值，得 4 分。当平均值为小数时，低于平均值，且差值在 1 以上，得 10 分；低于平均值，且差值在 1 以内，得 8 分；高于平均值，且差值在 1 以内，得 6 分；高于平均值，且差值在 1 以上，得 4 分。

2. 市政府副职领导的人数是否超过平均值（10分）

【设置依据】 政府的领导人员设置及管理是整个公务员人员队伍管理的核心，依法加强对政府领导人员的管理，也是构建服务性政府、法治政府的重要途径。《中华人民共和国公务员法》第 41 条明确规定"公务员任职必须在规定的编制限额和职数内进行"。

【测评方法】赋分值为 10 分，具体的观测方法为对被评估城市的政府网站进行检索，时间以 2017 年 1 月 1 日至 2017 年 12 月 31 日为准，将所有市政府副职领导人数（不含市长助理、秘书长等）进行统计，同时以网络公开搜索引擎补充辅证。将所有被评估城市的副职领导人总数除以城市数得出平均副职领导职数，然后针对各个城市副职领导数与平均数的比较，按以下方式赋分。

【评分标准】通过官方网络检索等，检索被评估市级政府的政府网站，在政府领导相关栏目下进行统计，根据统计的结果与平均值进行比较。当平均值为整数时，低于平均值，得 10 分；等于平均值，得 6 分；大于平均值，得 4 分。当平均值为小数时，低于平均值，且差值在 1 以上，得 10 分；低于平均值，且差值在 1 以内，得 8 分；高于平均值，且差值在 1 以内，得 6 分；高于平均值，且差值在 1 以上，得 4 分。

3. 行政服务中心对基本公共服务覆盖的比例（15分）

【设置依据】基本公共服务覆盖比例的高低，是对政府的公共功能进行评判的重要标准，在电子政务飞速发展的当今，公共服务的覆盖是否全面、公共服务的在线办理是否便捷直接关系到民众对政府公共服务职能的评价。新《纲要》明确要求"加快形成政府主导、覆盖城乡、可持续的基本公共服务体系，实现基本公共服务标准化、均等化、法定化"。

【测评方法】时间以 2017 年 1 月 1 日至 2017 年 12 月 31 日为准，通过检索被评估市级政府的政府网站及相关行政服务中心网站，并在需要的情况下进行电话核实和行政服务中心调研的方式。

【评分标准】赋分值为 15 分，覆盖全部基本公共服务，且具备良好的在线办理、查询等功能的，得 15 分；覆盖全部基本公共服务，且具备一些在线办理、查询等功能的，得 12 分；覆盖全部基本公共服务，缺乏在线查询、办理等功能的，得 9 分；覆盖全部基本公共服务，不具备在线办理功能，且表格下载和办事指南功能还不足的，得 6 分；覆盖全部基本公共服务，不具备在线办理功能，且服务的内容较不完善的，得 3 分；基本公共服务覆盖不完全的，不得分。

4. 权力清单的动态调整情况（10分）

【设置依据】新《纲要》明确要求"省级政府 2015 年年底前、市县两级政府 2016 年年底前基本完成政府工作部门、依法承担行政职能的事业单位权力清单的公布工作"。

【测评方法】赋分值为 10 分，具体的观测方法为通过检索被评估市级政府的政府网站、政务信息公开网站和百度等主流搜索引擎，搜索到各个部门链接，点击各个部门的链接，仔细核对各个部门权力清单的动态调整情况，根据实测情况具体赋分，时间以 2017 年 1 月 1 日至 2017 年 12 月 31 日为准。

【评分标准】所有被检测部门均公开权力清单并及时动态调整的，得 10 分；有 1 个部门权力清单未公布或未及时动态调整的，得 8 分；有 2 个部门权力清单未公布的，得 6 分；有 3 个部门权力清单未公布或未及时动态调整的，得 4 分；未设立网站或超过 3 个部门网站链接打不开的，不得分。

5．"减证便民"实施情况（10 分）

【设置依据】国务院关于《全面推进依法行政实施纲要》要求"改革行政管理方式"。《国务院关于加强法治政府建设的意见》要求"推进政府职能转变和管理方式创新"。国务院办公厅对改进公文、减少和规范会议、降低行政成本作出规定。《国务院办公厅关于印发全国深化简政放权放管结合优化服务改革电视电话会议重点任务分工方案的通知》规定，凡没有法律法规依据的一律取消，能通过个人现有证照来证明的一律取消，能采取申请人书面承诺方式解决的一律取消，能通过网络核验的一律取消。对必要的证明要加强互认共享，减少不必要的重复举证。

【测评方法】赋分值为 10 分，具体的观测方法为通过检索被评估市级政府的政府网站、政务信息公开网站、谷歌和百度等主流搜索引擎，搜索"减证便民"清理的情况，同时根据相应情况选择相关部门进行电话咨询等，根据实测情况具体赋分，时间以 2017 年 1 月 1 日至 2017 年 12 月 31 日为准。

【评分标准】政府在"减证便民"实施过程中，取得良好效果，受到广泛认可的，得 10 分；政府在"减证便民"实施过程中，取得较好效果的，得 6 分；政府在"减证便民"实施过程中，取得一定效果的，得 4 分；政府在"减证便民"实施过程中，效果较差的，得 0 分。

6．重特大安全事故发生情况（10 分）

【设置依据】《中华人民共和国安全生产法》第一章第 3 条规定安全生产工作应当以人为本，坚持安全发展，坚持安全第一、预防为主、综合治理的方针，强化和落实生产经营单位的主体责任，建立生产经营单位负责、职工参与、政府监管、行业自律和社会监督的机制。第 7 条规定国务院和县级以上地方各级人民政府应当加强对安全生产工作的领导，支持、督促各有关部门依法履行安全生产监督管理职责，建立健全安全生产工作协调机制，及时协调、解决安全生产监督管理中存在的重大问题。

【测评方法】赋分值为 10 分，具体的观测方法为通过官方网络检索、查询权威媒体新闻等，检索被评估市级政府的政府网站及相关部门网站，同时通过公开检索引擎进行检索，对重特大安全生产事故发生情况进行统计，时间以 2017 年 1 月 1 日至 2017 年 12 月 31 日为准。

【评分标准】以发生较大及以上事故为例。发生一次特大事故或两次及以上重大事故得 0 分；发生一次重大事故或三次及以上较大事故得 4 分；发生两次及以下较大事故得 8 分；无较大及以上事故得 10 分。

7. 生态环境保护情况（15分）

【设置依据】新《纲要》明确要求"强化生态环境保护。加快建立和完善有效约束开发行为和促进绿色发展、循环发展、低碳发展的生态文明法律制度。深化资源型产品价格和税费改革，实行资源有偿使用制度和生态补偿制度。改革生态环境保护管理体制，完善并严格实行环境信息公开制度、环境影响评价制度和污染物排放总量控制制度。健全生态环境保护责任追究制度和生态环境损害赔偿制度。对领导干部实行自然资源资产离任审计"。

【测评方法】赋分值为 15 分，具体的观测方法为通过检索被评估市级政府的政府网站及相关部门网站，同时通过公开检索引擎进行检索，结合《中国环境状况公报》等公开数据情况进行统计分析，时间以 2017 年 1 月 1 日至 2017 年 12 月 31 日为准。

【评分标准】大气环境质量好（空气污染指数 API 一级）、水环境质量高（主要地表水断面监测点 38.9% 达到 II 类水及以上标准），无重大环境污染事件发生，生态环境保护职能履行优秀的，得 15 分；大气环境质量较好（空气污染指数 API 二级）、水环境质量较高（主要地表水断面监测点 71.8% 达到 III 类水及以上标准），无重大环境污染事件发生，生态环境保护职能履行优良的，得 10 分；大气环境质量一般（空气污染指数 API 三级）、水环境质量较好（主要地表水断面监测点 86.4% 达到 IV 类水及以上标准），无重大环境污染事件发生，生态环境保护职能履行较好的，得 8 分；大气环境质量较差（空气污染指数 API 四级、五级）、水环境质量一般（主要地表水断面监测点未达上述指标者），无重大环境污染事件发生，生态环境保护职能履行一般的，得 5 分。上述指标需两类监测标准同时达到才可得分。

对当年因发生环境突发事件而受到环保部/生态环境部在其网站通报的城市采取扣分制，每次事件扣 3 分，扣完为止。

二 总体评估结果分析

本项评估总分为 80 分，被评估的 100 个城市的平均得分为 55.01 分，共有 51 个城市在平均分之上，占到被评估城市总数的 51%；49 个城市在平均分之下，占到被评估城市的 49%。本项评估中得分最高的城市为 71 分，得分最低的城市为 37 分，体现了较大的区分度。本项评估中，排名前五的城市分别是：深圳（71 分）、上海（67 分）、福州（67 分）、厦门（67 分）、东莞（66 分）（各城市得分情况分布表参见图 2-1、图 2-2）。

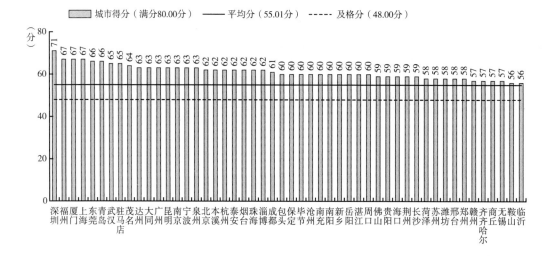

图 2-1 排名 1~50 名的城市得分情况分布

与上一年度（2017 年）的得分率 82.81% 相比，2018 年 100 座城市的得分率有较明显下降，在平均分之上的城市数量为 51 座，2017 年为 56 座，同比下降 8.9%，得分率最高的城市的得分率为 88.75%，与 2017 年相比分数下降 9.25%，得分率最低的城市的得分率为 46.25%，相比 2017 年增加了 1.5 个百分点。深圳、上海、福州、厦门、东莞五座城市今年位列前五名的位置。

整体上看，本年度的一级指标"依法全面履行政府职能情况"与上年度相比，排名整体出现较多变动，这一方面是由于指标调整所带来的变化，另一方面也与全国各个城市政府职能履行"更新升级"后，评估组采取更加严格的评判标准存在关系。总体来说，2017 年度我国各地政府依法履行政府职能情况良好，但对国务院的各项改革缺乏主动参与和主动适应，存在消极对待的顽疾。

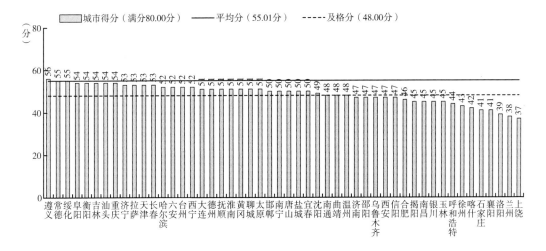

图 2-2 排名 51~100 名的城市得分情况分布

本项一级指标共包含七个三级指标（观测点），其中第 3 项行政服务中心对基本公共服务覆盖的比例、第 7 项生态环境保护情况总分各为 15 分，第 1 项市政府机构数是否超过平均值、第 2 项市政府副职领导的人数是否超过平均值、第 4 项权力清单的动态调整情况、第 5 项"减证便民"实施情况、第 6 项重特大安全事故发生情况总分各为 10 分。各三级指标（观测点）的得分状况如下。

1. 市政府机构数是否超过平均值，平均分 7.28 分。

2. 市政府副职领导的人数是否超过平均值，平均分 7.34 分。

3. 行政服务中心对基本公共服务覆盖的比例，平均分 10.95 分。

4. 权力清单的动态调整情况，平均分 8.80 分。

5. "减证便民"实施情况，平均分 5.52 分。

6. 重特大安全事故发生情况，平均分 6.28 分。

7. 生态环境保护情况，平均分 8.84 分。

其中，在所有三级指标（观测点）中平均得分率最高的子项目为"权力清单的动态调整情况"，得分率为 88%，这表明目前被评估政府机构在权力清单的公布方面情况较好，已经做到了全面且准确，并且也在保持着一定的动态调整频率；得分最低的子项目为"'减证便民'实施情况"，作为新增加的三级指标，平均得分率仅为 55.20%，各个城市得分差距较大，较明显地反映了有些地方政府在清理"奇葩证明"上快速有力，而有的地方政府仍然存在重视不足、进展缓慢的问题（各三级指标具体得分率参见图 2-3）。

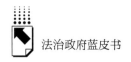

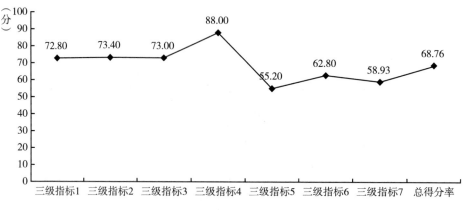

图 2 - 3　三级指标平均得分率

三　三级指标评估结果分析

（一）市政府机构数是否超过平均值

1. 总体表现分析

本项评估中，评估小组通过检索被评估政府的政府网站，对各市政府的机构数目进行统计，同时以网络公开搜索引擎补充辅证，将各个城市的机构数与平均值（44.58 个）进行比较，最终得出以下结果。

（1）低于平均值，且差值在 1 以上，得 10 分的有上海、深圳等 48 个城市，所占比例为 48%。

（2）低于平均值，且差值在 1 以内，得 8 分的有北京、广州等 9 个城市，所占比例为 9%。

（3）高于平均值，且差值在 1 以内，得 6 分的有抚顺、烟台 2 个城市，所占比例为 2%。

（4）高于平均值，且差值在 1 以上，得 4 分的有鞍山、承德等 41 个城市，所占比例为 41%。

该指标的平均得分为 7.28 分（参见表 2 - 2）。

表 2 - 2　市政府机构数是否超过平均值得分分布

得分（分）	10	8	6	4
城市（个）	48	9	2	41

在这个指标的评估过程中，实际上超大型城市因为城市管理复杂等原因，实际上略显劣势，但实际的评估结果显示，上海、深圳、北京、广州等特大城市仍然得分较高，在城市规模较大的条件下机构仍然相对精简，可以说是非常不错的。由上述评估结果数据可知，我国政府机构设置有所进步，但仍有待完善，政府机构设置、职能配置相对合理的城市所占比例已经超过五成，还有近一半的城市政府机构数目过多，其中如玉林、银川、淄博等城市机构设置较烦琐，可见这些城市的政府机构设置不够精简，机构设置仍然存在一定随意性，过多的政府机构数目不利于行政效率的提高，也不符合我国积极稳妥地深化行政体制改革的大趋势。

2. 分差说明及典型事例

由上述评估数据可知，被评估的 100 个城市中有 48 个城市的政府机构数在 44 个以内，说明近五成的城市政府机构数设置是较合理的。政府机构数目合理减少有利于行政效率的提高，更好地为人民服务。但在评估过程中也发现，部分城市如鞍山、承德等城市的政府机构数目远远大于平均值，这些城市的政府机构数目较繁杂，不符合当今大部制改革的总体趋向，同时政府机构的繁杂可能造成资源的浪费和行政办事效率的低下，因此，应该尽量减少政府机构的数目，将职能相近的机构进行整合，以期提高行政效率，切实做到为人民服务。

（二）市政府副职领导的人数是否超过平均值

1. 总体表现分析

本指标统计政府副职领导人（主要指副市长，不含市长助理、秘书长）的人数，将统计数据与平均值（7.35 人）进行比较，最终得出以下结果。

（1）低于平均值，且差值在 1 以上，得 10 分的有广州、大连、深圳等 29 个城市，所占比例为 29%。

（2）低于平均值，且差值在 1 以内，得 8 分的有保定、本溪、沧州等 28 个城市，所占比例为 28%。

（3）高于平均值，且差值在 1 以内，得 6 分的有包头、常德、抚顺等 24 个城市，所占比例为 24%。

（4）高于平均值，且差值在 1 以上，得 4 分的有鞍山、毕节等 19 个城市，所占比例为 19%（参见表 2-3）。

表 2 - 3　市政府副职领导的人数是否超过平均值得分分布

得分(分)	10	8	6	4
城市(个)	29	28	24	19

2. 分差说明及典型事例

由上述评估数据可知，被评估的 100 个城市中有 71 个城市（所占比例为 71%）的副市长人数在 7 人以内（包括 7 人），这说明大多数城市副职领导人数的设置是合理的。除喀什市市政府由于区域的特殊情况，其公开的副职领导人数仅有 1 人，相较于去年人数骤减，而其余 28 个被评估城市市政府副职领导均为 5~6 人，这些城市的副职领导人数都低于平均值 7 人。但在评估过程中也发现，部分城市如沈阳（10人）、毕节（12 人）、拉萨（16 人）等市的副市长人数远远大于平均水平。西部地区部分城市由于地域与发展等特殊条件要求，副职领导人数相对较多，但根据《中华人民共和国公务员法》第 41 条的规定，"公务员任职必须在规定的编制限额和职数内进行"，政府机构的领导人员的设置是否合理也是关乎构建服务型政府和法治政府成败的重要因素。因此，对于副职领导人数较多的城市应尽量减少领导人员的设置，防止因领导人数过多而造成办事效率低下和权责划分不明晰等问题，以期更好地为人民服务，真正做到权为民所用，情为民所系，利为民所谋。

（三）行政服务中心对基本公共服务覆盖的比例

1. 总体表现分析

本项评估下，所有 100 个被评估城市的平均值为 10.95 分，通过重点考察各政府的行政服务中心、政务服务网等在线办事网站的建设情况，具体结果如下。

（1）深圳、成都、青岛等 17 个城市的行政服务中心对基本公共服务能够做到完全覆盖。在此基础上能够实现用户登录、双向在线服务、查询和办事追踪功能，得到 15 分，所占比例为 17%。

（2）上海、北京等 41 个城市覆盖全部基本公共服务，且具备一些基本的在线办理、查询等功能，得到 12 分，所占比例为 41%。

（3）珠海、长春等 33 个城市覆盖全部基本公共服务，但是缺乏在线查询、办理、追踪等功能，得到 9 分，所占比例为 33%。

（4）遵义、周口等 8 个城市覆盖全部基本公共服务，但是还不具备在线办理功能，且表格下载和办事指南功能还存在不足，得到 6 分，所占比例为 8%。

（5）喀什市基本公共服务覆盖还不完善，且行政服务中心的整合还没有完成，得到3分，所占比例为1%（参见表2-4）。

表2-4 行政服务中心对基本公共服务覆盖的比例得分分布

得分(分)	15	12	9	6	3
城市(个)	17	41	33	8	1

2. 分差说明及典型事例

这一指标的平均得分较2017年的得分比例有所上升，且得分分布结构情况改善，得分为9~15分的城市达到91个，较2017年的77个有所增加，得分为3~8分的城市为9个，较2017年的23个有所减少，这说明在公共服务领域，所有被评估城市在行政服务中心对基本公共服务覆盖方面不断完善，在线办理、查询等功能不断优化。

在这一指标下得到15分，做得较好的典型城市是东莞、大同、哈尔滨等。这些城市的行政服务中心覆盖了教育、就业、社保、社会服务、医疗、计生、住房、文体八大领域的基本公共服务，做到了主要以公民的需求和公共服务为中心，除了提供表格下载和办事指南以外，更具备个人账号登录在线查询、办理、追踪等功能，为民众办事提供了极大的便利。特别是广东省和浙江省在省级统一的政务服务网站建设的框架下，每个城市都具有统一的网页设计和功能接入，民众能快速查找到办事事项，并通过在线申请等双向服务功能申请公共服务事项、提交材料，在办理过程中也能通过登录个人账号随时查询办理进度，实现政务服务的科学化和人性化。

大部分城市得到9~12分，这些城市不断完善行政服务中心网站的建设，除了提供表格下载和办事指南功能之外，也增加了之前比较欠缺的在线查询、办理、追踪等功能，但是与得满分的城市相比还存在差距。"预约办理"和"在线申报"等功能还不能在所有的事项上实现，也缺乏提供便民的在线资料预审、全程网办等功能。目前统一建设的省份对行政服务中心的统一建设的资金和技术投入有所不同，没有统一建设的省份的城市之间行政服务中心建设质量也存在较大差异，因此还需要积极推动实体性行政服务中心功能向网上办事大厅迁移，充分利用现有电子政务资源，逐步实现网上办理审批、缴费、咨询、办证、监督以及联网核查等功能。

得分为3~8分的城市的问题是行政服务中心具体内容还不够完善，仅仅提供办事指南和表格下载等，有的项目形同虚设，在线办事功能欠缺。连续几年得分较低的城市如喀什等，行政服务中心的公共服务具体内容整合尚未完成，大条目下只有两三

条服务子事项，多数项目不具备所需材料的下载功能，更不具备在线办事功能，行政服务中心的功能无法有效充分发挥。

（四）权力清单的动态调整情况

1. 总体表现分析

本项评估中，根据评估的赋分标准，大多数的城市得 10 分或者 8 分，但也存在多个城市为 0 分的情况，0 分城市均为找不到权力清单板块以及权力清单杂乱无序。

（1）得 10 分的城市有 81 个，例如北京、广州、合肥等权力清单公布较明晰的城市，占比例为 81%。

（2）得 8 分的城市有 10 个，占比例为 10%。

（3）得 6 分的有临沂市 1 个城市，占比例为 1%。

（4）得 4 分的有佛山市 1 个城市，占比例为 1%。

（5）得 0 分的有喀什市等 7 个城市，占比例为 7%。

另外，通过评估还可得出有 99% 的城市政府网站都有公布部门的权力清单，仅有 1 个城市的政府没有公布部门权力清单（参见表 2-5）。

表 2-5 权力清单的公布及动态调整情况得分分布

得分（分）	10	8	6	4	0
城市（个）	81	10	1	1	7

这说明绝大多数的政府响应了中央政府"晒"出权力清单的号召，建立阳光政府，让权力在阳光下运行，让公众明确政府的权力边界。

2. 分差说明及典型事例

在本项评估中，有 94 个城市的市政府都公布了各个部门的权力清单，并且及时做了动态的调整，有 4 个城市的市政府没有及时公布各部门的权力清单或者是其链接打不开。其中成都市、杭州市等城市的部门权力清单的网站页面简洁明了，较为醒目，信息查找迅速，因此获得 10 分，并且以四川省和浙江省的城市为代表其政务网站设计统一且方便迅速查找。但是，在评估过程中，也发现有 2 个城市——临沂市和佛山市的权力清单的公布情况有待进一步完善。

另外，揭阳市和喀什市等 7 个城市政府仅有相关的权力清单的文件公布，而不能在其政府门户网站上查找到详细明确的部门权力清单，因而根据赋分标准得了 0 分。

这 7 个城市在未来的政府公开工作中应及时设立权力清单的网站，公布权力清单的明细，及时进行变动调整，加强政府公信度建设，同时权力清单也是为了方便公众获知各种公共事务办理信息的途径，权力清单的公布能提高公众的办事效率。

（五）"减证便民"实施情况

1. 总体表现分析

该项指标平均得分为 5.52 分。此项评估中，有完整的国务院文件支撑，指标数据易获得。

（1）得分为 10 分的城市有北京、上海、深圳、厦门等 27 个城市，所占比率为 27%。获得满分的城市普遍形成了系统且完善的清理体系与清理方案，并且连续多年进行清理，清理结果在政府网站或当地机构编制网站上予以公布。

（2）得分为 6 分的城市有青岛、贵阳、南充、大同等 21 个城市，所占比率为 21%，这些城市在评估时间区间内，进行了一次系统的清理工作，形成了具有本城市特色或单独标准的清理方案及指标，并及时公布了清理结果。

（3）得分为 4 分的有 39 个城市，例如，拉萨、阜阳、喀什、上饶等城市，比率为 39%，这些城市在评估时间区间内制订了相关清理计划，但未进行实际的清理工作，或者未进行系统清理，仅对部分行政系统下的证明进行了清理。部分城市在评估时间区间外有清理迹象。

（4）得分为 0 分的城市有 13 个，如宜春、邯郸、乌鲁木齐等城市，占比为 13%。上述城市在其政府部门网站上仅是转发国务院或各地相关信息，小部分城市无法查询到相关内容，在外部开放网络中也无法收集到相关信息。

表 2-6 "减证便民"实施情况得分分布

得分（分）	10	6	4	0
城市（个）	27	21	39	13

2. 分差说明及典型事例

本项三级指标是 2018 年度评估中的新增指标。国务院近年多次明确要求各部委、直属机构，以及各级地方政府做好证明事项的清理工作，及时清理"奇葩证明"，确保百姓不再为证明而东奔西跑。同时在前期的试评估中，此项指标也表现出了较大的区分度，因此本年度评估特别新增此项指标。

通过此项三级指标可以观察到，当前被评估的城市中有近半数未形成系统化的清理，尽管2015年李克强总理就已经在相关会议上提到要关注清理"奇葩证明"，然而各地政府的表现仍然存在差距，有部分城市仍未形成足够重视，仅仅将其视作行政审批制度改革的延续，而非一次专项的清理活动。尽管如此，通过观测发现，被评估城市中还是有约三分之一进行了证明的系统清理工作，并且已经持续多年，这些城市大部分是东部沿海城市，特别是江苏、浙江两省，它们不但在全省范围内进行了清理活动，同时主动进行减证便民技术上和工作方法上的革新，切实做到了服务公众，为办事群众排忧解难。

（六）重特大安全事故发生情况

1. 总体表现分析

该项指标平均得分为6.28分，满分为10分。在2017年1月至2017年12月的评估时间范围内，通过检索国家安监局网站、应急网等官方网站的事故通报以及各主流媒体的报道进行统计。

（1）评估城市若无较大及以上安全生产事故发生的，则得分为10分。

（2）若有两次及以下较大安全生产事故发生的，则得分为8分。

（3）若有一次重大安全生产事故或三次及以上较大安全事故发生的，则得分为4分。

（4）若有特别重大安全生产事故或两次以上重大安全事故发生的，则得分为0分。

具体评估情况如下，在2017年全年未检索到较大及以上安全生产事故发生的城市有2个，即喀什市和泰安市；在2017年全年有一次或两次较大安全生产事故发生的城市有37个，例如包头、保定等城市；在2017年全年发生了一起重大安全生产事故或三次及以上较大安全事故的城市有22个，例如，长沙、郑州、重庆等城市；在评估城市中，呼和浩特市和洛阳市于2017年发生过特别重大安全生产事故；此外在评估中发现高于三分之一的城市从不通报安全生产情况，检索不到任何有关安全事故的信息，因此赋分6分（参见表2-7）。

表2-7　重特大安全事故发生情况得分分布

得分（分）	10	8	6	4	0
城市（个）	2	37	37	22	2

2. 分差说明及典型事例

从本项指标可看出，在评估的100个城市中，只有2%的城市在2017年未被通报较大及以上安全事故，这些城市的安全监管工作做得比较到位。有37%的评估城市在2017年发生过一次或两次较大安全事故，其中北京、深圳也在其中，可见特大型一线城市其自身城市发展过程中也必须高度重视对安全风险的防范，但其2017年能将较大安全事故的发生次数控制在两次及以下，说明其在安全监管和应急管理的工作中投入较大，也比较重视。同为一线城市的上海和广州，则在2017年发生过三次较大安全事故，本项指标得分为4分。本项指标得分为4分的城市占比22%，其中贵阳、临沂、六安、南昌、台州、新乡这6个城市在2017年被通报了重大安全事故，其他城市为被通报发生了三次及以上较大安全事故。本项指标中两个0分城市为呼和浩特和洛阳，其中洛阳"8·10"西汉高速公路陕西段重大事故造成36人死亡，13人受伤，为特别重大事故。

（七）生态环境保护情况

1. 总体表现分析

该项指标平均得分为8.84分，满分为15分。在2017年1月至2017年12月的评估时间范围内，通过检索中华人民共和国原环境保护部网站、2017年历期中华人民共和国环境保护部公报、2017中国生态环境状况公报、各地政府网站查询相关信息。

（1）得分为15分的城市有16个，包括上海、杭州、广州、珠海等城市，这些城市2017年全年大气质量良好，空气质量综合指数较低，主要区域地表淡水污染较低，全年未发生重大环境污染事件，未有被环保部/生态环境部通报的记录。

（2）得分为12分的城市有2个，包括曲靖、佛山两个城市，这些城市2017年全年大气质量较好，空气质量综合指数相对较低，主要区域地表淡水污染较低，但有被环保部/生态环境部通报的记录。

（3）得分为10分的城市有23个，包括北京、昆明、厦门等城市，这些城市2017年全年大气质量较好，空气质量综合指数较低，主要区域地表淡水污染相对较低，全年未发生重大环境污染事件，未有被环保部/生态环境部通报的记录。

（4）得分为8分的城市有29个，包括长春、沧州、兰州等城市，这些城市2017年全年大气质量一般，空气质量综合指数相对较低，主要区域地表淡水污染相对较低，全年未发生重大环境污染事件，未有被环保部/生态环境部通报的记录。

（5）得分为 7 分的城市有 9 个，包括包头、齐齐哈尔、南宁等城市，这些城市 2017 年全年大气质量较好，空气质量综合指数相对较低，主要区域地表淡水污染相对较低，全年未发生重大环境污染事件，但有被环保部/生态环境部通报的记录。

（6）得分为 5 分的城市有 17 个，包括保定、邢台、银川等城市，这些城市 2017 年全年大气质量较差，空气质量综合指数相对较高，主要区域地表淡水存在水质较低情况，全年未发生重大环境污染事件，但有被环保部/生态环境部通报的记录。

（7）得分为 4 分的城市有 1 个，为江苏省南通市，此城市 2017 年大气质量较差，空气质量综合指数相对较高，主要区域地表淡水存在水质较低情况，全年未发生重大环境污染事件，但连续多次有被环保部/生态环境部通报的记录，存在敷衍整改以及整改不到位的情况。

（8）得分为 2 分的城市有 3 个，包括邯郸、石家庄、洛阳，这些城市 2017 年全年大气质量较差，空气质量综合指数高，主要区域地表淡水存在水质较低情况，全年未发生重大环境污染事件，但有连续多次被环保部/生态环境部通报的记录，且整改不力（参见表 2－8）。

表 2－8　生态环境保护情况得分分布

得分（分）	15	12	10	8	7	5	4	2
城市（个）	16	2	23	29	9	17	1	3

2. 分差说明及典型事例

通过此项三级指标的观测，评估组发现，当前被评估城市的环境保护工作整体上情况良好。大气污染方面，相较于 2015 年、2016 年，各个城市空气污染指数呈现连续走低的良好态势，东部城市继续领跑全国生态环境保护，特别是沿海城市，而得分较低的城市多集中在北方内陆地区，尤以华北平原地区最甚，但这也与其地理位置和产业传统有巨大关系。2017 年度我国仅发生一起重大环境突发事件，但发生城市未录入评估城市中，水资源状况良好，与上年基本持平。在评估过程中，评估组发现当前被评估城市中，有近三分之一的城市存在较严重的违规排放工业三废的问题，部分城市在受到通报批评后，仍然不知悔改，企图通过布置暗渠、暗管继续排污，有的城市连续多年仍未解决被举报的污染案件，或在中央督察组白天发现环境问题后，夜间直接采取挖掘掩埋的方式，企图销毁证据，情节相对恶劣。

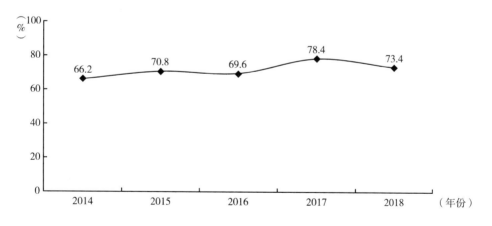

四 评估结论与建议

在评估指标体系所设计的十项一级指标中，"依法全面履行政府职能"一级指标的平均得分为 55.01 分（总分 80 分），平均得分率为 68.76%，在九项指标中居于第四位。此外，2017 年发布的《中国法治政府评估报告（2017）》显示，该年度评估中，"依法全面履行政府职能"指标平均得分为 82.81 分，平均得分率为 82.81%。评估组将根据历史得分情况对目前地方政府依法全面履行政府职能过程中存在的问题进行梳理，并给出相应的改进建议。

（一）历史数据表现及趋势分析

1. 政府副职领导人数得分率波动上升

总体上来看，在近年的评估中，此项三级指标呈现一定的波动，且近三年来得分率有所上升，这意味着地方政府在副职领导编制上出现一定变化，大部分地方政府都能尽量精简领导人数，个别地方仍然存在副职领导人数过多的情况，这与地方政府工作分工、领导职数设置等存在直接关系（参见图 2－4）。

图 2－4 政府副职领导人数设置情况得分率情况

2. 各地政府行政服务中心对基本公共服务覆盖比率总体较好

评估组对被评估城市所进行的观察显示，各个被评估城市的行政服务中心普遍对基本的公共服务进行了全覆盖，因此评估组相应地提高了评估标准，在考察覆盖率的同时，增加了对在线办理、查询服务等内容的评估，通过更加严格的评估使得最终结

果区分度加大，这直接导致了2018年度的此项三级指标呈现较大下滑，但本年度仅有喀什市得到3分，喀什市市政府政务网站覆盖全部基本公共服务，不具备在线办理功能，且服务的内容极不完善（参见图2-5）。

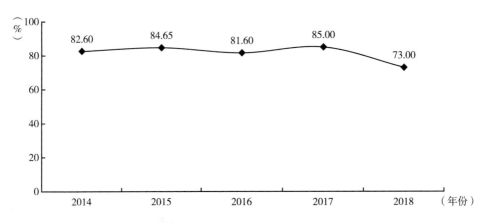

图2-5 行政服务中心对基本公共服务覆盖比率得分率情况

（二）存在的问题

1. 领导职数设置仍有一定随意性

在本年度的此项三级指标中，政府副职领导人数在近年来呈现较明显的波动。在本年度的测评中，相比上一年度有所下降。总体上来看，副市长的数量从1人到16人不等，而多数城市采取配备5~9名副职领导的搭配模式。

目前，我国对领导副职人数的监督和规制相对来说较弱，并没有详细而精确的法律对相关的问题严加监督，最主要的原因在于中央并没有规定地方各级人民政府行政机构的领导职数，而是将设置相关职位的权力赋予地方人民代表大会。这就给地方政府盲目增加行政机构副职领导带来了一定的便利，而地方政府则尽可能地会增加副职人数，究其原因主要在于以下几点：一是可以增加领导的福利待遇，而且会帮助提升其个人的地位和晋升空间；二是缺乏上级政府的有效监督，缺乏法律上的明确规制；三是设置较多副职领导职位后，可进一步分摊领导责任和管理压力。

2. 权力清单公开较好但内容单一

在评估过程中发现，每个城市的权力清单板块设置存在较大差异，部分城市的权力清单隐藏在不显眼的地方，很难做到方便公众查阅。权力清单，就是全面统计各级政府及其职能部门掌握的各项公共权力，并将权力的列表清单公之于众，主动接受社会监督。权力清单着眼于依法公开和优化权力运行流程，致力于形成权责清晰、程序严密、运行公开、监督有效的行政权力公开透明运行机制，以切实有效地解决权力运行中存在的不作为、乱作为、权责交叉、多头执法、相互推诿、监管缺位、暗箱操作、权力寻租等突出问题。但评估过程中发现，部分城市将权力清单隐藏，并不能很好地实现权力清单设置的目的。

在评估过程中不难发现很多城市的政府部门虽然公布了权力清单，但是其清单内容非常单一，并没有达到"公开是原则，不公开是例外。除涉及国家机密和法律规定必须保密的之外，将权力清理之后，必须公开"的要求，因为只有所有项目和环节对外公开，才能最大限度地接受监督。

3. 安全生产事故仍然多发频发

在指标评估中得 6 分的城市均为检索不到任何有关本年度安全生产信息的城市，没有检索到并不代表没有发生，安监部门通报年度安全生产情况是职责所在，安全生产信息的发布不仅仅是依法行政的职责，更是要通过这些事故信息进行学习，以更好地防控事故的发生。在评估中采取的标准是较大安全生产事故等级，但未达到较大事故等级的事故数据依旧很庞大，这说明虽然近年来对事故的防范工作有了很大的成效，但同时这些事故防范工作并不是非常细致，对于未到较大事故等级事故的重视度不够。

究其原因，是部分地方政府及相关职能部门监管意识低下，监管能力薄弱，在有意无意中忽略安全生产工作，同时，出于减少事故曝光度的考虑，安全生产事故信息在政府网站里的"生命周期"往往和事件热度息息相关，当事件热度减退，事故信息也在政府网站上难觅其踪。尽管近年来国家安监总局对安全生产问题一直高度重视，不断强化安全监管工作监督水平，鼓励各个生产单位将安全监管工作的重心下移、关口前移，但目前各级安全监管机构，特别是乡镇一级基层安全监管机构，在人员配置、设施配备和体制机制建设中都存在一定的缺陷和不足，部分政府有关领导长期忽视安全生产工作，将工作重心偏移至经济建设领域，造成安全生产监管环节薄弱。

4. 生态环境保护仍需加大力度

通过对此次新加入的二级指标生态环境保护情况的观测发现，在当前生态环境保护态势严峻，党中央与国务院不断强调生态环境是关乎民生的重大社会问题的形势背景下，小部分城市存在整改落实不力甚至有"表面整改""假装整改""敷衍整改"等生态环保领域形式主义、官僚主义问题，地方有关部门、人员在履职过程中存在不到位、不作为、乱作为、慢作为的问题或其他失职渎职行为。

从得分结果上来看，有 41% 的城市能够获得 10 分及以上的分数，而 59% 的城市得分未及 9 分，尽管有的城市并未受到通报批评，或未发生严重环境突发事件，但根据生态环境各项指标分析，城市长期处于"亚健康"的状态，即大气污染程度常年处于中高位，区域水域水质较差，生态环境综合情况一般，这也表明了地方政府对于环境保护建设普遍存在敷衍态度，奉行拖延主义的环保问题处理策略。而小部分城市多次被环保部/生态环境部通告批评，并且屡教不改，这与地方政府充当污染企业挡箭牌不无关系，作为地方经济贡献主力军，与地方领导政绩直接挂钩的地方企业有意无意中会与地方政府形成"联盟"，地方政府受到中央环境督查时，与污染企业"携手"应对督查，表现出了极强的地方保护主义态度，令人震惊，躲避督查的手段也包括编造污染处理记录、掩埋污染证据、设置暗管暗道并偷排偷放以躲避督查等多种手段。

5. "减证便民"不同城市之间差距较大

"减证便民"清理工作本应成为深化"放管服"改革，促进法治政府建设的重要着力点，但各地政府在进行清理工作时暴露的诸多问题使"减证便民"清理大打折扣。以评估指标为基准来看，国务院已发出号召要求落实近 3 年的工作，但仍只有不到一半的城市获得及格分，各个城市方案设计情况、清理时间、清理成效、清理延续情况不尽相同且差异明显。方案设计上，以减少证明材料，材料清理加流程优化，材料、流程、窗口改革多方位立体优化三种形式为主，并与地方政府不同行政级别呈现较强的匹配性，地级市与历年评估得分较低城市倾向于减少证明材料和材料清理加流程优化两种清理方式，直辖市与历年评估得分较高城市倾向于对材料、流程、窗口改革多方位立体优化。清理时间上，未及格城市多因清理时间靠后而失分，而这也是清理延续性（近年连续清理情况）较差的主要原因，即本就是首次清理，何谈多次。清理成效上，目前多数城市还处于自查清理过程中，多在九月底前呈现初步清理结果，而评估组发现，约三分之二的城市同时向各个部门索取了证明材料清单，也就是说，一是这些城市对权力清单下需要证明材料的行政许可等事项基本信息并不了解，设定证明事项时未对条款严加审查，到了上级需要的时候才想起收集信息，这也能够解释为什么这些城市权力清单基本信息残缺，二是临时索取证明材料，也说明了地方政府自知这些证明材料在索取时出现变化，但并未及时修正和改进。

（三）改进的建议

1. 加强全程规制，持续严格地方政府领导编制

地方政府副职领导及机构编制长期处于社会各界对其知之甚少的状态，长期以来

社会监督非常薄弱。各级政府、机关的机构编制情况并不对外公开，这种情况就给超编、混编、吃空饷等暗箱操作的行为大开方便之门。因此，若想探索出建立机构编制违规违纪行为的预防机制，行政部门应在严格制度建设中侧重建设如下几个方面。

（1）整治超编问题单单依靠地方政府自觉无疑是空谈，将编制权力过多下放至地方手中，只靠其自我约束建立良性编制管理制度，最终只会是建造空中楼阁。避免编制超编，还是要靠硬性规定约束地方政府编制管理中的越界行为，变"条例""意见"为"法律""法规"，强化编制源头管理作用，将超编进人、超职数配备领导干部、在编不在岗人员和党政机关借用人员清理规范与中央"财政供养人员只减不增"的工作要求紧密结合，有序消化超职数配备领导干部，防止出现违规超职数配备领导干部、超编进人、在编不在岗、借用人员边清理边反弹现象。进一步完善在编人员管理制度，实现规范管理和长效管理，降低行政成本，提高行政效能。

（2）可以借鉴纪检部门惩防并举、注重预防的做法，并且总结一些地区开展的机构编制责任审计、将机构编制管理情况纳入机关事业单位领导班子和领导干部目标考核内容、将机构编制管理的相关内容纳入党校和行政学院干部培训范围等经验，避免重事后查处，轻事前预防的问题，形成从前中后共同发力的规制环境。

2. 用好权力清单，促进权力运行从软规定到硬约束

权力清单的评估指标中不乏将权力清单当作摆设的城市，这些城市应增强意识，认识到加强权力运行制约和监督体系建设是一项重要的举措，有利于深化行政审批制度改革，有利于加快政府职能转变，有利于政府治理体系现代化，有利于把政府权力关进制度的笼子里，打造有限、有为、有效的法治政府和服务型政府。.

（1）促进清单改革公开化首先要增加和扩大各省市及部门权力清单公布内容与范围。部分城市权责清单已多年未修订，已经公开的也存在信息匮乏等问题。除了公布权力清单外，还需制定与公布相应的责任清单和制约清单，强化"三单合一"落实工作，促进清单制度全面改革。

（2）各个省市及其行政部门应建立更为详尽的清单，不仅要公开一级项目清单内容，还要公开细节内容，并配以说明及清晰的业务办理流程图。各省市及部门建立权力清单统一公开制度，促进各部门清单制定公开化，减少清单内容重叠或真空，促进部门之间的沟通与协调，提高行政效率与服务质量。同时，杜绝权力错位、权力越位等滥用权力行为，加强权力运行监督。

（3）加大权力清单运行结果公开力度。在遵守国家相关信息保密规定的前提下，加大关乎社会发展的重要决定公开力度，诸如行政决策、财政资金划拨及使用情况

等，确保社会公众对权力运行的知悉权与监督权。

另外，充分利用新技术平台促进清单改革公开化。积极促进各级政府及部门同科技平台的合作，利用微信、微博等易被民众所接受的交流方式向民众积极宣传清单改革的相关内容与进展情况，提高其对行政审批等业务办理流程的熟悉程度，以科技平台沟通的渠道听取民众的不同声音，增强民众参与清单改革的积极性及对政策的接受程度，不断提高清单改革的民主性与科学性。

3. 推动预防为主，强化安全生产事故的信息公开与回应

安全生产领域本就是重点信息公开领域，但在 2017 年度的评估中高于三分之一的城市未做到公开。早在 2012 年的《国务院安委会办公室关于加强生产安全事故信息公开工作的意见》（安委办〔2012 年〕27 号）中就已经提出要充分认识加强生产安全事故信息公开工作的重要性，安全生产工作事关人民生命财产安全，而安全生产信息公开也强调社会公众的知情权、参与权和监督权。

（1）生产安全事故信息作为政府信息公开工作的重点方面之一，其工作要植根于群众监督网络中，通过建立健全安全生产群众监督网络，充分发挥工会等各类组织在安全生产工作中的重要作用，建立健全工会参与安全生产群众监督的三级网络。落实群众监督举报制度，畅通社会监督渠道，开展本地区的公众舆情收集工作，变被动接受举报信息为主动搜集，对有效举报及时奖励，并辅以配套的举报人保护制度，增强举报人举报自信与举报效度。

（2）及时回应社会关切，把握舆论导向关口。对公众舆情要及时进行回应与解释，除了可以避免潜在的安全风险漏洞外，还可以降低未来行政部门及企业舆论回应压力及回应成本，避免因舆情回应不及时而引发新的质疑，导致舆情回应的尴尬境地。并且通过掌握恰当的舆情引导掌握主动权，也有利于营造地方政府良好形象，促进安全生产监管过程中政府、企业与公众之间的良性互动。

4. 加大整治力度，更加注重生态环境保护

党的十八届三中全会强调要把生态文明建设放在突出地位，融入经济建设、政治建设、文化建设、社会建设各方面和全过程，而党的十九大又提出，建设生态文明是中华民族永续发展的千年大计，把坚持人与自然和谐共生作为新时代坚持和发展中国特色社会主义基本方略的重要内容，把建设美丽中国作为全面建设社会主义现代化强国的重大目标，把生态文明建设和生态环境保护提升到前所未有的战略高度。在此次国务院机构改革中，生态环境部的建立意味着我国当前的生态环境保护工作进入了新的时期。从 1988 年城乡建设部分离出环境保护工作，成立国家环境保护局，到 2018

年国务院成立的生态环境部,"地位"与名称的变化彰显了我国在生态环境保护方面的进步、决心与力度,也从侧面显示出了当前生态环境保护工作形势的严峻。评估组认为,在现阶段地方政府与地方企业存在较大利益纠葛的情况下,想要加强生态环境建设,应着重于如下两个方面。

(1)从事前预防、事中管控、事后救济三个阶段入手,构建立体化生态环境保护法治体系。从事前预防角度来看,单个行政区域内需要对自身生态环境保护目标及方法进行综合性统筹规划,对特定的、必要的开发项目进行环境影响评估。事中管控包括生态容量调控制度,设定一定时期、空间内企业污染物排放总量,如果超排则进行惩罚,而存在排放余量的则可以以政府税收、担保为正向激励,并且剩余排放余量可以进行本区域内相同生态环境影响性质的企业之间的排放交易。事后救济以法律手段为主,一方面为因生态环境污染而受损的生态系统提供制度保障(如煤矿坑道回填、矿区表面植被恢复),另一方面也为因生态环境污染而受到影响的单位与个人提供行政救济方式。

(2)注重外部监督手段,拓宽监督渠道,发挥媒体与社会公众监督的应有作用。在近年来,因新闻媒体首曝而获得关注的社会焦点问题不胜枚举,其中不乏众多生态环境事件。自媒体时代里,每个人都有话语权,如果地方政府能正视且有效利用起媒体与社会公众的监督作用,无疑会为生态环境保护监督工作增添一双敏锐的"眼睛"。

5. 提高服务效率,持续深化推动"减证便民"

近年来,国务院多次发文提到要各地根据实际情况进行"减证便民"相关清理活动,全面彻底清理行政证明事项,在2018年6月28日,国务院发布《国务院办公厅关于做好证明事项清理工作的通知》(国办发〔2018〕47号),正式对各地各级地方政府发出明确要求,全面彻底清理行政证明事项,在当前被评估的各个城市普遍未开展系统性清理工作的现实情况下,地方政府如若进行"减证便民"工作,可以尝试从以下几个方面着手。

(1)地方政府及其行政机构可借鉴"减证便民"工作开展先进地区经验,制订本地区清理计划与清理标准,结合国务院及各部委清理意见与清理内容,先行进行清理工作,将群众呼声较大的证明事项重点梳理、清理,形成本地方行政机构证明清理清单,为区域内的其他社会组织,包括事业单位、企业、社会团体等提供清理思路与清理榜样。

(2)加强督促检查,对各级政府职能部门违法增加证明事项和证明材料、提高证明要求以及随意将本应由行政机关履行的核查义务转嫁给群众和企业的,及时纠正

查处；对未及时纠正查处从而引发不良社会影响的，严肃追究相关责任人的责任。

（3）进一步加强部门间协同协作，打破政府部门间、部门内部"信息孤岛"，促进信息系统互联互通，从根本上铲除"奇葩"证明、循环证明、重复证明滋生的土壤。同时大力推行告知承诺制，加强社会信用体系建设，强化对公众和企业承诺事项的事后审查，对于政府部门所作的不实承诺甚至弄虚作假的，依法予以严厉处罚，为群众提供有效的事后救济渠道。

在清理完成后，各地方、部门应结合推行权力清单工作，将行政许可、行政确认、行政给付等权力事项的法定条件包括证明材料在内予以明确，将办事流程、相关要求进行详细规定，并在政府网站上公示，方便公众查询，及时将清理成果固定。各地各级地方政府也要及时总结清理经验，变清理条件、原则为行政证明的设立依据，从法律法规设立的角度入手，更加有效地便民利民。

B.3
法治政府建设的组织领导

摘　要：　"法治政府建设的组织领导"指标总分为80分，被评估的100个城市的平均得分为45.99分。本次评估中得分最高的城市为72分，得分最低的城市为14分，体现了较大的区分度。评估结果显示，大部分城市对加强党对法治政府建设工作的领导较为重视，法治政府建设情况报告的公开度有一定的提升，被评估的城市在公开推进依法行政考核方面有较为明显的进步。同时，被评估城市的政府还存在党委在日常工作中组织、推动法治政府建设需要进一步加强，法治政府建设情况报告缺乏深度等问题。项目组针对评估中存在的问题，提出了党委对法治政府建设的领导应当从重机构建设深入到重日常组织、督导，领导干部学法活动应当精细化、系统化，推动法治政府建设情况报告标准化等具有针对性的改进建议。

关键词：　组织领导　党的领导　落实机制

一　指标设置及评估标准

（一）指标体系

在"法治政府建设的组织领导"一级指标之下，设置两项二级指标，分别为"法治政府建设的组织保障""法治政府建设的落实机制"（具体内容见表3-1）。

"法治政府建设的组织保障"指标下设有"加强党对法治政府建设工作的领导"和"政府常务会议对法治政府建设工作讨论情况"两项三级指标。"法治政府建设的落实机制"指标下设有"法治政府建设情况报告"、"政府依法行政考核工作"和"政府法律顾问开展工作情况"三项三级指标。

五项三级指标主要通过检索市委市政府网站、政府信息公开网站、市委常委会及

政府常务会议报道、国务院对地方政府依法行政工作的通报、法治政府建设情况报告和依法行政考核、法律顾问工作开展情况，并辅以百度、必应等搜索引擎检索，形成对法治政府建设的组织领导的全面观测。五项三级指标从不同层面综合反映当地主要领导是否重视法治政府建设工作、相应的组织领导措施是否得力等。

法治政府建设的组织领导评估指标参见表3-1。

表3-1　法治政府建设的组织领导评估指标

一级指标	二级指标	三级指标（观测点）
法治政府建设的组织领导（80分）	（一）法治政府建设的组织保障（40分）	1. 加强党对法治政府建设工作的领导（20分）
		2. 政府常务会议对法治政府建设工作讨论情况（20分）
	（二）法治政府建设的落实机制（40分）	3. 法治政府建设情况报告（20分）
		4. 政府依法行政考核工作（10分）
		5. 政府法律顾问开展工作情况（10分）

（二）设置依据和评估标准

课题组在本年度对指标的设置、分值分配和评分标准进行了部分调整，其中"法治政府建设情况报告"从2017年的满分10分增加到满分20分，而且评分标准有较大调整，主要是聚焦于报告的实质内容；"政府依法行政考核工作"从2017年的满分15分下降到满分10分；去掉原三级指标"是否设置独立的法制机构"和"领导干部的法治思维培养"，新设"加强党对法治政府建设工作的领导"，将三级指标"政府法律顾问开展工作情况"纳入二级指标"法治政府建设的落实机制"下考察。本次调整的主要考虑有以下几点。一是中共中央印发的《深化党和国家机构改革方案》指出"不再保留国务院法制办公室"并要求地方各级政府进行相应调整，原三级指标"是否设置独立的法制机构"不再具有考察意义。二是党的十九大报告提出"坚持党对一切工作的领导"，同时，《法治政府建设实施纲要（2015—2020年）》也提出，加强党对法治政府建设的领导。考虑到实际工作中各级党委对地方政府工作的领导作用，设置"加强党对法治政府建设工作的领导"这一观测点。三是将领导干部的法治思维培养吸收到对政府常务会议学法情况的考察中，专门在常务会议三级指标中设置5分的考评分。四是根据往年考察经验，依法行政考核工作相对而言占分过多，此次决定削减分值。五是将多出来的分数转移到内涵相对丰富的法治政府建设情况报告，以进一步引导相关内容的完善。

测评中，评估团队所依据的材料与数据主要来源于市委市政府网站、政府信息公开网站，同时通过百度、必应等搜索引擎进行辅助查询。未能检测到相关内容的，视为未落实该项工作。各三级指标（观测点）的测评方法及赋分标准如下。

1. 加强党对法治政府建设工作的领导

【设置依据】党的十九大报告提出"坚持党对一切工作的领导"。同时，《法治政府建设实施纲要（2015—2020年)》也提出，加强党对法治政府建设的领导。实际工作中，各级党委对法治政府建设工作的组织领导是推进该项工作的关键因素，具有很强的观测意义。此项指标具体分为两部分，一是是否在党委层面成立"全面依法治市领导小组/委员会"或"法治政府建设领导小组"等机构及其是否在2017年开展实质性活动，二是党委常委会议对法治政府建设或依法行政相关议题的讨论。前者考虑到十八届四中全会提出"全面推进依法治国"后各地需要相应的实施抓手，且已有相当一部分城市完成组建，具有指引性。后者直接体现各级党委对法治政府建设的重视程度。

【测评方法】借助搜索引擎，检索该市是否设置"全面依法治市领导小组/委员会"或"法治政府建设领导小组"等领导议事机构及其在2017年开展活动的情况。检索截止日期为2018年5月10日。

通过检索市委市政府网站、党建网站、政府信息公开网站，辅以百度、必应等搜索引擎，查找党委常委会议简报、会议纪要、会议新闻报道等。

【评分标准】本市党委成立有"全面依法治市领导小组/委员会"或"法治政府建设领导小组"等领导议事机构的，得5分；该领导议事机构在2017年开展实质性活动的，得5分；市委常委会召开专门会议就此法治政府建设议题进行讨论研究的，一次会议得10分；将此作为会议议题之一进行讨论研究的，一次会议得5分，最多10分；将法治政府建设或依法行政结合其他事项进行讨论研究的，一次会议得2~3分，最多得10分。

2. 政府常务会议对法治政府建设工作讨论情况

【设置依据】政府常务会议作为各级政府集体议事的决策性会议，在本地区社会发展和经济建设等方面起到了举足轻重的作用。新《纲要》对各地方推进法治政府建设提出了明确要求，2010年国务院《关于加强法治政府建设的意见》（简称《意见》）也提出"县级以上地方人民政府常务会议每年至少听取两次依法行政工作汇报，及时解决本地区依法行政中存在的突出问题，研究部署全面推进依法行政、加强法治政府建设的具体任务和措施"。政府常务会议讨论法治政府建设议题的多少能够反映政府对新

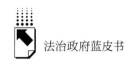

《纲要》和《意见》的落实情况，也体现其在法治政府建设方面投入的精力。

【**测评方法**】通过检索当地政府网站、政府信息公开网站、政府法制办公室网站，在专门的"政府会议"或"政务要闻"等信息项下获取政府常务会议简报、会议纪要、会议新闻报道等。同时使用百度搜索引擎，以"法治政府、常务会议"或"依法行政、常务会议"等关键词进行搜索，通过查询各市 2017 年度法治政府相关工作并分析提炼会议内容，获取相关信息。检索截止日期为 2018 年 5 月 10 日。

【**评分标准**】在政府常务会议有专题讨论法治政府建设或依法行政议题的，讨论一次的得 5 分；就其他涉及法治政府建设或依法行政议题进行讨论或研究的（不包括研究通过规章、规范性文件等），每次计 2.5 分；以上总计最高 15 分。此外，在常务会议上开展学法活动的，加 5 分。

3. 法治政府建设情况报告

【**设置依据**】新《纲要》第 42 条规定："县级以上地方各级政府每年第一季度要向同级党委、人大常委会和上一级政府报告上一年度法治政府建设情况，政府部门每年第一季度要向本级政府和上一级政府有关部门报告上一年度法治政府建设情况，报告要通过报刊、政府网站等向社会公开。"

【**测评方法**】通过检索市委市政府网站、政府信息公开网站，并辅以百度、必应等搜索引擎检索，考察政府网站上是否公布上一年度法治政府建设情况报告，并对该报告的内容进行分析评分。检索截止日期为 2018 年 5 月 10 日。

【**评分标准**】在本年度四月底前公布上一年度法治政府建设情况报告（或依法行政工作情况报告）的得 5 分；晚于本年度四月底但早于检索截止日期的，算作延迟公布，得 2~3 分；检索截止日期后仍未公布的，不得分。其中，报告总结该年度工作，内容完整、表述具体的，加 3 分；报告中有披露规范性文件制定数量、行政执法立案数、行政复议正确率等具体数据信息的，加 2 分；报告展望下一年度工作，有具体措施的，加 2 分；措施条理清晰，详略突出、有针对性的，加 3 分。报告有提到存在的具体问题，或者其他有助于各方了解、监督该地法治政府建设情况的内容的，酌情给予 1~5 分。此外，被评估政府如果在法定方式以外，还通过其他形式（如"蓝皮书""白皮书"）发布该报告的，酌情赋分。

4. 政府依法行政考核工作

【**设置依据**】新《纲要》第 43 条规定："各级党委要把法治建设成效作为衡量各级领导班子和领导干部工作实绩的重要内容，纳入政绩考核指标体系，充分发挥考核评价对法治政府建设的重要推动作用。"

【测评方法】通过检索市政府及其法制部门网站，并辅以百度搜索引擎检索，考察被评估政府依法行政考核情况。检索截止日期为 2018 年 5 月 10 日。

【评分标准】被评估政府通过公开依法行政考核结果、通报考核情况等方式公开了本年度依法行政考核情况的，视为其组织了相关考核，得基础分 7 分；但是，如果仅有考核的新闻报道而未公布考核结果的实质性内容的，在 7 分以内酌情赋分；公开数据显示被评估政府公布了考核发现的有针对性的具体问题、提出需要改进的地方的，加 3 分。

5. 政府法律顾问开展工作情况

【设置依据】十八届四中全会提出要积极推行政府法律顾问制度；新《纲要》第 17 条同样要求"建立政府法制机构人员为主体、吸收专家和律师参加的法律顾问队伍，保证法律顾问在制定重大行政决策、推进依法行政中发挥积极作用"。2016 年中共中央办公厅、国务院办公厅印发的《关于推行法律顾问制度和公职律师公司律师制度的意见》要求县级以上地方各级党政机关在 2017 年底前普遍设立法律顾问，并对法律顾问在重大事项决定、规章等文件起草过程中应该发挥的作用做出了规定。

【测评方法】检索市政府网站、市政府法制办网站、政府信息公开网站、本年度本市政府工作报告、法治政府建设报告、法律顾问工作的开展情况及相关报道，通过在百度、必应等搜索引擎中键入"城市名、政府法律顾问"等关键词，查询各市本年度在有关领域的工作动态和社会反映。检索截止日期为 2018 年 5 月 10 日。

【评分标准】本级政府设立法律顾问的，得 4 分；讨论、决定重大事项前，有听取法律顾问法律意见的，加 3 分；起草、论证有关法律法规规章草案、党内法规草案和规范性文件送审稿，有请法律顾问参加或者听取其法律意见的，加 3 分。

二 总体评估结果分析

本项评估总分为 80 分，被评估的 100 个城市的平均得分为 45.99 分，共有 52 个城市在平均分之上，占到被评估城市总数的 52%；48 个城市在平均分之下，占到被评估城市的 48%，整体得分趋于正态分布。本项评估下得分最高的城市为 72 分，得分最低的城市为 14 分，体现了较大的区分度。本项评估中，排名前五的城市分别是宁波（72 分）、深圳（71 分）、上海（70 分）、佛山（68 分）、北京（67.5 分）与杭州（67.5 分）（参见图 3-1、图 3-2）。

本项一级指标共包含五个三级指标（观测点），每个三级指标（观测点）满分为 10 分或 20 分。各三级指标（观测点）的得分状况如下：加强党对法治政府建设工作

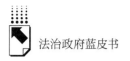

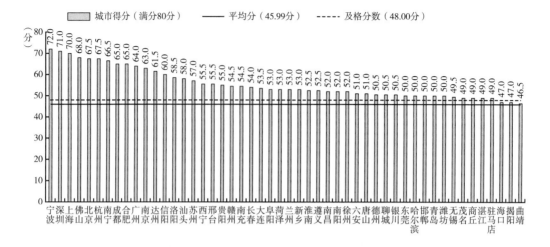

图 3-1　排名 1~50 的城市得分情况分布

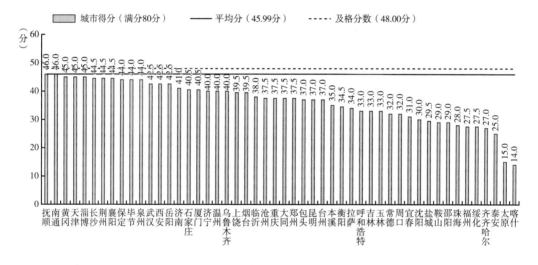

图 3-2　排名 51~100 的城市得分情况分布

的领导，平均分 13.86 分；政府常务会议对法治政府建设工作讨论情况，平均分 11.68 分；法治政府建设情况报告，平均分 9 分；政府依法行政考核工作，平均分 4.95 分；政府法律顾问开展工作情况，平均分 6.55 分。其中，平均得分率最高的三级指标为"加强党对法治政府建设工作的领导"，这表明党在推进依法行政工作中的领导地位较为突出，有利于推进法治政府建设工作；得分率最低的三级指标为"法治政府建设情况报告"，这反映出各地方政府对法治政府建设的总结工作不到位，相关文件、公告未公开，以及报告的格式与内容存在瑕疵等问题（本一级指标下各三级指标的平均得分率参见图 3-3）。

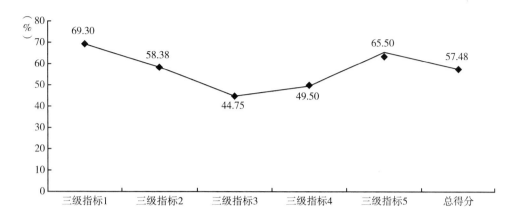

图 3 - 3　各三级指标的平均得分率

三　三级指标评估结果分析

（一）加强党对法治政府建设工作的领导

1. 总体表现分析

本项评估中，平均得分为 13. 86 分，有 5 个城市得到满分，占到总数的 5%，没有城市得到 0 分（参见表 3 - 2）。

表 3 - 2　加强党对法治政府建设工作的领导指标得分分布

得分（分）	17 ~ 20	13 ~ 16	9 ~ 12	5 ~ 8	0 ~ 4
城市（个）	14	63	15	8	0

党委成立"全面依法治市领导小组/委员会"或"法治政府建设领导小组"等领导议事机构及其开展活动情况部分，平均得分为 8. 9 分，有 81 个城市得到满分，占到总数的 81%，3 个城市得到 0 分（参见表 3 - 3）。

表 3 - 3　党委"全面依法治市领导小组/委员会"等设立情况

得分（分）	10	5	0
城市（个）	81	16	3

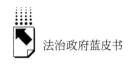

市委常委会议讨论研究法治政府建设或依法行政议题情况部分，100个被评估城市的平均得分为5分，其中满分城市有7个，0分城市有9个（参见表3-4）。

表3-4　市委常委会议对法治政府建设等议题讨论研究情况

得分(分)	8~10	4~7	0~3
城市(个)	17	44	39

从以上检索结果来看，97%的城市党委都设有"全面依法治市领导小组/委员会"或"法治政府建设领导小组"等领导议事机构，其中仅有16个被评估城市未查询到在2017年开展实质性活动。91%的城市在该年度的市委常委会议中对法治政府建设或依法行政议题进行过讨论研究，极个别城市专门召开市委常委会议对本市法治政府建设进行规划部署，少数城市将此作为议题之一在市委常委会议上进行研究，大多数城市则结合"放管服改革""环境保护""安全生产"等工作事项对依法行政或法治政府建设要求进行贯彻落实。

2. 分差说明及典型事例

本项指标最高分为20分，得到满分的城市有北京、上海、广州、深圳、南京共5个城市。通过对政府网站检索和百度等搜索引擎搜索，发现沧州、临沂、泰安这3个城市未设有党委领导下的"全面依法治市领导小组/委员会"或"法治政府建设领导小组"等领导议事机构。该项指标得分差距主要体现在市委常委会议是否就法治政府建设或依法行政议题专门开会进行讨论研究，以及涉及的程度和频次。

例如，以满分城市北京、广州为例。在市委常委会议这一项中，2017年北京市曾专门召开会议对依法行政工作进行研究部署，得到10分。广州在2017年的两次市委常委会议上，分别将"城市法治建设""放管服改革"作为会议议题之一进行讨论研究，两次5分共得10分。

（二）政府常务会议对法治政府建设工作讨论情况

1. 总体表现分析

多数城市在常务会议中对法治政府建设或者依法行政等相关问题进行过讨论，区别度主要体现在是否在常务会议上开展了学法活动、是否就涉及法治政府建设的议题进行了专门讨论，以及涉及的程度和频次。该指标各城市的平均得分为11.675分，共有53个城市得分在平均分数之上，占总数的53%（参见表3-5）。

表 3 – 5 　政府常务会议对法治政府建设工作讨论情况得分分布

得分（分）	20	15 ~ 17.5	10 ~ 12.5	5 ~ 7.5	0 ~ 2.5
城市（个）	9	30	37	16	8

过半数的城市于 2017 年专门召开常务会议专题研究本市的法治政府建设，多数城市亦针对"放管服改革""政府信息公开""行政执法体制改革"等法治政府建设的相关议题在常务会议上进行了讨论。部分城市该年度没有在政府常务会议上对法治政府建设相关议题进行研究，导致没有得分。另外，近四成的城市在常务会议上开展了学法活动。

2. 分差说明及典型事例

本项指标最高分为 20 分，广州、合肥、菏泽、六安、宁波、昭阳、苏州、信阳、湛江 9 个城市得到满分。上述城市的政府常务会议针对法治政府建设或者相关议题的讨论满足该指标的次数要求，并且在政府常务会议上开展了学法活动。

以邵阳市为例，2017 年度有一次常务会议专题研究法治政府建设，有四次会议分别讨论了城市管理综合执法体制改革、行政应诉工作、简政放权、放管服改革等法治政府建设的相关议题，另外有常务会议开展了学法活动，故而得满分。

（三）法治政府建设情况报告

1. 总体表现分析

本项评估中，大部分被评估城市公布了上一年度法治政府建设情况报告或依法行政工作情况报告，但是，截至数据采集日，仍然有 28 个市政府未能按照新《纲要》的要求，公开上一年度法治政府建设情况报告。该指标的平均得分为 8.95 分，有 1 个城市得到满分，占到总数的 1%，28 个城市得到 0 分（参见表 3 – 6）。

表 3 – 6 　法治政府建设情况报告得分分布

得分（分）	16 ~ 20	12 ~ 16	8 ~ 12	4 ~ 8	0 ~ 4
城市（个）	5	25	40	2	28

整体来看，有 67 个市政府及时地以《依法行政工作综述》《依法行政工作情况报告》《法治政府建设情况报告》等形式公布了上一年度法治政府建设情况报告。有 5 个城市公布法治政府建设情况报告存在较为明显的迟延，酌情赋予了相应分数。在

能够查阅到的报告中，69 个城市在报告中公开了较为翔实的工作数据；但仅有 39 个城市在报告中公布了下一年的工作规划，33 个城市的规划较为具体，可操作性强。以上数据说明大多数城市对报告的重视程度已经提高，对于上一年法治政府建设的工作情况可以形成清晰完整的认识，但对下一年的工作规划，较多城市仍无法提出具体的、清晰的规划，仍以口号式的内容为主。

2. 分差说明及典型事例

本项评估中，较为及时地公布报告的城市有保定市等 67 个城市，但是，有 28 个城市在数据采集截止日未通过网络方式公布报告。公布了报告的各城市，分差主要由"报告展望下一年度工作，有具体措施"以及"措施条理清晰、详略突出、有针对性"两项采分点造成，两个采分点得分率仅分别为 39.00% 与 32.32%。大多数城市的叙述过于概括，而有的城市甚至只字未提下一年的工作规划。相反，上海市等城市在该采分点上表现突出，报告后半部分从八个方面分别叙述了下一步的工作重点，内容与上文相呼应，因而得到满分。

（四）政府依法行政考核工作

1. 总体表现分析

本项评估中，通过在市政府及其法制部门网站和百度搜索引擎检索，能查询到 81 个市政府在 2017 年度开展了依法行政考核工作，或在 2018 年对 2017 年度的依法行政工作进行了考核。其中 23 个市政府公布了考核结果，有 18 个市政府进一步公布了考核发现的具体问题（参见表 3-7）。

表 3-7 政府依法行政考核工作得分分布

得分（分）	10	7	4~5	0
城市（个）	18	5	58	19

就依法行政考核工作的开展情况来看，大多数城市开展了依法行政的考核工作，但仅不到半数的城市公布了考核结果。公布了考核结果的城市中，部分城市仅列出优秀单位名单而未具体分析考核情况，也未公布发现的问题、提出需要改进的地方。部分城市公布了较为全面的考核结果，不仅对该年度的考核结果进行了详细的分析，还指出了存在的问题以及相应的改进方向。

2. 分差说明及典型事例

本项指标最高分为 10 分，沧州、长春、成都、大连、佛山、哈尔滨、海口、邯郸、合肥、洛阳、南宁、宁波、深圳、西宁、新乡、邢台、徐州、驻马店这18个城市得到满分。以洛阳市为例，洛阳市法治政府建设领导小组办公室组织人员对各县（市、区）政府、管委会和市直各行政执法部门2017年度依法行政工作进行了全面考核，并在政府门户网站中发布了《洛阳市法治政府建设领导小组关于2017年度依法行政工作考核情况的通报》。考核工作以日常考核、实地考核、集中评查、走访调查的方式进行，重点围绕依法履行政府职能、建立健全依法决策机制、持续推进服务型行政执法、严格落实行政执法责任制、加强政府立法和规范性文件管理、规范行政权力的监督和制约、全面推进政务公开、完善社会矛盾化解机制、提升依法行政能力、强化依法行政推进机制这十大方面的内容展开。通报中公布了考核结果的评定情况，总结了考核中发现的亮点，并指出了考核中发现的问题，主要包括制度建设方面、重大行政决策方面、服务型行政执法建设方面、落实行政执法责任制方面、行政权力监督方面、政务公开和政府诚信体系建设方面、化解社会矛盾方面、依法行政能力建设等方面的问题。

（五）政府法律顾问开展工作情况

1. 总体表现分析

该指标以本市是否设有政府法律顾问为依据，以法律顾问队伍的职责履行情况为具体观察点进行赋分。本项平均得分为6.55分，其中有60个城市得分在平均分之上，占到总数的60%；满分城市有25个，占到总数的25%；没有得0分的城市，即100个城市均设有政府法律顾问，占比100%（参见表3-8）。

表3-8 政府法律顾问开展工作情况得分分布

得分（分）	10	7	4	0
城市（个）	25	35	40	0

2. 分差说明及典型事例

从本项评估结果上看，包头、北京、成都、大连、德州、佛山、抚顺、赣州、贵阳、邯郸、杭州、黄冈、济宁、聊城、六安、南京、宁波、汕头、上海、深圳、潍坊、西宁、邢台、玉林、珠海市表现最好，得到满分10分。分差主要体现在本级政府法律顾问队伍实质性工作开展方面，即是否在政府重大事项决定、规章等文件起草过程中发挥应有作用。

以杭州市政府为例，通过查阅杭州市政府网站、法制办网站及百度等搜索引擎发

现，2017 年该市政府法律顾问参与深化客运出租车行业管理体制改革工作，会同职能部门研究制定网约出租汽车管理、共享单车相关管理制度和措施，提出意见建议供市政府决策参考。同时对涉及城市建设与管理、民生与保障、社会综合治理等领域的《杭州市环境保护督察方案（试行）》《关于建立健全行政规范性文件合法性审查"府院衔接"工作机制的若干意见（征求意见稿）》《2017 年杭州市"信用杭州"建设市直部门工作考核办法》《关于杭州市加快推进钱塘江金融港湾建设的实施意见》等 30 余件省、市政府及市各有关部门的政策文件征求意见稿出具书面回复意见，供决策机关参考，故得到了满分。

四　评估结论与建议

总体而言，在评估指标体系所设计的十项一级指标中，"法治政府建设的组织领导"一级指标的平均得分为 45.99 分（总分 80 分），平均得分率为 57.48%，在十项指标中居第七位。在 2017 年的评估中，该一级指标的平均得分率为 59.03%。这一变化虽然主要源于本年度对部分指标设计及其评分的方式进行了调整，但也说明，法治政府建设的组织领导仍然需要进一步加强。

从三级指标来看，各城市在新指标"加强党对法治政府建设的领导"方面表现较好；在公开依法推进行政考核工作方面有比较明显的进步；政府常务会议对法治政府建设工作讨论情况、政府法律顾问开展工作情况等方面则存在一定的缺陷。课题组对评估过程中发现的问题予以简要梳理和分析，并提出了一些针对性的完善建议。

（一）历史数据表现及趋势分析

1. 未公布法治政府建设情况报告的城市数量逐年减少

在 2016 年的评估中，截至检索截止日，未公布法治政府建设情况报告的城市比例高达 81%，在 2017 年该比例下降到 46%，而 2018 年则仅为 28%（参见图 3-4）。该变化说明大多数城市已经提高了对新《纲要》中要求的重视，在信息公开方面做出了努力。

但是，本年度评估中该项指标在前一年的基础上增加分值，并开始对报告的实质内容进行评价后，各城市表现并不理想，这说明对于该要求的贯彻力度仍有待加强。

2. 公开推进依法行政考核工作进步比较明显

在本一级指标项下"公开推进依法行政考核工作"该三级指标上，2016 年评估中全国平均得分率为 31.0%，2017 年评估中全国平均得分率为 36.73%，2018 年评

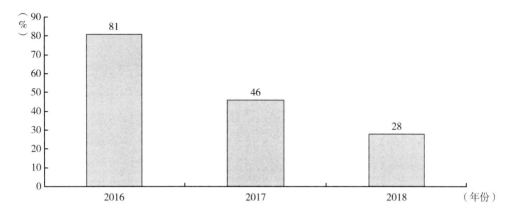

图 3 - 4　2016～2018 年各年未按规定期限公布报告的政府比例

估中全国平均得分率为 49.50％。该观测点连续得分率逐年提高，并呈加速态势。可见，各市政府依法行政考核工作逐年深入开展，不仅在广度上有了进步，而且在深度和质量上也得到了提升（参见图 3 - 5）。

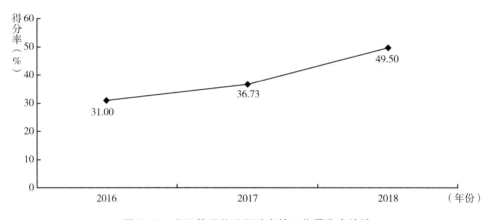

图 3 - 5　公开推进依法行政考核工作得分率统计

3. 党对法治政府建设工作的领导工作表现良好

2018 年新设立的三级指标"加强党对法治政府建设工作的领导"成为本一级指标下得分率最高的项目，如果以百分制来看，该项平均分已经接近 70 分，反映了各地党委对于法治政府建设工作的重视。

（二）存在的问题

1. 党委对法治政府建设的领导有待进一步深化

在被评估的 100 个城市中，网络检索数据显示，97 个城市的党委都设有"全面

依法治市领导小组/委员会"等机构，其中81个城市均在2017年开展了实质性活动，可见各地党委较为重视通过机构建设推动法治建设工作。

但是，在市委常委（全体）会议讨论研究法治政府建设或依法行政议题情况部分，被评估的100个城市中仅有7个满分，高分城市17个，大多数城市得分位于中等偏低区间。这是因为从检索到的实际信息来看，只有极个别城市召开专门会议就此议题进行讨论研究，少数城市将此作为会议议题之一进行讨论研究，而将法治政府建设或依法行政结合其他工作事项进行讨论研究是大多数城市的做法，其中其他工作事项涉及城市建设的方方面面，比较分散。这反映出党委对法治政府建设的领导还有待进一步深化，需要投入更多的精力研究、解决制约法治政府建设的各种问题（参见表3-9、图3-6）。

表3-9 党委会议题涉及法治政府建设的方式统计

讨论方式	专门会议	会议议题之一	结合其他事项
城市（个）	3	17	71

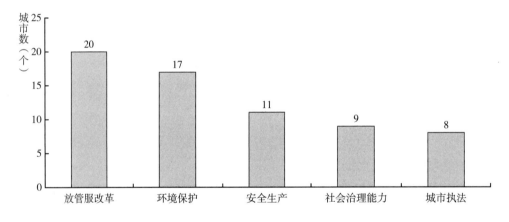

图3-6 党委会议和法治政府建设相关的主要议题

2. 政府常务会议专题研究法治政府建设的频次较少，领导学法活动欠缺深入

2017年政府常务会议对法治政府建设工作讨论的测评项得分相较上一年度有所下降，平均分从2016年的13.31分下降到该年度的11.675分，这部分是因为测评内容、评分方式有所变动：一方面，增加了常委会议上开展学法活动的测评内容；另一方面，单次讨论依法行政或法治政府议题的分值有所调低，对讨论依法行政或法治政府议题的常务会议的频次要求更高。高分城市数量有所减少，位于高分段的城市从2016年的54个减少到该年度的39个。

但是，从法治政府建设专题研讨的开展情况上看，政府常务会议对法治政府建设开展专题讨论的频次较少，100 个城市中仅有 51 个城市在 2017 年对法治政府建设开展了专题研讨，占比为 51%，其他城市仅在相关问题讨论时涉及了法治政府建设或者依法行政问题。另外，从议题的内容选取上能够看出，地方政府对法治政府建设的相关研讨更多是完成上级要求的"规定动作"，缺乏主动性和探索性。例如，在专题讨论法治政府建设时，多数内容系审议该年度的法治政府建设情况报告或该年度的法治政府建设实施方案；在法治政府建设相关议题的选取上，内容大多系围绕推进"放管服"改革（包括简政放权、权力清单）、"规范性文件清理"、"行政执法体制改革"（包括行政执法公示制度、执法全过程记录制度）等几大议题；从相关的会议报道内容来看，措辞大多为"进一步开展""进一步落实"，偏重对中央号召的口号式回应，缺少对地方发展现状的关注与具有实效性措施的探索（参见表 3 – 10）。

表 3 – 10　政府常务会议上法治政府建设相关议题讨论情况

议题内容	放管服改革相关议题	规范性文件清理	执法体制改革相关议题	政务公开	其他
讨论次数占比(%)	42.62	13.92	18.99	5.91	18.56

在常务会议开展学法活动方面，仍有六成左右的城市未在常务会议上进行相关的学法活动，在开展了学法活动的城市中，多数城市一年仅开展一次学法活动；从学法内容上来看，针对具体法律问题或者重大涉法事件的专题学习比较少，学习内容较为零散，缺乏连续性和系统性。

3. 法治政府建设情况报告的公开还存在不足，报告内容欠缺深度

截至检索截止日，仍有 28 个城市未按照规定公布法治政府建设情况报告，这一比例虽然较 2017 年有所下降，但仍然表明，一些地方政府对新《纲要》的具体要求落实不到位，未将法治政府建设情况报告工作制度化、常态化。

在报告的内容方面则存在比较大的欠缺：首先，各城市在编写体例及格式上存在不同程度的不规范问题，一些城市的报告甚至存在一级标题与二级标题编号格式混用情况；其次，有 31 个城市工作总结笼统，未能有效反映一年来法治政府建设工作的实际问题，例如，一些城市在提到"依法化解社会矛盾，切实维护公民、法人和其他组织合法权益"时仅是概括地说工作成绩，却不披露行政复议、行政应诉等方面的数据。此外，有 61 个城市欠缺下一年的工作规划或者仅是口号性地陈述。

4. 依法行政考核结果的公开度仍需提升，考核结果欠缺对问题的暴露

评估发现，多数城市仅有开展考核工作的相关报道，但未能查询到相应的考核情

况或考核结果，公布考核结果的仅有 23 个城市。在公布了考核结果的城市中，有 18 个城市公布了考核发现的针对具体单位的问题或向人大、党委报告了考核情况。部分城市仅公布优秀单位的名单或仅公布考核分数，未进一步分析考核情况、明确具体问题并提出相应对策；部分城市仅列明考核发现的亮点及问题，但未公布具体的考核评定结果。

结果的公开是考核流程的重要一环，公开的程度如何在一定程度上决定了考核活动对相关部门的压力，若仅开展考核活动而未公布考核结果，或所公布的考核结果不够完整，均或多或少会影响到考核活动的有效性。此外，少数城市在公布的考核结果中指出了考核中发现的主要问题，但对问题的描述大多流于顶层、不够具体详细，针对性的欠缺导致考核结果的指导作用较小。

5. 政府法律顾问实质性工作开展情况仍需改善

根据评估结果，被评估的 100 个城市政府普遍设立法律顾问。但就其实际履职情况而言，仅有四分之一的城市得到满分。有 40 个城市，网络检索未能发现其政府法律顾问在重大事项决定、规章等文件起草等过程中发挥实质性作用。另外，有 35 个城市的政府法律顾问，网络检索发现其仅履行了部分职责。

一些城市政府设立了法律顾问，但在如何运用法律顾问特别是外部聘请的顾问上出现了问题，这些城市政府只是把法律顾问当作形象工程，实际决策未能让法律顾问参与、过问，让顾问处于"顾而不问"的尴尬境地。此外，政府法律顾问的作用应当体现在保障政府行政行为的合理性、合法性，以及对政府参与的活动进行风险防控，避免政府陷入诉讼，作用主要体现在"预防为主"，但对于有些城市政府，法律顾问特别是外部聘请律师更多的是充当了"消防员"的角色，出现了行政复议、行政诉讼、信访事件之后，才开始让顾问介入，成为一种事后补救措施，与真正意义上的法律顾问相去甚远。

（三）完善的建议

1. 党委对法治政府建设的领导应当从重机构建设深入到重日常组织、督导

从评估结果来看，目前，绝大多数被评估地方的党委都重视从机构建设方面推进地区法治建设，表现为成立"依法治市领导小组/委员会"等机构，并设立相应的办事机构。但是，相较而言，党委层面在定期研究法治政府建设中的难点、重点问题，研究推出深化法治政府建设的改革措施方面，还存在较大的欠缺。因此，未来加强党对法治政府建设工作的领导，应当以当下机构建设基本完成为基础，逐步增加法治建

设在各级党委中心工作中的权重。

2. 领导干部学法活动应当精细化、系统化

从评估数据来看，绝大多数城市都能够通过在政府常务会议前进行法律讲座等方式组织领导干部进行法律学习。但是，法律学习活动方式整体上还比较单一，大多数是就某部法律进行讲座式的单方传授，领导干部的参与性不足。而且，法律学习的安排也缺乏系统性。因此，领导干部学法活动应当更加精细、系统。例如，可以结合新《行政诉讼法》确定的行政首长出庭应诉制度，由参与过行政应诉工作的领导干部讲述心得体会；还可以结合日常管理中遇到的典型案例，由不同领导从各自分管工作的角度讨论法律执行中的主要问题；等等。

3. 推动法治政府建设情况报告标准化

根据近年来的评估数据，法治政府建设情况报告制度逐步落实，未按照规定向社会公开报告的情况逐年减少。但是，从报告内容来看，不少城市的报告还流于形式，更多的是出于应付中央要求，主动通过报告总结法治政府建设经验和问题的意识不足。因此，建议司法部推动法治政府建设情况报告的标准化工作。明确要求地方政府及其工作部门通过报告向社会公布包括行政强制、行政处罚、行政复议、行政机关首长出庭应诉、政府法律顾问开展工作情况等方面的详细数据，接受公众和第三方机构的监督。甚至可以考虑，在报告报送同级党委、人大和上级政府之前，先行公开报告草案，接受公众和相关政府部门的评论。

在推动法治政府建设情况标准化的过程中，还可以考虑要求地方政府通过法治政府建设情况报告详细地公布法律顾问参与重大行政决策、政府合同审核、进行规范性文件和重大行政执法决定法制审核等方面的详细数据，从而推动政府法律顾问实质性地参与决策，减少"顾而不问"的情况。

B.4

依法行政制度体系

摘　要：　依法行政制度体系是否完备是衡量法治政府基本建成的七大标准之一。本部分评估主要考察行政规范性文件的建章立制及实施情况，指标设计的主要依据是当前党中央和国务院一系列有关推进依法行政、建设法治政府的纲领性文件中有关行政规范性文件的具体要求。评估结果显示，绝大多数地方政府能够紧密结合本地区实际情况和现实需求深入推进行政规范性文件的法治化建设，进步明显。但本部分指标总体得分率仍然较低，仍然构成当前法治政府建设的一大短板，与法治政府基本建成目标的要求尚有较大差距，存在较大的提升空间。

关键词：　行政规范性文件　法治化　顶层设计

一　指标设置及评估标准

（一）指标体系

《法治政府建设实施纲要（2015—2020年）》明确将"完善依法行政制度体系"作为深入推进法治政府建设的主要任务和重要举措之一。本次观测"依法行政制度体系"一级指标之下设置的四项二级指标和九项三级指标（具体内容见表4－1）。

《法治政府建设实施纲要（2015—2020年）》指出，完善依法行政制度体系的目标是"提高政府立法质量，构建系统完备、科学规范、运行有效的依法行政制度体系"。主要包括政府立法（即政府规章制定）和行政规范性文件制定两大方面，2018年本部分指标内容主要指向行政规范性文件，只有三级指标"2"考察了个别地方政府规章的相关问题。2018年5月，国务院办公厅印发了《国务院办公厅关于加强行政规范性文件制定和监督管理工作的通知》（国办发〔2018〕37号），党中央和国务院一系列有关推进依法行政、建设法治政府的纲领性文件中也均对行政规范性文件建设作出具体规定。本次评估主要以这些文件为基础，选取了"行政规范性文件基础性程序的制度化"、"行政规范性文件的合法性"、"行政规范性文件的管理和监督"和"行政规范性文件的制度创新"四大方面。主要包括行政规范性文件制定和监督管理制度的建立情况、地方网约车新规的合法性、行政规范性文件公开听取意见制度的实施、行政规范性文件的公布情况、行政规范性文件管理的规范化、行政规范性文件"三统一"制度的实施、行政规范性文件的报备情况、行政规范性文件定期或动态清理及结果公布情况、行政规范性文件管理和监督的创新共九项内容。期望通过对上述九项核心内容的持续深入考察，得以管窥被评估政府在行政规范性文件领域存在的短板和不足，并针对"屡评屡现"的问题提出有针对性的对策和建议，以便为深入推进行政规范性文件的法治化夯实基础。

表 4 - 1　依法行政制度体系

一级指标	二级指标	三级指标
依法行政制度体系（80分）	（一）行政规范性文件基础性程序的制度化（10分）	1. 是否建立了完备的行政规范性文件制定和监督管理制度（10分）
	（二）行政规范性文件的合法性（35分）	2. 地方网约车新规的合法性（15分）
		3. 行政规范性文件的制定是否切实公开听取意见（10分）
		4. 行政规范性文件的公布情况（10分）
	（三）行政规范性文件的管理和监督（35分）	5. 行政规范性文件管理的规范化（10分）
		6. 行政规范性文件是否切实做到"三统一"（10分）
		7. 行政规范性文件的报备情况（5分）
		8. 是否按规定对现行行政规范性文件开展清理并公布清理结果（10分）
	（四）行政规范性文件的制度创新（加分项:10分）	9. 行政规范性文件管理和监督的创新（10分）

（二）设置依据和评估标准

本部分指标主要根据《全面推进依法行政实施纲要》《加强市县政府依法行政的决定》《法治政府建设实施纲要（2015—2020年）》《国务院办公厅关于加强行政规范性文件制定和监督管理工作的通知》以及有关法律法规对地方政府有关"行政规范性文件"方面的硬性要求而设计。观测中，项目组所依据的材料与数据来源主要为政府门户网站、网络搜索引擎关键词查询等，检索时间为2018年5月1日至7月1日。本年度指标体系与上一年度有较大不同，主要体现在以下五个方面：一是将上年三级指标 2"行政规范性文件实体是否合法"具体化为"地方网约车新规的合法性",以实现对该项指标的实质性考察;二是增加三级指标 5"行政规范性文件管理的规范化",加大对行政规范性文件专栏管理情况的考察;三是增加二级指标"(四)行政规范性文件的制度创新"及相对应的三级指标 9"行政规范性文件管理和监督的创新",并将其作为加分项,重点考察被评估政府是否建立一体化的行政规范性文件管理平台以及是否践行有效期制度;四是将上年三级指标 1"是否建立了完备的行政规范性文件制定程序制度"中的"⑦有效期制度"和三级指标 7"行政规范性文件有效期制度的实施"移到三级指标 9 中,作为其中一项加分内容来考察;五是对个别三级指标的观测方法和评分标准进行了略微调整。各项三级指标的设置依据、观测方法以及评分标准如下。

1. 是否建立了完备的行政规范性文件制定和监督管理制度

【设置依据】为规范政府及其职能部门制定行政规范性文件的行为,严控发文数量和保证文本质量,政府有必要对行政规范性文件的制定和监督管理工作做出专门规定。根据《全面推进依法治国若干重大问题的决定》、《全面推进依法行政实施纲要》、《加强市县政府依法行政的决定》、《法治政府建设实施纲要(2015—2020 年)》以及《国务院办公厅关于加强行政规范性文件制定和监督管理工作的通知》等相关文件要求,被评估政府应当建立以下行政规范性文件制定和监督管理制度:(1)公开听取意见制度;(2)专家咨询论证制度;(3)合法性审查制度;(4)集体讨论决定制度;(5)"三统一"制度;(6)备案制度;(7)异议审查制度;(8)定期或动态清理制度。

【观测方法】以"城市名"和"具体制度名称"为关键词在百度等主流搜索引擎上检索相关制度,以判断被评估政府是否建立了涵盖上述八个方面的具体制度,时间节点为 2017 年 12 月 31 日。

【评分标准】本项满分 10 分。采取扣分制,每缺少一项制度扣 5 分,直至扣完10 分为止。因此,被评估政府最终得分取决于建立制度的多寡。另外,如果被评估政府所属的省级政府或者同级人大已经制定相应制度的,可以视为被评估政府的得分依据。

2. 地方网约车新规的合法性

【设置依据】各级政府及其职能部门所制定的行政规范性文件不得存在超越法定职权范围或者与上位法相冲突等违法情形。《法治政府建设实施纲要(2015—2020年)》明确要求"规范性文件不得设定行政许可、行政处罚、行政强制等事项,不得减损公民、法人和其他组织合法权益或者增加其义务"。《国务院办公厅关于加强行政规范性文件制定和监督管理工作的通知》规定:"要严格落实权责清单制度,行政规范性文件不得增加法律、法规规定之外的行政权力事项或者减少法定职责;不得设定行政许可、行政处罚、行政强制等事项,增加办理行政许可事项的条件,规定出具循环证明、重复证明、无谓证明的内容;不得违法减损公民、法人和其他组织的合法权益或者增加其义务,侵犯公民人身权、财产权、人格权、劳动权、休息权等基本权利;不得超越职权规定应由市场调节、企业和社会自律、公民自我管理的事项;不得违法制定含有排除或者限制公平竞争内容的措施,违法干预或者影响市场主体正常生产经营活动,违法设置市场准入和退出条件等。"

【观测方法】利用官方网络检索并考察被评估政府发布的网约车新规是否存在违法设定行政许可或行政处罚的信息。

【评分标准】本项满分15分。被评估政府未依据交通运输部等七部委《网络预约出租汽车经营服务管理暂行办法》及时制定实施细则的,直接扣除全部分数。制定的网约车新规中出现以下三种情形的,每项扣5分:(1)要求从事网约车服务的驾驶员具有本市户籍或居住证等增设许可条件情形;(2)要求网约车平台公司在本地设立企业法人或分支机构等增设许可条件情形;(3)规定网约车平台公司实施相关违法行为后,可暂停受理其新增车辆和驾驶员注册业务等违法设定行政处罚情形。

3. 行政规范性文件的制定是否切实公开听取意见

【设置依据】公开听取意见是公众参与立法的主要形式,同时也是提高政府立法质量,以民主立法促进科学立法的重要方式。《国务院办公厅关于加强行政规范性文件制定和监督管理工作的通知》规定:"除依法需要保密的外,对涉及群众切身利益或者对公民、法人和其他组织权利义务有重大影响的行政规范性文件,要向社会公开征求意见。起草部门可以通过政府网站、新闻发布会以及报刊、广播、电视等便于群众知晓的方式,公布文件草案及其说明等材料,并明确提出意见的方式和期限。"

【观测方法】利用官方网络(地方政府门户网站和法制办网站等)以及在百度等主流搜索引擎上以"城市名"和"具体制度名称"为关键词进行检索,以判断被评估政府在2017年制定的行政规范性文件是否切实公开听取意见。

【评分标准】本项满分10分。被评估政府未建立行政规范性文件公开听取意见专栏或从未对行政规范性文件公开听取意见的,不得分。建立了专栏,但仅对部分行政规范性文件公开听取意见的,得5分;对全部行政规范性文件公开听取意见的,得10分。

4. 行政规范性文件的公布情况

【设置依据】《政府信息公开条例》将行政规范性文件作为行政机关主动公开的重要内容，《法治政府建设实施纲要（2015—2020 年）》也明确要求"涉及公民、法人和其他组织权利义务的规范性文件，应当按照法定要求和程序予以公布，未经公布的不得作为行政管理依据""实行规范性文件目录和文本动态化、信息化管理"。

【观测方法】对被评估政府的市政府网站、市政府法制办网站、政务信息公开网站、政府相关部门网站等官方网络进行检索，查找 2017 年度行政规范性文件的公布信息。

【评分标准】本项满分 10 分。被评估政府没有建立行政规范性文件专栏的，本项指标不得分。建立行政规范性文件专栏，但不能直接检索到文件内容的，扣 5 分；不能全面反映市政府、市政府办公厅、市政府其他组成部门以及各区县政府四类行政规范性文件的，扣 5 分；能够完整公布、清晰公布和分类公布的，得 10 分。

5. 行政规范性文件管理的规范化

【设置依据】这一指标旨在考查被评估政府的行政规范性文件专栏是否规范，是否存在非行政规范性文件。国务院一系列关于法治政府建设的文件中对行政规范性文件的内涵和外延做了明确界定，各级地方政府应当严格践行。《国务院办公厅关于加强行政规范性文件制定和监督管理工作的通知》规定："行政规范性文件是除国务院的行政法规、决定、命令以及部门规章和地方政府规章外，由行政机关或者经法律、法规授权的具有管理公共事务职能的组织（以下统称行政机关）依照法定权限、程序制定并公开发布，涉及公民、法人和其他组织权利义务，具有普遍约束力，在一定期限内反复适用的公文。"

【观测方法】对被评估政府的市政府网站、市政府法制办网站、政务信息公开网站、政府相关部门网站等官方网络的行政规范性文件专栏进行检索，查找 2017 年度市政府公布的行政规范性文件是否还包括了非行政规范性文件。

【评分标准】本项满分 10 分。2017 年度被评估政府的行政规范性文件专栏包括不属于行政规范性文件范畴的其他文件的，本项指标不得分。

6. 行政规范性文件是否切实做到"三统一"

【设置依据】《法治政府建设实施纲要（2015—2020 年）》则明确要求"实行制定机关对规范性文件统一登记、统一编号、统一印发制度"。《国务院办公厅关于加强行政规范性文件制定和监督管理工作的通知》进一步明确："行政规范性文件经审议通过或批准后，由制定机关统一登记、统一编号、统一印发，并及时通过政府公报、政府网站、政务新媒体、报刊、广播、电视、公示栏等公开向社会发布，不得以内部文件形式印发执行，未经公布的行政规范性文件不得作为行政管理依据。"通过实行"三统一"制度对行政规范性文件进行统一管理和监督，可以降低其违法概率，提升其权威性和执行力，这对于加强依法行政和维护法制统一具有重要意义。

【观测方法】利用官方网络（地方政府门户网站和法制办网站等）以及在百度等主流搜索引擎上以"城市名"和"具体制度名称"为关键词进行检索，以判断被评估政府管理行政规范性文件是否做到了"三统一"。

【评分标准】本项满分 10 分。被评估政府未建立该项制度或未践行"三统一"制度要求的，不得分。

7. 行政规范性文件的报备情况

【设置依据】这一指标旨在考查被评估政府的行政规范性文件备案审查制度是否得到有效实施。备案审查制度是我国立法监督体系中的一种重要方式，是确保行政规范性文件合法的重要依托。《法治政府建设实施纲要（2015—2020 年）》明确要求"加强备案审查制度和能力建设，把所有规范性文件纳入备案审查范围……加大备案审查力度，做到有件必备，有错必究"。《国务院办公厅关于加强行政规范性文件制定和监督管理工作的通知》规定："健全行政规范性文件备案监督制度，做到有件必备、有备必审、有错必纠。制定机关要及时按照规定程序和时限报送备案，主动接受监督。"

【观测方法】对被评估政府的市政府法制办网站进行检索，查找行政规范性文件报备系统或 2017 年度行政规范性文件的备案审查信息。

【评分标准】本项满分 10 分。未检索到行政规范性文件备案审查平台或者相关信息的，本项指标不得分。

8. 是否按规定对现行行政规范性文件开展清理并公布清理结果

【设置依据】《法治政府建设实施纲要（2015—2020 年）》明确指出："各级政府及其部门要根据规范性文件立改废情况及时作出调整并向社会公布。"《国务院办公厅关于加强行政规范性文件制定和监督管理工作的通知》规定："健全行政规范性文件动态清理工作机制，根据全面深化改革、全面依法治国要求和经济社会发展需要，以及上位法和上级文件制定、修改、废止情况，及时对本地区、本部门行政规范性文件进行清理。"

【观测方法】根据被评估政府建立的清理制度，以"城市名""规范性文件""清理结果"等为关键词在百度等主流搜索引擎和中国法律法规信息系统上检索相关信息，以判断被评估政府是否如期对行政规范性文件进行清理并公布结果。

【评分标准】本项满分 10 分。被评估政府未建立行政规范性文件清理制度的，本项指标不得分。只进行清理但未统一公布清理结果的，得 5 分；没有如期清理的，本项指标不得分。由于各地清理周期及起算点有所不同，根据"市县政府及其部门每隔两年要进行一次规范性文件清理工作"的规定，如果被评估政府 2017 年度没有开展清理的，2016 年度或 2015 年末的清理也可作为观测点。

9. 行政规范性文件管理和监督的创新

【设置依据】这一指标为加分项，旨在考查被评估政府在推进行政规范性文件管理和监督过程中是否有体制机制和制度方面的创新。例如，《国务院办公厅关于加强行政规范性文件制定和监督管理工作的通知》规定："县级以上各级人民政府要逐步构建权威发布、信息共享、动态更新的行政规范性文件信息平台，以大数据等技术手段实现对文件的标准化、精细化、动态化管理。"《加强法治政府建设的意见》（国发〔2010〕33 号，已失效）规定："探索建立规范性文件有效期制度。"

【观测方法】对被评估政府的市政府网站、市政府法制办网站、政务信息公开网站、政府相关部门网站等官方网络进行检索，查找被评估政府是否实现了对行政规范性文件的一体化平台管理，是否践行了有效期制度。

【评分标准】本项满分 10 分。被评估政府建立一体化的行政规范性文件管理平台和践行有效期制度，每一处创新加 5 分，直到加满 10 分为止。

二 总体评估结果分析

本部分指标总分为 80 分，被评估的 100 个城市的平均得分为 45.5 分，2017 年平均得分为 45.92。2018 年共有 48 个城市在平均分之上，占到被评估城市总数的 48%，52 个城市在平均分下，占到被评估城市的 52%，整体得分趋于正态分布。2017 年则有 44 个城市在平均分之上，56 个城市在平均分之下。本部分指标得分最高的城市为 75 分，得分最低的城市为 5 分，体现了较大的区分度。2017 年得分最高的城市为 78 分，得分最低的城市为 15 分。

在 100 个被评估城市中，本年度分数排名前三的城市分别是吉林市（75 分）、青岛市（70 分）、厦门市（70 分）、广州市（70 分）、深圳市（70 分）和南宁市（70 分）（参见图 4 - 1、图 4 - 2）。上一年度排前三的城市分别是德州市（78 分）、合肥市（76 分）、吉林市（75 分）、青岛市（75 分）、淄博市（75 分）、潍坊市（75 分）和南宁市（75 分）。

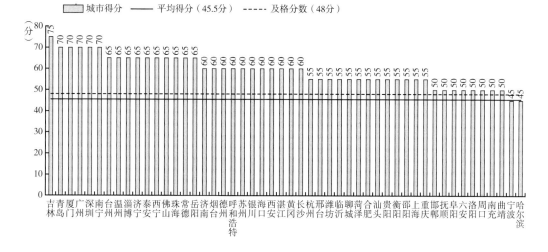

图 4-1　一级指标 3 得分排名前 50 名的城市

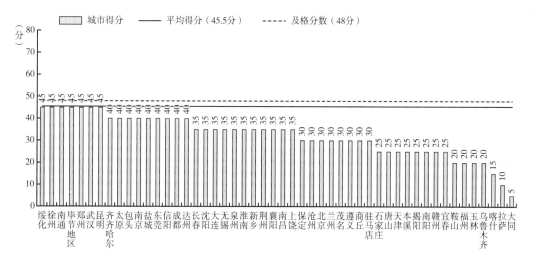

图 4-2　一级指标 3 得分排名后 50 名的城市

本部分指标共包含九项三级指标（观测点），其中，三级指标 2 为 15 分，三级指标 7 为 5 分，其余七项三级指标均为 10 分。各项三级指标的得分情况如下：行政规范性文件制定程序和监督管理制度的完备度，平均分 8.35 分；地方网约车新规的合法性，平均分 5.3 分；行政规范性文件制定的公开度，平均分 3.9 分；行政规范性文件的公布情况，平均分 5.6 分；行政规范性文件管理的规范化，平均分 4.45 分；"三统一"制度的落实情况，平均分 4.5 分；行政规范性文件的报备情况，平均分 2.2 分；行政规范性文件清理制度的落实情况，平均分 8.8 分；行政规范性文件管理和监督的创新情况，平均分2.4分。可见，各项三级指标得分率差异明显（三级指标得分率参见图4-3），这充分反映出地方政府对推进行政规范性文件法治化建设的不同环节重视迥异。其中，三级指标1侧重于建章立制方面的评估，三级指标8侧重于行政规范性文件清理制度的落实，得分率都相对较高。而其他着重于对相关制度实施情况的评估，得分率则相对较低。一方面，差异化的得分率充分暴露出行政规范性文件法治化建设中的短板；另一方面，也充分说明当前行政规范性文件建设的法治化水平更多地取决于相关制度的实施情况。"一分部署，九分落实"，法治政府建设的难点和重点就在于要如何确保具体制度能够得到良好实施，这已成为不容回避的客观现实。

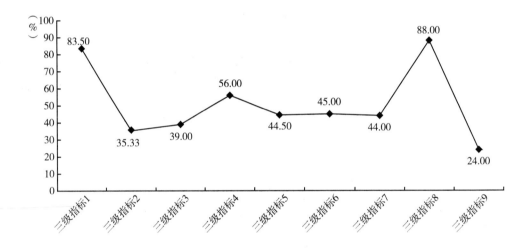

图4-3 三级指标得分率

本部分指标体系的变动，导致2018年评估结果与上年评估结果差异明显，100个城市的平均得分和总得分率出现了略微下降。在总分保持不变的情况下，上年度平均得分45.92分，总得分率57.4%。2018年平均得分45.5分，总得分率56.88%，与上年度相比降低0.42分，得分率降低0.52个百分点。造成这种现象的原因主要包括以下三个方面。一是对个别三级指标做了较大调整，例如，上年三级指标2"行政规范性文件的实体合法性"的得分率为100%，而2018年细化为"地方网约车新规的合法性"的得分率为35.33%，仅这一项三级指标的变动，就导致总体平均得分少了4.7分。二是对个别三级指标的评分标准进行调整，例如，三级指标1"行政规范性文件制定程序和监督管理制度的完备度"的上年评分标准为每缺少一项制度扣2分，2018年调整为每缺少一项制度扣5分，这也导致该项指标得分率略微下降。三是新增了加分项三级指标9"行政规范性文件管理和监督的创新",获得平均加分2.4分。从整体上来看,2018年的九项三级指标,除了新增的三级指标5和9,三级指标2和8发生了较大变化,剩余五项三级指标与上年基本相同(三级指标得分率的具体变化见表4-2)。综上,100个城市在推进依法行政制度体系建设方面的总体趋势是稳中上升的。

表4-2 2017年、2018年依法行政制度体系各三级指标得分率对比情况

单位:%

	2017年得分率	2018年得分率	变化情况
1. 行政规范性文件制定程序制度的完备度	86.20	83.50	↓
2. 行政规范性文件的实体合法性(地方网约车新规的合法性)	100.00	35.33	↓
3. 行政规范性文件制定的公开度	37.50	39.00	↑
4. 行政规范性文件的公布情况	57.00	56.00	↓
5. 行政规范性文件管理的规范化		44.50	
6. "三统一"制度的落实情况	32.50	45.00	↑
7. 行政规范性文件的报备情况	37.00	44.00	↑
8. 行政规范性文件清理制度的落实情况	63.00	88.00	↑
9. 行政规范性文件管理和监督的创新		24.00	
整体	57.40	56.88	↓

三 三级指标评估结果分析

(一)行政规范性文件基础性程序的制度化

1. 总体表现分析

行政规范性文件基础性程序的制度化这一指标,被评估政府总体上尚可,平均得分为8.35分,得分率83.50%。在加大扣分力度的情况下(每缺少一项制度由扣2分调整为扣5分),与上一年度得分率(86.20%)相比,略有下降。该指标得分分布情况见表4-3。

表4-3 行政规范性文件基础性程序的制度化指标得分情况

得分(分)	0	5	10
城市(个)	5	23	72

从该项指标所包含的具体内容来看，截至 2017 年底，100 个城市均建立了合法性审查制度、备案制度和异议审查制度，98 个城市建立了集体讨论决定制度，97 个城市建立了公开听取意见和专家咨询论证制度，95 个城市建立了定期或动态清理制度，77 个城市建立了"三统一"制度。由此可见，大部分城市的失分点在于未建立"三统一"制度。从实现该项指标的制度形式上来看，2017 年度大部分城市或所属省级政府均制定了专门、系统的行政规范性文件制定程序制度或类似制度。例如吉林市政府制定的《吉林市规范性文件监督管理办法》、成都市政府制定的《成都市行政规范性文件管理规定》、宁夏回族自治区政府制定的《宁夏回族自治区行政规范性文件制定和备案办法》和河北省政府制定的《河北省规范性文件管理办法》等均对该项指标的 8 项制度作出规定。

2. 分差说明及典型事例

在本项指标中，优秀典范城市是黑龙江省、吉林省、湖南省、浙江省、广东省、江西省、贵州省、云南省、四川省、河北省、内蒙古自治区的所有被测评城市和上海市、重庆市、西安市、海口市、银川市、西宁市、兰州市等 72 个城市，它们均得到满分 10 分。相比较而言，有 5 个城市建立了不足 7 项制度，即北京市、福州市、沈阳市、抚顺市和拉萨市。其中，北京市未建立公开听取意见和"三统一"两项制度；福州市未建立集体讨论决定和"三统一"两项制度；沈阳市未建立公开听取意见、专家咨询论证和"三统一"三项制度；抚顺市未建立公开听取意见、集体讨论决定、"三统一"三项制度；拉萨市未建立专家咨询论证、"三统一"和定期或动态清理三项制度。

（二）地方网约车新规的合法性

1. 总体表现分析

关于地方网约车新规的合法性这一指标，被评估政府平均得分为 5.3 分，得分率 35.33%。该指标得分分布情况见表 4 - 4。

表 4 - 4 地方网约车新规的合法性指标得分情况

得分（分）	0	5	10	15
城市（个）	29	40	27	4

从该项指标所包含的具体内容来看，截至 2018 年 6 月底，有 85 个城市依据交通运输部等七部委的《网络预约出租汽车经营服务管理暂行办法》及时制定了实施细

则，占到被评估城市的 85%。在得 10 分的 27 个城市中，有 3 个城市因为"要求在本地设立企业法人或分支机构"失分，有 24 个城市因为"要求具有本市户籍或居住证"失分。得 5 分的 40 个城市全部因"要求具有本市户籍或居住证"扣分，另外的失分点在于，35 个城市因为"要求在本地设立企业法人或分支机构"失分，5 个城市因为"增设行政处罚"失分。在得 0 分的 29 个城市中，15 个城市因未及时制定实施细则而失分，14 个城市因出现以上三种违法增设许可条件和增设行政处罚情形而失分。

2. 分差说明及典型事例

在本次观测中，信阳市、周口市、黄冈市和南充市 4 个城市获得满分 15 分，所制定的实施细则均未违法增设许可条件和增设行政处罚。其他制定实施细则的 81 个城市中，有 78 个城市要求"从事网约车服务的驾驶员具有本市户籍或居住证"，有 52 个城市要求"网约车平台公司在本地设立企业法人或分支机构"，有 19 个城市规定"网约车平台公司实施相关违法行为后，可暂停受理其新增车辆和驾驶员注册业务"。以上增设许可条件和增设行政处罚的情形分别违反了《行政许可法》、《反垄断法》、《公平竞争审查制度实施细则（暂行）》（发改价监〔2017〕1849 号）、《行政处罚法》或者缺少上位法依据。

（三）行政规范性文件制定的公开度

1. 总体表现分析

关于行政规范性文件制定的公开度这一指标，被评估政府在本年度平均得分只有 3.9 分，与上一年度得分（3.75 分）相比，略有提升，但评估结果仍不理想。该指标得分分布情况见表 4 - 5。

表 4 - 5　行政规范性文件制定的公开度指标得分情况

得分（分）	0	5	10
城市（个）	39	44	17

从该项指标所包含的具体内容来看，截至 2017 年底，有 17 个城市建立了"行政规范性文件征求意见"专栏并对行政规范性文件征求了意见；超过半数的城市未建立"行政规范性文件征求意见"专栏，或者在行政规范性文件制定过程中未向社会公开征求意见。

2. 分差说明及典型事例

本项指标做得相对较好的是台州市、温州市、泰安市、德州市、南通市等 17 个城市，获得满分 10 分。这些获得满分的城市一般都建立了独立于"政民互动"、"民意征集"或类似栏目的专门化的"行政规范性文件征求意见"栏目。个别城市还对征集意见进行了反馈回应，例如泰安市政府信息公开网站下设有"政府规章及规范性文件征集意见反馈回应"专栏，这展现出行政机关对公众意见的重视，提高公众参与立法征求意见的积极性和主动性，值得推广。对比本项指标失分的城市，虽然有些城市建立了"公开听取意见"制度，但该项制度的设置过于原则化，缺乏相关指导，导致在实际工作中呈现散乱的状态，同时这也体现了对行政规范性文件公开听取意见工作的不重视。

（四）行政规范性文件的公布情况

1. 总体表现分析

行政规范性文件的公布情况这一指标，被评估政府总体上得分率不高，平均分为 5.6 分，与上一年度得分（5.7 分）相比，变动幅度不明显。该指标得分分布情况见表 4－6。

表 4－6　行政规范性文件的公布情况指标得分情况

得分（分）	0	5	10
城市（个）	10	68	22

从整体上来看，本项指标主要考察的是被评估政府是否建立行政规范性文件专栏或将行政规范性文件放在"政府文件""法规文件"等专栏下，并做到完整公布、清晰公布和分类公布。关于这一指标，在 2017 年度得到满分的城市有 22 个；得到 5 分的城市有 68 个；得到 0 分的城市有 10 个。被扣分的城市主要是由于尚未建立行政规范性文件专栏或未将行政规范性文件放在其他专栏下；或虽已建立专栏，但不能直接检索到文件内容；或虽已建立专栏，但不能全面、完整反映出市政府、市政府办公厅、市政府各职能部门以及区县政府这四类行政规范性文件。

2. 分差说明及典型事例

本项指标下的优秀典范城市是吉林市、邢台市、大连市和上海市等 22 个城市，这些城市一般都会在其市政府网站（信息公开专栏）、法制办网站上公布 2017 年度制定的所有行政规范性文件目录（市政府、市政府办公厅、市政府各职能部门以及区县政府四个层面）及其文本内容，因此均得到满分。例如，邢台市政府建立了"规范性文件动态管理数据库"，可以查询市区县各级政府及其职能部门的所有行政规范性文件以及效力状态。该项指标失分的原因主要有以下两个方面。第一，市政府各职能部门和区县政府制定的行政规范性文件公布率没有达到100%，个别市政府门户网站下的"政府信息公开"专栏只公布了市政府或者市政府办公厅制定的行政规范性文件，而市政府各职能部门和区县政府制定的行政规范性文件目录却检索不到。第二，个别城市尚未建立行政规范性文件专栏或未将行政规范性文件放在其他专栏下。

（五）行政规范性文件管理的规范化

1. 总体表现分析

行政规范性文件管理的规范化这一指标，被评估政府总体上得分率不高，平均分为4.45分。该指标得分分布情况见表4-7。

表4-7 行政规范性文件管理的规范化指标得分情况

得分（分）	0	5	10
城市（个）	55	1	44

2. 分差说明及典型事例

本项指标下的优秀典范城市是吉林市、青岛市、厦门市等44个城市，这些城市的行政规范性文件专栏得到了规范化管理，公布的信息不包括非行政规范性文件。其他56个城市扣分的主要原因有以下两个方面：一是没有建立行政规范性文件专栏；二是虽然建立了行政规范性文件专栏，但是该专栏下包括了政府规章、人事任免、新闻通讯稿等非行政规范性文件。

（六）"三统一"制度的落实情况

1. 总体表现分析

关于"三统一"制度的落实情况这一指标，被评估政府平均得分为4.5分，与上一年度得分（3.25分）相比，虽有明显提升，但总体上仍不理想。该指标得分分布情况见表4-8。

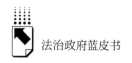

表4-8 "三统一"制度的落实情况指标得分情况

得分(分)	0	10
城市(个)	55	45

关于这一指标，在2017年度得到满分的城市有45个，比上一年度增加20个，增加的主要原因在于考察对象由"市政府、市政府办公厅、市政府各职能部门以及区县政府"缩小到"市政府"层面。得到0分的城市有55个，其中，有23个城市未建立该项制度，有32个城市虽然建立了该项制度，但没有得到有效实施。

2. 分差说明及典型事例

在本项指标中，优秀典范城市是哈尔滨市、宁波市和济南市等45个城市，均得到了满分10分。例如，《黑龙江省人民政府办公厅关于实行规范性文件"三统一"制度的通知》（黑政办函〔2016〕67号）规定："规范性文件使用专用发文字号，发文字号由发文机关代字、年份、发文顺序号组成。其中发文机关代字由其所在行政区域代字、机关代字、文种代字组成，文种代字统一使用'规'字（通告、公告等无文号的规范性文件除外）。县级以上政府及其办公室（厅）的规范性文件编号分别为'×政规〔2×××〕××号''×政办规〔2×××〕××号'，县级以上政府部门的规范性文件编号为'××规〔2×××〕××号'。"哈尔滨市政府制定的行政规范性文件均能落实"三统一"的要求，统一登记编号。天津市、大同市、北京市等23个城市因未建立该项制度而失分，上海市、兰州市、石家庄市等32个城市虽建立"三统一"制度但因未全面落实而失分。

（七）行政规范性文件的报备情况

1. 总体表现分析

行政规范性文件的报备情况这一指标，被评估政府的平均得分率为44%，平均分为2.2分。该指标得分分布情况见表4-9。

表4-9 行政规范性文件的报备情况指标得分情况

得分(分)	0	5
城市(个)	56	44

被评估政府中有44个城市建立了规范性文件报备系统或能够查询到报备信息，占44%，与上一年度（37%）相比，有一定的上升。有56个城市因未建立该系统或

查询不到相关信息而得 0 分。从整体上来看，本项指标得分较低。实际上，行政规范性文件备案制度并非前沿，国务院早在 2004 年发布的《依法行政实施纲要》中就对报备制度做出了明确规定，并在《法治政府建设实施纲要（2015—2020 年）》再次重申"加强备案审查制度和能力建设，把所有规范性文件纳入备案审查范围……加大备案审查力度，做到有件必备，有错必究"。因此，从高效便民和全面监督的原则出发，我们鼓励有关城市尽可能地建立公开、专门的报备系统，以实现规范性文件报备的信息化管理。

2. 分差说明及典型事例

本项指标下的优秀典范城市是北京市、天津市、重庆市等 44 个城市。这些城市通过两种方式证明其开展了规范性文件的报备活动：一种是建立了专门的行政规范性文件报备系统或行政规范性文件报备专栏，比如重庆市建立了专门的网上规范性文件报备系统；另一种是专门发布有关规范性文件报备的信息。例如，天津市政府法制办网站的"行政规范性文件目录"栏目下，对每季度备案信息进行汇总、公布。

（八）行政规范性文件清理制度的落实情况

1. 总体表现分析

行政规范性文件清理制度落实情况这一指标，被评估政府平均分为 8.8 分，与上一年度得分（6.3 分）相比，出现较为明显的上升。该指标得分分布情况见表 4 – 10。

表 4 – 10　行政规范性文件清理制度的落实情况指标得分情况

得分（分）	0	5	10
城市（个）	10	4	86

被评估政府中有 86 个城市落实了行政规范性文件清理制度，即被评估政府在 2017 年度或 2016 年度、2015 年末对以市政府名义制定的行政规范性文件进行清理并完整公布清理结果，可见大部分城市都落实了定期或动态清理制度。有 4 个城市虽然开展了清理活动，但并未统一公布清理结果，得 5 分；有 5 个城市未建立该项制度、5 个城市虽建立该项制度但未能检索到其在近两年内开展过行政规范性文件清理活动，因而得 0 分。

2. 分差说明及典型事例

本项指标下的优秀典范城市是青岛市、厦门市、广州市等 86 个城市，这些城市对行政规范性文件进行清理并通过网站或报纸等媒体对清理结果进行了公布，得到满分10分。例如，广州市政府在2017年对"2017年5月31日之前发布且在有效期内的120份市政府规范性文件"进行了全面清理，并以《广州市人民政府关于公布市政府规范性文件清理结果的决定》（穗府规〔2018〕1号）的形式公布了清理结果，包括保留、修改、废止和失效的规范性文件目录。需要特别说明的是，有部分城市还在政府网站或法制办网站上建立了"规范性文件清理"栏目。例如，六安市政府网站"规范性文件清理"栏目有"清理制度与安排""清理结果"，并进行及时更新，行政规范性文件清理情况一目了然。这种建立规范、专门的行政规范性文件清理栏目的成功经验也是值得推广借鉴的。

本项指标失分的原因主要有以下三点：第一，近两年来未对行政规范性文件开展过清理；第二，虽然近两年来对行政规范性文件进行过清理，但未将清理结果通过网络或公告等方式完整向社会公布；第三，虽然部分市政府职能部门或区县政府对行政规范性文件进行了清理并公布了清理结果，但市政府并未开展行政规范性文件清理活动，不应作为被评估政府开展统一清理活动并公布清理结果的得分依据。

（九）行政规范性文件管理和监督的创新

1. 总体表现分析

行政规范性文件管理和监督的创新这一指标，被评估政府平均分为2.4分。该指标得分分布情况见表4-11。

表4-11 行政规范性文件管理和监督的创新指标得分情况

得分（分）	0	5	10
城市（个）	55	42	3

被评估政府中有3个城市在行政规范性文件管理平台一体化建设和践行有效期制度方面获得满分10分。在获得加5分的42个城市里，有3个城市因行政规范性文件管理平台一体化建设加分，39个城市因践行有效期制度加分。

2. 分差说明及典型事例

本项指标下的优秀典范城市是吉林市、邢台市、厦门市3个城市，这些城市均实现了行政规范性文件管理平台的一体化建设，并全面践行了有效期制度。例如，吉林市建立了"吉林市规范性文件监督管理网"，邢台市建立了"邢台市规范性文件动态管理数据库",厦门市建立了"厦门市行政机关规范性文件查询检索系统"等。以上这些行政规范性文件管理平台融合了征求意见、效力状态和清理结果等信息,真正实现了以大数据等技术手段对行政规范性文件进行标准化、精细化、动态化管理。

四 评估结论与建议

通过梳理近五年的历史数据可以发现,大部分地方政府在依法行政制度体系的法治化建设方面进步明显。但是,与其他一级指标相比,本一级指标的得分率仍然较低,位列倒数第二,处于不及格的状态。该项指标已经成为制约 2020 年基本建成法治政府目标实现的最后一公里梗阻,地方政府需要进一步提高对依法行政制度体系重要性的认识,加快健全完善制度体系,并确保各项制度落实到位。

(一)历史数据表现及趋势分析

1. 行政规范性文件基础性程序制度体系基本建立,清理制度得到有效落实

《国务院办公厅关于加强行政规范性文件制定和监督管理工作的通知》强调,要严格规范制发程序,确保行政规范性文件合法有效。从数据表现上看,过去五年"行政规范性文件基础性程序的制度化"得分率呈明显上升态势并趋于稳定,这反映出地方政府在扎实推进行政立法工作的制度化、规范化和程序化建设方面取得了实效,有效地推动了行政规范性文件制定和监督管理各项制度的建立健全(见图 4-4)。

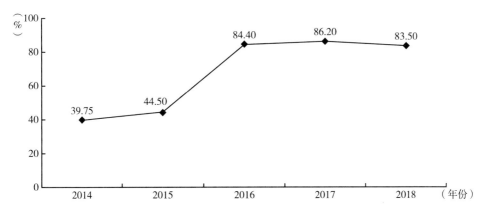

图 4-4 "行政规范性文件基础性程序的制度化"得分率

地方政府根据经济社会的发展需要，可以适时制定行政规范性文件。同样，当行政规范性文件与经济社会发展进程不相适应时，应当及时进行修改或废止，并且向社会公布清理结果。从数据表现上看，过去五年"行政规范性文件清理制度的落实情况"得分率基本上一直处于及格线之上，并于 2018 年达到 88%，这说明地方政府能够有效开展定期或动态清理活动（见图 4-5）。以上两项也是 2018 年依法行政制度体系评估中，得分率超过及格线并达到 80% 以上的三级指标。

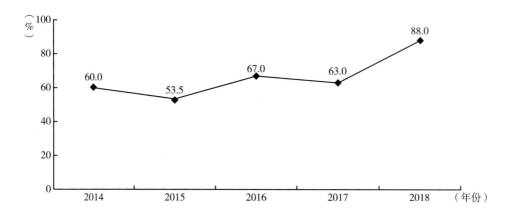

图 4-5 "行政规范性文件清理制度的落实情况"得分率

2. "公开征求意见"、"三统一"和"备案"三项制度进步缓慢，长期处于较低水平

从过去五年的数据表现上看，"行政规范性文件的公开度"、"三统一制度的落实情况"和"行政规范性文件的报备情况"三项三级指标的得分率虽然呈现缓慢上升趋势，但仍然处于较低水平，均未超过 45%（见图 4-6、图 4-7、图 4-8）。以上这三项制度是依法行政制度体系中最为基础、核心的制度，2004 年的《全面推进依法行政实施纲要》就对"公开听取意见和报备行政规范性文件"作出规定，2010 年的《国务院关于加强法治政府建设的意见》明确要求建立"三统一"制度。但是，这三项制度长期没有得到有效的落实，甚至没有得到建立。例如，有 23 个城市至今没有建立"三统一"制度，《国务院办公厅关于加强行政规范性文件制定和监督管理工作的通知》再次强调，"行政规范性文件经审议通过或批准后，由制定机关统一登记、统一编号、统一印发"。因此，不仅仅是这三项制度，依法行政制度体系中的每项基础性制度都应当得到建立并确保其良好实施，这也是推进行政规范性文件法治化进程的关键。

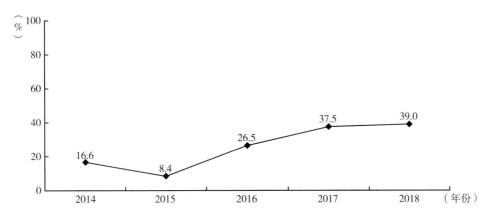

图 4-6 "行政规范性文件的公开度"得分率

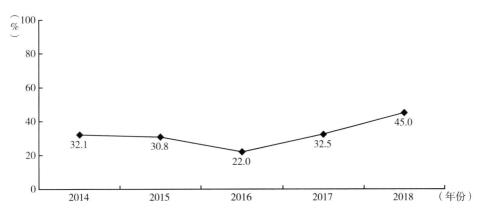

图 4-7 "'三统一'制度的落实情况"得分率

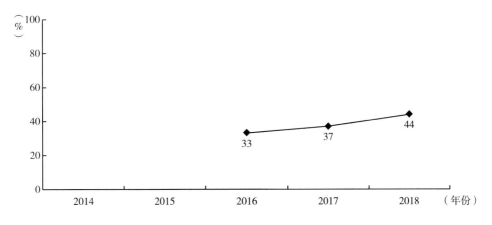

图 4-8 "行政规范性文件的报备情况"得分率

注：因 2014 和 2015 年没有该指标，故不统计相关数据。

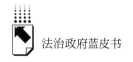
（二）存在的问题

1. 部分地方政府对行政规范性文件概念的把握仍旧不准确

澄清内涵和外延是能够形成对行政规范性文件有效规制的逻辑起点。《国务院办公厅关于加强行政规范性文件制定和监督管理工作的通知》对行政规范性文件的概念作出科学界定，具体涵盖了制定主体要素、职权要素、权益要素、适用范围要素、生效期限要素以及效力层级要素共六个方面。通过梳理发现，被评估政府对行政规范性文件的概念界定仍旧未能统一，仅有较少城市能够对上述要素作出全面规定。概念把握不准、界定不清晰导致部分被评估政府错误划定行政规范性文件的范围，在管理过程中出现了诸多不规范的现象。例如，将制定的所有文件都视为行政规范性文件，包括党委文件、政府规章等非行政规范性文件。

2. 大部分地方政府制定的网约车新规存在内容违法

党中央和国务院一系列有关推进依法行政、建设法治政府的纲领性文件中均强调行政规范性文件的实体合法性，明确要求行政规范性文件不得设定行政许可、行政处罚、行政强制等事项，不得减损公民、法人和其他组织合法权益或者增加其义务。然而，在依据交通运输部等七部委《网络预约出租汽车经营服务管理暂行办法》制定实施细则的85个城市中，只有4个城市没有出现实体违法的情形。其他81个城市均出现了"从事网约车服务的驾驶员具有本市户籍或居住证""网约车平台公司在本地设立企业法人或分支机构""网约车平台公司实施相关违法行为后，可暂停受理其新增车辆和驾驶员注册业务"等增设许可条件或增设行政处罚的情形。

3. 个别地方政府对行政规范性文件公开征求意见制度存在认识误区

从目前情况来看，个别地方政府对行政规范性文件公开征求意见制度还存在以下认识误区。一是关于公开征求意见的内容。个别地方政府认为只有政府规章才需要向社会公开征求意见，行政规范性文件（不管是否涉及公众利益）均不需要向社会公开征求意见。二是关于公开征求意见的对象。个别地方政府认为在制定行政规范性文件的过程中，内部征求了相关职能部门的意见，也算是落实了公开征求意见制度。三是关于公开征求意见的形式。相较于报纸、广播和电视等传统媒介，利用网络、微博和微信等新媒体更容易扩大政府信息的传播速度和社会影响力。个别地方政府还没有充分利用互联网这一利器，或者没有在官网上以专栏形式将征求意见信息与其他信息做明显区分。四是关于公开征求意见的结果。个别地方政府在公开征求意见结束之后，没有向社会公布意见征集情况及采纳情况说明，缺少有效的结果反馈机制。

4. 行政规范性文件监督制度没有得到严格落实

首先，"三统一"制度没有得到实质性落实。近年来，虽然建立"三统一"制度的城市越来越多，但从总体上来看，该项制度的整体推进还较为缓慢，没有取得应有的实效。为数不少的城市还没有准确把握"三统一"制度的具体内涵，将"三统一"中的统一登记、统一编号制度等同于以往行政规范性文件制定过程中的审查备案编号制度。该项制度没有得到实质性落实，在一定程度上也影响到"行政规范性文件的公布情况""行政规范性文件管理的规范化""行政规范性文件的报备情况"等相关指标的得分情况。

其次，行政规范性文件备案审查制度得不到持续有效的落实。备案审查制度作为最早推行的行政规范性文件监督管理制度之一，该项工作在 2000 年得到逐步展开，但至今取得的实效并不明显。例如，在本年度评估中，仅有 44 个城市建立了规范性文件报备系统或能够查询到报备信息。同时还出现了个别地方政府不能连续按月或按季度公布，以及 2016 年公布 2017 年不公布的现象，这与地方政府没有建立或关停法制办网站以及法制办网站信息更新太慢有一定关系。

最后，行政规范性文件定期或动态清理制度落实方式有待改进。虽然该项指标得分率高达 88%，但是也暴露出两个问题：一是依据上级政府要求开展专项清理的多，主动开展全面清理的少；二是清理结果没有统一向社会公布，由个别职能部门或区县政府自行公布。如果对行政规范性文件只注重发布而不注重清理，或者清理得不全面、不及时，极易导致整个行政规范性文件体系不配套、不协调，从而影响行政规范性文件在适用上的统一性和权威性。

（三）完善的建议

1. 地方政府应当切实加强对依法行政制度体系建设重要性的认识

依法行政制度体系作为深入推进法治政府建设的主要任务和重要举措，是衡量法治政府是否基本建成的重要观测点之一。目前，距离实现 2020 年基本建成法治政府的目标仅剩不到三年时间，地方政府应当充分认识加快推进依法行政制度体系建设的重要性，严格落实党中央和国务院关于依法行政制度体系建设的各项硬性要求，特别是《国务院办公厅关于加强行政规范性文件制定和监督管理工作的通知》中的具体要求。推动依法行政制度体系建设不仅仅是建章立制，而且要确保各项制度得到真正的有效实施。实现依法行政制度体系建设的"法治化"，而非"法制化"。针对多年来评估中长期存在的老问题，不断出现的新问题，地方政府应当建立必要的考核奖惩

机制，避免"屡评屡犯""评后新现"的现象。

2. 严控发文数量，确保必要性

行政规范性文件是行政机关依法履行职能的重要方式，对公民、法人或者其他组织的权益直接产生影响，事关政府形象。项目组通过近年来的评估发现，在各级行政机关公布的行政规范性文件目录中，有一大部分行政规范性文件是为了贯彻落实法律法规规章和上级文件的要求，照抄照搬照转上级文件，以文件"落实"文件，其制定的必要性需要进一步审视。因此，地方政府应当在制定的必要性方面，进一步加强行政规范性文件的发文管理，严控发文数量，避免乱发文、出台"奇葩"文件的现象。通过建立严密、严格的事前审查和全面评估论证机制，设定完备的行政规范性文件制定条件、完善的立项程序以及"成本效益分析"等制度，确保制定行政规范性文件的起点之必要性。

3. 严格落实合法性审查机制，捍卫法治红线

合法性审查机制是行政规范性文件制定程序中的一项重要制度，主要对制定主体、权限、程序和内容进行审查，确保全面合法，从源头上杜绝越权、违法发文现象的发生。项目组通过 2018 年的评估发现，大部分制定网约车实施细则的城市均在不同程度上出现违法增设许可条件或增设行政处罚的情形。网约车新规的合法性问题，虽然仅是课题组抽取的观测窗口，但确实能够折射出当前行政规范性文件的合法性状况。因此，地方政府要严格落实合法性审查机制，负责合法性审查的部门要结合权责清单制度，重点审查行政规范性文件是否增加法律、法规规定之外的行政权力事项或者减少法定职责；是否设定行政许可、行政处罚、行政强制等事项，增加办理行政许可事项的条件；是否违法减损公民、法人和其他组织的合法权益或者增加其义务等。对于经过合法性审查未予通过或者未经过合法性审查程序的规范性文件，一律不得发布，这是从源头上确保规范性文件合法的底线性要求，不得僭越。

4. 逐步提升规范化水平，切实提高文本质量

规范性文件虽然效力层级比较低，但与行政立法在具有普通约束力方面是一致的。因此，在确保行政规范性文件制定必要性和内容合法性的基础上，地方政府还应当逐步加强行政规范性文件的规范化建设。通过统一文件名称格式，规范文字表述，强化内容的实效性、针对性和可操作性等，切实提升文本质量。例如，行政规范性文件的名称可以统一采用"规定""办法""规则"等表述；格式可以采用条文或段落的形式表述；表述应当严谨、科学，用语应当精练、准确，内容应当明确、具体，专业名词和标点符号应当统一、规范。

5. 积极推进信息化建设，实现标准化、精细化、动态化管理

2017 年 12 月，习近平总书记在中共中央政治局第二次集体学习时强调："随着信息技术和人类生产生活交汇融合，互联网快速普及，全球数据呈现爆发增长、海量集聚的特点，对经济发展、社会治理、国家管理、人民生活都产生了重大影响。"信息化加强了政府的信息交换和获取能力，已经成为政府管理的新型手段，在提高政府管理服务水平和治理效率方面有着重要意义。因此，地方政府应当主动适应信息化要求，强化互联网思维，积极运用互联网技术和信息化手段推进依法行政制度体系建设向纵深发展，切实发挥信息化对法治政府建设的引领作用。具体来讲，各级行政机关应当尽快在其官网上建立统一的行政规范性文件信息平台，并设立文件检索、公开听取意见、备案审查、清理等专栏，以实现对全部行政规范性文件的标准化、精细化、动态化管理。

B.5
行政决策

摘　要： 根据最新的相关法律文件，评估组对行政决策评估指标和评分标准进行了修订完善。评估显示，2017年度被评估城市行政决策的平均得分率较上一年度有所下降，主要原因在于评估组对行政决策评估指标和评分标准都进行了较大幅度的调整。其中，重大决策合法性审查情况进一步改善，重大决策专家库及专家论证程序加快建立，重大决策集体决定较为普遍，重大决策结果和依据公开保持较好水平，决策追踪情况较好。同时，评估发现合法性审查后提出意见的比例较低，重大决策风险评估情况不理想，专家论证制度有待精细化，专家论证的方式单一、透明度较低，听证制度体系化有待加强。对此，必须将重大决策合法性审查制度落到实处，增强风险评估的体系性、全面性，推动重大决策风险评估制度的有序实施，并进一步建立健全专家论证制度，创新专家论证方式、提升其透明度，进一步完善听证程序规则。

关键词： 行政决策　评估　法治化

一　指标设置及评估标准

（一）指标体系

依照国务院《全面推进依法行政实施纲要》的要求，实现重大行政决策的法治化乃是建设法治政府、实现依法行政所应推进的重点工作。本次"行政决策"的指标设置除了充分考虑国务院《全面推进依法行政实施纲要》中所提出的要求外，还结合了《法治政府建设实施纲要（2015—2020年)》《关于全面推进政务公开工作的意见》中的相关制度以及国务院正在制定的"重大行政决策程序条例"所拟设的相关制度。二级指标从五个方面对行政决策进行评估，分别为"合法决策"、"科学决策"、"民主决策"、"公开决策"和"决策追踪"。在二级指标项下分设三级指标，各三级指标为具体观测点。这些三级指标（观测点）既有相关制度建立情况同时也包含制度实施情况，即被评估的城市不仅要建立行政决策的相关制度，而且还要积极推进相关制度的实施，其能够客观全面地评价一个城市行政决策的完善程度。

在分数设置上，行政决策一级指标满分100分，五个二级指标的分值分配为：合法决策25分、科学决策30分、民主决策25分、公开决策10分、决策追踪10分。分值分配主要考虑了两个方面的因素：一是制度的重要性，因此，合法决策、科学决策、民主决策的分值较重，而公开决策和决策追踪的分值较少；二是观测点的数量情况，相比于合法决策，科学决策能够设置的三级指标（观测点）更多，因此，科学决策的分值相对于合法决策分值略多。因为分值的分配主要是平衡二级指标的分值，所以，在三级指标（观测点）的分值分配上，并没有采用每一个观测点均等分值的做法，而是在确定了二级指标的分值后，根据二级指标的分值情况来分配三级指标的分值，因此，每一个三级指标的分值并不是均等的，有的三级指标（观测点）分值是15分，有的三级指标分值是10分，有的三级指标分值是5分（见表5-1）。

表5-1 行政决策评估指标

一级指标	二级指标	三级指标（观测点）
行政决策（100分）	（一）合法决策（25分）	1. 制定重大决策事项目录情况（10分）
		2. 重大决策合法性审查情况（15分）
	（二）科学决策（30分）	3. 重大决策风险评估（包括社会稳定风险、生态环境风险、经济风险）情况（10分）
		4. 建立行政决策咨询论证专家库及专家论证程序情况（10分）
		5. 重大决策专家论证情况（10分）
	（三）民主决策（25分）	6. 制定和公布重大行政决策听证项目目录及听证程序情况（5分）
		7. 公众参与重大决策情况（10分）
		8. 重大决策集体议定情况（10分）
	（四）公开决策（10分）	9. 重大决策结果及依据公开情况（10分）
	（五）决策追踪（10分）	10. 重大决策后的信息追踪搜集以及向决策层进行反馈制度情况（10分）

（二）设置依据和评估标准

本项指标主要根据《中共中央关于全面推进依法治国若干重大问题的决定》《全面推进依法行政实施纲要》《国务院关于加强市县政府依法行政的决定》《国务院关

于加强法治政府建设的意见》《法治政府建设实施纲要（2015—2020 年）》《关于全面推进政务公开工作的意见》《关于推行法律顾问制度和公职律师公司律师制度的意见》《重大行政决策程序暂行条例（征求意见稿）》以及相关法律法规对政府依法进行行政决策方面的基本要求而设置。与 2017 年相比，本年度指标的设置依据新增了《重大行政决策程序暂行条例（征求意见稿）》。与此相对应，新设了三级指标 1 "制定重大决策事项目录情况"，考察行政机关重大决策事项目录的设置情况。三级指标4 "建立行政决策咨询论证专家库及专家论证程序情况"的设置依据则是增加的《重大行政决策程序暂行条例（征求意见稿）》这一项。本项测评中，评估组所依据的材料与数据主要通过各市政府门户网站、官方网站、网络搜索引擎关键词查询等几种方式获得。未能通过公开渠道检索到相关材料的，则视为未建立或未落实该项指标。各三级指标（观测点）的设置依据、测评方法以及评分标准如下。

1. 制定重大决策事项目录情况

【设置依据】《法治政府建设实施纲要（2015—2020 年）》明确要求：完善重大行政决策程序制度，明确事项范围。《重大行政决策程序暂行条例（征求意见稿）》提出，决策机关应当制定重大行政决策事项的年度目录，并向社会公布。《重大行政决策程序暂行条例（征求意见稿）》第 3 条明确提出重大行政决策应包括的事项，决策机关应当根据这些事项，结合职责权限和本地实际，制定重大行政决策事项年度目录。

【测评方法】网络检索。登录各市政府网站、北大法宝，以"重大决策/行政决策/重大事项＋事项""重大决策/行政决策/重大事项＋范围""重大决策/行政决策/重大事项＋目录"等为关键词进行检索，同时以公共网络搜索引擎为补充，查找各市或其所属省级人民政府制定重大决策事项目录的情况。本指标的检索时间为 2018 年 5 月 5 日至 5 月 16 日。

【评分标准】本项满分为 10 分。就重大决策事项目录有专项规定的，得 10 分；未制定专项规定，但在其他规定中明确了重大决策事项目录的，得 10 分；规定过于简略，如只是简单复述《法治政府建设实施纲要（2015—2020 年）》中的内容的，得 3 分；无任何表述的，不得分。同时，重大决策事项目录中未涉及经济和社会发展规划，公共服务、市场监管、社会管理、环境保护，重要自然资源，重大公共建设项目四个领域的，每少一个扣 2 分。上级地方政府制定的规定只有在适用范围包括下级地方政府时才能作为下级政府的赋分依据，以下各项按此办法处理。

2. 重大决策合法性审查情况

【设置依据】《法治政府建设实施纲要（2015—2020年）》提出，要加强重大行政决策的合法性审查。《关于推行法律顾问制度和公职律师公司律师制度的意见》提出，依照有关规定应当听取法律顾问的法律意见而未听取的事项，或者法律顾问认为不合法不合规的事项，不得提交讨论、作出决定。

【测评方法】网络检索。通过检索各市政府法制办网站、政府信息公开网站、政府门户网站，观测各市政府法制机构对本市作出的重大行政决策是否进行了合法性审查、是否出具了法律审查意见书以及对重大行政决策进行合法性审查的数量、效果等内容。本指标的检索时间为2018年5月5日至5月16日。

【评分标准】本项满分为15分。对重大决策每审查1件得1分；对政府合同每审查50件得1分；能查到重大决策合法性审查意见书的，每1份得1分；经审查提出意见比例高、保障大额财政资金安全等效果较好的，适当加1~3分；法制机构以外的法律顾问参与重大决策合法性审查的，适当加1~2分，总得分不超过15分。未查到任何相关信息的，不得分。

3. 重大决策风险评估情况

【设置依据】《法治政府建设实施纲要（2015—2020年）》要求"提高风险评估质量""落实重大决策社会稳定风险评估机制"。《国务院关于加强法治政府建设的意见》提出，凡是有关经济社会发展和人民群众切身利益的重大政策、重大项目等决策事项，都要进行合法性、合理性、可行性和可控性评估，重点是进行社会稳定、环境、经济等方面的风险评估。

【测评方法】网络检索。通过检索政府网站、各行政部门网站以及网络搜索引擎，以"风险评估""行政决策风险评估""城市名＋行政决策风险评估""城市名＋风险评估""城市名＋决策评估"等为关键词一一进行检索。本指标的检索时间为2018年5月15日至5月26日。

【评分标准】本项满分为10分。根据环保、价格、规划、政府工程四个领域重大决策风险评估的实施情况，给予一定的分数。四个领域均可查找到风险评估内容且相关领域事例丰富的，得满分；只有三个领域可查找到风险评估内容且相关领域事例丰富的，得8分；只有两个领域可查找到风险评估内容且相关领域事例丰富的，得6分；可查找到其中任意两项风险评估内容的，得4分；可查找到其中一项风险评估内容的，得2分。没有对以上任何领域重大决策进行风险评估的，不得分。

4. 建立行政决策咨询论证专家库及专家论证程序情况

【设置依据】《法治政府建设实施纲要（2015—2020 年）》明确要求，"建立行政决策咨询论证专家库"，"逐步实行专家信息和论证意见公开"。《重大行政决策程序暂行条例（征求意见稿）》第 22 条提出"建立决策咨询论证专家库"，第 21 条对"论证方式和工作机制"做了详细规定。

【测评方法】网络检索。通过检索政府网站、各行政部门网站、北大法宝以及网络搜索引擎，以"专家评审""专家论证""专家咨询""专家库"等为关键词进行检索，就专家论证制度有专项规定的，依据该专项规定中行政决策咨询论证专家库及专家论证程序内容评分。如果没有专项规定，项目组再通过检索其他相关规范性文件或规定做进一步观测。本指标的检索时间为 2018 年 5 月 15 日至 5 月 26 日。

【评分标准】本项满分为 10 分。就专家论证制度制定专项规定且对行政决策咨询论证专家库及专家论证程序进行了全面细致规范的，得 10 分；虽未制定该专项规定，但在其他规定中对行政决策咨询论证专家库及专家论证程序等有较为详细规定的，得 10 分；仅规定了行政决策咨询论证专家库或专家论证程序其中一项的，得 5 分；对行政决策咨询论证专家库或专家论证程序规定过于简单，如只是简单复述《法治政府建设实施纲要（2015—2020 年）》中的内容的，每项得 2 分；无任何表述的，不得分。

5. 重大决策专家论证情况

【设置依据】《全面推进依法行政实施纲要》提出，对于重大决策事项以及专业性较强的决策事项，应当事先组织专家进行论证。《法治政府建设实施纲要（2015—2020 年）》明确要求提高专家论证质量，对专业性、技术性较强的决策事项，应当组织专家、专业机构进行论证。

【测评方法】网络检索。通过检索政府门户网站、各行政部门网站以及网络搜索引擎，以"专家论证""专家评审""专家咨询""城市名 + 专家论证""城市名 + 专家审查""城市名 + 专家咨询"等为关键词进行检索。本指标的检索时间为 2018 年 5 月 15 日至 5 月 26 日。

【评分标准】本项满分为 10 分。根据环保、价格、规划、政府工程四个领域重大决策的专家论证情况，给予一定的分数。四个领域均可查找到专家论证材料且相关领域专家论证事例丰富的，得满分；只有三个领域可查找到专家论证材料且相关领域专家论证事例丰富的，得 8 分；只有两个领域可查找到专家论证材料且相关领域事例丰富的，得 6 分；可查找到其中任意两项专家论证材料的，得 4 分；可查找到其中一项专家论证材料的，得 2 分。没有对以上任何领域重大决策进行专家论证的，不得分。

6. 制定和公布重大行政决策听证项目目录及听证程序情况

【设置依据】《国务院关于加强市县政府依法行政的决定》要求市县政府扩大听证范围，法律、法规、规章规定应当听证以及涉及重大公共利益和群众切身利益的决策事项，都要进行听证。规范听证程序。《国务院关于加强法治政府建设的意见》提出，完善重大决策听证制度，扩大听证范围，规范听证程序。《重大行政决策程序暂行条例（征求意见稿）》第17条、第18条分别规定了听证事项和听证程序。

【测评方法】网络检索。通过检索政府网站、北大法宝以及主流网络搜索引擎，以"行政决策/重大决策/重大事项 + 听证""听证目录""听证事项"等为关键词进行检索，各城市或其所属省级人民政府有关于重大行政决策听证制度专项规定的，依据该专项规定中制定和公布重大行政决策听证项目目录及听证程序情况评分。没有专项规定的，项目组再通过网络检索各城市或其所属省级人民政府是否有统一的重大行政决策程序规定，在该统一的行政决策程序规定中有关于听证目录及听证程序相关规定的，依据此规定进行评分。除此之外，项目组还通过检索是否有其他相关规定确立了重大行政决策听证项目目录及听证程序。本指标的检索时间为2018年5月9日至5月20日。

【评分标准】本项满分为5分。就重大行政决策听证项目目录及听证程序均做了详细规定的，得5分；仅就其中一项做了详细规定的，得2分；两项规定都很简略的，每项得1分；无任何表述的，不得分。

7. 公众参与重大决策情况

【设置依据】《法治政府建设实施纲要（2015—2020年）》明确要求"增强公众参与实效"。《国务院关于加强市县政府依法行政的决定》提出，增强行政决策透明度和公众参与度。

【测评方法】网络检索。主要通过访问各市政府及其职能部门网站，辅之以百度等网络搜索引擎，检索意见征集栏、座谈会公告等内容，依据政府网站或者新闻媒体公布征求意见的事项范围、座谈会的举行情况、公众意见的采纳情况等进行评分。本指标的检索时间为2018年5月9日至5月20日。

【评分标准】本项满分为10分。根据环保、价格、规划、政府工程四个领域重大决策公众参与的情况，给予一定的分数。四个领域均可查找到比较详细的公众参与情况的，如通过政府网站、报纸公示重大决策征求意见稿及提供公众意见采纳情况汇总表等，得10分；只有三个领域可查找到公众参与情况且相关领域听取意见事例丰富的，得8分；只有两个领域可查找到听取公众意见情况且相关领域听取意见事例

丰富的，得 6 分；可查找到其中任意两项公众参与情况的，得 4 分；可查找到其中一项公众参与情况的，得 2 分；公众没有参与以上任何领域重大决策的，不得分。

8. 重大决策集体决定情况

【设置依据】《国务院关于加强市县政府依法行政的决定》要求市县政府及其部门重大行政决策应经政府及其部门负责人集体讨论决定。《法治政府建设实施纲要（2015—2020 年）》明确要求："坚持集体讨论决定。重大行政决策应当经政府常务会议或者全体会议、部门领导班子会议讨论，由行政首长在集体讨论基础上作出决定。行政首长拟作出的决定与会议组成人员多数人的意见不一致的，应当在会上说明理由。集体讨论情况和决定要如实记录、完整存档。"

【测评方法】网络检索。主要通过访问各市政府及其职能部门网站，辅之以百度等网络搜索引擎，以"集体决策""集体讨论决定""重大决策集体决定"等为关键词一一进行检索、核对，查找各城市重大决策集体决定情况。本指标的检索时间为 2018 年 5 月 9 日至 5 月 20 日。

【评分标准】本项满分为 10 分。根据环保、价格、规划、政府工程四个领域重大决策集体决定的情况，给予一定的分数。四个领域均可查找到到比较详细的重大决策集体决定情况的，如召开集体讨论会议、集体讨论记录等，得 10 分；只有三个领域可查找到集体讨论情况且相关领域集体讨论事例丰富的，得 8 分；只有两个领域可查找到集体决定情况且相关领域集体决定事例丰富的，得 6 分；可查找到其中任意两项集体决定情况的，得 4 分；可查找到其中一项集体决定情况的，得 2 分；没有对以上任何领域重大决策进行集体决定的，不得分。

9. 重大决策结果及依据公开情况

【设置依据】《全面推进依法行政实施纲要》提出，除依法应当保密的外，决策事项、依据和结果要公开。《关于全面推进政务公开工作的意见》明确要求："推进结果公开，各级行政机关都要主动公开重大决策、重要政策落实情况，……推进发展规划、政府工作报告、政府决定事项落实情况的公开。"

【测评方法】网络检索。通过检索政府门户网站、各行政部门网站以及网络搜索引擎，查找各城市重大决策的结果公开情况。本指标的检索时间为 2018 年 5 月 10 日至 5 月 21 日。

【评分标准】本项满分为 10 分。根据环保、价格、规划、政府工程四个领域的重大决策的结果及依据公开的情况，给予一定的分数。四个领域均可查找到决策公开内容且相关公开事例丰富的，得满分；只有三个领域可查找到决策公开内容且事例丰富的，得 8 分；可查找到任意三个领域决策公开内容的，得 6 分；可查找到其中任意两项决策公开内容的，得 4 分；可查找到其中一项决策公开内容的，得 2 分；没有对以上任何领域进行决策公开的，不得分；只公开结果但未公开相关依据的，每项决策公开内容扣 1 分。

10. 重大决策后的信息追踪搜集以及向决策层进行反馈制度情况

【设置依据】《国务院关于加强市县政府依法行政的决定》要求建立重大行政决策实施情况后评价制度。《国务院关于加强法治政府建设的意见》要求加强重大决策跟踪反馈。《法治政府建设实施纲要（2015—2020 年）》要求："决策机关应当跟踪决策执行情况和实施效果，根据实际需要进行重大行政决策后评估。"

【测评方法】网络检索。通过检索政府网站、北大法宝以及网络搜索引擎，以"行政决策后的信息追踪搜集""行政决策后的评估""行政决策后跟踪反馈"等为关键词进行检索，查找各城市或其所属省级人民政府关于行政决策后的信息追踪搜集和反馈制度的专项规定和实施情况。没有专项规定的，查找是否有统一的重大行政决策程序规定，或者其他相关规范性文件对该项制度作出规定。本指标的检索时间为2018 年 5 月 10 日至 5 月 21 日。

【评分标准】本项满分为 10 分。根据两项制度的有无以及实施情况给予一定的分数。详细规定了信息追踪搜集制度（包括搜集主体、方式、时限）和反馈制度（包括反馈方式、时限）的，且在环保、价格、规划、政府工程任意一个领域有详细的制度实施情况的，得 10 分；规定了两项制度，但未规定制度实施情况的，得 6 分；只规定了一项制度，且未规定制度实施情况的，得 4 分；无任何表述的，不得分。

二　总体评估结果分析

本项评估总分为 100 分，被评估的 100 个城市的平均得分为 69.41 分，得分在平均分之上的城市共 50 个，占被评估城市总数的 50%；得分在平均分之下的城市共 50 个，占城市总数的 50%，总体得分趋于正态分布。本项评估最高得分 93 分，最低得分 30 分，总体区分度较大。其中，得分主要集中在 50~80 分，共计 75 个城市，占到所有被评估城市的 75%。本一级指标项下，排名前五的城市依次是：广州（93 分）、南宁（92 分）、汕头（92 分）、东莞（90 分）、玉林（88 分）、深圳（88 分）。

反观 2017 年的评估结果，2017 年平均得分为 72.19 分，得分在平均分之上的城市共 53 个，得分在平均分之下的城市共 47 个，最高得分 95 分，最低得分 30 分，得分为 50～80 分的城市共有 77 个，排名前五的城市依次分别是：南宁（95 分）、广州（90 分）、岳阳（88 分）、深圳（87 分）、遵义（87 分）。对比发现，2018 年比较明显的变化是：平均得分有所下降，较去年下降 2.78 分。①

本年度各城市得分情况分布见图 5－1、图 5－2。

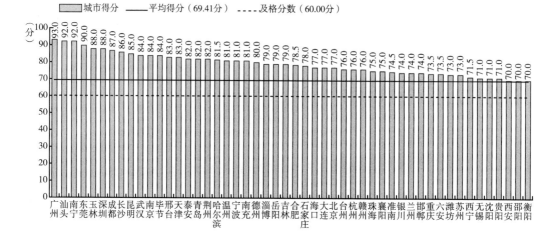

图 5－1　排名 1～50 的城市得分情况分布

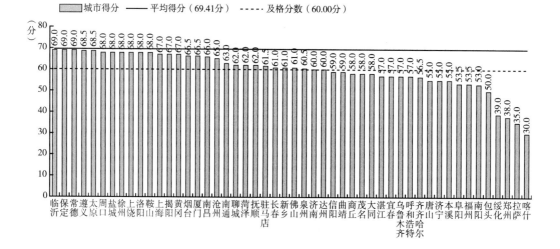

图 5－2　排名 51～100 的城市得分情况分布

---

① 之所以出现总体得分略微低于 2017 年的情况，在一定程度上是因为本部分的指标 2018 年有一定程度的调整，调整后的指标更注重决策制度的实施情况。

　　行政决策一级指标项下共包含 10 个三级指标（观测点）。各三级指标（观测点）的得分情况如下：（1）制定重大决策事项目录情况，平均得分率 83.65%；（2）重大决策合法性审查情况，平均得分率 41.67%；（3）重大决策风险评估情况，平均得分率 36.40%；（4）建立行政决策咨询论证专家库及专家论证程序情况，平均得分率 64.70%；（5）重大决策专家论证情况，平均得分率 43.60%；（6）制定和公布重大行政决策听证项目目录及听证程序情况，平均得分率 88.20%；（7）公众参与重大决策情况，平均得分率 88.60%；（8）重大决策集体决定情况，平均得分率 91.60%；（9）重大决策结果及依据公开情况，平均得分率 91.40%；（10）重大决策后的信息追踪搜集以及向决策层进行反馈制度情况，平均得分率 87.50%。三级指标平均得分率见图 5-3。

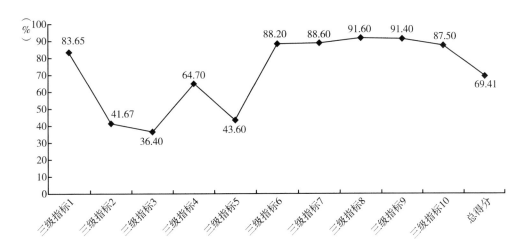

图 5-3　行政决策三级指标平均得分率

三　三级指标评估结果分析

（一）制定重大决策事项目录情况

1. 总体表现分析

　　本项指标针对 100 个城市制定重大决策事项目录情况进行观测，满分 10 分。本项指标下，共有 53 个城市得满分，制定重大决策事项目录情况整体良好。本项指标总体得分情况见表 5-2。

表 5 - 2　三级指标 1 总体得分情况

得分(分)	10	8 ~ 9.5	6 ~ 7.5	4 ~ 5.5	2 ~ 3	0 ~ 1
城市(个)	53	19	20	1	2	5

2. 分差说明及典型事例

本项指标下,各城市的平均得分为 8.37 分,得分在平均分以上的城市有 55 个,得分在及格线以上的城市有 92 个,及格率为 92%,这说明该项指标总体表现良好。一些城市针对重大决策事项目录制定了专项规定,绝大部分城市是在其他相关规定中分设专章或者通过部分条款进行规定的。得 3 分以下的城市是因为没有制定重大决策事项目录或者制定的重大决策事项目录没有涉及经济和社会发展规划,公共服务、市场监管、社会管理、环境保护,重要自然资源,重大公共建设项目四个领域。

本项指标项下的典范城市是南宁、汕头、广州、玉林、武汉和成都等。上述城市就重大决策事项目录做了详细规定,其中广州、佛山等城市就该项制度制定了专门的规范性文件,因此得满分。除此之外,昆明、南宁等城市也就该项制度作了非常详细的规定,依据评估标准,同样得满分。这些城市对重大决策事项目录规定得较为详细明确,且涉及经济和社会发展规划,公共服务、市场监管、社会管理、环境保护,重要自然资源,重大公共建设项目四个领域。

(二)重大决策合法性审查情况

1. 总体表现分析

本项指标考查的是被评估城市重大决策合法性审查制度的具体实施情况,满分为 15 分。总体来看,本项观测结果很不理想。此项指标项下得满分的城市为 35 个,未能得分的城市有 37 个,大部分城市得分在 3 分以下。本项指标总体得分情况见表5 - 3。

表 5 - 3　三级指标 2 总体得分情况

得分(分)	15	11 ~ 14	7 ~ 10	4 ~ 6	0 ~ 3
城市(个)	35	1	2	8	54

2. 分差说明及典型事例

本项指标的平均得分只有 6.25 分,离及格分还有很大差距,及格率只有 36%,

62％的城市得分在平均分以下，有 37 个城市得分为 0 分，低分数段的城市占了大多数，这说明重大决策合法性审查制度的实施情况很不理想。此项指标评分的依据主要是通过网络检索途径获取到的信息。得分普遍较低的主要原因是通过网络检索获取到的有效数据和信息非常有限。

本项指标下，获得分数较高的城市有广州、南宁、宁波、北京、昆明、海口等。上述城市能够查到其政府法制机构多领域进行重大决策合法性审查的数据，经审查提出意见的比例较高，涉及的财政金额较多，且多有法制机构以外的法律顾问参与重大决策合法性审查，较好地保障了行政决策合法性，这表明重大决策合法性审查制度在这些城市得到了良好的落实。得 0 分的城市是通过网络检索查不到重大决策合法性审查的实施情况，根据评分标准视为该项制度未能得到落实。

（三）重大决策风险评估情况

1. 总体表现分析

本项指标观测的是各市人民政府重大决策的风险评估情况，满分为 10 分。本项指标下，3 个城市得满分，得分率较低。本项指标总体得分情况见表 5 - 4。

表 5 - 4　三级指标 3 总体得分情况

得分（分）	10	8 ~ 9	6 ~ 7	4 ~ 5	2 ~ 3	0 ~ 1
城市（个）	3	19	7	22	26	23

2. 分差说明及典型事例

本项指标下，各城市的平均得分为 3.64 分，平均得分率较低，为 36.4％，只有三个城市获得了 10 分，得分在平均分以上的城市有 51 个，在及格线以上的城市有 29 个，及格率为 29％，这说明大部分城市在该项制度的实施上表现较差。本指标考察各市在环保、价格、规划、政府工程这四个领域重大决策的风险评估情况。其中，得分为 8 分的城市多是遗漏了价格领域的重大决策风险评估情况；得分为 6 分的城市只查找到了其中两个领域的风险评估实施情况，且相关事例较为丰富；得分为 4 分的城市同样只查到到了两个领域的风险评估实施情况，且相关事例不丰富；得分为 2 分的城市则只能找到其中一个领域的风险评估实施情况。

本项指标下的典范城市较少，只有南京、深圳和德州得 10 分，这显示出重大决策风险评估的总体情况不甚乐观，覆盖领域不够全面，实施的事例也较少。包括南

法治政府蓝皮书

宁、昆明这些行政决策指标总分较高的城市在该项指标上的得分也很一般，这反映出风险评估制度的实施机制有待进一步完善。

（四）建立行政决策咨询论证专家库及专家论证程序情况

1. 总体表现分析

本项指标考查的是各市人民政府行政决策咨询论证专家库和专家论证程序的建立情况，满分为 10 分。从得分分布情况来看，得满分的城市共 18 个，62 个城市达到了及格分 6 分以上，这说明绝大部分城市都建立了重大决策专家论证制度，只是在制度的完善程度上存在区别。本项指标总体得分情况见表 5 - 5。

表 5 - 5　三级指标 4 总体得分情况

得分（分）	10	8 ~ 9	6 ~ 7	4 ~ 5	2 ~ 3	0 ~ 1
城市（个）	18	20	24	36	2	0

2. 分差说明及典型事例

本项指标旨在考查各市政府行政决策咨询论证专家库及专家论证程序的建立情况，总体得分较高，平均分为 6.47 分，平均得分率亦较高，达 64.7%，及格率为 62%。部分城市得分不高的原因主要在于虽然建立了专家论证制度，但是对于专家论证程序规定得不够详细，只是简单重复了《法治政府建设实施纲要（2015—2020 年)》中关于专家咨询制度的内容，或只规定了专家库制度和专家论证程序的其中一个方面。

本项指标下的优秀典范城市较多，如南京、汕头、岳阳、成都等。得满分的城市，通常建立了专家论证制度的专项规定，对行政决策专家咨询论证制度进行了细致的规范，将专家库制度和专家论证程序进行了详尽的梳理，制度较为完善、可操作性强，这说明这些城市的专家论证制度建立情况较好，也为制度的良好实施打下了坚实基础。

（五）重大决策专家论证情况

1. 总体表现分析

本项指标针对 100 个城市是否建立了重大决策专家论证制度的实施情况进行测评，满分为 10 分。本项指标下，2 个城市得满分，得分率较低。本项指标总体得分情况见表 5 - 6。

表 5 – 6 三级指标 5 总体得分情况

得分(分)	10	8~9	6~7	4~5	2~3	0~1
城市(个)	2	22	17	25	19	15

2. 分差说明及典型事例

本项指标下，各城市的平均得分为 4.36 分，得分在平均分以上的城市共 41 个，在及格线以上的城市有 41 个，及格率为 41%，这说明各个城市在重大决策专家论证情况上的总体表现一般。部分城市得分不高的主要原因是开展重大决策专家论证的领域较窄，局限在四个考察领域中的一个或两个，或是事例不丰富，故得分较低。

本项指标下优秀典范城市是哈尔滨、德州。这些城市能在其政府网站的公开栏目下查找到全部四个考察领域的重大决策专家论证相关事例，且事例较为丰富，反映其专家论证制度的覆盖面较广、实施较为顺畅。此外，南京、北京、玉林等城市关于专家论证制度实施情况的事例也较丰富，只是未涵盖本次考察的全部四个领域，因此未得到满分。

（六）制定和公布重大行政决策听证项目目录及听证程序情况

1. 总体表现分析

本项指标针对 100 个城市是否制定和公布了重大行政决策听证项目目录及听证程序建立情况进行观测，满分为 5 分。本项指标下，共有 73 个城市得了满分，得分率较高。本项指标总体得分情况见表 5 – 7。

表 5 – 7 三级指标 6 总体得分情况

得分(分)	5	4	3	2	1	0
城市(个)	73	8	9	7	3	0

2. 分差说明及典型事例

本项指标下，各城市的平均得分为 4.41 分，平均得分率较高，达 88.2%，得分在平均分以上的城市有 73 个，在及格线以上的城市有 90 个，及格率为 90%，这说明大部分城市在听证项目目录及听证程序上进行了专项规定。得分在 3 分以下的城市大多是由于听证程序内容较为零散，体系化不强，少数城市还存在只是简单重复国务

院文件的内容，缺少具体化听证程序规则的情况。

本项指标下的典范城市非常多，如深圳、广州、贵阳、合肥、长沙等，这些城市制定并公布了重大决策听证项目目录和完善的听证程序规则，尤其是深圳，按年度更新了重大决策听证目录，内容精确、具体；重庆、太原、青岛等城市还以地方政府规章或规范性文件的形式规定了重大决策听证制度；邯郸、杭州、南宁、佛山等城市在重大决策听证的范围、方式、程序等方面也规定得十分详细，因此获得了满分。

（七）公众参与重大决策情况

1. 总体表现分析

本项指标针对 100 个城市公众参与重大决策的实施情况进行测评，满分为 10 分。本项指标测评下，共有 36 个城市得满分。本项指标总体得分情况见表 5 – 8。

表 5 – 8　三级指标 7 总体得分情况

得分（分）	10	8 ~ 9	6 ~ 7	4 ~ 5	2 ~ 3	0 ~ 1
城市（个）	36	53	11	0	0	0

2. 分差说明及典型事例

本项指标下，各城市的平均得分为 8.86 分，得满分的城市有 36 个，占本次评估城市总数的 36%。本项指标得分集中在 8 ~ 9 分，共有 53 个城市，占本次被评估城市总数的 53%，得分在 5 分以下的城市有 0 个。以上数据表明多数城市重大决策公众参与的落实目前居于中上水平，仍有待进一步贯彻落实。

本项指标下的典范城市为南宁、哈尔滨、深圳、北京、深圳等，此类城市的公众参与重大决策得到了充分的贯彻落实，公众可以深入参与到环保、价格、规划以及政府工程等重大项目的决策中。

（八）重大决策集体决定情况

1. 总体表现分析

本项指标针对 100 个城市重大决策集体决定情况进行测评，满分为 10 分。本项指标下，共有 43 个城市得满分。本项指标总体得分情况见表 5 – 9。

表 5 - 9   三级指标 8 总体得分情况

得分（分）	10	8 ~ 9	6 ~ 7	4 ~ 5	2 ~ 3	0 ~ 1
城市（个）	43	50	7	0	0	0

2. 分差说明及典型事例

本项指标下，得分在 8 分以上的城市有 93 个，占本次被评估城市总数的 93%。上述数据一方面表明我国重大决策集体决定制度实施情况得到了一定程度的提升与完善。但从具体数据来看，重大决策集体决定制度在价格、政府工程等方面的贯彻落实情况仍显不足，存在极大的提升空间。

本项指标下的典范城市有邢台、昆明、淄博、石家庄、青岛、上海、济南、黄冈、南昌等，上述城市在环保、价格、规划以及政府工程领域的重大决策过程中均较好地落实了集体决定制度，通过政府常务会议、全体会议和部门领导班子会议，由行政首长在集体讨论的基础上作出了决定。且讨论情况和决定完整的记录向公众公布。虽然当前集体决定制度得到了一定的落实，但其中也存在一些问题。如根据评估组所搜集到的资料，部分城市进行集体决策的领域较为有限，只局限在某一领域，抑或是各领域均可查找到集体决定事例，但相关事例并不丰富。

（九）重大决策结果及依据公开情况

1. 总体表现分析

本项指标针对 100 个城市重大决策的结果及依据公开情况进行测评，根据环保、价格、规划、政府工程四个领域的重大决策的结果及依据公开的情况给予相应分值。本项满分为 10 分，共有 82 个城市得满分。本项指标总体得分情况见表 5 - 10。

表 5 - 10   三级指标 9 总体得分情况

得分（分）	10	8 ~ 9	6 ~ 7	4 ~ 5	2 ~ 3	0 ~ 1
城市（个）	82	3	6	7	2	0

2. 分差说明及典型事例

本项指标下，各城市的平均得分为 9.14 分，平均得分率为 91.4%。该项指标下得满分的城市有 82 个，占本次被评估城市总数的 82%；得 6 分以上的城市有 91 个，占本次被评估城市总数的 91%；不足 6 分的城市有 9 个，占本次被评估城市总数的

9%。以上数据表明各城市在重大决策结果及依据公开方面均做得比较到位，政府信息公开工作得到了充分贯彻和落实。

本项指标下的典范城市数不胜数，得到满分的82个城市通过政府门户网站对本市环保、价格、规划、政府工程四个领域的重大决策的结果及依据进行了公开，真正实现了决策公开和信息透明，保障了民众的知情权。但部分城市如拉萨、茂名在通过政府门户网站对重大决策结果及依据进行公开的过程仍然存在有效性不足、信息碎片化等问题。

（十）重大决策后的信息追踪搜集以及向决策层进行反馈制度情况

1. 总体表现分析

本项指标针对100个城市重大决策后的信息追踪搜集以及向决策层进行反馈制度情况进行测评。内容包括信息追踪搜集制度和反馈制度的设立情况以及实施情况。对制度设立情况的测评，考察信息追踪搜集制度是否包括搜集主体、搜集方式、搜集时限，反馈制度是否包括反馈方式、反馈时限。对制度实施情况的测评，考察在环保、价格、规划、政府工程任意一个领域是否有详细的制度实施情况。本指标满分为10分。该项指标测评中，共有32个城市得满分。本项指标总体得分情况见表5-11。

表5-11　三级指标10总体得分情况

得分（分）	10	8~9	6~7	4~5	2~3	0~1
城市（个）	32	60	6	1	0	1

2. 分差说明及典型事例

该项指标下，各城市的平均得分为8.75分，得满分的有32个城市；得8分以上的城市有92个，占本次被评估城市总数的92%；此外，得5分的有1个，得1分的有1个。总体上来看，我国地方政府已初步构建起了重大决策后的信息追踪搜集以及向决策层进行反馈的制度，且制度在实践中得到了较好的落实。

南宁市出台的《南宁市重大行政决策实施后评估办法》，合肥市出台的《合肥市人民政府重大行政决策实施效果评估办法》都建立了较为完善的重大决策后的信息追踪搜集和反馈制度，值得借鉴学习。但是大多数城市的制度设定还需进一步细化。其中8~9分的城市有60个，未得满分的原因集中在所设立的追踪搜集制度和反馈制度未对时限作出规定。6~7分的城市有7个，扣分的原因集中在只是在其重大决策程序规定、政府工作规则或其他规范性文件中简单提及重大决策后的信息追踪搜集和反馈，并未进行具体规定。得分较低的城市尚需在宏观精神的指引下结合自身具体情况对其两个制度予以细化。

四 评估结论与建议

总体而言，在评估指标体系所设计的十项一级指标中，"行政决策"一级指标的平均得分为69.41分（总分为100分），得分率为69.41%，在十项指标中居第一位。此外，2017年发布的《中国法治政府评估报告（2017）》显示，该年度评估中，"行政决策"指标平均得分为72.19分，平均得分率为72.19%。2016年发布的《中国法治政府评估报告（2016）》显示，该年度评估中，"行政决策"指标平均得分为68.87分，平均得分率为68.87%。

连续三年的评估数据显示，"行政决策"一级指标的平均得分呈现先升后降的趋势，可以看出行政决策法治化在曲折中不断前进。

（一）历史数据表现以及趋势分析

1. 重大决策制度日益精细化，制度落实情况有明显进步

"行政决策"指标项下的观测点可以分为两类，一类是制度建构类的指标，另一类是制度实施类的指标。2018年评估对指标体系进行了较大程度的改动，减少了建构类指标的数量，大大增加了实施类指标的比重，并对往年已有的指标进行了精细化处理，增加了评估的广度、深度及难度。在指标体系大幅修订的情况下，2018年的行政决策依旧保持了较高的得分率，这反映出各地重大决策制度总体趋于完善，精细化程度提升明显，制度落实情况也取得了显著的进步。

随着我国法治政府建设的推进，地方政府在完善重大行政决策制度方面取得了长足进步，制度规定趋于精细化。这通过制度建构类指标近三年的数据对比也可以得到印证，如三级指标"建立行政决策咨询论证专家库及专家论证程序情况"，2018年相较往年，在专家论证程序的建立情况之外，更为细致地考察了行政决策咨询论证专家库的设立情况，客观上增大了得分的难度，但该指标在2016年、2017年和2018年的评估中得分率分别为54.9%、58.4%、64.7%，依旧呈现逐年上升的趋势，这表明以专家论证制度为代表的行政决策制度日益精细化（参见表5-12）。

表 5－12　"建立行政决策咨询论证专家库及专家论证程序情况"得分率对比

评估年份	2016	2017	2018
得分率(%)	54.9	58.4	64.7

伴随着制度的逐年完善，重大决策制度的落实情况亦有明显的进步，如"重大决策合法性审查情况"在2016年、2017年和2018年的评估中得分率分别为33.9%、40%、41.67%，"公众参与重大决策情况"在2016年、2017年、2018年的评估中得分率分别为79.00%、82.20%、88.60%。通过上述不同年份的数据对比发现，重大决策"制度落实"方面的观测点的得分也在稳步提升，制度落实取得了明显进步。另外，值得注意的是，2018年的评估中大大增加了制度实施类的指标比重，新增了三个制度实施类的三级指标——"制定重大决策事项目录情况""制定和公布重大行政决策听证项目目录及听证程序情况""重大决策集体决定情况"，三者的得分率分别达83.65%、88.20%、91.60%，呈现较高水平，反映出各地政府的重大决策实施制度落实情况取得了显著进步。

2. 决策结果及依据公开状况良好，决策追踪情况进步明显

从连续三年的数据来看，"重大决策结果及依据公开情况"均保持了较高的得分率，在2016年、2017年和2018年的评估中得分率分别为92%、94.4%、91.4%。在2016年度、2017年度的"行政决策"的各观测点中居于首位，2018年除了决策结果的公开，还额外考察了决策依据的公开情况，指标的变动导致该项得分有所滑落，但依旧保持较高水平，2018年度得分率达91.4%，仅次于"重大决策集体决定情况"，排名第二。这表明我国地方政府在"公开决策"方面取得了良好的进展，制度的实施进一步细化（参见表5－13）。

表 5－13　"重大决策结果及依据公开情况"得分率对比

评估年份	2016	2017	2018
得分率(%)	92	94.4	91.4

另一方面，重大决策追踪情况同样进步明显，往年该指标只考察信息追踪搜集制度和反馈制度的建立情况，2018年还细化考察了二者在环保、价格、规划、政府工程领域的实施情况，增加了考察难度，但是该指标在2016年、2017年、2018年的评估中得分率分别为68.6%、69.9%、87.5%，得分率依旧保持逐年提升的势头，且

2018 年的增长幅度较大，这显示我国地方政府近年来在重大决策追踪制度方面取得了较大的进步（参见表 5 – 14）。

表 5 – 14　"重大决策后的信息追踪搜集以及向决策层进行反馈制度情况"得分率对比

评估年份	2016	2017	2018
得分率(%)	68.6	69.9	87.5

（二）问题

1. 合法性审查建议采纳率低，制度功能实现不充分

本次评估中，不少城市重大决策合法性审查制度的实施情况不太理想，审查的事例较少，得分较低。同时，法制机构在对重大行政决策进行审查之后提出建议并被采纳的比例较低，这反映出合法性审查制度的功能仍未得到充分的发挥。该指标在 2018 年的得分率为 41.67%，较 2017 年的 40%、2016 年的 33.9% 有所提升，但是幅度不大，且依旧处于较低水平。本次评估的 100 城市中，只有个别城市因其法制机构在合法性审查之后提出意见并被采纳的比例较高，为保障财政大额资金安全做出较大贡献，获得相应加分。这体现了合法性审查制度的实施效果仍不理想，其保障财政资金安全、规范依法行政的制度功能未充分发挥（参见表 5 – 15）。

表 5 – 15　"重大决策合法性审查情况"得分率对比

评估年份	2016	2017	2018
得分率(%)	33.9	40	41.67

2. 各领域风险评估制度实施不均衡，评估过程及依据公开有待加强

2018 年的评估中，重大决策风险评估指标得分率出现了较大下滑，这一方面与该三级指标的赋分标准有所变动有关，另一方面也反映出重大决策风险评估制度实施情况不佳的现实问题。本次评估发现，不同领域重大决策的风险评估实施情况不一样，价格领域的风险评估工作较环保、规划、政府工程为差，很多城市都在该项指标上失分；不同风险类型的风险评估实施情况亦不同，社会稳定风险和生态环境风险的评估情况较好，但是经济风险评估却没有得到足够的重视，相关的事例也比较少，这反映出当下风险评估制度普及度差、风险类型单一、评估领域不均衡的问题。此外，部分风险评估的事例中，只笼统提及了评估实施的结果，对评估的过程和依据却只做

了简单的叙述，甚至是空白，这说明风险评估的公开程度较低，未实现评估的"全过程公开"（参见表5－16）。

表5－16　"重大决策风险评估情况"得分率对比

评估年份	2016	2017	2018
得分率(%)	64.4	63	36.4

3. 专家论证制度普遍建立，但部分城市的规定较为原则，可操作性有待加强

重大决策专家论证制度的建立情况在2018年度得分率继续上升，但在实施中也依旧存在一些问题。首先，部分城市对于专家论证制度的规定较为零散，级别上省级的和市级的规定并存，时间上新规定和旧规定并存，内容上难免存在一定的冲突，且为制度实施过程中查找具体的规范带来了困难。其次，重大决策专家论证制度虽然得到了普遍的建立，但是部分城市对专家论证的具体程序以及专家库制度的规定较为原则，可操作性不强，这也是该指标得满分的城市较少，得分率不是特别高的原因（参见表5－17）。

表5－17　"建立行政决策咨询论证专家库及专家论证程序情况"得分率对比

评估年份	2016	2017	2018
得分率(%)	54.9	58.4	64.7

4. 重大决策专家论证方式单一、透明度低

相较于重大决策专家论证制度建立指标得分率的不断提升，专家论证的制度实施情况就比较不容乐观了。2018年，专家论证的实施情况得分率较上一年度下降较大，既有赋分标准变动的原因，也和专家论证制度在实施过程中遭遇的现实困境有关。评估发现，价格领域的专家论证事例较环保、规划、政府工程领域为少，且专家论证的形式较为单一，透明度低，很多城市只笼统提到某项目经过了专家论证，但对专家论证的具体程序缺少说明，公众无从得知专家论证的过程和报告，这不利于保障公众的知情权以及促进专家论证制度发挥辅助科学决策的作用（参见表5－18）。

表5－18　"重大决策专家论证情况"得分率对比

评估年份	2016	2017	2018
得分率(%)	74.8	67	43.6

5. 听证程序不完善，规定较为零散，体系化不强

"制定和公布重大行政决策听证项目目录及听证程序情况"是 2018 年的评估中新设立的三级指标，该指标得分率较高，达 88.2%，这反映出我国地方政府已普遍建立了听证制度。但是，当下也依旧存在听证项目目录和听证程序不完善、听证程序规定较为零散、听证制度体系化程度不高等问题，这表明各地方政府的听证制度仍然有进一步完善的空间。重大决策听证程序的运行机制、具体环节仍然有待完善，听证制度的规定需要进一步整合和统一，通过完善听证规定，提升听证制度内在的逻辑性、体系性是下一阶段各地听证制度发展的方向。

（三）建议

针对上述问题，评估组提出以下几点建议。

1. 建立健全法制机构审查建议落实机制，切实提升重大决策合法性水平

面对重大决策合法性审查的实施情况以及建议采纳情况不甚乐观这一现实问题，必须切实增强对重大决策合法性审查制度的重视程度，并将重大决策合法性审查制度落到实处，创新体制机制促使法制机构的合理建议得到采纳，以保障重大决策的合法性。为此，一是确保每一项重大决策与政府合同必须先过合法性审查关，未经合法性审查或者经审查不合法的，重大行政决策方案不得提交本级政府全体会议或者常务会议讨论决策；二是全面推行书面审查形式，各市政府法制机构对本市作出的重大行政决策进行合法性审查之后必须出具法律审查意见书并实行网上公开，接受人民监督，着力提高合法性审查的质量跟效果，保障大额财政资金安全；三是积极提高法制机构以外的法律顾问参与重大决策合法性审查的比例和频率，成立政府法律顾问小组和专家库，大力借助"外脑"对具体的重大决策进行合法性审查，在充分论证的基础上出具审查意见，为行政机关重大决策提供重要的参考，真正提高重大决策的合法性。

2. 强化薄弱领域评估工作，提升评估全过程的公开水平

随着全面深化改革的稳步推进，行政机关需要处理的社会稳定风险、生态环境风险、经济风险也不断上升。为了防范这些风险对于公民和社会产生危害，就必须建立行之有效的风险评估体系。当前，风险评估针对的领域较为单一，风险类型亦较局限，具体表现为很多城市的价格领域风险评估存在缺位，经济风险评估未得到应有的重视。为了应对此类问题，应当增强风险评估制度实施的全面性、均衡性，着力加强以价格领域为代表的薄弱领域的风险评估工作，建立风险评估综合体系，全方位地开展包括社会稳定风险、生态环境风险、经济风险在内的各类风险的评估工作，补足短

板，巩固优势，切实发挥风险评估制度的积极作用，预防重大决策造成的潜在危害。此外，应当建立覆盖评估的依据、筹备、过程、结果等环节的"评估全过程公开制度"，切实加大风险评估实施情况的公开力度，发挥评估公开对评估质量提升的促进作用。

3. 统合专家论证制度的相关规定，增强制度的系统性、全面性、可操作性

当前，各个城市普遍建立了重大决策专家论证制度，但是部分城市尚未制定相应的专项规定，也未以专章形式在其他文件中予以规定，而是散落在各个零散的文件中。为便于制度的有效实施，应当鼓励各地以专项规定或专章规范的形式对专家论证制度进行规定，解决目前规范内容查找不便、存在一定内部冲突的问题。此外，还应当进一步完善专家论证制度和专家库制度的内容，对论证范围、论证内容、论证流程、专家遴选、专家责任等进行细化和统一，从而增强专家论证制度的可操作性。

4. 创新专家论证方式，增强专家论证透明度

首先，专家论证制度的有效运行离不开科学公正的论证形式的保证，应当创新专家论证方式，依据重大决策的内容特点，以专家论证会、专家参与政府课题、专家出席重大决策听证会等多种形式开展专家论证。其次，要全面重视各个领域必要的专家论证，尤其要重视加强价格等薄弱领域的专家论证工作，防止因专家论证的缺失而造成决策的科学性短板。最后，要提升专家论证制度实施的透明度，及时公开专家论证的人员、方法、流程、结论、依据等内容，便利群众对于专家论证制度实施情况的监督，切实保障群众的知情权，提升重大决策的科学性。

5. 建立并完善重大决策听证程序规则

听证制度服务于重大决策领域有助于推进我国重大决策的公正化、民主化、科学化、透明化的进程，是不可或缺的程序正义，但最终要科学、合理决策，还需加强在听证事项组织的实质程序正义等方面的努力。为此，一是要制定听证项目目录，明确、统一听证事项范围。二是整合零散的听证程序规定，建立统一的听证程序规则，进而进一步加强听证程序的可操作性、可实施性。三是优化听证具体环节，环节设计应具备逻辑性、体系性，从而提高听证程序的有效性。

B.6
行政执法

摘　要：　行政执法是我国法治政府建设至关重要的环节，从本年度的行政执法评估状况看，我国的法治政府建设稳步推进，特别是在网上执法快速处理和执法重心下移方面成效显著。在取得成绩的同时，我国行政执法领域也暴露出诸多问题，如部分执法部门忽视行政裁量基准的动态调整，法律规范更新缓慢；对于执法辅助人员疏于管理，制度缺失；基层执法中以罚代管，社会治理效果不佳等。在强调国家治理能力现代化的当下，行政执法更要注重实效，而不是形式上执法、走过场。在行政执法领域，必须加快综合执法改革步伐，规范执法主体，明晰执法流程，创新执法方式，提高执法水平和执法实效，真正建成严格规范公正文明执法的法治环境。

关键词：　行政执法　综合执法　过程控制

一　指标设置及评估标准

（一）指标体系

在建设法治政府、推进依法行政的进程中，行政执法向来是重中之重。本年度的行政执法一级指标总分为100分，下设5项二级指标和10项三级指标（观测点）。具体指标设置详见表6-1。

在体系结构上，本年度主要从执法体制、执法制度与程序建设、执法信息化、执法人员管理以及执法状况五个方面评估市一级政府的行政执法状况。其中，"行政执法体制"主要考察了执法重心向市县两级政府下移情况。

"行政执法制度与程序建设"内容丰富，一次评估难以全面涵盖。为此，本年度选取了四个观测点，分别是：行政处罚裁量基准制度在生态环境部门污染排放处罚领

域的落实情况、人力社保部门对违法用工行为处罚的执法公示制度情况、民政执法领域推行行政执法全过程记录情况及财政部门政府采购监督检查类执法中"双随机、一公开"制度落实情况。

"行政执法信息化"是新整合的二级指标,本年度选取了两个观测点:一是全市执法信息平台建设情况,二是交通违章罚款缴纳网上执法快速处理程序。

"行政执法人员管理"往年着重考察行政执法人员清理与培训,本年度有所调整,评估组选择了城市管理部门执法辅助人员管理情况作为观测点。

衡量一个城市的执法水平,不仅要关注被评估对象建立了哪些制度、部署了哪些工作,还应当考察行政执法的客观效果。"行政执法状况"是一项立足于执法实践的观测指标,派往各市的调研员对违法行为的投诉体验和人民法院对非诉执行案件的审理情况能够较为直观地反映出被评估城市的行政执法水平。

表6-1 行政执法指标体系

一级指标	二级指标	三级指标(观测点)
行政执法(100分)	(一)行政执法体制(10分)	1. 执法重心向市县两级政府下移情况(10分)
	(二)行政执法制度及程序建设(30分)	2. 行政处罚裁量基准制度落实情况(5分)
		3. 推行行政执法公示制度情况(10分)
		4. 推行行政执法全过程记录情况(10分)
		5. "双随机、一公开"制度落实情况(5分)
	(三)行政执法信息化(20分)	6. 行政执法平台建设情况(10分)
		7. 网上执法快速处理程序(10分)
	(四)行政执法人员管理(10分)	8. 执法辅助人员管理(10分)
	(五)行政执法状况(30分)	9. 违法行为投诉体验情况(20分)
		10. 非诉执行申请被法院裁定不予执行情况(10分)

(二)设置依据和评估标准

本部分主要根据《国务院全面推进依法行政实施纲要》第七项"理顺行政执法体制,加快行政程序建设,规范行政执法行为"、《国务院关于加强市县政府依法行政的决定》第五项"严格行政执法"、《国务院关于加强法治政府建设的意见》第五项"严格规范公正文明执法"及《法治政府建设实施纲要(2015—2020年)》第四项"坚持严格规范公正文明执法"之要求设计。

与2017年相比较,2018年的指标设置有较大调整。二级指标层面上,整合了"行政执法方式"和"行政执法责任制"两个二级指标,改为"行政执法信息化"，着重强调信息化在行政执法领域的重要作用；此外，将"行政执法程序"扩充为"行政执法制度及程序建设"，更具涵盖性。三级指标的调整主要包括：（1）行政处罚裁量基准制度落实情况 2017 年考察教育领域，2018 年考察生态环境领域，并限定为污染排放处罚事项；（2）执法流程细化情况修改为推行行政执法公示制度情况，考察人力社保部门，限定为违法用工行为处罚事项；（3）新增推行行政执法全过程记录情况，考察民政执法领域；（4）新增"双随机、一公开"制度落实情况，考察财政部门政府采购监督检查类执法；（5）执法信息平台建设 2017 年考察食品生产许可、个体工商户登记和农作物种子经营许可三个事项，2018 年考察各市是否建立起全市统一的行政执法平台；（6）新增网上执法快速处理程序，以交通违章罚款缴纳为考察事项；（7）新增执法辅助人员管理情况，以城市管理部门为考察对象；（8）对个别指标的分值进行了调整。

1. 执法重心向市县两级政府下移情况（10分）

【设置依据】本项指标旨在考察政府推进执法重心向市县两级下移情况，要求整合市一级执法力量用于充实基层执法力量，不仅执法人员下移，编制、经费保障、考核评价也要下移。

【观测方法】网络检索。登录市政府及相关部门网站，分别以"执法重心下移""人员下沉"等关键词进行检索，考察各城市的执法重心下移情况，并借助百度、新浪、谷歌等网站检索相关新闻报道。

【评分标准】本项满分为 10 分，包括：（1）出台推进执法重心下移的专项实施方案或者综合执法改革方案中有涉及执法重心下移的，加 4 分；（2）开展执法重心下移的会议研讨或人员培训活动的，加 3 分；（3）修改编制，充实基层执法队伍，建立相应的人员经费保障机制和考核评价机制的，加 3 分。

2. 行政处罚裁量基准制度落实情况（5分）

【设置依据】本项指标旨在考察行政处罚裁量基准的制定以及落实情况，重点观测生态环境部门污染排放处罚领域。要求不仅建立裁量基准，还应当及时对其进行动态调整。

【观测方法】网络检索。登录市政府及相关部门网站，并借助百度、谷歌等搜索引擎，分别以"行政裁量基准""行政裁量权细化"等关键词进行检索。

【评分标准】本项满分为 5 分，包括：（1）建立行政处罚裁量基准制度的，加 2 分；（2）处罚事项齐全的，加 1 分；（3）裁量基准随着国家法制修改及时作出调整的，加 2 分。

3. 推行行政执法公示制度情况（10分）

【设置依据】本项指标旨在考察推行行政执法公示制度情况。行政执法公示制度既有利于行政相对人了解行政机关的执法情况，也有利于监督行政机关的行政行为。人力社保部门对违法用工行为的处罚事项对劳动者权益保障有着重大影响，为此，评估组选取人力社保部门的违法用工行为处罚领域的公示情况作为观测事项。

【观测方法】网络检索。登录市政府及相关部门网站，查找"执法公示"专栏，或者分别以"执法公示""执法公开""执法决定""执法信息公示平台"等关键词进行检索。

【评分标准】本项满分为10分，包括：（1）出台行政执法公示制度办法的，加4分；（2）编制并公开执法流程的，加4分；（3）及时公布行政执法结果的，加2分。

4. 推行行政执法全过程记录情况（10分）

【设置依据】本项指标旨在考察被评估城市在行政执法中全过程记录情况，重点观测民政执法领域。行政执法全过程记录，可以实现执法全过程留痕和可回溯管理。

【观测方法】登录市政府及相关部门网站，分别以"执法记录""全过程留痕""执法全过程记录"等关键词进行检索，并借助百度、谷歌等搜索引擎进行检索。

【评分标准】本项满分为10分，包括：（1）出台执法全过程记录办法的，加4分；（2）开展执法全过程记录专题讲座、培训活动的，加4分；（3）行政执法中推进音像、电子记录方式的，加2分。

5. "双随机、一公开"制度落实情况（5分）

【设置依据】本项指标旨在考察被评估城市"双随机、一公开"制度落实情况，重点观测财政部门政府采购监督检查类执法领域。所谓"双随机"是指随机抽取检查对象、随机选派执法检查人员的抽查机制，"一公开"是指抽查情况及查处结果要及时向社会公布，接受社会监督。推行"双随机、一公开"制度是完善事中事后监管的关键环节，对于提升行政执法的公平性、规范性和有效性具有重要意义。

【观测方法】网络检索。登录市政府网站及相关部门网站，分别以"双随机一公开""随机抽查事项清单""随机检查对象名单"等关键词进行检索，并查看执法结果专栏，考察"双随机、一公开"制度落实情况，并借助百度、谷歌等搜索引擎进行检索。

【评分标准】本项满分为5分，包括：（1）出台"双随机、一公开"制度办法的，加 1 分；（2）公布随机抽查事项清单的，加 1 分；（3）公布随机检查对象名单的，加 1 分；（4）公布处理检查及处罚结果的，加 2 分。

6. 行政执法平台建设情况（10 分）

【设置依据】本项指标旨在考察被评估城市行政执法平台建设情况。建立全市统一的行政执法平台有助于整合政府资源，实现全市统一管理和监督。

【观测方法】网络检索。登录市政府网站及各部门网站查看平台建设情况，并以"执法信息平台""执法监督平台"等关键词进行搜索，查找是否存在关于行政执法平台和执法监督平台建设的制度及文件，是否建立起执法信息、执法监督等平台，是否对现有分散的执法平台进行整合，并结合百度、新浪、谷歌等网站搜索相关新闻报道。

【评分标准】本项满分为 10 分，包括：（1）全市范围内建立起统一的行政执法平台，涵盖执法信息、执法监督、数据分析等多重功能，且运行良好的，加 8～10 分；（2）全市范围内建立起多个行政执法平台，尚未实现有效整合的，加 6～7 分；（3）分领域初步建立起行政执法平台，涵盖重点监督事项的，加 3～5 分；（4）有市域范围内建立统一执法平台规划的，加 2 分。

7. 网上执法快速处理程序（10 分）

【设置依据】本项指标旨在考察被评估城市网上执法快速处理程序情况。建立和完善网上执法办案系统及信息查询系统，有利于公民快捷高效办理有关事项，提高行政执法的时效性和便民性。

【观测方法】网络检索。登录市政府网站、网上办事大厅及交通管理部门网站，查看交通违章罚款缴纳的相关执法信息，并借助百度、谷歌等搜索引擎检索相关资料。

【评分标准】本项满分为 10 分，包括：（1）通过短信、电子邮件、App 消息提醒等多种方式告知违法事实的，加 4 分；（2）实现网上缴纳罚款的，加 4 分；（3）可在线提出异议、上传证据材料、提出复议申请的，加 2 分。

8. 执法辅助人员管理（10 分）

【设置依据】本项指标旨在考察被评估城市的执法辅助人员管理情况。强化行政执法辅助人员管理，有利于加强对行政执法队伍的监督管理，提高执法辅助人员素质，促进严格、规范、公正、文明执法。

【观测方法】网络检索。登录被评估城市市政府网站及法制部门网站，以"执法辅助人员""执法辅助人员管理"等关键词进行检索，并结合百度、新浪、谷歌等网

站搜索相关新闻报道。

【评分标准】本项满分为 10 分,包括:(1)出台执法辅助人员管理办法的,加 3 分;(2)对外公示执法辅助人员管理信息的,加 3 分;(3)定期开展清查活动并公布清查结果的,加 4 分;(4)本年度发生过执法辅助人员违法违纪造成不良影响事件的,不得分。

9. 违法行为投诉体验情况(20分)

【设置依据】本项指标旨在考察被评估城市履行法定职责情况。

【观测方法】实地体验。委派中国政法大学、中国人民大学、华东政法大学等校在校生赴各城市实地调查,发现违法行为后向相关行政部门举报,对相关部门接到举报后的行政执法行为进行全程记录,形成调查报告。评估组根据调查报告赋分。

【评分标准】本项满分为 20 分,包括:(1)查处环节,加 0 ~ 15 分,其中,①查处及时,使问题得到实质性解决的,加 15 分;②及时处理,问题基本得到解决的,加 10 分;③查处不够及时,未能从根本上解决问题的(如相互推诿扯皮等),加 5 分;④接到投诉后,不予理睬的,不加分。(2)对投诉进行反馈调查的,加 5 分。

10. 非诉执行申请被法院裁定不予执行情况(10分)

【设置依据】本项指标旨在通过分析被法院裁定不予执行的行政机关非诉执行案件数据,考察行政机关执法行为的合法性。

【观测方法】数据分析。在最高法院裁判文书网中检索并统计各城市 2017 年度被法院裁定不予支持的非诉执行案件数量以及行政机关申请的所有非诉执行案件数量,将二者相除,计算出各市在 2017 年度的非诉执行申请被裁定不予执行的比例,并综合考察被评估城市非诉执行申请被法院裁定不予执行的案件数量及被裁定不予执行的案件比例。

【评分标准】本项满分为 10 分,包括:(1)被裁定不予执行案件数量情况,满分 5 分,扣到 0 分为止,被裁定不予执行案件数量的评分公式为:【5 - 各市被裁定不予执行案件数 ×0.124】,0.124 = 5(分)×100(城市数)÷4029(100 个城市被裁定不予执行案件总数);(2)被裁定不予执行案件比例情况,满分 5 分,被裁定不予执行案件比例的评分公式为:【5 ×(1 - 各市被裁定不予执行案件比例)】。因此,各城市总分 = 被裁定不予执行案件量得分 + 被裁定不予执行案件比例得分。

若某城市在 2017 年度没有非诉执行案件,评估组推定行政相对人因认可其行为合法性而自觉履行义务,因此赋其满分 10 分。

二 总体评估结果分析

（一）总体数据分析结果

本次评估针对全国 100 个城市的行政执法工作，从 10 个观测点进行评价。从总体结果来看，指标具有区分度，能够在一定程度上反映被评估城市行政执法情况。本项一级指标总分为 100 分，100 个城市的平均分为 54.26 分，平均得分率为 54.26%；与 2017 年相比，100 个城市的平均得分率下降 3.26 个百分点，波动不大。得分在平均分以上的城市共 47 个，占总数的 47%，得分在平均分以下的城市共 53 个，占总数的 53%；与 2017 年相比，得分在平均分以上的城市增加 5 个。行政执法项下得分最高的城市为 78.28 分，得分最低的城市为 28.41 分，反映出较大的差距；与 2017 年相比，最高分得分率比 2017 年降低 3.47 个百分点，最低分得分率降低 7.01 个百分点，说明法治政府建设动力略显不足，仍须有效推进。得分前五位的城市分别是：南宁市（78.28 分）、青岛市（76.17 分）、石家庄市（74.22 分）、济南市（72.75 分）和杭州市（72.61 分）。与 2017 年相比发现，毕节市、信阳市、新乡市、呼和浩特市、济南市和昆明市在本年度的评估中进步明显。

通过对数据进行总体分析，如图 6-1、图 6-2 所示，被评估城市中得分特别高和特别低的城市较少，大多数城市的得分集中在平均分附近，基本呈现正态分布。但

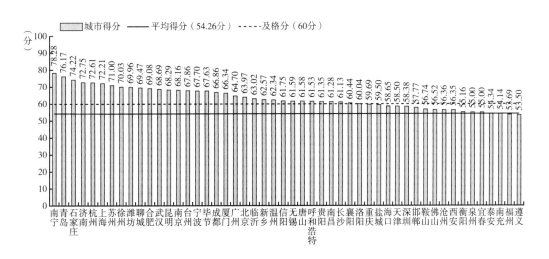

图 6-1 排名第 1~50 位的城市得分情况分布

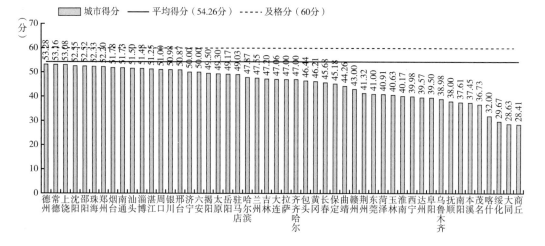

图 6 - 2　排名第 51～100 位的城市得分情况分布

是，高分和低分之间差距仍然较大，说明得分较低的城市仍有很大的提升空间。

本项一级指标项共包括五个二级指标，从二级指标的得分情况来看，行政执法体制部分总分 10 分，平均得分 8.13 分，得分率 81.30%；行执法制度及程序建设部分总分 30 分，平均得分 15.96 分，得分率 53.20%；行政执法信息化部分总分 20 分，平均得分 12.67 分，得分率 63.35%；行政执法人员管理部分总分 10 分，平均得分 2.13 分，得分率 21.30%；行政执法状况部分总分 30 分，平均得分 15.37 分，得分率 51.23%。

本项一级指标共包括 10 个三级指标（观测点），各个观测点的得分状况如下：执法重心向市县两级政府下移情况，总分 10 分，平均得分 8.13 分；行政处罚裁量基准制度落实情况，总分 5 分，平均得分 2.84 分；推行行政执法公示制度情况，总分 10 分，平均得分 7.00 分；推行行政执法全过程记录情况，总分 10 分，平均得分 3.31 分；"双随机、一公开"制度落实情况，总分 5 分，平均得分 2.81 分；行政执法平台建设情况，总分 10 分，平均得分 4.19 分；网上执法快速处理程序，总分 10 分，平均得分 8.48 分；执法辅助人员管理，总分 10 分，平均得分 2.13 分；违法行为投诉体验情况，总分 20 分，平均得分 8.01 分；非诉执行申请被法院裁定不予执行情况，总分 10 分，平均得分 7.36 分。从各观测点看，如图 6 - 3 所示，各评估对象在网上执法快速处理程序和执法重心向市县两级政府下移情况方面表现较好，上述指标得分率高。但是，在执法辅助人员管理和推行行政执法全过程记录情况方面得分较低，这表明许多地方政府在基层执法方面还存在许多问题。

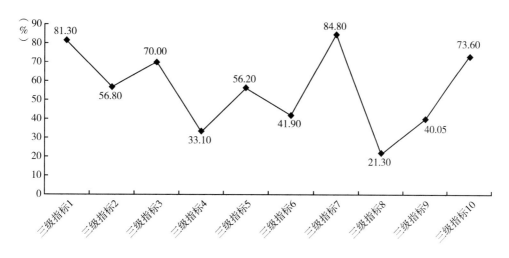

图 6 – 3　三级指标得分率

三　三级指标评估结果分析

（一）执法重心向市县两级政府下移情况

1. 总体表现分析

本项指标为考察执法重心向市县两级政府下移的实施情况而设置，总分为 10 分。全部 100 个城市的得分总体情况见表 6 - 2。

表 6 – 2　执法重心向市县两级政府下移情况 100 个城市得分总体情况

得分（分）	10	8	7	6	4	3	0
城市（个）	54	1	24	13	1	5	2

2. 分差说明和典型案例

被评估对象的平均得分为 8.13 分。在 100 个城市中，得分为 10 分的城市有 54 个，占总数的 54%；得分在平均分以上的城市有 54 个，占总数的 54%；得分在平均分以下的城市有 46 个，占总数的 46%；得分为 0 分的城市有 2 个，占总数的 2%。

通过网络检索得知，有 54 个城市较好地实现了执法重心下移的任务，出台了相应的实施方案，开展了相关的会议研讨或人员培训活动，同时从编制、财政和考核评价机制等方面对执法重心下移的推进予以保障。

本项指标下，得到满分 10 分的城市为：鞍山市、包头市、北京市、毕节市、成都市、德州市、东莞市、福州市、抚顺市、广州市、贵阳市、哈尔滨市、海口市、淮南市、黄冈市、济南市、济宁市、揭阳市、昆明市、聊城市、临沂市、六安市、南昌市、南京市、南宁市、南通市、南阳市、宁波市、汕头市、上海市、上饶市、深圳市、沈阳市、苏州市、泰安市、天津市、潍坊市、武汉市、西宁市、新乡市、信阳市、徐州市、烟台市、盐城市、银川市、湛江市、长春市、长沙市、郑州市、重庆市、珠海市、驻马店市、淄博市、遵义市。其中，淮南市建立了市级监督考核、县区总体负责、街道（乡镇）具体实施的工作机制，强化县区政府（管委会）城市管理责任主体地位；海口市从财政保障入手，着重提高执法一线人员福利待遇；宁波市盘活机构编制存量，优化人员编制资源配置，确保一线执法人员的编制不少于综合行政执法人员编制总数的 85%。

有些城市在本项指标下得分较低是因为尚未出台推进执法重心下移的专项实施方案，或者综合执法改革方案中没有涉及执法重心下移；也有的城市尽管建立了相应制度，但未能较好地落实。

（二）行政处罚裁量基准制度落实情况

1. 总体表现分析

本项指标为评估行政处罚裁量基准制度落实情况而设置，重点考察生态环境领域污染排放处罚的相关情况，总分为 5 分。全部 100 个城市的得分总体情况见表 6 - 3。

表 6 - 3　行政处罚裁量基准制度落实情况 100 个城市得分总体情况

得分（分）	5	4	3	2	0
城市（个）	41	1	23	3	32

2. 分差说明和典型事例

本项指标重点观测生态环境领域污染排放处罚这一事项。被评估对象的平均得分为 2.84 分。得分为 5 分的城市有 41 个，占总数的 41%；得分在平均分以上的城市有 65 个，占总数的 65%；得分在平均分以下的城市有 35 个，占总数的 35%；得分为 0 分的城市有 32 个，占总数的 32%。

通过网络检索得知，有 41 个城市公布了环保领域污染排放处罚的裁量基准且处罚事项齐全，并做到了随着国家法制修改及时作出调整；23 个城市虽然公布了环保领域污染排放处罚的裁量基准，但未能回应国家法律变化及时修改；仍有 32 个城市未公布环保领域污染排放处罚的裁量基准。

本项指标下，得到满分 5 分的城市为：南宁市、青岛市、石家庄市、杭州市、上海市、苏州市、徐州市、聊城市、合肥市、武汉市、昆明市、台州市、宁波市、毕节市、广州市、北京市、温州市、唐山市、贵阳市、洛阳市、海口市、天津市、深圳市、邯郸市、佛山市、泉州市、宜春市、泰安市、福州市、沈阳市、郑州市、淄博市、邢台市、揭阳市、哈尔滨市、兰州市、吉林市、大连市、包头市、玉林市、商丘市。这 41 个城市得分较高的原因是，公布了环保领域污染排放处罚的裁量基准且处罚事项齐全，并做到了随着国家法制修改及时作出调整。

得分较低城市的主要问题是，一方面，未在网站上公布完整的裁量基准或者裁量基准针对的处罚事项不齐全；另一方面，尽管建立了裁量基准制度，但没有随着国家法制的修改及时对裁量基准进行调整，未能使裁量基准灵活适应上位法的变化。这离《法治政府建设实施纲要（2015—2020 年）》提出的"建立健全行政裁量权基准制度，细化、量化行政裁量标准，规范裁量范围、种类、幅度"目标尚有相当的差距。

（三）推行行政执法公示制度情况

1. 总体表现分析

本项指标为评测行政执法公示情况而设置，考察行政执法公示制度的建立及落实状况，总分为 10 分。100 个城市的得分总体情况见表 6-4。

表 6-4　推行行政执法公示制度情况 100 个城市得分总体情况

得分（分）	10	8	6	4	2	0
城市（个）	29	15	42	7	5	2

2. 分差说明和典型事例

本指标重点观测人力社保部门对违法用工行为的处罚公示情况，各被评估对象平均得分为 7.00 分。得分为 10 分的城市有 29 个，占总数的 29%；得分在平均分以上的城市有 44 个，占总数的 44%；得分在平均分以下的城市有 56 个，占总数的 56%；得分为 0 分的观测对象有 2 个，占总数的 2%。

通过网络检索得知，有 64 个城市市政府或其职能部门出台了行政执法公示办法，

27 个城市未编制并公开执法流程，13 个城市未对违法用工行为处罚结果进行公示。

本项指标下，得分较高（10 分）的城市有：毕节市、沧州市、成都市、佛山市、哈尔滨市、杭州市、合肥市、菏泽市、衡阳市、济宁市、六安市、洛阳市、南充市、南宁市、南通市、齐齐哈尔、青岛市、厦门市、石家庄市、无锡市、武汉市、信阳市、邢台市、烟台市、盐城市、银川市、玉林市、重庆市、周口市。这些城市之所以得分较高，是因为其建立起了较为完善的行政执法公示制度，不仅编制并公开了执法流程，还对处罚结果进行了公示，以便公众了解、监督相关部门的执法行为。

得分较低城市的主要问题在于，尚未建立起体系性的行政执法公示制度；或是只对处罚结果进行公示而未公开执法流程；或是处罚结果信息不完整。

（四）推行行政执法全过程记录情况

1. 总体表现分析

本项指标为考察推行行政执法全过程记录情况而设置，总分为 10 分。全部 100 个城市的得分总体情况见表 6 – 5。

表 6 – 5　推行行政执法全过程记录情况 100 个城市得分总体情况

得分（分）	8	7	6	5	4	3	2	1	0
城市（个）	1	14	7	6	28	5	5	16	18

2. 分差说明和典型案例

被评估对象的平均得分为 3.31 分。在 100 个城市中，最高分为 8 分，且仅有一个城市。得分 6 分以上的城市有 22 个，占总数的 22%；得分在平均分以上的城市有 56 个，占总数的 56%；得分在平均分以下的城市有 44 个，占总数的 44%；得分为 0 分的城市有 18 个，占总数的 18%。

通过网络检索得知，有 18 个城市搜索不到关于"行政执法全过程记录"的任何信息，个别城市在民政领域出台专门的行政执法全过程记录实施细则，大多数城市在全市范围内建立起行政执法全过程记录，但是市政府发布的行政执法全过程记录工作办法也会对民政局的行政执法工作产生约束。此外，有些城市在其他部门如综合执法局、交通运输局出台专门的行政执法全过程记录工作办法；开展执法全过程记录专题讲座、培训活动；推进音像、电子记录方式的使用，但民政部门却没有检索到相关信息，由于本项指标重点考察民政执法领域，故尽管有其他行政执法部门推行行政执法全过程记录，但是依旧得分很低。

本项指标下，得最高分 8 分的城市为徐州市，得到 7 分的城市有毕节市、青岛市、上饶市、太原市、唐山市、天津市、潍坊市、温州市、武汉市、西宁市、襄阳市、邢台市、烟台市和驻马店市。徐州市民政局不仅出台了《徐州市民政局行政执法全过程记录工作规定》，还积极举办"民政执法专题培训""行政执法队伍建设培训会"，加强执法人员的工作技能和法治思维，在大多部门配备执法记录仪以推动执法全过程记录工作的实施。毕节市出台了《行政执法公示制度执法全过程记录制度》《执法记录仪使用和管理办法》，此外《毕节市民政局推行落实行政执法"三项制度"改革工作》提出在行政执法中开展执法全过程记录专题讲座、培训活动，并推进音像、电子记录方式应用。唐山市、天津市、温州市民政局在推行行政执法全过程记录方面的做法也值得学习借鉴。其中温州市对行政执法全过程记录制度落实情况进行调研分析并形成报告的做法，对促进行政执法全过程记录制度的实施、促进依法行政大有裨益。

有些城市在本项指标下得分较低，究其原因，一是未在民政执法领域开展执法全过程记录专题讲座、培训活动；二是未在民政执法领域推进音像、电子记录方式的应用；三是制度应用的实例较为缺乏，很多城市只是在新闻报道或文件中简单地提出建立或实施了某制度，却未能搜索到实际具体的案例。

（五）"双随机、一公开"制度落实情况

1. 总体表现分析

本项指标为评测"双随机、一公开"制度在财政部门政府采购监督检查类执法中的落实情况而设置，总分为 5 分。全部 100 个城市的得分总体情况见表 6 - 6。

表 6 - 6　"双随机、一公开"制度落实情况 100 个城市得分总体情况

得分（分）	5	4	3	2	1
城市（个）	13	15	32	20	20

2. 分差说明和典型事例

本项指标以财政部门政府采购监督检查类执法为评估事项。被评估对象的平均得分为 2.81 分。得分为满分 5 分的城市有 13 个，占总数的 13%；得分在平均分以上的城市有 60 个，占总数的 60%；得分在平均分以下的城市有 40 个，占总数的 40%。

通过网络检索得知，第一，大部分城市公布了在全市范围内实施的"双随机、

一公开"制度办法，少数城市在财政部门政府采购领域出台专门的财政局随机抽查工作细则或招标投标监督管理办法。第二，大部分城市的财政局公布了政府采购监督检查类执法领域的随机抽查事项清单和随机检查对象。第三，相当多的城市并未公布政府采购监督检查类执法领域的检查与处理结果。

本项指标下，得满分的有北京市、德州市、邯郸市、杭州市、荆州市、昆明市、聊城市、青岛市、厦门市、武汉市、烟台市、重庆市、珠海市这13个城市。这些城市得分较高的原因是：制定财政局随机抽查工作细则，公布的财政局随机抽查事项清单和检查对象包含政府采购事项，对政府采购事项进行"双随机"监督检查后公布检查与处理结果。

得分较低城市的主要问题是，财政部门没有公布随机抽查事项清单和随机检查对象；或者财政部门虽然公布了随机抽查事项清单和随机检查对象，但不包含政府采购的内容；或者只公布了相关细则，却没有相应的关于政府采购监督检查类执法领域贯彻"双随机、一公开"制度的实例，即搜索不到相关的检查与处理结果。

（六）行政执法平台建设情况

1. 总体表现分析

本项指标为考察执法信息化的建设情况而设置，总分为10分。全部100个城市得分的总体情况见表6-7。

表6-7　行政执法平台建设情况100个城市得分总体情况

得分（分）	10	9	8	7	6	5	4	3	2	0
城市（个）	9	1	15	7	4	6	3	17	17	21

2. 分差说明和典型事例

本项指标重点观测执法信息平台的建设情况，被评估对象的平均得分为4.19分。在100个城市中，得分为10分的观测对象有9个，占总数的9%；得分在平均分以上的观测对象有42个，占总数的42%；得分在平均分以下的观测对象有58个，占总数的58%；得分为0分的观测对象有21个，占总数的21%。

通过网络检索得知，在被评估的100个城市里面，有25个城市在全市范围内建立起统一的行政执法平台，涵盖执法信息、执法监督、数据分析等多重功能，且运行良好；有11个城市在全市范围内建立起多个行政执法平台，尚未实现有效整合；有

26个城市分领域初步建立起行政执法平台，涵盖重点监督事项；有17个城市有市域范围内建立统一执法平台的规划；有23个城市无相关信息。

本项指标下，得分为10分（满分）的城市有北京、天津、合肥、南宁等9个城市。合肥市于2015年3月印发《合肥市政府权力清单运行平台建设实施方案》，要求建立覆盖市、县（区）两级政府及其部门的法制监督平台。合肥市法制监督平台主要有规章和规范性文件备案监督、行政执法人员资格认证管理、行政执法辅助人员管理、行政处罚网上运行、行政复议与诉讼网上办理、行政执法与刑事司法衔接信息共享、行政处罚案件群众公议、规范性文件"三统一"、规范性文件合法性审查等九大相对独立的功能板块。该平台通过整合各个部门的资源，加强对行政行为的事前事中监督，既提升了工作效率，又切实维护了行政行为的合法性与严肃性。

得分较低的城市问题在于对于互联网及信息化的认识不够，缺乏整体的规划意识，同时缺乏对大数据等前沿科技在政府执法中作用的重视。

（七）网上执法快速处理程序

1. 总体表现分析

本项指标为考察网上执法快速处理程序的建设情况而设置，总分为10分。全部100个城市得分的总体情况见表6-8。

表6-8　网上执法快速处理程序100个城市得分总体情况

得分（分）	10	8
城市（个）	24	76

2. 分差说明和典型事例

本项指标重点观测交通违章罚款缴纳网上执法的情况，被评估对象的平均得分为8.48分。在100个城市中，得分为10分的观测对象有24个，占总数的24%；得分在平均分以下的观测对象有76个，占总数的76%。

通过网络检索得知，在被评估的100个城市里面，所有的城市都能通过App等告知违法事实，都能通过互联网等在线缴纳罚款；而能在线提出异议、上传证据材料、提出复议申请的城市较少，只有24个。

本项指标下，得分较高的有广州、成都和青岛等城市。其中广州市最为典型。广州市公安局智慧交通开发的"警民通-出行易"App，功能十分丰富，涵盖网上车管

所、交通违法办理、实时交通信息等常用功能，同时从 2014 年 7 月起，广州交警开始向广州籍机动车所有人推送短信提醒交通违法业务。另外广州交警在微信公众平台也能十分顺畅地处理交通违章以及办理驾驶证换证等业务；在广州市公安局的网上办事窗口，认为广州市公安局属下的各级公安机关作出的具体行为侵犯其合法权益的公民、法人或者其他组织，可以在线提起行政复议。

本项指标总体得分较为理想，大多数城市的扣分项目是公民无法对行政处罚行为在线提出异议、上传证据材料、提出复议申请。

（八）执法辅助人员管理

1. 总体表现分析

本项指标为考察执法辅助人员的管理情况而设置，总分为 10 分。全部 100 个城市得分的总体情况见表 6-9。

表 6-9　执法辅助人员管理 100 个城市得分总体情况

得分（分）	10	7	6	3	0
城市（个）	2	4	7	41	46

2. 分差说明和典型事例

本项指标重点观测执法辅助人员的管理情况，被评估对象的平均得分为 2.13 分。在 100 个城市中，得分为 10 分的观测对象有 2 个，占总数的 2%；得分为 7 分的观测对象有 4 个，占总数的 4%；得分为 6 分的观测对象有 7 个，占总数的 7%；得分为 3 分的观测对象有 41 个，占总数的 41%；得分为 0 分的观测对象有 46 个，占总数的 46%。得分在平均分以上的观测对象有 54 个，占总数的 54%。

通过网络检索得知，有两个城市既出台了执法辅助人员的管理办法，又对外公示了执法辅助人员的管理信息，同时定期开展执法人员队伍的清查活动并公布清查结果。有四个城市，对外公示了执法辅助人员的管理信息，并定期开展清理活动。有46 个城市在辅助人员管理信息方面较为落后，未公布相关信息。

本项指标下，得分较高的城市有合肥和徐州。其中合肥表现较为突出，通过颁布《合肥市行政执法辅助人员管理办法》，合肥市有效地开展对执法辅助人员的管理，各级执法机关组织本单位执法辅助人员参与岗位业务培训，同时通过合肥市法制监督平台组织执法辅助人员报名参加公共法律知识培训，参加辅助执法资格在线考试；对经考试合格公示后的参考人员，办理"合肥市辅助行政执法证"，进一步规范执法辅助人员的执法行为。

有些城市得分较低，原因在于对执法辅助人员管理的重要性认识不够，认为辅助人员数量庞大，无法通过专门的规范性文件进行管理，同时鉴于执法辅助人员流动性较高，定期开展人员清理手续烦琐，因此对这类人员疏于管理，制度建设缺失或不足。

（九）违法行为投诉体验情况

1. 总体表现分析

本项指标用以测评行政机关查处被举报违法行为的及时性和有效性，总分为20分。全部100个城市的总体得分情况见表6－10。

表6－10　违法行为投诉体验情况100个城市得分总体情况

得分（分）	>15	10~15	6~10（不含）	1~6（不含）	0
城市（个）	4	40	17	22	17

2. 分差说明和典型事例

本项指标以各城市违法行为投诉体验报告为依据，被评估城市的平均得分为8.01分。在100个城市中，得分为20分的城市有0个，占总数的0%；得分在平均分以上的城市有50个，占总数的50%；得分在平均分以下的城市有50个，占总数的50%；得分为0分的城市有17个，占总数的17%。

本项指标下得分较高的城市为：南京市（18.33分）、潍坊市（17.50分）、新乡市（17.50分）和宁波市（16.67分）。这四个城市的执法部门在接到违法行为投诉后，不仅及时通知执法人员进行处理，处理完毕后还对投诉者进行执法满意度电话回访。

得分较低的城市的主要问题在于，其执法部门在接到违法投诉举报后，未能及时查处违法行为，部分城市甚至出现相互推诿、扯皮的现象。在本次调研中，某城市巡逻警察多次翻阅调研员的手机，多次检查调研员身份证，致使调研难以顺利开展。

与2015年数据相比，海口市、拉萨市、南京市、宁波市、上海市、苏州市和潍坊市7个城市在2016年和2017年均取得了较高的成绩，上述城市的投诉渠道畅通，接线员在接到违法行为投诉后，能够在第一时间通知执法人员进行处理，更为可贵的

是，上述城市大部分建立了电话回访制度，有的城市由执法人员进行电话回访，有的城市通过投诉热线进行回访，回访行为既是对举报者的答复，也是对执法行为的一种有力监督。

（十）非诉执行申请被法院裁定不予执行情况（10分）

1. 总体表现分析

本项指标从司法机关对行政机关非诉执行申请裁定的情况逆向考察行政执法决定的质量，总分为10分。全部100个被评估城市得分的总体情况见表6-11。

表6-11　非诉执行申请被法院裁定不予执行情况100个城市得分总体情况

得分（分）	10	6~10(不含)	3~6(不含)	0~3(不含)
城市（个）	18	53	20	9

2. 分差说明和典型事例

本项指标重点观测2017年度各市行政机关向人民法院申请的非诉执行案件被裁定不予执行情况，被评估对象的平均得分为7.36分。在100个城市中，得分为10分的观测对象有18个，占总数的18%；得分在平均分以上的观测对象有60个，占总数的60%；得分在平均分以下的观测对象有40个，占总数的40%；没有得分为0分的观测对象。

本项指标下，得分为10分（满分）的城市有泉州市、周口市、济宁市等18个城市。其中，具有典范意义的是泉州市、周口市和济宁市。2017年度，泉州市各行政机关申请非诉执行的案件数量为892件，周口市为221件，济宁市为116件，这三个城市中所有的非诉执行申请均被法院支持，没有一例被司法机关裁定不予执行。由此可以推定，这三个城市的行政执法质量较高，行政行为在主体、事实、法律和程序等多个方面都经得起司法检验。

得分较低城市的主要问题在于，行政机关申请的非诉执行出现大量不被法院支持的情况，从法院裁定可以看出，行政机关在作出行政决定时，主要存在缺乏事实根据、缺乏法律依据及程序违法等问题。例如，某城市在2017年共有194起案件申请法院非诉执行，其中有162起被法院裁定不予执行，即83.51%的非诉执行申请不符合法院的审查，可见其行政行为的质量不高，行政执法人员能力与素质堪忧。

四　评估结论与建议

总体而言，在评估指标体系所设计的十项一级指标中，"行政执法"一级指标的平均得分为 54.26 分（总分 100 分），平均得分率为 54.26%。此外，2017 年发布的《中国法治政府评估报告（2017）》显示，该年度评估中，"行政执法"指标的平均得分率为 57.52%。2016 年发布的《中国法治政府评估报告（2016）》显示，该年度评估中，"行政执法"指标的平均得分率为 57.93%。2015 年发布的《中国法治政府评估报告（2015）》显示，该年度评估中，"行政执法"指标的平均得分率为 51.75%。

近几年的数据显示，"行政执法"这一指标的平均得分处于波动当中，且依旧处于及格线以下，特别是 2018 年平均得分较 2017 年有所下降。这一现象说明，政府在行政执法方面的依法行政水平仍然有待提高，这已成为制约我国法治政府建设的一大重要因素。

（一）存在的问题

1.执法重心下移缺乏配套措施

被评估的 100 个城市中，有 54 个城市已经在全市范围内实现了执法重心下移和人员下沉目标，并从编制、财政和考核评价机制等方面入手对该工作的推进予以保障。但同时，仍有接近一半的城市，尽管在政府工作报告或执法体制改革方案中提出了执法重心下移的目标，但落实过程中仍缺乏有效的机制保障，有的城市仅下移了人员，未下移编制与财务保障手段，不能真正做到"编随人走，人随事走""钱随事走，费随事转"。

2.行政裁量基准制度尚未全面建立，动态调整有待加强

评估发现，在 100 个城市中，有 32 个城市尚未在环保领域明确建立起适合本市执法需要的行政处罚裁量基准制度。一些城市虽然已经建立了制度，却没有将裁量基准文本对外公布。裁量基准是根据本地实际情况细化上位规范的结果，当上位规范发生变动时，要及时作出调整。但本次评估发现，部分城市在裁量基准的修订方面仍存在懒政情况，仅有 41 个城市根据《环保法》、《水污染防治法》或《大气污染防治法》的修订及时更新了环保领域的行政处罚裁量基准。有些城市仅以省级环保处罚裁量基准为参照，并未因地制宜地制定本地区基准。

3. 行政执法过程公示仍显薄弱，结果公示不够规范

在被评估的 100 个城市中，有 36 个城市仍未出台相关的行政执法公示办法，有 27 个城市未编制并公开执法流程，13 个城市未对所评估领域的违法用工行为处罚结果进行公示。

评估中发现，部分城市的执法公示信息分布较为分散，散见于市级执法公示平台或各执法部门独立的执法公示平台，无法满足相对人便捷查询执法信息的需要，也不利于执法公示工作的整体推进。

在被评估的 100 个城市中，有 87 个城市对违法用工行为处罚结果进行了公示。但部分城市对处罚结果的公示不够规范，主要表现为：（1）没有公示行政处罚决定书全文，仅对主要信息进行要点列举型公示；（2）信息化程度不足，不利于检索信息、查询案件；（3）行政处罚结果公示更新不及时。

4. 执法全过程记录制度实施情况不佳

执法全过程记录制度对强化行政执法主体自我规范、自我约束与自我监督，促进行政机关严格规范公正文明执法具有重要作用。本次评估发现民政领域贯彻执法全过程记录制度的表现不佳，与交警支队执法、城管执法相比还存在较大差距。集中表现在如下三个方面：（1）缺乏行之有效的工作部署；（2）人员培训不足；（3）记录手段陈旧，难以应对信息化挑战。

5. "双随机、一公开"制度落实不到位

"双随机、一公开"不仅要求随机抽取检查对象、随机选派执法检查人员，还要求及时向社会公开抽查情况及查处结果，接受社会监督。从 2018 年的评估情况看，仅有 13 个城市的财政部门既公布了本部门的随机抽查工作细则，又能及时公布检查处理结果，部分城市未对外公布随机抽查事项和随机检查对象，大部分城市未公示"双随机"执法检查与处理结果。可见全国大部分城市的财政部门尚未达到"双随机、一公开"制度的基本要求，制度细化与落实有待加强。

6. 执法信息平台建设滞后，在线异议渠道缺乏

从 2018 年的评估结果看，全国 100 座城市执法信息平台建设情况总体不佳，40% 的城市尚未建立全市统一层面的执法信息平台。多数城市的相关行政部门在本部门内部建立了完整的执法信息平台，但部门之间的沟通衔接机制不够完善。个别建立了执法信息平台的城市相应板块数据空缺，形同虚设。一些城市的执法信息平台对公众透明度不高，只限于内网登录，公众无法有效地参与互动。个别城市的执法信息平台功能简陋，只能简单查询执法人员信息与执法机构信息，无法实现执法信息平台的

应有功能。另外,本次评估发现,在100个被评估城市中,对于交通违章这类常见的日常违法行为,只有24个城市能通过互联网等现代信息渠道在线提出异议、上传证据材料、提出复议申请,行政相对人权利救济渠道尚未做到多样化与便捷化。

7. 执法辅助人员管理制度缺失

评估发现,在100个城市中,近一半的城市既未出台执法辅助人员的管理办法,也未对外公示执法辅助人员的管理信息,仅有两个城市既出台了执法辅助人员管理办法,又对执法辅助人员管理信息进行公示。检索中发现,一些城市由于缺乏统一的执法辅助人员招录机制、对其培训不及时、考核监督不到位,竟然发生执法辅助人员粗暴执法、围殴路人等事件,造成不良社会影响。

8. 投诉渠道不畅通,执法重处罚轻实效

本年度违法投诉体验项下,只有18个城市的执法部门在接到违法行为投诉后,能够做到及时查处;其他城市在一定程度上存在拖延或怠于履行法定职责的情况。部分城市投诉渠道不畅通,诸如工作时间投诉电话无人接听、部门官方网站无法查询到投诉电话、网上投诉平台无法提交投诉信息等情况普遍出现。一些城市存在部门之间相互推诿的情况,投诉人辗转多个执法部门,问题却无处反馈。这些情况说明"投诉难"问题依然普遍存在,群众投诉"磨破嘴、跑断腿",但反映的违法问题却难以解决。

此外,执法重处罚轻实效的情况普遍存在。在违章停车事项上,一些城市以街拍系统已经拍照为由拒绝现场执法,对于违章停车行为一罚了之,违章车辆却依然阻塞道路无人处理。违章停车的乱象并没有得到治理。在占道经营事项上,一些城市的执法人员只是到场驱赶即先行离开,违法行为人也只是暂时躲避,在执法人员离开后依然进行占道经营,违法行为"死灰复燃"。这种以罚代管的行为与政府治理社会的目的背道而驰,行政处罚是行政机关对社会进行管理的一种手段,绝不是目的。让执法行为真正发挥效果,避免违法行为再次发生,才能从根源上解决社会问题。

9. 申请人民法院强制执行的执法决定质量仍须提升

2017年度,被评估的100个城市共有4029份非诉执行申请被法院裁定不予执行案件,其中有10个城市的非诉执行案件被法院裁定不予执行的比例为70%以上。抽样分析所有的被裁定不予执行的案件,评估组发现,很多行政机关申请人民法院强制执行的行政行为本身存在事实不清、证据不足、适用法律法规错误以及程序违法等问题。另外,一些非诉执行申请本身存在问题,主要表现为行政机关在法律规定的复议或诉讼期间内向法院申请强制执行。非诉执行申请案件执行率的高低,侧面反映了行

政机关作出行政行为的合法性与合理性，从近年来本指标的评估结果来看，部分城市的执法行为质量持续低迷，亟待提升。

（二）完善的建议

1. 加强队伍建设和机制保障，确保执法重心下移、人员下沉

新《纲要》要求，"推进执法重心向市县两级政府下移，把机构改革、政府职能转变调整出来的人员编制重点用于充实基层执法力量。完善市县两级政府行政执法管理，加强统一领导和协调"。实现执法重心下移，关键在于理顺市县两级执法体制，加强基层执法机构设置，夯实基层责任。首先，落实"编随人走，人随事转，费随事转"，将人、财、物、编一并下放到基层，从而真正实现执法人员、执法事项、执法保障全部下放到基层；其次，要重视基层执法队伍建设，通过讲座、调研、培训等方式为基层执法的开展提供有力的人才保障；最后，要建立相应考评与监督机制，强化基层政府对执法人员的管理与监督。

2. 填补裁量基准制度空缺，加强动态调整

行政裁量基准体现了行政机关依职权对法定裁量权具体化的控制规则。首先，要因地制宜地建立本地区本部门的行政裁量基准制度，保证裁量基准客观性和可操作性。其次，为便于公众预判违法后果、监督行政机关依法行政，要将裁量基准文本公布在市政府网站或职能部门网站上。最后，要切实做好裁量基准动态修订工作，并及时向社会公布。同级和上级法制部门应当引导执法部门正确制定和适用裁量基准，建立起动态检查和静态审核相结合的监督机制，对于检查和审核中发现的问题，应当协同制定该基准的职能部门进行梳理和修改。

3. 狠抓制度落实，全过程加强行政执法公示工作

行政执法公示制度对执法活动在事前公示、事中公示、事后公示和平台建设四方面提出要求。针对实践中暴露出的问题，提出如下建议：（1）巩固事前公示。要结合政府信息公开、权力和责任清单公布等工作，在市政府、部门网站和办事大厅、服务窗口等场所，公开行政执法主体、人员、职责、权限、依据、程序、监督方式和救济渠道等信息并实行动态调整。要编制并公开执法流程、服务指南，方便群众办事。（2）规范事中公示。行政执法人员从事执法活动，要佩带或者出示能够证明执法资格的执法证件，出示有关执法文书，做好告知说明工作。服务窗口要明示工作人员岗位工作信息。（3）加强结果公示。执法结果公示是保障社会公众知情权的重要方式，但也会因为涉及个人隐私而损害特定人权益。为此，要探索行政执法决定公开的范

围、内容、方式、时限和程序，完善公开信息的审核、纠错和监督机制。要将抽查情况及查处结果及时向社会公布，接受群众监督。（4）统一公示平台。地方人民政府要确定本级政府和部门行政执法信息公示的统一平台，按照一定标准分类归集政府所属部门行政执法信息，有关部门要积极配合，实现执法信息互联互通，以便公众查询。

4. 强化执法全过程记录，充分利用记录内容

未来各城市及其部门应当继续强化执法全过程记录制度，尚未制定专门的执法全过程记录工作细则的，要加紧制定。为了提高制度实施效果，各地要加强对执法工作人员执法全过程记录的专题讲座和培训，通过培训学习，提高行政执法人员的法治水平与执法能力。此外，要强化执法全过程记录在行政执法领域的积极作用，以"大数据分析"等方式充分利用记录内容，为科学决策、监督问责等工作提供依据。

5. 全面落实"双随机、一公开"，提升监管的公平性、规范性和有效性

全面推行"双随机、一公开"是完善事中事后监管的关键环节，这对于减轻企业负担、减少权力寻租意义重大。各地要在制定"双随机、一公开"实施细则的基础上，及时将随机抽查事项清单和随机检查对象向社会公布，同时要加强对监督检查结果的公开，接受社会监督，避免发生执法不公、执法不严等问题。

6. 充分利用执法信息平台，增强执法工作整体合力

近年来，围绕行政执法效能与行政执法监督，各地都在积极探索。互联网的发展以及大数据的运用为执法协调和执法监督插上了科技的翅膀。通过建立统一的信息平台，实现网上移送、网上办理，能有效打破部门间的信息壁垒，增强执法整体工作的合力，让权力以看得见的方式运行，又能提高执法的事前事中事后监督能力。完整的信息平台结构应该包括信息收集系统、信息处理中枢系统、信息监督系统、信息反馈系统、证件服务系统。在功能模块上可以表现出多种形式，从现有的实践来看，一般包括：执法智慧协调、执法队伍监督、执法全过程记录、执法监督考核以及执法数据分析等模块。

未建立执法信息平台的城市，应加快这项工作的规划与落实，采取"制度＋科技"的手段，归集各级行政执法部门行使各类行政执法职权的信息；尚未进行有效整合的城市，应通过市级层面的统一协调，不断加深部门合作，提高数据归集和整合程度。已经建立执法信息平台的城市，应拓宽公众的参与渠道，加大公众参与的力度，同时逐步开放，以满足公众对于相关信息的需要和适应经济社会的发展。

7. 加快建章立制，规范执法辅助人员管理

从地方政府层面，应尽快建立执法辅助人员管理制度，从规范上明确执法辅助人员的身份和地位，明确其职责与权限，招聘录用条件、培训、薪酬福利、绩效考核和奖惩制度等内容。从法理层面来看，执法辅助人员毕竟只是"助手"，不具有独立执法的资格，不能单独执法。同时应加大对执法辅助人员管理信息的公示，定期开展人员清理和培训，提高执法辅助人员的执法水平。值得借鉴的是，湖南省出台了《湖南省行政执法人员和行政执法辅助人员管理办法》，对本省的执法辅助人员，明确其准入条件，可以承担的工作范围以及不得承担的工作范围。同时个别城市出台的警务辅助人员管理办法，也表明地方政府在执法辅助人员的管理方面正在积极探索、逐步加强。

8. 严禁以罚代管，综合施治，注重执法实效

行政处罚仅是制裁违法行为、维护社会秩序的手段，不是目的。面对繁华地带有人违章停车、占道经营这类违法投诉，执法人员应当首先到场执法，及时恢复正常秩序，并对违法行为人进行法律宣讲，让其心服口服，绝不能"一罚了之""一轰了之"。其次，执法部门要注重执法效果，除了回访投诉人外，还要采取不定时复查的方式对易发违法行为地区进行随机抽查，避免违法行为死灰复燃。最后，各地应当开动脑筋，分析违法行为频发的根本原因，综合施治，从管理型政府向服务型政府转变，为行政相对人提供合法的停车或经营区域，从根本上化解久治不绝的社会难题。

9. 标本兼治，提高非诉执行案件质量

通过对被裁定不予执行的非诉执行申请案件进行分析，评估组发现这些案件普遍存在证据不足、适用法律错误或程序违法等问题。这与执法人员专业能力不足、程序意识薄弱密切相关。执法部门在加强对执法人员的业务的培训，提高其专业能力与水平的同时，要发挥内设法制机构合法性审查的作用。在人员充足的情况下，可以做到"逢案必审"，若人员力量较为薄弱，则要严格按照重大执法决定法制审核制度要求对重点地进行合法性审查。

B.7
政务公开

摘　要：　2018 年，我国地方政府的政务公开工作继续向纵深推进，有一些亮点和成就，但是也存在政务公开的互动性不足、智能化不足、规范化不足等问题，面临咨询服务功能存在虚置化倾向、网站检索功能存在形式化倾向、申请信息回复存在随意化倾向等挑战。为了克服上述"三个不足、三个倾向"，进一步推动政务公开工作，要强化政务公开的互动性，促进政府网站咨询服务功能的实在化；推进政务公开的智能化，提升网站检索功能的人性化；加强政务公开的规范化，实现政府信息答复的合法、规范与程序化。

关键词：　政务公开　主动公开　依申请公开　网站检索

一　指标设置及评估标准

（一）指标体系

2016 年 2 月，中共中央办公厅、国务院办公厅颁布了《关于全面推进政务公开工作的意见》，国务院办公厅也将每年的政府信息公开工作要点改为政务公开工作要点，因此，为了适应我国政务公开工作的新趋势、新发展和新要求，自 2016 年度评估起，评估组将往年的"政府信息公开"一级指标名称改成"政务公开"。此次测评在"政务公开"一级指标之下，设置了 2 项二级指标和 9 项三级指标，具体指标设置详见表 7 - 1。与前几年的 120 分相比，2018 年该一级指标总分缩减为 100 分，"主动公开"部分共 50 分，设置 4 项三级指标，分别考察：重点领域信息公开（20 分），具体包括（1）公布食品监督抽检信息（10 分）以及（2）公开产品质量监管的政策法规、标准、程序和结果（10 分）；政府门户网站的咨询服务功能（10 分）；是否设置投诉举报渠道并提供使用说明（10 分）；政府网站的检索便利性（10 分）。"依申

请公开"部分共50分,设置5项三级指标,分别考察:政府是否不当设置申请信息条件(10分);政府是否及时对信息公开申请作出答复(10分);政府提供所申请信息的情况(10分);答复文书格式的规范性(10分);政府信息公开诉讼的胜诉率(10分)。

2018年,评估组根据国务院办公厅发布的《2017年政务公开工作要点》,向地方财政部门申请公开2017年度当地政府债务种类、规模、结构和使用、偿还等情况,向地方发展改革部门申请公开2017年度当地承担化解过剩产能任务的企业名单、已完成化解过剩产能任务的企业名单,总共200份申请,以抽样申请方式评估地方政府2017年依申请公开工作的实施状况。

表7-1　政务公开指标体系

一级指标	二级指标	三级指标(观测点)
政务公开 (100分)	(一)主动公开 (50分)	1. 重点领域信息公开(20分) (1)公布食品监督抽检信息(10分);(2)公开产品质量监管的政策法规、标准、程序和结果(10分)
		2. 政府门户网站的咨询服务功能(10分)
		3. 是否设置投诉举报渠道并提供使用说明(10分)
		4. 政府网站的检索便利性(10分)
	(二)依申请公开 (50分)	5. 政府是否不当设置申请信息条件(10分)
		6. 政府是否及时对信息公开申请作出答复(10分)
		7. 政府提供所申请信息的情况(10分)
		8. 答复文书格式的规范性(10分)
		9. 政府信息公开诉讼的胜诉率(10分)

(二)设置依据和评估标准

本项指标主要根据《全面推进依法行政实施纲要》《国务院关于加强市县政府依法行政的决定》《法治政府建设实施纲要(2015—2020年)》《中共中央关于全面推进依法治国若干重大问题的决定》《关于全面推进政务公开工作的意见》《国务院办公厅2017年政务公开工作要点》等政策文件进行设置。在本项测评中,评估组所依据的材料与数据主要通过各市政府门户网站、相关部门的政府网站、网络搜索引擎关键词查询、发起信息公开申请等方式获得,网络检索和信息公开申请的时间段为2018年4月15日~7月1日。

同时,与2017年度测评相比,本次测评在"政务公开"指标体系中,相关指标内容的变动较大，共涉及五处修改，一是重点领域信息公开具体内容的变化，2018年评测的是《国务院办公厅2017年政务公开工作要点》重点部署的食品抽检和产品质量监管的相关信息公开情况；二是增加了"是否设置投诉举报渠道并提供使用说明"，推动政府网站对群众关切的回应与互动；三是增加了"政府网站的检索便利性"，当前大部分政府网站的检索功能基本上流于形式，无法进行精确、便捷、迅速的检索，加大了群众检索信息的难度，从而将一些本来可以通过网站检索就能解决的信息获取问题演变为耗时耗力的信息公开申请问题（包括申请答复及后续的复议、诉讼等）；四是将依申请公开的具体申请内容调整为向地方财政部门申请公开国务院办公厅《2017年政务公开工作要点》重点部署的2017年度当地政府债务种类、规模、结构和使用、偿还等情况，向地方发展改革部门申请公开国务院办公厅《2017年政务公开工作要点》重点部署的2017年度当地承担化解过剩产能任务的企业名单、已完成化解过剩产能任务的企业名单；五是增加了"答复文书格式的规范性"，加强行政机关答复信息公开申请的规范性、程序化和正规化，保障群众的知情权。通过对这些指标内容的修改和调整，更加突出了对政务公开实用性、互动性、及时性和便利性的考察。具体的设置依据和测评标准如下。

1. 重点领域信息公开

【设置依据】本项指标是针对政府职能部门主动公开的专项评价。国务院办公厅印发的《2017年政务公开工作要点》提出，定期公布全国食品抽检总体情况、发现的主要问题和核查处置情况。推进产品质量监管的政策法规、标准、程序和结果公开。我们据此设置了两个具体评测内容：（1）食品抽检总体情况、发现的主要问题和核查处置情况的主动公开（10分）；（2）产品质量监管的政策法规、标准、程序和结果的主动公开（10分）。

【测评方法】测评员通过以下方法进行测评：（1）通过当地食药局（或者合并后的市场监督管理局）网站进行检索，观察是否公布本地的食品抽检总体情况、发现的主要问题和核查处置情况。或者以"城市名 + 食品抽检"等进行百度搜索。（2）通过当地质监局（或者合并后的市场监督管理局）网站进行检索，观察是否主动公开产品质量监管的政策法规、标准、程序和结果。或者以"城市名 + 产品质量监管"等进行百度搜索。

【评分标准】总分为20分，每项为10分。（1）食品抽检总体情况3分，发现的主要问题3分，核查处置情况4分，依次累加。（2）产品质量监管的政策法规、标准、程序和结果，每个内容各2.5分，累计得分。

2. 政府门户网站的咨询服务功能

【设置依据】《政府信息公开条例》第 5 条规定，行政机关公开政府信息，应当遵循公正、公平、便民的原则。《〈关于全面推进政务公开工作的意见〉实施细则》提出，积极探索公众参与新模式，不断拓展政府网站的民意征集、网民留言办理等互动功能，积极利用新媒体搭建公众参与新平台。《2017 年政务公开工作要点》提出，切实落实《意见》及实施细则关于做好政策解读回应的相关规定。在政府门户网站建立咨询服务功能，是遵循便民原则，推进政务公开和服务型政府建设相互融合的具体举措。

【测评方法】通过网络咨询方式，观察政府门户网站的咨询服务功能是否存在以及是否有效运行。登录当地政府的门户网站，点击"我要咨询"或者相关名称的栏目（如百姓热线等），就如何申请保障性住房进行咨询，观察是否及时回复。

【评分标准】总分为 10 分。政府门户网站上有咨询服务功能，回复的内容与咨询事项直接相关，且在 15 天内及时回复的，得 10 分；有咨询服务功能但在 15 天后回复（项目组汇总所有数据之前）的，或者虽然在 15 天内回复，但是回复内容是与其他部门联系而没有直接解答咨询事项的，得 5 分；没有咨询服务功能的或者在项目组汇总所有数据之后回复的，不得分。

3. 是否设置投诉举报渠道并提供使用说明

【设置依据】《法治政府建设实施纲要（2015—2020 年）》提出，建立对行政机关违法行政行为投诉举报登记制度，畅通举报箱、电子信箱、热线电话等监督渠道，方便群众投诉举报、反映问题，依法及时调查处理违法行政行为。

【测评方法】通过网络检索，登录当地政府的门户网站，观察是否设置对行政机关违法行政行为的投诉举报渠道并提供使用说明。

【评分标准】总分为 10 分。设置投诉举报渠道的，得 8 分（电子信箱、热线电话各 4 分）；提供使用说明的，得 2 分。

4. 政府网站的检索便利性

【设置依据】《政府信息公开条例》第 5 条规定，行政机关公开政府信息，应当遵循公正、公平、便民的原则。检索便利性是信息公开便民原则的重要内容。

【测评方法】通过网络检索，在被评估城市政府网站的检索框里输入"政府信息公开指南 + 某某市政府"，查看政府网站的检索便利性。

【评分标准】总分为 10 分。在检索结果的第一页找到政府信息公开指南，得 10

分；在检索结果的第二页找到的，得 6 分；在检索结果的第三页找到的，得 3 分；在检索结果的第四页及以后找到或者无法找到检索结果的，不得分。

5. 政府是否不当设置申请信息条件

【设置依据】《政府信息公开条例》第 20 条规定，政府信息公开申请应当包含申请人的姓名和联系方式以及申请内容的描述和形式要求。要求提供身份证复印件，是对申请人身份的核实工作，不属于申请条件设置。除此之外，政府不应当设置其他条件或要求申请人提供其他信息。如果要求申请人提供科研项目证明、论文写作方案等视为不当设置申请条件。《2017 年政务公开工作要点》提出，完善地方政府债务领域信息公开相关规定，指导督促地方财政部门公开本地区政府债务种类、规模、结构和使用、偿还等情况，强化对地方政府债务的监督——根据年度目标任务要求，分批次向社会公示承担化解过剩产能任务的企业名单、已完成化解过剩产能任务的企业名单。

【测评方法】通过信息公开申请方式，观察政府是否不当设置申请信息条件，比如要求提供科研项目证明、论文写作方案等。具体的信息公开申请内容为：（1）向当地的财政部门申请"2017 年度本地区政府债务种类、规模、结构和使用、偿还等情况"；（2）向当地的发展改革部门申请"2017 年度本地区承担化解过剩产能任务的企业名单、已完成化解过剩产能任务的企业名单"。

【评分标准】总分为 10 分，每项申请 5 分，累计得分。如果被申请单位没有不当设置申请信息条件，每项申请得 5 分；如果被申请单位要求提供科研证明等不属于《政府信息公开条例》规定的申请条件，视为不当设置申请条件，不得分。

6. 政府是否及时对信息公开申请作出答复

【设置依据】《政府信息公开条例》第 24 条规定，政府应当在收到申请之日起 15 个工作日内答复，需要延长的，经政府信息公开工作机构负责人同意，可再延长不超过 15 个工作日。申请如果不涉及第三方权益，行政机关均应当在这一期限内予以答复。

【测评方法】通过信息公开申请，观察政府是否根据《政府信息公开条例》规定，及时对信息公开申请作出答复。具体的信息公开内容同三级指标 5。

【评分标准】总分为 10 分，每项申请 5 分，累计得分。本项指标测评考虑到《政府信息公开条例》中有关 15 个工作日和延期的规定。申请延期答复并出具延期答复决定书（通知书），在延长的 15 个工作日内作出答复的，给 5 分；超过 15 个工作日答复但未申请延期（项目组汇总所有数据之前）的，给 2 分；未答复或者项目

组汇总所有数据之后提供的，不得分。

7. 政府提供所申请信息的情况

【设置依据】本项指标是评价政府能否切实依法落实依申请公开制度，认真对待申请人的各项申请。《政府信息公开条例》第 6 条规定，行政机关应当及时、准确地公开政府信息。行政机关发现影响或者可能影响社会稳定、扰乱社会管理秩序的虚假或者不完整信息的，应当在其职责范围内发布准确的政府信息予以澄清。

【测评方法】通过信息公开申请，观察政府提供所申请信息的情况。具体的信息公开内容同三级指标 5。

【评分标准】总分为 10 分，每项申请 5 分，累计得分。按照被申请单位答复内容赋分。被申请单位完整提供信息的，得 5 分；被申请单位提供部分信息的，按提供的信息数量酌情给分；被申请单位没有回复信息的，或者无正当理由拒绝提供的，得 0 分。

8. 答复文书格式的规范性

【设置依据】《2017 年政务公开工作要点》提出，进一步规范依申请公开答复工作，严格按照法定时限答复，增强答复内容针对性并明示救济渠道，答复形式要严谨规范。

【测评方法】通过信息公开申请，观察答复文书是否明示法律救济途径，是否通过编号方式进行区分。具体的信息公开内容同三级指标 5。

【评分标准】总分为 10 分，每项申请为 5 分，累计得分。如果明示法律救济途径，得 2.5 分，通过编号方式进行区分，得 2.5 分。

9. 政府信息公开诉讼的胜诉率

【设置依据】《政府信息公开条例》第 33 条规定，公民、法人或者其他组织认为行政机关不依法履行政府信息公开义务的，可以向上级行政机关、监察机关或者政府信息公开工作主管部门举报。收到举报的机关应当予以调查处理。公民、法人或者其他组织认为行政机关在政府信息公开工作中的具体行政行为侵犯其合法权益的，可以依法申请行政复议或者提起行政诉讼。

【测评方法】通过最高人民法院司法案例数据库、中国裁判文书网、北大法宝等数据库，观察政府 2017 年度政府信息公开诉讼的胜诉率。

【评分标准】在数据库中检索得到各个城市 2017 年度政府信息公开案件的生效判决书，从中筛选出被告行政机关败诉的案件，除以当地 2017 年度政府信息公开案件的总数，就是政府信息公开诉讼的败诉率。（1 - 败诉率）×10 = 最终的得分。

二 总体评估结果分析

本次测评针对的是全国 100 个城市的政务公开工作，并借助 9 个三级指标进行具体评价和观测。评估组通过网络检索、邮寄申请等途径获取测评信息，再根据统一的评分标准进行评分。从总体评估过程和结果来看，本年度的指标体系设置更加侧重评价政务公开工作的实效性、互动性和便民度，测评分数具有一定的区分度，能够在很大程度上反映被测评城市的政府信息主动公开和依申请公开工作的实施情况。

2018 年，本项一级指标总分为 100 分，所有城市最后得分的平均分为 67.51 分，得分率为 67.51%。如图 7 - 1、图 7 - 2 所示，有 50 个城市得分高于平均分，另有 50 个城市得分低于平均分。其中最高分城市为北京市（94.07 分），最低分城市为包头市（40 分），两者相差 54.07 分。在 2017 年，本项一级指标总分为 120 分，被评估城市的平均分为 97.98 分，得分率为 81.65%，有 54 个城市得分高于平均分，另有 46 个城市得分低于平均分。相较于 2017 年评估结果，2018 年"政务公开"指标的平均得分率下降了 14.14%，高于平均分的城市减少了 4 个，主要原因在于 2018 年新增加的三级指标 4 "政府网站检索的便利性"（得分率为 30.5%）、三级指标 8 "答复文书格式的规范性"（得分率为 29.75%）这两个指标的平均得分率较低，从而影响了"政务公开"一级指标的整体得分率。2018 年，在本项一级指标中得分前十的城市依次是：北京市、苏州市、重庆市、毕节市、潍坊市、大连市、珠海市、佛山市、天津市、泉州市。最后五名分别是：包头市、吉林市、玉林市、邯郸市、揭阳市。

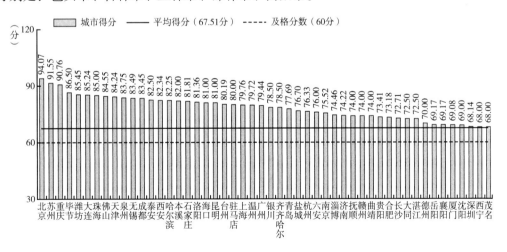

图 7 - 1 排名第 1 ~ 50 位的城市得分情况分布

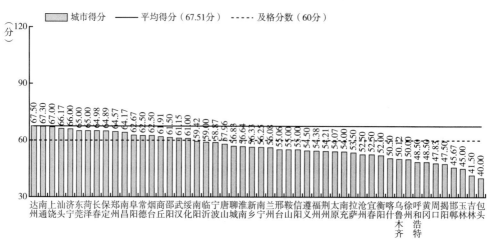

图 7-2　排名第 51～100 位的城市得分情况分布

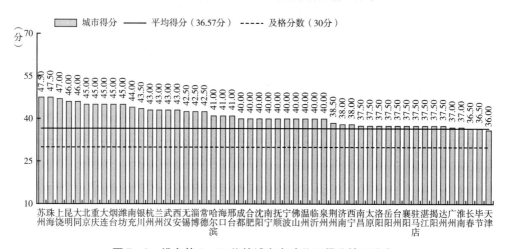

图 7-3　排名第 1～50 位的城市主动公开得分情况分布

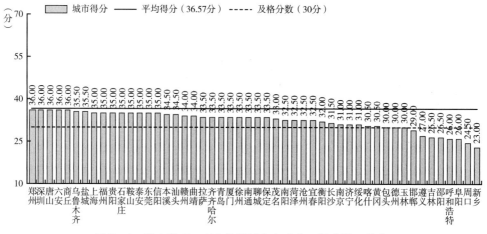

图 7-4　排名第 51～100 位的城市主动公开得分情况分布

依申请公开部分总分为50分，平均得分为30.95分，得分率为61.90%。如图7
-5、图7-6所示，在本二级指标下得分位列前十的城市依次是：毕节市、北京市、
天津市、本溪市、泰安市、石家庄市、重庆市、齐齐哈尔市、上海市、佛山市。最后
五名分别是：南充市、揭阳市、包头市、兰州市、邢台市。若从得分上看，主动公开
和依申请公开的实施情况相差无几。

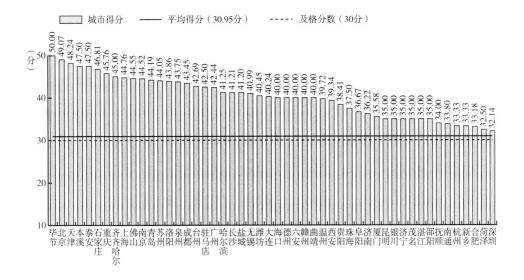

图7-5　排名第1~50位的城市依申请公开得分情况分布

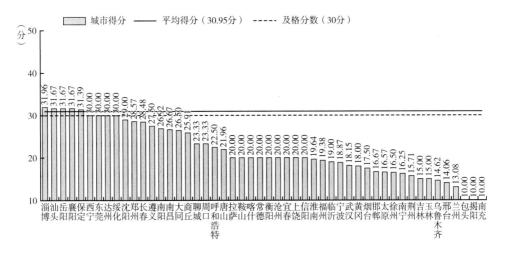

图7-6　排名第51~100位的城市依申请公开得分情况分布

从三级指标观测点的得分来看，三级指标5"政府是否不当设置申请信息条件"得分率最高，为92.50%；而三级指标8"答复文书格式的规范性"得分率最低，仅29.75%。各三级指标观测点平均得分率的走向和对比见图7-7。

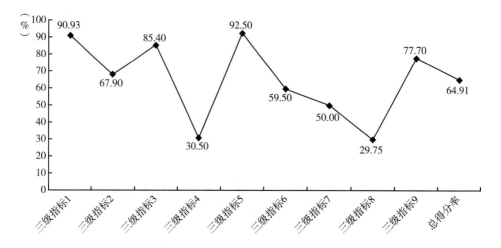

图7-7 政府信息公开的三级指标平均得分率

三 三级指标评估结果分析

（一）重点领域信息公开

1. 总体表现分析

本项指标针对每个被测评城市的食品监督抽检和产品质量监管的相关信息进行网上检测。总分为20分，100个城市得分总体情况见表7-2。

表7-2 重点领域信息公开100个城市得分总体情况

得分（分）	20	17.5/17	15/14.5	12/11	0
城市（个）	46	40	12	2	0

2. 分差说明和典型事例

本项三级指标总分为20分，平均得分18.185分，平均得分率在9项三级指标中排第二位，平均得分率为90.93%。其中共46个城市获得满分，即完整公开了当地食品抽检总体情况、发现的主要问题和核查处置情况以及产品质量监管的政策法规、标准、程序和结果。

未获得满分的城市主要有以下几种情况：（1）食品监督抽检的总体情况、发现的主要问题和核查处置情况缺少某一项，例如本溪市与上饶市缺少食品监督抽检的总体情况；（2）产品质量监管的政策法规、标准、程序和结果缺少某一项，例如青岛市缺少产品质量监管的程序，济宁市缺少产品质量监管的标准。

此次测评发现的主要问题是：（1）食品监督抽检的核查处置情况和产品质量监管的标准、程序和结果缺乏统一存储位置，核查处置情况以是否作出行政执法行为为判断标准、监管标准以是否公布裁量基准为准、监管程序以规划计划内容或者程序性文件规定为准、监察结果以执法或监督结果为准，无统一的安放位置造成相对人检索信息的不便；（2）产品质量监管缺少公布标准信息的现象较为严重；（3）部分城市食药局或质监局网站存在问题，测评员进行测评时十分不便，比如拉萨市与喀什市没有单独的食药局、质监局或者市场监督管理局网站；乌鲁木齐市、齐齐哈尔市、绥化市没有单独的质监局或市场监管局网站；大同市、济宁市、邢台市质监局网站打不开；乌鲁木齐市食药局网站关停；曲靖市食药局网站链接的是市政府门户网站。

（二）政府门户网站的咨询服务功能

1. 总体表现分析

本项指标主要考察行政机关公开政府信息是否遵循了便民原则，主要是为了方便群众对政府制定的政策、方针以及政府部门在办事过程中的有关法规、制度和程序等问题进行咨询而设立。由测评员登录当地政府的门户网站，点击"我要咨询"或者相关名称的栏目（如百姓热线、市长信箱等），就如何申请保障性住房进行咨询，观察是否及时回复。总分为10分，100个城市得分总体情况见表7-3。

表7-3 政府门户网站的咨询服务功能100个城市得分总体情况

得分（分）	10	6~9	4~5	1~3	0
城市（个）	46	12	29	0	13

2. 分差说明和典型事例

本项三级指标总分10分，平均得分为6.79分，平均得分率在9项三级指标中排第五，平均得分率为67.90%。其中46个城市获得满分，具备"我要咨询"或相关栏目并能及时答复，回复的内容与咨询事项直接相关；12个城市得分在6~9分之间，其中得 6 分的城市有 8 个，主要原因是被评估城市仅回复测评员所咨询问题的部分内容，具体问题仍须根据其指引进一步查找。比如，天津市政府仅回复测评员须具备天津户籍，具体政策、房源信息等仍须通过市国土房管局政务门户网站进一步查找；郑州市政府仅回复经济适用房的申请条件，具体问题须进一步咨询市房管局保障性住房办公室准入科及区房管局；大同市政府仅回复保障性住房的申请条件，未回复类别、申请程序等具体问题，回复内容不详细不全面；吉林市政府仅回复测评员申请条件，具体问题须进一步查询"吉林市住房保障和房地产管理局"官网的住房保障专栏或电话咨询房管局；厦门市政府仅回复测评员保障性住房的申请条件，并建议进一步查阅厦门市建设局网站或通过电话咨询，回复内容不详细不全面；徐州市政府仅回复测评员申请公租房的条件，具体政策须进一步查找；济宁市政府仅回复保障性住房的类别，需要测评员进一步详细说明所咨询的类别。

得 7 分的城市有 3 个，原因主要包括：广州市政府回复测评员保障性住房的申请条件和类别，而具体材料及申请程序须登录广州市住房和城乡建设委员会及广州市来穗人员服务管理网站进行查询，故得 7 分；汕头市回复测评员所咨询事项不属于住房和城乡建设局的职能范围，建议向市房管局咨询，故酌情给 7 分；常德市政府仅回复测评员保障性住房的类别和申请条件所依据的规范性文件名称，而具体政策和程序仍须进一步查找，故得 7 分。此外，西安市政府的咨询服务功能在 2018 年 4 月 18 日至 6 月 30 日期间一直无法注册，不能提交咨询件，直到 7 月 6 日测评员才成功提交咨询件，对方通过电子邮箱直接回复测评员所咨询的具体问题，但政府网站上无法查询咨询件的回复情况，故酌情给 8 分。

29 个城市得分在 4~5 分之间，其中 3 个城市得 4 分，原因主要有：长沙市回复测评员须通过网址查询，而没有直接答复咨询事项，回复内容不详细不全面，且仅限本省手机号才能咨询，酌情给 4 分；呼和浩特市超期回复，态度恶劣，通过电话批评测评员采取市长信箱的方式进行咨询，并拒绝提供其他咨询方式，回复测评员不符合保障性住房的申请条件，酌情给 4 分；长春市政府的互动功能在 2018 年 4 月 18 日至 6 月 30 日期间一直无法注册，导致测评员不能提交咨询件，直到 2018 年 7 月 5 日投诉件才提交成功，虽然对方在期限内回复，但回复测评员须关注"长春住房保障"微信公众号进行查询，未直接答复咨询事项，酌情给 4 分。

得 5 分的城市有 26 个，其中北京市、上海市、重庆市、喀什市超期答复；其他被评估城市回复测评员联系其他部门，未直接解答咨询事项。例如，福州市政府回复测评员 2018 年城区公租房申请受理工作尚未开始；贵阳市回复测评员须进一步查找

"贵阳市住房保障中心"官网；哈尔滨市回复测评员须向户口所在地街道办咨询；海口市政府无具体回复时间，因页面限制无法展开回复的全部内容，仅显示保障性住房的类别和申请条件之一；济南市回复测评员须查阅市住房保障管理部门的门户网站，并关注"济南房管与城市更新"公众号；石家庄市回复测评员向住建局官方网站了解；鞍山市电话回复测评员须明确咨询哪一区的保障性住房政策；本溪市回复测评员须向住建委咨询；大连市回复测评员须查阅《大连市公共租赁住房管理办法》，并关注"大连市国土资源和房屋局"网站的住房保障专栏；邯郸市回复测评员须询问各个社区；洛阳市回复测评员向房管局咨询；淄博市回复测评员保障性住房的类别，具体政策须查阅房管局网站或继续电话咨询，网页无法查询咨询件处理进度；淄博市长信箱仅提供信箱地址，门户网站无法提交咨询件，测评员通过手机才能提交成功，故酌情给5分；衡阳市回复相关职责已下放到各城区，须向所在社区咨询；泰安市回复测评员2018年公租房申请尚未开始，建议查询"泰安住宅与房地产信息网"的住房保障专栏；南阳市回复测评员向住建委保障房中心咨询；东莞市仅回复测评员保障性住房的申请条件，具体问题须通过网站进一步查询，回复内容不详细不全面，且仅限本省手机号码才能注册咨询，酌情给5分；湛江市回复测评员须电话咨询"经济适用房住房保障科"；沧州市回复测评员须电话咨询市住房和城乡建设局；宜春市回复测评员向房管局住房保障办咨询；黄冈市回复测评员向黄冈市政府门户网站了解或联系市房管局；毕节市回复测评员向住房所在地房管局咨询；邵阳市回复测评员关注市房产局门户网站或电话咨询。

另有13个城市的该项指标不得分，主要原因包括：拉萨市咨询件的必填内容不能填写，且无法注册，故无法提交咨询件；太原市、包头市、唐山市、德州市、玉林市、新乡市、周口市、保定市截至项目组汇总数据时仍未回复；茂名市咨询页提示身份证号错误，无法提交咨询件；阜阳市政府政务论坛帖子超期未回复，市长信箱无法提交咨询件；信阳市、绥化市无法注册，且无法提交咨询件。

此次测评暴露出的问题主要有：（1）政府门户网站无咨询功能。如拉萨市无法注册。（2）答复效率低。如太原市、包头市截至项目组汇总所有数据时仍未回复。（3）限制外地人咨询。如长沙市"政民互动——市长信箱——注册信息"的验证码处显示"手机号码暂时只支持湖南省内号码"，而获取验证码是完成注册的必要步骤，由此导致测评员无法进行咨询。（4）答复质量偏低。比如，测评员就如何申请保障性住房进行咨询时，济宁市答复不够全面、答复质量偏低，不能清晰、细致地解决测评员的咨询问题；湛江市、沧州市、宜春市答复测评员须向其他部门咨询等。

（三）是否设置投诉举报渠道并提供使用说明

1. 总体表现分析

本指标是通过网络检索，登录当地政府的门户网站，观察是否设置对行政机关违法行政行为的投诉举报渠道并提供使用说明。总分10分，各城市得分总体情况如表7-4。

表7-4　是否设置投诉举报渠道并提供使用说明100个城市得分总体情况

得分（分）	10	8	6	4	2	0
城市（个）	61	12	21	5	1	0

2. 分差说明和典型事例

本项三级指标总分10分，平均得分为8.54分，平均得分率在9项三级指标中排第三位，平均得分率为85.40%。其中61个城市获得满分，设置了专门的电子信箱和热线电话，方便群众对行政机关违法行政行为进行投诉举报、反映问题，如北京市、上海市等。

12个城市得8分，主要原因包括：兰州市市长信箱的使用说明未提及对行政机关违法行政行为的投诉举报功能；武汉市、常德市市长热线的使用说明中未提及对行政机关违法行政行为的投诉举报功能；乌鲁木齐市市长专线未提供使用说明；西宁市、新乡市热线电话未提供使用说明；洛阳市便民热线未提供使用说明；喀什市、盐城市、黄冈市、毕节市12345热线电话未提供使用说明；菏泽市市长热线未提供使用说明。

21个城市得6分，原因主要有：哈尔滨市、南京市、绥化市、海口市未设置针对行政机关违法行政行为的投诉举报信箱或热线电话；昆明市、拉萨市、银川市、吉林市、齐齐哈尔市、青岛市、唐山市、六安市、茂名市、阜阳市、南通市、聊城市、荆州市、保定市、商丘市、遵义市、邢台市设有电子信箱和热线电话，但提供的使用说明中均没有针对行政机关违法行政行为的投诉举报功能。

5个城市得4分，原因主要有：邯郸市、南充市、邵阳市、赣州市设有电子信箱和热线电话，但电子信箱和热线电话均未提供使用说明，测评员无法得知是否具有投诉举报功能，故得4分；曲靖市未设置对行政机关及其工作人员进行投诉举报的热线电话，电子信箱的使用说明未提及对行政机关及其工作人员的投诉举报功能，故得4分。

1个城市得2分，即周口市的市长信箱和市长热线均未提供使用说明，且市长热线的具体号码不明确，酌情给 2 分。

此次测评发现的主要问题有：（1）使用说明中未提及对行政机关及其工作人员的投诉举报功能的现象较为普遍。（2）"热线电话"及其使用说明缺乏统一存储位置，造成相对人获取投诉举报电话相关信息的不便，需要通过搜索关键词查找，便民性较差。如北京市以是否公布热线电话的统计数据或新闻为准，兰州市热线电话公布在甘肃省政务服务网站。（3）提供的使用说明过于简略，投诉举报人无法获知具体受理范围、处理程序及处理时限等重要信息。

（四）政府网站的检索便利性

1. 总体表现分析

本指标是通过网络检索，在被评估城市政府门户网站的检索框里输入"政府信息公开指南＋某某市政府"（比如"政府信息公开指南＋北京市政府"），旨在考察政府网站的检索便利性。总分 10 分，各城市得分总体情况见表 7-5。

表 7-5　政府网站的检索便利性 100 个城市得分总体情况

得分（分）	10	6	5	3	0
城市（个）	23	1	12	3	61

2. 分差说明和典型事例

本项三级指标总分 10 分，平均得分 3.05 分，平均得分率在 9 项三级指标中较低，平均得分率为 30.50%。以"政府信息公开指南＋某某市政府"为关键词，能在检索结果的第一页找到市政府信息公开指南的 23 个城市分别是：北京市、重庆市、哈尔滨市、海口市、昆明市、拉萨市、太原市、银川市、大连市、大同市、洛阳市、苏州市、唐山市、珠海市、淄博市、常德市、烟台市、茂名市、邢台市、保定市、南充市、上饶市、信阳市。能在检索结果的第二页找到市政府信息公开指南的城市是毕节市；能在检索结果的第三页找到市政府信息公开指南的 3 个城市分别是：杭州市、济南市、青岛市。以"政府信息公开指南"为关键词，有 12 个城市能在检索结果中找到市政府信息公开指南，并且都出现在检索结果的第一页，这 12 个城市分别是长春市、兰州市、武汉市、西安市、本溪市、无锡市、湛江市、荆州市、潍坊市、周口市、曲靖市、绥化市，故酌情给 5 分。其余城市有些能在检索结果的第四页及以后找到政府信息公开指南，如台州市，或者无法找到任何检索结果，如上海市、天津市、

长沙市等，这些情形都给公民、法人和其他组织使用检索工具获取相关政府信息造成了不便，故不得分。

此次测评发现的主要问题有：（1）政府网站的搜索引擎不可用。如喀什市政府门户网站首页没有有效的搜索框，文章、通知公告的搜索框不可用；聊城市、宜春市政府门户网站的搜索引擎不可用。（2）关键词检索功能有待加强。以"政府信息公开指南 + 某某市政府"为关键词，没有检索结果，测评员更换关键词如"某某市政府信息公开指南"发现具备搜索功能，并且能在检索结果的第一页找到政府信息公开指南。如长春市、兰州市、武汉市、西安市、本溪市、无锡市、湛江市、荆州市、潍坊市、周口市、曲靖市、绥化市等 12 个城市。

（五）政府是否不当设置申请信息条件

1. 总体表现分析

本项指标针对被测评城市的财政局、发改委在受理相关信息申请时是否设置了不当的申请条件进行测评。总分 10 分，各城市得分总体情况详见表 7 - 6。

表 7 - 6   政府是否不当设置申请信息条件 100 个城市得分总体情况

得分（分）	10	5	0
城市（个）	92	1	7

2. 分差说明和典型实例

本项三级指标总分 10 分，平均得分 9.25 分，平均得分率为 92.50%。其中，有 92 个城市的财政局、发改委均未设置要求提供科研项目证明、论文写作方案等不当申请条件；吉林市获得 5 分，即财政局设置了不当申请条件；有 7 个城市得 0 分，分别是深圳市、茂名市、东莞市、湛江市、揭阳市、南充市、达州市。比如，测评员通过网页向深圳市财政局与发改委申请公开政府信息时，被告知若不上传相关科研证明就无法提交申请；茂名市、揭阳市等均是如此要求。

（六）政府是否及时对信息公开申请作出答复

1. 总体表现分析

本项指标是为了检验政府是否及时对信息公开申请作出答复，总分为 10 分。延期答复的，只要进行告知并出具延期告知书，不扣分。各城市得分情况详见表 7 - 7。

表 7-7 政府是否及时对信息公开申请作出答复 100 个城市得分总体情况

得分（分）	10	5	0
城市（个）	49	21	30

2. 分差说明和典型事例

本项三级指标总分 10 分，平均得分 5.95 分，平均得分率为 59.50%。其中 49 个城市的财政局、发改委均及时对信息公开申请作出了答复，有 21 个城市仅有一个政府部门（财政局或者发改委）及时对信息公开申请作出答复，分别是长春市、杭州市、合肥市、昆明市、南昌市、沈阳市、西宁市、南宁市、银川市、郑州市、大同市、唐山市、淄博市、济宁市、南通市、襄阳市、聊城市、遵义市、菏泽市、保定市、绥化市。比如测评绥化市财政局时，测评员通过 EMS 形式申请公开政府信息，未收到其任何回复；再如襄阳市发改委也未在法定的 15 个工作日内进行回复。

有 30 个城市的财政局与发改委均未作出任何答复，分别是：福州市、呼和浩特市、拉萨市、兰州市、太原市、武汉市、乌鲁木齐市、鞍山市、包头市、邯郸市、淮南市、吉林市、宁波市、徐州市、喀什市、常德市、烟台市、衡阳市、临沂市、南阳市、荆州市、邢台市、沧州市、宜春市、黄冈市、玉林市、揭阳市、南充市、上饶市、信阳市。比如揭阳市和南充市，测评员于 2018 年 6 月 12 日通过网页申请公开相关信息，截至 2018 年 6 月 29 日（该日为数据统计的截止日期），未收到对方任何回复。其他城市均是逾期未回复，比如临沂市财政局与发改委，测评员通过电子邮件形式申请公开政府信息后，该部门回复已收到邮件，但是测评员在 15 个工作日内未收到该部门的处理结果；再如喀什市发改委，测评员通过 EMS 方式申请公开政府信息，并按照政府信息公开指南上的接收单位进行邮寄，但是该单位收到 EMS 后，于 2018 年 5 月 7 日电话告知测评员该单位不负责该市政府信息公开申请工作。

（七）政府提供所申请信息的情况

1. 总体表现分析

本项指标着重评价财政局、发改委是否依法、完整回复信息公开申请。总分为 10 分，各城市得分情况详见表 7-8。

表 7-8 政府提供所申请信息的情况 100 个城市得分总体情况

得分（分）	10	7.5	5	2.5	0
城市（个）	29	3	37	1	30

2. 分差说明和典型事例

本项三级指标总分 10 分，平均得分 5 分，平均得分率为 50.00%。其中，有 29 个城市的财政局和发改委详细且完整地答复了所申请信息；有 3 个城市得 7.5 分，分别是无锡市、德州市、温州市。比如无锡市发改委仅通过短信告知"无锡 2017 年钢铁去产能的企业"；温州市发改委仅通过一个简单的 Excel 表格告知了企业名单。有 37 个城市得 5 分，比如洛阳市财政局无正当理由拒绝答复测评员提出的政府信息公开申请；汕头市发改委、上海市发改委等部门告知测评员所申请的"2017 年度本地区承担化解过剩产能任务的企业名单、已完成化解过剩产能任务的企业名单"不属于本单位公开。有 30 个城市得 0 分，分别是：福州市、拉萨市、兰州市、太原市、武汉市、乌鲁木齐市、南宁市、鞍山市、包头市、邯郸市、淮南市、吉林市、宁波市、徐州市、喀什市、烟台市、衡阳市、临沂市、遵义市、荆州市、邢台市、沧州市、宜春市、黄冈市、玉林市、揭阳市、南充市、上饶市、周口市、信阳市。仅有一个城市得 2.5 分，即大同市，因为其发改委仅通过一个简单的 Excel 表格告知了企业名单。

从测评过程来看，财政局与发改委的答复内容主要包括以下几种情况：（1）详细地答复了测评员所申请的事项，有的部门还提前通过电话与测评员沟通或者事后告知已对测评员所申请公开的事项作出答复，此种情况得满分；（2）告知测评员所申请的相关信息已经主动公开，并告知网址链接或者信息储存板块，测评员通过该部门提供的链接或信息储存板块查询到所需信息，此种情况亦得满分；（3）电话或者书面告知测评员所申请公开的事项不属于本单位公开，此种情况不得分。

（八）答复文书格式的规范性

1. 总体表现分析

本项指标是考察被测评对象在回复测评员时所提供答复文书的规范性，即是否按照《2017 年政务公开工作要点》的规定，将文书进行编号区分并明示救济途径。共 10 分，各城市得分情况详见表 7 - 9。

表 7 - 9 答复文书格式的规范性 100 个城市得分总体情况

得分（分）	10	7.5	5	2.5	0
城市（个）	14	4	19	13	50

2. 分差说明和典型事例

本项三级指标总分 10 分，平均得分 2.975 分，平均得分率为 29.75%。仅有 14 个城市得满分，即答复文书不仅明示了法律救济途径，还通过编号方式进行区分；有 4 个城市得 7.5 分，分别是重庆市、本溪市、大连市、苏州市；有 19 个城市得 5 分，分别是杭州市、合肥市、昆明市、南京市、西安市、银川市、齐齐哈尔市、无锡市、淄博市、济宁市、温州市、六安市、茂名市、台州市、南通市、南阳市、东莞市、湛江市、泉州市。比如东莞市财政局未明示救济途径，但是对政府信息告知书进行了编号区分，而东莞市发改委明示了救济途径，但是未对政府信息告知书进行编号区分；再如六安市财政局明示了救济途径，并对政府信息告知书进行了编号区分，而六安市发改委未明示救济途径，也未对政府信息告知书进行编号区分。有 13 个城市得 2.5 分，分别是长沙市、哈尔滨市、呼和浩特市、郑州市、淮南市、厦门市、珠海市、德州市、盐城市、驻马店市、遵义市、菏泽市、保定市。有 50 个城市得 0 分，比如长春市、福州市、海口市、济南市等。例如，南昌市发改委仅电话告知测评员本市无化解过剩产能的任务，无锡市发改委仅通过短信告知测评员所申请公开的事项，因上述单位均未采用法定的政府信息告知书形式进行回复，故不得分。

（九）政府信息公开诉讼的胜诉率

1. 总体表现分析

本项指标旨在通过检索最高人民法院司法案例数据库、中国裁判文书网、北大法宝等数据库，收集、整理和统计被测评对象政府信息公开案件的判决结果，考察被测评对象 2017 年度政府信息公开诉讼的胜诉情况。总分为 10 分，100 个城市得分总体情况见表 7 - 10。

表 7 - 10   政府信息公开诉讼的胜诉率 100 个城市的得分总体情况

得分（分）	10	8 ~ 10（均不含本数）	8	6 ~ 8（均不含本数）	0 ~ 6（均不含本数）	0
城市（个）	32	26	1	22	18	1

2. 分差说明和典型事例

本项三级指标总分 10 分，平均得分 7.77 分，平均得分率为 77.70%。其中，32 个城市得 10 分，比如海口市、吉林市、宜春市、南充市等；26 个城市得分低于 10 分但高于 8 分（均不包括本数），比如上海市、南京市、北京市、哈尔滨市、

重庆市、天津市等；22 个城市得分低于 8 分但高于 6 分（均不包括本数），比如广州市、深圳市、石家庄市、岳阳市等；18 个城市得分低于 6 分但高于 0 分（均不包括本数），比如玉林市、西安市、贵阳市、唐山市等。此外，包头市的胜诉率最低，由于其政府信息公开案件总量为 3，胜诉案件为 0，胜诉率为 0%，故得 0 分。

四　评估结论与建议

在本次法治政府评估的十个一级指标中，"政务公开"指标的平均得分为 67.51 分，平均得分率为 67.51%，在所有一级指标中排名第五。再回顾下 2013 年至今该指标的得分情况：2017 年发布的《中国法治政府评估报告（2017）》显示，"政务公开"指标平均得分为 97.98 分（该一级指标总分 120 分），平均得分率为 81.65%；2016 年发布的《中国法治政府评估报告（2016）》显示，"政务公开"指标平均得分为 92.58 分，平均得分率为 76.53%；2015 年发布的《中国法治政府评估报告（2015）》显示，"政府信息公开"指标平均得分为 97.5 分，平均得分率为 81.25%；2014 年发布的《中国法治政府评估报告（2014）》显示，"政府信息公开"指标平均得分为 82.72 分[①]，平均得分率为 68.93%；2013 年发布的《中国法治政府评估报告（2013）》显示，"政府信息公开"指标平均得分为 24.2 分（该年度"政府信息公开"指标的总分为 40 分），平均得分率为 60.5%。

从以上历史数据可知，尽管"政务公开"这一指标的得分呈现出整体上升的趋势，其平均得分率相比其他指标也处于较高水平，但从中也可以发现，该指标的平均得分率并不是逐年上升，而是存在一定的起伏和波动，尤其是 2018 年的平均得分率同 2017 年相比减少了将近 14 个百分点，其主要原因在于 2018 年的指标体系中设计了三级指标 4"政府网站的检索便利性"（得分率为 30.5%，在"政务公开"部分的三级指标中倒数第二）、三级指标 8"答复文书格式的规范性"（得分率为 29.75%，在"政务公开"部分的三级指标中倒数第一）[②]，更加凸显了对政府信息的主动公开和依申请公开实质效果的考察，而这两个指标的平均得分率较低，影响了"政务公

---

① 2014～2017 年这四年的"政务公开"一级指标总分都为 120 分。
② 这两个指标也是 2017 年国务院办公厅委托第三方机构对省级政府和国务院各部门的政务公开工作进行评估所设立的指标，其对于加大政府主动公开的力度，促进依申请公开工作的规范性、程序化，提升人民群众对政务公开工作的获得感、满意度、幸福感都具有重要作用。

开"一级指标的平均得分率。这同时也表明,我国地方政府的政务公开工作还存在进一步提升的巨大空间、潜力和余地。

(一)历年数据表现及趋势分析

通过对历年评估数据的观察和分析,"政务公开"指标中重点领域信息公开、投诉举报渠道的设置、不当设置信息申请条件情况这三个观测点有着良好的表现。

一是重点领域信息公开的成效持续增强。如图 7-8 所示,2014 年,"重点领域信息公开"指标的得分率为 33.80%,2015 年该指标的得分率为 51.90%,2016 年该指标的得分率为 89.50%,2017 年该指标的得分率为 96.20%,2018 年该指标的得分率为 90.93%。自 2013 年以来,国务院办公厅每年发布政务公开(政府信息公开)工作要点,对每年的重点领域信息公开工作进行专门部署,此外,国务院办公厅还通过政务公开第三方评估对各地的重点领域信息公开工作进行评估和督查。近五年的评估历史数据也表明,在国务院办公厅的统筹协调和有效督促下,各地政府在重点领域信息公开方面的工作卓有成效,公开力度日益加大,公开成效也持续增强。

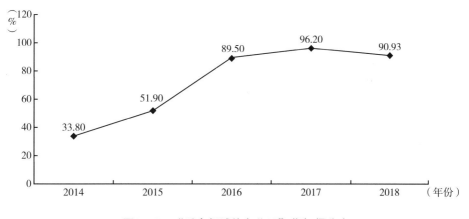

图 7-8 "重点领域信息公开"指标得分率

二是设置投诉举报渠道和提供使用说明的情况良好。对行政机关的违法行为进行监督是法治政府的重要内容,设置人民群众的投诉举报渠道是对行政机关违法行为进行监督的有效手段,也是推动政府和民众互动交流的重要方式。由于实践中很多地方没有专门的投诉举报平台或渠道,都是使用统一的市长热线、市长信箱等,故提供相关投诉举报的说明也是保障群众监督权的有效举措。设置投诉举报渠道和提供使用说明的情况是 2018 年新设的指标,平均得分 8.54 分,平均得分率为 85.40%,平均得分率在 9 项三级指标中排第三,地方政府在这个指标上的表现较为良好。

三是依申请公开条件设置的得分率持续处于高位。在实践中，一些行政机关经常通过设置《政府信息公开条例》所没有规定的申请条件，拒绝公开相关政府信息。通过这几年的评估结果来看，存在不当设置申请条件的现象正变得越来越少。如图7-9所示，2014年，"政府是否不当设置申请信息条件"的得分率为88%，2015年得分率为97.5%，2016年得分率为98%，2017年得分率为97.5%，2018年得分率为92.5%。这也可以看出，除了极个别城市外，绝大部分的城市都没有设置不当的申请条件，依申请公开的条件设置不断规范。

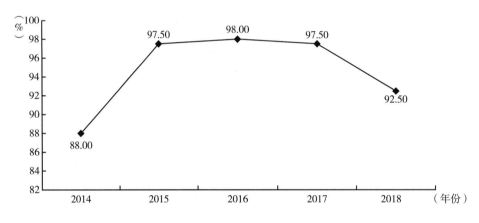

图7-9 "政府是否不当设置申请信息条件"指标得分率

（二）存在的问题

从2018年法治政府评估的数据和结果来看，我国地方政府在政务公开领域依然存在"有网站、弱互动"，"有信息、难检索"，"有回复、不规范"等突出问题，互动性、智能化、规范化的不足都构成进一步推动政务公开固本提质增效的内在制约，咨询服务功能存在虚置化倾向、网站检索功能存在形式化倾向、申请信息答复存在随意化倾向等也成为深化政务公开工作的巨大挑战。

1. 政务公开的互动性不足，咨询服务功能存在虚置化倾向

在互联网时代，政府网站是政务公开的主要渠道、重要载体和基础平台，政府门户网站更是群众获取信息的最重要渠道。提供及时、直接、便捷的咨询服务是政务公开的重要内容，是防止简单的信息咨询演变为复杂的信息申请的有效途径，也是建设服务型政府的应有之义。虽然当前我国地方政府及其工作部门基本上已建立自己的网站，但地方政府政务公开的互动性严重不足，不同部门之间的信息共享缺失，政府门

户网站提供的咨询服务存在虚置化倾向，主要表现在以下方面。

（1）咨询服务功能的缺失。某些地方政府的门户网站要么缺少"我要咨询""百姓服务""信息咨询"等互动性栏目，要么政府门户网站长期处于建设或维护阶段又没有替代性网站，要么互动性栏目长期无法注册，这些情形下政府网站的咨询服务功能都属于直接缺失或变相缺失。比如拉萨市政府网站的咨询服务栏目里的必填内容不能填写，无法注册，也就无法提交咨询信息；茂名市政府网站的咨询注册页面一直提示身份证号错误（实际上测评员填写的身份证号是正确的，且核对多遍），也无法注册。

（2）咨询服务功能的使用限制。一些地方政府的门户网站虽然有"我要咨询""百姓服务""信息咨询"等互动性栏目，但在注册互动栏目时要求有当地的手机号码才行，这无疑限制了没有当地手机号码的民众获取信息的权利，不符合互联网的发展规律，也给民众咨询相关问题带来严重不便。比如长沙市政府网站里"政民互动——市长信箱——注册信息"的验证码处显示"手机号码暂时只支持湖南省内号码"，而获取验证码是完成注册的必要步骤，由此导致测评员无法进行咨询，东莞市等地也存在相同的限制问题。

（3）申请咨询事项的拒绝回复。一些地方政府的门户网站虽然有"我要咨询""百姓服务""信息咨询"等互动性栏目，但是截至项目组汇总所有数据材料（2018年7月1日），这些政府网站都对测评员提出的咨询问题没有任何回复或答复，比如太原市、包头市、唐山市、德州市、玉林市、新乡市、周口市、保定市等。

（4）咨询回复内容的非直接。很多地方政府的网站虽然及时回复了测评员的信息咨询，但是回复的内容不是直接解答所咨询的问题，而是答复测评员向其他相关部门进一步咨询，部门间的信息缺少共享，公共服务职责存在推诿现象。比如郑州市、吉林市、厦门市、徐州市等地的政府门户网站都回复，建议向住房保障管理部门进行咨询，而没有直接回答所咨询的问题，民众咨询服务功能的体验较差。

（5）咨询回复时限的超期。测评员从2018年4月16日至18日向被评估城市的门户网站提出如何申请保障性住房的咨询，但是很多城市都是在5月下旬或者6月才答复相关咨询。虽然国家相关政策没有规定咨询回复的时限，但如果参照《政府信息公开条例》的信息申请答复期限①，这些回复都属于超期情形。比如呼和浩特、

---

① 《政府信息公开条例》第二十四条第二款规定："行政机关不能当场答复的，应当自收到申请之日起15个工作日内予以答复；如需延长答复期限的，应当经政府信息公开工作机构负责人同意，并告知申请人，延长答复的期限最长不得超过15个工作日。"

长春等地。此外，有些地方的回复超期是因为存在"咨询回复信访化"的问题，相关政府将群众通过市长信箱提出的关于如何申请保障性住房的咨询作为信访事项对待，然后经过层层批转，经过1个多月才由下面具体的业务部门予以回复，比如北京。

2. 政务公开的智能化不足，网站检索功能存在形式化倾向

政府网站是互联网时代政府信息的主要承载平台，汇集了海量政府信息，但是政府网站上已公开的信息与群众想要获取的政府信息进行精准匹配则需要借助网站检索的工具纽带。因此，我国当前几乎每个政府网站都设有网站检索的栏目，但是有检索栏目并不意味着有检索功能实际运行，更不意味着检索功能的精准、高效、便民。评估数据显示，我国当前地方政府的网站检索栏目多是花瓶摆设，存在严重的形式化倾向，无法进行一些简单的信息检索，从而导致群众查找、获取、检索政府信息的难度极大。很多群众既然无法通过网站检索获取政府信息，就转而通过政府信息申请的正式渠道去申请信息，如果其对行政机关的信息回复不服，还可能导致后续的政府信息公开复议和诉讼。政务公开的智能化不足、技术支撑乏力、检索功能疲软，导致政务公开的实施成本急剧加大，群众的满意度、获得感受到很大影响。

（1）网站检索功能完全不能使用。一些地方政府的门户网站虽然有搜索栏目，但是在里面输入任何关键词，出来的结果要么是"全文检索不能正常使用，可能是索引库、版面未创建，请联系管理员"，要么是与检索的关键词完全没有关联性的同一界面。[①] 在这些情形下，虽然有名义上的检索栏目的存在，但是其检索功能实质上是完全缺失的，不能发挥任何作用。比如聊城市、宜春市政府门户网站的搜索引擎都是完全不能用的。

（2）政府网站的关键词检索功能或者模糊检索功能严重不足。在2018年的评估中，因为是第一次设计政府网站检索功能的便利性这一指标，选择检索的内容相对简单。考虑到每个政府都发布过自己的政府信息公开指南，因此就以"政府信息公开指南＋某某市政府"（比如"政府信息公开指南＋北京市政府"）为关键词进行检索，但是结果显示，高达61个被评估城市无法在其门户网站的搜索界面上找到所在城市的政府信息公开指南。一些城市的网站检索仅支持完整的全文检索，比如要输入"某某市政府信息公开指南"，才能在检索结果的第一页找到该市政府的政府信息公

---

① 比如在宜春市政府网站上进行检索，输入任何一个关键词（无论是"政府信息公开指南"还是"市长"），出来的结果界面都是一样的，涉及关于宜春小额贷款公司2017年度年审情况的公示、靖安县将免费中医诊疗融入家庭医生签约等信息。

开指南，这种检索是"机械搜索""傻瓜检索"，大部分群众不可能知道想要检索的政府信息全称。

3. 政务公开的规范化不足，申请信息回复存在随意化倾向

《政府信息公开条例》规定了主动公开和依申请公开两种方式，其第十三条规定，除行政机关主动公开的政府信息外，公民、法人或者其他组织还可以根据自身生产、生活、科研等特殊需要，向行政机关申请获取相关政府信息。依申请公开是保障民众知情权、获得个性化政府信息、推动透明政府建设的重要手段。2018年，评估组根据国务院办公厅发布的《2017年政务公开工作要点》，向当地的财政部门申请"2017年度本地区政府债务种类、规模、结构和使用、偿还等情况"；向当地的发展改革部门申请"2017年度本地区承担化解过剩产能任务的企业名单、已完成化解过剩产能任务的企业名单"。但我们的评估结果显示，被评估城市在依申请公开方面依然存在信息申请回复随意化等问题。主要表现在以下方面。

（1）没有按照申请人要求的形式提供信息。《政府信息公开条例》第二十六条规定："行政机关依申请公开政府信息，应当按照申请人要求的形式予以提供；无法按照申请人要求的形式提供的，可以通过安排申请人查阅相关资料、提供复制件或者其他适当形式提供。"测评员在提出政府信息公开申请时，提出行政机关以书面形式回复。但是在实际评测过程中，仍然有一些地方的行政机关违反《政府信息公开条例》规定，使用随意化的电话、短信等方式进行回复，更不用说在答复时进行编号、提示救济途径了。比如南昌市发改委用电话告知测评员本市无化解过剩产能的任务，无锡市发改委通过短信告知测评员所申请公开的事项。

（2）答复文书没有编号，也没有提示救济途径。《2017年政务公开工作要点》提出，进一步规范依申请公开答复工作，严格按照法定时限答复，增强答复内容针对性并明示救济渠道，答复形式要严谨规范。但是评估结果显示，很大一部分行政部门要么没有对答复文书进行编号，要么没有提示救济途径，要么两者都没有，这些都违背了国务院《2017年政务公开工作要点》的要求。另外一个值得注意的现象是同一地方的不同部门，其答复文书的规范化存在巨大差异。比如东莞市财政局未明示救济途径，但是对政府信息告知书进行了编号区分，而东莞市发改委明示了救济途径，但是未对政府信息告知书进行编号区分；再如六安市财政局明示了救济途径，并对政府信息告知书进行了编号区分，而六安市发改委既未明示救济途径，也未对政府信息告知书进行编号区分。

（三）完善的建议

为了推动政务公开工作向纵深发展，让人民群众在政务公开工作中感受到更多的获得感、满意感和幸福感，始终坚持以人民为中心，关键在于要在政务公开工作中提高质量、增强实效、加快效率、促进规范，更加注重政务公开的部门协同、实际效果和民众感受。

1. 强化政务公开的互动性，促进政府网站咨询服务功能的实在化

要按照中共中央办公厅和国务院办公厅《关于全面推进政务公开工作的意见》、国务院办公厅《政府网站发展指引》的要求，建立"我要咨询""百姓服务""信息咨询""评论互动"等专门的互动交流平台或互动性栏目，对社会公众的互动诉求进行及时、有效、温馨的回应，充分发挥政府网站的互动交流功能；要对市长电话、市长信箱等互动性栏目进行功能区分，区分政策咨询、投诉举报等不同板块，防止政策咨询信访化，将简单的政策咨询事项演变成为冗长的信访程序处理；各地政府要强化对部门履行政策咨询回复的职责，落实分工，及时回复，加强部门之间的信息共享，打破信息壁垒；要对互动交流的结果进行有效运用，定期整理和分析社会公众的咨询问题及答复内容，按照部门归属、主题内容、社会关注度等标准进行分类汇总，形成"常见问题及解答"，今后在回答类似问题时即可快速、便民地应对，提高政府信息公开的效率和速度；在出现政府网站临时下线、网站迁移等情况，无法提供咨询服务时，要在本网站和本级政府门户网站发布公告，说明情况、告知恢复时间和其他的互动方式等，保障民众的知情权；要适应互联网的互联性、虚拟性、无国界性等特点，简化、优化政府网站中互动性栏目的注册流程与要求，不得以非本地居民、非本地手机号等为由拒绝注册，实现政府网站互动交流功能的一体、平等适用。

2. 推进政务公开的智能化，提升网站检索功能的人性化

要加强对政府网站检索栏目的摸底检查，对不具有实际检索功能的要责令立即整改；要加大政务公开智能化的财政投入，通过购买社会服务、与网络技术公司合作等方式提高检索功能的实用性；要提升网站检索功能的技术性，加强政务公开专业人员、法制工作人员与互联网技术人员之间的沟通，实现技术与内容的深度融合，从而设计更加人性化、智能化、技术化的网站检索栏目，方便群众进行关键词检索和模糊检索，而不是在信息海洋中"大海捞针"；要扩大信息检索的数据库融合，政府门户网站和下属工作部门的网站尤其要进行深度融合，从而打造一体化的政务服务平台和信息检索平台。

3. 加强政务公开的规范化，实现政府信息答复的合法、规范与程序化

监察机关和上一级行政机关要按照《政府信息公开条例》等法律规范要求，对履行政府信息公开义务的行政机关没有按照申请人要求的形式提供信息、答复文书没有编号、答复文书没有提示救济途径等行为进行监督和问责，以确保法律的权威性和严肃性，并通过常态化的定期检查和督导，形成持续的压力机制；要大力加强对政府信息公开机构工作人员的教育和培训，切实提高其专业能力和法律素养，对申请信息的处理、答复文书的制作等内容进行统一的标准化建设。

B.8
监督与问责

摘　要：　在2018年的法治政府评估中，一级指标"监督与问责"的平均得分从2017年的73.45分提高至76.97分，在平均分以上的城市有54个，较去年减少了4个，基本持平。但需要指明的是，2018年指标体系有所修改，"监督与问责"下的三级指标由原来的十一项减少至八项，部分指标的分值也进行了一定调整。从连续五年的评估结果来看，人大、政协的监督相对更为有效、稳定；行政机关负责人出庭应诉在被测评的城市政府层面明显好于下级政府；对群众举报投诉的处理在一定程度上流于形式；层级监督继续加强；主要审计报告和审计结果的公开程度有提高但仍有改进空间；被评估城市政府及组成部门负责人的守法情况总体较好。中国法治政府建设在"监督与问责"这一指标的平均得分呈现逐年稳步上升的趋势。但也应当注意到，总体水平仍然不高，且存在明显问题，包括：人大和政协监督的透明度仍不高，行政机关负责人出庭应诉制度的落实欠缺统一性，法院监督的公开程度较低，各种监督的作用和实效差别较大、不均衡，对政府和部门负责人及其他工作人员违法及查处的公开不充分。针对目前存在的问题，建议有针对性弥补监督短板，综合发挥各种监督的作用；保障公众参与，提高监督效果的透明度；进一步强化法院监督；采取有效措施推动更好利用现代信息手段，提高监督效果。

关键词：　外部监督　内部监督　问责及对违法问题的查处

一　指标设置及评估标准

（一）指标体系

同2017年相比，2018年的"监督与问责"指标体系进行了一定程度的调整。在该一级指标之下，依然设置了三项二级指标，前两项指标"外部监督"和"内部监督"不作改变，第三项二级指标由去年的"问责"改为"问责及对违法问题的查处"。三级指标不仅数量发生了变化，分值也有调整。具体指标设置详见表 8 - 1。

表 8 - 1　监督与问责指标体系

一级指标	二级指标	三级指标(观测点)
监督与问责 (100 分)	(一)外部监督 (30 分)	1. 是否执行本级人大及其常委会的监督决定；对人大代表的批评、意见和建议是否认真及时答复；是否及时办理政协建议案、提案；是否公开办理情况报告(10 分) 2. 行政机关负责人出庭应诉情况评估(10 分) 3. 对公众的举报投诉是否及时处理回应(10 分)
	(二)内部监督 (30 分)	4. 是否定期听取、审查本级政府工作部门和下级政府的执法情况报告，是否公布重点领域执法工作报告(20 分) 5. 是否公开主要审计报告和审计结果(10 分)
	(三)问责及对违法问题的查处(40 分)	6. 政府及其组成部门负责人是否存在违法被处以行政处分的情况(15 分) 7. 政府其他工作人员是否存在违法被处以行政处分的情况(10 分) 8. 政府负责人及其他工作人员违法的公开情况(15 分)

"外部监督"总分为 30 分，涵盖来自人大、政协、群众及媒体的监督，设有三项三级指标：是否执行本级人大及其常委会的监督决定，对人大代表的批评、意见和建议是否认真及时答复，是否及时办理政协建议案、提案，是否公开办理情况报告；行政机关负责人出庭应诉情况评估；对公众的举报投诉是否及时处理回应。今年评估小组对三级指标三进行了一定的调整，将考察集中在投诉举报处理情况上，重点考察各个城市对投诉举报处理的及时性、公开性以及公众对答复的满意度，使该项指标的考察更具深度。

"内部监督"总分为 30 分，其下设两项三级指标：是否定期听取、审查本级政府工作部门和下级政府的执法情况报告，是否公布重点领域执法工作报告；是否公开主要审计报告和审计结果。考察层级监督的三级指标 4 的分值由 2017 年的 10 分上调至 20 分，提高了其权重。以往曾使用三级指标"是否通过建设电子监察系统等方式改善监督手段"，由于各地已基本建立了电子监察系统，各城市近年来普遍得分较高且区分度不大，因而不再采用。

"问责及对违法问题的查处"总分为 40 分，其下设三项三级指标：政府及其组成部门负责人是否存在违法被处以行政处分的情况；政府其他工作人员是否存在违法被处以行政处分的情况；政府负责人及其他工作人员违法的公开情况。与往年相比，该二级指标变化较大，从以测评制度建设为主转为完全考察政府负责人及工作人员遵

法守法的实际状况。三级指标六是以去年的三级指标十一（政府及其组成部门负责人是否存在违法违纪情况）为基础设定的，考虑到该项指标存在一定的偶然性因素，其分值由去年的 20 分下调至 15 分。同时，为了弥补其考察面上的不足，新设置了第七项三级指标，以对政府工作人员的守法情况进行全面考察。另外，鉴于各城市对相关信息公开程度的不同对指标六和指标七的观测结果可能造成影响，又设置了指标八，使得该二级指标的整体测评更为公正客观。

（二）设置依据和测评标准

测评的主要依据来源于市政府门户网站、相关部门网站、司法裁判文书数据库的信息，同时通过百度搜索引擎进行辅助查询。相关信息、数据的检索期间为 2018 年 5 月 5 日至 6 月 28 日。未能检索到相关内容的，视为该项工作未进行或未落实。2018 年三级指标测评方法和赋分标准，与 2017 年相比发生了一些变化，具体如下。

1. 是否执行本级人大及其常委会的监督决定；对人大代表的批评、意见和建议是否认真及时答复；是否及时办理政协建议案、提案；是否公开办理情况报告

【设置依据】本项指标是对 2017 年度被评估城市政府接受同级人大及其常委会、政协监督的情况进行测评。评估侧重点在于政府是否真正接受人大及其常委会、政协的监督，保障监督权的有效行使。

【测评方法】主要在被评估城市政府官网、人大常委会官网以及政协官网中的信息公开栏中进行搜索，搜索内容主要是该市"2018 年政府工作报告"、"人大代表批评、意见和建议"、"政协建议案、提案"或"办理人大代表意见和政协提案的情况"等，辅之以"城市名称""执行人大及常委会的监督决定"等关键词在百度上检索相关信息。例如，常德市政府在《2018 年政府工作报告》中指出，2017 年度常德市政府"自觉接受人大及其常委会的法律监督、工作监督以及政协的民主监督，定期向人大报告工作，向政协通报情况，执行市人大及其常委会的决议决定，积极处理各类审议意见，全年办理人大代表建议 343 件、政协提案 324 件"。

【测评标准】本项满分为 10 分，具体评估标准为：执行本级人大及其常委会的监督决定，得 2 分；对人大代表的批评、意见和建议认真及时答复，得 4 分；及时办理政协建议案、提案，得 2 分；公开办理情况报告，得 2 分。

2. 行政机关负责人出庭应诉情况评估

【设置依据】本项指标是对 2017 年度被评估城市行政机关负责人出庭应诉的情况进行测评。与前两年不同，本次评估的范围仅为 2017 年以市政府及其组成部门为

被告的行政诉讼案件中行政机关负责人出庭应诉的比例。

【测评方法】由专业技术公司搜索网上公布的所有相关裁判文书，输入关键词，计算出每个城市市政府及组成部门的负责人出庭应诉的次数，除以该市 2017 年度以市政府及其组成部门为被告的行政案件总数，得出出庭应诉率。

【测评标准】按照行政机关负责人出庭应诉率进行给分，100% 出庭应诉的给 10 分，没有出庭记录的给 0 分，其他情况按照出庭应诉率的 10 倍打分。

3. 对公众的举报投诉是否及时处理回应

【设置依据】本项指标是对 2017 年度被评估政府对公众投诉举报的答复情况进行测评。侧重点在于考察被评估政府是否对公众的投诉举报进行及时处理，是否在政府网站中设有固定、专门的栏目对投诉举报的具体内容以及相关的处理情况进行公布，是否公布受理情况的统计数据。

【测评方法】主要是在被评估城市政府的门户网站"互动交流""政民互动"中的"市长信箱""政府热线"等专栏检索公众的投诉举报信息，查看相关投诉的具体内容以及完成状态。在上述栏目中检索 2017 年度投诉举报受理情况的统计数据，具体包括但不限于投诉举报的案件数量、答复率、满意率。

【测评标准】本项满分为 10 分。有投诉举报栏目并对案件及时进行处理答复的，得 7 分。公布 2017 年度受理答复情况的统计数据，得 3 分。

4. 是否定期听取、审查本级政府工作部门和下级政府的执法情况报告，是否公布重点领域执法工作报告

【设置依据】本项指标是对 2017 年度被评估政府内部层级监督的情况进行测评。评估侧重点在于被评估对象对其工作部门和下级政府的执法情况、重点领域的执法工作进行监督的情况。

【测评方法】在被评估城市政府官网"政府信息公开"或"政务公开""政务信息"等栏目的"市政府部门与区县信息公开"中查找是否公布本级政府工作部门和下级政府的执法情况报告或总结；在政府门户网站公布的政府常务会议记录中检索是否有听取执法报告的内容，或者在政府官网用"执法情况报告""依法行政报告"等关键词进行搜索；在各部门、区县政府网站的政务公开栏中查找是否公布本部门或区县政府的工作报告或计划总结；关于重点领域的执法工作报告主要是通过官网中的重点领域信息公开专栏进行搜索。

如果上述方法都无法搜索到相关信息，即用"城市名称""听取本级政府工作部门和下级政府的执法情况报告""重点领域执法情况报告"等关键词在百度上搜索。

【**测评标准**】本项满分为 20 分，具体评估标准为：定期听取、审查本级政府工作部门和下级政府的执法情况报告，得 12 分；公布重点领域执法工作报告，得 8 分。

5. 是否公开主要审计报告和审计结果

【**设置依据**】本项指标主要评估相关城市是否及时、充分公开年度、专门领域的审计报告和审计结果。

【**测评方法**】在被评估城市的审计局网站上的"审计结果公告"和"审计动态"栏目中对年度审计报告和专门领域的审计结果进行搜索；辅之以"审计""审计工作报告""审计报告""2016 年度市级预算执行和其他财政收支审计"等关键词在被评估政府的官网上进行检索；或者在被评估城市的政府官网"信息公开"栏目中查找"财政信息"中的"审计工作""审计报告"。如果上述方法均未检索到相关信息，则改用"城市名称""2016 年度审计报告""审计工作报告""2016 年度市级预算执行和其他财政收支审计"等关键词在百度上检索有关的新闻报道。

【**测评标准**】本项满分为 10 分。及时、充分公开年度的审计报告，得 6 分；公开专门领域审计结果公告，得 4 分。

6. 政府及其组成部门负责人是否存在违法被处以行政处分的情况

【**设置依据**】本项指标主要是对 2017 年度被评估城市政府及其组成部门负责人的违法情况进行测评。

【**测评方法**】主要是在被评估城市纪检监察网站的案件查处或者新闻动态栏目中进行搜索，辅之以"城市名称 + 违法违纪、贪污腐败"等关键词在百度上搜索。

【**测评标准**】本项满分为 15 分。市长、副市长因违法被撤职的，每人次扣 3 分，受到其他行政处分的，每人次扣 2 分；政府组成部门负责人因违法被撤职的，每人次扣 2 分，受到其他行政处分的，每人次扣 1 分，扣完为止。

7. 政府其他工作人员是否存在违法被处以行政处分的情况

【**设置依据**】本项指标主要是对 2017 年度被评估城市政府及其组成部门负责人以外的其他工作人员的违法情况进行测评。

【**测评方法**】主要是在被评估城市纪检监察网站的案件查处或者新闻动态栏目中进行搜索，辅之以"城市名称 + 违法违纪、贪污腐败"等关键词在百度上搜索。

【**测评标准**】本项满分为 10 分。政府及其组成部门负责人以外的其他工作人员因违法被撤职的，每人次扣 1 分，受到其他行政处分的，每人次扣 0.5 分，扣完为止。

8. 政府负责人及其他工作人员违法的公开情况

【设置依据】本项指标主要评估 2017 年度相关城市是否及时、充分公开政府负责人及其他工作人员违法及处理情况。

【测评方法】主要是在被评估城市纪检监察网站的审查调查、纪律检查、曝光台等栏目进行检索。

【测评标准】本项满分为 15 分。对调查情况、处分情况充分公布的得 15 分。没有设置专门的"审查调查""纪律审查"等栏目对违法犯罪的领导及工作人员的处分进行曝光的扣 12 分。公布数据不充分的，或者仅公布了处分结果没有公布处分缘由的酌情扣 5 ~ 12 分。

二 总体评估结果分析

本部分总分为 100 分。从总体评估结果上看，在 100 个评估对象中，平均分为 76.97 分。如图 8 - 1、图 8 - 2 所示，在平均分之上的城市有 54 个，占城市总数的 54%。本项评估下最高得分为 92.95 分，最低得分为 60 分，二者相差 32.95 分。在本项评估中，排在前五的城市分别是常德（92.95 分）、深圳（90.3 分）、广州（90.06 分）、沈阳（87.26 分）、荆州（87.21 分）。

从 2017 年的评估结果上看，在 100 个评估对象中，平均分为 73.45 分，2018 年较 2017 年有所提高，这与 2018 年指标的调整有一定关系。2017 年在平均分以上的城市有 58 个，占城市总数的 58%，2018 年减少了 4 个城市。2017 年的最高得分为 86.48 分，最低得分为 48.5 分，两者相差 37.98 分。2017 年排在前五名的城市分别是南宁（86.48 分）、杭州（85.55 分）、成都（85.42 分）、广州（85.06 分）、无锡（83.51 分）。

本项一级指标共包含八项三级指标（观测点），每项三级指标（观测点）满分为 20 分、15 分、10 分不等。各三级指标（观测点）的得分状况如下：三级指标第 1 项是否执行本级人大及其常委会的监督决定，对人大代表的批评、意见和建议是否认真及时答复，是否及时办理政协建议案、提案，是否公开办理情况报告，平均分为 8.31 分；三级指标第 2 项行政机关负责人出庭应诉情况评估，平均分为 6.19 分；三级指标第 3 项对公众的举报投诉是否及时处理回应，平均分为 8.06 分；三级指标第 4 项是否定期听取、审查本级政府工作部门和下级政府的执法情况报告，是否公布重点领域执法工作报告，平均分为 15.65 分；三级指标第 5 项是否公开主要审计报告和

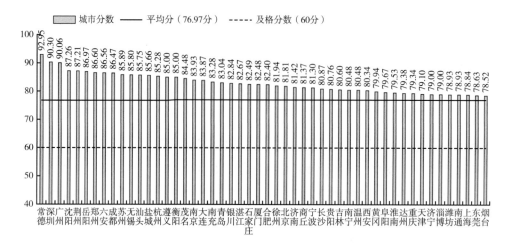

图 8 - 1　排名第 1 ~ 50 位的城市得分情况分布

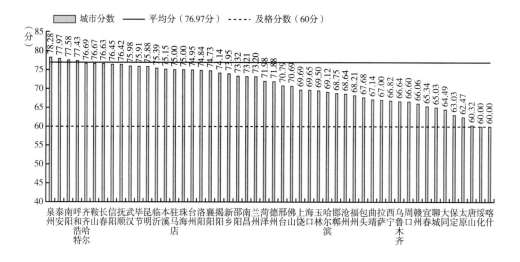

图 8 - 2　排名第 51 ~ 100 位的城市得分情况分布

审计结果，平均分为 6.73 分；三级指标第 6 项政府及其组成部门负责人是否存在违法被处以行政处分的情况，平均分为 13.59 分；三级指标第 7 项政府其他工作人员是否存在违法被处以行政处分的情况，平均分为 9.26 分；三级指标第 8 项政府负责人及其他工作人员违法的公开情况，平均分为 9.18 分。

其中平均得分率最高的是第 7 项政府其他工作人员是否存在违法被处以行政处分的情况。平均得分率最低的是第 8 项政府负责人及其他工作人员违法的公开情况，反映出对政法负责人及其他工作人员违法情况的公开不够充分。（本级指标下各三级指标的得分率情况参见图 8 - 3）

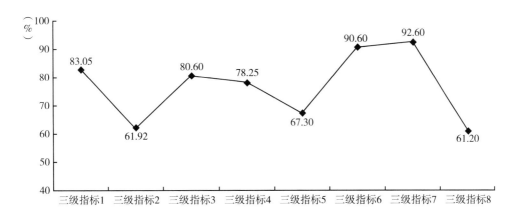

图 8 - 3　各三级指标的平均得分率

三　三级指标评估结果分析

（一）是否执行本级人大及其常委会的监督决定；对人大代表的批评、意见和建议是否认真及时答复；是否及时办理政协建议案、提案；是否公开办理情况报告（10分）

1. 总体表现分析

在100个评估对象中，有54个城市得满分，4个城市得9分，9个城市得8分，其余33个城市得分在0~7.5之间。从评估结果分析，大部分被评估城市能自觉接受人大及政协的监督。具体得分情况见表8-2。

表 8 - 2　三级指标 1 得分情况

得分（分）	10	9	8	7.5	7	6	5	4	2	0
城市（个）	54	4	9	1	3	23	2	1	1	2

2. 分差说明及典型事例

有46个被评估城市未得满分，主要原因是未公开对人大代表意见和政协提案的办理情况。本项指标的典范城市是常德市。常德市在《2018年政府工作报告》中提到"自觉接受人大及其常委会的法律监督、工作监督以及政协的民主监督，定期向人大报告工作，向政协通报情况，执行市人大及其常委会的决议决定，积极处理各类

审议意见，全年办理人大代表建议 343 件、政协提案 324 件"。在政府网站"首页—政务公开—建议提案"栏目可以检索到建议提案的具体答复情况。

（二）行政机关负责人出庭应诉情况评估（10分）

1. 总体表现分析

依据本指标进行评估，5 个城市得 10 分，没有城市得 0 分，各城市视具体情况酌情得分。具体得分情况如表 8－3。

表 8－3　三级指标 2 得分情况

得分（分）	10	8～9.99	6～7.99	4～5.99	2～3.99	0～1.99
城市（个）	5	19	25	34	14	3

2. 分差说明及典型事例

关于行政机关负责人出庭应诉情况，搜索到有 6 个城市的行政机关负责人在所有的案件中都出庭，分别是遵义、驻马店、珠海、淄博、拉萨、绥化。负责人出庭应诉率较低的城市为贵阳、宜春、聊城。从本年度的数据来看，负责人出庭应诉率在 60% 以上的城市有 49 个，所有城市都有行政机关负责人出庭应诉的记录。

（三）对公众的举报投诉是否及时处理回应（10分）

1. 总体表现分析

在本指标的评估结果中，有 39 个城市得满分，40 个城市得 7 分，2 个城市得 0 分。群众举报投诉渠道多样、便捷，一般都会设有专门的栏目对答复情况进行公布。从搜集到的信息来看，绝大部分城市都能够对投诉举报及时进行处理答复。但也有 40 个城市没有公布受理答复的统计数据。还有部分城市虽然公布了统计数据，但是过于简陋或者仅有当日、当月的统计数据。具体得分情况如表 8－4。

表 8－4　三级指标 3 得分情况

得分（分）	10	9	8	7	5	3	0
城市（个）	39	4	9	40	5	1	2

2. 分差说明及典型事例

本指标中得满分城市较多，绝大部分城市能够对投诉举报及时进行处理答复。本指标的扣分点主要在于没有公布受理答复情况的统计数据，其次为没有设立专栏对投诉举报的答复情况进行充分公布。

在此项指标中获得满分的典型城市是衡阳。在衡阳市政府门户网站"互动交流—咨询投诉信息"栏目中可以检索到对投诉举报的答复情况。在"12345 热线工作简报"中可以检索到各类诉求受理情况的统计分析。

（四）是否定期听取、审查本级政府工作部门和下级政府的执法情况报告，是否公布重点领域执法工作报告（20分）

1. 总体表现分析

在本指标的评估结果中，有 4 个城市得满分，得分在 15～19 分的城市有 68 个，占 68%。具体得分情况如表 8－5。

表 8－5　三级指标 4 得分情况

得分（分）	20	19	18	17	16	15	14	13	12	11	10	5～9	4	0
城市（个）	4	8	34	3	16	7	11	4	2	1	2	5	2	1

2. 分差说明及典型事例

2017 年大部分被评估城市能够充分公开听取审查本级政府工作部门和下级政府执法情况报告的信息，并公布重点领域的执法工作报告。大部分城市都在其政府门户网站上设立了重点领域信息公开专栏，可以检索到食品安全、环境保护、行政处罚等领域的执法报告，在政府网站区县部门动态栏目下可以检索到区县政府的工作报告。扣分点主要在于部分城市可以检索到市政府领导视察、参加调研工作的信息以及少数听取报告的信息，但检索到的听取工作报告的信息数量不足。其次是部分城市可以检索到零散的执法信息，但尚未形成执法工作报告。

在此项评估中获得满分的典型城市是济南。在济南市政府官网"首页—专题—重点领域信息公开专题—政府常务会"能够检索到历次市政府常务会议的主要内容，检索到听取本级政府工作部门和下级政府的执法情况报告的情况。在政府门户网站"首页—公开—政务公开专栏"能够检索到重点领域信息公开情况，且能够检索到相关领域的执法情况报告。

（五）是否公开主要审计报告和审计结果（10分）

1. 总体表现分析

在100个评估对象中，有41个城市为满分；得分在6~9分的城市有37个。虽然41个城市为满分，但仍有13个城市为0分，城市之间的差距较大，总体的公开水平较低。具体情况见表8-6。

表8-6　三级指标5得分情况

得分(分)	10	8~9	6~7	4~6(不含)	2~4(不含)	0
城市(个)	41	9	28	2	7	13

2. 分差说明及典型事例

本部分得10分的评估对象既公开了年度审计报告和结果，又公开了重点领域如重点投资项目的审计结果公告。得分为6分的城市，只公开了年度审计报告而没有公开专门领域审计结果。得0分的城市在这方面表现很差，既没有年度审计报告，也没有专门领域审计结果，且一般这种情况下其审计局网站建设也不完善。获得其他分数的城市是检索到专门或重点领域的审计报告，但数量较少，酌情得分。

该项评估中的典型城市是上海，"上海市审计局官网—审计公开"栏目对每年度的审计工作报告和审计结果予以充分公开。不仅如此，该栏目还对重点审计项目计划和审计整改报告进行了公开，检索十分便利。

（六）政府及其组成部门负责人是否存在违法被处以行政处分的情况（15分）

1. 总体表现分析

该项指标的整体得分率较高，绝大多数城市得分在10分及以上，仅有5个城市得分低于10分。具体情况见表8-7。

表8-7　三级指标6得分情况

得分(分)	15	10~14	0~9
城市(个)	63	32	5

2. 分差说明及典型事例

从表 8－7 数据可以看出，2017 年度大多数被评估城市的政府及其组成部门负责人违法情况不多，满分城市占总数的 63%，但也有部分城市得分较低。需要注意的是，出现这种情况可能是因为与实地调研相比网络搜索方式本身具有滞后性，而且被评估城市纪检监察网站建设程度和信息公开程度参差不齐，这些因素都导致本指标的评估结果存在误差。

（七）政府其他工作人员是否存在违法被处以行政处分的情况（10分）

1. 总体表现分析

该项指标与第六个指标相似，整体得分率较高，绝大多数城市得分在 8 分及以上，有 10 个城市得分低于 8 分。具体情况见表 8－8。

表 8－8　三级指标 7 得分情况

得分（分）	10	8～9.5	0～7.5
城市（个）	66	24	10

2. 分差说明及典型事例

通过表 8－8 数据可以看出，2017 年度大多数被评估城市的政府其他工作人员违法违纪的情况较少，满分城市占总数的 67%，分数绝大部分集中在 8～10 分之间，但也有部分城市得分较低。该项指标和第六项指标一样带有一定的不确定性，这与网络搜索方式本身具有滞后性，被评估城市纪检监察网站建设程度和信息公开程度参差不齐不无关系。

（八）政府负责人及其他工作人员违法的公开情况（15分）

1. 总体表现分析

该项指标的整体得分率不高，仅为 61.2%，平均分为 9.2 分。有 21 个城市得满分，5～10（不含）分的城市达到了 56 个，总体公开水平较低。具体情况表 8－9。

表 8－9　三级指标 8 得分情况

得分（分）	15	10～14	5～10（不含）	0～4
城市（个）	21	15	56	8

2. 分差说明及典型事例

从表 8－9 数据可以看出，2017 年度大多数被评估城市的纪检监察网站对政府负责人及其他工作人员违法情况的公开并不充分。绝大多数纪检监察网站都能够对违反中央"八项规定"精神、"微腐败"等典型问题进行曝光，但对政府负责人和其他工作人员因违法受到行政处分的情况没有进行充分公开。例如邵阳市纪检监察网站没有设置"审查调查""纪律审查"等栏目对违法犯罪的领导及工作人员的处分情况进行公布。其曝光栏中仅有几例调查案件，绝大多数为违反中央"八项规定"精神和"微腐败"的典型案件。鞍山市纪检监察网站仅对处分结果进行公开，而没有公开具体的处分缘由。

四 评估结论与建议

总体而言，在评估指标体系所设计的十项一级指标中，"监督与问责"一级指标的平均得分是 76.97 分（总分 100 分），平均得分率为 76.97%，在十项指标中居于第一位。2017 年发布的《中国法治政府评估报告（2017）》显示，"监督与问责"指标平均得分为 73.45 分。2016 年发布的《中国法治政府评估报告（2016）》显示，"监督与问责"指标平均得分为 68.02 分。2015 年发布的《中国法治政府评估报告（2015）》显示，"监督与问责"指标的平均得分为 64.95 分。

尽管指标本身有一定变化，但连续四年的评估结果表明，总体上中国法治政府建设在"监督与问责"这一指标上的平均得分呈现逐年稳步上升的趋势，并首次出现了得分高于 90 分的城市（共 3 个），最高达 92.95 分。

（一）历史数据表现及趋势分析

2014、2015、2016 和 2017 年四年的法治政府评估报告中"监督与问责"指标设定基本相同（第 2 项观测点略有不同）。本次评估指标有所变化，与前四年基本保持一致的指标有三级指标 1、2、4、5、6（分别对应之前的三级指标 1、2、4、6、11），而三级指标 3"对公众的举报投诉是否及时处理回应"与之前的"群众举报投诉和媒体监督渠道是否畅通"有较强的关联度，也可进行对比分析。

对比这五年的评估结果可以发现，2018 年"监督与问责"三级指标 1～6 中，指标 2、4 的平均得分率高于往年相对应指标的得分率；指标 1、5 的平均得分率处于历年来相对应指标得分率的中等偏上水平；指标 3、6 的得分率则为五年来最低见图 8－4。

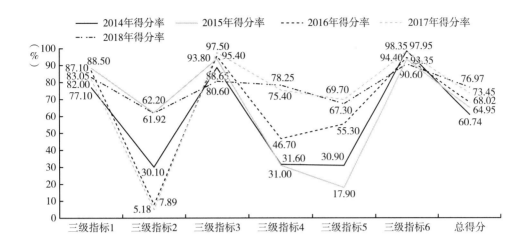

图 8 - 4 2014 ～ 2018 年对应三级指标与总得分的得分率情况对比

人大、政协的监督相对更为有效、稳定。如图 8 - 5 所示，2014 ～ 2018 年的五年间，三级指标 1 "是否执行本级人大及其常委会的监督决定；对人大代表的批评、意见和建议是否认真及时答复；是否及时办理政协建议案、提案；是否公开办理情况报告" 的平均得分率分别为 77.1%、88.5%、87.1%、82% 和 83.05%。这一指标的得分率在历年的各项指标中都较高，在本次评估中为各项三级指标中的第二高。2018年的得分率 83.05% 虽然低于 2015 年和 2016 年，但可以看到，历年（特别是近 4年）的平均得分率相差并不大，在较小的区间内浮动。

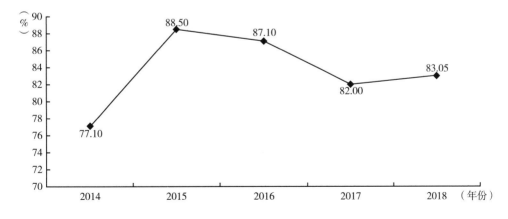

图 8 - 5 执行人大监督决定、人大建议、政协提案答复公开情况

行政机关负责人出庭应诉的情况，在被测评的城市政府层面明显好于下级政府。在 2014 年和 2015 年的评估中，三级指标 2 着重考察各地是否建立行政机关负责人出庭应诉制度。2016 年评估将该指标改为"行政机关负责人出庭应诉情况评估"，开始考察各地行政机关负责人根据法律规定和当地制度出庭应诉的实际情况。如图 8 - 6 所示，2016 年该指标的平均得分率为 7.89%，而在 2017 年的评估中该数据下降至 5.18%。2018 年的三级指标 2 的设置不变，但评估的范围有了很大改变，即仅观测 2017 年以市政府及其组成部门为被告的行政诉讼案件中行政机关负责人出庭应诉的比率，从而剔除了各级下级政府涉及的行政诉讼案件。其结果就是平均得分率有了非常明显的变化，大幅提高到 61.92%。可见，行政机关负责人出庭应诉的实施情况因行政机关级别不同而存在很大差别。

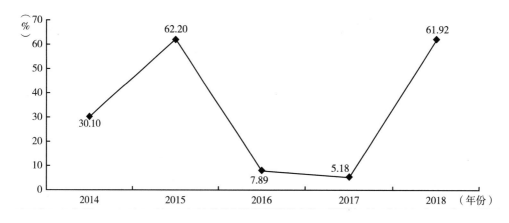

图 8 - 6　行政机关负责人出庭应诉情况

对群众举报投诉的处理在一定程度上流于形式。如图 8 - 7 所示，2014 ~ 2017 年的三级指标 3 均考察群众举报投诉等的"渠道是否畅通"，各年的平均得分率都很高，分别为 88.65%、93.8%、95.4% 和 97.5%。而本次评估中将该指标改为"对公众的举报投诉是否及时处理回应"，即观测行政机关对公众举报投诉的实际处理情况。而此项三级指标的得分率为 80.6%，明显降低。这说明尽管举报投诉的渠道普遍都已非常畅通，但公众的问题和关注并没有得到足够及时充分的回应解决，在接受公众监督方面存在形式大于实质的问题。

上级对下级层级监督继续加强，透明度进一步提高。如图 8 - 8 所示，在 2014 ~ 2016 年连续四年的评估中，三级指标 4 "是否定期听取、审查本级政府工作部门和下级政府的执法情况报告，是否公布重点领域执法工作报告"的平均得

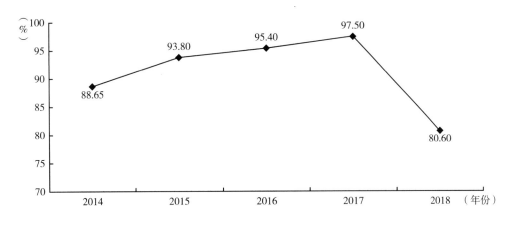

图 8 - 7　行政机关对公众举报投诉的实际处理情况

分率分别为 31.6%、31% 和 46.7%，而 2017 年该项指标的平均得分率大幅提高至 75.4%。本次评估中则更提高到 78.25%。这反映出连续两年来政府在定期听取执法工作报告和公开重点领域执法工作报告方面较以往有明显改善，同时对层级监督的相关信息的公开更加及时和充分。

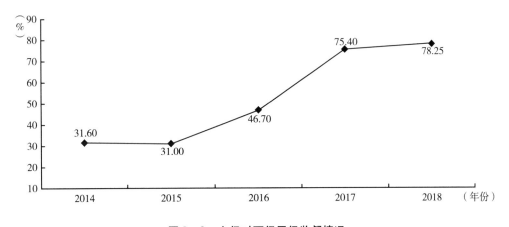

图 8 - 8　上级对下级层级监督情况

主要审计报告和审计结果的公开程度有了提高，但仍有很大改进空间。如图 8 - 9 所示，2014 年评估中三级指标 6 "是否公开主要审计报告和审计结果" 的平均得分率为 30.9%，该数据在 2015 年下降至 17.9%，2016 年大幅提高至 55.3%。而在 2017 年的评估中，该指标的得分率进一步提高为 69.7%，提高幅度显著。本次评估相对应的三级指标 5 的平均得分率为 67.3%，与 2017 年相差不大。总体上近两年各地方政府在加强内部审计的工作方面较以往取得很大进步，但也应该看到，该三级指标的平均得分率仍然不高，不到 70%。而且得 4 分以下的城市有 20 个，其中 13 个城市得 0 分。

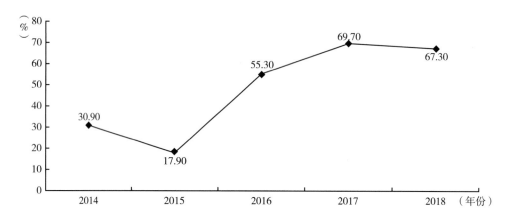

图 8－9　主要审计报告和审计结果的公开情况

如图 8－10 所示，政府及其组成部门负责人是否存在违法被处以行政处分这一指标的平均得分率一直较高，变化不大，反映出总体上被评估城市政府及组成部门负责人的守法情况较好。但各城市之间的差距较大，而且同一城市在不同年度的得分经常出现很大波动。例如，没有发现哈尔滨在 2017 年有政府及组成部门负责人因违法被查处，该项指标得满分。但在 2018 年该市因有多名政府组成部门负责人因违法被处以行政撤职等处分，该指标得 0 分。

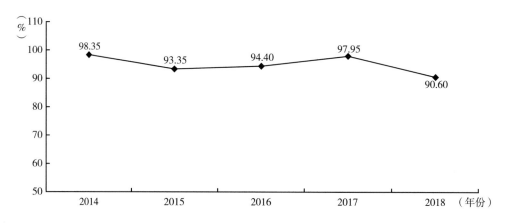

图 8－10　政府及其组成部门负责人是否存在违法被处以行政处分的情况

（二）问题

1. 人大和政协监督的透明度仍不高

自 2014 年以来的历年评估中，可以发现，"外部监督"中人大和政协对行政机关的监督情况普遍相对较好，体现为三级指标 1 的平均得分率分别为 77.1%、88.5%、87.1%、82% 和 83.05%，在各项三级指标中持续居于较高水平。五年来的测评结果显示，与其他形式的外部监督、内部监督相比，目前人大和政协的监督的作用更为明显和重要。

尽管大部分的城市都有人大代表意见和政协提案办理情况的公开说明，并建立了相应的工作流程，但是对于人大和政协监督的实际落实情况仍然公开程度不高。对于该指标的观测，我们一直主要依赖各地政府的一次性的年度总结，且多体现为政府报告的相关内容。大部分城市在政府工作报告中会提及政府办理人大代表意见和政协提案情况，但一般较为概括。有部分城市在官网上设有专栏，但并不全部开放。有的城市相关信息零散公布于各职能部门。还有个别城市对于上级和本级人大及其常委会的意见建议区别对待，只公布对上级人大的意见建议的办理情况。在 2018 年的评估中，截至评估数据采集阶段结束，仍有 2 个城市没有公布 2018 年度政府工作报告或任何其他相关的信息，导致无法对其三级指标 1 进行评估。种种问题，使得普通群众难以全面获知建议提案的具体办理情况，也就无法确保人大和政协监督作用的有效发挥。

2. 行政机关负责人出庭应诉制度的落实欠缺统一性

尽管由于观测方法的变化，本次测评中各城市在行政机关负责人出庭应诉率上的差距比往年有所缩小，但各地的情况仍然差别很大。一个重要的原因，是各地相关规定和要求有很大不同。目前已有超过 50 个城市对于行政机关负责人出庭应诉出台了专门的文本，对这一制度进行了详细规定，而这些规定各个城市不统一，内容纷繁多样。例如，对于"行政机关负责人（首长）"这一基本概念，在各地文件中的含义并不一致，有的城市以行政职务来区分，有的以行政级别来区分，还有一些城市以其职能内容即是不是主要业务负责人来区分，也有城市通过是不是有关单位法定代表人来区别。而对于应当出庭的案件类型、出庭率的要求、不出庭的后果等方面的规定也存在类似的问题。尽管各城市确有必要结合本地情况实施行政机关负责人出庭应诉制度，但在一些制度的基本内容上应有所统一。否则，在法律规定和相关司法解释高度原则化、欠缺可操作性的情况下，目前各地五花八门的规定并不利于法律要求的落实。

3. 法院监督的公开程度较低

法院对行政机关的监督一直是测评的难点，因为相关信息极难获得。在 2013 年和 2014 年，我们曾经设立指标测评行政机关对法院判决和裁定的履行情况以及对司法建议的落实反馈情况。然而在评估过程中我们发现难以收集信息，2016 年开始改为采用行政首长出庭应诉情况这一观测点。但"行政机关负责人出庭应诉"一直存在争议，且各地各级政府应诉情况差别较大，该指标难以全面准确反映政府接受法院监督的情况。2018 年测评最初我们试图改用"是否及时履行法院生效判决"作为观测点，观测方法是搜索各城市政府及其组成部门是否被列入"失信被执行人"名单。但后来发现数据收集也很困难。虽然"中国执行信息公开网"对个人、企业被纳入失信被执行人名单的情况披露非常充分，但相关行政机关作为"老赖"的信息并不完整。另外，从公开的司法裁判文书中可以发现，对于行政机关负责人没有出庭应诉的情况，是否违反法律规定、未出庭应诉的原因，法官通常避而不谈。

4. 各种监督的作用和实效差别较大、明显不均衡

连续五年来的测评结果显示，公众/媒体、人大和政协的外部监督一直得分较高，其中公众/媒体监督在前四年均高于人大和政协的监督。而更为直接、效率更高的内部监督，相比之下却存在不足。以"是否定期听取、审查本级政府工作部门和下级政府的执法情况报告，是否公布重点领域执法工作报告"和"是否公开主要审计报告和审计结果"两个三级指标来判断，2014～2016 年三年的得分率均低于 60%，甚至曾分别低至 31% 和 17.9%。这两项指标只有到 2017 年才首次达到及格线以上，并在 2018 年基本保持或略有提高，但平均得分率也仅为 2017 年 75.4% 和 69.7%，2018 年 78.3% 和 67.3%。而法院对行政机关的外部监督，从行政机关负责人出庭应诉的相关情况来看，有三年得分率不足 60%，另外两年也仅为 62.2% 和 61.92%。

5. 政府和部门负责人及其他工作人员违法及查处的公开不够充分

本次评估中增加了对政府和部门负责人及其他工作人员的违法公开情况的考察，该项三级指标的平均得分率在所有八项指标中最低，为 61.2%。虽然有 15 个城市得满分，但还有多达 64 个城市的得分低于 10 分（即得分率 66.67%）。其中对政府和组成部门负责人的违法及查处情况的公开要好于其他工作人员的相关情况。绝大多数城市的纪检监察网站都能够公布违反中央"八项规定"精神、"微腐败"等典型问题，但对政府负责人和其他工作人员因违法受到行政处分的情况公开较少，不能充分发挥责任追究的惩戒和警示作用。

（三）建议

1. 有针对性弥补监督短板，综合发挥各种监督的作用

监督有内部和外部之分，有不同的渠道和形式，具有各自的特点和优势，任何监督都难以孤立发挥作用。各种监督方式作用的不均衡，在很大程度上影响对政府监督的实际效果。目前内部监督和司法监督仍是短板，没有充分发挥各自应有的作用。如果继续主要依靠公众监督和人大、政协的监督，可能使其他的监督逐渐流于形式，而且使得行政机关习惯有选择性地根据公众注度高低接受有限的监督，助长懒政和投机作风。因此，在继续优化公众监督和人大、政协监督的同时，应当特别重视改进和加强内部监督和司法监督，真正综合发挥各种监督的作用。

2. 保障公众参与，提高监督效果的透明度

可以看到，公众参与程度高的监督形式都更为有效和活跃。公众的关注能够弥补行政机关或法院缺乏监督动力的问题，是推动制度真正落到实处的有力保证。不能认为内部监督就意味着将有关信息秘而不宣，人大、政协对政府的监督也应通过合理的方式公开，使得公众能够充分了解监督的效果，并且能通过一定方式提出意见建议。

例如，建议各级政府对人大代表意见和政协提案办理情况报告的公开制度作出专门规定，内容应涉及对人大意见和政协提案办理的具体规则、程序、时效、公示方式以及相关问题的处理机制等。把上级政府听取下级政府工作报告、本级政府听取政府部门工作报告以及重点领域的工作报告的具体情况制作成统一的报告形式，定期在政府网站上公布。各级审计局应当加强对相关信息的公开，在其网站中设立专栏对专门领域的审计报告和审计结果予以公示。主动、定期公开行政机关负责人及其他工作人员的违法问题和查处情况，在政府或部门网站的工作动态、新闻报道等栏目中增加相关的信息。

3. 进一步强化法院监督

强化法院的监督，可以从两方面着手。一方面是深化司法公开、更加充分地公开有关行政诉讼案件的信息，从而获得公众的关注和支持，提高司法权威以改变法院对行政机关威慑力不足的问题。这不仅包括在司法裁判文书中对相关事实和法律问题的明确详细阐释（例如行政机关负责人不出庭的情况及是否违法），还有对行政机关被纳入失信被执行人名单、行政机关是否及时履行了裁决以及对司法建议的落实反馈情况等的公开。目前很多法院定期发布白皮书，可以将行政机关接受法院监督的详细情况纳入，作为白皮书的重要内容，并且将白皮书向公众完全公开。另一方面，可以将

法院监督与内部层级监督相衔接。现在很多地方的政府都向法院了解下级政府履行法院判决的情况，有的还将其作为对下级政府依法行政的评估依据之一。我们认为这种做法值得推广，对于加强内部层级监督、外部司法监督都非常有力。

另外，针对行政机关负责人出庭应诉的各地规定差别太大的问题，建议尽快出台司法解释，对"行政机关负责人（首长）"的概念、应当出庭的案件类型、出庭率的要求、不出庭的后果、相关辅助制度等予以统一。

4. 推动切实利用现代信息手段，提高监督效果

如前所述，充分公开有关信息、保障公众参与、提高透明度对于真正发挥各种监督的作用都极为重要。现代信息技术的发展，已经能够极其充分、快速且低成本地解决信息供应不足的问题。但几年来我们都发现政府网站有效信息提供能力普遍不强，部分政府网站没有检索功能，或检索系统不智能，检索信息耗费时间长，甚至有部分城市存在政府网站长期打不开的现象。实际上，现在很多城市的行政审批领域都已经实现了很高程度的信息化，公众已能够很容易享受到现代信息技术的便利。这说明很多地方政府并不是欠缺相应的技术和资金条件，也不是没有运用现代信息手段的意识，而是没有意愿接受、推广更加有效的监督方式。如果能够采取有效措施推动利用和改进技术，确保监督渠道畅通便捷、信息流动更加快速充分，就能够在很大程度上倒逼政府接受监督，提高监督效果。

社会矛盾化解与行政争议解决

摘　要：　2017 年度，被评估的 100 个城市在社会矛盾化解和行政争议解决方面平均得 72.57 分，得分率 72.57%。总体上，被评估城市在社会矛盾化解与行政争议解决方面有所进步，但仍然存在制度建设不完善与实施效果不佳等问题。社会矛盾化解制度建设存在"突击性"，对网络安全重视程度不够；行政调解程序制度欠缺，人民调解制度建设有所弱化；复议改革缺乏创新和力度，复议公开不到位；激烈的社会矛盾时有发生，个别地区矛盾化解渠道不畅通。应当加强社会矛盾化解制度建设，重视维护网络安全；加强行政调解制度和人民调解制度的建设，促进多元纠纷解决机制的协作；创新复议改革方式，加大复议工作信息公开力度；多管齐下化解社会矛盾，理性对待上访行为。

关键词：　社会矛盾化解　行政争议　行政复议　信访

一　指标设置及评估标准

（一）指标体系

本部分的一级指标是"社会矛盾化解与行政争议解决"，下分两个二级指标，即制度建设情况、制度实施情况，再分为 10 个三级指标。每个三级指标分值为 10 分，本部分总分为 100 分。具体指标设计与分值分配见表 9-1。

在制度建设部分，我们选择了五个具有代表性的产出性指标进行观测，旨在体现地方政府在化解社会矛盾方面的努力成果。五个指标的设置不仅可以囊括社会矛盾化解制度建设的主要创新渠道，而且易于通过网络检索公开资料等方式进行观测。

相比而言，制度实施情况更易于从结果上进行观测，因此除了行政复议信息公开情况一个产出性指标，其余四个指标都选择了结果性指标。结果性指标包括群体性事件和重大舆情发生情况、社会矛盾化解渠道的畅通程度、社会矛盾解决的方式和行政复议决定正确率，可以从不同侧面体现各地社会矛盾的发生频率、尖锐程度和解决效果，这些指标可以通过网络公开资料检索、数据库检索等方式进行观测。但是，纯粹的量化指标不能完全反映各地制度实施情况的全貌，具有片面性，行政复议信息公开情况作为唯一一个产出性指标可以有效弥补量化指标说服力的不足。行政复议信息的公开本身作为依法履行复议职责的要求之一，其公开程度直接反映各地复议工作的成效，是行政机关制度实施情况的直接体现，该指标可以通过检索各地政府及其法制办官网的方式进行观测。

表9-1 社会矛盾化解与行政争议解决的指标设置

一级指标	二级指标	三级指标(观测点)
社会矛盾化解与行政争议解决(100分)	（一）制度建设情况(50分)	1. 社会矛盾化解的制度建设(10分)
		2. 行政复议制度的发展完善(10分)
		3. 行政调解制度的建设(10分)
		4. 人民调解制度的建设(10分)
		5. 信访法治化(10分)
	（二）制度实施情况(50分)	6. 群体性事件和重大舆情发生情况(10分)
		7. 社会矛盾化解渠道的畅通程度(10分)
		8. 社会矛盾解决的方式(10分)
		9. 行政复议信息公开情况(10分)
		10. 行政复议决定正确率(10分)

（二）设置依据和评估标准

本年度指标体系和评估标准较之上年度稍有调整。在指标体系方面，行政调解制度的建设这一三级指标在上年度的基础之上删除了行政调解与仲裁的内容，群体性事件发生情况这一指标增加了重大舆情这一观测点。在评估标准方面，社会矛盾化解的制度建设、人民调解制度的建设、信访法治化的赋分范围由被评估年度延长至被评估年度的近三年，行政调解制度的建设这一指标由被评估年度存在制度建设得分修改为到评估年度为止有制度建设即得分。

1. 社会矛盾化解的制度建设

【设置依据】 新《纲要》要求："健全依法化解纠纷机制。构建对维护群众利益具有重大作用的制度体系，建立健全社会矛盾预警机制、利益表达机制、协商沟通机制、救济救助机制。""依法加强对影响或危害食品药品安全、安全生产、生态环境、网络安全、社会安全等方面重点问题的治理。"我国各级政府历来重视对社会矛盾的预防和化解，建立了社会矛盾预警机制、利益表达机制、协商沟通机制、救济救助机制等。这些制度的建设情况，可以在一定程度上反映当地政府的社会矛盾化解水平。

因此，我们选择了这几个制度创新领域作为各城市社会矛盾化解制度建设的评估内容，即各被评估城市是否在食品药品安全、安全生产、生态环境安全、网络安全、社会安全五个领域的社会矛盾化解中有制度创新措施。

【测评方法】 在本指标的观测中，我们通过百度搜索引擎，以及各个城市政府官方网站获取所需信息。我们按照如下步骤进行了检索：（1）第一步，以"城市名 + 政务"或"城市名 + 政府官网"为关键词，找到该城市政府的官网，进行站内检索；（2）第二步，在百度搜索引擎，分别以"城市名 + 食品药品安全 + 创新/新举措""城市名 + 安全生产 + 创新/新举措""城市名 + 生态环境安全 + 创新/新举措""城市名 + 网络安全 + 创新/新举措""城市名 + 社会安全 + 创新/新举措"等作为关键词搜索，观测各个城市是否具有相应的制度创新内容。本指标的最后测评时间为 2018 年 7 月 21 日。

【评分标准】 食品药品安全、安全生产、生态环境安全、网络安全、社会安全五个领域，每个城市近三年来每一个领域有制度创新措施的得 2 分，满分为 10 分。

2. 行政复议制度的发展完善

【设置依据】 新《纲要》要求："加强行政复议工作。完善行政复议制度，改革行政复议体制，积极探索整合地方行政复议职责。"

行政复议制度的发展完善，对于推进依法治国、建设法治政府、畅通纠纷解决渠道、维护社会稳定等工作具有极为重要的现实意义。近年来，很多城市通过开展行政复议委员会、设立复议局、集中行使复议权、复议庭审化等方式积极采取改革措施，并取得一定效果。

【测评方法】 本指标的观测主要通过下列几个渠道进行：（1）通过百度搜索引擎检索获取，以"城市名 + 复议委员会/集中复议权/复议体制改革等""城市名 + 区县 + 复议委员会/集中复议权/复议体制改革等"为关键词进行检索。（2）通过中国政

府公开信息整合服务平台，以"城市名＋复议委员会/集中复议权/复议体制改革等""城市名＋区县＋复议委员会/集中复议权/复议体制改革等"为关键词进行检索。本指标的最后测评时间为2018年7月21日。

【评分标准】本指标满分为10分。各城市在市级、区县级都采取行政复议体制改革措施的（如设立复议委员会、复议局、集中复议权、复议庭审化等），得10分；仅在市级有改革措施，区县没有的，得6分；仅有个别区县有改革措施，市级尚未实行的，得2分；两级都没有的，不得分。

3. 行政调解制度的建设

【设置依据】新《纲要》要求："完善行政调解、行政裁决、仲裁制度。"行政调解是行政机关解决民事纠纷的重要方式，该制度的发展完善有利于及时有效化解矛盾纠纷，促进社会和谐。行政机关有必要制定有关行政调解程序的具体制度，从而规范行政调解行为，使该制度发挥解决纠纷的实质性作用。

【测评方法】在本指标的观测中，我们通过百度搜索引擎，分别以"城市名＋行政调解＋办法""城市名＋行政调解＋实施细则""城市名＋行政调解＋程序规定"等为关键词搜索，观测各个城市是否制定了相应的行政调解程序制度。本指标的最后测评时间为2018年7月21日。

【评分标准】截至2017年底，被评估的城市政府出台了有关行政调解程序的具体制度的，得5分；出台某一领域的行政调解程序具体制度的，每个得2分；10分封顶。

4. 人民调解制度的建设

【设置依据】新《纲要》要求："加强人民调解工作。""重点协调解决消费者权益、劳动关系、医患关系、物业管理等方面的矛盾纠纷，促进当事人平等协商、公平公正解决矛盾纠纷。"人民调解是我国化解社会矛盾纠纷的一项特色制度，当前的重点是推动人民调解组织在基层的全覆盖，并在社会矛盾纠纷热点领域切实发挥作用。

【测评方法】在本指标的观测中，我们通过百度搜索引擎，以及各个城市政府官方网站获取所需信息。我们按照如下步骤进行了检索：（1）第一步，以"城市名＋政务"或"城市名＋政府官网"为关键词，找到该城市政府的官网，进行站内检索；（2）第二步，在百度搜索引擎，分别以"城市名＋消费者权益＋创新/新举措""城市名＋劳动关系＋创新/新举措""城市名＋医患关系＋创新/新举措""城市名＋物业管理＋创新/新举措""城市名＋教育＋创新/新举措"等为关键词搜索，观测各个城市是否具有相应的制度创新内容。本指标的最后测评时间为 2018 年 7 月 21 日。

【评分标准】消费者权益、劳动关系、医患关系、物业管理、教育五个领域，被评估的城市政府近三年在每一个领域有制度创新措施的得 2 分，满分为 10 分。

5. 信访法治化

【设置依据】信访法治化是近年来我国法治政府建设中的一大热点，其基本改革方向是把信访纳入法治化轨道，保障合理合法诉求依照法律规定和程序就能得到合理合法的结果。

【测评方法】在本指标的观测中，我们通过百度搜索引擎，按照以下步骤进行检索：（1）第一步，分别以"城市名 + 诉访分离""城市名 + 网上信访""城市名 + 涉法涉诉依法终结"为关键词搜索，观测各个城市是否具有相应的制度创新内容；（2）第二步，以"城市名 + 接访/下访"作为"与信访法治化方向相反的'改革措施'"一项的关键词进行检索。本指标的最后测评时间为 2018 年 7 月 21 日。

【评分标准】本指标满分为 10 分，被评估的城市政府近三年来在如下方面每采取一项制度创新措施，得 3 分，10 分封顶：实行诉访分离，将信访与法定纠纷解决途径相切割；推进网上信访，减少传统信访方式对社会稳定的冲击；完善涉法涉诉信访的依法终结制度。被评估城市采取与信访法治化方向相反的"改革措施"的，每项措施倒扣 3 分，扣完为止。

6. 群体性事件和重大舆情发生情况

【设置依据】群体性事件和重大舆情的发生情况是评价社会稳定的重要方面。无论地方政府通过何种方式维护社会稳定，如果尖锐的社会矛盾客观存在，必然要以某种方式表现出来，其中，最突出的表现就是爆发群体性事件和重大负面舆情事件。我们按照各个城市群体性事件是否发生、发生程度的不同以及重大负面舆情是否发生，就可以对其维护社会稳定的效果进行评价。

【测评方法】对于这一指标的观测，我们以 2017 年为基准，使用百度搜索引擎，通过网络检索的方式进行调查。我们使用的检索词包括"2017 年 + 城市名 + 群体事件""2017 年 + 城市名 + 维权""2017 年 + 城市名 + 抗议""2017 年 + 城市名 + 罢工""2017 年 + 城市名 + 上访""2017 年 + 城市名 + 围观""2017 年 + 城市名 + 示威""2017 年 + 城市名 + 讨薪""2017 年 + 城市名 + 静坐""2017 + 城市名 + 舆情""2017 + 城市名 + 热点事件""2017 + 城市名 + 公共事件"等。本指标的最后测评时

间为 2018 年 7 月 21 日。

【评分标准】设计五个观测点，分别是发生群体性事件、发生大规模（千人以上）群体性事件、发生暴力群体性事件、发生有伤亡的群体性事件以及发生重大负面舆情。一个城市当年没有发生群体性事件和重大负面舆情的，得 10 分；发生一般群体性事件的，扣 2 分；发生大规模（千人以上）群体性事件的，扣 4 分；发生暴力群体性事件的，扣 6 分；发生有伤亡群体性事件的，扣 10 分。发生重大负面舆情的，每一次扣 2 分。

7. 社会矛盾化解渠道的畅通程度

【设置依据】上访是人民群众在矛盾纠纷不能通过法定渠道获得解决之后的一种溢出现象，而劫访、截访是地方政府处理这种溢出事件的极端化手段，劫访、截访现象可以侧面反映一个地区社会矛盾化解渠道的畅通程度和解决效果。因此，可以通过被测评城市是否发生劫访、截访事件，以及是否发生人员伤亡来评价政府社会矛盾化解渠道的畅通程度。

【测评方法】对于这一指标的观测，我们以 2017 年为基准，使用百度搜索引擎，通过网络检索的方式进行调查。我们使用的检索词包括"2017 年 + 城市名 + 截访""2017 年 + 城市名 + 劫访""2017 年 + 截访/劫访 + 伤亡"等。本指标的最后测评时间为 2018 年 7 月 21 日。

【评分标准】本指标满分为 10 分，被评估的城市在当年每出现一次劫访事件，扣 2 分，扣完为止；出现有人伤亡的劫访事件的，得 0 分。

8. 社会矛盾解决的方式

【设置依据】社会矛盾的不同解决方式在强度上是有重大差别的，一般的矛盾可以通过非暴力方式解决，比较尖锐的矛盾往往需要动用暴力方式解决，其主要标志是政府动用了成批警力。尽管政府动用成批警力解决社会矛盾事件（使用个别警力进行常规性的维持治安不算）可能是合法的，也可能是违法的，但动用成批警力本身就说明了所爆发社会矛盾的尖锐性，因此可以作为一个观测的角度。

【测评方法】在本指标的观测中，我们通过百度搜索引擎，以 2017 年为基准，通过"2017 年 + 城市名 + 征地拆迁/征用拆迁 + 警力/警察/暴力"或"2017 年 + 城市名 + 强拆 + 警力/警察/暴力"、"2017 年 + 城市名 + 劳资纠纷/罢工 + 警力/警察/暴力"、"2017 年 + 城市名 + 城管执法 + 警力/警察/暴力"或"2017 年 + 城市名 + 暴力执法/暴力抗法"、"2017 年 + 城市名 + 环境生态/环境/生态 + 警力/警察/暴力"、"2017 年 + 城市名 + 医疗纠纷/医患纠纷 + 警力/警察/暴力"或"2017 年 + 城市名 +

医闹＋警力/警察/暴力"等关键词进行检索。本指标的最后测评时间为 2018 年 7 月 21 日。

【评分标准】我们选择近年来最容易引发政府出动成批警力解决问题的五个领域来考察，分别是征用与拆迁、劳资纠纷（罢工）、城管执法、环境生态、医患纠纷。本指标满分为 10 分，当年被评估的城市政府在其中任一个领域动用过成批警力的，扣 2 分，以此类推，扣完为止。

9. 行政复议信息公开情况

【设置依据】行政复议信息的公开程度与复议工作的成效是息息相关的。公开本身就是履行复议职责的一个重要要求，同时也是复议机关对自身工作成效自信的表现。因此，各地政府对行政复议信息公开的程度，可以成为考察其复议工作的一个重要角度。

【测评方法】本指标的观测主要是以被评估城市政府及其法制办网站上公布的信息为准，主要通过以下两种途径：（1）在地方政府法制办网站，利用网站内自带的搜索引擎以"复议"为关键词进行检索，对弹出的信息进行筛选甄别；（2）在地方政府门户网站，利用门户网站自带的搜索引擎以"复议"为关键词，对弹出的信息筛选甄别，获取观测相关的数据。本指标的最后测评时间为 2018 年 7 月 21 日。

【评分标准】我们以被评估城市政府及其法制办网站上公布的信息为准。其网站上公开典型案件的行政复议决定书，以及各年度行政复议工作统计数据（如各类方式结案案件的比例）的，得 10 分；只公开典型案件的行政复议决定书，或公开各年度行政复议工作统计数据的，得 8 分；公开复议工作总结，虽有具体内容但不包含详细数据的，得 6 分；公开复议工作总结但没有实质性具体内容的，得 4 分；只公开行政复议相关制度，以及申请复议必需基本信息的，得 2 分；没有公布上述行政复议相关信息的，得 0 分。

10. 行政复议决定正确率

【设置依据】通过统计各城市行政机关经复议后诉讼案件的判决结果，以生效司法判决作为依据，计算行政复议决定正确率的得分情况，考察各城市行政复议决定的总体质量。

【测评方法】数据分析。（1）通过使用最高人民法院司法案例研究院提供的裁判文书数据，按照如下步骤进行检索：第一步，检索得到各个城市 2017 年度经复议后被诉讼案件的生效判决书；第二步，从检索得到的案件中筛选出复议决定被肯定的案件数量。（2）将数据套入固定公式，计算出各被评估城市被诉行政复议决定案件数

量及案件正确率得分。本指标的最后测评时间为 2018 年 7 月 21 日。

【评分标准】本项满分为 10 分。当年度经复议后被诉讼案件的生效判决书，从中筛选出复议决定被肯定的案件，除以全部经复议后被起诉的案件数量，得到的百分比乘以 10 分即为本项得分。

二　总体评估结果分析

本部分总分 100 分，从评估结果来看，参加评估的 100 个城市平均得分为 72.57 分，得分率适中，为 72.57%。如图 9 - 1、图 9 - 2 所示，得分最高的城市是宁波，92.15 分；得分最低的城市是喀什，50 分；最高分与最低分之间的分差为 42.15 分，分差较大。90 分以上（含 90 分）的城市有 4 个；80 分以上（含 80 分）的城市有 25 个；得分处在及格线以上（60 分以上，含 60 分）的城市有 91 个，及格率很高；得分在及格线以下的城市有 9 个；没有低于 50 分的城市。得分排名前五的城市分别是：宁波、无锡、苏州、合肥、深圳。

在 2017 年的评估中，参加评估的 100 个城市中平均分为 70.48 分。得分最高的城市是上海，89.81 分；得分最低的城市是绥化，47.33 分；最高分与最低分之间的分差为 42.48 分。得分排名前五的城市分别是：上海、武汉、青岛、南通、重庆。

与 2017 年相比，2018 年评估平均得分有所提升，而且有 4 个城市得分在 90 分以上。这表明 2018 年被评估城市在该指标所考察的方面取得了较大进步。

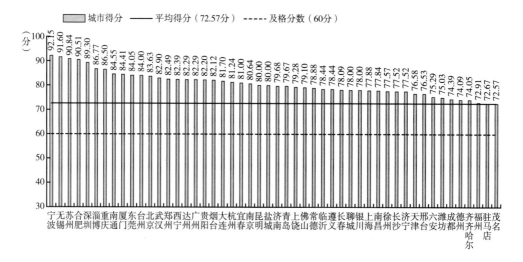

图 9 - 1　排名第 1~50 名的城市得分情况分布

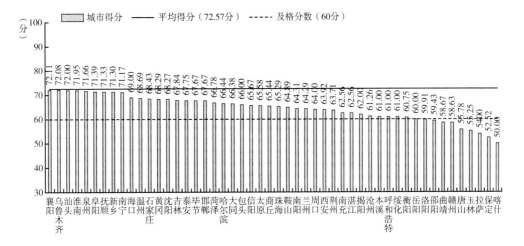

图 9-2　排名第 51~100 名的城市得分情况分布

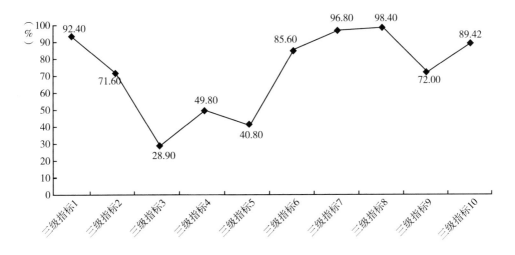

图 9-3　社会矛盾化解与行政争议解决的三级指标平均得分率

三　三级指标评估结果分析

（一）社会矛盾化解的制度建设

1. 总体表现分析

关于社会矛盾化解的制度建设这一指标，主要是评估在食品药品安全、安全生产、生态环境安全、网络安全、社会安全这五个领域中社会矛盾化解制度创新措施的制定。100 个城市的平均得分为 9.24 分，得分率为 92.4%。63 个城市得 10 分，占 63%；36 个城市得 8 分，占 36%；1 个城市得 6 分，占 1%。见表 9 - 2。

表 9 - 2　社会矛盾化解的制度建设得分分布

得分(分)	10	8	6	4	2
城市(个)	63	36	1	0	0

2. 分差说明和典型事例

在食品药品安全方面，有 98 个城市在近三年内有新的制度创新措施，占 98%。其中比较典型的有：东莞、赣州、杭州、泰安、盐城建立了食品药品企业黑名单制度，形成了对食品药品企业进行监督的法律与道德双重机制；银川建立了食品安全责任人约谈制度，从而强化食品生产经营者的责任意识，提高其食品安全管理水平；大连建立了食品药品行政执法与刑事司法衔接工作机制，有利于加大食品药品违法犯罪活动打击力度，保障公众饮食用药安全；阜阳建立了食品药品安全舆情监测与处置管理制度，有利于妥善处置媒体反映的食品药品安全问题，及时回应社会关切，营造良好食品药品安全舆论氛围；贵阳进行食品检验检测"1 + 2 + N"体系建设，从而提升全市食品检验检测能力和效率，解决检测能力不能满足实际需要等问题，为保障食品安全提供强有力支撑；邯郸市政府与各县（市、区）签订年度食品药品安全责任书，以强化各县（市、区）政府保障食品药品安全的责任意识；合肥、南充推行食品药品风险分级管理制度，通过风险等级对相关企业采取有针对性的监管措施，有利于提高监管效率、增强监管效果；昆明设立 120 个食品药品监管所，打造立体式食品安全监管体系；兰州和六安强化食品药品安全事件的应急管理，降低食品安全事故次生危害的发生率；洛阳开展了食药官员懒政怠政为官不为问责活动，倒逼行政机关履行监管职责。

在安全生产方面，被评估的 100 个城市均采取了创新性制度举措，占 100%。其中比较典型的有：北京、本溪、贵阳制定了《生产安全事故隐患排查治理办法》，为生产安全提供了制度性保障，有利于加强和规范生产安全事故隐患排查治理工作，防止和减少生产安全事故；沧州发布了《安全生产监督管理工作及分工规定》，落实了政府各有关部门安全生产监督管理责任，有利于相关监管责任的落实到位，避免因推诿扯皮造成不必要的损失；大同、汕头制定了生产安全事故应急预案制度，从而规范生产安全事故应急预案的管理工作，迅速有效处置生产安全事故；东莞建立了安全生产行政执法与刑事司法衔接工作机制，通过部门间的协调配合，严厉打击安全生产领域的违法行为；佛山把第三方引入安全生产监管领域，一是引进保险公司进行安全生产监管，二是组建由安监局、专家、人大代表和政协委员、媒体四方力量组成的安全生产抽检团队，从而充实安全生产的监督队伍，提高监管效率；淮南建立了安全生产巡查工作制度，推动各县区政府、各园区管委会全面落实安全监管责任；拉萨印发了《拉萨市较大生产安全事故责任追究办法》，将责任追究制度化、明确化，有利于督促生产者和监管者履行法定义务，维护生产安全；兰州构建安全风险分级管控和隐患排查治理双重预防机制，为安全生产提供有力支撑；六安制定了《六安市安全生产专家管理暂行办法》，有利于充分发挥安全生产专家的技术支撑作用。

在生态环境安全方面，有 99 个城市在近三年内有新的制度创新措施，占 99%。其中比较典型的有：毕节探索生态环境违法犯罪人"补植复绿"减轻处罚模式，既提高犯罪嫌疑人森林保护的法律意识，也教育了社会基层群众；重庆推进生态环境损害赔偿制度改革，引导公众树立"环境有价、损害担责"意识，破解"企业污染、群众受害、政府买单"困局；沧州印发了《生态环境保护责任规定（试行）》和《政府职能部门生态环境保护责任清单》，有利于明晰各单位监管职责，增强监管实效；德州检察机关与公安、安监、环保等部门建立联动机制，从而促进信息交流共享，便于对生态环境领域的违法犯罪活动及时进行查处；阜阳制定环境监管网格化划分方案，从而使生态环境监管任务具体化、具有可操作性，有效保护生态环境安全；广州建立领导干部生态环境保护问责机制，强化领导干部的环保责任意识，督促其依法履行监管职责；贵阳发布了《关于全面加强贵阳市环境应急管理工作的意见》，增强应急管理能力，从而科学处置各类突发环境事件。

在网络安全方面，有 63 个城市在近三年内有新的制度创新措施，占 63%。其中比较典型的有：北京 62 家属地网站建立举报中心，有利于强化属地网站的责任意识，也有利于发挥广大民众的监督作用；沧州举行了"护苗2017"网络安全进课堂活动，增强青少年的网络安全意识；常德首家网安警务室挂牌成立，为网络安全保驾护航；大同、宁波针对网络安全事件制定了应急预案，有利于预防、及时控制和最大限度地消除信息安全突发事件的危害和影响；杭州数据资源管理局创立了数据安全保障体系规划，从而加强网络安全风险管理和运营应急能力；合肥发布了年度网络维权十大案例，有利于提升普通民众对网络安全的认识，增强风险防范意识；淮南成立了网络安全应急处置专家小组，加强了网络安全的人才队伍建设；茂名设立了热点敏感信息报备制度，有利于控制违法及不良信息的发布和传播；沈阳构建全国首个大数据互联网

安全预警平台，提升沈阳智慧城市信息系统和信息基础设施的安全可控水平；苏州成立了反通信网络诈骗中心，构筑起了防护市民财产安全的"防火墙"。

在社会安全方面，被评估的100个城市均采取了创新性制度举措，占100%。其中比较典型的有：本溪公安机关启动"企业版"立体化社会治安防控体系建设，为全市商贸企业经营发展提供安全保障和法治服务；长沙建立共治共管社会治安防控机制，凝聚各方力量维护社会安全；德州印发了《关于加强人员密集场所安全防范工作的实施意见》，对发生重大问题的地方和单位实行"一票否决"；佛山公安创建治安防控中心，将多警种碎片式的信息资源予以集成发力；赣州推动特殊人群社会治安"心防"工程建设，保障特殊人群的安全；济南打造社会治安防控警保联勤联动实战平台，既使保安队伍更加规范化，又加强了公安基础防范工作；揭阳打造村级"一室两会"，创新农村社会管理；喀什构建市、街道、社区网格化管理联动体系，提升社会服务管理水平；南宁公安全面启动"智慧警务"，有利于加强公安信息化、正规化建设，提高社会治安防控水平；周口推行社会治安民生保险，充分发挥保险的经济补偿和社会管理功能。

（二）行政复议制度的发展完善

1. 总体表现分析

本指标主要对各城市及其下属区县行政复议制度发展完善的情况进行观测，以反映当地政府完善行政复议制度的力度。被评估城市的本指标平均得分为7.16分，得分率71.6%。57个城市得10分，占57%；23个城市得6分，占23%；4个城市得2分，占4%；16个城市得0分，占16%。见表9-3。

表9-3　行政复议制度的发展完善得分分布

得分（分）	10	6	2	0
城市（个）	57	23	4	16

2. 分差说明和典型事例

有57个城市在市、县（区）两级都尝试通过设置行政复议委员会、复议局、集中复议权等方式来保持复议机构的独立性与专业性，占57%，得10分。有的城市在市、县（区）人民政府都成立了行政复议委员会，例如，郑州在市一级开展行政复议委员会试点工作，郑州金水区则成立了行政复议委员会。有的城市在市一级人民政府进行非行政复议委员会形式的改革，而在县（区）成立行政复议委员会。例如，淄博在市一级开展集中行政复议权改革，临淄区则成立了行政复议委员会；温州设立了人民政府行政复议陪议制度，温州龙湾区成立了行政复议案件审查委员会。有的城市在市、县（区）两级人民政府都采取非行政复议委员会形式的复议改革措施。例如，潍坊市人民政府办公室推行相对集中行政复议职权，潍坊青州市（县级市）成立了行政复议裁决办公室。有的城市在市一级政府部门和县（区）都成立了行政复议委员会，例如，邢台市卫生局成立了行政复议委员会，邢台沙河市（县级市）成立了行政复议案件审理委员会。

有23个城市仅在市级开展行政复议制度改革，占23%，得6分。有的城市只在市一级人民政府进行复议改革，例如，信阳市成立了行政复议委员会。有的城市只在市一级政府部门成立行政复议委员会，市人民政府没有进行复议改革，如鞍山成立了鞍山市人民政府国有资产监督管理委员会行政复议委员会

有4个城市只在县（区）一级进行复议改革，并没有在市级推行改革，占4%，得2分。县（区）一级的行政复议改革一般发生在县（区）人民政府而非政府部门，而且基本采取行政复议委员会的形式。例如，湛江徐闻县人民政府成立了行政复议委员会，遵义汇川区开展行政复议委员会试点工作

有16个城市没有开展行政复议改革的探索，占16%，得0分。

（三）行政调解制度的建设

1.总体表现分析

本指标主要以被评估城市是否确立了行政调解程序具体制度，反映当地行政机关的行政调解程序是否有章可循。本指标平均得分为2.89分，得分率为28.9%。3个城市得10分，占3%；3个城市得9分，占3%；10个城市得7分，占10%；24个城市得5分，占24%；6个城市得4分，占6%；9个城市得2分，占9%；45个城市得0分，占45%。见表9-4。

表9-4　行政调解制度的建设得分分布

得分（分）	10	9	8	7	6	5	4	2	0
城市（个）	3	3	0	10	0	24	6	9	45

2.分差说明和典型事例

有3个城市出台了综合性的和多个具体领域的行政调解程序制度，得10分，占

3%。杭州市政府办公厅发布了《关于深入贯彻落实〈浙江省行政调解办法〉的实施意见》，杭州市司法局出台了《行政调解办法》，杭州市安监局制定了《行政调解工作办法》，杭州市规划局发布了《行政调解工作制度》。合肥市政府颁布了《关于加强行政调解工作的意见》，合肥市规划局出台了《行政调解工作实施办法（试行）》，合肥市体育局制定了《关于加强行政调解工作的意见》，合肥市科技局印发了《行政调解工作实施方案》，合肥市城管局发布了《行政调解办法》。郑州市二七区出台了《人民政府依法行政工作领导小组办公室关于推进行政调解工作的实施意见》，郑州市民政局制定了《行政调解工作规程》，郑州市质监局发布了《行政调解实施办法》，郑州市档案局制定了《行政调解工作制度》。

有3个城市出台了综合性的和两个具体领域的行政调解程序制度，得9分，占3%。宁波市政府制定了《行政调解工作暂行规定》，宁波市教育局出台了《行政调解工作规定》，宁波市统计局发布了《行政调解工作制度》。深圳市政府出台了《深圳市行政调解程序规定（试行)》，深圳市市场和质量监督管理委员会发布了《行政调解办事程序》，深圳市交通运输委员会制定了《行政调解工作规则》。宜春市政府制定了《行政调解工作规则》，宜春市物价局和统计局均制定了《行政调解工作制度》。

有10个城市出台了综合性的和一个具体领域的行政调解程序制度，得7分，占10%。例如，南昌市政府制定了《行政调解办法》，南昌市统计局出台了《行政调解工作制度》。

有24个城市仅出台了综合性的行政调解程序制度，得5分，占24%。例如，南京制定了《行政调解工作实施办法》。

有6个城市制定了两个具体领域的行政调解程序制度，得4分，占6%。例如，上饶市旅发委发布了《行政调解相关制度》，上饶市人社局出台了《行政调解工作规则》。

有9个城市仅出台了一个具体领域的行政调解程序制度，得2分，占9%。例如，南充市教育和体育局印发了《行政调解工作制度》。

有45个城市未就行政调解出台任何程序制度，得0分，占45%。

（四）人民调解制度的建设

1. 总体表现分析

关于人民调解制度的建设这一指标，主要是评估近三年在消费者权益、劳动关系、医患关系、物业管理、教育这五个领域中人民调解组织在社会矛盾化解制度中创新措施的制定。该指标的平均分为 4.98 分，得分率为 49.8%。其中，7 个城市得 10 分，占 7%；15 个城市得 8 分，占 15%；27 个城市得 6 分，占 27%；25 个城市得 4 分，占 25%；23 个城市得 2 分，占 23%；3 个城市得 0 分，占 3%。见表 9－5。近三年来（2015～2017），59 个城市在消费者权益保护的社会矛盾化解中创新了人民调解组织措施，54 个城市在劳动关系矛盾化解机制方面出台了新的人民调解组织措施，78 个城市在医患关系方面建立了创新措施化解社会矛盾，38 个城市在物业管理方面出台了创新措施化解社会矛盾，20 个城市在教育矛盾化解方面开创人民调解新措施，完善健全社会矛盾化解机制。

表 9－5　人民调解制度的建设得分分布

得分（分）	10	8	6	4	2	0
城市（个）	7	15	27	25	23	3

2. 分差说明和典型事例

从评估结果来看，人民调解制度的建设这一指标的得分率相较 2017 年有所下降，原因是对评估标准进行了调整，将检索时间范围限缩到近三年（2015～2017），因此五个领域中采取人民调解制度创新措施的城市数有所下降。

从本指标评估的各项具体内容看，有 59 个城市在消费者权益方面对人民调解组织有积极的制度创新，占 59%。其中具有代表性的有：茂名组建金融消费纠纷人民调解委员会，依法维护金融消费者合法权益；潍坊在全市推动成立消费者权益纠纷调解中心，深化"诉调对接"机制；乌鲁木齐成立首家保险纠纷人民调解委员会，积极推进保险纠纷人民调解工作。

有 54 个城市在劳动关系方面提出了制度创新措施，占 54%。具有代表性的有：北京出台了《劳动人事争议调解组织工作办法》，规范本市劳动人事争议调解组织工作；拉萨成立劳动人事争议人民调解委员会，调解各类劳动纠纷案件。

有 78 个城市在医患关系社会矛盾化解机制方面积极推动人民调解的制度创新，占 78%。具有代表性的有：长沙、东莞、合肥等成立专门的医疗纠纷调解委员会；抚顺在各县设立医疗纠纷调解室，依托第三方机构依法处理医疗纠纷。

有 38 个城市在物业管理社会矛盾化解中有积极的制度创新，占 38%，其中部分城市成立了专门的物业纠纷人民调解委员会以调解物业纠纷，维护当事人的合法权益。

有 20 个城市在教育矛盾化解中有积极的制度创新，占 20%。其中，长沙、苏州

等成立了校园纠纷调解中心，充分发挥人民调解在校园纠纷化解中的优势作用；青岛印发《关于建立青岛市校园伤害纠纷联动调解机制的实施意见》，规范本市校园伤害纠纷的调解处理工作。

（五）信访法治化

1. 总体表现分析

关于信访法治化这一指标，主要是评估市政府在实行诉访分离、推进网上信访、完善涉法涉诉信访的依法终结制度这三个方面有没有采取制度创新措施以推进信访制度改革，以及有没有采取相反的"改革措施"以阻碍信访制度的改革。该指标的平均分为4.08分，得分率40.8%。有0个城市得分10分；9个城市得分9分，占9%；39个城市得分6分，占39%；31个城市得分3分，占31%；21个城市得分0分，占21%。见表9-6。

表9-6 信访法治化得分分布

得分（分）	10	9	6	3	0
城市（个）	0	9	39	31	21

2. 分差说明和典型事例

从该指标评估的各项具体内容看，有55个城市在诉访分离制度方面有积极的创新，占55%。其中具有代表性的有：包头、大同、岳阳、大连等城市编制了依法分类处理信访诉求的清单，进一步明确了信访事项的范围，促进诉访分离；阜阳、上饶、长沙等城市建立了律师化解涉法涉诉信访工作机制，包括接待日值班律师受理分流机制、涉法涉诉信访法律援助机制等，为涉法涉诉信访群众提供便捷的法律援助，进一步规范信访秩序，引导诉访分离；南京、德州、达州等设立了涉法涉诉联合接访中心，将多个部门的接访服务中心整合为一个联合接访中心，对上访案件进行统一接收，并根据每个案件的具体性质进行分流。属于可以按照法定纠纷解决途径解决的案件由公检法等相关部门进行处理，从而实现诉访分离，使涉法涉诉信访逐步回归法治轨道解决。

有100个城市建立了网上信访制度，可以在其官方网站上找到网上信访的网页入口进行访问，占100%，这说明被评估城市网上信访建设工作落实到位。被评估的100个城市均在其政府官方网站或信访局官方网站中设立了网上信访通道，上访人员可通过网络反映其希望解决的问题，工作人员在规定期限内对上访人员的诉求作出回应。此外，大同开通了"手机信访"平台和"微信信访"平台，上访人员可以用手机进行投诉和提出建议，并可以用手机查询信访事项办理情况并进行满意度评价；广州推出"手机信访"App，进一步拓宽了网上信访路径，减少传统信访方式对社会稳定的冲击。

有69个城市在涉法涉诉信访依法终结制度方面进行了制度创新，占69%。该方面的制度创新主要表现为各市政府、信访局根据国家对信访工作的要求，制定具体的实施细则，进一步落实涉法涉诉信访依法终结制度。例如，衡阳市信访局制定了《信访事项依法终结暂行办法》，天津市政府印发了《天津市信访事项复查复核办法（试行）》，推动涉法涉诉信访案件依法终结；宜春出台了《第三方人员参与化解涉法涉诉信访案件办法（试行）》，并聘任律师、法学专家、人大代表、政协委员等人员作为参与化解涉法涉诉信访案件的第三方专家，深入推进涉法涉诉信访工作改革、化解涉法涉诉信访案件；毕节、福州、黄冈、厦门等大部分城市都积极推进律师参与化解和代理涉法涉诉信访案件，取得了显著成效。

此外，该评估指标设置了一项扣分项。如果被评估城市的某项制度与信访法治化相背离，将扣除3分。有96个城市出现了与信访法治化相背离的制度，占96%，仅鞍山、北京、苏州、绥化四个城市未出现扣分情况。从评估结果中可以看出，与信访法治化相背离的制度主要是领导接访制度。领导接访制度在一定程度上强化了访民信访的积极性，增加了社会的不稳定因素，与信访法治化的要求不符。

（六）群体性事件和重大舆情发生情况

1. 总体表现分析

群体性事件和重大舆情发生情况这一指标，主要是评估各城市群体性事件的发生情况与发生程度，以及各城市重大负面舆情的发生情况，以评价其维护社会稳定的效果。该指标的平均得分为8.56分，得分率为85.6%。有31个城市在2017年度内发生过一起以上群体性事件，占31%；有18个城市在2017年度内出现过一起以上重大负面舆情，占18%。100个城市得分总体情况见表9-7。

表9-7　群体性事件和重大舆情发生情况得分分布

得分（分）	10	8	6	4	2	0
城市（个）	56	29	8	4	0	3

2. 分差说明和典型事例

从该指标得分的分布情况上看，鞍山、包头、本溪、长春等56个城市在2017年内未发生群体性事件和重大负面舆情，得10分，占56%；毕节、福州等19个城市发生了一般群体性事件，长沙、沧州等10个城市出现了一起重大负面舆情，得8分，占29%；菏泽、呼和浩特、深圳3个城市发生了千人以上大规模群体性事件，杭州、南京、潍坊、武汉4个城市既发生了一般群体性事件，又出现了一起重大负面舆情，西安则在当年出现了2起重大负面舆情事件，以上8个城市都得6分，占8%；南宁、太原、唐山3个城市发生了暴力群体性事件，上海在当年有3起重大负面舆情，得4分，占4%；保定、邵阳2个城市发生了有伤亡的群体性事件，北京当年的重大负面舆情高达6起，得0分，占3%。其中，深圳发生了两起群体性事件，一起为一般群体性事件，一起为千人以上大规模群体性事件，均由员工罢工引起。

评估结果显示，这些群体性事件多发生于劳资关系、出租车与专车业务矛盾等领域。例如，毕节、哈尔滨等9个城市出现了出租车司机罢工的情况；海口、聊城则发生了农民工集体围堵讨薪事件；南宁还出现了因村民不满政府征地拆迁而暴力抗法的群体性事件。从这些群体性事件的发生频率、规模和分布上看，当前我国的社会稳定形势仍不乐观。除易发生群体性事件的传统领域外，新兴行业同样造成群体间利益的冲突，导致群体性事件的发生概率增加。

网络舆情是社会舆论的表现形式之一，近年来，网络舆情对政治生活秩序和社会稳定的影响与日俱增，发挥着越来越重要的作用。本指标增加了对重大舆情的评估，可以从一定程度上反映各城市的社会矛盾化解工作是否落实到位，是否对网络重大舆情作出及时有效回应。评估结果显示，共有18个城市出现了一起以上重大负面舆情，多由社会突发事件或虚假信息、不良信息引起，涉及领域广泛。其中尤其需要引起注意的是，北京在当年出现了6起重大负面舆情事件，反映出北京市政府及其有关部门在相关领域的社会矛盾化解工作未能落实到位，对有关问题未能作出及时有效处置。

（七）社会矛盾化解渠道的畅通程度

1. 总体表现分析

社会矛盾化解渠道的畅通程度这一指标通过对截访、劫访现象量化扣分的方式，从侧面反映一个地区群众矛盾化解渠道的畅通程度和解决效果。该指标平均得分9.68分，得分率为96.8%。有92个城市得分为10分，占92%；6个城市得分为8分，占6%；2个城市得分为0分，占2%。见表9-8。

表 9-8　社会矛盾化解渠道的畅通程度得分分布

得分(分)	10	8	6	4	2	0
城市(个)	92	6	0	0	0	2

2. 分差说明和典型事例

在测评的 100 个城市中，鞍山等 92 个城市未检索到发生截访、劫访的信息，得分为 10 分；杭州等 6 个城市检索到了 1 次发生截访、劫访的信息，得分为 8 分；赣州等 2 个城市检索到了出现伤亡情况的截访、劫访，得分为 0 分。从检索的数据来看，大部分城市在 2017 年未发生截访、劫访的情况。在存在截访、劫访的城市中，出现一次截访、劫访事件的占到了多数，占比为 75%；赣州、洛阳两城市出现了有人伤亡的截访、劫访事件，占比 25%。该指标数据表明我国社会矛盾的解决有了一定改善，但仍有部分城市存在问题。

例如，在得 8 分的城市中，黄冈市蕲春县人民政府不断雇用黑社会参与截访；吉林市赴京上访人员被当地政府派人截访后关进精神病院。得 0 分的赣州市，其驻京截访人员于 2017 年 6 月雇用社会"黑保安"对本市访民强制押运回赣，后续发生持续殴打，导致上访者不治身亡；洛阳市两名赴京上访者遭截访后在派出所死亡。

上访现象在一定程度上说明了一些社会矛盾纠纷难以通过法定途径解决，而地方政府通过截访、劫访来处理上访案件，不仅无助于矛盾纠纷的解决，还将加剧政府与公众的紧张关系，使得社会矛盾的解决变得更加棘手，更甚者会陷入继续上访并且再次截访、劫访的恶性循环。

（八）社会矛盾解决的方式

1. 总体表现分析

关于社会矛盾解决的方式这一指标，100 个城市平均得分 9.84 分，得分率较高，达到了 98.4%。在 2017 年，有 93 个城市未发现在征用与拆迁、劳资纠纷、城管执法、环境生态、医患纠纷这五个方面有出动成批警力解决问题的情况，得 10 分，占 93%；有 6 个城市被发现在上述 5 个领域中某一个领域出动过 1 次成批警力解决问题，得 8 分，占 6%；1 个城市被发现在上述 5 个领域中某两个领域出动过 1 次成批警力解决问题，得 6 分，占 1%。见表 9-9。

表9-9 社会矛盾解决的方式得分分布

得分(分)	10	8	6	4	2	0
城市(个)	93	6	1	0	0	0

2. 分差说明和典型事例

从该指标评估的各项具体内容看，在2017年共检索到成批出动警力处置社会矛盾纠纷8次，其中在征用与拆迁领域出动过1次成批警力解决问题，占12.5%；在劳资纠纷领域出动过1次成批警力解决问题，占12.5%；在城管执法领域出动过3次成批警力解决问题，占37.5%；在环境生态领域出动过0次成批警力解决问题，占0%；在医患纠纷领域出动过3次成批警力解决问题，占37.5%。政府出动成批警力解决问题主要出现在城管执法、医患纠纷这两个争议较多、容易引发官民矛盾的领域。同时，从数据中可以看出，征用与拆迁和劳资纠纷领域作为近年来一直存在的矛盾容易滋生的领域，也容易引发出动成批警力解决问题的现象。

例如，在征用与拆迁领域，2017年12月21日上午9时左右，南宁市警方出动120名警力，历经5个多小时，强制迁出江南区"最强钉子户"；在劳资纠纷领域，2017年7月5日下午，在南宁市竹溪大道发生一起劳资纠纷，青秀山公安分局民警带领辅警在执勤过程中与涉事人员发生激烈冲突，造成一起越野车蓄意撞辅警的恶劣事件；在城管执法领域，2017年7月9日，兰州永登城管在执法过程中，因商户在装修时有少许垃圾未及时清理，与商户发生口角，随后叫来三辆面包车，多名城管和十几名黑衣人手持棍棒对商户一家三口进行殴打；在医患纠纷领域，2017年11月10日，新乡市公安机关调动全市300余名警力，依法强行带离参与新乡市第二人民医院"医闹"的31名当事人。

（九）行政复议信息公开情况

1. 总体表现分析

本指标主要从行政复议信息公开角度观测法治政府建设情况，复议信息的公开程度能够较好地反映行政复议工作的成效。具体来讲，从行政复议统计数据、典型行政复议案件决定书和相关制度的公布程度来进行赋分。本指标的平均得分为7.2分，得分率为72%，与2017年的53.2%相比有很大提高。如表9-10所示，在100个评估城市中，得分主要集中在8分，有46个城市在该分数段。其次主要集中在10分和6分，有22个城市得分为10分，18个城市得分为6分。从数据中可见大多数城市的该指标得分在高分段，行政复议信息公开情况较为良好。

表 9 - 10　行政复议信息公开情况得分分布

得分(分)	10	8	6	4	2	0
城市(个)	22	46	18	1	10	3

2. 分差说明和典型事例

在 100 个观测城市当中，得分为 10 分的有 22 个城市，如北京、上海、哈尔滨、深圳、武汉等，占比 22%，较 2017 年数量有大幅度增加，这些城市的政府和法制办网站都及时公开了行政复议工作统计数据和典型案件的行政复议决定书。得分为 8 分的城市所占数量最多，多达 46 个，几乎占测评城市数量的一半，重庆、广州、南京等城市均分布在该分数段。根据赋分规则，得分为 8 分说明在行政复议的统计数据和典型案件决定书的公开这两个标准中有一项未达到要求，说明这一情况存在于大多数评估城市。接下来所占比例较大的为得分为 6 分的城市，有 18 个。该分数段以成都、青岛、汕头、西安等城市为代表，在其政府官方网站和法制办的网站中仅能检索到复议工作的内容总结但不包含详细数据。得 4 分的城市较少，有 1 个，即天津；得 2 分的城市有 10 个，包括福州、呼和浩特、沈阳、太原等，这两项分别占评估城市数量的 1% 和 10%。最后，有 3 个城市在该指标中得 0 分，分别是鞍山、本溪和喀什，在其政府官方网站和法制办网站中没有找到行政复议信息公开的相关信息。

（十）行政复议决定正确率

1. 总体表现分析

本指标主要是通过分析复议后诉讼案件的判决结果，从中得到行政复议决定的正确案件量和正确率并由此换算成得分，综合评价每个城市行政复议决定的总体质量。以生效司法判决作为判断行政复议决定对错的统一标准，驳回判决的比例越高，说明行政复议决定的正确率越高。本指标的观测数据由最高人民法院信息中心提供。该指标的平均分值为 8.942 分，得分率为 89.42%，总体情况较好。100 个城市得分总体情况见且 9 - 11。

表 9 - 11　行政复议决定正确率得分分布

得分(分)	10	8~9	6~7	6 以下
城市(个)	12	75	10	3

2. 分差说明和典型事例

从表 9 - 11 可以看出，得 10 分的城市有 12 个，占被评估城市的 12%，包括呼和浩特、聊城、宜春等。得分在 8~9 分的城市有 75 个，占被评估城市的 75%，北京、上海、广州、深圳等城市的得分均在该分数段。得分 6~7 分的城市有 10 个，占 10%，代表城市有常德、赣州、济南等。得分 6 分以下的城市仅有 3 个，分别是荆州（5.71 分）、南充（5.56 分）和湛江（5.56 分）。从以上结果可以看出，绝大多数城市的得分在 6 分以上，大部分集中在 8~9 分这个分数段。总体而言，各评估城市行政复议的质量较高，对于监督行政机关依法行使职权、保障相对人的合法权益具有重要意义，在一定程度上也起到了化解社会矛盾的作用。

四　评估结论与建议

2018 年，"社会矛盾化解与行政争议解决"这一一级指标的平均得分为 72.57 分（总分 100 分），平均得分率为 72.57%，在评估指标体系所设计的九项一级指标中位列第二。2017 年发布的《中国法治政府评估报告（2017）》显示，该年度评估中，"社会矛盾化解与行政争议解决"指标平均得分为 70.48 分，平均得分率为 70.48%。2016 年发布的《中国法治政府评估报告（2016）》显示，该年度评估中，"社会矛盾化解与行政争议解决"指标平均得分为 68.08 分，平均得分率为 68.08%。

同 2017 年相比，三级指标社会矛盾化解的制度建设有了较大的提升，从 6.96 分提升至 9.24 分。这反映出地方政府加强了社会矛盾化解的制度创新，当然，与赋分标准从被评估年度有相应制度建设变为被评估年度近三年有相应制度建设存在一定关联。行政复议制度的发展完善这一指标的得分较之上一年度略有回落，从 7.64 分降到 7.16 分。从行政调解制度的建设来看，得分有所下降，从 4 分下降至 2.89 分，表明行政机关在出台行政调解程序制度上做得仍很不到位。在人民调解制度的建设这方面，分数下降幅度非常大，从 7.58 分跌落到 4.98 分，显示出人民调解制度的建设存在一定滑坡，需要继续推进相关制度的建设。信访法治化的建设水平有所提升，得分从 3.34 分上升到 4.08 分，但是仍然处于低位水平。群体性事件和重大舆情发生情况略有好转，得分从 8.38 分提高到 8.56 分，社会矛盾没有呈现异常尖锐的状态。社会矛盾化解渠道的畅通程度形势也更加向好，得分从 9.08 分升高到 9.68 分，上访人员的当地政府对待上访人员更加合法化、文明化。社会矛盾解决的方式近两年的得分基本持平，从上一年度的 9.78 分略微上升到 9.84 分，出动成批警力解决问题的现象渐趋消弭。行政机关在行政复议信息公开情况方面的表现有较大提升，得分从 5.32 分攀升至 7.2 分，表明《政府信息公开条例》得到更好的贯彻落实。行政复议决定正确率有较小幅度的上升，得分从 8.4 分增加到 8.94 分，显示出行政复议决定的质量日渐提高。

近三年来，"社会矛盾化解与行政争议解决"这一指标的平均得分均有较小幅度的增加，反映了行政机关更加重视社会稳定与社会安全，而且将意识付诸行动，采取了较多制度措施来推动社会矛盾的化解与行政争议的解决。但是，这种稳中向好的趋势中也存在一些问题，行政机关在有些方面的表现不尽如人意，需要进一步完善和加强，从而打造一个更加和谐稳定的社会环境。

（一）历史数据表现及趋势分析

1. 行政复议制度的发展完善逡巡不前

总体来看，行政复议制度的发展完善保持比较稳定的状态，进步幅度较小。如图 9 - 4 所示，行政复议制度的发展完善这一指标 2016 年的得分率为 68.4%，2017 年的得分率为 76.4%，2018 年的得分率为 71.6%。多地都在推进行政复议制度的发展完善，但仍有部分地方止步不前，尤其是县（区）级行政机关的改革起色不大。

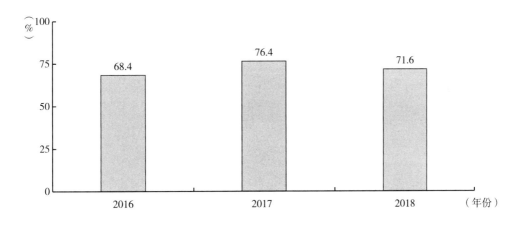

图 9 - 4　2016～2018 年行政复议制度的发展完善得分率

2. 行政调解制度的建设水平不高

2018 年评估的三级指标行政调解制度的建设是由此前的指标行政调解、行政裁决和仲裁制度的建设删减而成。如图 9 - 5 所示，2016 年和 2017 年行政调解、行政裁决和仲裁制度的建设的得分率分别为 34%、40%，行政调解这一单项的得分水平也比较低；2018 年行政调解制度的建设的得分率为 28.9%，行政调解程序制度建设很不到位。总体来看，行政调解制度的水平不高，制度化和规范化程度不足。

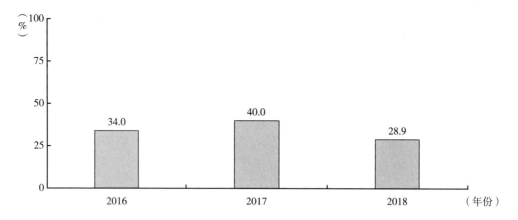

图9－5　2016～2018年行政调解、行政裁决和仲裁制度建设得分率

注：2018年仅为行政调解制度建设得分率，删除了行政裁决和仲裁制度的采分点。

3. 人民调解制度的建设出现滑坡

人民调解制度的建设是评估体系中的一个重要三级指标，用以反映被测评城市消费者权益、劳动关系、医患关系、物业管理、教育五个方面人民调解制度的建设情况。综观近几年的评估结果，如图9－6所示，2016年的得分率为61.6%，2017年的得分率为75.8%，2018年的得分率为49.2%。人民调解制度的建设出现一定滑坡，整体水平不高。

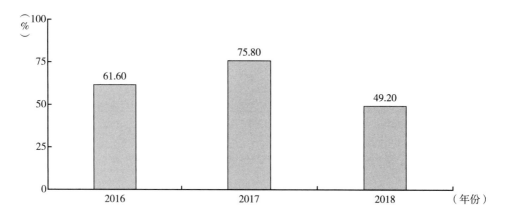

图9－6　2016～2018年人民调解制度的建设得分率

4. 信访法治化程度仍较低

信访法治化这一指标近三年的得分率稳步上升，但是整体仍然处于低位水平。如图9－7所示，该指标2016年的得分率为18.2%，2017年的得分率为33.4%，2018

年的得分率为40.8%。信访法治化程度的提高表明行政机关依法行政的意识不断提升，对信访问题采取更加合法化的措施加以应对。即便如此，信访法治化改革仍有很大的努力空间，各地行政机关应当继续加强重视，运用法治的方式解决信访问题。

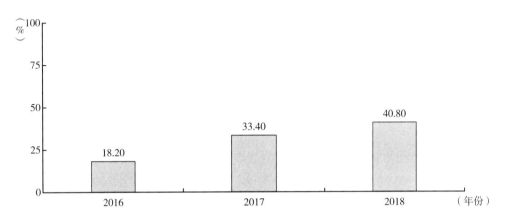

图9-7 2016～2018年信访法治化得分率

（二）存在的问题

1. 社会矛盾化解的制度建设存在"突击性"，对网络安全重视程度不够

近年来，被测评城市大都尝试建立了社会矛盾预警机制、利益表达机制、协商沟通机制、救济救助机制等制度。然而，有的社会矛盾化解制度仅仅是"花架子"，发挥的实质作用比较有限。而且不少地方的制度建设仅仅是开展间歇性的整改和查处，并没有形成常态化的制度。由此，食品药品、生产、生态环境、网络、社会治安等领域的安全事故时有发生，其中，安全生产的事故更加突出。

在互联网时代，网络与个人利益、公共利益息息相关，网络安全建设至关重要。因此，网络安全建设一直是社会矛盾化解制度的重要观测点之一。但是，近几年评估结果显示，被测评城市对于网络安全并未给予足够的重视，相关制度建设比较欠缺，网络安全这一项的得分始终居于社会矛盾化解制度五个观测点中的最末位。

2. 行政调解程序制度欠缺，人民调解制度建设有所弱化

行政调解程序制度是行政机关依托其专业优势和权威性助力民事纠纷化解的一种方式，是非诉讼纠纷解决机制的重要一环。出台行政调解程序制度有利于规范行政机关的调解行为，从而让行政调解得以释放出更大的制度优势。然而，截至2017年，仅有40个被评估城市出台了综合性的行政调解程序制度，有45个城市未出台任何综

合性或者某个具体领域的行政调解程序规范。

人民调解制度是非诉讼纠纷解决机制另一重要组成部分，对于矛盾纠纷的化解起着不可小觑的作用。但是，人民调解制度的建设并未呈现出理想状态。人民调解制度的建设这一指标 2016 年的得分率为 61.6%，2017 年的得分率为 75.8%，2018 年的得分率降至 49.2%。人民调解制度的建设得分率呈现出下降的趋势，表明行政机关对该制度的推进力度有所松懈。

3. 复议改革缺乏创新和力度，复议公开不到位

行政复议制度是解决行政争议的重要渠道，相较于行政诉讼而言，具有程序简单、成本低廉等优势。但由于行政复议具有超高维持率，其公正性受到质疑，从而导致复议案件数量较少，而且许多经复议的行政纠纷并未彻底解决，当事人仍将之诉至法院。为了更好地发挥行政复议的制度优势，行政复议制度改革便被提上日程。自《国务院法制办公室关于在部分省、直辖市开展行政复议委员会试点工作的通知》发布以来，许多城市确实进行了复议改革，但做法往往大同小异，即采用复议委员会的形式，而且复议改革很多都是停留在地级市的层面，并未继续向下渗透。由新设的复议委员会审理复议案件相较于此前由负责法制工作的机构进行审理而言，受到了更高程度的认可。但是，不少地方所谓的复议委员会改革"换汤不换药"，只是换了个名目，审理方式和实际效能与此前并无二致。行政复议与其"行政争议解决的主渠道"的定位仍然相距甚远。

行政复议信息公开具有监督复议机关和对公民进行法治教育的重要作用，但是从历年评估结果来看，行政复议信息的公开工作并不十分到位。就 2018 年而言，被测评的城市中，仅有 22 个城市完全公开典型的行政复议决定书和行政复议工作统计数据，为数甚少。诚然，政府网站的运营需要一定的运维成本和技术支持，因而少数经济欠发达地区公布不到位尚可理解，但是，行政机关的法治意识和公开意识对于是否公开复议工作信息仍然起着决定作用。以辽宁省为例，大连对复议决定书和复议工作统计数据都予以公开，抚顺公开了复议案件的统计数据和复议相关制度，表现比较突出；鞍山和本溪却没有公开任何的行政复议工作相关信息，而作为省会城市的沈阳则仅仅公开了粗略的复议相关制度，未涉及行政复议具体情况。

4. 激烈的社会矛盾时有发生，个别地区矛盾化解渠道不畅通

信访作为各级政府和人民群众保持密切联系的一种特殊方式，如今却偏离了制度设计的初衷。为了将信访制度引导至正常的运行轨道上，国家提出了信访法治化的改革举措，即实行诉访分离，将信访与法定纠纷解决途径相切割；推进网上信访，减少

传统信访方式对社会稳定的冲击；完善涉法涉诉信访的依法终结制度。各地确实在有条不紊地推进信访法治化改革，并取得了一定的有益成果。然而，与信访法治化相悖的一些行为也层出不穷，在本年度的评估当中，九成以上的城市出现了领导接访的现象。行政机关的领导接待上访群众，显示其对信访问题的重视，想妥善解决信访群众的诉求，而结果却可能事与愿违，强化了上访人员"信访不信法"的心理认知，不利于引导其寻求法定途径解决矛盾纠纷，也不利于信访法治化改革的推进。

群体性事件和重大负面舆情是民众内心暴戾状态的外化，是一个地区社会矛盾最激烈的呈现形式。群体性事件和重大舆情发生情况这一指标的得分率不断升高，2018年评估得分率为85.6%。尽管形势日趋向好，群体性事件还是时有发生。2017年，被测评城市中有31个发生过规模不同的群体性事件，其中，3个城市爆发了千人以上的群体性事件，3个城市出现了暴力性群体性事件，2个城市的群体性事件中存在伤亡。群体性事件中很大一部分是出租车与网约车之间的冲突，还有欠薪或公司搬迁未给予员工合理补偿，以及房价上涨等因素造成的纠纷。群体性事件的诱因反映了当下的一些热点，如网约车、欠薪、房价等。但是，相同的问题在部分地区导致社会矛盾异常尖锐，而在有些地方则得到了比较妥善的解决，并未造成十分严重的后果。此外，重大负面舆情事件的发生也不容忽视，有18个被测评城市发生此类事件，北京在2017年的重大负面舆情事件达6起之多，产生了较大的负面影响。

允许民众对于一些无法通过法定途径加以解决的特殊事项通过上访的方式表达诉求，体现了党和国家对人民群众的关怀。社会矛盾化解渠道的畅通程度这一指标得分率逐年攀升，保持在比较高的水平，表明被测评城市基本保障了社会矛盾化解渠道的畅通，即未对上访人员进行截访、劫访。然而，仍然存在一些个别现象，有8个被测评城市存在截访、劫访情形，其中2个城市存在上访人员死亡。这体现了部分地方政府对于民众的上访行为比较排斥，对上惶恐，对下强硬，无法妥善地看待和解决上访问题。

（三）制度建议

1. 加强社会矛盾化解制度建设，重视网络安全维护

食品药品、生产、生态环境、网络和社会等几方面的安全与公众的人身权益和财产权益息息相关。行政机关应当制定社会矛盾预警机制、利益表达机制、协商沟通机制、救济救助机制等制度，有效防范和化解各种社会矛盾。可以看到，不少地区的专项整治活动是在其他地区发生了安全事故之后才开展的。如果业已制定各项常规性的

制度并执行，只是在此基础之上借鉴其他地区的经验教训进行整改则无可厚非，但不能平时碌碌无为，事故发生之后则开展各种整改、检查活动，待风头、热度一过，又重返此前的状态。

尤其值得注意的是，网络安全的矛盾化解制度一直处于五个领域当中的最末位，各地的重视程度和制度建设仍很不到位。互联网时代，网络安全的维护与保障至关重要，否则，造成的各项直接和间接损失不可估量。各地应当加强网络安全的制度保障工作，负责网络安全的网信、公安等机关应当通力合作，加大对违法行为的查处力度，同时使用多种宣传方式提升民众的网络安全防范意识。

2. 加强行政调解制度和人民调解制度的建设，促进多元纠纷解决机制的协作

前已述及，各地对于行政调解行为进行规范的程序制度正处于起步阶段，许多地方并未出台行政调解程序规范。对此，各地应当根据当地行政调解的实践情况制定行政调解程序制度，对行政调解的受案范围、流程、调解方式、调解决定、法律责任等具体问题进行规定，使行政调解更加规范化，推动行政调解发展为一套高效运转的非诉讼纠纷解决机制。此外，行政机关还应当加强对行政调解的宣传，让公众了解行政调解的运行模式和制度功能，引导其通过行政调解解决矛盾争议，使行政调解承担起分流社会矛盾纠纷的角色。

消费者权益、劳动关系、医患关系、物业管理、教育是社会矛盾的集中地带，在这些领域建立人民调解制度有利于通过平等的民事协商将矛盾纠纷予以化解。人民调解制度成本低廉、程序简单灵活、充分尊重各方的自由意志，如果能切实发挥制度优势的话，有利于获得更广泛的认可，有效地在诉前解决争议，节约司法资源，维护社会稳定。各地应根据当地纠纷的数量和疑难情况，在各领域设置相应数量的人民调解机构，并且配备一定数量的专门人才。

各种纠纷解决机制，例如行政调解机构、人民调解机构、仲裁机构、法院等，不应彼此割裂，而是应当彼此融合，加强沟通与协作。一方面，纠纷解决主体之间可以组织经验交流，调解机构可以分享案件情况，让仲裁机构、法院等更多地了解民事纠纷的多发地带和案件类型以及复杂案件的基本情况，而仲裁机构、法院则可以充分利用其专业素养提供指导意见；另一方面，通过行政调解或者人民调解未能化解纠纷而且争议各方又提起仲裁或诉讼时，可以加强调解机构和仲裁机构、法院之间的对接，让法院快速了解案件基本情况、主要争议点和疑难点，从而推进纠纷的高效解决，并有效节约司法资源。

3. 创新复议改革方式，加大复议工作信息公开力度

复议改革的初衷是发挥制度优势，引导行政相对人将行政争议提请行政复议，从而使行政争议能在复议端得到解决，有效地过滤掉大量需要到行政诉讼阶段的案件。复议改革应该围绕此目的而开展，而非为了改革而改革，徒然浪费资源而不见成效。复议改革可以增加改革力度，扩大复议机关复议权限，赋予其更大的调解权与变更权；实现行政复议程序正当化，完善信息公开制度、听证制度以及回避制度；还须健全行政复议责任追究机制，通过责任的落实倒逼复议机关及工作人员依法行使职权。从而使行政复议更具实体正义与程序正义，赢得民众的认可与信赖，并与行政诉讼共同形成解决行政纠纷的有效机制。

复议机关应当及时在网站上公布典型的行政复议决定和年度行政复议工作统计数据。除此之外，鉴于行政复议决定说理比较简单，可以定期出一个工作总结，主要针对行政机关或者行政相对人出现频率较高的法律风险点，并就此风险进行详细分析并提出相应的建议。在行政复议机关网站上公开复议工作信息是为了让公众能快捷地了解相关情况，而有的行政机关网站并不支持一站检索，由此增加了想获取该信息的人员的负担，因此，政府网站应当提升其网站的技术支持，从而使获知信息的操作更加便利。

4. 多管齐下化解社会矛盾，理性对待上访行为

激烈的社会矛盾的存在往往是多种因素共同导致的，行政机关应当防患于未然，而非在矛盾呈现时才强硬对待。在作出重大行政决策时，应当广泛征求民意，"择其善者而从之"。对于新兴的经济业态，应当因势利导，合理规范，使其在法律法规的框架内依法、有序运转。对于上访，当地政府应当保持一种理性的态度，如果上访民众提出的诉求正当并且合理，当地政府应当妥善解决；如果上访人员以上访为要挟以攫取不正当利益，当地政府也不应对其进行暴力拦截，甚至使用殴打等手段造成上访人员伤亡。

B.10
优化营商环境的法治保障

摘　要：　优化营商环境是推动供给和改革的重要内容，也是推动政府职能转变、建设法治政府的重要环节。将优化营商环境的法治保障纳入法治政府评估体系，有助于更加科学、完整、深入地评价我国法治政府建设的实效。考虑到与其他评测指标的兼容性、评价指标的客观性及数据的可得性等因素，本次评测主要以国务院《关于推进国内贸易流通现代化建设法治化营商环境的意见》《关于加强政务诚信建设的指导意见》等相关规定为基础，通过9项观测点具体考察了各城市市场准入的便捷程度、政务诚信建设状况、行政审批制度改革情况、优化营商环境的制度化水平四个方面具体的落实情况。从中反映出的主要问题包括：各个城市市场准入的便捷程度不均衡、大部分城市在推进诚信建设方面主动作为不够、行政审批在线办理不够便捷高效、各个城市在推动优化营商环境的制度化方面差异较大等。未来完善的方向，主要包括：完善政府网站建设，进一步提升市场准入便捷程度和行政审批的效率；加大政务诚信建设力度，持续提升城市信用水平；出台相关规章或规范性文件，为优化营商环境提供充分的制度保障；建立和加强对营商环境法治保障的体检和评估。

关键词：　优化营商环境　法治保障　市场准入　行政审批　政务诚信

一　指标设置及评估标准

（一）指标设置

国内贸易流通是我国改革开放最早、市场化程度最高的领域之一，而贸易流通的基础在于良好的营商环境。依照国务院《关于推进国内贸易流通现代化建设法治化营商环境的意见》（以下简称《意见》）的要求，建设法治化营商环境是优化营商环境的重要工作。本部分观测"优化营商环境的法治保障"一级指标之下设置 4 项二级指标和 9 项三级指标。具体内容见表 10 - 1。

表 10 - 1　优化营商环境的法治保障指标

一级指标	二级指标	三级指标
优化营商环境的法治保障(60 分)	(一) 市场准入的便捷程度(15 分)	1. 创办企业所需条件查找的便捷程度(5 分)
		2. 企业设立是否开通在线办理以及查找便捷程度(5 分)
		3. 创办企业所需时间的承诺(5 分)
	(二) 政务诚信建设状况(20 分)	4. 政务诚信事件的公开数量(5 分)
		5. 政府是否制定推进诚信建设的专门规章或规范性文件(5 分)
		6. 在城市信用方面的排名情况(10 分)
	(三) 行政审批制度改革情况(15 分)	7. 行政审批告知承诺制的推进状况(5 分)
		8. 行政审批在线办理快捷便民程度(10 分)
	(四) 优化营商环境的制度化水平(10 分)	9. 出台关于优化营商环境的专门规章或规范性文件的数量(10 分)

根据《意见》的基本要求，优化营商环境需要充分发挥市场配置资源的决定性作用，促进流通主体公平竞争。同时需要转变政府职能，进一步简政放权，顺应"互联网＋"的发展趋势，推进信息公开和共享。另外，还需要健全相关法律法规、标准、信用等制度体系。因此本指标体系在此基础上设置了"市场准入的便捷程度""行政审批制度改革情况""优化营商环境的制度化水平" 3 项二级指标。

其中，"市场准入的便捷程度"是为了观测各地行政部门关于打破地区和行业垄断、提高市场准入效率的相关措施及互联网信息公开和共享的建设情况，其 3 项三级指标主要观测方向集中在行政部门网站在企业设立的便捷程度上的设置。同时，上述指标还借鉴了世界银行《2018 年营商环境报告》中"开办企业"（starting a business）指标的相关内容。而"行政审批制度改革情况"则是为了观测行政部门在转变政府职能、简政放权方面所做出的相关举措，因此其包含的 2 项三级指标的观测方向在于行政部门行政审批告知承诺制的推进情况及高效便捷情况。"优化营商环境的制度化水平"指标主要观测相关法律法规、标准等制度体系的建设情况，所以其观测重点是政府及其职能部门是否出台关于优化营商环境的专门规章和规范性文件。

同时，"政务诚信建设状况"的设置以国务院出台的《关于加强政务诚信建设的指导意见》为基础，根据"信用中国"网站统计的政务诚信事件公开数量和城市信用指数排名情况，以及政府出台推进诚信建设的文件情况，综合观测评测对象在推进

诚信建设方面的成效。

在分数设置上，优化营商环境的法治保障一级指标满分为 60 分，其中 4 项二级指标的分数分配为：市场准入的便捷程度 15 分、政务诚信建设状况 20 分、行政审批制度改革情况 15 分、优化营商环境的制度化水平 10 分。

（二）设置依据和测评标准

本部分指标主要根据国务院《关于推进国内贸易流通现代化建设法治化营商环境的意见》《关于加强政务诚信建设的指导意见》等文件中的相关规定，并参考世界银行《2018 年营商环境报告》中的相关规定和指标。观测中，项目组所依据的材料和数据来源主要为政府门户网站、政府职能部门网站、信用中国网等网络资源，在必要时通过电话咨询等方式对有关信息进行核实。三级指标（观测点）的设置依据、观测方法以及评分标准如下。

1. 创办企业所需条件查找的便捷程度

【设置依据】结合国务院《意见》和世界银行《2018 年营商环境报告》可以看出，行政部门公开创办企业的所需条件，可以使企业创办者明确市场准入的相关规定，对政府起到一定的监督作用。同时可以提高企业创办的效率，对打破地域和行业垄断、提高市场准入效率都具有良好的效果。本项指标旨在考察政府工商部门网站查找公开的创办企业所需条件的便利程度，以此作为判断市场准入便捷程度的指标。

【观测方法】网络检测。检索被评估政府工商部门及相关部门网站，查找关于创办企业所需条件公开程度及查找的便利程度，在需要的情况下进行电话核实。因创办的企业涉及的企业类型较多，本项观测仅以查找"有限责任公司的设立"作为主要观测点。本部分指标的检索时间段为 2017 年 1 月 1 日至 12 月 31 日。

【评分标准】本项满分为 5 分。被评估的工商部门网站上设置专栏且标识明确地对创办企业所需的资料和条件做出规定的，得 5 分；未设置专栏，但能在网站上找到相关材料的，或者设置了专栏但是未明确标识的，得 3 分；未设置专栏，且创办企业的相关信息查找不便，或找不到的，不得分。

2. 企业设立是否开通在线办理以及查找便捷程度

【设置依据】国务院《意见》中提到："积极推进'互联网＋'流通行动，加快流通网络化、数字化、智能化建设，引导电子商务企业拓展服务领域和功能。"而政府政务开通网上办理也是其中的一部分。在世界银行《2018 年营商环境报告》"开办企业"（starting a business）的一级指标中，时间（time）是一项非常重要的评分标准，开通网上办理则可以使工商部门审批所需要的时间及企业创办者办理手续的时间大大缩短。本项指标旨在考察政府工商部门网站是否设置了网上办理，以及查询到该信息的便利程度。

【观测方法】网络检测。检索被评估政府工商部门及相关部门网站，查找网站上是否开通企业设立的网上办理服务及该选项是否查找便利的相关情况，并在需要的情况下进行电话核实。因创办的企业涉及的企业类型较多，本项观测仅以"有限责任公司是否开通网上办理"为主要观测点。本部分指标的检索时间段为2017年1月1日至12月31日。

【评分标准】本项满分为5分。被评估的工商部门在网页上明确说明已开通网上办理事项，并且能直接找到网上办理页面的，得5分；已开通网上办理，但未明确说明是创办企业相关的链接，或只提及相关网址，需要自行输入网址登录办理页面的，得3分；未开通网上办理的，不得分。

3. 创办企业所需时间的承诺

【设置依据】时间是衡量市场准入便捷程度的一项重要参考。设置该项指标的原因是观测政府是否对创办企业所需时间做出明确承诺，以及该信息能否便于被企业创办者找到。

【观测方法】网络检测。检索被评估政府工商部门及相关部门网站，具体查找行政部门在网站中提及的关于办理工商登记、刻制印章、领用发票所需要的总时间。因创办的企业涉及的企业类型较多，本项观测仅以查找"有限责任公司设立时间"作为主要观测点。本部分指标的检索时间段为2017年1月1日至12月31日。

【评分标准】本项满分为5分。被评估的工商部门在网站中明确承诺办结时限的，得5分；未明确做出承诺，但在网站其他区域中提及办结时限的，或者仅在相关网页或下载的附件中说明承诺时限的，得3分；未明确提及创办企业所需时间的，不得分。

4. 政务诚信事件的公开数量

【设置依据】根据国务院《关于加强政务诚信建设的指导意见》的要求，加强政务诚信建设，有利于建立健全以信用为核心的新型市场监管机制，也有利于建立一支守法守信、高效廉洁的公务员队伍，树立政府公开、公正、诚信、清廉的良好形象，有利于营造风清气正的社会风气，从而培育良好经济社会发展环境。《社会信用体系建设规划纲要（2014—2020年)》明确提出要加强政务诚信建设，将依法行政贯穿决

策、执行、监督和服务的全过程，全面推进政务公开，在保护国家信息安全、商业秘密和个人隐私的前提下，依法公开在行政管理中掌握的信用信息，建立有效的信息共享机制。因此，政务诚信事件公开，不仅是政务公开的重要内容，更是推动信用信息共享，推进政务诚信和社会诚信的重要手段。为此，此项指标的设置旨在观测政府部门政务诚信事件的公开数量，将此作为评估地方政府推动政务诚信、社会诚信建设的重要手段。

【观测方法】网络检索。具体方法为检索"信用中国"网站关于各个城市的信用简报，统计各个城市信用事件公开信息中政务诚信事件的数量情况。通过将各个城市政务诚信事件的数量累加除以城市数量得出数据的平均值。

【评分标准】本项满分为5分。城市的政务诚信事件公开数量高于平均值50%以上的（≥200），得5分；数量高于平均值25%～50%的（166≤x≤199），得4分；数量高于平均值25%以内的（133≤x≤165），得3分。低于平均值25%以内的（100≤x≤132），得2分；低于平均值25%～50%的（66≤x≤99），得1分；低于平均分50%以上的（0≤x≤65），不得分。

5. 政府是否制定推进诚信建设的专门规章或规范性文件

【设置依据】政务诚信是良好营商环境的重要内容。根据国务院《关于加强政务诚信建设的指导意见》规定，深入开展政务诚信建设，有利于建立健全以信用为核心的新型市场监管机制，推进供给侧结构性改革，有利于建立一支守法守信、高效廉洁的公务员队伍，树立政府公开、公正、诚信、清廉的良好形象，有利于营造风清气正的社会风气，培育良好经济社会发展环境。为保障政务诚信建设的顺利实施，需要加快诚信建设方面的制度建设。本项指标旨在通过评测各个城市是否制定推动诚信建设的专门规章或规范性文件，考察各个城市在推进政务诚信建设方面的制度化力度。

【观测方法】网络检索。具体方法为检索"诚信地方"、市政府网站，挑选政策文件中与诚信相关的规范性文件，并计算数量。本部分指标的检索时间段为2017年1月1日至12月31日。

【评分标准】本项满分为5分。无规范性文件的，得0分；规范性文件数量1≤x<10个的，得1分；规范性文件数量10≤x<20个的，得2分；规范性文件数量20≤x<30个的，得3分；规范性文件数量30≤x<40个的，得4分；规范性文件数量≥40个的，得5分。

6. 在城市信用方面的排名情况

【设置依据】城市信用指数和排名是展现一个城市信用状况的重要表现，也是判断一个城市营商环境的重要指标。本项目组依据"信用中国"网站对全国近 300 个城市信用状况的综合排名，评价各个城市在推进诚信建设方面的客观效果。

【观测方法】网络检索。"信用中国"网站对全国近 300 个城市的信用状况进行综合评价和排名。项目组以其对各个城市的信用评价为基础，根据其排名情况赋予不同的分值。

【评分标准】本项指标将城市的评分分为省会及副省级以上城市和地级城市。具体来说，省会及副省级以上城市，排名在前 10 位的，得 10 分；省会及副省级以上城市，排名在第 11 ~ 20 位的，得 5 分；排名第 21 位以后的，不得分。地级城市，排名在前 10 位的，得 10 分；排名在第 11 ~ 20 位的，得 8 分；排名在第 21 ~ 30 位的，得 6 分；排名在第 31 ~ 50 位的，得 4 分；排名第 51 ~ 100 位的，得 2 分；排名第 100 位以后的，不得分。

7. 行政审批告知承诺制的推进情况

【设置依据】告知承诺审批，是指对提出资质行政审批申请的申请人，由行政审批机关一次性告知其审批条件，申请人以书面形式承诺符合审批条件，行政审批机关根据申请人承诺直接作出行政审批决定的制度。与传统的审批模式相比，告知承诺制审批模式强调宽进严管，改变了原先重审批、轻监管的审批模式，有利于提高行政审批效率，方便申请人提前获得审批投入生产经营活动。因此，告知承诺制的推进，也是优化营商环境的重要方面。本指标旨在通过考察政府及相关职能部门出台推进行政审批告知承诺制的文件情况，评估地方政府在推进"放管服"改革、优化营商环境方面的工作情况。

【观测方法】网络检索。检索方法为检索被评估市级政府的政府网站和相关网站，查找网站上是否有告知承诺制的相关文件，并在需要的情况下进行电话核实。本部分指标的检索时间段为 2017 年 1 月 1 日至 12 月 31 日。

【评分标准】本项满分为 5 分。政府网站上如果有出台专门的告知承诺制的文件，得 5 分；如果没有专门文件，只是在其他规章、规范性文件里出现告知承诺制规定信息的，得 3 分；没有关于告知承诺规定的，得 0 分。

8. 行政审批在线办理快捷便民程度

【设置依据】行政审批在线办理的便捷情况是反映行政审批便捷高效的重要内容。《法治政府建设实施纲要（2015—2020 年）》明确要求"对保留的行政审批事项，探索目录化、编码化管理，全面推行一个窗口办理、并联办理、限时办理、规范办理、透明办理、网上办理，提高行政效能，激发社会活力。加快投资项目在线审批

监管平台建设，实施在线监测并向社会公开"。本指标设置目的在于考察被评估市级政府对于行政审批事项是否实现了网上在线办理及办理是否方便快捷。

【观测方法】网络检索。具体方法是检索被评估市级政府的政府网站及相关部门网站，通过实际在线进行行政审批申请测试。本部分指标的检索时间段为 2017 年 1 月 1 日至 12 月 31 日。

【评分标准】本项满分为 10 分。政务网站首页设有行政审批网上大厅入口，且位置清晰醒目，页面简洁明了，行政审批事项分类罗列准确，各事项办理程序有清楚的说明，并且绝大多数行政事项已实现在线审批，得 10 分；政务网站有行政审批网上大厅入口，页面简洁明了，行政审批事项分类罗列准确，各事项办理程序有清楚的说明，并且大部分审批事项已基本实现在线申请，得 8 分；行政审批网上大厅页面简洁明了，事项罗列准确清晰，各事项附有办事指南，但一般事项仅提供在线表格下载，未真正实现在线申请和审批，得 5 分；未设立网站或者链接打不开的情况，其行政审批在线办理功能基本未实现，不得分。

9. 出台关于优化营商环境的专门规章或规范性文件的数量

【设置依据】国务院《意见》强调："要加快推进流通立法，完善流通法律制度。健全流通法规规章。完善反垄断、反不正当竞争法律的配套法规制度，强化对市场竞争行为和监管执法行为的规范。加快制订内贸流通各行业领域的行政法规和规章，规范相关参与方行为，推动建立公平、透明的行业规则。对内贸流通领域与经济社会发展需要不相适应的现行法规、规章及规范性文件，及时予以修订或废止。推进流通领域地方立法。坚持中央立法与地方立法相结合，鼓励地方在立法权限范围内先行先试。"本指标设置目的在于考察被评估市级政府对于优化营商环境是否出台相关规章或者规范性文件，以此评估地方政府在推进优化营商环境举措的制度化方面是否得力。

【观测方法】网络检索。检索被评估市级政府的政府网站及相关部门网站是否有关于优化营商环境的规章或者规范性文件及其数量。本部分指标的检索时间段为 2017 年 1 月 1 日至 12 月 31 日。

【评分标准】本项满分为 10 分。市委、市政府出台相关规章、规范性文件的，每件得 4 分；相关职能部门出台相关规范性文件的，每件得 2 分。得满 10 分为止。

二 总体评估结果分析

本项评估总分为 60 分，参与评估的 100 个城市平均得分为 34.70 分，得分在平均分之上的城市共47个，占参与评估城市总数的47.00%；得分在平均分以下的城市共53个，占城市总数的53.00%，总体得分趋于正态分布。本项评估最高得分为60分，最低得分为10分，总体区分度较大。其中，得分主要分布在30~50分，共计64个城市，占所有被评估城市的64.00%。本项指标项下，排名前五的城市依次是北京市（60分）、重庆市（60分）、厦门市（55分）、成都市（54分）、沈阳市（54分）。各城市得分情况分布见图10-1、图10-2。

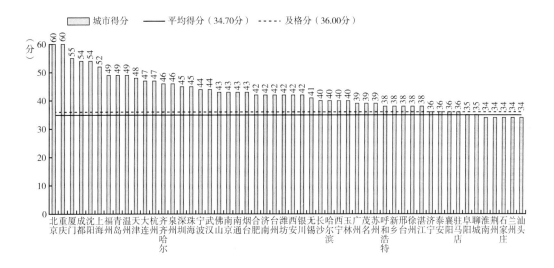

图10-1 排名第1~52位的城市得分情况分布

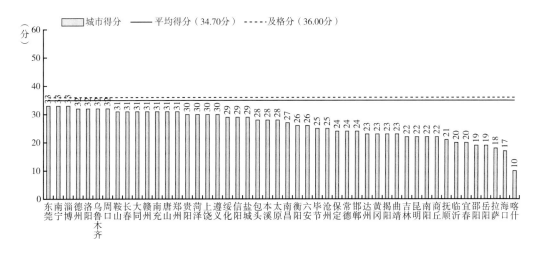

图10-2 排名第53~100位的城市得分情况分布

优化营商环境的法治保障一级指标项下共包含 9 个三级指标（观测点），其中第 6 项、第 8 项和第 9 项三个指标为 10 分，其余指标均为 5 分。各三级指标（观测点）的得分情况如下：①创办企业所需条件查找的便捷程度，平均得分为 2.97 分；②企业设立是否开通在线办理以及查找便捷程度，平均得分为 3.82 分；③创办企业所需时间的承诺，平均得分为 3.44 分；④政务诚信事件公开数量，平均得分为 1.73 分；⑤政府出台推进诚信建设的专门规章和规范性文件，平均得分为 3.10 分；⑥在城市信用方面的排名情况，平均得分为 3.26 分；⑦行政审批告知承诺制推进情况，平均得分为 3.05 分；⑧行政审批在线办理快捷便民程度，平均得分为 9.17 分；⑨政府出台关于优化营商环境的专门规章或规范性文件的数量，平均得分为 4.16 分。三级指标平均得分率见图 10 - 3。

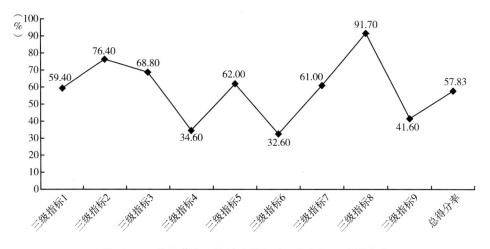

图 10 - 3　优化营商环境的法治保障三级指标平均得分率

三　三级指标评估结果分析

（一）创办企业所需条件查找的便捷程度

1. 总体表现分析

本项指标针对 100 个城市工商部门的网站是否对创办企业所需的条件和材料进行公开，以及是否查找便利进行了观测，满分为 5 分。本项指标下，共有 24 个城市获得满分，即这些城市设置了专栏对创办企业所需的条件进行公开，并且标识明确、查找便利。该项指标得分分布情况见表 10 - 2。

表 10 – 2　三级指标 1 总体得分情况

得分(分)	5	3	0
城市(个)	24	59	17

2.分差说明及典型事例

本项指标下，各城市的平均得分为 2.97 分。其中优秀典范城市包括北京市、重庆市、广州市等 24 个城市。在观测中可以发现，大部分城市工商部门网站都公布了关于企业创办的相关信息，但是工商部门网站的具体设计不同导致申请人查找起来的便利程度不一样。

首先，获得满分的城市一般在其工商局网站上设置了标识明确的与开办企业相关的专栏，可以让企业创立者查找相关信息时一目了然，节省了时间，提高了查找信息的便捷度。例如北京市，其工商局网站首页上就设置了明确的专栏对企业创办的信息进行公开，同时该专栏名称为"我要办照"，可以让初次登录网站的企业创办者很容易地找到相关信息。其次，得分在中间档次的城市工商局网站在查找上不太便利，例如厦门市，其工商局虽然在网站首页上设置了专栏，但是仅标识为"主题服务"，很难让人辨别其包含的是关于创办企业的相关信息。还有达州市，其工商局网站上设置的选项直接链接到四川省网上工商办事大厅，而四川省网站上没有设置专栏列明相应信息，还需要进一步查找，整个过程并不是十分便民。最后，在本项指标上失分的城市，不仅是因为其在工商局网站上未设置专栏，而且查找极其不便或根本找不到。例如本溪市，课题组在其工商局网站上无法找到相应信息。

（二）企业设立是否开通在线办理以及查找便捷程度

1.总体表现分析

本项指标主要就行政部门是否开通企业设立的在线办理服务，以及查找在线办理页面的便利程度进行观测，满分为 5 分。本项指标下，获得满分的城市共有 62 个，得分率较高，观测效果较为理想。本项指标得分分布情况见表 10 – 3。

表 10 – 3　三级指标 2 总体得分情况

得分(分)	5	3	0
城市(个)	62	24	14

2.分差说明及典型事例

本项指标下，各城市的平均得分为 3.82 分。平均得分率较高，为 76.40%，得分在及格线以上的城市有 86 个，说明大部分城市都开通了企业设立登记网上办理服务，并且在该项目上的设置十分便利。本项指标的评判主要是基于确认行政部门确实开通了网上办理业务，并且能够实际进行网上办理而进行的。

具体来说，首先，在此项上获得满分的城市分为两种。一是在网页上具体说明开通了网上办理事项，并且能够直接找到网上办理页面。例如西安市工商局网站，其在网站首页开设了专栏，写明了"企业网上登记"。二是在关于企业创办的页面上设置了"在线办理"按钮，能够确认开通了网上办理。例如齐齐哈尔市，在企业创办的页面下方设置了"在线办理"按钮。其次，在此项上失分的城市主要因为虽然开通了网上办理，但是相关页面查找不便。例如南阳市，其工商局网站在企业设立的页面上没有关于在线办理的相关选项，而是在首页上设置了"河南省企业全程电子化平台"选项，标识并不明确。还有本溪市，课题组在其网站中无法查到关于网上办理的任何信息，但是在公告中查到了《关于全面推行企业登记全程电子化的公告》，提到关于网上办理相关链接，查找极其不便。最后，在此项不得分的城市主要在于可以确认没有开通网上办理事项或者不能完全确认是否开通网上办理。例如玉林市工商局的网站上，企业创办页面中的"在线办理"选项完全是不能选择的；又如荆州市，其链接在湖北省工商局网站上，显示的是全省企业都可以申办登记，但是网页上却注明办理该项业务仅适用于住所在武汉市的申请人，因此难以确定其是否可以在线办理。

（三）创办企业所需时间的承诺

1.总体表现分析

本项指标主要观测行政部门是否就创办企业所需时间进行了明确的承诺，满分为 5 分。本项指标下，获得满分的城市有 52 个，超过了所有参与评估城市数量的一半，说明超过半数的城市对创办企业的时间有明确承诺。本项指标得分的分布情况见表 10-4。

表 10-4　三级指标 3 总体得分情况

得分（分）	5	3	0
城市（个）	52	28	20

2. 分差说明及典型事例

本项指标下，各城市平均得分为 3.44 分。得分在及格线以上的城市共有 80 个，可以看出，大部分城市在网站中提及了企业创办的办结时间。

具体来说，首先，在该指标项下能获得满分的城市需要在网站中明确承诺办结时限，且需要有明确的"承诺"字眼。例如济南市，在其链接的山东省政务服务网站中企业设立页面明确注明"法定办结时限为 20 个工作日；承诺办结时限为 5 个工作日"。其次，在此项目上失分的城市存在的问题是在网站上虽然提到了办结的工作日，但是没有采用"承诺"的表述。例如长春市，其在登记页面的办事指南上提到了"登记机关将在 3 个工作日内回复"，但是仅提到了办结的时间，并没有明确承诺。最后，在此项目上不得分的城市主要源于在其网站上的任何地方都找不到相关信息。例如拉萨市，其工商局办事项目链接在西藏自治区工商局网站上，该网站上查不到任何关于企业创办时间的信息。

（四）政务诚信事件的公开数量

1. 总体表现分析

本项指标主要观测在整个城市信用事件公开数量中政务诚信事件的数量情况，满分为 5 分。本项指标下，获得满分的城市有 12 个，占总数的 12.00%，说明政务诚信在整个城市信用事件公开数量中所占比例情况不容乐观。本项指标得分分布情况见表 10－5。

表 10－5　三级指标 4 总体得分情况

得分（分）	5	4	3	2	1	0
城市（个）	12	5	10	20	23	30

2. 分差说明及典型事例

从整体上看，本项指标下，各城市平均得分为 1.73 分，得分率为 34.60%。得分在及格线以上的城市共有 27 个，得分在及格线以下的城市共有 73 个，可以看出各个城市政务诚信公开状况亟待改善。

具体来说，首先，在该指标项下能获得满分的城市政务诚信事件公开数量需要高于平均值 50% 以上，所以达到该要求的城市不多。例如北京市，政务诚信事件公开数量为 1201 件，远远高于平均值。其次，在该指标项下获得零分的城市多达 30 个，占全部参评城市数量的30.00%。大部分城市在政务诚信事件公开方面的工作尚待加强。如成都市的政务诚信事件公开数量为1328件，而汕头市的政务诚信事件公开数量仅为24件。此外，地级城市相对省级城市而言，政务诚信事件公开数量相对较少，整体水平有待提高。最后，因为诚信中国网公布的政府诚信状况简报中没有关于喀什市的相关测评，因此无法测评喀什市的得分状况。为评分需要，将喀什市的分数取该项的平均分数。

（五）政府是否制定推进诚信建设的专门规章或规范性文件

1. 总体表现分析

本项指标主要观测各个城市政府及其职能部门出台关于诚信的专门规章和规范性文件的数量，满分为5分。本项指标下，获得满分的城市有38个，占总数的38.00%。这说明不少地方政府及相关职能部门非常重视诚信建设，出台了不少专门文件来推动和规范本地的诚信建设。本项指标得分分布情况见表10-6。

表10-6　三级指标5总体得分情况

得分（分）	5	4	3	2	1	0
城市（个）	38	12	5	21	15	9

2. 分差说明及典型事例

本项指标下，各城市平均得分为3.10分，得分率为62.00%。得分在及格线以上的城市共有55个，得分在及格线以下的城市有45个，从数据可以看出，仍然有不少地方政府及其职能部门在推进诚信建设方面力度不够，并未出台专门的规章或规范性文件来推动本地的诚信建设。

具体来说，首先，在该指标项下能获得满分的城市需要市政府及其职能部门出台的规章或规范性文件数量大于等于40个，能达到这个数量的城市占比为38.00%。其中，北京市、成都市、哈尔滨市、呼和浩特市、宁波市、沈阳市等城市出台的规章或规范性文件远远超过40个，累计超过100个。其次，在该指标项下获得0分的城市有9个，一方面是因为该城市的网站未设置政策法规一栏，另一方面是因为虽然设置了政策法规一栏，但是内容均是国家、其他省（区、市）的文件，未涉及自身省（区、市）出台的规范性文件。另外，还存在虽然设置了政策法规一栏，但是所有规范性文件叠放在一起，没有进行国家、本市、外省（区、市）的区分，增大了查找的难度。最后，就整体水平而言，还是呈现省会及副省级以上城市遥遥领先，地级城市法律规范建设不足的状态。

（六）在城市信用方面的排名情况

1. 总体表现分析

本项指标主要依据信用中国网站关于城市信用指数的得分和排名，以此评估各个城市的信用状况，满分为 10 分。本项指标项下，获得满分的城市有 14 个，占总数的 14.00% 。本项指标得分的分布情况见表 10 − 7。

表 10 − 7 　三级指标 6 总体得分情况

得分（分）	10	8	6	5	4	3	2	0
城市（个）	14	5	6	11	8	1	10	45

2. 分差说明及典型事例

本项指标下，各城市平均得分为 3.26 分，得分率为 32.60% 。得分在及格线以上的城市共有 25 个，得分在及格线以下的城市共有 75 个，可以看出各个城市的信用情况参差不齐。需要指出的是，本项指标的观测主要基于各个城市信用的排名情况，而部分城市的信用综合指数暂时无法获得，存在一定的不完整性和局限性。但作为一家收集和评测城市信用信息的综合网站，"信用中国"关于城市信用指数的得分和排名仍具有相当高的可信度，可以作为评估城市信用状况的一个窗口。这一评测指标尽管不够完美，但能反映各个评价城市信用建设的一般状况，并呈现不同城市之间的差异。

具体来说，首先，在该指标项下能获得满分的城市分为两类，一类是省会及副省级以上城市，排名在前 10 位的城市，具体有北京市、重庆市、成都市、福州市、杭州市、南京市、青岛市、厦门市、上海市、沈阳市；一类是地级城市，排名在前 10 位的城市，具体有苏州市、温州市、烟台市、齐齐哈尔市等。其次，在该指标项下未得分的城市也分为两类，一类是省会及副省级以上城市，排名在第 21 位及以后的；一类是地级城市排名在第 101 位及以后的。其中，前者占 15 个，后者占 30 个。就整体而言，省会及副省级以上城市得分情况要好于地级城市，地级城市的信用建设仍亟待加强。

（七）行政审批告知承诺制的推进情况

1. 总体表现分析

本项指标主要观测各个城市关于告知承诺制的推进情况，满分是 5 分。告知承诺制是中央政府推进"放管服"改革的一项重要内容，是优化行政审批程序，提高行政审批效率的重要方式。由于此项制度是在行政许可法未予修改的情况下，主要通过政策来推行。因此，地方各级政府及相关部门是否出台相关政策来落实此项制度，就成为判断此项制度在地方是否得以落实和推进的重要方面。为此，本指标主要通过观测地方政府及相关职能部门出台有关行政审批告知承诺制的具体文件，来评估相关城市是否推行了此项制度。本项指标下，获得满分的城市有 52 个，占总数的 52.00%，本项指标得分的分布情况见表 10 - 8。

表 10 - 8　三级指标 7 总体得分情况

得分（分）	5	3	0
城市（个）	52	15	33

2. 分差说明及典型事例

本项指标下，各城市平均得分是 3.05 分。在观测中可以发现，近半数城市出台了关于告知承诺制的专门规章或者规范性文件，小部分城市在其他关于行政审批的规章或者规范性文件中有提到告知承诺制的规定或信息，部分城市对于告知承诺制没有任何规定。

一般来说，获得满分的城市在其政府网站上都公布了关于告知承诺制的专门的规章或者规范性文件，例如北京市建委发布《开展建筑业企业资质告知承诺审批试点的通知》，福州市出台《福州市深化"证照分离"改革实行行政审批服务告知承诺制的办法（试行）》，杭州市出台《杭州市建设工程规划许可告知承诺制实施办法》。获得 3 分的城市没有出台关于告知承诺制的专门规章或规范性文件，但是在其他规章或规范性文件中提到告知承诺制的规定或信息，例如鞍山市出台的《鞍山市高新技术产业开发区"证照分离"改革试点方案》就有规定告知承诺制的部分内容；贵阳市出台的《贵阳市行政审批基本流程管理办法》中也有规定告知承诺制的部分内容。获得 0 分的城市在其政府网站上没有任何关于告知承诺制规定的信息，比如哈尔滨市、合肥市等都没有相关规定。

（八）行政审批在线办理快捷便民程度

1. 总体表现分析

本项指标观测各个城市行政审批在线办理是否快捷便民，满分是 10 分。本项指标下，获得满分的城市有 83 个，占总数的 83.00% 。这表明在国务院大力推动行政审批改革的背景下，各个地方政府通过行政审批在线办理落实中央改革精神取得了较好的成效。本项指标得分的分布情况见表 10 – 9。

表 10 – 9 三级指标 8 总体得分情况

得分(分)	10	8	5	1
城市(个)	83	2	14	1

2. 分差说明及典型事例

本项指标下，各城市平均得分为 9.17 分。其中，北京市、上海市、深圳市等城市基本实现了大部分行政审批事项的在线办理。但是由于各个城市在线办理行政审批事项的种类、数目不同，而且有的城市政府网站上 "网上申办" 链接根本打不开，只有办事指南和表格下载，并没有真正实现在线办理，因此得分会有差异。下面将说明具体情况。

一般来说，首先，获得满分的城市在市政府网站上有明确 "政务服务" 或 "政务大厅" 之类的专栏或链接，而且点击进去不仅能看到各个事项行政审批的办事指南和表格下载，而且可以注册登录实现在线办理。例如，在北京市政府网站首页点击 "政务服务" 就可以进入北京市网上政务大厅，里面分门别类地规定了各项行政审批事项，同时又有 "个人服务" "法人服务" "便民服务" 等细致的分类，基本实现了在线办理。其次，获得 8 分的城市，比如常德市和兰州市，虽然其政府网站上也有政务服务大厅，但是可以实现在线办理行政审批的事项种类和数目没有涵盖全部，只能说大部分实现了在线办理，因此得了 8 分。对得 5 分的城市来说，比如南京市、苏州市、西安市等城市，虽然这些城市的政府网站上也有政务服务大厅，可以在线办理行政审批事项，但是大部分事项只是提供表格下载或办事指南，并不能实现在线办理。南京市、苏州市、无锡市、徐州市、盐城市这些城市都属于江苏省，江苏省有一个全省统一的网上政务大厅，但是只能提供大部分表格下载或办事指南，"网上申办" "网上预约" "网上咨询" 都打不开，不能实现在线办理，因此只得了 5 分。对得 1 分的喀什市来说，喀什市行政审批服务大厅网站极为不稳定，给观测带来了极大不便，但是其依托新疆政务服务网的全程电子化系统，推测其开通了相关在线办理项目，因此得了 1 分。

（九）出台关于优化营商环境的专门规章或规范性文件数量

1. 总体表现分析

本项指标观测各个城市是否出台关于优化营商环境的专门规章或规范性文件，满分是 10 分。本项指标下，获得满分的城市有 18 个，占总数的 18.00%，本项指标得分的分布情况见表 10-10。

表 10-10　三级指标 9 总体得分情况

得分(分)	10	8	6	4	2	0
城市(个)	18	12	5	27	1	37

2. 分差说明及典型事例

本项指标下，各城市平均得分为 4.16 分。其中，北京市、上海市、青岛市、西安市等城市设置了有关于优化营商环境的专栏，这些城市出台了不少关于优化营商环境的规章或规范性文件。下面将说明具体情况。

一般来说，获得满分的城市在政府网站上设置了关于优化营商环境的专栏，或者即使没有专栏也能在政府网站上检索到该城市出台的关于优化营商环境的规章或规范性文件，市委、市政府出台相关规章、规范性文件的，得 4 分，相关职能部门出台相关规范性文件的，每件得 2 分，这些文件数量不少，因此累计满 10 分。例如北京市政府网站设置有专门的关于优化营商环境的专栏，并且位置醒目，该专栏包括了"企业办事入口""最新动态""政策解读""相关政策文件""详细图解"等，同时北京市政府及相关职能部门出台了一系列关于优化营商环境的政策文件。青岛市政府网站也有关于优化营商环境的专栏，其出台了一系列文件，比如青岛市地方税务局《关于落实结构性减税优化经济发展环境的意见》《关于进一步支持小微企业发展的若干意见》《关于下放行政审批事项的决定》《关于加快推进招商引资工作的意见》《关于暂停征收 11 项涉企行政事业性收费的通知》等，因此得分是 10 分。对获得 8 分的城市来说，比如长沙市，在该市政府网站上检索到两个与优化营商环境有关的文件，即长沙市人民政府《关于印发长沙市推进"最多跑一次"改革试行方案的通知》《长沙市人民政府关于实行项目"一次性"审批有关事项的通知》，由于这两个文件是市委、市政府出台的，每件得 4 分，因此得 8 分。对获得 6 分的城市，比如齐齐哈尔市，在该市政府网站检索到 3 个与优化营商环境有关的文件：《市司法局优化营商环境若干举措》《2018 年全市政法系统深化作风整顿优化营商环境实施方案》《全市国税系统优化营商环境提升办税便利度实施方案》。由于是相关职能部门出台相关规范性文件的，每件得 2 分，因此得 6 分。对获得 4 分的城市来说，比如本溪市，在该市政府网站检索到 2 个与优化营商环境的文件，即《本溪市人民政府关于印发本溪高新技术产业开发区"证照分离"改革试点方案的通知》和《本溪市税务系统优化营商环境八个严禁》，每件 2 分，因此得 4 分。获得 2 分的城市，比如常德市，在该市政府网站检索到 1 个与优化营商环境有关的文件，即常德市人民政府《关于进一步降费减负促进工业企业健康平稳发展的通知》，因此只得 2 分。对于得 0 分的城市，在这些城市网站上没有检索到与优化营商环境有关的规章或规范性文件，因此得 0 分。

四　评估结论与建议

从此次优化营商环境的法治保障评估结果来看，市场准入的便捷程度部分得分率为 68.20%，政府诚信状况部分得分率为 43.06%，行政审批制度改革情况部分的得分率为 46.80%，优化营商环境的制度化水平部分的得分率为 41.60%。4 项二级指标中只有 1 项得分率超过 60%。这表明，一方面，在国务院大力推动行政审批改革和法治政府建设的背景下，大多数地方政府都在积极落实《行政许可法》和相关政策要求，较少为市场主体设立设置相关障碍，并通过设立专栏将企业设立条件归类明晰、承诺企业设立办理时间、企业设立在线办理等方式，为市场主体进入市场创造良好的行政环境，持续优化本行政区域的营商环境。另一方面，在推进诚信建设、行政审批在线办理、优化营商环境的制度化举措方面，绝大部分地方政府都存在作为不够积极、措施不够得力等问题，存在较大的完善空间。

（一）存在的主要问题

1. 各个城市市场准入的便捷程度不均衡

从市场准入的便捷程度项下的三级指标得分率可以看出，参评城市的市场准入便捷程度得分率比较稳定，平均在 60% 上下，说明各城市在整体上不存在偏好或偏差的情况，而是彼此之间存在程度上的差别。大部分城市的工商局网站虽然在网站上公布了创办企业的条件，但是标识不够明确，查找起来并不十分便利。

2. 大部分城市在推进诚信建设方面主动作为不够

政务诚信是社会诚信的基础，也是良好营商环境的重要内容。从政务诚信建设的三级指标得分率来看，大部分城市在推进政务诚信方面积极主动作为不够。这突出表现在三个方面，即政务诚信事件公开数量少、政府出台关于诚信的专门规章和规范性文件的数量少、城市信用排名不高。

具体而言，首先，就政务诚信事件公开数量而言，省级城市和地级城市两极分化较为严重，比如成都市政务诚信事件公开数量为 1328 件，而汕头市的政务诚信事件公开数量仅为 24 件。其次，不少地方政府都未出台专门规章或规范性文件来推进本地的诚信建设。地级城市出台关于诚信的专门规章和规范性文件的数量远远少于省级城市；地级城市的城市信用远远低于省级城市。也基于上述原因，在"信用中国"网站上，不少城市的信用指数较低，不同城市的城市信用排名存在较大差异。

3. 行政审批在线办理不够便捷高效

从行政审批的三级指标 90% 以上的得分率可以看出，如北京市、上海市、深圳市等城市基本实现了大部分行政审批事项的在线办理。但从实践观察来看，虽然大部分城市开通了在线办理事项，但是在线办理行政审批事项的种类、数目设置不同，在线办理的便捷度方面存在较大差异。例如，一些城市有自己的网站专门办理网上审批相关事项，开通在线办理的事项较多，相关规定和说明也较为全面。而一些城市仅将网站链接到省级政务服务网站上，而且并不是所有的项目都可以进行在线办理。还有一些城市，其政府网站上的"网上申办"选项根本打不开，只能提供办事指南和表格下载，并没有真正实现在线办理。

4. 各个城市在推动优化营商环境的制度化方面差异较大

项目组在观测中发现，大部分城市没有出台关于优化营商环境的规章或规范性文件。这一方面表明，相关城市未将优化营商环境作为本地的一项重点工作予以推进；另一方面也表明，相关政府和职能部门推进优化营商环境的相关举措没有制度化，难以具有持续性。

具体来说，在出台相关政策文件方面，各城市出台文件的数量和质量存在较大差别。一些较大的城市或商业环境发展较好的城市，例如北京市、上海市，将大力推进优化营商环境作为最重要的事项加以宣传，同时在立法上，也出台了相对较多的关于优化营商环境的专门规章或规范性文件。但是仍然有相当多的城市没有出台关于优化营商环境的相关政策文件。不少城市直接转发上级政府的文件，未结合本地营商环境的实际问题出台具有针对性的政策措施。这种通过文件转发的形式来落实中央的政策要求，很难因地制宜，也很难体现本地在优化营商环境方面的个性化需求。

（二）改进建议

1. 完善政府网站建设，进一步提升市场准入便捷程度和行政审批的效率

在提高市场准入便捷度的方面，各城市政府特别是工商行政管理部门应该从两点

进行改进。一是在网站建设上，应该明确企业创办的相关事项，在网站上以明确的标识设置相关专栏，使企业创办者在一级标题的链接下就可以找到关于企业创办的相关事项，方便企业创办者查询相关资料。另外，全面落实关于企业创办的在线办理事项，在详细指导企业创办者网上办理的相关程序的同时，尽可能减少企业创办者进行实地窗口审批流程。二是各城市要认真落实党的十九大会议精神，进一步加大简政放权力度，在规范行政审批事项的同时，深入推进"互联网＋政务服务"全覆盖，切实转变政府职能、提高行政效能，为优化营商环境提供更高效的政务环境。

2. 加大政务诚信建设力度，持续提升城市信用水平

在推进政务诚信方面，应当按照《社会信用体系建设规划纲要（2014—2020年)》的要求，充分发挥政府的组织、引导、推动和示范作用。一方面，各城市应该加大政务诚信事件的信息公开力度，尤其是地级城市，应该坚持以公开为常态，以不公开为例外的原则，在保护国家信息安全、商业秘密和个人隐私的前提下，依法公开在行政管理中掌握的信用信息，建立有效的信息共享机制。同时，要结合本地诚信状况，因地制宜地制定有针对性的文件，不断加强自身诚信建设，以政府的诚信施政，带动全社会诚信意识的树立和诚信水平的提高。

3. 出台相关规章或规范性文件，为优化营商环境提供充分的制度保障

按照党的十九大和中央经济工作会议精神，改革创新体制机制，进一步优化营商环境，是建设现代化经济体系、促进高质量发展的重要基础，也是政府提供公共服务的重要内容。各地不仅要大幅精简关于企业开办、纳税、施工许可、水电气报装、不动产登记等事项的审批手续、压缩办理时间，更要创建公平公正的法治营商环境。而法治营商环境的创建，必须依赖各种合法合理的规则。为此，各地在积极推进"证照分离"、"双随机一公开"、行政审批告知承诺制等改革的同时，需要通过规章或规范性文件的方式，将行之有效的便民优惠措施规范化、制度化。

4. 建立和加强对营商环境法治保障的体检和评估

现代经济所要求的权利保护、公平竞争、理性预期等都与有效的法治息息相关。因此，法治既是营商环境的重要内容，也是优化营商环境的重要抓手。加强对优化营商环境法治保障的体检和评估，一方面有利于全面、客观、系统地查找和发现本地在推动营商环境优化方面的工作实绩和成效，另一方面更有利于提出优化营商环境的对策建议。为此，建议各地委托具有较高公信力的第三方机构，针对本地营商环境法治保障进行定期体检和评估，并在此基础上有针对性地提出完善优化营商环境法治保障的对策建议。

B.11
社会公众满意度调查

摘　要： 为较为全面准确地反映社会公众对法治政府建设成效的满意度或获得
感，项目组设计了针对普通市民、政务服务相对人和专家的三套问卷。
问卷题目主要从政府依法履行保护生态环境、保障食品安全、进行城市
交通管理、维护社会治安等方面公共职能，完善行政服务设施和制度，
严格规范公正文明执法，依法科学民主行政决策，政务公开和预防化解
社会矛盾等几个重要方面进行设计。问卷采用分层抽样和随机抽样相结
合的方式，结合实地访谈进行调查。项目组对获得的问卷数据进行统计
并加以分析，根据分析结果提出相应的改进建议，为提升法治政府建设
社会公众满意度和获得感提供重要参考。

关键词： 公众满意度　法治政府　调查数据

一　指标设置

社会公众满意度是衡量和检验法治政府建设成效的重要标准，也是法治政府建设
评估10个一级指标中唯一的主观评价指标。社会公众满意度调查在指标设置上，结
合《中共中央关于全面推进依法治国若干重大问题的决定》《法治政府建设实施纲要
（2015—2020年）》《全面推进依法行政实施纲要》《国务院关于加强市县政府依法行
政的决定》《国务院关于加强法治政府建设的意见》等文件关于法治政府建设的基本
要求和重要精神，结合《中国法治政府评估报告2017》社会公众满意度评价实践对
问卷加以完善，形成新的问卷指标体系。本次问卷设计的更新力度较大，针对普通市
民、政务服务相对人和专家设计了相应的问卷，每套调查问卷设置10个问题（具体
问题详见表11-1~3）。在得分设置上，为体现社会公众对法治政府建设的获得感的
重要性，该一级指标总分为200分，是中国法治政府评估体系中各一级指标所占分值
最高的一级指标。需要说明的是，为便于接受问卷调查的人作答，社会公众满意度调

查三套问卷各设置10个问题，每个问题各10分，将每个城市统计后的分数转化为200分制的得分进行排名和分析。

表11-1　社会公众满意度调查问卷题目：普通市民

序号	问题
1	市政府在保护生态环境方面的工作情况(10分)
2	市政府在保障食品安全方面的工作情况(10分)
3	市政府在城市交通管理方面的工作情况(10分)
4	市政府在维护社会治安方面的工作情况(10分)
5	市政府在保障"市容市貌"和环境卫生方面的工作情况(10分)
6	市政府在解决"看病难"方面的工作情况(10分)
7	市政府在社会救助、社会福利(如扶贫、慈善等)方面的工作情况(10分)
8	市政府在发展教育事业方面的工作情况(10分)
9	市政府在保障公共安全方面的工作情况(10分)
10	市政府在开展法治宣传教育方面的工作情况(10分)

表11-2　社会公众满意度调查问卷题目：政务服务相对人

序号	问题
1	到当地的政务大厅、服务中心办事的总体感受(10分)
2	当地的政务大厅、服务中心的环境设施(10分)
3	当地的政务大厅、服务中心窗口工作人员的服务态度、礼节礼貌的情况(10分)
4	当地的政务大厅、服务中心窗口工作人员的办事效率(10分)
5	在当地的政务大厅、服务中心办理相关事项的公开透明度情况(10分)
6	当地的政务大厅、服务中心一次性告知来办事人员相关注意事项或需要补正的材料的情况(10分)
7	当地的政务大厅、服务中心窗口工作人员的廉洁自律情况(10分)
8	当地的政务大厅、服务中心窗口工作人员的责任心情况(10分)
9	当地的政务大厅、服务中心给予前来办事群众的公告或指示内容的清楚明了程度(10分)
10	当地的政务大厅、服务中心里面的投诉渠道的畅通程度(10分)

表11-3　社会公众满意度调查问卷题目：专家

序号	问题
1	市政府的行政效率(10分)
2	市政府作出重大行政决策时听取市民意见建议的情况(10分)
3	市政府的信息公开或政务公开的情况(10分)
4	市政府在依法防范和化解社会矛盾、解决争议方面的情况(10分)
5	市政府及其工作人员严格规范公正文明执法的情况(10分)
6	市政府依法推进生态文明建设和环境保护工作的情况(10分)
7	市政府诚实守信的情况(10分)
8	市政府工作人员的清正廉洁情况(10分)
9	市政府开展法治宣传教育工作的情况(10分)
10	市政府依法行政或建设法治政府的情况(10分)

二　调查方法

为保障问卷调查的客观性、准确性，项目组选取来自北京大学、清华大学、中国政法大学、中国人民大学、西南政法大学、华东政法大学、西北政法大学、中南财经政法大学、山东大学、吉林大学及四川大学等 20 余所高校的生源地为被调研 100 个城市或在该市就读的 200 余名在校生①作为调研员，300 余名志愿者协助开展调研。

本次问卷调查继续采取分层抽样与随机抽样相结合的方式，选取该市政务中心或行政服务中心、商贩聚集地、高等院校、律师事务所等场所对 18 周岁以上的常住或居住三年以上居民现场随机发放问卷并采集数据。同时，为更为准确地了解当地法治政府建设状况，调研员对填写问卷者及当地社会公众进行访谈，并以填写调研回访表、作调研笔录等形式加以反馈。这些反馈的情况为项目组更为细致、全面了解和分析社会公众对当地法治政府建设认知情况提供了宝贵材料。

三　样本量及样本配额

在每个被调查城市发放 200 余份问卷，回收问卷样本量总计为 79292 份，有效样本量为 76969 份。样本配额见表 11 - 4 ~ 7。

表 11 - 4　受访者年龄段分布

年龄段	百分比（％）
18 ~ 44 岁（N = 61834）	80.34
45 ~ 59 岁（N = 11297）	14.68
60 岁及以上（N = 2302）	2.99
未透露（N = 1536）	2.00

表 11 - 5　受访者性别分布

性别	百分比（％）
男性（N = 37080）	48.18
女性（N = 39303）	51.06
未透露（N = 586）	0.76

① 本次调研延续过去几年调研的实践经验，约 90％ 以上的调研员和志愿者所学专业为法学，其余不足 10％ 的调研员和志愿者所学专业为行政学、管理学等专业。70％ 以上的调研员为中国政法大学在校学生。项目组对各高校调研员、志愿者为问卷调查付出的努力和开展的扎实有效的工作深表感谢。

表 11 - 6 受访者职业分布

职业	百分比（%）
国家工作人员（N = 4984）	6.48
事业单位人员（N = 11721）	15.23
企业人员（N = 23586）	30.64
农民（N = 2976）	3.87
自由职业者（N = 14340）	18.63
离退休人员（N = 4838）	6.29
无业（N = 1513）	1.97
其他（N = 12432）	16.15
未透露（N = 579）	0.75

表 11 - 7 受访者文化程度分布

文化程度	百分比（%）
小学及以下（N = 1384）	1.8
初中（N = 6789）	8.82
高中、职业技校或中专（N = 17116）	22.24
大专（N = 18013）	23.4
本科（N = 28745）	37.35
硕士及以上（N = 4105）	5.33
未透露（N = 818）	1.06

四 数据处理和分析方法

课题组参照《计数抽样检验程序》（GB/T2828.1—2003）对采用"独立双录入 + 独立校对"方式录入的数据进行抽查，结果显示录入错误率低于 0.05%。

运用 SPSS 23.0 统计分析软件检验问卷信度，可知 Cronbach's Alpha 系数为 0.947，高于 0.8，问卷信度高。

五 调查结果

（一）总体情况

从调查过程和结果来看，问卷设计的问题能够在一定程度上较准确地反映当地政府法治政府建设重要方面的基本情况。本次调查中，各城市社会公众满意度的总分为200分。其中，得分在180分及以上的为优，［160，180）分为良，［140，160）分为中，［120，140）分为及格，120分以下为不及格。

根据调查数据可知，参与评估的100个城市社会公众满意度调查的平均分为132.44分，平均得分率为66.22%，有44个城市高于平均分，56个城市得分在平均分以下。其中，4个评估对象得分低于120分，即不及格。具体排名见图11－1和图11－2：

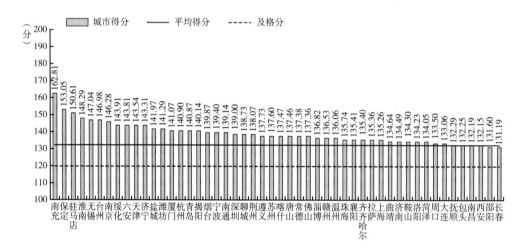

图11－1　排名第1～50位的城市得分情况

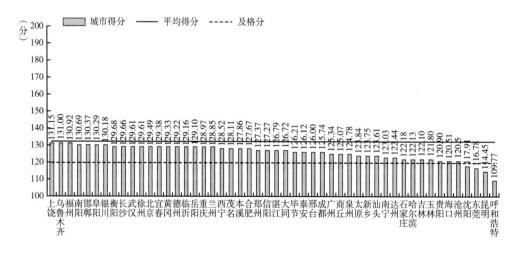

图11－2　排名第51～100位的城市得分情况

分析受访者的性别因素对评价结果的影响，2018年，男性对法治政府建设的满意度平均得分率为65.99%，女性为64.19%。结合近三年的持续观察，可以得知不同性别的人对法治政府建设满意度的评价总体上差异很小。

分析受访者年龄段对评价结果的影响，2018 年，18～44 岁的群体满意度评价平均得分率为 64.85%，45～59 岁的群体为 66.41%，60 岁及以上的群体为 67.06%。结合近三年的统计结果，项目组认为不同年龄段的人的阅历、对社会熟知程度、对政府管理的认知等有所差异。因此，不同年龄段的人对法治政府建设认识程度也有差异，但其中的差异很小。

分析受访者职业对评价结果的影响，从统计数据得知，国家工作人员评价的平均得分率为 65.65%、事业单位人员为 65.76%、企业人员为 65.99%、农民为 65.17%、自由职业者为 64.51%、离退休人员为 64.92%、无业为 63.5%、其他为 63.35%。可见，不同职业群体对法治政府建设的评价存在差异，但其中的差异很小。

分析受访者学历对评价结果的影响，数据显示，小学及以下学历人员评价的平均得分率为 63.98%，初中学历人员为 64.71%，高中、职业技校或中专学历人员为 64.98%，大专学历人员为 65.14%，本科学历人员为 65.23%，硕士及以上学历人员为 64.73%。据此，从平均得分率的大致走向看，高学历群体的法治政府建设满意度评价会相对高一点，但学历对评价结果的影响很小。

需要说明的是，从近三年的数据上看，上述几类群体对法治政府建设满意度评价的差异都很小，但也呈现一定的规律性。

（二）法治政府建设社会公众满意度评价的具体分析

为更好地研究社会公众对法治政府建设几个重要方面的满意度评价，项目组分别通过分析普通市民问卷、政务服务相对人问卷和专家问卷中的相应问题进行具体分析。

1. 普通市民问卷

该问卷面向相应城市的普通市民发放，主要围绕普通市民关心和比较了解的保护生态环境、保障食品安全、城市交通管理、维护社会治安、保障市容市貌、解决"看病难"医疗问题、发展教育事业、保障公共安全、开展法治宣传教育、社会救助和福利十个方面的问题进行问卷调查和访谈。该类问卷在本次调查中发放 39270 份，回收 37239 份，其中有效问卷 36148 份。课题组参照《计数抽样检验程序》（GB/T2828.1—2003）对采用"独立双录入＋独立校对"方式录入的数据进行抽查，结果显示录入错误率低于 0.05%。运用 SPSS 23.0 统计分析软件检验问卷信度，可知 Cronbach's Alpha 系数为 0.927，高于 0.8，问卷信度高。

　　该问卷平均得分为 122.87 分，平均得分率为 61.43%，总体上水平为刚及格。其中，有 54 个城市高于平均分，有 46 个城市得分低于平均分，有 34 个城市得分低于及格分。在参与评估的 100 个城市中，保定、驻马店、南京、绥化、无锡位居前 5，抚顺、信阳、唐山、石家庄、沈阳排名在最后 5 位。具体情况见图 11 −3 和图 11 −4。

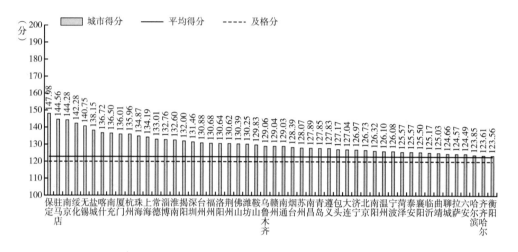

图 11 −3　普通市民问卷排名第 1 ~ 50 位城市得分

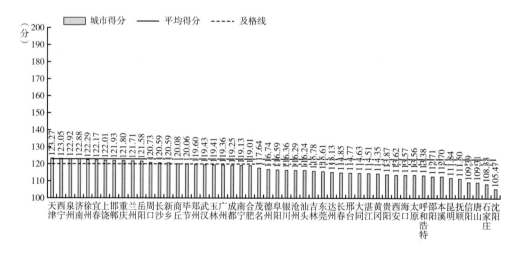

图 11 −4　普通市民问卷排名第 51 ~ 100 位城市得分

　　为具体了解普通市民对当地法治政府建设情况的评价，项目组对相应的十个问题逐一进行分析。对比发现，市民认为市政府在保障食品安全、解决"看病难"两个方面的工作情况不及格，在保护生态环境、城市交通管理、维护社会治安、保障市容市貌等八个方面处于及格但未达到中等的水平，详见图 11 −5。

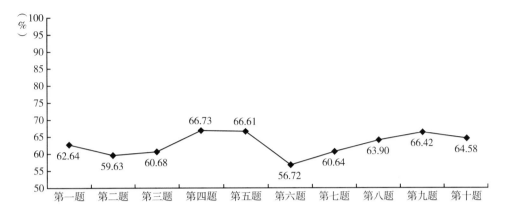

图 11 – 5　普通市民问卷各题得分率

一是市政府在保护生态环境方面的工作情况。该问题的平均得分为 12.53 分，略高于及格分，平均得分率为 62.64%，平均分以上有 50 个城市，以下有 50 个城市。及格线以下有 32 个城市。可以说，民众认为政府保护生态环境方面的工作是刚刚及格，但政府要让民众很满意还需要进一步加大工作力度以保障工作成效。

二是市政府在保障食品安全方面的工作情况。该问题的平均得分为 11.93 分，平均得分率为 59.63%，平均分以上有 51 个城市，以下有 49 个城市。及格线以下有 52 个城市。分析数据可知，民众认为政府保障食品安全方面的工作不及格。因此，政府应该尽快在保障食品安全方面做出卓有成效的工作。

三是市政府在城市交通管理方面的工作情况。该问题的平均得分为 12.14 分，平均得分率为 60.68%，平均分以上有 48 个城市，以下有 52 个城市。及格线以下有 42 个城市。由此可知，民众对政府在城市交通管理方面的工作评价是勉强及格，政府在交通管理方面要让民众很满意还须作出更多努力。

四是市政府在维护社会治安方面的工作情况。该问题的平均得分为 13.35 分，平均得分率为 66.73%，平均分以上有 45 个城市，以下有 55 个城市。及格线以下有 10 个城市。分析数据可知，该问题的平均得分率是普通市民问卷十个问题中得分率最高的，即民众对政府维护社会治安方面的工作评价是所有问题中评价最高的。项目组注意到，即便如此，民众对社会治安的期望值还是高于政府的工作实效。

五是市政府在保障"市容市貌"和环境卫生方面的工作情况。该问题的平均得分为 13.32 分，平均得分率为 66.61%，平均分以上有 45 个城市，以下有 55 个城市。及格线以下有 11 个城市。该问题的平均得分率是普通市民问卷十个问题中得分率第二高的，民众对政府保障"市容市貌"和环境卫生方面的工作评价较高，但距离使

民众很满意还有较大的提升空间。

六是市政府在解决"看病难"方面的工作情况。分析数据可知，该问题的平均得分为 11.34 分，平均得分率为 56.72%，平均分以上有 78 个城市，以下有 22 个城市。及格线以下有 58 个城市，也就是有超过半数的城市不及格，是普通市民问卷十个问题中不及格城市最多的。

七是市政府在社会救助、社会福利（如扶贫、慈善等）方面的工作情况。该问题的平均得分为 12.13 分，平均得分率为 60.64%，平均分以上有 76 个城市，以下有 24 个城市。及格线以下有 17 个城市。在所有十个问题中，该问题的得分率为倒数第三，可以反映政府在社会救助、社会福利方面的工作亟待改进，特别是在精准扶贫方面要避免形式主义。

八是市政府在发展教育事业方面的工作情况。该问题的平均得分为 12.78 分，平均得分率为 63.90%，平均分以上有 71 个城市，以下有 29 个城市。及格线以下有 4 个城市，及格线以下城市数量仅占 4%。可以说，民众认为政府发展教育事业方面的工作是及格的，参评的 100 个城市在发展教育方面的差距不及其余问题大。但发展教育是重要的民生工程，政府应该继续加大工作力度采取有力举措加快发展教育事业。

九是市政府在保障公共安全方面的工作情况。该问题的平均得分为 13.28 分，平均得分率为 66.42%，平均分以上有 31 个城市，以下有 69 个城市。及格线以下有 2 个城市，为本问卷中及格线以下城市数量最少的。该问题的得分也是 10 个问题中第三高的。民众对政府保障公共安全方面的工作评价较好，但距离让民众很满意还有较大的提升空间。

十是市政府在开展法治宣传教育方面的工作情况。该问题的平均得分为 12.92 分，平均得分率为 64.58%，平均分以上有 51 个城市，以下有 49 个城市。及格线以下有 13 个城市。由此可知民众对政府开展法治宣传教育方面的工作较为满意，但民众认为宣传方式有待改进、宣传效果有待增强。

2. 政务服务相对人问卷

该问卷面向相应城市的政务服务相对人发放，主要围绕可以反映政务服务水平的环境设施、服务态度、办事效率、公开透明度、廉洁自律及投诉监督等十个方面的问题进行问卷调查和访谈。该类问卷在本次问卷调查中发放 37500 份，回收 36026 份，其中有效问卷 34971 份。项目组参照《计数抽样检验程序》（GB/T2828.1—2003）对采用"独立双录入 + 独立校对"方式录入的数据进行抽查，结果显示录入错误率低于 0.05%。运用 SPSS 23.0 统计分析软件检验问卷信度，可知 Cronbach's Alpha 系数为 0.957，高于 0.8，问卷信度高。

该问卷平均得分为 140.4 分，平均得分率为 70.2%，总的来看处于中等水平。其中，有 45 个城市高于平均分，有 55 个城市得分低于平均分，有 4 个城市得分低于及格分，参评的 100 个城市中，南充、淮南、六安、台州、天津位居前 5，玉林、东莞、昆明、盐城、呼和浩特排名在最后 5 位。具体情况见图 11 - 6 和图 11 - 7。

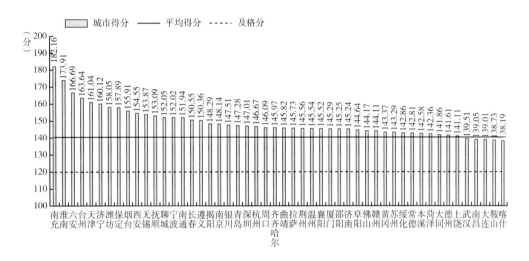

图 11 - 6　政务服务相对人问卷排名第 1 ~ 50 位城市得分

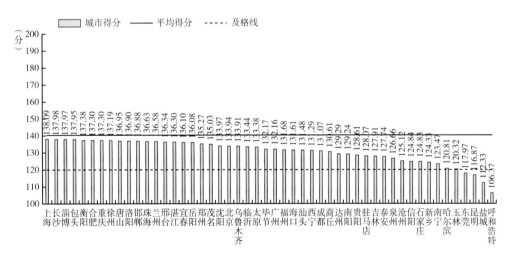

图 11 - 7　政务服务相对人问卷排名第 51 ~ 100 位城市得分

关于政务服务相对人对当地法治政府建设情况的评价，调查发现，政务服务相对人认为，总体而言，市政府在行政服务方面的工作处于中等水平。其中，市政府服务中心或窗口办事人员的行政效率、一次性告知来办事人员相关注意事项或需要补正的材料两个方面得分相对较低，处于刚达到中等水平的状态。而人们普遍对政务服务中心的环境设施评价较高（见图 11 - 8）。

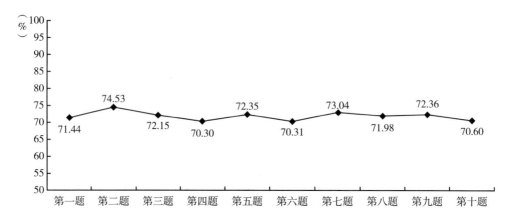

图 11 - 8　政务服务相对人问卷各题得分率折线图

一是到当地的政务大厅、服务中心办事的总体感受。该题平均得分为 14.29 分，平均得分率为 71.44%，平均分以上有 48 个城市，以下有 52 个城市。及格分以下有昆明、新乡、呼和浩特 3 个城市。分析数据可知，总体而言，绝大多数政务服务相对人认为政府提供的政务服务处于中等水平，认为到当地的政务大厅、服务中心办事的感受较好。

二是当地的政务大厅、服务中心的环境设施。该题平均得分为 14.91 分，平均得分率为 74.53%，平均分以上有 40 个城市，以下有 60 个城市。100 个城市得分均在及格线以上，是该问卷十个题目中得分率最高的。可以说，接受政务服务的人们对当地政务大厅或服务中心环境设施的满意度较高，当地政府在营造政务服务环境方面的工作成效明显。

三是当地的政务大厅、服务中心窗口工作人员的服务态度、礼节礼貌的情况。该题的平均得分为 14.43 分，平均得分率为 72.15%，平均分以上有 44 个城市，以下有 66 个城市。及格线以下仅有淄博市、遵义市这两个城市。总体而言，在政务服务大厅或服务中心接受政务服务的人们对窗口工作人员服务态度的评价处于中等水平，对工作人员的礼节礼貌是比较认可的。

四是当地的政务大厅、服务中心窗口工作人员的办事效率。该题的平均得分为 14.06 分，平均得分率为 70.30%，平均分以上有 45 个城市，以下有 55 个城市。及格线以下有石家庄、哈尔滨、昆明、玉林及呼和浩特等 6 个城市。该题目的得分率虽然在及格线以上，却是本问卷中得分率最低的。访谈中，政务服务相对人普遍期望政务大厅、服务中心窗口工作人员的办事效率有所提高。

五是在当地的政务大厅、服务中心办理相关事项的公开透明度情况。该题的平均得分为 14.47 分，平均得分率为 72.35%，平均分以上有 41 个城市，以下有 59 个城市。该问题的得分率在本问卷十个问题中居中，低于及格线的仅有昆明、玉林和呼和浩特 3 个城市。总体而言，政务大厅、服务中心办理相关事项的公开透明度情况较好。

六是当地的政务大厅、服务中心一次性告知来办事人员相关注意事项或需要补正的材料的情况。该题的平均得分为 14.06 分，平均得分率为 70.31%，平均分以上有 26 个城市，以下有 74 个城市。及格线以下有信阳、南宁、新乡、呼和浩特 4 个城市。该问题的得分率在本问卷十个问题中居于倒数第二位，可以说政务大厅、服务中心一次性告知来办事人员相关注意事项或需要补正的材料方面的工作还需要加强。

七是当地的政务大厅、服务中心窗口工作人员的廉洁自律情况。该题的平均得分为 14.61 分，平均得分率为 73.04%，平均分以上有 46 个城市，以下有 54 个城市。及格线以下有呼和浩特、新乡 2 个城市。分析数据可知，该问题的得分率在整个问卷十个题目中为第二高，说明接受政务服务的人员对窗口工作人员廉洁自律方面的评价较好。

八是当地的政务大厅、服务中心窗口工作人员的责任心情况。该题的平均得分为 14.40 分，平均得分率为 71.98%，平均分以上有 45 个城市，以下有 55 个城市。及格线以下有沧州、哈尔滨、昆明、玉林、呼和浩特 5 个城市。由数据可知，到当地政务大厅或服务中心办事的人员认为窗口工作人员开展工作的责任心还需要进一步增强。

九是当地的政务大厅、服务中心给予前来办事群众的公告或指示内容的清楚明了程度。该题的平均得分为 14.47 分，平均得分率为 72.36%，平均分以上有 47 个城市，以下有 53 个城市。及格线以下有玉林、昆明、呼和浩特 3 个城市。可以说，到政务服务大厅或服务中心办事的人员认为服务点对服务事项的告示较为清楚。但项目组在访谈中也了解到，相关告示事项存在信息内容更新迟缓，有的地方政务大厅提示服务屏幕出现故障后维修不及时或进度缓慢等问题，这些会影响人们办事的便捷度，降低人们对窗口服务评价的满意度。

十是当地的政务大厅、服务中心里面的投诉渠道的畅通程度。该题的平均得分为 14.12 分，平均得分率为 70.60%，平均分以上有 48 个城市，以下有 52 个城市。及

格线以下有新乡、北京、玉林、昆明、呼和浩特等 7 个城市。该指标的得分率为本问卷十个问题中倒数第三低的。分析数据可知,总体而言,人们认为政府对行政服务的监督力度有待加大。

3. 专家问卷

该问卷面向相应城市的律师、法官及从事法学理论研究和实践工作的高校教师等群体发放,主要围绕可以反映政务服务水平的环境设施、服务态度、办事效率、公开透明度、廉洁自律和投诉监督等十个方面的问题进行问卷调查和访谈。该类问卷在本次问卷调查中发放 7200 份,回收 6027 份,其中有效问卷 5850 份。项目组参照《计数抽样检验程序》(GB/T2828.1—2003)对采用"独立双录入 + 独立校对"方式录入的数据进行抽查,结果显示录入错误率低于 0.05%。运用 SPSS 23.0 统计分析软件检验问卷信度,可知 Cronbach's Alpha 系数为 0.959,高于 0.8,问卷信度高。

该问卷平均得分为 129.52 分,平均得分率为 64.76%,有 48 个城市得分高于平均分,有 52 个城市得分低于平均分,有 23 个城市得分低于及格分,参评的 100 个城市中,南充、绥化、成都、玉林、茂名位居前 5,哈尔滨、泉州、信阳、沧州、汕头排名在最后 5 位。具体情况见图 11 - 9 和图 11 - 10。

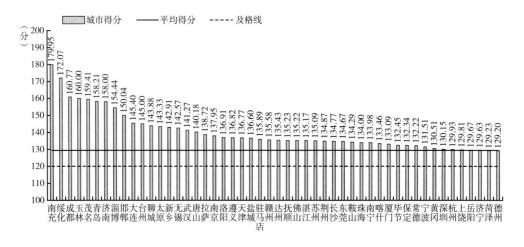

图 11 - 9　专家问卷排名第 1 ~ 50 位城市得分

关于专家对当地法治政府建设情况的评价,总体而言,专家们认为,政府在行政效率、信息公开、依法化解社会矛盾、推进生态文明建设、诚信、廉洁等方面的工作表现处于及格水平以上但还未达到中等水平,且政府在行政效率、作出重大行政决策时听取市民意见建议两个方面得分相对较低(见图 11 - 11)。

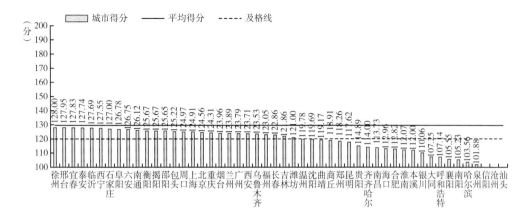

图 11 - 10　专家问卷排名第 51 ~ 100 位城市得分

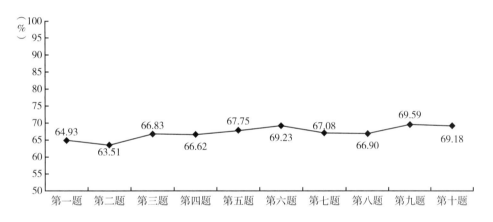

图 11 - 11　专家问卷各题得分率

　　一是市政府的行政效率情况。该题的平均得分为 12.99 分，平均得分率为 64.93%，平均分以上有 33 个城市，以下有 67 个城市。及格分以下有哈尔滨、沧州等 28 个城市。该问题的得分为本问卷十个问题中倒数第二低的。由此可知，专家们对此满意度较低，认为政府的行政效率有待进一步提高。

　　二是市政府作出重大行政决策时听取市民意见建议的情况。该题的平均得分为 12.70 分，平均得分率为 63.51%，平均分以上有 36 个城市，以下有 64 个城市。及格线以下有南昌、信阳、呼和浩特等 41 个城市，是本问卷中及格线以下城市数量最多的。可以说，专家们认为政府作出重大行政决策时听取市民意见建议的情况欠佳。

　　三是市政府的信息公开或政务公开的情况。该题的平均得分为 13.37 分，平均得

分率为66.83%，平均分以上有34个城市，以下有66个城市。及格线以下有大同、沧州、信阳等11个城市。由此可知，专家们认为政府信息公开或政务公开总体上及格，但距离让人们满意还有较大的提升空间。

四是市政府在依法防范和化解社会矛盾、解决争议方面的情况。该题的平均得分为13.32分，平均得分率为66.62%，平均分以上有34个城市，以下有66个城市。及格线以下有南阳、汕头、信阳、沧州等12个城市。该问题的得分率为本问卷中倒数第三，由此可知，专家们对政府在依法防范和化解社会矛盾、解决争议方面的满意度较低。

五是市政府及其工作人员严格规范公正文明执法的情况。该题的平均得分为13.55分，平均得分率为67.75%，平均分以上有37个城市，以下有63个城市。及格线以下有襄阳、汕头、沧州等15个城市。分析数据可知，专家们认为政府及其工作人员严格规范公正文明执法方面的工作处于及格线以上、中等以下水平。

六是市政府依法推进生态文明建设和环境保护工作的情况。该题的平均得分为13.85分，平均得分率为69.23%，平均分以上有35个城市，以下有65个城市。及格线以下有哈尔滨、淮南、襄阳等11个城市。可以说，专家们认为政府在依法推进生态文明建设和环境保护方面开展的工作较有成效。

七是市政府诚实守信的情况。该题的平均得分为13.42分，平均得分率为67.08%，平均分以上有37个城市，以下有63个城市。及格线以下有海口、大同、沧州、信阳等23个城市。分析数据可知，专家们认为政府的诚信度有待进一步提升。

八是市政府工作人员的清正廉洁情况。该题的平均得分为13.38分，平均得分率为66.90%，平均分以上有36个城市，以下有64个城市。及格线以下有呼和浩特、信阳等15个城市。由此可知，专家们认为政府工作人员的廉洁度还有较大的提升空间。

九是市政府开展法治宣传教育工作的情况。该题的平均得分为13.92分，平均得分率为69.59%，平均分以上有32个城市，以下有68个城市。及格线以下有周口、珠海、驻马店、淄博和遵义等9个城市。因此，专家们认为，政府开展法治宣传教育工作接近中等水平，但还有小部分城市开展法治宣传教育工作的成效有待提高。

十是市政府依法行政或建设法治政府的情况。该题的平均得分为13.84分，平均得分率为69.18%，平均分以上有33个城市，以下有67个城市。及格线以下有本溪、大同、哈尔滨和沧州等11个城市。总的来看，专家们对政府依法行政和建设法治政府工作较为满意。

六 评估结论与建议

通过分析以上三套问卷各十个问题的数据，项目组根据法治政府建设的社会公众满意度评价的情况可以得出以下几点结论。

第一，社会公众对法治政府建设的主观评价总体上较去年有所提升但提升幅度很小。评估数据显示，2018 年法治政府建设社会公众满意度调查的平均得分为 130.06 分，较 2017 年的 128.15 分高出近 2 分。2018 年评分不及格城市为 4 个，比 2017 年少了 19 个。但是没有评分得优的城市，得分为良的仅为南充，得分为中等的有 16 个城市，比 2017 年多了 3 个。数据显示，2018 年社会公众满意度评价得分处于中等和及格水平的有 95 个城市，绝大多数城市的得分处于及格和中等水平，得分的差距较去年有所缩小，法治政府建设获得社会公众认可度呈现逐渐提升的趋势，但提升的幅度很小。

第二，面向普通市民、政务服务相对人和专家的三种问卷的得分差距明显，但每种问卷内各题目间得分差异较小。普通市民问卷平均得分为 122.87 分，政务服务相对人问卷平均得分为 140.4 分，专家问卷平均得分为 129.52 分，各题目间最大分差为近 18 分，最小分差为将近 7 分，因此这三种问卷间的得分差距比较明显。例如，普通市民问卷中平均得分最大分差仅为约 2 分，政务服务相对人问卷中平均得分分差不到 0.8 分，专家问卷中平均得分分差仅为 1.22 分（见表 11－8）。分析数据可知，政务服务相对人对政府提供行政服务的评价较高，也高于普通市民和专家对政府法治政府建设的满意度评价得分。另外，总体上看，行政服务相对人对政府行政服务的评价得分为中等线以上，可知人们对行政服务较为满意。

表 11－8 三种问卷各题得分及得分率

普通市民问卷	第一题	第二题	第三题	第四题	第五题	第六题	第七题	第八题	第九题	第十题
得分	12.53	11.93	12.14	13.35	13.32	11.34	12.13	12.78	13.28	12.92
得分率(%)	62.64	59.63	60.68	66.73	66.61	56.72	60.64	63.90	66.42	64.58
政务服务相对人问卷	第一题	第二题	第三题	第四题	第五题	第六题	第七题	第八题	第九题	第十题
得分	14.29	14.91	14.43	14.06	14.47	14.06	14.61	14.40	14.47	14.12
得分率(%)	71.44	74.53	72.15	70.30	72.35	70.31	73.04	71.98	72.36	70.60
专家问卷	第一题	第二题	第三题	第四题	第五题	第六题	第七题	第八题	第九题	第十题
得分	12.99	12.70	13.37	13.32	13.55	13.85	13.42	13.38	13.92	13.84
得分率(%)	64.93	63.51	66.83	66.62	67.75	69.23	67.08	66.90	69.59	69.18

第三，行政效率、重大行政决策听取公众意见、行政服务监督、食品安全及就医问题等几个方面对社会公众满意度评价影响较大。普通市民问卷中，市民对政府保障食品安全方面工作和解决"看病难"问题的评价均为不及格；政务服务相对人问卷中，接受政务服务的人对工作人员办事效率、一次性告知办事注意事项和反映行政服务监督的投诉渠道畅通度的评价是较低的；专家问卷中，专家们对政府的行政效率、重大行政决策听取公众意见的情况评价也是相对较低的。

为提高社会公众对政府依法行政、建设法治政府的满意度评价，结合以上数据分析结果，项目组提供以下几点建议。

第一，加强重点领域民生工作，切实保障惠民工程取得成效。建设人民满意的服务型政府，需要想群众所想，急群众所急，办群众所需，围绕人民群众普遍关心的生态环保、社会保障、教育文化、卫生健康、医疗保障等领域，进一步完善公共服务管理体制，健全公共服务体系，维护公共安全环境，强化政府公共服务，实现公共服务均等化、便捷化、普惠化，以更好地保障和改善民生。

第二，强化行政执行力，提高政府效能，建设高效便民政府。政府部门办事效率折射政府的治理能力。人们期望政府提供的公共服务不仅应该是优质的，也应该是高效的。政府提供公共服务不仅在于提供环境良好的政务大厅或服务中心，也在于政务工作人员提供服务的态度和效率。因此，政府应该不断提升政府效能和行政效率，及时回应人民群众最关心、最直接、最迫切的需求，强化行政效力，做到不等不拖、言出必行，确保工作高效落实。

第三，提高政府公信力，建设诚信政府。政府诚信度关系政令畅通度，关系人民群众对法治政府建设的满意度。由于个别政府或个别政府部门出台政策缺乏稳定性和连续性、存在不同程度的信息公开不充分或不真实情况、行政协议中不诚信现象频现等的影响，政府公信力受到前所未有的挑战。政府公信力影响其行政管理效率和效果，公信力低会使管理成本上升，也会使人民的满意度降低。政府应该通过依法全面履行职责、严格规范文明执法、权力公开透明运行、政府工作人员廉洁行政等举措进一步提升政府公信力。

城市分报告

（按城市名拼音升序排列）

一　鞍山市人民政府

一、鞍山市法治政府建设情况

鞍山市人民政府评估总分为 591.60 分，低于全国平均水平（654.34 分）62.74 分，在全部参与评估的 100 个城市中排名第 84 位，在东部区域 48 个城市中排名第 44 位。该市政府得分按一级指标分析结果见表 12－1。

表 12－1　鞍山市人民政府一级指标评估得分分析

指标\分析	依法全面履行政府职能	法治政府建设的组织领导	依法行政制度体系	行政决策	行政执法	政务公开	监督与问责	社会矛盾化解与行政争议解决	优化营商环境的法治保障	社会公众满意度调查
得分	56	29	20	68	56.74	55	76.67	64.89	31	134.30
与平均分差	0.99	－16.99	－25.50	－1.41	2.48	－12.51	－0.30	－7.68	－3.70	1.87
与最高分差	－15	－43	－55	－25	－21.54	－39.07	－16.28	－27.26	－29	－28.51
排名	51	92	96	61	40	80	56	77	63	40

每项一级指标得分换算成百分比并与全国平均水平比较得出图 12－1。

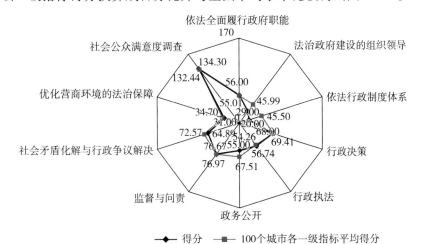

图 12－1　鞍山市人民政府评估得分与全国平均得分比较

239

可以看出，该市依法全面履行政府职能、行政执法、社会公众满意度调查三个指标得分高于全国平均水平，说明该市政府在这三个方面评价较高。政务公开指标得分处于全国中位水平，说明该市政府在这个方面评价一般。

二、鞍山市法治政府建设情况分析

在 2018 年全国法治政府评估中，鞍山市得到 591.60 分（总分 1000 分），在参与评估的 100 个城市中排名第 84 位（在 2017 年全国法治政府评估中，鞍山市排名第 78 位，在东部区域 48 个城市中排名第 44 位；在 2016 年评估中排名第 61 位）。这一评估结果反映近年来鞍山市法治政府建设一直处于下滑状态中，总体水平较低，根据《法治政府建设实施纲要（2015—2020 年）》提出的要求，鞍山市的法治政府建设仍有较大的提升空间。

（一）成绩

1. 社会公众满意度略有提升

评估结果显示，鞍山市法治政府建设的社会公众满意度得分为 134.30 分（满分为 200 分），高于平均分 1.87 分。在 2017 年度评估中得分为 121.55 分。该项指标反映公众在与行政权力接触频繁的领域里，能切实感受到权力运行状况的改善，对法治政府建设成果产生充足的获得感，鞍山市在 2018 年的社会满意度测评中有一定进步，但也要注意持续建设法治政府、服务型政府、高效政府及阳光政府，并将建设落到实处，否则公众满意度的提升也只是昙花一现。

（二）问题

1. 法治政府建设的组织领导得分呈陡崖式下跌

本年度评估结果显示，在法治政府建设的组织领导一级指标上，鞍山市得到 29 分，低于全国平均分 16.99 分。在 2017 年度评估中，鞍山市得到 57 分，比全国平均水平高出 9.78 分。在 2016 年度评估中，鞍山市该指标得到 42 分，比全国平均分高出 2.61 分。在 2015 年度评估中，鞍山市该指标得到 32 分。对比连续四年的测评结果可以看出，鞍山市法治政府建设的组织领导指标得分出现了较大下滑，这反映了鞍山市法治政府建设的组织领导力度减弱趋势，鞍山市应着重寻找失分原因，持续不断加强法治政府建设领导机制、体制建设，把握法治政府建设过程中领导机制建设着力点。

2. 依法行政制度体系仍制约法治政府建设

评估结果显示,2018 年鞍山市依法行政制度体系指标得分为 20 分(总分为 80 分),低于全国平均分 25.50 分。2017 年得分为 23 分,比全国平均分低 22.92 分。在 2016 年度评估中,鞍山市该指标得到 31 分。在 2015 年评估中仅得到 27 分。此项指标下鞍山市政府得分连年下降,鞍山市应当严格规范性文件法制审核,建立政府规范性文件法制审核制度,凡属规范性文件必须经法制办审核,同时坚持重要规范性文件草案向社会公众公开征求意见。严格规范性文件管理,做到"有件必备、有备必审",明确规范性文件的备案审查原则、接受备案的主体、备案应提交的材料及发现存在违法情形时的纠正措施等。

3. 行政执法的法制化程度有待提高

在行政执法一级指标下,鞍山市在 2018 年的评估中得分为 56.74 分,低于最高分 21.54 分。在 2017 年度评估中得到 69 分。在 2016 年度评估中鞍山市该指标得到 57.7 分。从近三年的评估数据可以看出,鞍山市行政执法指标得分在经历高位后回落,这反映出鞍山市行政执法工作的整体法治化程度尚有待提高,在行政执法体制的建立和完善、行政执法程序的遵守及行政执法方式的创新等方面有较大提升空间,认真落实行政执法人员资格管理制度,做好行政执法证件清理换发工作,健全行政执法人员培训机制,对取得行政执法证件的人员要向社会公示,主动接受社会监督。行政执法人员必须持证上岗,执法时主动亮证,否则行政相对人有权拒绝行政执法行为。建立和完善行政机关层级监督制度,健全行政执法责任制、评议考核制、过错责任制,拓宽监督渠道。

4. 行政决策的法制化程度出现下降

评估结果显示,鞍山市在行政决策一级指标下得到 68 分,低于最高分 25 分。在 2017 年评估中,此项指标得分为 73 分。在 2016 年度评估中,鞍山市在该指标上得到 67 分。在 2015 年度评估中,鞍山市在该指标上得到 62 分。对比分析鞍山市近年来的得分情况,可以看出在行政决策指标上,除本年度评估外,鞍山市的得分始终处于增长态势,然而 2018 年的评估分数下落至平均分以下,这反映出鞍山市行政决策法制化程度存在不足,在未来的法治政府相关建设中,鞍山市要将行政决策建设的目光更多转移到深化党政机关法律顾问工作、加快建设行政决策咨询论证专家库制度及切实落实重大决策程序审查机制上来。

二　包头市人民政府

一、包头市法治政府建设情况

包头市人民政府评估总分为 567.37 分，低于全国平均水平（654.34 分）86.97 分，在全部参与评估的 100 个城市中排名第 92 位，在西部区域 20 个城市中排名第 16 位。该市政府得分按一级指标分析结果见表 12-2。

表 12-2　包头市人民政府一级指标评估得分分析

指标分析	依法全面履行政府职能	法治政府建设的组织领导	依法行政制度体系	行政决策	行政执法	政务公开	监督与问责	社会矛盾化解与行政争议解决	优化营商环境的法治保障	社会公众满意度调查
得分	60	37	40	50	46.44	40	67.68	83.42	28	132.25
与平均分差	4.99	-8.99	-5.50	-19.41	-7.82	-27.51	-0.29	-6.57	-6.70	-0.19
与最高分差	-11	-35	-35	-43	-31.84	-54.07	-25.27	-26.15	-32	-30.56
排名	28	79	63	96	78	100	86	72	74	46

每项一级指标得分换算成百分比并与全国平均水平比较得出图 12-2。

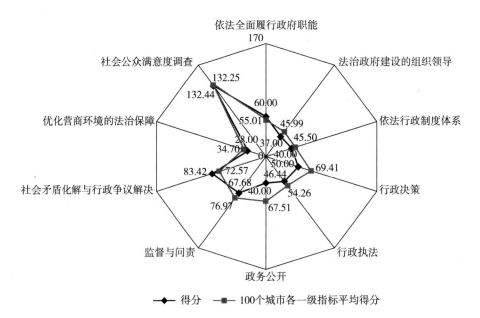

图 12-2　包头市人民政府评估得分与全国平均得分比较

可以看出，该市只有依法全面履行政府职能这一个指标得分高于全国水平，法治政府建设的组织领导、依法行政制度体系、行政决策、行政执法、政务公开、监督与问责、社会矛盾化解与行政争议解决、优化营商环境的法治保障及社会公众满意度调查这九个指标得分均低于全国平均水平，特别是政务公开指标得分与全国年均水平相差较大，这反映了包头市政务公开工作的不完善。

二、包头市法治政府建设情况分析

在 2018 年全国法治政府评估中，包头市得到 567.37 分（总分为 1000 分），在 100 个参与评估城市中排名第 92 位，在西部区域 20 个城市中排名第 16 位（在 2017 年度评估中，包头市得到 627.27 分，排名第 85 位；在 2016 年度评估中，包头市得到 644.61 分，排名第 64 位）。这一评估结果反映了包头市法治政府建设水平较低，法治政府建设工作仍有较大的提升空间。

（一）成绩

1. 依法全面履行政府职能工作平稳有序

评估结果显示，2018 年度包头市在"依法全面履行政府职能"指标下得分为 60 分（该指标总分为 80 分），比全国平均分高 4.99 分，得分率为 75%。2017 年度和 2016 年度包头市在这一指标上分别得 77 分和 37 分，得分率较为稳定。通过对比连续三年的评估结果，可以得出结论：在《法治政府建设实施纲要（2015—2020 年）》对法治政府建设提出新要求的形势下，包头市依法全面履行政府职能工作呈逐年平稳有序发展的良好趋势。

2. 社会公众满意度有所提升

评估结果显示，2018 年度包头市在这一指标下得分为 132.25 分（该指标总分为 200 分），比平均分低 0.19 分，排名第 46 位；在 2017 年度评估中，包头市该项指标得分为 125.11 分，比平均分低 3.04 分，排名第 56 位。通过对比分析可以发现，虽然与全国水平存在 0.19 的分差，但是包头市社会公众满意度这一指标得分较上一年度有所提升，总体处于全国中等水平，还有很大的进步空间。

（二）问题

1. 行政决策的能力和水平较弱

评估结果显示，在"行政决策"一级指标下，包头市得到 50 分（该指标总分为

100 分），比全国平均分低 19.41 分，排名全国第 96 位；2017 年度评估中，包头市在该指标下得到 63 分，比全国平均分低 9.19 分。近年的评估结果显示，包头市在这一指标下得分一直较低，与全国平均水平差距较大，且有逐渐扩大的趋势，这反映包头市行政决策的能力和水平较弱，需要进一步提高。

2. 政务公开工作有待大幅度提高

评估结果显示，在本年度评估中，包头市在该指标下得分为 40 分（该指标总分为 100 分），排名全国倒数第一位。在 2017 年评估中，包头市在该指标上得到 87 分，排名全国第 83 位。通过对比评估结果可知，包头市政务公开工作水平有待大幅度提高，特别是在重点领域信息公开、政府门户网站建设维护、政府数据开放、依申请信息公开等多个方面工作都需要进一步加强。

3. 监督与问责工作需进一步加强

评估结果显示，2018 年度包头市"监督与问责"这一指标得分为 67.68 分（该指标总分为 100 分），全国排名第 86 位；2017 年度包头市在该指标的得分为 74.26 分，全国排名第 55 位。评估结果显示，包头市在该指标得分及得分率逐年下降，这反映包头市"监督与问责"制度建设方面工作的欠缺，以及在接下来工作中有待加强，需要继续完善外部与内部的具体监督制度，严格落实问责。

三　保定市人民政府

一、保定市法治政府建设情况

保定市人民政府评估总分为 606.67 分，低于全国平均水平（654.34 分）47.67 分，在全部参与评估的 100 个城市中排名第 78 位，在东部区域 48 个城市中排名第 42 位。该市政府得分按一级指标分析结果见表 12 - 3。

表 12 - 3　保定市人民政府一级指标评估得分分析

指标分析	依法全面履行政府职能	法治政府建设的组织领导	依法行政制度体系	行政决策	行政执法	政务公开	监督与问责	社会矛盾化解与行政争议解决	优化营商环境的法治保障	社会公众满意度调查
得分	60	44	30	69	45.18	64.89	63.03	52.52	24	153.05
与平均分差	4.99	- 1.99	- 15.5	- 0.41	- 9.08	- 0.62	- 13.96	- 20.02	- 10.7	20.61
与最高分差	- 11	- 28	- 45	- 24	- 33.10	- 29.18	- 29.92	- 39.63	- 36	- 9.76
排名	30	61	80	53	81	59	96	99	82	2

每项一级指标得分换算成百分比与全国平均水平比较得出图 12 - 3。

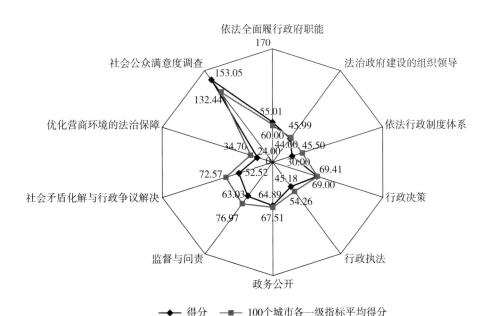

图 12 - 3　保定市人民政府评估得分与全国平均得分比较

可以看出，该市依法全面履行政府职能和社会公众满意度调查指标得分高于全国平均水平，说明该市政府在这两个方面评价较高。法治政府建设的组织领导、依法行政制度体系、行政决策、行政执法、政务公开、监督与问责、社会矛盾化解与行政争议解决、优化营商环境的法治保障这八个指标得分低于全国平均水平，说明该市政府在这八个方面评价均较低，特别是社会矛盾化解与行政争议解决这一指标得分位列第99，该项工作开展情况较不到位。

二、保定市法治政府建设情况分析

在 2018 年全国法治政府评估中，保定市得到 606.67 分（总分为 1000 分），在 100 个参与评估城市中排名第 78 位，在东部区域 48 个城市中排名第 42 位（在 2017 年度评估中，保定市得到 624.62 分，排名第 86 位；在 2016 年度评估中，保定市得到 600.71 分，排名第 88 位）。这一评估结果反映出，虽然保定市法治政府建设总体水平在逐渐提升，但是提升速度非常缓慢，在行政执法、监督与问责、社会矛盾化解与行政争议解决等多个方面仍有很大的提升空间。

（一）成绩

1. 社会公众满意度有显著的提高

本年度评估结果显示，在"社会公众满意度调查"一级指标下，保定市得到 153.05 分（该指标满分为 200 分），比全国平均分高出 20.61 分，在全国排名第 2 位；2017 年度评估中，保定市在该指标下得到 111.75 分，比全国平均分低 16.40 分，排名全国第 95 位。对比评估结果可以看出，保定市在"社会公众满意度调查"指标上得分上升明显。这反映保定市在大力开展社会公众满意度工作，发展趋势良好，也同时反映保定市公众在与行政权力接触频繁的领域切实感受到了权力运行状况的改善，保定市政府在努力提高社会公众对法治政府建设工作的满意度。

2. 依法全面履行政府职能能力提高

评估结果显示，本年度评估中保定市在该项指标下得分为 60 分（该指标满分为 80 分），比全国平均分高 4.99 分，得分率为 75%，而 2017 年保定市该指标得分比全国平均水平低 1.81 分，2016 年度得分比全国平均水平低 11.23 分。综合评估结果可以认为，保定市依法全面履行政府职能这一指标得分整体上有所上升，依法全面履行政府职能的能力有较大提高。

（二）问题

1. 社会矛盾化解与行政争议解决工作开展实效不足

在社会矛盾化解与行政争议解决一级指标下，保定市在 2018 年评估中仅得到 52.52 分（该指标总分为 100 分），排名全国倒数第二位；在 2017 年评估中，保定市在该指标下得到 63.23 分，排名全国第 78 位。从以上评估数据可以看出，保定市在社会矛盾化解与行政争议解决指标下的得分持续下降，且长期处于低位。这反映了保定市社会矛盾化解与行政争议解决工作的整体法治化程度有待提高，社会矛盾化解和行政争议解决的实际效果与法治政府建设的预期效果存在较大差距，还须进一步建立健全社会矛盾化解和行政争议解决制度。

2. 监督与问责机制不完善

评估结果显示，在本年度评估中，保定市在这一指标下得分为 63.03 分，排名全国第 96 位。在 2017 年度评估中，保定市得分 61.14 分，排名全国第 93 位。在 2016 年度评估中，保定市得分为 73.77 分，排名全国第 26 位。通过对比分析连续三年的评估结果发现，保定市在这一指标下得分连续两年排名垫底，说明其监督与问责机制落实不到位，需要继续完善外部与内部的具体监督制度，严格落实监督与问责。

3. 依法行政制度体系建设不完善

评估结果显示，保定市法治政府建设在"依法行政制度体系"指标下得分为 30 分（该指标总分为 80 分），得分率仅为 37.5%，排名全国第 80 位。在 2017 年度评估中，保定市得分 45 分，排名全国第 45 位，得分率为 56.25%。从评估数据可以看出，保定市在该指标上的得分率下降速度较快，反映了保定市政府未能积极完善依法行政制度体系，在行政规范性文件制定的制度化、规范化、合法性及定期清理制度的建立和落实等方面的工作与法治政府建设的基本要求相比，还存在较大的提升空间。

四　北京市人民政府

一、北京市法治政府建设情况

北京市人民政府评估总分为 749.46 分，高于全国平均水平（654.34 分）95.12 分，在全部参与评估的 100 个城市中排名第 7 位，在东部区域 48 个城市中排名第 7 位。该市政府得分按一级指标分析结果见表 12 - 4。

表 12 - 4　北京市人民政府一级指标评估得分分析

指标分析	依法全面履行政府职能	法治政府建设的组织领导	依法行政制度体系	行政决策	行政执法	政务公开	监督与问责	社会矛盾化解与行政争议解决	优化营商环境的法治保障	社会公众满意度调查
得分	62	67	30	77	63.97	94.07	81.81	83.63	60	129.49
与平均分差	6.99	21.01	- 15.50	7.59	9.71	26.56	4.84	11.06	25.30	- 2.95
与最高分差	- 9	- 5	- 45	- 16	- 14.31	0	- 11.14	- 8.52	0	- 33.32
排名	18	6	78	28	21	1	28	12	1	63

每项一级指标得分换算成百分比并与全国平均水平比较得出图 12 - 4。

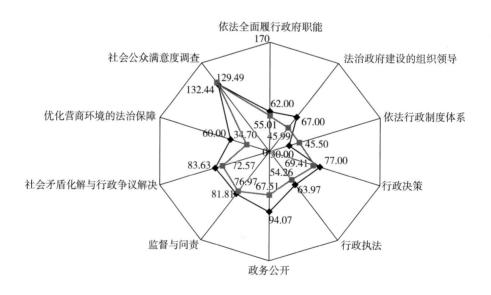

图 12 - 4　北京市人民政府评估得分与全国平均得分比较

可以看出，该市依法全面履行政府职能、法治政府建设的组织领导、行政决策、行政执法、政务公开、监督与问责、社会矛盾化解与行政争议解决、优化营商环境的法治保障这八个指标得分高于全国平均水平，说明该市政府在这八个方面评价较高。依法行政制度体系和社会公众满意度调查这两个指标得分低于全国平均水平，且排名靠后，说明北京市政府在这两个方面评价较低，有待提升。

二、北京市法治政府建设情况分析

2018 年度北京市人民政府评估总分为 749.46 分（满分为 1000 分），高于全国平均水平（654.34 分）95.12 分，在全部参与评估的 100 个城市中排名第 7 位，在东部区域 48 个城市中排名第 7 位。2017 年北京市得到 761.73 分，排名第 12 位；在 2016 年度评估中北京市得到 731.24 分，排名第 14 位。这一评估结果反映出，在全国法治政府建设持续推进的大背景下，北京市法治政府建设稳健推进，取得了较好的成绩。同时，评估结果也反映出北京市的法治政府建设在依法行政制度体系、社会公众满意度等方面仍有继续提升的空间。

（一）成绩

1. 政务公开表现持续优异

本年度评估结果显示，在"政务公开"一级指标下，北京市得到 94.07 分（该指标总分为 100 分），比全国平均分高出 26.56 分，得分率为 94.07%；在 2017 年度的评估中，北京市政务公开这一指标得分率为 96.36%；2016 年度得分率为 100%。对比连续三年的评估结果可以看出，北京市在该指标下连续多年排名全国前列，反映出北京市的政务公开工作在全国处于领先地位。具体而言，北京市在重点领域信息公开、政府门户网站建设维护、政府数据开放、依申请信息公开等多个方面的工作均有优异的表现。

2. 法治政府建设的组织领导方面取得进步

评估结果显示，北京市在"法治政府建设的组织领导"指标上得分持续进步。在本年度评估中，北京市在该指标下得到 67 分（该指标总分为 80 分），比全国平均分高出 21.01 分，全国排名第 6 位。2017 年度的评估得分为 57 分，全国排名第 15 位；在 2016 年评估中，北京市在该指标上仅得到 39 分，全国排名第 48 位。从得分率的上升和全国排名情况来看，北京市人民政府本年度在法治政府建设的组织保证、

落实机制等方面的工作取得了较大的进步，凸显了对法治政府建设的领导方面高度的重视。

3. 优化营商环境的法治保障工作实效优异

评估结果显示，在"优化营商环境的法治保障"一级指标下，北京市得到60分（该指标总分为60分），位列全国第一。营商环境是一个地区对外加强沟通与联系、开展互动与交流、参与竞争与合作的重要依托，体现一个地区经济社会发展的综合实力，也是一个地区文明程度的重要标志，北京市在优化营商环境的法治保障工作要求中落实到位，收效显著，以法治保障工作为首都的经济发展保驾护航。

（二）问题

1. 依法行政的制度体系不完善

评估结果显示，2018年度北京市在"依法行政制度体系"指标下得分为30分（该指标总分为80分），比全国平均分低15.50分，全国排名第78位；2017年度得分36分，全国排名第68位；2016年度得分为48分，全国排名第56位。连续三年的评估结果表明，在该指标建设中，北京市的工作呈现明显的不足，不难看出依法行政制度体系的建立和完善是北京市法治政府建设中的短板，与《法治政府建设实施纲要（2015—2020年）》提出的"提高政府立法质量，构建系统完备、科学规范、运行有效的依法行政制度体系"目标相比还有较大差距。

2. 社会公众满意度持续走低

评估结果显示，2018年北京市法治政府建设的社会公众满意度得分为129.49分（该指标总分为200分），比全国平均分低2.95分，比最高分低33.32分，全国排名第63位。2017年度该指标得分为135.47分，全国排名第24位。总体来看，这两年北京市社会公众满意度工作开展情况不尽如人意，特别是2018年度仅排名第63位，出现了低于全国平均分的情况，社会公众满意度不高，反映出北京市依法行政、建设法治政府、服务型政府、高效政府及阳光政府等工作仍有待进一步加强，使社会公众能够切实感受到法治政府建设的成果，北京市政府需要在公众与行政权力接触频繁的领域内作出更大的努力，提高服务质量，使公众对法治政府建设成果产生充足的获得感。

五 本溪市人民政府

一、本溪市法治政府建设情况

本溪市人民政府评估总分为 588.46 分，高于全国平均水平（654.34 分）65.88 分，在全部参与评估的 100 个城市中排名第 86 位，在东部区域 48 个城市中排名 45 位。该市政府得分按一级指标分析结果见表 12-5。

表 12-5 本溪市人民政府一级指标评估得分分析

指标 分析	依法全面 履行政府 职能	法治政府 建设的组 织领导	依法行 政制度 体系	行政 决策	行政 执法	政务 公开	监督与 问责	社会矛盾化 解与行政争 议解决	优化营商 环境的法 治保障	社会公众 满意度调 查
得分	62	35	25	55	37.45	82	75.15	61	28	127.86
与平均分差	6.99	-10.99	-20.50	-14.41	-16.81	14.49	-1.82	-11.57	-6.70	-4.85
与最高分差	9	37	50	38	40.83	12.07	17.80	31.15	32	34.95
排名	23	81	89	91	95	16	64	88	74	72

每项一级指标得分换算成百分比并与全国平均水平比较得出图 12-5。

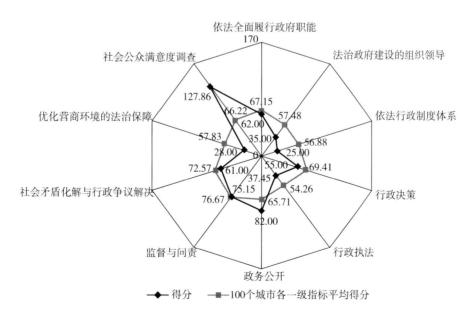

图 12-5 本溪市人民政府评估得分与全国平均得分比较

可以看出，该市依法全面履行政府职能和政务公开这两个指标得分高于全国平均水平，说明该市政府在这两个方面评价较高。法治政府建设的组织领导、依法行政制度体系、行政决策、行政执法、监督与问责、优化营商环境的法治保障、社会矛盾化解与行政争议解决、社会公众满意度调查这八个指标得分低于全国平均水平，说明该市政府在这八个方面评价一般。

二、本溪市法治政府建设情况分析

在 2018 年全国法治政府评估中，本溪市得到 588.46 分，总分 1000 分，在全部参与评估城市中排名第 86 位。在 2017 年全国法治政府评估中，本溪市排名第 68 位，在东部区域 48 个城市中排名第 41 位。在 2016 年评估中排名第 75 位。这一评估结果反映出，近年来本溪市法治政府建设工作一直处于下滑状态，总体水平较低，根据《法治政府建设实施纲要（2015—2020 年）》提出的要求，本溪市法治政府建设仍有较大的提升空间。

（一）成绩

1. 依法全面履行政府职能略有提升

评估结果显示，在 2016 年度评估中，本溪市在"依法全面履行政府职能"指标下得分为 73 分，低于平均分 3.23 分，全国排名第 62 位；在 2017 年度评估中，本溪市在该指标下得分为 72 分（本指标总分为 100 分），低于平均分 10.81 分，全国排名第 92 位；在 2018 年度评估中，本溪市在该指标下得分为 62 分（本指标总分为 80 分），高于平均分 6.99 分，全国排名第 23 位。综合三年评估结果可以认为，本溪市在依法全面履行政府职能这一指标下得分整体上升，与全国平均水平的差距变小，依法全面履行政府职能的能力有所提高。

2. 政务公开表现优异

本年度评估结果显示，在"政务公开"一级指标下，本溪市得到 82 分（该指标总分 100 分），比全国平均分高出 14.49 分，得分率为 82%；在 2016 年度评估中，本溪市在"政务公开"指标下得到 99.24 分，得分率为 82.70%。对比连续两年的测评结果可以看出，本溪市在该指标下连续多年排名全国前列，这反映出本溪市的政务公开工作在全国处于领先地位。具体而言，本溪市在重点领域信息公开、政府门户网站建设维护、政府数据开放、依申请信息公开等多个方面均有优异的表现。

（二）问题

1. 行政执法法制化程度有待提高

评估结果显示，2018 年本溪市在"行政执法"指标下得分为 37.45 分，该指标总分为 100 分，本溪市得分低于全国平均分 16.81 分，排名第 95 位；2017 年得分为 72.5 分，比全国平均分高 3.47 分，排名第 36 位，得分率为 60.41%。在 2016 年度评估中，本溪市在该指标上仅得到 58 分，排名第 88 位。此项指标下本溪市政府得分各年波动较大，这反映出本溪市行政执法工作的整体法制化程度有待提高，在行政执法体制的建立和完善、行政执法程序的遵守及行政执法方式的创新等方面有较大提升空间。要认真落实行政执法人员资格管理制度，做好行政执法证件清理换发工作。健全行政执法人员培训机制，对取得行政执法证件的人员要向社会公示，主动接受社会监督，行政执法人员必须持证上岗，执法时主动亮证，否则行政相对人有权拒绝行政执法行为。建立和完善行政机关层级监督制度，健全行政执法责任制、评议考核制、过错责任制，拓宽监督渠道。

2. 行政决策的法制化程度出现下降

评估结果显示，本溪市在"行政决策"一级指标下得到 55 分，与最高分相差 38 分。在 2017 年评估中，此项指标得分为 72 分。在 2016 年评估中，本溪市在该指标上得到 74 分。对比分析近年来的得分情况，可以看出在行政决策指标上，本溪市近年来的得分尽管有所波动，但始终保持在及格线之上。然而 2018 年的评估分数下落至平均分以下，这反映出本溪市行政决策法制化程度存在不足，在未来的法治政府相关建设中，本溪市要将行政决策建设的目光更多转移到深化党政机关法律顾问工作、加快建设行政决策咨询论证专家库制度及切实落实重大决策程序审查机制中。

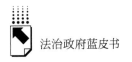

六　毕节市人民政府

一、毕节市法治政府建设情况

毕节市人民政府评估总分为 681.92 分，高于全国平均水平（654.34 分）27.58 分，在全部参与评估的 100 个城市中排名第 33 位，在西部区域 20 个城市中排名第 7 位。该市政府得分按一级指标分析结果见表 12 – 6。

表 12 – 6　毕节市人民政府一级指标评估得分分析

指标 分析	依法全面 履行政府 职能	法治政府 建设的组 织领导	依法行 政制度 体系	行政 决策	行政 执法	政务 公开	监督与 问责	社会矛盾化 解与行政争 议解决	优化营商 环境的法 治保障	社会公 众满意 度调查
得分	60	44	45	84	67.63	86.5	75.91	67.67	25	126.21
与平均分差	4.99	– 1.99	– 0.50	14.59	13.37	18.99	– 1.06	– 4.9	– 9.70	– 6.23
与最高分差	– 11	– 28	– 30	– 9	– 10.65	– 7.57	– 17.04	– 24.48	– 35	– 36.6
排名	26	33	51	12	16	4	61	67	80	78

每项一级指标得分换算成百分比并与全国平均水平比较得出图 12 – 6。

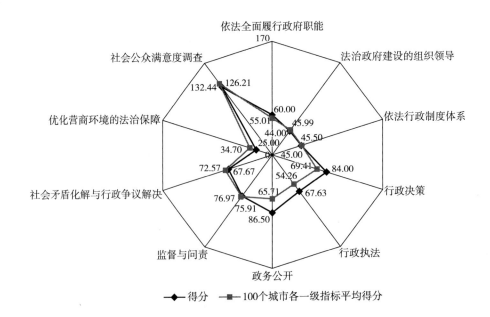

图 12 – 6　毕节市人民政府评估得分与全国平均得分比较

可以看出，该市依法全面履行政府职能、行政决策、行政执法、政务公开这四个指标得分高于全国平均水平，说明该市政府在这四个方面评价较高。法治政府建设的组织领导、依法行政制度体系、监督与问责、社会矛盾化解与行政争议解决、优化营商环境的法治保障和社会公众满意度调查这六个指标得分低于全国平均水平，说明该市政府在这六个方面评价较低。

二、毕节市法治政府建设情况分析

在 2018 年全国法治政府评估中，毕节市得到 681.92 分（总分为 1000 分），在全部参与评估城市中排名第 33 位。在 2017 年全国法治政府评估中，毕节市排名第 90 位，在西部区域 20 个城市中排名第 15 位。在 2016 年评估中排名第 76 位。这一评估结果反映出近年来毕节市法治政府建设处于上下波动状态，总体水平较低，根据《法治政府建设实施纲要（2015—2020 年）》提出的要求，毕节市的法治政府建设仍有较大的提升空间。

（一）成绩

1. 政务公开水平显著提高

本年度评估结果显示，在"政务公开"一级指标下，毕节市得到 86.5 分，比全国平均分高出 18.99 分，排名全国第 4 位；在 2017 年度评估中，毕节市"政务公开"指标仅得到 86.67 分（该指标总分为 120 分），排名全国第 84 位；在 2016 年度评估中，毕节市"政府信息公开"指标得到 88.75 分，排名全国第 64 位。对比连续三年的评估结果可以看出，在本年度中，毕节市该指标上进步明显，反映出毕节市在法治政府建设工作中对政务公开工作的逐步重视，政务公开的力度明显加大。

2. 行政决策表现优异

本年度评估结果显示，在"行政决策"一级指标下，毕节市得到 84 分，比全国平均分高出 14.59 分，位居全国第 12；2017 年度毕节市得到 82 分，比全国平均分高出 9.81 分，位居全国第 13；在 2016 年度和 2015 年度评估中，毕节市在"行政决策"指标下分别得到 79 分和 77 分，排名均为全国第 16 位。通过对比连续四年的测评结果可以看出，毕节市在该指标下平均得分率近 80%，得分率较高。尤其是在重大决策风险评估制度建立、重大决策预公开制度建立、重大决策结果公开及重大决策后信息追踪搜集及反馈制度建立等具体事项中，毕节市表现优异。

（二）问题

1. 社会公众满意度波动较大

评估结果显示，2018 年度毕节市法治政府建设的社会公众满意度得分为 126.21 分（该指标总分为 200 分），比全国平均分低 6.23 分，比最高分低 36.6 分，得分率仅为 63.10%；2017 年度毕节市法治政府建设的社会公众满意度得分为 116.36 分；2016 年度该项指标得分为 134.84 分，比全国平均分高 5.23 分；2015 年度该项指标得分为 107.22 分，比全国平均分低 10.142 分。历年来，毕节市的社会公众满意度波动较大，反映出毕节市依法行政、建设法治政府、服务型政府、高效政府及阳光政府等工作仍有待进一步加强，以使社会公众能够切实感受到法治政府建设的成果。

2. 社会矛盾化解与行政争议解决实效不足

评估结果显示，毕节市在"社会矛盾化解与行政争议解决"指标上表现不佳。在 2015 年评估中，毕节市在该指标上得到 46 分，比全国平均分低 7.7 分；在 2016 年评估中，毕节市在该指标下得到 73 分，比全国平均分高 4.9 分；在 2017 年度评估中，毕节市在该指标下得分大幅下降，仅为 53.69 分（该指标总分为 100 分）；在本年度的评估中，该市在该指标下得到 67.67 分，比全国最高分低 24.48 分，居全国第 67 位。通过分析评估结果，可以看出毕节市社会矛盾化解和行政争议解决的实际效果与法治政府建设的预期效果存在较大差距，还须进一步建立健全社会矛盾化解和行政争议解决制度。

七 沧州市人民政府

一、沧州市法治政府建设情况

沧州市人民政府评估总分为 576.76 分，低于全国平均水平（654.34 分）77.58分，在全部参与评估的 100 个城市中排名第 91 位，在东部区域 48 个城市中排名第 47位。该市政府得分按一级指标分析结果见表 12-7。

表 12-7 沧州市人民政府一级指标评估得分分析

指标分析	依法全面履行政府职能	法治政府建设的组织领导	依法行政制度体系	行政决策	行政执法	政务公开	监督与问责	社会矛盾化解与行政争议解决	优化营商环境的法治保障	社会公众满意度调查
得分	60	37.5	30	65	56.36	52.5	68.64	61.26	25	120.5
与平均分差	4.99	-8.49	-15.50	-4.41	2.1	-15.01	-8.33	-11.31	-9.70	-11.94
与最高分差	-11	-34.5	-45	-28	-21.92	-41.57	-24.31	-20.89	-35	-42.31
排名	34	77	87	68	42	88	84	86	81	96

每项一级指标得分换算成百分比并与全国平均水平比较得出图 12-7。

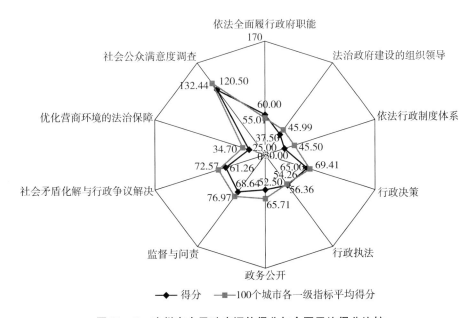

图 12-7 沧州市人民政府评估得分与全国平均得分比较

可以看出，该市依法全面履行政府职能、行政执法这两个指标得分高于全国平均水平，说明该市政府在这两个方面评价较高。法治政府建设的组织领导、依法行政制度体系、行政决策、政务公开、监督与问责、社会矛盾化解与行政争议解决、优化营商环境的法治保障和社会公众满意度调查这八个指标得分低于全国平均水平，说明该市政府在这八个方面评价较低。

二、沧州市法治政府建设情况分析

在 2018 年全国法治政府评估中，沧州市得到 576.76 分（总分为 1000 分），在全部参与评估城市中排名第 91 位。在 2017 年全国法治政府评估中，沧州市排名第 93 位，在东部区域 48 个城市中排名第 48 位。2016 年评估排名第 81 位。这一评估结果反映出，近年来沧州市法治政府建设总体水平一直较低，根据《法治政府建设实施纲要（2015—2020 年)》提出的要求，沧州市法治政府建设有所进步，但也有一些突出问题亟待解决，沧州市法治政府建设仍有较大的提升空间。

（一）成绩

1. 依法全面履行政府职能水平较高

评估结果显示，在本年度评估中，沧州市在"依法全面履行政府职能"这一指标下得分为 60 分（该指标满分为 80 分），得分率为 75%，居全国第 34 位。在 2017 年度和 2016 年度评估中，该项指标得分分别为 91 分和 84 分，得分率均超过 80%，分列全国第 11 位和第 28 位。从连续三年评估结果来看，沧州市依法全面履行政府职能水平较高，政府机构的职能及政府机构对依法行政工作的组织领导基本符合法治政府建设的要求。

2. 依法行政的制度体系有所改善

在依法行政制度体系建设方面，沧州市在 2016 年评估中得到 25 分，比全国平均分低 25.76 分，排名全国第 97 位；在 2017 年度评估中得到 35 分，比全国平均分低 10.92 分，排名全国第 70 位；在本年评估中得到 30 分，比全国平均分低 15.50 分，排名全国第 87 位。从近三年的评估数据可以看出，虽然近年来沧州市依法行政制度体系建设在整体上依然处于较低水平，与理想状态相比还有较大差距，但是从整体趋势来看，沧州市依法行政制度体系的建设工作存在较大的上升空间。

（二）问题

1. 社会公众满意度持续下降

评估结果显示，2018 年度沧州市法治政府建设的社会公众满意度得分为 120.50 分（该指标总分为 200 分），比全国平均分低 11.94 分，比最高分低 42.31 分，得分率仅为 60.25%；2017 年度沧州市法治政府建设的社会公众满意度得分为 120.3 分；2016 年度评估中该项指标得分为 124.47 分，比全国平均分低 5.14 分。历年来，沧州市的社会公众满意度持续下降，反映出沧州市依法行政、建设法治政府、服务型政府、高效政府及阳光政府等工作仍有待进一步加强，使社会公众能够切实感受到法治政府建设的成果。

2. 政务公开程度波动较大

本年度评估结果显示，在"政务公开"一级指标下，沧州市得到 52.5 分，比全国平均分低 15.01 分，排名全国第 88 位；在 2016 年度评估中，沧州市在"政府信息公开"指标下得到 93.75 分，比全国平均分高 1.175 分，排名全国第 47 位；在 2017 年度评估中，沧州市在该项指标下得到 70 分，比全国平均分低 27.98 分，排名全国第 95 位。对比连续三年的测评结果可以看出，沧州市在该指标下排名波动幅度较大，本年度得分反映出沧州市的政务公开工作在全国处于落后地位。具体而言，沧州市在重点领域信息公开、政府门户网站建设维护、政府数据开放、依申请信息公开等多个方面工作都需要进一步加强。

八　长春市人民政府

一、长春市法治政府建设情况

长春市人民政府评估总分为 630.57 分，低于全国平均水平（654.34 分）23.77 分，在全部参与评估的 100 个城市中排名第 66 位，在中部区域 32 个城市中排名第 16 位。该市政府得分按一级指标分析结果见表 12 - 8。

表 12 - 8　长春市人民政府一级指标评估得分分析

指标分析	依法全面履行政府职能	法治政府建设的组织领导	依法行政制度体系	行政决策	行政执法	政务公开	监督与问责	社会矛盾化解与行政争议解决	优化营商环境的法治保障	社会公众满意度调查
得分	53	54	35	61	45.68	64.98	76.63	78.09	31	131.19
与平均分差	-2.01	8.02	-10.50	-8.41	-8.58	-2.53	-0.34	5.52	-3.70	-1.24
与最高分差	-18	-18	-40	-32	-32.6	-29.09	-16.33	-14.06	-29	-31.61
排名	60	22	67	75	80	58	57	33	64	50

每项一级指标得分换算成百分比并与全国平均水平比较得出图 12 - 8。

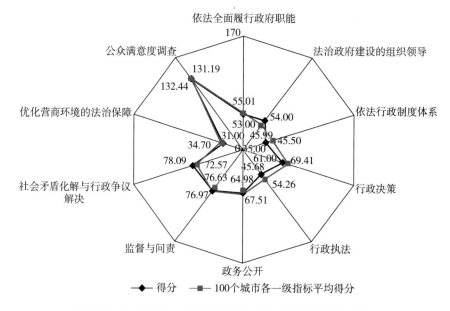

图 12 - 8　长春市人民政府评估得分与全国平均得分比较

可以看出，该市法治政府建设的组织领导、社会矛盾化解与行政争议解决这两个指标得分高于全国平均水平，说明该市政府在这两个方面评价较高。而依法全面履行政府职能、依法行政制度体系、行政决策、行政执法、政务公开、监督与问责、优化营商环境的法治保障与社会公众满意度调查这八个指标得分都处于全国中位偏后的水平，说明该市政府在这些方面评价一般。

二、长春市法治政府建设情况分析

在2018年全国法治政府评估中，长春市得到630.57分（总分为1000分），在全部参与评估城市中排名第66位。在2017年全国法治政府评估中，长春市排名第73位，在中部区域32个城市中排名第19位。2016年排名第93位。这一评估结果反映出，近年来长春市法治政府建设一直处于稳步上升状态，但总体水平较低，根据《法治政府建设实施纲要（2015—2020年）》提出的要求，长春市政府仍须进一步加强法治政府的建设工作，提高法治化水平。

（一）成绩

1. 法治政府建设的组织领导建设略有提升

评估结果显示，长春市法治政府建设的组织领导得分为54分，高于平均分8.02分，该指标总分为80分。2017年度评估得分为45分。政府的领导人员设置及管理是整个公务员队伍管理的核心，依法加强对政府领导人员的管理，也是构建服务型政府、法治政府的重要途径。长春市在2018年的组织领导测评中有一定进步，但是从整体来看该市法治政府建设的组织领导工作仍有较大提升空间，须进一步将《法治政府建设实施纲要（2015—2020年）》在新形势下对法治政府建设提出的要求具体落实，为政府法制工作提供组织保障。

（二）问题

1. 依法全面履行政府职能得分大幅度下跌

本年度评估结果显示，在"依法全面履行政府职能"一级指标下，长春市得到53分，低于全国平均分2.01分，在100个参评城市中排名第60位；在2017年度评估中，长春市得到83分，比全国平均水平高出0.19分，居全国第49位。从评估结果来看，长春市依法全面履行政府职能的水平处于中位偏后，与全国平均分差距逐渐

增大，且呈现较大下滑趋势，这反映出本溪市未能按照要求将依法全面履行政府职能放在突出位置，在政府机构设置、优化公共服务、落实简政放权等相关方面需要作出更多努力

2. 政务信息公开水平上下波动较大

评估结果显示，2018 年长春市在"政务公开"指标下得分为 64.98 分，比全国平均分低 2.53 分，在全部参与评估城市中排名第 58 位。2017 年该指标得分为 103.72 分，比全国平均分高 5.74 分，在全部参与评估城市中排名第 40 位。在 2016 年度评估中，长春市在"政务公开"指标下仅得到 48.25 分，排名全国第 100 位。在 2015 年度评估中，长春市在"政府信息公开"指标下得到 85 分，排名全国第 83 位。对比四年的测评结果可以发现，长春市在该指标的得分波动较大，反映出长春市政府在政务公开建设工作中缺乏持续性与稳定性。政务公开与社会满意度指标关系密切，因此长春市政府应在重点领域信息公开、政府门户网站建设维护、政府信息获取效率、政府数据开放、依申请信息公开等多个方面都加以重视，推进政务公开稳定持久建设。

3. 行政执法的法制化程度有待提高

在"行政执法"一级指标下，长春市在 2018 年评估中得分为 45.68 分，比全国平均分低 8.58 分。在 2017 年度评估中长春市得到 59.6 分（该指标总分为 120 分），比全国平均分低 9.43 分。在 2016 年度评估中，长春市该指标得到 74.6 分，比全国平均分高出 5.086 分。在 2015 年度评估中，长春市该指标得到 47 分，比全国平均分低 15.795 分。从近三年的评估数据可以看出，长春市除 2016 年这一指标得分有所增长外，其他年份得分都处于低位，且有下降趋势，这反映出长春市行政执法工作的整体法治化程度尚有待提高，在行政执法体制的建立和完善，行政执法程序的遵守，以及行政执法方式的创新等方面有很大提升空间。

4. 依法行政制度体系仍需规范化

评估结果显示，长春市在"依法行政制度体系"一级指标下得到 35 分，在全部参评城市中排名第 67 位。在 2017 年评估中，此项指标得分为 20 分，排名第 98 位。在 2016 年度评估中得到 40 分，排名第 85 位。对比分析近年来的得分情况，可以看出长春市依法行政制度体系建设在整体上仍处于较低水平，虽然 2018 年得分略有提升，但是在行政规范性文件制定的制度化和规范化、行政规范性文件的合法性及行政规范性文件定期清理制度的建立和落实方面需要进一步加强工作，依法行政制度体系建设与完善的道路上依然任重道远。

九 常德市人民政府

一、常德市法治政府建设情况

常德市人民政府评估总分为 669.88 分，高于全国平均水平（654.34 分）15.54分，在全部参与评估的 100 个城市中排名第 38 位，在中部区域 32 个城市中排名第 5位。该市政府得分按一级指标分析结果见表 12－9。

表 12－9 常德市人民政府一级指标评估得分分析

指标 分析	依法全面 履行政府 职能	法治政府 建设的组 织领导	依法行 政制度 体系	行政 决策	行政 执法	政务 公开	监督与 问责	社会矛盾化 解与行政争 议解决	优化营商 环境的法 治保障	社会公 众满意 度调查
得分	55	32	65	69	53.16	62.50	92.95	78.88	24	137.38
与平均分差	－0.01	－13.99	19.50	－0.41	－1.10	－5.01	15.99	6.31	－10.70	4.95
与最高分差	－16	－40	－10	－24	－25.12	－31.57	0	－13.27	－36	－25.42
排名	53	88	14	51	52	63	1	30	82	28

每项一级指标得分换算成百分比并与全国平均水平比较得出图 12－9。

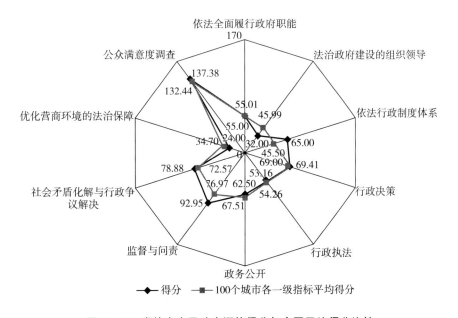

图 12－9 常德市人民政府评估得分与全国平均得分比较

可以看出，该市依法行政制度体系、监督与问责、社会矛盾化解与行政争议解决及社会公众满意度调查这四个指标得分高于全国平均水平，其中监督与问责这一项指标得分在全部参与评估城市中位居第一，说明该市政府在这四个方面评价较高。而依法全面履行政府职能、法治政府建设的组织领导、行政决策、行政执法、政务公开与优化营商环境的法治保障这六个指标都处于全国中位偏后的水平，说明该市政府在这个方面评价一般。

二、常德市法治政府建设情况分析

在 2018 年全国法治政府评估中，常德市得到 669.88 分（总分为 1000 分），在全部参评城市中排名第 38 位，在中部区域 32 个城市中排名第 5 位。在 2017 年全国法治政府评估中，常德市排名第 32 位，在中部区域 32 个城市中排名第 4 位。在 2016 年度评估中常德市全国排名第 36 位。2015 年度排名第 25 位。这一评估结果反映出，近年来常德市法治政府建设虽然总体水平较高，但是略有波动。虽然在监督与问责方面取得优异成绩，但其在组织领导与行政决策等方面仍有较大提升空间。

（一）成绩

1. 监督与问责情况表现优异

评估结果显示，常德市法治政府建设的"监督与问责"得分为 92.95（满分为 100 分），高于平均分 15.99 分，位居全国第一。2017 年度评估得分为 76.83 分，比全国平均分高 3.38 分，居全国第 49 位；在 2016 年度评估中，毕节市在该项指标下得到 70.87 分，比全国平均分高 2.85 分；在 2015 年度评估中，毕节市在该项指标下得到 57 分，比全国平均分低 7.945 分。连续四年的评估结果显示，常德市政府的监督与问责情况逐步改善，并于 2018 年跃居全部参评城市首位，其内外部监督与问责的落实效果显著，表现优异。

2. 依法行政制度体系进步明显

本年度评估结果显示，常德市在"依法行政制度体系"一级指标下的得分为 65 分，得分率为 81.25%，高于平均分 19.5，全国排名第 14 位。2017 年度得分下降为 56 分，比全国平均分高出 10.08 分，排名全国第 31 位。在 2016 年评估中得到 60 分，比全国平均分高出 9.24 分，排名全国第 27 位。从近三年的评估数据可以看出，从总体上来看近年来常德市依法行政制度体系建设的形势较好，且于 2018 年有显著提升，逐步靠近《法治政府建设实施纲要（2015—2020年）》提出的关于依法行政制度体系建设的新要求。

（二）问题

1. 法治政府建设的组织领导排名落后严重

本年度评估结果显示，在"法治政府建设的组织领导"一级指标下，常德市得到32分（该指标总分为80分），低于全国平均分13.99分，居全国第88位；在2017年度评估中，常德市得分为47分，比全国平均分低0.22分，位列全国第55；2016年度得分为48分，排名第19位。通过近三年评估可以看出，常德市政府法治政府建设的组织领导这一指标的分数逐步下降，且排名落后严重。这反映出常德市未能按照要求将依法全面履行政府职能放在突出位置，影响法治政府建设进程。应着重寻找失分原因，需要在政府机构设置、优化公共服务、落实简政放权等相关方面做出更多努力。

2. 行政决策的法制化程度出现下降

评估结果显示，常德市在行政决策一级指标下得到69分，低于平均分0.41分，排名第51位。在2017年评估中，此项指标得分为84分，高于平均分11.81分，居全国第10位。在2016年度评估中，常德市在该指标下得到61.2分，比全国平均分低8.314分，居全国第73位。在2015年度评估中，常德市在该指标下得到68.5分，比全国平均分高出5.705分，居全国第39位。对比分析近年来的得分情况，可以看出常德市近年来在行政决策一级指标上的得分有所波动，且排名位于全国中位偏前。但2018年在评估分数下降的同时排名落后明显，这反映出常德市行政决策法制化程度存在不足，在未来的法治政府相关建设中，要将行政决策建设的目光更多转移到深化党政机关法律顾问工作、加快建设行政决策咨询论证专家库制度及切实落实重大决策程序审查机制中去。

十 长沙市人民政府

一、长沙市法治政府建设情况

长沙市人民政府评估总分为711.39分，高于全国平均水平（654.34分）57.05分，在全部参与评估的100个城市中排名第38位，在中部区域32个城市中排名第2位。该市政府得分按一级指标分析见表12-10。

表12-10 长沙市人民政府一级指标评估得分分析

指标 分析	依法全面 履行政府 职能	法治政府 建设的组 织领导	依法行 政制度 体系	行政 决策	行政 执法	政务 公开	监督与 问责	社会矛盾化 解与行政争 议解决	优化营商 环境的法 治保障	社会公 众满意 度调查
得分	59	44.50	60	86	61.13	72.71	80.87	77.52	40	129.66
与平均分差	3.99	-1.49	14.50	16.60	6.88	5.20	3.90	4.95	5.30	-2.77
与最高分差	-12	-27.50	-15	-7	-17.15	-21.36	-12.09	-14.63	-20	-33.14
排名	37	57	23	8	31	40	32	39	31	59

每项一级指标得分换算成百分比并与全国平均水平比较得出图12-10。

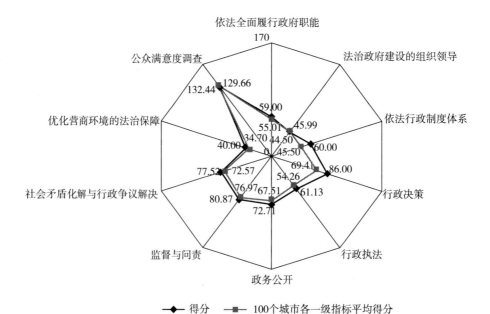

图12-10 长沙市人民政府评估得分与全国平均得分比较

可以看出，依法全面履行政府职能、依法行政制度体系、行政决策、行政执法、政务公开、监督与问责、社会矛盾化解与行政争议解决、优化营商环境的法治保障，这八个指标得分高于全国平均水平，说明该市政府在这八个方面评价较高。而法治政府建设的组织领导、社会公众满意度调查这两个指标得分都处于全国中位的水平，说明该市政府在这个方面评价一般。

二、长沙市法治政府建设情况分析

在 2018 年全国法治政府评估中，长沙市得到 711.39 分（总分为 1000 分），在全部参与评估城市中排名第 38 位，在中部区域 32 个城市中排名第 2 位。在 2017 年全国法治政府评估中，长沙市人民政府评估总分为 743.5 分，高于全国平均水平（687.22 分）56.28 分，在全部参与评估的 100 个城市中排名第 18 位，在中部区域 32 个城市中排名第 2 位。在 2016 年度评估中长沙市得到 750.94 分，排名第 7 位。从评估结果可以看出，在全国法治政府建设持续推进的大背景下，长沙市的法治政府建设稳步推进，但在社会公众满意度调查与法治政府建设的组织领导等方面仍须继续加强。

（一）成绩

1. 社会矛盾化解与行政争议解决提升显著

评估结果显示，长沙市法治政府建设的"社会矛盾化解与行政争议解决"得分为 77.52 分，高于平均分 4.95 分，居全国第 39 名。2017 年度评估得分为 67.01 分，低于平均分 3.47 分，居全国第 69 名。在 2016 年评估中，长沙市在该指标下得到 72分，比全国平均分高 3.9 分。在 2015 年评估中得到 80 分，比全国平均分高 26.3 分。从近年来评估结果中可以看出，2018 年长沙市社会矛盾化解与行政争议解决的效果提升显著，反映出长沙市政府对社会矛盾化解与行政争议解决方面的制度落实程度提升，符合《法治政府建设实施纲要（2015—2020 年)》提出的关于社会矛盾化解与行政争议解决的新要求，仍须继续保持。

2. 依法全面履行政府职能进步明显

本年度评估结果显示，在"依法全面履行政府职能"一级指标下，长沙市得到59 分（该指标总分为 60 分），高于平均分 3.99 分，居全国第 37 名；2017 年度该指标得分为 78 分（该指标总分为 100 分），比全国平均分低 4.81 分，全国排名第 79位；在 2016 年度评估中，长沙市在该指标得分为 79 分，比全国平均分高 2.77 分，

全国排名第 44 位；2015 年度评估中，长沙市在该指标得分 89 分，比全国平均分高 9.2 分，全国排名第 16 位。从评估结果来看，长沙市在法治政府建设过程中要对依法全面履行政府职能进行改进与调整，可以继续从落实优化机构设置与公共服务、落实简政放权等方面进行完善，保持现有成果。

3. 监督与问责制度恢复落实

评估结果显示，长沙市政府在"监督与问责"一级指标中得分为 80.87（本指标总分 100 分），全国排名为第 32 位；2017 年度这一指标的得分为 74.52 分，全国排名第 53 位；2016 年度长沙市在这一指标的得分为 71.75 分，全国排名第 31 位；2015 年度长沙市在本指标得分为 69.5 分，全国排名第 28 位。基于近几年的调查结果可以看出，2018 年长沙市政府在监督与问责一级指标中排名基本恢复往年水平，且较 2017 年度有显著提升，反映出长沙市在完善外部与内部的具体监督制度、严格落实问责方面的工作取得实际进展。

4. 行政执法有所进步

本年度评估结果显示，2018 年长沙市在行政执法指标下得分为 61.13 分，高于全国平均分 6.88 分，全国排名第 31 位；2017 年度这一指标得分为 81.2 分，高于全国平均值 12.18 分，全国排名第 21 位。基于近年来的调查结果，可以看出长沙市政府在行政执法方面得分存在下降趋势，仍须加强行政执法的规范性。具体来看可以加强跨部门综合执法有效联合、努力落实部分领域的行政处罚裁量基准制度、细化执法流程、及时准确公示行政执法结果和定期开展执法人员培训等。

（二）问题

1. 社会满意度方面仍有待提升

本年度评估结果显示，长沙市在社会公众满意度调查中的得分为 129.66 分，低于全国平均值 2.77 分，全国排名第 59 位；在 2017 年度的调查中，该指标分数为 129.62，高于平均分 1.47，居全国第 43 位。从近年来的调查结果可以看出，在长沙市法治政府建设的各项一级指标中，社会公众满意度调查的全国排名位于最后。而该项指标反映了公众在与行政权力接触频繁的领域里，能切实感受到权力运行状况的改善，对法治政府建设成果产生充足的获得感。因此，在未来法治政府建设过程中，长沙市政府要关注低分原因，扎实推进法治政府、服务型政府、高效政府及阳光政府的建设与落实。

十一 成都市人民政府

一、成都市法治政府建设情况

成都市人民政府评估总分为 743.91 分，高于全国平均水平（654.34 分）89.57 分，在全部参与评估的 100 个城市中排名第 10 位，在西部区域 20 个城市中排名第 1 位。该市政府得分按一级指标分析结果见表 12 – 11。

表 12 – 11　成都市人民政府一级指标评估得分分析

指标 分析	依法全面 履行政府 职能	法治政府 建设的组 织领导	依法行 政制度 体系	行政 决策	行政 执法	政务 公开	监督与 问责	社会矛盾化 解与行政争 议解决	优化营商 环境的法 治保障	社会公 众满意 度调查
得分	61.00	65.00	40.00	87.00	66.86	83.45	86.47	74.39	54.00	125.74
与平均分差	5.99	19.01	– 5.50	17.59	12.60	15.94	9.50	1.82	19.30	– 6.70
与最高分差	– 10.00	– 7.00	– 35.00	– 6.00	– 11.43	– 10.62	– 6.49	– 17.76	– 6.00	– 37.06
排名	24	8	58	7	18	12	9	45	4	81

每项一级指标得分换算成百分比并与全国平均水平比较得出图 12 –11。

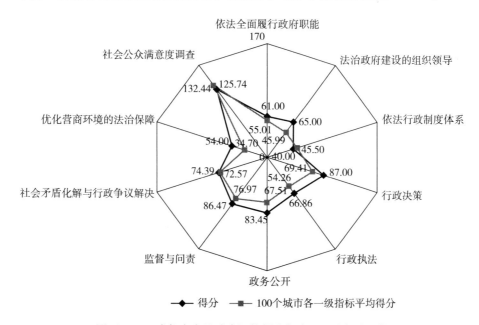

图 12 –11　成都市人民政府评估得分与全国平均得分比较

可以看出，该市依法全面履行政府职能、法治政府建设的组织领导、行政决策、行政执法、政务公开、监督与问责、社会矛盾化解与行政争议解决、优化营商环境的法治保障这八个指标得分高于全国平均水平，说明该市政府在这八个方面评价较高。依法行政制度体系、社会公众满意度调查指标得分低于全国平均水平，说明该市政府在这个方面评价较低。

二、成都市法治政府建设情况分析

在 2018 年全国法治政府评估中，成都市得到 743.91 分（总分为 1000 分），在 100 个参与评估城市中排名第 10 位，在西部区域 20 个城市中排名第 1 位（在 2017 年度评估中，成都市得到 739.05 分，排名第 20 位；在 2016 年度评估中，成都得到 722.12 分，排名第 17 位）。成都市法治政府建设评估的总分数和排名较往年均有较大提高，反映出成都市法治政府建设一年来取得了较大成果。

（一）成绩

1. 优化营商环境的法治保障取得成效

评估结果显示，在"优化营商环境的法治保障"一级指标下，成都市得到 54 分（该指标总分为 60 分），比全国平均分高出 19.30 分，全国排名第 4 位。该一级指标为 2018 年新设指标，成都市该指标的得分率为 90%，说明成都市在营商环境塑造方面取得成效，营商环境优良且法治保障较为健全，其工作成果值得肯定。

2. 行政决策落实到位

本年度评估结果显示，成都市在"行政决策"一级指标下得到 87.00 分（本指标总分为 100 分），得分率为 87.00%，全国排名第 7 位；在 2017 年度评估中，本指标得分为 79.00 分，全国排名第 27 位；在 2016 年度评估中，本指标得分为 85 分，全国排名第 5 位。从得分和排名情况来看，成都市行政决策法治化水平在 2017 年度经历了波动，今年的排名又重新回到前 10 位，说明成都市在发现问题后积极调整，将行政决策工作落实到位。

3. 法治政府建设的组织领导工作扎实

本年度评估结果显示，成都市在"法治政府建设的组织领导"指标下得到 65 分（本指标总分为 80 分），高于全国平均分 19.01 分，全国排名第 8 位；在 2017 年度评估中，该指标得分为 54 分，全国排名第 26 位；在 2016 年度评估中，该指标得分为

54 分，全国排名第 27 位。成都市在"法治政府建设的组织领导"指标上进步明显，且该指标得分排名连续三年上升，取得了突出成绩。

（二）问题

1. 公众满意度持续偏低

评估结果显示，在"公众满意度调查"这一指标下，成都市在 2018 年度评估中得分为 125.74 分（该指标总分为 200 分），低于全国平均分 6.70 分，全国排名第 81 位；在 2017 年度评估中，成都市得分为 118.28 分，全国排名第 86 位；在 2016 年度评估中，成都市得分为 136.26 分，全国排名第 31 位。自 2016 年度评估后，成都市的社会公众满意度调查指标排名持续维持低位，2017 年度的评估报告中已经指出这一问题。社会公众的正向反馈对法治政府建设至关重要，成都市须继续努力。

2. 依法行政制度体系还有待加强

在"依法行政制度体系"这一指标下，成都市 2018 年得分为 40.00 分（该指标总分为 80 分），低于全国平均分 5.50 分，全国排名第 58 位；在 2017 年度评估中，成都市得分为 60 分，全国排名第 20 位；在 2016 年度评估中，成都市得分为 60 分，全国排名第 25 位。得分和排名变化的一部分原因来自《法治政府建设实施纲要（2015—2020 年）》发布后，2018 年度"依法行政制度体系"指标的三级指标（观测点）做出了相应调整，但成都市未能及时响应，所以在分数和排名上都大幅度下降，成都市应进一步加强依法行政制度体系建设，回应新要求。

3. 社会矛盾化解与行政争议解决方面需改进

2018 年成都市在"社会矛盾化解与行政争议解决"这一指标下得到 74.39 分（该指标总分为 100 分），全国排名第 45 位；在 2017 年度评估中，成都市得到 75.09 分，全国排名第 35 位；在 2016 年度评估中，该指标得到 64 分，全国排名第 70 位。成都市历年来在该指标下的全国排名变动较大，反映了成都市在社会矛盾与行政争议解决方面的工作存在问题，成都市应注重行政复议、行政诉讼、信访的协调统一建设，将争议解决落实到位。

十二　重庆市人民政府

一、重庆市法治政府建设情况

重庆市人民政府评估总分为725.26分，高于全国平均水平（654.34分）70.92分，在全部参与评估的100个城市中排名第15位，在西部区域20个城市中排名第2位。该市政府得分按一级指标分析结果见表12-12。

表 12-12　重庆市人民政府一级指标评估得分分析

指标 分析	依法全面履行政府职能	法治政府建设的组织领导	依法行政制度体系	行政决策	行政执法	政务公开	监督与问责	社会矛盾化解与行政争议解决	优化营商环境的法治保障	社会公众满意度调查
得分	54.00	37.50	55.00	73.50	59.69	90.76	79.34	86.50	60.00	128.97
与平均分差	-1.01	-8.49	9.50	4.09	5.43	23.25	2.37	13.93	25.30	-3.47
与最高分差	-17.00	-34.50	-20.00	-19.50	-18.60	-3.31	-13.62	-5.65	0.00	-33.83
排名	54	74	28	40	34	3	42	7	1	68

每项一级指标得分换算成百分比并与全国平均水平比较得出图12-12。

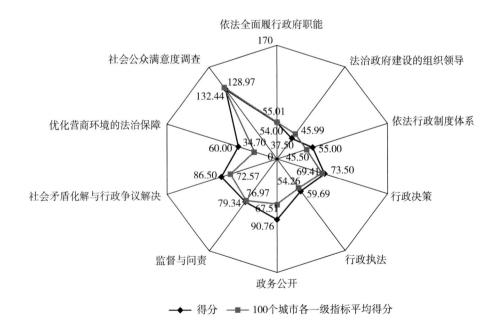

图 12-12　重庆市人民政府评估得分与全国平均得分比较

可以看出，该市依法行政制度体系、行政决策、行政执法、政务公开、监督与问责、社会矛盾化解与行政争议解决、优化营商环境的法治保障这七个指标得分高于全国平均水平，说明该市政府在这七个方面评价较高。依法全面履行政府职能、法治政府建设的组织领导、社会公众满意度调查指标得分低于全国平均水平，说明该市政府在这个方面评价较低。

二、重庆市法治政府建设情况分析

在2018年全国法治政府评估中，重庆市得到725.26分（总分为1000分），在100个参与评估城市中排名第15位，在西部区域20个城市中排名第2位（2017年度评估中重庆市得到730.35分，排名第26位；2016年度评估中，重庆市得到717.43分，排名第18位）。重庆市法治政府建设评估的分数和排名较往年有了一定程度的提高，个别指标表现优异，反映出重庆市法治政府建设工作扎实推进，依法行政工作整体情况良好。

（一）成绩

1. 优化营商环境的法治保障表现突出

2018年度评估结果显示，重庆市"优化营商环境的法治保障"指标得分为60.00分（该指标总分为60.00分），全国排名第1位。重庆市该指标得到满分，反映了其拥有良好的营商环境，在该一级指标下的二级指标得分方面，重庆市政府在营商环境制度建设、行政审批体制改革、政府信用建设上表现突出，成果显著。

2. 政务公开取得长足进步

本年度评估结果显示，重庆市在"政务公开"指标下得分为90.76分（该指标总分为100分），高于全国平均分23.25分，全国排名第3位；在2017年度评估中，重庆市该指标得分为105.98分（该指标总分为120分），全国排名第33位；2016年度评估中，重庆市该指标得分为99.5分，全国排名第36位。从近三年的得分和排名情况看，重庆市政务公开工作扎实推进，不断提高主动公开与依申请公开的工作水平，取得了突出的成绩。

3. 依法全面履行政府职能方面取得进展

2018年度评估结果显示，重庆市在"依法全面履行政府职能"指标下得分为54.00分（该指标总分为100分），低于全国平均分1.01分，全国排名第54位；在

2017 年度评估中，重庆市在该指标下得分为 74.00 分，全国排名第 89 位；在 2016 年评估中，重庆市在该指标下得分为 72.00 分，全国排名第 63 位。评估结果显示，三年来重庆市依法全面履行政府职能方面的工作始终是法治政府建设工作的短板，但相较 2017 年，重庆市在 2018 年度评估中进步明显，值得鼓励。

（二）问题

1. 法治政府建设的组织领导工作有待加强

根据评估结果，2018 年重庆市在"法治政府建设的组织领导"指标下得分为 37.50 分（该指标总分为 80 分），低于全国平均分 8.49 分，全国排名第 74 位；在 2017 年度评估中，重庆市得分为 51 分，全国排名第 44 位；在 2016 年度评估中，重庆市得分为 51 分，全国排名第 43 位。据往年得分和排名情况，重庆市在该指标下得分较为稳定，但 2018 年变动较大，重庆市政府法治政府建设情况、报告依法行政考核工作、政府法律顾问开展工作方面都有待加强。

2. 社会公众满意度持续下降

在 2018 年度评估中，重庆市"社会公众满意度调查"指标得分为 128.97 分（该指标总分为 200 分），低于全国平均分 3.47 分，全国排名第 68 位；在 2017 年度评估中，重庆市得分为 130.19 分，全国排名第 38 位；在 2016 年度评估中，重庆市排名全国第 9 位。从历史得分和排名来看，该指标数据持续下降且变化幅度较大。重庆市应进一步提高对社会公众满意度的重视，增强公众对法治政府建设的获得感及认同感。

3. 监督与问责方面须着力改善

在"监督与问责"指标下，2018 年重庆市得分为 79.34 分（该指标总分为 100 分），全国排名第 42 位；在 2017 年度评估中，重庆市该指标得分为 81.73 分，全国排名第 11 位；在 2016 年度评估中，重庆市该指标得分为 65.6 分，全国排名第 69 位。重庆市 2017 年在该指标得分上有了很大进步，却没能守住发展成果，反映出重庆市政府监督与问责工作存在问题，在内部监督与外部监督的工作制度体系上存在缺陷，未能巩固发展成果。

十三 达州市人民政府

一、达州市法治政府建设情况

达州市人民政府评估总分为 638.68 分，低于全国平均水平（654.34 分）15.66 分，在全部参与评估的 100 个城市中排名第 60 位，在西部区域 20 个城市中排名 11 位。该市政府得分按一级指标分析结果见表 12 – 13。

表 12 – 13 达州市人民政府一级指标评估得分分析

指标分析	依法全面履行政府职能	法治政府建设的组织领导	依法行政制度体系	行政决策	行政执法	政务公开	监督与问责	社会矛盾化解与行政争议解决	优化营商环境的法治保障	社会公众满意度调查
得分	63.00	61.50	40.00	60.00	39.57	67.50	79.38	82.29	23.00	122.44
与平均分差	7.99	15.51	– 5.50	– 9.41	– 14.69	– 0.01	2.41	9.72	– 11.70	– 10.00
与最高分差	– 8.00	– 10.50	– 35.00	– 33.00	– 38.71	– 26.57	– 13.57	– 9.86	– 37.00	– 40.37
排名	10	12	60	78	90	51	41	16	85	89

每项一级指标得分换算成百分比并与全国平均水平比较得出图 12 – 13。

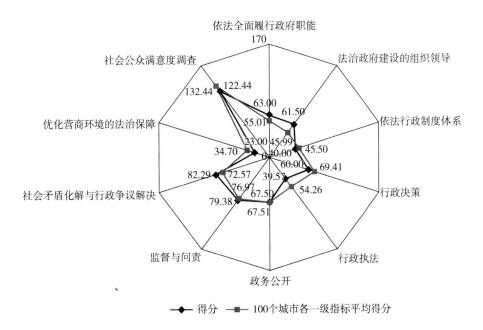

图 12 – 13 达州市人民政府评估得分与全国平均得分比较

可以看出，该市依法全面履行政府职能、法治政府建设的组织领导、监督与问责、社会矛盾化解与行政争议解决这四个指标得分高于全国平均水平，说明该市政府在这四个方面评价较高。依法行政制度体系、行政决策、行政执法、政务公开、优化营商环境的法治保障、社会公众满意度调查指标得分低于全国平均水平，说明该市政府在这些方面评价较低。

二、达州市法治政府建设情况分析

在 2018 年全国法治政府评估中，达州市得到 638.68 分（总分为 1000 分），在 100 个参与评估城市中排名第 60 位，在西部区域 20 个城市中排名第 11 位（在 2017 年度评估中，达州市得到 706.76 分，排名第 40 位；在 2016 年度评估中，达州市得到 652.45 分，排名第 59 位）。达州市法治政府建设评估的分数和排名较往年略有下降，尽管个别指标表现突出，但有六个指标得分均低于全国平均水平，反映出达州市法治政府建设工作仍须扎实推进。

（一）成绩

1. 依法全面履行职能方面进步明显

评估结果显示，2018 年达州市"依法全面履行政府职能"指标得分为 63 分（该指标总分为 80 分），全国排名第 10 位；在 2017 年度评估中，达州市该指标得分为 75 分，全国排名第 86 位；在 2016 年度评估中，达州市该指标得分为 66 分，全国排名第 85 位。在排名上，达州市较往年有了巨大的进步，反映出达州市政府在依法全面履行政府职能方面已经达到全国先进水平，在规范政府机构设置、落实简政放权、优化公共服务方面都有了提升。

2. 法治政府建设的组织领导工作取得突破

在 2018 年度评估中，达州市"法治政府建设的组织领导"指标得分为 61.50 分（该指标总分为 80 分），全国排名第 12 位；在 2017 年度评估中，达州市在该指标下得分为 46 分，全国排名第 60 位；在 2016 年度评估中，达州市在该指标下得分为 39 分，全国排名第 71 位。可以看到，达州市法治政府建设的组织领导工作指标在得分和排名上逐年提高，2018 年已经进入全国前 20 位的行列，说明达州市政府积极响应《法治政府建设实施纲要（2015—2020 年）》要求，在加强党对法治政府建设的领导、及时公布法治政府建设情况报告方面有了显著改变。

（二）问题

1. 行政执法方面工作制度落后

评估结果显示，2018 年达州市"行政执法"指标得分为 39.57 分（该指标总得分为 100 分），低于全国平均分 14.69 分，全国排名第 90 位；在 2017 年度评估中，达州市得分为 80 分，高于全国平均分 10.98 分；在 2016 年度评估中，达州市得分为 82 分，高于全国平均分 12.49 分。综合三年来的评估数据，达州市"行政执法"得分在 2018 年度评估中退步严重，排名由全国中上等的位置退步至全国后十位，说明达州市在行政执法体制、行政执法程序、行政执法信息化、行政执法人员管理、行政执法状况等方面的工作存在不同程度的问题，之前的建设方法和制度设计已经不适应新要求，达州市须从整体上完善行政执法体系。

2. 社会公众满意度得分较低

2018 年度评估结果显示，达州市"社会公众满意度调查"指标得分为 122.44 分，全国排名第 89 位；在 2017 年度评估中，达州市该项指标得分为 132.76 分，全国排名第 28 位。从数据上看，达州市法治政府建设未能提升社会公众的满意度，相比往年退步明显。达州市政府须重视社会公众的反馈，综合提升法治政府建设水平。

3. 优化营商环境的法治保障情况有待加强

在本次评估中，达州市"优化营商环境的法治保障"指标得分为 23.00 分（该指标满分为 60 分），全国排名第 85 位。该指标反映出达州市在营商环境塑造方面的工作存在不足，市场准入便捷程度、政府诚信状况、行政审批便捷高效情况、优化营商环境的推进机制都需要进一步完善落实。

十四　大连市人民政府

一、大连市法治政府建设情况

大连市人民政府评估总分为 694.43 分，高于全国平均水平（654.34 分）40.09 分，在全部参与评估的 100 个城市中排名第 24 位，在东部区域 48 个城市中排名第 18 位。该市政府得分按一级指标分析结果见表 12 - 14。

表 12 - 14　大连市人民政府一级指标评估得分分析

指标分析	依法全面履行政府职能	法治政府建设的组织领导	依法行政制度体系	行政决策	行政执法	政务公开	监督与问责	社会矛盾化解与行政争议解决	优化营商环境的法治保障	社会公众满意度调查
得分	51.00	53.50	35.00	77.00	47.06	85.24	83.87	81.70	47.00	133.06
与平均分差	-4.01	7.51	-10.50	7.59	-7.20	17.73	6.90	9.13	12.30	0.62
与最高分差	-20.00	-18.50	-40.00	-16.00	-31.22	-8.83	-9.09	-10.45	-13.00	-29.75
排名	67	23	67	28	75	6	19	20	11	44

每项一级指标得分换算成百分比并与全国平均水平比较得出图 12 - 14。

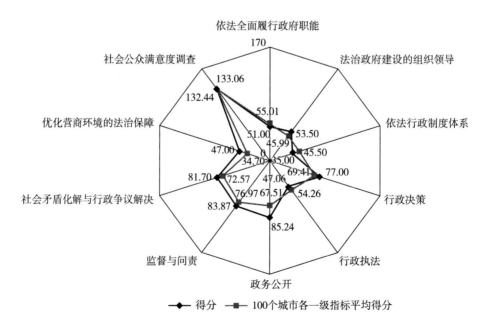

图 12 - 14　大连市人民政府评估得分与全国平均得分比较

可以看出，该市法治政府建设的组织领导、行政决策、政务公开、监督与问责、社会矛盾化解与行政争议解决、优化营商环境的法治保障、社会公众满意度调查这七个指标得分高于全国平均水平，说明该市政府在这七个方面评价较高。依法全面履行政府职能、依法行政制度体系、行政执法指标得分低于全国平均水平，说明该市政府在这三个方面评价较低。

二、大连市法治政府建设情况分析

在 2018 年全国法治政府评估中，大连市得到 694.43 分（总分为 1000 分），在 100 个参与评估城市中排名第 24 位，在东部区域 48 个城市中排名第 18 位（在 2017 年评估中，大连市得到 729.61 分，排名第 28 位；在 2016 年评估中，大连市得到 663.27 分，排名第 50 位）。这一评估结果反映出大连市法治政府建设近年来稳步推进，各方面建设成果明显。

（一）成绩

1. 政务公开工作取得长足进步

2018 年度评估结果显示，大连市"政务公开"指标得分为 85.24 分（该指标总分为 100 分），高于全国平均分 17.73 分，全国排名第 6 位；在 2017 年度评估中，大连市该指标得分为 101.67 分（在 2017 年度评估中该指标总分 120 分），全国排名第 47 位。由此看出，大连市政务公开工作一年来扎实推进，在重点领域信息公开、投诉举报渠道、政府网站检索便利性方面表现突出，指标得分排名上进入全国先进行列。

2. 优化营商环境的法治保障较为完善

在"优化营商环境的法治保障"指标下，2018 年大连市得分为 47.00 分（该指标总分为 60 分），高于全国平均分 12.30 分，全国排名第 11 位。大连市在该指标上得分率为 78.33%，其在政府诚信状况、行政审批便捷高效情况的工作表现都较为优秀，但市场准入便捷程度、优化营商环境的推进机制方面仍有较大进步空间。

3. 社会公众满意度有所提高

评估结果显示，大连市法治政府建设的社会公众满意度得分为 133.06 分（该指标总分为 200 分），全国排名第 44 名；在 2017 年度评估中，大连市得分为 121.43 分，全国排名第 75 位。社会公众满意度指标是大连市推进法治政府建设的短板，但 2018 年这种状况得到了改善，公众对法治政府建设的获得感增强。

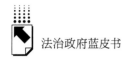
（二）问题

1. 依法行政制度体系退步明显

在依法行政制度体系建设方面，大连市在2016年评估中得到52分（该指标总分为100分），比全国平均分高1.24分；在2017年评估中得到58分，比全国平均分高12.08分；但2018年评估中，大连市得分为35.00分，低于全国平均分10.05分。综合三年得分和排名情况，大连市依法行政制度体系建设较为稳定，总体形势稳中有升，但2018年无论是得分还是排名均大幅度下降，三级指标中"行政规范性文件的制定是否切实公开听取意见""行政规范性文件管理的规范化""行政规范性文件是否切实做到三统一""行政规范性文件管理和监督的创新"均未得分，反映出大连市未能及时按照《法治政府建设实施纲要（2015—2020年）》要求开展工作。

2. 行政执法程序不规范

2018年度评估结果显示，大连市"行政执法"指标得分为47.06分（该指标总分为100分），低于全国平均分7.20分，全国排名第75位。从2017年该指标全国排名第30位来看，大连市存在较大退步。具体来说，大连市在该一级指标下的二级指标"行政执法制度及程序建设"上失分最多，其次是二级指标"行政执法状况"指标也失分较多，大连市需要在完善行政执法程序、增强行政执法的实施效果上继续努力。

3. 依法全面履行政府职能工作有待加强

在2016年评估中，大连市在该指标上仅得到70分（该指标总分为100分），比全国平均分低6.23分，排名第73位；在2017年评估中，大连市在该指标下得到84分，比全国平均分高出1.19分，排名第45位；而2018年度评估中，大连市得到51分，全国排名第67位。综合三年评估的得分和排名情况，大连市未能继续保持2017年度评估中取得的成绩，反映出大连市政府依法全面履行政府职能工作方式有待加强，在机构设置、"减证便民"实施情况、重特大安全事故发生情况方面得分率仅为40%，大连市应进一步增强法治政府建设的持续性。

十五 大同市人民政府

一、大同市法治政府建设情况

大同市人民政府评估总分为 553.22 分，低于全国平均水平（654.34 分）101.12 分，在全部参与评估的 100 个城市中排名第 97 位，在中部区域 32 个城市中排名第 32 位。该市政府得分按一级指标分析见表 12－15。

表 12－15 大同市人民政府一级指标评估得分分析

分析\指标	依法全面履行政府职能	法治政府建设的组织领导	依法行政制度体系	行政决策	行政执法	政务公开	监督与问责	社会矛盾化解与行政争议解决	优化营商环境的法治保障	社会公众满意度调查
得分	63	37.5	5	58	28.63	72.50	64.49	66.38	31	126.72
与平均分差	7.99	－ 8.49	－ 40.5	－ 11.41	－ 25.63	4.99	－ 12.48	－ 6.19	－ 3.7	－ 5.72
与最高分差	－ 8.00	－ 34.50	－ 70.00	－ 35.00	－ 49.65	－ 21.57	－ 28.46	－ 25.77	－ 29.00	－ 36.09
排名	10	74	100	82	99	41	95	71	60	77

每项一级指标得分换算成百分比并与全国平均水平比较得出图 12－15。

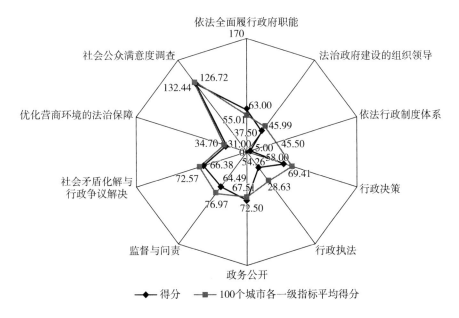

图 12－15 大同市人民政府评估得分与全国平均得分比较

可以看出，该市依法全面履行政府职能、政务公开这两项指标得分高于全国平均水平，说明该市政府在这两个方面评价较高。法治政府建设的组织领导、依法行政制度体系、行政决策、行政执法、监督与问责、社会矛盾化解与行政争议解决、优化营商环境的法治保障和社会公众满意度调查这八个指标得分低于全国平均水平，说明该市政府在这八个方面的评价较低。

二、大同市法治政府建设情况分析

在 2018 年全国法治政府评估中，大同市得到 553.22 分（总分为 1000 分），在 100 个参与评估城市中排名第 97 位，在中部区域 32 个城市中排名第 32 位（在 2017 年评估中，大同市得到 568.86 分，排名第 96 位；在 2016 年评估中，大同市得到 594.39 分，排名第 91 位）。这一评估结果反映出大同市近三年法治政府建设的进展较为滞后，重点突出问题长期未得到有效解决。

（一）成绩

1. 依法全面履行政府职能取得持续进展

2018 年，大同市在"依法全面履行政府职能"指标中得到 63 分（该指标总分为 80 分），比全国平均分高出 7.99 分，该项指标全国排名第 10 位。2016 年，大同市在该指标下得到 61 分，比全国平均分低 15.23 分，排名第 94 位；2017 年，大同市在该指标下得到 83 分，比全国平均分高出 0.19 分，排名第 56 位。结合往年评估结果来看，大同市在该指标上的表现逐年变好，可以看出其近年来对该指标相关工作的高度重视，其在政府机构职能建设、权力清单公布、行政审批改革等方面的工作一直在持续有效地开展，进步较大。

2. 政务公开工作取得明显进步

评估结果显示，在"政务公开"一级指标下，大同市政府得到 72.50 分（该指标总分为 100 分），比全国平均分高出 4.99 分，排名第 41 位。2017 年，大同市在该指标下得到 80 分（2017 年度该指标总分为 120 分），比全国平均分低 17.98 分，排名第 90 位。与上一年度相比，2018 年大同市加强了政务公开相关工作，在重点领域信息公开、政府门户网站便捷建设、信息公开申请回应等方面所取得的进步显著，排名也有大幅提高。

（二）问题

1. 依法行政制度体系建设有待加强

在依法行政制度体系建设方面，大同市在 2016 年评估中得到 29 分（该指标总分为 80 分），比全国平均分低 21.76 分，排名第 95 位；在 2017 年评估中得到 16 分，比全国平均分低 29.92 分，排名第 99 位；在 2018 年评估中得到 5 分，比全国平均分低 40.5 分，排名第 100 位。评估结果显示，大同市"依法行政制度体系"指标得分常年位于末端位置，且与全国平均分的分差逐年扩大，排名不断下降，2018 年仅得到 5 分。该项指标已成为大同市法治政府建设的最大短板，亟须加强公开听取意见、公布率、"三统一"、报备、有效期和定期清理等制度的落实工作。

2. 行政执法能力和水平亟待提高

评估结果显示，2018 年大同市"行政执法"一级指标得到 28.63 分（该指标总分为 100 分），比全国平均分低 25.63 分，排名第 99 位；在 2017 年评估中得到 50.4 分（2017 年度该指标总分为 120 分），比全国平均分低 18.63 分，排名第 92 位。近年来的评估结果表明，大同市的行政执法工作得分远低于全国平均水平，存在行政执法体制建立不完善、行政执法工作规范性差等问题，其在行政执法体制建设、行政执法程序规范、行政执法人员管理等方面的工作亟待加强。

3. 监督与问责机制不完善

评估结果显示，2018 年大同市"监督与问责"一级指标得到 64.49 分（该指标总分为 100 分），比全国平均分低 12.48 分，排名第 95 位。在 2017 年评估中大同市得到 68.16 分，比全国平均分低 18.32 分，排名第 76 位。大同市该指标得分连续两年处于全国平均分之下，且排名有所下降，在行政机关负责人出庭应诉、公开主要审计报告和审计结果、问责制度实施等方面的制度还未得到严格执行。

4. 行政决策制度落实不到位

在"行政决策"一级指标下，大同市在 2018 年的评估中得到 58 分（该指标总分为 100 分），比全国平均分低 11.41 分，排名第 82 位；2017 年得分为 69 分，比全国平均分低 3.19 分，排名第 62 位。2018 年大同市在该项指标上的得分排名有所下降，其在重大决策合法性审查制度、重大决策专家论证制度、重大决策风险评估制度等方面的工作有待提高。

5. 法治政府建设的组织领导工作不完备

评估结果显示，2018 年大同市在"法治政府建设的组织领导"指标下得到 37.5

分（该指标总分为80分），比全国平均分低8.49分，排名第74位；2017年得分为33分，比全国平均分低14.22分，排名第92位；2016年得分为32分，比全国平均分低7.39分，排名第80位。综合近三年的评估结果可以看出，大同市的法治政府建设组织领导工作还不扎实，长期处于落后地位。大同市需要进一步加强政府常务会议对法治政府建设工作的讨论、依法行政考核工作、党委对法治政府建设工作的领导等方面的组织领导工作。

十六 德州市人民政府

一、德州市法治政府建设情况

德州市人民政府评估总分为 671.97 分，高于全国平均水平（654.34 分）17.63 分，在全部参与评估的 100 个城市中排名第 36 位，在东部区域 48 个城市中排名第 24 位。该市政府得分按一级指标分析见表 12 - 16。

表 12 - 16 德州市人民政府一级指标评估得分分析

指标 分析	依法全面履行政府职能	法治政府建设的组织领导	依法行政制度体系	行政决策	行政执法	政务公开	监督与问责	社会矛盾化解与行政争议解决	优化营商环境的法治保障	社会公众满意度调查
得分	51.00	50.50	60.00	80.00	53.28	70.00	71.88	74.09	32.00	129.22
与平均分差	-4.01	4.51	14.50	10.59	-0.98	2.49	-5.09	1.52	-2.70	-3.22
与最高分差	-20.00	-21.50	-15.00	-13.00	-25.00	-24.07	-21.07	-18.06	-28.00	-33.59
排名	67	35	17	22	51	43	76	46	56	65

每项一级指标得分换算成百分比并与全国平均水平比较得出图 12 - 16。

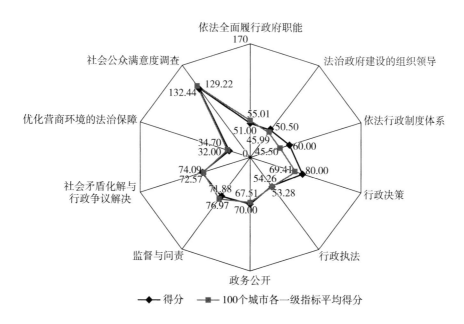

图 12 - 16 德州市人民政府评估得分与全国平均得分比较

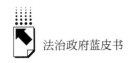

可以看出，该市法治政府建设的组织领导、依法行政制度体系、行政决策、政务公开、社会矛盾化解与行政争议解决这五项指标得分高于全国平均水平，说明该市政府在这五个方面评价较高。依法全面履行政府职能、行政执法、监督与问责、优化营商环境的法治保障、社会公众满意度调查这五个指标得分低于全国平均水平，说明该市政府在这五个方面的评价较低。

二、德州市法治政府建设情况分析

在 2018 年全国法治政府评估中，德州市得到 671.97 分（总分为 1000 分），在 100 个参与评估城市中排名第 36 位，在东部区域 48 个城市中排名第 24 位（在 2017 年评估中，德州市得到 732.58 分，排名第 25 位；在 2016 年评估中，德州市得到 704.68 分，排名第 28 位）。这一评估结果反映出，德州市的法治政府建设工作有所退步，一些问题未得到有效解决。

（一）成绩

1. 依法行政制度体系建立较为完善

评估结果显示，德州市在"依法行政制度体系"一级指标中连续三年取得较好成绩。在 2016 年评估中得到 75 分，比全国平均分高 24.24 分；在 2017 年评估中得到 78 分，比全国平均分高 32.08 分；在 2018 年评估中得到 60 分，比全国平均分高 14.5 分，排名第 17 位。评估结果显示，德州市在该项指标上连续多年表现良好，依法行政制度体系的建立较为完善，各项制度均有效落实，长期保持优异成绩。

2. 行政决策工作开展情况良好

评估结果显示，在"行政决策"一级指标下，德州市在 2018 年评估中得到 80 分（该指标总分为 100 分），比全国平均分高 10.59 分，排名第 22 位；在 2017 年评估中得到 71 分，比全国平均分低 1.19 分，排名第 56 位。从评估结果可以看出，德州市加强了对行政决策工作的重视程度，对相关制度进行了优化，行政决策工作开展情况良好。具体而言，德州市在重大决策风险评估、重大决策专家论证、重大决策公众参与、重大决策公开等方面都有优异的表现，值得鼓励。

（二）问题

1. 监督与问责未发挥应有作用

评估结果显示，在"监督与问责"一级指标下，德州市 2018 年得到 71.88 分（该指标总分为 100 分），比全国平均分低 5.09 分，排名第 76 位；2017 年得到 69.38 分，比全国平均分低 4.07 分，排名第 73 位；2016 年评估中，德州市在该指标下得到 61.85 分，比全国平均分低 6.17 分，排名第 79 位。德州市该项指标连续三年得分低于全国平均分，排名均位于全国中下游水平，处理回应公众举报、公开主要审计报告和审计结果、行政机关负责人出庭应诉等方面还未得到严格执行。

2. 依法全面履行政府职能工作有所退步

在"依法全面履行政府职能"一级指标下，2018 年评估中，德州市得到 51 分（该指标总分为 80 分），比全国平均分低 4.01 分，全国排名第 67 位；在 2017 年评估中得到 93 分（2017 年度该指标总分为 100 分），比全国平均分高 10.19 分，全国排名第 7 位；在 2016 年评估中得到 87 分，比全国平均分高 10.77 分，排名第 18 位。结合近几年评估结果可以看出，德州市在依法全面履行政府职能方面的工作有所松懈，由前两年的全国前列降至中下游水平，在机构设置、公共服务建设、减证便民、生态环境保护等方面的工作仍有待进一步加强。

3. 社会公众满意度不高

评估结果显示，2018 年德州市法治政府建设的"社会公众满意度调查"得分为 129.22 分（该指标总分为 200 分），比全国平均分低 3.22 分，全国排名第 65 位；在 2017 年评估中，德州市的该项指标得分为 126.45，比全国平均分低 1.7 分，全国排名第 51 位。德州市在该项指标的评估中连续两年处于中下游阶段，且在 2018 年的评估中排名有所下降，社会公众未对法治政府建设成果产生充足的获得感，群众的参与感不强。

十七 东莞市人民政府

一、东莞市法治政府建设情况

东莞市人民政府评估总分为 664.46 分，高于全国平均水平（654.34 分）10.12 分，在全部参与评估的 100 个城市中排名第 44 位，在东部区域 48 个城市中排名第 28 位。该市政府得分按一级指标分析结果见表 12 – 17。

表 12 – 17　东莞市人民政府一级指标评估得分分析

指标 分析	依法全面 履行政府 职能	法治政府 建设的组 织领导	依法行 政制度 体系	行政 决策	行政 执法	政务 公开	监督与 问责	社会矛盾化 解与行政争 议解决	优化营商 环境的法 治保障	社会公 众满意 度调查
得分	66.00	50.00	40.00	90.00	41.00	65.00	78.63	84.05	33.00	116.78
与平均分差	10.99	4.01	– 5.50	20.59	– 13.26	– 2.51	1.66	11.48	– 1.70	– 15.66
与最高分差	– 5.00	– 22.00	– 35.00	– 3.00	– 37.28	– 29.07	– 14.32	– 8.10	– 27.00	– 46.03
排名	5	38	58	4	85	56	49	10	53	98

每项一级指标得分换算成百分比并与全国平均水平比较得出图 12 – 17。

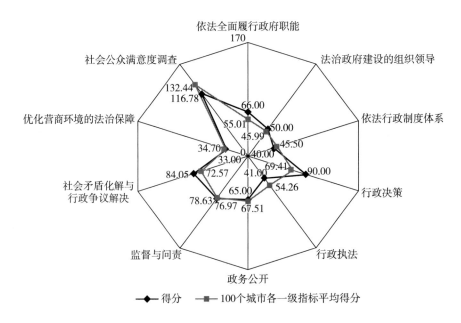

图 12 – 17　东莞市人民政府评估得分与全国平均得分比较

可以看出，该市依法全面履行政府职能、法治政府建设的组织领导、行政决策、监督与问责、社会矛盾化解与行政争议解决这五项指标得分高于全国平均水平，说明该市政府在这五个方面评价较高。依法行政制度体系、行政执法、政务公开、优化营商环境的法治保障、社会公众满意度调查这五个指标得分低于全国平均水平，说明该市政府在这五个方面的评价较低。

二、东莞市法治政府建设情况分析

在2018年全国法治政府评估中，东莞市得到664.46分（总分为1000分），在100个被测评城市中排名第44位，在东部区域48个城市中排名第28位（在2017年评估中，东莞市得到694.96分，排名第49位；在2016年评估中，东莞市得到697.95分，排名第30位）。这一评估结果反映出东莞市的法治政府建设工作进展较为缓慢，存在一些亟待重视和解决的问题。

（一）成绩

1. 依法全面履行政府职能表现突出

评估结果显示，2018年东莞市在"依法全面履行政府职能"一级指标下得到66分（该指标总分为80分），比全国平均分高10.99分，排名第5位；在2017年评估中得到94分（2017年度该指标总分100分），比全国平均分高11.19分；在2016年评估中得到98分，比全国平均分高21.77分。评估结果显示，东莞市在"依法全面履行政府职能"方面表现优异，连续三年位于全国前列。东莞市在副职领导人数、基本公共服务、权力清单动态调整、生态环境保护等方面均表现优异，值得各地学习。

2. 行政决策工作扎实有效推进

评估结果显示，2018年东莞市在"行政决策"一级指标下得到90分（该指标总分为100分），比全国平均分高20.59分，排名第4位；2017年得到77分，比全国平均分高4.81分；2016年得分为77分，比全国平均分高8.13分。从评估结果可以看出，东莞市在行政决策工作方面取得了长足的进步，重大决策合法性审查、风险评估、公众参与、集体决定、重大决策后的信息追踪和反馈等相关制度得到有效落实，行政决策日趋科学民主化。

3. 社会矛盾化解与行政争议解决体系建设良好

在"社会矛盾化解与行政争议解决"方面，东莞市在 2018 年的评估中得到 84.05 分（该指标总分为 100 分），比全国平均分高 11.48 分，排名第 10 位；在 2017 年评估中，东莞市得到 75.56 分，比全国平均分高 5.08 分，排名第 33 位。该评估结果显示，东莞市的社会矛盾化解与行政争议解决体系不断完善，行政复议制度、人民调解制度、信访法治化等方面的建设工作取得显著进步，已形成多元的社会矛盾化解机制，树立了法治政府的权威。

（二）问题

1. 行政执法规范化程度低

在行政执法方面，东莞市在 2018 年评估中得到 41 分（该指标总分 100 分），比全国平均分低 13.26 分，排名第 85 位；2017 年得到 59.5 分（2017 年度该指标总分为 120 分），比全国平均分低 9.53 分，排名第 78 位；2016 年得到 67.5 分，比全国平均分低 2.01 分，排名第 58 位。评估结果显示，东莞市该项指标连续三年处于全国平均分之下，且排名持续下降，行政执法方面长期存在的问题未得到有效解决，行政执法规范化程度不高。

2. 社会公众满意度不高

本年度评估结果显示，东莞市法治政府建设的"社会公众满意度调查"得分为 116.78 分（该指标总分为 200 分），比全国平均分低 15.66 分，比最高分低 46.03 分，排名第 98 位。该项指标在 2017 年的评估中得分为 122.93 分，比全国平均分低 5.22 分，排名第 67 位。从纵向来看，社会公众满意度调查指标得分在 2018 年度的评估中下滑较为严重，反映出东莞市在法治政府建设过程中未充分重视社会公众的参与，公众在与行政权力接触的过程中未能切实感受到权力运行状况的改善。

3. 政务公开工作有待加强

评估结果显示，在"政务公开"一级指标下，东莞市在 2018 年评估中得到 65 分（该指标总分 100 分），比全国平均分低 2.51 分，排名第 56 位；2017 年得到 111.93 分（2017 年度该指标总分为 120 分），比全国平均分高 13.95 分；2016 年得到 97.75 分，比全国平均分高 5.18 分。在 2016 年、2017 年的评估均高于全国平均分的情况下，2018 年东莞市该项指标的评估得分排名严重下滑，由 2017 年的第 14 位下滑至第 56 位，政务公开工作的实施情况不及从前。对此，东莞市政府应当落实相关制度建设，确保政务公开工作的持续有效开展。

十八　佛山市人民政府

一、佛山市法治政府建设情况

佛山市人民政府评估总分为 724.21 分，高于全国平均水平（654.34 分）69.87分，在全部参与评估的 100 个城市中排名第 16 位，在东部区域 48 个城市中排名第 13位。该市政府得分按一级指标分析结果见表 12 - 18。

表 12 - 18　佛山市人民政府一级指标评估得分分析

分 析 ＼ 指标	依法全面履行政府职能	法治政府建设的组织领导	依法行政制度体系	行政决策	行政执法	政务公开	监督与问责	社会矛盾化解与行政争议解决	优化营商环境的法治保障	社会公众满意度调查
得分	59	68	65	61	56.52	84.55	70.69	79.10	43	137.36
与平均分差	3.99	22.01	19.5	- 8.41	2.26	17.04	- 6.28	6.53	8.3	4.92
与最高分差	- 12	- 4	- 10	- 32	- 21.76	- 9.52	- 22.26	- 13.05	- 17	- 25.45
排名	35	4	7	74	41	8	77	29	19	29

每项一级指标得分换算成百分比并与全国平均水平比较得出图 12 - 18。

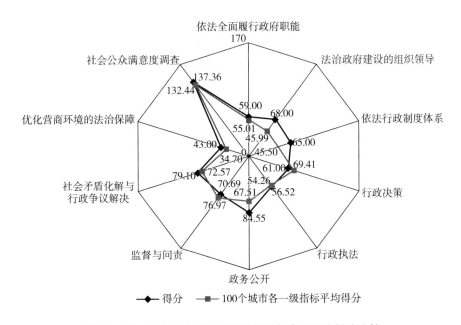

图 12 - 18　佛山市人民政府评估得分与全国平均得分比较

可以看出，该市依法全面履行政府职能、法治政府建设的组织领导、依法行政制度体系、行政执法、政务公开、社会矛盾化解与行政争议解决、优化营商环境的法治保障、社会公众满意度调查这八个指标得分高于全国平均水平，说明该市政府在这八个方面评价较高。行政决策、监督与问责这两个指标得分低于全国平均水平，说明该市政府在这两个方面评价较低。

二、佛山市法治政府建设情况分析

在 2018 年全国法治政府评估中，佛山市得到 724.21 分（总分为 1000 分），在 100 个参与评估城市中排名第 16 位，在东部区域 48 个城市中排名第 13 位（在 2017 年评估中，佛山市得到 733.53 分，排名第 24 位；在 2016 年评估中，佛山市得到 731.31 分，排名第 13 位）。这一评估结果反映出佛山市在 2018 年度推进法治政府建设方面有所进步，但仍有一些问题没有得到有效解决。

（一）成绩

1. 法治政府建设的组织领导工作成效显著

评估结果显示，2018 年佛山市在"法治政府建设的组织领导"指标下得分为 68 分（该指标总分为 80 分），比全国平均分高 22.01 分，排名第 4 位；2017 年得到 52 分，比全国平均分高 4.78 分，排名第 36 位；2016 年得到 35 分，比全国平均分低 4.39 分，排名第 64 位。佛山市在该指标上的得分逐年上涨，已远高于全国平均分。佛山市在加强党对法治政府建设工作的领导、法治政府建设情况报告、政府依法行政考核工作、政府法律顾问开展工作情况等方面均取得突出成绩。

2. 依法行政制度体系逐步完善

本年度评估结果显示，在"依法行政制度体系"一级指标下，佛山市得到 65 分（该指标总分为 90 分），比全国平均分高 19.5 分，排名第 7 位；在 2017 年评估中，佛山市得到 43 分，低于全国平均分 2.92 分，排名第 51 位。由此可以看出，佛山市在依法行政制度体系工作方面有了质的提高，在建立完备的规范性文件制定程序制度、行政规范性文件的公布情况、规范管理行政规范性文件、报备和按规定清理行政规范性文件等多个方面均取得突出成绩。

（二）问题

1. 行政决策工作有待加强

在行政决策方面，佛山市在 2018 年评估中得到 61 分（该指标总分为 100 分），比全国平均分低 8.41 分，排名第 74 位；在 2017 年评估中得到 81 分，比全国平均分高 8.81 分，排名第 17 位。根据评估结果，佛山市该项指标得分退步明显，已处于全国下游之列，该项成为其法治政府建设的严重制约因素。佛山市在重大决策合法性审查和风险评估、重大决策专家论证及结果和依据公开等方面的工作亟待加强。

2. 监督与问责工作仍须改善

评估结果显示，在"监督与问责"一级指标下，佛山市 2018 年得到 70.69 分（该指标总分为 100 分），比全国平均分低 6.28 分，排名第 77 位；在 2017 年评估中，佛山市在该指标下得到 71.46 分，比全国平均分低 1.99 分，排名第 65 位；在 2016 年评估中，佛山市在该指标下得到 62.92 分，比全国平均分低 5.1 分，排名第 77 位。佛山市在该项指标上已连续三年处于全国平均分之下，实施情况不容乐观，其在执行本级人大及其常委会的监督决定、行政机关负责人出庭应诉、及时处理回应公众的举报投诉、公开主要审计报告和结果等多个方面的工作表现不佳。

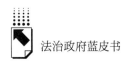

十九　福州市人民政府

一、福州市法治政府建设情况

福州市人民政府评估总分为 597.10 分，低于全国平均水平（654.34 分）57.24
分，在全部参与评估的 100 个城市中排名第 83 位，在东部区域 48 个城市中排名第 43
位。该市政府得分按一级指标分析结果见表 12-19。

表 12-19　福州市人民政府一级指标评估得分分析

指标 分析	依法全面 履行政府 职能	法治政府 建设的组 织领导	依法行 政制度 体系	行政 决策	行政 执法	政务 公开	监督与 问责	社会矛盾化 解与行政争 议解决	优化营商 环境的法 治保障	社会公 众满意 度调查
得分	67	27.5	20	53.5	53.69	54.38	68.21	72.91	49	130.92
与平均分差	11.99	-18.49	-25.5	-15.91	-0.57	-12.83	-8.76	0.34	14.3	-1.52
与最高分差	-4	-44.5	-55	-38.5	-24.59	-39.69	-24.74	-19.24	-11	-31.89
排名	3	96	94	77	49	82	84	48	7	53

每项一级指标得分换算成百分比并与全国平均水平比较得出图 12-19。

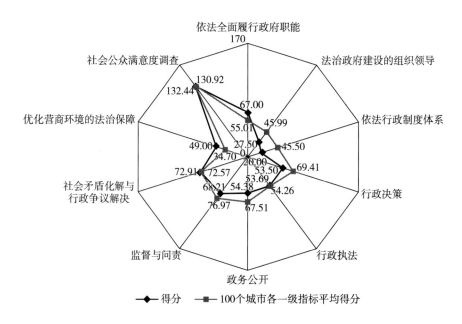

图 12-19　福州市人民政府评估得分与全国平均得分比较

可以看出，该市依法全面履行政府职能、社会矛盾化解与行政争议解决、优化营商环境的法治保障这三个指标得分高于全国平均水平，说明该市政府在这三个方面评价较高。法治政府建设的组织领导、依法行政制度体系、行政决策、行政执法、政务公开、监督与问责、社会公众满意度调查这七个指标得分低于全国平均水平，说明该市在这七个方面评价较低。

二、福州市法治政府建设情况分析

在2018年全国法治政府评估中，福州市得到597.10分（总分为1000分），在100个参与评估城市中排名第83位，在东部区域48个城市中排名第43位（在2017年评估中，福州市得到659.19分，排名第69位；在2016年评估中，福州市得到666.72分，排名第46位）。这一评估结果反映出福州市在2017年度推进法治政府建设方面的工作进展不佳，一些问题还没有得到有效解决。

（一）成绩

1. 依法全面履行政府职能情况逐步改善

在依法全面履行政府职能方面，福州市在2018年评估中得到67分（该指标总分80分），比全国平均分高11.99分；在2017年评估中得到90分，比全国平均分高7.19分；在2016年评估中得到88分，比全国平均分高11.77分。评估结果显示，福州市在"依法全面履行政府职能"方面一直表现良好，并在2018年评估中取得了全国第三名的好成绩。福州市在市政府机构数量、行政服务中心对基本公共服务覆盖比率、"减证便民"实施情况等指标下均获得了较好成绩。

2. 优化营商环境的法治保障情况较为良好

2018年评估结果显示，在"优化营商环境的法治保障"一级指标下，福州市得到49分（该指标总分60分），比全国平均分高14.3分，居于全国第7位。2018年首次对"优化营商环境的法治保障"这一指标进行评估，福州市就取得了较好的成绩。由此可以看出，福州市在优化营商环境的法治保障工作中能够充分履职尽责，在开通在线办理企业设立、城市信用、行政审告知承诺制施行情况及在线办理快捷便民程度等多个方面都有较好表现。

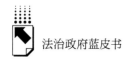

（二）问题

1. 法治政府建设的组织领导工作亟待重视加强

评估结果显示，2018 年福州市在"法治政府建设的组织领导"指标下得分为 27.5 分（该指标总分为 80 分），比全国平均分低 18.49 分，排名第 96 位；在 2017 年评估中得到 22 分，比全国平均分低 25.22 分，排名第 98 位；在 2016 年评估中得到 11 分，比全国平均分低 28.39 分，排名第 99 位。虽然福州市在该指标上得分与排名连续三年有所提升，但是不能否认其排名仍处于全国末尾，这是其法治政府建设进程中的最大阻力。与其他城市相比，福州市在加强党对法治政府建设工作的领导、政府常务会议对法治政府工作的讨论研究、法治政府建设情况报告等方面须进一步加强。

2. 依法行政制度体系建设不完善

在依法行政制度体系建设方面，福州市在 2018 年评估中得到 20 分（该指标总分 90 分），比全国平均分低 25.5 分，排名第 94 位；在 2017 年评估中得到 31 分，比全国平均分低 14.92 分，排名第 80 位；在 2016 年评估中得到 49 分，比全国平均分低 1.76 分，排名第 54 位。评估结果显示，福州市该项指标不仅得分连续三年处于全国平均分之下，且排名逐年倒退。福州市在建立完备的规范性文件制定程序制度、地方网约车新规合法性、规范管理行政规范性文件、行政规范性文件的"三统一"和报备等方面工作均须扎实落实并完善工作制度。

二十　抚顺市人民政府

一、抚顺市法治政府建设情况

抚顺市人民政府评估总分为 622.04 分，低于全国平均水平（654.34 分）32.30 分，在全部参与评估的 100 个城市中排名第 72 位，在东部区域 48 个城市中排名第 40 位。该市政府得分按一级指标分析结果见表 12-20。

表 12-20　抚顺市人民政府一级指标评估得分分析

指标 分析	依法全面履行政府职能	法治政府建设的组织领导	依法行政制度体系	行政决策	行政执法	政务公开	监督与问责	社会矛盾化解与行政争议解决	优化营商环境的法治保障	社会公众满意度调查
得分	51	46	50	62	38	74	76.42	71.33	21	132.29
与平均分差	-4.01	0.01	4.5	-7.41	-16.26	6.49	-0.55	-1.24	-13.7	-0.15
与最高分差	-20	-26	-25	-30	-40.28	-20.07	-16.53	-20.82	-39	-30.52
排名	67	51	41	70	93	35	57	57	93	45

每项一级指标得分换算成百分比并与全国平均水平比较得出图 12-20。

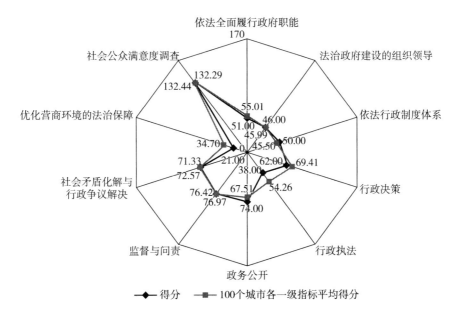

图 12-20　抚顺市人民政府评估得分与全国平均得分比较

可以看出，该市法治政府建设的组织领导、依法行政制度体系、政务公开这三个指标得分高于全国平均水平，说明该市在这三个方面评价较高。依法全面履行政府职能、行政决策、行政执法、监督与问责、社会矛盾化解与行政争议解决、优化营商环境的法治保障、社会公众满意度调查七个指标得分均低于全国平均水平，说明该市政府在这七个方面评价较低。

二、抚顺市法治政府建设情况分析

在2018年全国法治政府评估中，抚顺市得到622.04分（总分为1000分），在100个参与评估城市中排名第72位，在东部区域48个城市中排名第40位（在2017年评估中，抚顺市得到638.97分，排名第81位；2016年评估中，抚顺市得到576.16分，排名第94位）。这一评估结果反映出抚顺市在2018年度推进法治政府建设方面进展明显，但仍有一些问题还没有得到有效解决。

（一）成绩

1. 政务公开工作扎实推进

在政务公开方面，抚顺市在2018年评估中得到74分（该指标总分为100分），比全国平均分高6.49分，居全国第35位；在2017年评估中得到97.5分，比全国平均分低0.48分，排名第55位。评估结果显示，抚顺市在"政务公开"方面取得积极成果，排名有较大提升。这归功于抚顺市在重点领域信息公开、政府门户网站的咨询服务功能、政府及时答复信息公开申请等方面工作的良好实施。

2. 依法行政制度体系持续改善

评估结果显示，抚顺市2018年在"依法行政制度体系"评估中得到50分（该指标总分为90分），比全国平均分高4.5分；在2017年评估中，抚顺市在该指标上得到39分，比全国平均分低6.92分。由此可以看出，抚顺市在"依法行政制度体系"方面的工作取得较大进步，得分稳步提高。抚顺市在地方网约车新规合法性、制定行政规范性文件公开听取意见、规范化管理行政规范性文件、行政规范性文件的报备和监督的创新等方面均取得了一定成绩。

（二）问题

1. 行政执法工作制度不完善

评估结果显示，2018年抚顺市在"行政执法"一级指标下得到38分（该指标总分为 100 分），比全国平均分低 16.26 分，排名第 93 位；在 2017 年评估中，抚顺市在该指标下得到 54 分，比全国平均分低 15.03 分，排名第 87 位；在 2016 年评估中，抚顺市在该指标下得到 57.5 分，比全国平均分低 12.01 分，排名第 90 位。由此可以看出，抚顺市在"行政执法"方面问题突出，得分连续三年处于全国平均分之下，存在行政处罚裁量基准制度落实不力、未有效建设执法信息平台、执法辅助人员管理不善、违法行为投诉体验情况较差等问题。

2. 优化营商环境的法治保障有待加强

评估结果显示，在"优化营商环境的法治保障"一级指标下，抚顺市 2018 年得到 21 分（该指标总分为 60 分），比全国平均分低 13.7 分，排名第 93 位。2018 年首次对"优化营商环境的法治保障"这一指标进行评估，抚顺市在该项指标得分排名上处于全国末尾。抚顺市在开通在线办理企业设立、政务诚信在信用事件公开数量中的情况、城市信用排名、行政审批告知承诺制施行及在线办理快捷便民程度等方面的工作上应进一步加强。

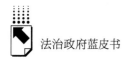

二十一　阜阳市人民政府

一、阜阳市法治政府建设情况

阜阳市人民政府评估总分为 629.02 分，低于全国平均水平（654.34 分）25.32分，在全部参与评估的 100 个城市中排名第 68 位，在中部区域 32 个城市中排名第 17位。该市政府得分按一级指标分析结果见表 12 – 21。

表 12 – 21　阜阳市人民政府一级指标评估得分分析

指标 得分	依法全面履行政府职能	法治政府建设的组织领导	依法行政制度体系	行政决策	行政执法	政务公开	监督与问责	社会矛盾化解与行政争议解决	优化营商环境的法治保障	社会公众满意度调查
得分	54	53	50	53.5	39.5	62.67	79.67	71.39	35	130.29
与平均分差	– 1.01	7.01	4.50	– 15.91	– 14.76	– 4.84	2.70	– 1.18	0.30	– 2.15
与最高分差	– 17.00	– 19.00	– 25.00	– 39.50	– 38.78	– 31.40	– 13.28	– 20.76	– 25.00	– 32.52
排名	54	24	41	93	91	62	39	56	46	56

每项一级指标得分换算成百分比并与全国平均水平比较得出图 12 –21。

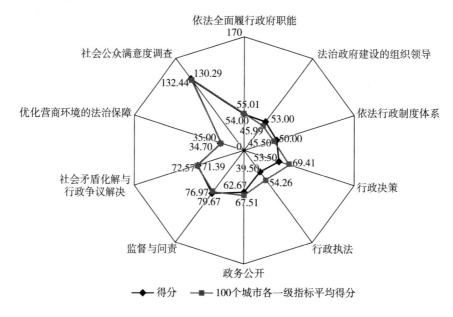

图 12 –21　阜阳市人民政府评估得分与全国平均得分比较

可以看出，该市法治政府建设的组织领导、依法行政制度体系、监督与问责、优化营商环境的法治保障这四个指标得分高于全国平均水平，说明该市政府在这四个方面评价较高。依法全面履行政府职能、行政决策、行政执法、政务公开、社会矛盾化解与行政争议解决和社会公众满意度调查这六个指标得分低于全国平均水平，说明该市政府在这六个方面评价较低。

二、阜阳市法治政府建设情况分析

在 2018 年全国法治政府评估中，阜阳市得到 629.02 分（总分为 1000 分），在全部参与评估的 100 个城市中排名第 68 位，在中部区域 32 个城市中排名第 17 位（在 2017 年评估中，阜阳市得到 646.89 分，排名第 79 位；在 2016 年评估中，阜阳市得到 649.35 分，排名第 60 位；在 2015 年评估中，阜阳市得到 645.8 分，排名第 31 位）。这一评估结果反映出阜阳市法治政府建设水平较上一年有所提升，但整体还是呈下降趋势，存在许多亟待解决的问题。

（一）成绩

1. 法治政府建设的组织领导工作较为扎实

在"法治政府建设的组织领导"一级指标下，2018 年阜阳市得到 53 分（该指标总分为 80 分），比全国平均分高 7.01 分，全国排名第 24 位；在 2017 年评估中，阜阳市在该指标上得到 52 分，比全国平均分高 4.78 分；在 2016 年评估中，阜阳市在该指标上得到 50 分，比全国平均分高 10.61 分。近年的评估结果显示，阜阳市较为重视并加紧法治政府建设工作和对依法行政工作的组织保障，一直处于全国较高水平。

2. 重视监督与问责工作

在"监督与问责"一级指标下，2018 年阜阳市得到 79.67 分（该指标总分为 100 分），比全国平均分高出 2.7 分，全国排名第 39 位；在 2017 年评估中，阜阳市在该指标上得到 81.1 分，全国排名第 16 位；在 2016 年评估中，阜阳市在该指标上得到 69.04 分，全国排名第 50 位；在 2015 年评估中，阜阳市在该指标上得到 70 分，全国排名第 26 位。这表明，阜阳市政府较为重视监督与问责工作，该指标一直处在高于全国平均水平的位置，但仍须进一步加强。

3. 社会矛盾化解与行政争议解决工作取得较大进步

在"社会矛盾化解与行政争议解决"一级指标下，2018 年阜阳市得到 71.39 分（该指标总分为 100 分），比全国平均分低 1.18 分，全国排名第 56 位；在 2017 年评估中，阜阳市得到 54 分，比全国平均分低 16.48 分；在 2016 年评估中，阜阳市在该指标上得到 72 分，比全国平均分高 3.9 分；在 2015 年评估中，阜阳市在该指标上得到 47 分，比全国平均分低 6.7 分。当前，中国社会正处于转型期，社会矛盾及利益冲突日益增多，评估结果显示，阜阳市加紧社会矛盾化解与行政争议解决体系建设，取得较大进步。

（二）问题

1. 依法全面履行政府职能工作有待加强

评估结果显示，2018 年阜阳市在"依法全面履行政府职能"一级指标下得到 54 分（该指标总分为 80 分），比全国平均分低 1.01 分，全国排名第 54 位；在 2017 年评估中，阜阳市在该指标上得到 81 分，比全国平均分低 1.81 分；在 2016 年评估中，阜阳市在该指标上得到 70 分，比全国平均分低 6.23 分；在 2015 年评估中，阜阳市在该指标上得到 80 分，比全国平均分高 0.2 分。《法治政府建设实施纲要（2015—2020 年）》将依法全面履行政府职能放在突出位置，依法全面履行政府职能是提高政府公信力和执行力的迫切需要，阜阳市政府近几年此指标得分一直在中下游游走，应当加强依法全面履行政府职能工作。

2. 行政决策法治化程度不高

评估结果显示，2018 年阜阳市在"行政决策"指标下得分为 53.5 分（该指标总分为 100 分），比全国平均分低 15.91 分，全国排名第 93 位；在 2017 年评估中，阜阳市在该指标上得到 54 分，比全国平均分低 18.19 分；在 2016 年评估中，阜阳市在该指标上得到 49 分，比全国平均分低 19.87 分，全国排名第 96 位；在 2015 年评估中，阜阳市在该指标上得到 43 分，比全国平均分低 21.55 分，全国排名第 97 位。对比连续四年的测评结果可以看出，阜阳市该指标连续四年处于垫底水平，这反映出阜阳市行政决策法治化程度不高的情况，对法治政府建设提出的要求，对合法决策、科学决策、民主决策、公开决策、决策追踪等重视不够，亟须采取有力措施提升行政决策的法治化水平。

3. 行政执法不规范

评估结果显示，2018 年阜阳市在"行政执法"指标下得分为 39.5 分（该指标总分为100分），比全国平均分低14.76分，全国排名第91位；在2017年评估中，阜阳市在该指标上得到63分，比全国平均分低6.03分，全国排名第66位；在2016年评估中，阜阳市在该指标上得到65.5分，比全国平均分低4.01分，全国排名第62位。从三年的数据来看，阜阳市"行政执法"指标得分较低，排名一直处于中下游位置，2018年得分处于垫底水平，主要因为行政处罚裁量基准制度落实情况较差，推行行政执法全过程记录不力、执法程序尚需完善，执法整体状况较差。

二十二　赣州市人民政府

一、赣州市法治政府建设情况

赣州市人民政府评估总分为 621.73 分，低于全国平均水平（654.34 分）32.61 分，在全部参与评估的 100 个城市中排名第 73 位，在中部区域 32 个城市中排名第 21 位。该市政府得分按一级指标分析结果见表 12-22。

表 12-22　赣州市人民政府一级指标评估得分分析

指标 分析	依法全面 履行政府 职能	法治政府 建设的组 织领导	依法行 政制度 体系	行政 决策	行政 执法	政务 公开	监督与 问责	社会矛盾化 解与行政争 议解决	优化营商 环境的法 治保障	社会公 众满意 度调查
得分	57.00	54.50	25.00	76.00	43.00	74.00	66.06	58.63	31.00	136.53
与平均分差	1.99	8.51	-20.50	6.59	-11.26	6.49	-10.91	-13.94	-3.70	4.09
与最高分差	-14.00	-17.50	-50.00	-17.00	-35.28	-20.07	-26.89	-33.52	-29.00	-26.28
排名	45	20	86	31	83	35	92	95	60	31

每项一级指标得分换算成百分比并与全国平均水平比较得出图 12-22。

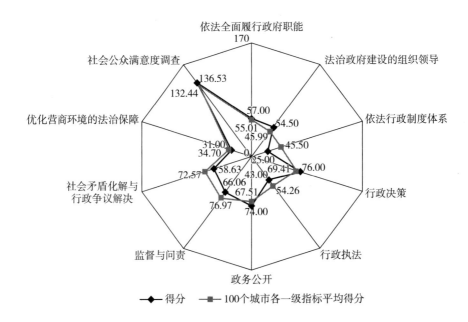

图 12-22　赣州市人民政府评估得分与全国平均得分比较

可以看出，该市依法全面履行政府职能、法治政府建设的组织领导、行政决策、政务公开和社会公众满意度调查这五个指标得分高于全国平均水平，说明该市政府在这五个方面评价较高。依法行政制度体系、行政执法、监督与问责、社会矛盾化解与行政争议解决、优化营商环境的法治保障这五个指标得分低于全国平均水平，说明该市政府在这五个方面评价较低。

二、赣州市法治政府建设情况分析

在 2018 年全国法治政府评估中，赣州市得到 621.73 分（总分为 1000 分），在全部参与评估的 100 个城市中排名第 73 位，在中部区域 32 个城市中排名第 21 位（在 2017 年的评估中，赣州市得到 619.91 分，排名第 88 位；在 2016 年评估中，赣州市得到 646.64 分，排名第 61 位；在 2015 年评估中，赣州市得到 566.5 分，排名第 78 位）。这一评估结果反映出赣州市政府正在努力推进依法行政，加快建设法治政府，但依旧存在一些亟待重视和解决的问题。

（一）成绩

1. 政务公开工作取得较大进步

在"政务公开"一级指标下，2018 年赣州市得分为 74 分（该指标总分为 100 分），比全国平均分高 6.49 分，全国排名第 35 位；在 2017 年评估中，赣州市在"政务公开"指标下得分为 70 分，全国排名第 95 位；在 2016 年评估中，赣州市在"政务公开"指标下得分为 89.75 分，全国排名第 62 位；在 2015 年评估中，赣州市在"政府信息公开"指标下得到 82 分，全国排名第 88 位。对比连续四年的测评结果可以看出，2018 年赣州市政府的政务公开工作有了显著起色，应当保持当前在主动公开和依申请公开方面取得的成绩，进一步深化政务公开，打造阳光政府。

2. 社会公众满意度不断提高

在"社会公众满意度调查"一级指标下，2018 年赣州市得到 136.53 分（该指标总分为 200 分），比全国平均分高 4.09 分，全国排名第 31 位；在 2017 年评估中，赣州市在该指标上得到 129.97 分，比全国平均分高 1.82 分，全国排名第 39 位；在 2016 年评估中，赣州市在该指标上得到 125.31 分，比全国平均分低 4.3 分，全国排名第 60 位。近年的评估结果显示，赣州市在社会公众满意度方面一直在提升，政府工作总体上获得公众的认可。

（二）问题

1. 法治政府建设的组织领导工作不扎实

评估结果显示，2018 年赣州市在"法治政府建设的组织领导"一级指标下得到 54.5 分（该指标总分为 80 分），比全国平均分高 8.51 分，全国排名第 20 位；在 2017 年评估中，赣州市在该指标上得到 36 分，比全国平均分低 11.22 分，全国排名第 84 位；在 2016 年评估中，赣州市在该指标上得到 46 分，比全国平均分高 6.61 分，全国排名第 29 位。近年的评估结果显示，赣州市在法治政府建设工作和对依法行政工作的组织保障方面波动较大，应当总结经验教训，稳步开展法治政府建设的组织领导工作。

2. 依法行政的制度体系不完善

评估结果显示，2018 年赣州市在"依法行政制度体系"一级指标下得到 25 分（该指标总分为 80 分），比全国平均分低 20.5 分，全国排名第 86 位；赣州市在 2017 年评估中得到 23 分，比全国平均分低 22.92 分，得分率为 28.75%；在 2016 年评估中得到 42 分，比全国平均分低 8.76 分，得分率为 52.5%；在 2015 年评估中得到 30 分，比全国平均分低 13.46 分，得分率为 37.5%。从近四年的评估数据可以看出，赣州市依法行政制度体系建设在整体上一直处于较低水平，与理想状态相比还有较大差距。在 2018 年评估中，赣州市在行政规范性文件的制定切实公开听取意见、行政规范性文件管理的规范化、"三统一"制度的落实及报备和定期清理方面的工作均未完善，亟待采取有力措施。

3. 监督与问责工作不力

评估结果显示，2018 年赣州市在"监督与问责"一级指标下得到 66.06 分（该指标总分为 100 分），比全国平均分低 10.91 分，全国排名第 92 位；在 2017 年评估中，赣州市在该指标上得到 71.14 分，比全国平均分低 2.31 分，全国排名第 66 位；在 2016 年评估中，赣州市在该指标上得到 69.08 分，比全国平均分高 1.06 分，全国排名第 48 位。近年的评估结果显示，在全国法治政府建设稳步推进的情况下，赣州市在监督与问责工作方面得分却呈连年下降趋势，2018 年处于较低水平，应当深刻总结经验教训，加强监督与问责工作，尤其要加强定期听取、审查本级政府工作部门和下级政府的执法情况报告、公布重点领域执法工作报告工作和及时处理回应公众的举报投诉工作，以及做好政府负责人及工作人员违法的公开工作。

4. 社会矛盾化解与行政争议解决工作未见提升

评估结果显示，2018 年赣州市在"社会矛盾化解与行政争议解决"一级指标下得到 58.63 分（该指标总分为 100 分），比全国平均分低 13.94 分；在 2017 年评估中，赣州市在该指标上得到 64.8 分，比全国平均分低 5.68 分；在 2016 年评估中，赣州市在该指标上得到 68 分，比全国平均分低 0.1 分；在 2015 年评估中，赣州市在该指标上得到 48 分，比全国平均分低 5.7 分。评估结果显示，赣州市人民政府社会矛盾化解与行政争议解决能力未见提升，赣州市政府应当大力推进社会矛盾化解与行政争议解决体系化建设，严格贯彻落实《法治政府建设实施纲要（2015—2020 年）》的要求，依法有效化解社会矛盾纠纷，充分发挥政府在预防、解决行政争议和民事纠纷中的作用，提升通过法定渠道解决矛盾纠纷的比例。

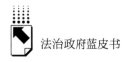

二十三　广州市人民政府

一、广州市法治政府建设情况

广州市人民政府评估总分为 770.83 分，高于全国平均水平（654.34 分）116.49 分，在全部参与评估的 100 个城市中排名第 3 位，在东部区域 48 个城市中排名第 3 位。该市政府得分按一级指标分析如表 12 - 23。

表 12 - 23　广州市人民政府一级指标评估得分分析

指标 分析	依法全面履行政府职能	法治政府建设的组织领导	依法行政制度体系	行政决策	行政执法	政务公开	监督与问责	社会矛盾化解与行政争议解决	优化营商环境的法治保障	社会公众满意度调查
得分	63.00	64.00	70.00	93.00	64.70	79.44	90.06	82.29	39.00	125.34
与平均分差	7.99	18.01	24.50	23.59	10.44	11.93	13.09	9.72	4.30	- 7.10
与最高分差	- 8.00	- 8.00	- 5.00	0.00	- 13.58	- 14.63	- 2.89	- 9.86	- 21.00	- 37.47
排名	10	10	2	1	20	25	3	16	34	82

每项一级指标得分换算成百分比并与全国平均水平比较得出图 12 - 23。

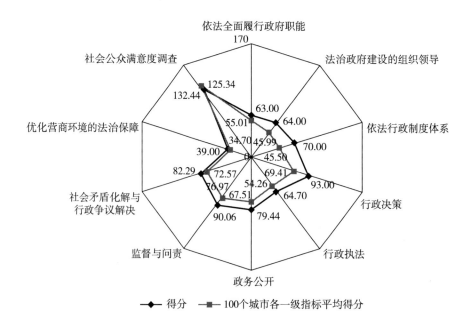

图 12 - 23　广州市人民政府评估得分与全国平均得分比较

可以看出，该市依法全面履行政府职能、法治政府建设的组织领导、依法行政制度体系、行政决策、行政执法、政务公开、监督与问责、社会矛盾化解与行政争议解决、优化营商环境的法治保障这九个指标得分高于全国平均水平，说明该市政府在这九个方面评价较高。社会公众满意度调查这个指标得分低于全国平均水平，说明该市政府在这个方面评价较低。

二、广州市法治政府建设情况分析

在 2018 年全国法治政府评估中，广州市得到 770.83 分（总分为 1000 分），在全部评估的 100 个城市中排名第 3 位，在东部区域 48 个城市中排名第 3 位（在 2017 年评估中，广州市得到 800.21 分，排名第 3 位；2016 年评估中，广州市得到 766.31 分，排名第 5 位；2015 年评估中，广州市得到 772.58 分，排名第 2 位）。这一评估结果反映出，广州多年来在法治政府建设方面处于全国前列，法治政府建设取得了诸多成绩，法治化程度较高。

（一）成绩

1. 行政决策法治化程度高

在"行政决策"一级指标下，2018 年的评估结果显示，广州市得到 93 分（该指标总分为 100 分），比全国平均分高 23.59 分，全国排名第 1 位；2017 年评估中，广州市得到 90 分，比全国平均分高出 17.81 分，排名全国第 2 位；2016 年评估中，广州市在该指标上得到 91 分，比全国平均分高出 22.13 分，排名全国第 1 位。对比连续三年的测评结果可以看出，广州市在该指标下连续三年名列前茅，反映出广州市的行政决策工作在全国处于领先地位。综合来看，广州市在制定重大决策事项目录、重大决策合法性审查、决策咨询论证专家库及专家论证程序、公众参与重大决策等多个方面都有着优异的表现，值得其他地方政府学习。

2. 监督与问责工作较为扎实

在"监督与问责"一级指标下，2018 年的评估结果显示，广州市得到 90.06 分（该指标总分为 100 分），比全国平均分高 13.09 分，全国排名第 3 位；在 2017 年评估中，广州市得到 85.06 分，比全国平均分高出 11.61 分，全国排名第 4 位；2016 年评估中，广州市在该指标上得到 80.04 分，比全国平均分高出 12.02 分，全国排名第 4 位；2015 年评估中，广州市在该指标上得到 76 分，比全国平均分高出 11.06 分。

从评估结果来看，广州市在强化对行政权力的制约和监督方面工作扎实，在定期听取审查本级政府工作部门和下级政府的执法情况报告、公布重点领域执法工作报告、公开主要审计报告和审计结果，以及政府负责人及工作人员违法的公开等方面表现较为突出。

3. 社会矛盾化解与行政争议解决工作取得显著提升

在"社会矛盾化解与行政争议解决"一级指标下，2018 年的评估结果显示，广州市得到 82.29 分（该指标总分为 100 分），比全国平均分高 9.72 分，全国排名第 16 位；在 2017 年评估中得到 68.04 分，比全国平均分低 2.44 分，全国排名第 61 位；在 2016 年评估中得到 64 分，比全国平均分低 4.1 分，全国排名第 69 位。广州市自 2016 年以来，不断加强社会矛盾化解与行政争议解决方面工作，取得较为显著的进步，但是仍需要加强，按照《法治政府建设实施纲要（2015—2020 年）》的要求，充分发挥在预防、解决行政争议和民事纠纷中的作用。

（二）问题

1. 政务公开工作仍须进一步加强

评估结果显示，在 2018 年评估中，广州市在"政务公开"一级指标下得到 79.44 分（该指标总分为 100 分），比全国平均分高 11.93 分，全国排名第 25 位；2017 年评估中，在"政务公开"一级指标下，广州市得到 105.45 分，比全国平均分高出 7.47 分，全国排名第 35 位；2016 年评估中，广州市在"政务公开"指标下得到 90 分，全国排名第 60 位；2015 年评估中，广州市在"政府信息公开"指标下得到 108 分，全国排名第 23 位。对比连续四年的测评结果可以看出，广州市政务公开工作自 2016 年以来稳步提升，但与理想状态相比还有一定差距，工作依然有待加强。

2. 社会公众满意度不高

评估结果显示，在 2018 年评估中，广州市在"社会公众满意度调查"一级指标下得到 125.34 分（该指标总分为 200 分），比全国平均分低 7.1 分，得分率为 62.67%，全国排名第 82 位；2017 年的评估中，广州市法治政府建设的社会公众满意度得分为 131.76 分，比全国平均分低 3.61 分，得分率为 65.88%；2016 年和 2015 年得分率分别为 73.635%、61.29%。综合四年的测评结果，可以看出尽管广州市的法治政府建设取得较为不错的成绩，但其法治政府建设成果与公众满意度之间尚未实现有效对接，社会公众并未在法治政府建设成果中产生充足的获得感。

二十四　贵阳市人民政府

一、贵阳市法治政府建设情况

贵阳市人民政府评估总分为 688.62 分，高于全国平均水平（654.34 分）34.28 分，在全部参与评估的 100 个城市中排名第 29 位，在西部区域 20 个城市中排名第 5 位。该市政府得分按一级指标分析如表 12－24。

表 12－24　贵阳市人民政府一级指标评估得分分析

指标\分析	依法全面履行政府职能	法治政府建设的组织领导	依法行政制度体系	行政决策	行政执法	政务公开	监督与问责	社会矛盾化解与行政争议解决	优化营商环境的法治保障	社会公众满意度调查
得分	59.00	55.00	55.00	71.00	61.35	73.41	80.76	82.20	30.00	120.90
与平均分差	3.99	9.01	9.50	1.59	7.09	5.90	3.79	9.63	－4.70	－11.54
与最高分差	－12.00	－17.00	－20.00	－22.00	－16.93	－20.66	－12.19	－9.95	－30.00	－41.91
排名	35	19	28	45	29	38	33	18	67	94

每项一级指标得分换算成百分比并与全国平均水平比较得出图 12－24。

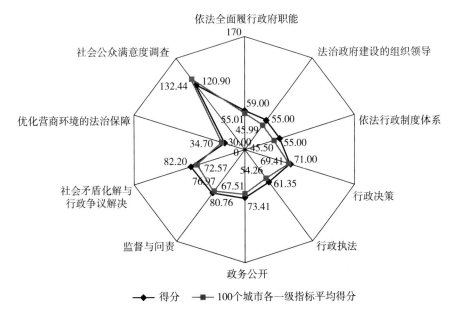

图 12－24　贵阳市人民政府评估得分与全国平均得分比较

可以看出，该市依法全面履行政府职能、法治政府建设的组织领导、依法行政制度体系、行政决策、行政执法、政务公开、监督与问责、社会矛盾化解与行政争议解决这八个指标得分高于全国平均水平，说明该市政府在这八个方面评价较高。优化营商环境的法治保障、社会公众满意度调查这两个指标得分低于全国平均水平，说明该市政府在这两个方面评价较低。

二、贵阳市法治政府建设情况分析

在 2018 年全国法治政府评估中，贵阳市人民政府评估总分为 688.62 分（总分为 1000 分），在全部评估的 100 个城市中排名第 29 位，在西部区域 20 个城市中排名第 5 位（2017 年评估中，贵阳市得到 704.82 分，排名第 42 位；2016 年评估中，贵阳市得到 678.96 分，排名第 40 位；2015 年评估中，贵阳市得到 647.21 分，排名第 29 位）。这一评估结果反映出，贵阳市法治政府建设力度仍须进一步加强，减少法治政府建设短板，实现法治政府建设多方面的完善。

（一）成绩

1. 法治政府建设的组织领导工作日益提升

在"法治政府建设的组织领导"一级指标下，2018 年的评估结果显示，贵阳市得到 55 分（该指标总分为 80 分），比全国平均分高 9.01 分，全国排名第 19 位；2017 年评估中，贵阳市在该指标上得到 37 分，比全国平均分低 10.22 分，全国排名第 83 位；2016 年评估中，贵阳市在该指标上得到 32 分，比全国平均分低 7.39 分，全国排名第 76 位。近年的评估结果显示，贵阳市不断加强法治政府建设工作和对依法行政工作的组织保障，并取得了较大的进步和成就。

2. 依法行政制度体系取得长足进步

在"依法行政制度体系"一级指标下，2018 年的评估结果显示，贵阳市得到 55 分（该指标总分为 80 分），比全国平均分高 9.5 分，全国排名第 28 位；2017 年评估中，贵阳市在该指标上得到 38 分，比全国平均分低 7.92 分，全国排名第 63 位；2016 年评估中，贵阳市在该指标上得到 47 分，比全国平均分低 3.76 分，全国排名第 59 位；2015 年评估中，贵阳市在该指标上得到 40 分，比全国平均分低 3.46 分。从近四年的评估结果来看，以往三年贵阳市的依法行政制度体系建设在全国平均水平以下，2018 年跃居第 28 位，取得了不小的进步，尤其在行政规范性文件的公布、管理规范化以及定期清理等方面，表现较好。

3. 重视社会矛盾化解与行政争议解决工作

在"社会矛盾化解与行政争议解决"一级指标下，2018 年的评估结果显示，贵阳市得到 82.2 分（该指标总分为 100 分），比全国平均分高 9.63 分，全国排名第 18位；2017 年评估中，贵阳市在该指标上得到 80.67 分，比全国平均分高 10.2 分；2016 年评估中，贵阳市在该指标上得到 78 分，比全国平均分高 9.9 分。近年的评估结果显示，贵阳市较为重视社会矛盾化解与行政争议解决，一直高于全国平均水平，需要继续加强稳定工作。

（二）问题

1. 行政决策工作不扎实

2018 年评估结果显示，在"行政决策"一级指标下，贵阳市得到 71 分（该指标总分为 100 分），比全国平均分高出 1.59 分，全国排名第 45 位；2017 年评估中，贵阳市得到 86 分，比全国平均分高出 13.81 分，全国排名第 7 位；2016 年评估中，贵阳市在该指标上得到 89 分，全国排名第 3 位；2015 年评估中，贵阳市在该指标上得到 84 分，全国排名第 4 位。对比连续四年的测评结果可以看出，贵阳市在前三年名列前茅，反映出贵阳市的行政决策工作在全国处于领先地位。但是在 2018 年测评中，出现很多需要关注和解决的问题，如重大决策合法性审查、重大决策风险评估方面，需要贵阳市总结经验教训，进一步加强行政决策工作。

2. 监督与问责工作波动较大

2018 年评估结果显示，在"监督与问责"一级指标下，贵阳市得到 80.76分（该指标总分为 100 分），比全国平均分高出 3.79 分，全国排名第 33 位；2017 年评估中，贵阳市得到 82.4 分，比全国平均分高出 8.95 分，全国排名第 9位；2016 年评估中，贵阳市在该指标上得到 67.17 分，全国排名第 58 位。贵阳市的监督与问责工作在 2017 年取得了不错的成绩，但从近三年的情况来看，贵阳市在此指标中一直处于中等偏上水平，建议贵阳市继续加强监督与问责工作，努力稳居前列。

3. 社会公众满意度较低

2018 年评估结果显示，在"社会公众满意度调查"指标上，贵阳市得到 120.9分（该指标总分为 200 分），比全国平均分低 11.54 分，全国排名第 94 位；2017 年

评估中，贵阳市在该指标上得到 123.95 分，得分率为 61.975%，全国排名第 62 位；2016 年评估中，贵阳市在该指标上得到 90.64 分，比最高分低 79.4 分，得分率仅为 45.32%，排名全国最后。这表明，贵阳市法治政府建设现状与令公众满意的政府尚有较大距离，亟待采取有力措施实现法治政府建设成果与公众满意度的有效对接。

二十五 哈尔滨市人民政府

一、哈尔滨市法治政府建设情况

哈尔滨市人民政府评估总分为656.32分，高于全国平均水平（654.34分）1.98分，在全部参与评估的100个城市中排名第52位，在中部区域32个城市中排名第9位。该市政府得分按一级指标分析如表12-25。

表12-25 哈尔滨市人民政府一级指标评估得分分析

指标 分析	依法全面 履行政府 职能	法治政府 建设的组 织领导	依法行 政制度 体系	行政 决策	行政 执法	政务 公开	监督与 问责	社会矛盾化 解与行政争 议解决	优化营商 环境的法 治保障	社会公 众满意 度调查
得分	52.00	50.00	45.00	81.50	47.87	82.25	69.12	66.44	40.00	122.13
与平均分差	-3.01	4.01	-0.50	12.09	-6.39	14.74	-7.85	-6.13	5.30	-10.31
与最高分差	-19.00	-22.00	-30.00	-11.50	-30.41	-11.82	-23.83	-25.71	-20.00	-40.68
排名	63	38	49	18	72	15	82	70	30	91

每项一级指标得分换算成百分比并与全国平均水平比较得出图12-25。

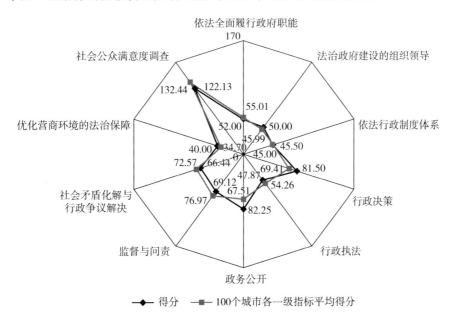

图12-25 哈尔滨市人民政府评估得分与全国平均得分比较

可以看出，该市法治政府建设的组织领导、行政决策、政务公开、优化营商环境的法治保障这四个指标得分高于全国平均水平，说明该市政府在这四个方面评价较高。依法全面履行政府职能、依法行政制度体系、行政执法、监督与问责、社会矛盾化解与行政争议解决、社会公众满意度调查这六个指标得分低于全国平均水平，说明该市政府在这六个方面评价较低。

二、哈尔滨市法治政府建设情况分析

在 2018 年全国法治政府评估中，哈尔滨市得到 656.32 分（总分为 1000 分），在全部评估的 100 个城市中排名第 52 位，在中部区域 32 个城市中排名第 9 位（2017 年评估中，哈尔滨市得到 698.7 分，排名第 47 位；2016 年评估中，得到 673.32 分，排名第 42 位；2015 年评估中，哈尔滨市得到 627.02 分，排名第 41 位）。这一评估结果反映出，在全国法治政府建设持续推进的大背景下，哈尔滨市法治政府建设基本维持中等水平，但稍有下降之势，存在一些不容忽视的问题。

（一）成绩

1. 行政决策法治化程度较高

在"行政决策"一级指标下，2018 年的评估结果显示，哈尔滨市得到 81.5 分（该指标总分为 100 分），比全国平均分高 12.09 分，全国排名第 18 位；2017 年评估中，哈尔滨市在该指标上得到 82 分，比全国平均分高 9.81 分；2016 年评估中，哈尔滨市在该指标上得到 80 分，比全国平均分高 11.13 分。连续三年的评估显示，哈尔滨市在政府行政决策工作中，居于全国领先水平，尤其在重大决策风险评估、重大决策专家论证以及重大决策结果及依法公开等方面，表现良好。

2. 政务公开整体向好

在"政务公开"一级指标下，2018 年评估结果显示，哈尔滨市得到 82.25 分（该指标总分为 100 分），比全国平均分高出 14.74 分，得分率为 82.25%，全国排名第 15 位；2017 年评估中，哈尔滨市在该指标上得到 113.84 分，比全国平均分高出 15.86 分，得分率为 94.867%，全国排名第 8 位；2016 年评估中，哈尔滨市在该指标上得到 80 分，比全国平均分低 12.58 分，得分率为 66.667%，全国排名第 83 位；2015 年度评估中，哈尔滨市在"政府信息公开"指标上得到 93 分，比全国平均分低 4.5 分，得分率为 77.5%，全国排名第 65 位。该结果反映出，在政务公开方面，哈尔滨市总体上是取得进步的，政府较为重视政府信息的公开化以及透明度。

（二）问题

1. 依法全面履行政府职能工作有待完善

评估结果显示，2018 年哈尔滨市在"依法全面履行政府职能"指标下得分为52 分（该指标总分为 80 分），比全国平均分低 3.01 分，比最高分低 19 分，在全国排名为第 63 位；2017 年评估中，哈尔滨市得分为 89 分，比最高分低 9 分，在全国排名为第 22 位；在 2016 年评估中得到 75 分，比最高分低 23 分，在全国排名为第 59 位。从近三年的评估数据可以看出，哈尔滨市在强化依法全面履行政府职能方面波动较大，在"减证便民"实施以及生态环境保护等方面有待进一步完善。

2. 监督与问责工作波动较大

评估结果显示，在监督与问责方面，2018 年评估中哈尔滨市得到 69.12 分（该指标总分为 100 分），比全国平均分低 7.85 分，在全国排名第 82 位；2017 年评估中，哈尔滨市得到 83.14 分，比全国平均分高出 9.69 分，全国排名第 7 位；2016年评估中，哈尔滨市在该指标上得到 78.1 分，全国排名第 8 位；2015 年评估中，哈尔滨市在该指标上得到 79 分，全国排名第 7 位。连续四年的评估结果表明，哈尔滨市强化对行政权力的制约和监督，监督与问责工作在前三年表现优异，但是在2018 年的评估中，出现了很多问题，如政府及其组成部门负责人违法被处以行政处分的情况较多，政府其他工作人员违法被处以行政处分的情况亦非常多，违法违规问题较为严重。

3. 社会公众满意度不高

评估结果显示，2018 年，哈尔滨市法治政府建设的社会公众满意度得分 122.13分（该指标总分为 200 分），比全国平均分低 10.31 分，在全国排名为第 91 名。2017年评估中，哈尔滨市得分为 115.02 分，比全国平均分低 13.13 分，比最高分低 52.96分，在全国排名为第 91 名。另外，哈尔滨市法治政府建设社会公众满意度指标在2014 年和 2015 年得分率为 57.76%、66.06%。结合连续五年的测评结果可以看出，哈尔滨市社会公众尚未对法治政府建设成果产生相应的获得感，法治政府建设成效与公众获得感未实现有效对接。

二十六 海口市人民政府

一、海口市法治政府建设情况

海口市人民政府评估总分为658.82分，高于全国平均水平（654.34分）4.48分，在全部参与评估的100个城市中排名第50位，在东部区域48个城市中排名第33位。该市政府得分按一级指标分析如表12-26。

表12-26 海口市人民政府一级指标评估得分分析

指标分析	依法全面履行政府职能	法治政府建设的组织领导	依法行政制度体系	行政决策	行政执法	政务公开	监督与问责	社会矛盾化解与行政争议解决	优化营商环境的法治保障	社会公众满意度调查
得分	59.00	47.00	60.00	77.00	58.65	81.00	69.65	69.00	17.00	120.51
与平均分差	3.99	1.01	14.50	7.59	4.39	13.49	-7.32	-3.57	-17.70	-11.93
与最高分差	-12.00	-25.00	-15.00	-16.00	-19.63	-13.07	-23.30	-23.15	-43.00	-42.30
排名	35	48	17	28	36	19	80	60	99	95

每项一级指标得分换算成百分比并与全国平均水平比较得出图12-26。

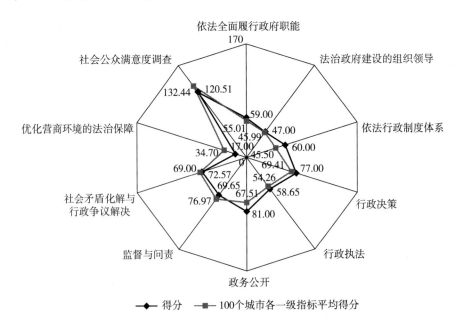

图12-26 海口市人民政府评估得分与全国平均得分比较

可以看出，该市依法全面履行政府职能、法治政府建设的组织领导、依法行政制度体系、行政决策、行政执法、政务公开这六个指标得分高于全国平均水平，说明该市政府在这六个方面评价较高。监督与问责、社会矛盾化解与行政争议解决、优化营商环境的法治保障、社会公众满意度调查这四个指标得分低于全国平均水平，说明该市政府在这四个方面评价较低。

二、海口市法治政府建设情况分析

在 2018 年全国法治政府评估中，海口市得到 658.82 分（总分为 1000 分），在全部评估的 100 个城市中排名第 50 位，在东部区域 48 个城市中排名第 33 位（2017年评估中，海口市得到 694.76 分，排名第 51 位；在 2016 年评估中，海口市得到711.9 分，排名第 22 位；在 2015 年评估中，海口市得到 610.71 分，排名第 52位）。这一评估结果反映出，海口市法治政府建设存在许多亟待解决的问题，有待进一步完善。

（一）成绩

1. 依法行政制度体系取得长足进步

在"依法行政制度体系"一级指标下，2018 年评估结果显示，海口市得分为 60分（该指标总分 80 分），在全国排名为第 17 位；2017 年评估中，海口市在该指标上得到 55 分，得分率为 68.75%，全国排名为第 32 位；2016 年评估中，海口市在该指标上得到 52 分，得分率为 65%，全国排名为第 41 位；2015 年评估中，海口市得到43 分，得分率为 53.75%。从近四年的评估数据可以看出，海口市在依法行政制度体系建设上不断进步，取得不错的成绩。建议海口市政府进一步重视并加强依法行政制度体系建设。

2. 政务公开工作日益提升

在"政务公开"一级指标下，2018 年评估结果显示，海口市得到 81 分（该指标总分为 100 分），比全国平均分高 13.49 分，在全国排名为第 19 名；2017 年评估中，海口市得到 107.5 分，比全国平均分高 9.52 分，在全国排名为第 28 名；2016 年评估中，海口市得到 95.75 分，比全国平均分高 3.18 分，在全国排名为第 40 名。从近三年的评估数据可以看出，海口市在政务公开工作方面一直高于全国平均水平，并且不断进步，取得了不错的成绩。

（二）问题

1. 行政执法工作波动较大

2018 年评估结果显示，在"行政执法"一级指标下，海口市得到 58.65 分（该指标总分为 100 分），比全国平均分高出 4.39 分，全国排名第 36 位；2017 年评估中，海口市在该指标上得到 59.8 分，比全国平均分低 9.23 分，全国排名第 75 位；2016 年评估中，海口市在该指标上得到 87 分，比全国平均分高出 17.49 分，全国排名第 10 位。评估结果显示，海口市的行政执法工作波动较大；尽管 2017 年采取了一定措施改善后成绩稍有回升，仍须进一步稳固成绩，不断完善。

2. 监督与问责工作有待改善

2018 年评估结果显示，在"监督与问责"一级指标下，海口市得到 69.65 分（该指标总分为 100 分），比全国平均分低 7.32 分，全国排名第 80 位；2017 年评估中，海口市得到 78 分，比全国平均分高出 4.55 分，全国排名第 35 位；2016 年评估中，海口市在该指标上得到 78.12 分，比全国平均分高出 10.10 分，全国排名第 7 位；2015 年评估中，海口市在该指标上得到 78.5 分，比全国平均分高出 13.56 分，全国排名第 9 位。这表明，在全国法治政府建设整体向好、监督问责工作不断严格的背景下，海口市对行政权力的制约、监督与问责工作却呈下降趋势，需要进一步吸取教训，采取有力措施改善现状。

3. 社会公众满意度较低

2018 年评估结果显示，在"社会公众满意度调查"一级指标下，海口市得到 120.51 分（该指标总分为 200 分），比全国平均分低 11.93 分，全国排名第 95 位；2017 年评估中，海口市得到 125.46 分，比全国平均分低 2.69 分，比最高分低 42.52 分，得分率仅为 62.73%。另外，海口市法治政府建设社会公众满意度指标在 2014 年和 2015 年得分率为 52.86%、63.53%。结合连续四年的测评结果可以看出，海口市的法治政府建设社会公众满意度一直较低，且尚无起色，社会公众并未对法治政府建设成果产生相应的获得感。

二十七　邯郸市人民政府

一、邯郸市法治政府建设情况

邯郸市人民政府评估总分为 618.22 分，低于全国平均水平（654.34 分）36.12 分，在全部参与评估的 100 个城市中排名第 76 位，在东部区域 48 个城市中排名第 41 位。该市政府得分按一级指标分析如表 12 - 27。

表 12 - 27　邯郸市人民政府一级指标评估得分分析

分析 指标	依法全面履行政府职能	法治政府建设的组织领导	依法行政制度体系	行政决策	行政执法	政务公开	监督与问责	社会矛盾化解与行政争议解决	优化营商环境的法治保障	社会公众满意度调查
得分	50.00	50.00	50.00	74.00	57.77	45.67	68.75	67.67	24.00	130.37
与平均分差	-5.01	4.01	4.50	4.59	3.51	-21.84	-8.22	-4.90	-10.70	-2.07
与最高分差	-21.00	-22.00	-25.00	-19.00	-20.51	-48.40	-24.20	-24.48	-36.00	-32.44
排名	74	38	41	37	39	97	83	67	82	55

每项一级指标得分换算成百分比并与全国平均水平比较得出图 12 - 27。

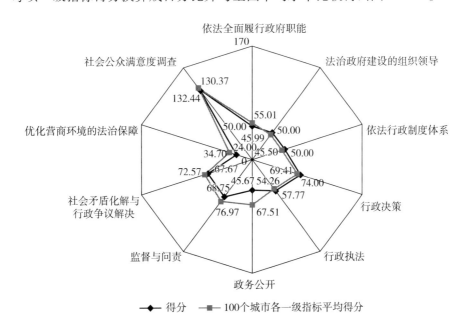

图 12 - 27　邯郸市人民政府评估得分与全国平均得分比较

321

可以看出，该市法治政府建设的组织领导、依法行政制度体系、行政决策、行政执法这四个指标得分高于全国平均水平，说明该市政府在这四个方面评价较高。依法全面履行政府职能、政务公开、监督与问责、社会矛盾化解与行政争议解决、优化营商环境的法治保障、社会公众满意度调查这六个指标得分低于全国平均水平，说明该市政府在这六个方面评价均较低。

二、邯郸市法治政府建设情况分析

在 2018 年全国法治政府评估中，邯郸市得到 618.22 分（总分为 1000 分），在全部评估的 100 个城市中排名第 76 位，在东部区域 48 个城市中排名第 41 位（2017 年评估中，邯郸市得到 699.7 分，排名第 45 位；2016 年评估中，邯郸市得到 586.48 分，排名第 92 位；2015 年评估中，邯郸市得到 558.94 分，排名第 85 位）。这一评估结果反映出，在全国法治政府建设持续推进的大背景下，邯郸市法治政府建设取得阶段性进步，但并未保持良好势头，存在一些亟待重视和解决的问题。

（一）成绩

1. 行政决策法治化程度较高

在"行政决策"一级指标下，2018 年评估中，邯郸市得到 74 分（总分 100 分），比全国平均分高 4.59 分，在全国排名第 37 名；2017 年评估中，邯郸市得到 78 分，比全国平均分高 5.81 分，在全国排名第 29 名；2016 年评估中，邯郸市得到 74 分，比全国平均分高 5.13 分，在全国排名第 35 名。根据近三年的评估，邯郸市的行政决策法治化水平较高。

2. 行政执法规范性显著提升

在"行政执法"一级指标下，2018 年评估中，邯郸市得到 57.77 分（总分 100 分），比全国平均分高 3.51 分，在全国排名第 39 名；在 2017 年评估中，得到 61.1 分，比全国平均分低 7.93 分，在全国排名第 73 名；在 2016 年评估中得到 42.9 分，比全国平均分低 26.61 分，得分率为 36%，在全国排名第 96 名；在 2015 年评估中得到 44 分，比全国平均分低 18.8 分，得分率仅为 37%。从近四年评估数据可以看出，邯郸市行政执法工作取得了一定进步，总体水平处于不断上升态势。

（二）问题

1. 政务公开工作亟待加强

2018 年评估结果显示，邯郸市在"政务公开"一级指标下，得到 45.67 分（总分 100 分），比全国平均分低 21.84 分，在全国排名第 97 名；2017 年评估中，邯郸市得到 94 分，比全国平均分低 3.98 分，在全国排名第 63 名；2016 年评估中，邯郸市得到 87 分，比全国平均分低 5.58 分，在全国排名第 73 名。连续三年的评估表明，邯郸市在政务公开工作方面做得还不够，需要进一步完善。具体而言体现在：政府网站的检索便利性不足，依申请公开答复及时性、规范性较差等。

2. 监督与问责机制不完善

2018 年评估结果显示，邯郸市在"监督与问责"一级指标下，得到 68.75 分（总分 100 分），比全国平均分低 8.22 分，在全国排名第 83 名；2017 年评估中，邯郸市得分为 67.09 分，比全国平均分低 6.36 分，比最高分低 19.39 分，在全国排名为第 81 位。而 2016 年和 2015 年的全国排名分别为第 52 位和第 61 位。由此可看出，邯郸市法治政府建设的监督与问责机制尚未完全贯彻《法治政府建设实施纲要（2015—2020 年）》在新形势下对法治政府建设提出的要求，具体表现在：公众的举报投诉不积极及时处理回应，主要审计报告和审计结果公开不足，以及对政府负责人及工作人员违法公开不足。

3. 营商环境的法治保障不足

2018 年评估结果显示，邯郸市在"优化营商环境的法治保障"一级指标下，得到 24 分（总分 60 分），比全国平均分低 10.7 分，在全国排名第 82 名。营造良好的营商法治环境是行政机关的重要职责，具体表现在提升市场准入的边界程度、政府诚信行政、提高行政审批效率以及采取有效措施推进营商环境的优化。邯郸市在此指标上得分较低，做得还不够。具体而言体现在：为企业提供创办指引的便捷性较低、政务诚信在信用事件信息公开度上不高、政府出台的相关文件较少以及行政审批告知承诺制施行情况较差。

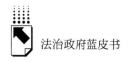

二十八 杭州市人民政府

一、杭州市法治政府建设情况

杭州市人民政府评估总分为 763.87 分，高于全国平均水平（654.34 分）109.53 分，在全部参与评估的 100 个城市中排名第 5 位，在东部区域 48 个城市中排名第 5 位。该市政府得分按一级指标分析如表 12 – 28。

表 12 – 28 杭州市人民政府一级指标评估得分分析

指标分析	依法全面履行政府职能	法治政府建设的组织领导	依法行政制度体系	行政决策	行政执法	政务公开	监督与问责	社会矛盾化解与行政争议解决	优化营商环境的法治保障	社会公众满意度调查
得分	62.00	67.50	55.00	76.00	72.61	76.33	85.28	81.24	47.00	140.90
与平均分差	6.99	21.51	9.50	6.59	18.35	8.82	8.31	8.67	12.30	8.46
与最高分差	-9.00	-4.50	-20.00	-17.00	-5.67	-17.74	-7.67	-10.91	-13.00	-21.91
排名	17	5	28	31	5	30	14	21	11	15

每项一级指标得分换算成百分比并与全国平均水平比较得出图 12 – 28。

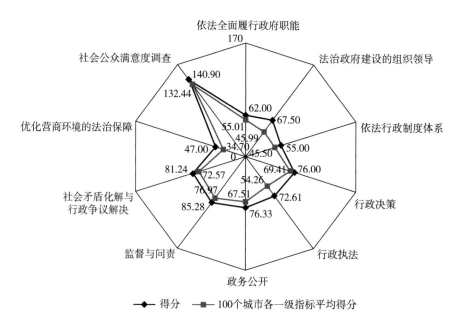

图 12 – 28 杭州市人民政府评估得分与全国平均得分比较

可以看出，该市依法全面履行政府职能、法治政府建设的组织领导、依法行政制度体系、行政决策、行政执法、政务公开、监督与问责、社会矛盾化解与行政争议解决、优化营商环境的法治保障、社会公众满意度调查这十个指标得分均高于全国平均水平，说明该市政府在这十个方面评价均高。

二、杭州市法治政府建设情况分析

在 2018 年法治政府评估中，杭州市人民政府评估总分为 763.87 分（总分为 1000 分），高于全国平均水平（654.34 分）109.53 分，在全部评估的 100 个城市中排名第 5 位，在东部区域 48 个城市中排名第 5 位（2017 年评估中杭州市得到 805.42 分，在 100 个城市中排名第 2 位；2016 年杭州市得到 773.04 分，排名第 3 位）。这一评估反映出杭州的法治政府建设始终处于领先水平，但仍存在一些需要解决的问题。

（一）成绩

1. 重视法治政府建设的组织领导建设工作

在"法治政府建设的组织领导"一级指标下，2018 年评估中，杭州市得到 67.5 分（总分 80 分），在全国排名第 5 位。2017 年评估中，杭州市的得分为 48 分，在全国排名为第 52 位；2016 年评估中，得分为 45 分，在全国排名为第 30 位。通过这些数据可以看出，在 2018 年评估中，杭州市法治政府建设的组织领导进步明显，表明该市重视组织领导工作，将法治政府建设摆在突出位置。

2. 社会公众满意程度高

在"社会公众满意度调查"一级指标下，2018 年评估结果显示，杭州市得分为 140.90 分（总分 200 分），在全国排名为第 15 位。在 2017 年评估中，杭州市的该指标得分为 145.62 分，在全国排名为第 7 位。2016 年该指标的评估得分为 149.77 分，在全国排名为第 8 位。杭州市连续三年的社会公众满意度都比较高，反映出该市政府的行政服务很到位，充分考虑了民众的诉求，将法治建设和公众服务同步推进。

（二）问题

1. 依法全面履行政府职能工作有待加强

2018 年评估中，杭州市在"依法全面履行政府职能"指标下得分为 62 分（总分

80 分），排第 17 名。2017 年评估中该指标得分为 92 分，排第 8 名。而在 2016 年评估中，杭州的这一指标得分为 83 分，排第 29 名。这些数据反映出杭州市的依法全面履行政府职能工作没有明显的改进和提高，在 2018 年评估中甚至存在一定的退步。杭州市应当认真依法全面履行政府职能，合理确定市政府副职领导人数，着重防范重特大安全事故的发生。

2. 依法行政制度体系建设工作出现滑坡

2018 年评估中，杭州市在"依法行政制度体系"指标下得分为 55 分（总分 80 分），排第 28 名。在 2017 年评估中，杭州的该指标得分则为 65 分，排第 13 名。而这一指标在 2016 年评估中获得 75 分，位居第 2。从这些数据可以看出，杭州市的依法行政制度体系建设持续退步。杭州市应当加强行政规范性文件的报备，对规范性文件的管理和监督采取创新型举措，同时注意确保新兴经济产业方面行政规范性文件的合法性。

3. 行政决策工作有所退步

2018 年评估中，杭州市在"行政决策"指标下得分为 76 分（总分 100 分），排第 31 名。在 2017 年评估中，杭州市的该指标得分为 81 分，排第 17 名。该指标在 2016 年评估中的得分为 83 分，位列第 9。前述数据反映出杭州市的行政决策水平呈下降状态。杭州市在今后的行政决策中应当加强对重大决策的合法性审查，提高决策的合法性。同时，其应当制定和公布重大行政决策听证项目目录及听证程序，使行政决策的制定更趋规范化。

二十九　合肥市人民政府

一、合肥市法治政府建设情况

合肥市人民政府评估总分为 729.34 分，高于全国平均水平（654.34 分）75 分，在全部参与评估的 100 个城市中排名第 12 位，在中部区域 32 个城市中排名第 1 位。该市政府得分按一级指标分析如表 12 - 29。

表 12 - 29　合肥市人民政府一级指标评估得分分析

指标\分析	依法全面履行政府职能	法治政府建设的组织领导	依法行政制度体系	行政决策	行政执法	政务公开	监督与问责	社会矛盾化解与行政争议解决	优化营商环境的法治保障	社会公众满意度调查
得分	46.00	65.00	55.00	78.50	69.08	73.18	82.40	90.51	42.00	127.67
与平均分差	-9.01	19.01	9.50	9.09	14.82	5.67	5.43	17.94	7.30	-4.77
与最高分差	-25.00	-7.00	-20.00	-14.50	-9.20	-20.89	-10.55	-1.64	-18.00	-35.14
排名	88	8	28	26	11	39	26	4	23	73

每项一级指标得分换算成百分比并与全国平均水平比较得出图 12 - 29。

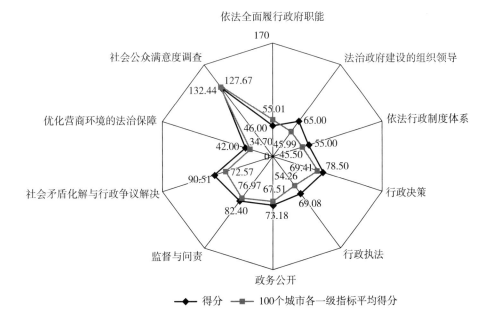

图 12 - 29　合肥市人民政府评估得分与全国平均得分比较

可以看出，该市法治政府建设的组织领导、依法行政制度体系、行政决策、行政执法、政务公开、监督与问责、社会矛盾化解与行政争议解决、优化营商环境的法治保障这八个指标得分高于全国平均水平，说明该市政府在这八个方面评价较高。依法全面履行政府职能、社会公众满意度调查这两个指标得分低于全国平均水平，说明该市政府在这两个方面评价较低。

二、合肥市法治政府建设情况分析

在 2018 年全国法治政府评估中，合肥市人民政府评估总分为 729.34 分（总分为 1000 分），在全部评估的 100 个城市中排名第 12 位，在中部区域 32 个城市中排名第 1 位（2017 年评估中，合肥市得到 787.93 分，排名第 7 位；2016 年评估中，合肥市得到 764 分，排名第 6 位；2015 年评估中，合肥市得到 698.48 分，排名第 13 位）。在全国法治政府建设持续推进的大背景下，合肥市法治政府建设取得了长足进步，但也存在一些需要重视和亟待解决的问题。

（一）成绩

1. 法治政府建设的组织领导工作扎实

在"法治政府建设的组织领导"一级指标下，2018 年的评估结果显示，合肥市得到 65 分（该指标总分为 80 分），比全国平均分高 19.01 分，全国排名第 8 位；2017 年评估中，合肥市得到 59 分，比全国平均分高 11.78 分；2016 年评估中，合肥市在该指标上得到 61 分，比全国平均分高 21.61 分。从三年来的指标看，合肥市法治政府建设的组织领导工作非常突出，尤其在政府常务会议对法治政府建设工作讨论、法治政府建设情况报告、政府依法行政考核工作等方面，值得其他很多城市学习。

2. 行政执法工作突出

在"行政执法"一级指标下，2018 年的评估结果显示，合肥市得到 69.08 分（该指标总分为 80 分），比全国平均分高 14.82 分，全国排名第 11 位；2017 年评估中，合肥市得到 89.5 分，比全国平均分高出 20.48 分；2016 年评估中，合肥市在该指标上得到 85 分，比全国平均分高出 15.49 分；2015 年评估中，合肥市在该指标上得到 59 分，比全国平均分低 3.8 分。连续四年的评估结果反映出，合肥市在法治政府建设的过程中不断加强规范行政执法，并取得良好成绩，行政执法法治化程度较高。

3. 社会矛盾化解与行政争议解决工作取得长足进步

在"社会矛盾化解与行政争议解决"一级指标下，2018年的评估结果显示，合肥市得到90.51分（该指标总分为100分），比全国平均分高17.94分，全国排名第4位；2017年评估中，合肥市得到80.95分，比全国平均分高10.48分；2016年评估中，合肥市在该指标上得到69分，比全国平均分高0.9分。三年的数据可以反映出，合肥市不断加强社会矛盾化解与行政争议解决体系建设，在社会矛盾化解与行政争议解决方面取得较大进步。

（二）问题

1. 依法全面履行政府职能工作仍有欠缺

2018年评估结果显示，合肥市在"依法全面履行政府职能"指标下得分46分，比全国平均分低9.01分，全国排名第88名；2017年，合肥市在该指标下得分78分，比全国平均水平低4.81分，全国排名第77名；2016年，合肥市在该指标下得分81分，比全国平均水平高4.77分，全国排名第38名。合肥市在依法全面履行政府职能方面存在不足。2018年评估结果显示，合肥市在市政府机构设置、"减证便民"实施情况、生态环境保护等方面表现不佳，依法全面履行政府职能是合肥市法治政府建设的短板，应该采取对症措施完善政府职能履行。

2. 政务公开工作有待完善

2018年评估结果显示，在"政务公开"一级指标下，合肥市得到73.18分，比全国平均分高出5.67分，在全国排名第39位；2017年评估中，合肥市得到114.4分，比全国平均分高出16.42分；2016年评估中，合肥市在"政务公开"指标下得到120分，比全国平均水平高出27.43分；2015年评估中，合肥市在"政府信息公开"指标下得到120分，比全国平均水平高出22.5分。对比连续四年的该指标测评结果可以看出，合肥市于2015～2017年在全国排名优异，在2018年稍有下降，主要是因为主动公开项下的政府网站的检索便利性以及依申请公开及时性和答复规范性有待进一步完善。

3. 社会公众满意度不高

2018年评估结果显示，合肥市法治政府建设的社会公众满意度得分为127.67分（该指标总分为200分），比全国平均分低4.77分，在全国排名为第73名；2017年评估中，合肥市得分为129.9分，仅比全国平均分高1.75分，比最高分低38.08分，

得分率仅为65%。2016年评估中,合肥市得分为129.68分,仅比全国平均分高0.07分,在全国排名为第49名。2015年评估中该指标的得分率也在65%以下。而合肥市历年的法治政府建设处于较高水平,反映出公众未对合肥市的法治政府建设成果产生充足的获得感。

三十 菏泽市人民政府

一、菏泽市法治政府建设情况

菏泽市人民政府评估总分为 636.72 分，低于全国平均水平（654.34 分）17.62 分，在全部参与评估的 100 个城市中排名第 62 位，在东部区域 48 个城市中排名第 37 位。该市政府得分按一级指标分析如表 12 - 30。

表 12 - 30 菏泽市人民政府一级指标评估得分分析

分析　指标	依法全面履行政府职能	法治政府建设的组织领导	依法行政制度体系	行政决策	行政执法	政务公开	监督与问责	社会矛盾化解与行政争议解决	优化营商环境的法治保障	社会公众满意度调查
得分	58.00	53.00	55.00	62.00	40.91	65.00	71.98	66.78	30.00	134.05
与平均分差	2.99	7.01	9.50	-7.41	-13.35	-2.51	-4.99	-5.79	-4.70	1.61
与最高分差	-13.00	-19.00	-20.00	-31.00	-37.37	-29.07	-20.97	-25.37	-30.00	-28.76
排名	40	24	28	70	86	56	75	69	67	42

每项一级指标得分换算成百分比并与全国平均水平比较得出图 12 - 30。

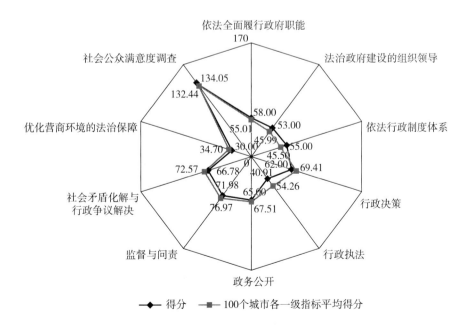

图 12 - 30 菏泽市人民政府评估得分与全国平均得分比较

可以看出，该市依法全面履行政府职能、法治政府建设的组织领导、依法行政制度体系、社会公众满意度调查这四个指标得分高于全国平均水平，说明该市政府在这四个方面评价较高。行政决策、行政执法、政务公开、监督与问责、社会矛盾化解与行政争议解决、优化营商环境的法治保障这六个指标低于全国平均水平，说明该市政府在这六个方面评价较低。

二、菏泽市法治政府建设情况分析

在 2018 年全国法治政府评估中，菏泽市得到 636.72 分（总分为 1000 分），在全部评估的 100 个城市中排名第 62 位，在东部区域 48 个城市中排名第 37 位（2017 年度评估中菏泽市得到 710.04 分，在 100 个被测评城市中排名第 36 位；2016 年度评估中菏泽市得到 665.29 分，排名第 48 位；2015 年度评估中，菏泽市得到 609.89 分，排名第 54 位）。这一评估结果反映出，在全国法治政府建设持续推进的大背景下，菏泽市法治政府建设尚不扎实，存在一些亟待重视和解决的问题。

（一）成绩

1. 法治政府建设的组织领导取得显著进步

在"法治政府建设的组织领导"一级指标下，2018 年的评估结果显示，菏泽市得分 53 分（总分 80 分），比全国平均水平高 7.01 分，在全国排名为第 24 位；2017 年度该指标得分 43 分，比全国平均水平低 4.22 分，在全国排名为第 67 位；2016 年度该指标得分也为 43 分，比全国平均水平高 3.61 分，在全国排名为第 40 位。该评估结果显示，菏泽市法治政府建设的组织领导工作在以往的两年内，未能全面落实《法治政府建设实施纲要（2015—2020 年）》在新形势下对法治政府建设提出的要求，对政府法制工作的组织保障不够充分，但是在本年度采取了一定的措施，加强了法治政府建设的组织领导工作，取得较为显著的进步。

2. 依法行政制度体系运行良好

在"依法行政制度体系"一级指标下，2018 年的评估结果显示，菏泽市得分为 55 分，比全国平均分高 9.5 分，在全国排名为第 28 位；在 2017 年度评估中，菏泽市得分为 58 分，高出全国平均水平 12.08 分，在全国排名第 27 名；在 2016 年度评估中，菏泽市得分为 65 分，高出全国平均水平 14.24 分，在全国排名第 19 名，均高于菏泽市法治政府评估总排名，反映了菏泽市在依法行政制度体系建设和运行方面较为良好。

（二）问题

1. 行政决策法治化程度不高

评估结果显示，2018 年评估中，菏泽市在"行政决策"指标下得分为 62 分（该指标总分为 100 分），比全国平均分低 7.41 分，全国排名第 70 位；2017 年评估中，菏泽市在该指标上得到 79 分，比全国平均分高 6.81 分，全国排名第 27 位；2016 年评估中，菏泽市在该指标上得到 67 分，比全国平均分低 1.87 分，全国排名第 57 位。对比连续三年的测评结果可以看出，菏泽市行政决策法治化程度不高，2018 年评估显示，菏泽市在重大决策合法性审查、重大决策风险评估、决策咨询论证专家库建立以及专家论证程序方面的工作需要加强完善。

2. 行政执法尚不规范

评估结果显示，2018 年评估中，菏泽市在"行政执法"指标下得分为 40.91 分（该指标总分为 100 分），比全国平均分低 13.35 分，全国排名第 86 位；2017 年评估中，菏泽市在该指标上得到 68 分，比全国平均分低 1.03 分，全国排名第 51 位；2016 年评估中，菏泽市在该指标上得到 71.8 分，比全国平均分高 2.29 分，全国排名第 44 位。对比连续三年的测评结果可以看出，菏泽市在行政执法工作方面未能全面落实《法治政府建设实施纲要（2015—2020 年）》在新形势下对法治政府建设提出的要求，处于连年下降趋势，在行政处罚裁量基准制度落实、推行行政执法全过程记录、执法信息平台建设等方面都做得不够好。

3. 监督与问责机制有待完善

评估结果显示，2018 年评估中，菏泽市在"监督与问责"指标下得分为 71.98 分（该指标总分为 100 分），比全国平均分低 4.99 分，全国排名为第 75 位；2017 年评估中，得分为 72.62 分，在全国排名为第 63 位；2016 年问责与监督机制得分为 61.9 分，在全国排名为第 78 位；2015 年问责与监督机制得分为 55 分，在全国排名为第 89 位。综合四年的评估数据来看，菏泽市在监督与问责工作方面尚无明显起色。菏泽市在监督与问责机制方面，亟待解决和完善以下问题：行政机关负责人出庭应诉率较低，定期听取、审查本级政府工作部门和下级政府的执法情况报告、公布重点领域执法工作报告做得不好，审计报告和审计结果公开不规范、不充分等。

三十一 衡阳市人民政府

一、衡阳市法治政府建设情况

衡阳市人民政府评估总分为 622.09 分,低于全国平均水平(654.34 分)32.25 分,在全部参与评估的 100 个城市中排名第 71 位,在中部区域 32 个城市中排名第 20 位。该市政府得分按一级指标分析如表 12 - 31。

表 12 - 31 衡阳市人民政府一级指标评估得分分析

指标 分析	依法全面 履行政府 职能	法治政府 建设的组 织领导	依法行 政制度 体系	行政 决策	行政 执法	政务 公开	监督与 问责	社会矛盾化 解与行政争 议解决	优化营商 环境的法 治保障	社会公 众满意 度调查
得分	54.00	34.50	55.00	70.00	55.16	52.00	85.00	60.75	26.00	129.68
与平均分差	-1.01	-11.49	9.50	0.59	0.90	-15.51	8.03	-11.82	-8.70	-2.75
与最高分差	-17.00	-37.50	-20.00	-23.00	-23.12	-42.07	-7.95	-31.40	-34.00	-33.12
排名	54	82	28	48	44	89	15	90	78	58

每项一级指标得分换算成百分比并与全国平均水平比较得出图 12 - 31。

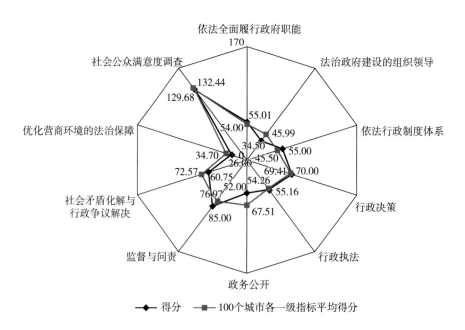

图 12 - 31 衡阳市人民政府评估得分与全国平均得分比较

可以看出，该市依法行政制度体系、行政决策、行政执法、监督与问责这四个指标高于全国平均水平，说明该市政府在这四个方面评价较高。依法全面履行政府职能、法治政府建设的组织领导、政务公开、社会矛盾化解与行政争议解决、优化营商环境的法治保障、社会公众满意度调查这六个指标低于全国平均水平，说明该市政府在这六个方面评价较低。

二、衡阳市法治政府建设情况分析

《法治政府蓝皮书：法治政府评估报告（2018）》显示，在 2018 年全国法治政府建设评估中，衡阳市得到 622.09 分（总分 1000 分），在 100 个被测评城市中排名第 71 位，在中部区域 32 个城市中排名第 20 位（2017 年度评估中衡阳市得到 694.94 分，排名第 50 位；2016 年度评估中，衡阳市得到 645.08 分，排名第 63 位）。这一评估结果反映出，在全国法治政府建设持续推进的大背景下，衡阳市法治政府建设工作取得了一定的成效，但也存在一些短板和不足，其法治政府建设水平与领先城市仍存在一定的差距，仍然有进一步优化提升的空间。

（一）成绩

1. 依法行政制度体系较为完善

评估结果显示，2018 年度衡阳市在"依法行政制度体系"指标下得分为 55 分，比全国平均分高 9.5 分，排名全国第 28 位；2017 年度衡阳市在"依法行政制度体系"指标下得分为 48 分，比全国平均分高 2.08 分；2016 年度衡阳市在"依法行政制度体系"指标下得分为 55 分，比全国平均分高 4.24 分。对比近三年该指标下衡阳的得分情况可以发现，衡阳市高度重视依法行政制度体系的建设工作，在行政规范性文件制定的制度化和规范化、行政规范性文件的合法性、行政规范性文件的监督和管理等多个方面有杰出的表现，值得其他地方政府学习。

2. 社会公众满意度调查取得较大进步

评估结果显示，衡阳市在"社会公众满意度调查"指标上进步幅度最大。2017 年度评估中，衡阳市在该指标中得到 119.78 分，比全国平均分低 8.07 分，在全国排第 80 名。本年度评估中，衡阳市在该指标下得到 129.68 分，只比全国平均分低 2.75 分，排名全国第 58 位，同 2017 年得分相比提高近 10 分。这表明衡阳市在回应公众需求上较为及时，公众对于法治政府建设认同感不断提升。

3. 监督与问责情况较好

2018 年度评估结果显示，在"监督与问责"一级指标下，衡阳市得分比全国平均分高出 8.03 分，排名全国第 15 位；在 2017 年度评估中得到 78.36 分，比全国平均分高 4.91 分，在 2016 年度评估中得到 74.48 分，比全国平均分高 6.46 分。近三年的评估结果显示，衡阳市在"监督与问责"一级指标下始终保持着较高的得分率，具体在内部监督、外部监督、问责等各方面工作上都取得良好成效，应当予以肯定。

（二）问题

1. 缺乏法治政府建设的组织领导保障

评估结果显示，"法治政府建设的组织领导"一级指标下，衡阳市在 2016 年评估中得到 47 分，比全国平均分高 7.61 分；在 2017 年评估中得到 53 分，比全国平均分高 5.78 分；在本年度评估中得到 34.5 分，比全国平均分低 11.49 分，排名全国第 82 位。从近三年的评估数据可以看出，衡阳市法治政府建设的组织领导保障处于下降的趋势，与全国平均分的相对值不断下降，从高于全国平均分下降到低于全国平均分，反映出衡阳市对加强法治政府建设的组织领导保障的忽视。

2. 政务公开不到位

评估结果显示，2018 年度衡阳市在"政务公开"指标下得分为 52 分，比全国平均分低 15.51 分，排名第 89 位；2017 年度评估中得到 95 分（该指标满分为 120 分），比全国最高分低 2.98 分。政务公开是保障公众知情权和参与权，推动政府依法行政的重要制度，衡阳市该指标的得分和排名不如从前，说明衡阳市政务公开制度的实效性亟待提升，衡阳市应当加大政务公开工作力度，方便公众的监督。

3. 社会矛盾化解与行政争议解决有待增强

评估结果显示，2018 年度衡阳市在"社会矛盾化解与行政争议解决"指标下得分为 60.75 分，比全国平均分低 11.82 分，比全国最高分低 31.40 分，全国排名第 90名。该评估结果显示衡阳市未能构建起化解社会矛盾、解决行政争议的完善制度，应当投入资源努力打造高效科学的多元化社会矛盾化解机制，促进行政调解、行政裁决与仲裁制度发挥在解决社会纠纷、建设和谐社会上的积极作用。

三十二 呼和浩特市人民政府

一、呼和浩特市法治政府建设情况

呼和浩特市人民政府评估总分为 590.23 分，低于全国平均水平（654.34 分）64.11 分，在全部参与评估的 100 个城市中排名第 85 位，在西部区域 20 个城市中排名第 15 位。该市政府得分按一级指标分析如表 12 - 32。

表 12 - 32 呼和浩特市人民政府一级指标评估得分分析

指标分析	依法全面履行政府职能	法治政府建设的组织领导	依法行政制度体系	行政决策	行政执法	政务公开	监督与问责	社会矛盾化解与行政争议解决	优化营商环境的法治保障	社会公众满意度调查
得分	44.00	33.00	60.00	57.00	61.53	48.50	77.43	61.00	38.00	109.77
与平均分差	-11.01	-12.99	14.50	-12.41	7.27	-19.01	0.46	-11.57	3.30	-22.67
与最高分差	-27.00	-39.00	-15.00	-36.00	-16.75	-45.57	-15.53	-31.15	-22.00	-53.04
排名	93	84	17	85	28	93	54	87	37	100

每项一级指标得分换算成百分比并与全国平均水平比较得出图 12 - 32。

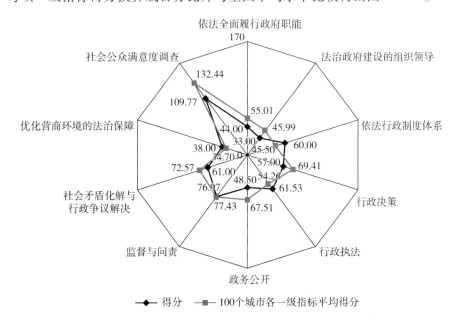

图 12 - 32 呼和浩特市人民政府评估得分与全国平均得分比较

可以看出，该市依法行政制度体系、行政执法、监督与问责、优化营商环境的法治保障这四个指标得分高于全国平均水平，说明该市政府在这四个方面评价较高。依法全面履行政府职能、法治政府建设的组织领导、行政决策、政务公开、社会矛盾化解与行政争议解决、社会公众满意度调查这六个指标得分低于全国平均水平，说明该市政府在这六个方面评价较低。

二、呼和浩特市法治政府建设情况分析

在 2018 年全国法治政府建设评估中，呼和浩特市得到 590.23 分（总分 1000分），在 100 个被测评城市中排名第 85 位，在西部区域 20 个城市中排名第 15 位（2017 年度评估中呼和浩特市得到 651.66 分，排名第 74 位；2016 年度评估中，呼和浩特市得到 630.4 分，排名第 77 位）。这一评估结果反映出，近几年呼和浩特市在法治政府建设取得一定进展的同时，也有一些挑战需要克服。

（一）成绩

1. 依法行政制度体系较为完善

评估结果显示，2018 年度呼和浩特市在"依法行政制度体系"指标下得分为 60分，比全国平均分高 14.5 分，排名全国第 17 位；2017 年度呼和浩特市在"依法行政制度体系"指标下得分为 60 分，排名全国第 20 位；2016 年度呼和浩特市在"依法行政制度体系"指标下得分为 59 分，排名全国第 29 位。对比近三年该指标下呼和浩特的得分情况可以发现，呼和浩特市高度重视依法行政制度的建设，在规范性文件的制定、实施、管理、监督等环节都有着优异的表现，值得肯定。

2. 行政执法工作进步显著

评估结果显示，呼和浩特市在"行政执法"指标上进步幅度最大。2017 年度评估中，呼和浩特市在该指标中得到 54 分，比全国平均分低 15.03 分，在全国排第 87名。本年度评估中，呼和浩特市在该指标下得到 61.53 分，比全国平均分高出 7.27分，排名全国第 28 名，同 2017 年得分相比提高 7 分多。这说明呼和浩特市充分重视优化行政执法工作，在推进地方行政执法体制改革、提升执法人员素质等方面进步明显。

3. 优化营商环境的法治保障情况较好

本年度的评估结果显示，在"优化营商环境的法治保障"一级指标下，呼和浩

特市得分比全国平均分高 3.3 分，排名全国第 37 位。营商环境的法治保障是吸引投资，拉动地方经济发展的重要条件，呼和浩特市在这一指标上取得较高分数说明呼和浩特市充分重视招商引资工作，以法治手段为投资保驾护航。

（二）问题

1. 未能依法全面履行政府职能

评估结果显示，"依法全面履行政府职能"一级指标下，呼和浩特市在 2016 年评估中得到 71 分，比全国平均分低 5.23 分；在 2017 年评估中得到 69 分，比全国平均分低 13.81 分；在本年度评估中得到 44 分，比全国平均分低 11.01 分，排名全国第 93 位。从近三年的评估数据可以看出，呼和浩特市在依法全面履行政府职能上表现不佳，始终在低位徘徊，应当完善政府机构设置，加强对于行政审批中介清单的公布。

2. 政务公开工作不到位

评估结果显示，2018 年度呼和浩特市在"政务公开"指标下得分为 48.5 分，比全国平均分低 19.01 分，比全国最高分低 45.57 分，全国排名第 93 名。政务公开是对现代法治政府的必然要求，是民众监督行使权力者和参与权力行使的基本保障。然而，呼和浩特市在该指标上的得分和排名较差，下一步，呼和浩特市应当加快透明政府的建设，努力提高政务公开工作的实效性、互动性和便民性。

3. 公众满意度低

评估结果显示，2017 年度呼和浩特市在"社会公众满意度调查"指标下得分为 125.66 分（该指标总分为 200 分），比全国平均分低 2.49 分，比最高分低 42.32 分；2018 年度呼和浩特市在"社会公众满意度调查"指标下得分仅为 109.77 分，比全国平均分低 22.67 分，比全国最高分低 53.04 分，全国排名第 100 名。该评估结果显示呼和浩特市在公众满意度上的表现不容乐观，社会公众在参与政府重大决策、进行公正执法的过程中未能对行政权力的良好运行予以认可，也表明下一步呼和浩特市应当坚持以人为本，重视公众对政府法治工作的评价，多角度着力提升公众对于政府工作的认可度。

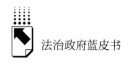

三十三　淮南市人民政府

一、淮南市法治政府建设情况

淮南市人民政府评估总分为 643.59 分，低于全国平均水平（654.34 分）10.75分，在全部参与评估的 100 个城市中排名第 56 位，在中部区域 32 个城市中排名第 11位。该市政府得分按一级指标分析如表 12－33。

表 12－33　淮南市人民政府一级指标评估得分分析

分析\指标	依法全面履行政府职能	法治政府建设的组织领导	依法行政制度体系	行政决策	行政执法	政务公开	监督与问责	社会矛盾化解与行政争议解决	优化营商环境的法治保障	社会公众满意度调查
得分	51.00	52.50	35.00	74.50	40.17	56.64	79.53	71.95	34.00	148.29
与平均分差	－4.01	6.51	－10.50	5.09	－14.09	－10.87	2.56	－0.62	－0.70	15.85
与最高分差	－20.00	－19.50	－40.00	－18.50	－38.11	－37.43	－13.42	－20.20	－26.00	－14.51
排名	67	28	67	36	88	74	40	54	48	4

每项一级指标得分换算成百分比并与全国平均水平比较得出图 12－33。

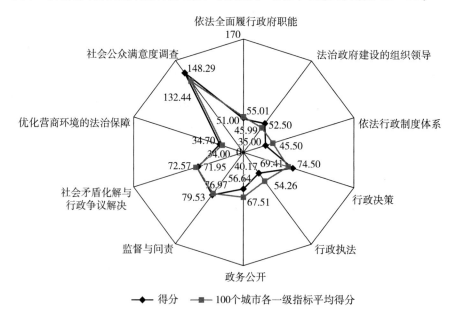

图 12－33　淮南市人民政府评估得分与全国平均得分比较

可以看出，该市法治政府建设的组织领导、行政决策、监督与问责、社会公众满意度调查这四个指标得分高于全国平均水平，说明该市政府在这四个方面评价较高。依法全面履行政府职能、依法行政制度体系、行政执法、政务公开、社会矛盾化解与行政争议解决、优化营商环境的法治保障这六个指标得分低于全国平均水平，说明该市政府在这六个方面评价较低。

二、淮南市法治政府建设情况分析

在 2018 年全国法治政府建设评估中，淮南市得到 643.59 分（总分 1000 分），在 100 个被测评城市中排名第 56 位，在中部区域 32 个城市中排名第 11 位（2017 年度评估中淮南市得到 685.94 分，排名第 54 位；2016 年度评估中，淮南市得到 639.16 分，排名第 69 位）。这一评估结果反映出淮南市的法治政府建设已经取得了不小的进步，但与领先的城市相比仍有一定的差距，亟待弥补现存的短板，将法治政府建设推上新的台阶。

（一）成绩

1. 公众满意度高

评估结果显示，2018 年度淮南市在"社会公众满意度调查"指标下得分为 148.29 分，比全国平均分高 15.86 分，排名全国第 4 位；2017 年度淮南市在"社会公众满意度调查"指标下得分为 127.45 分，比全国平均分低 0.7 分，排名全国第 48 位。对比最近两年该指标下淮南的得分可以发现，淮南市在社会公众满意度指标上取得了巨大的进步，从略低于全国平均分上升到全国排名第 4 名。社会公众满意度是法治政府建设工作的晴雨表，淮南市的法治政府建设能获得公众满意度的大幅提升，说明其在法治政府建设过程中坚持了以人为本的原则，充分为人民的利益着想，让广大人民群众充分享受法治政府建设带来的成果。淮南市的成绩和有关经验应当予以肯定，也值得其他地方学习借鉴。

2. 法治政府建设的组织领导保障较好

评估结果显示，淮南市在"法治政府建设的组织领导"指标上取得了显著的进步。2017 年度评估中，淮南市在该指标中得到 49 分，比全国平均分高出 1.78 分，在全国排第 50 名。本年度评估中，淮南市在该指标下得到 52.5 分，比全国平均分高出 6.51 分，排名全国第 28 名，同 2017 年得分相比提高 3.5 分，排名提升 22 名。这

说明淮南市为法治政府建设提供了组织领导的有效保障，值得肯定。

3. 行政决策法治化较好

2017 年度评估结果显示，在"行政决策"一级指标下，淮南市得分 80 分，比全国平均分高 7.81 分，排名全国第 21 位；在 2016 年评估中得分 71 分；在本年度的评估中，淮南市取得了 74.5 分，比全国平均分高 5.09 分，排名全国第 36 名。虽然整体得分和排名有所浮动，但淮南市在"行政决策"指标下的得分始终高于全国平均分，说明淮南市高度重视行政决策工作，在重大决策作出的全过程坚持法治原则，积极开展合法性审查，听取公众意见，坚持重大决策集体决定，并将重大决策的结果予以公开，真正做到了合法决策、民主决策、科学决策、公开决策及追踪决策。

（二）问题

1. 行政执法不规范

评估结果显示，"行政执法"一级指标下，淮南市在 2016 年评估中得到 68 分；在 2017 年评估中得到 62.3 分（该指标总分为 120 分），比全国平均分低 6.73 分；在本年度评估中得到 40.17 分，比全国平均分低 14.09 分，排名全国第 88 位。从近三年的评估数据可以看出，淮南市的行政执法工作一直在走下坡路，得分不断减少，排名也越来越不理想，反映出淮南市对行政执法工作的忽视。具体而言，淮南市需要在加强实施行政执法全过程记录制度、完善执法信息平台建设等方面下功夫。

2. 政务公开工作有待加强

评估结果显示，2018 年度淮南市在"政务公开"指标下得分为 56.64 分，比全国平均分低 10.87 分，比全国最高分低 37.43 分，全国排名第 74 名；2017 年度淮南市在"政务公开"指标下得分 94.52 分（该指标总分为 120 分），比全国平均分低 3.46 分；2016 年度淮南市在"政务公开"指标下得分 85.25 分，比全国平均分低 7.325 分。通过三年评估数据的对比可以看出，淮南市法治政府建设政务公开指标得分始终低于全国平均水平，且得分浮动较大，因此应当进一步推动政务公开工作，加快透明政府的建设。

3. 依法行政制度体系不够完善

评估结果显示，2018 年度淮南市在"依法行政制度体系"指标下得到 35 分，比全国平均分低 10.5 分，排名第 67 名；2017 年度淮南市在评估中得到 38 分，比全国平均分低 7.92 分，排名第 63 名；2016 年度淮南市在评估中得到 47 分，比全国平均分低 3.76 分。从近三年的评估数据可以看出，淮南市依法行政制度体系得分和排名呈逐年降低的趋势，由全国平均水平下降至较低水平。评估反映出淮南市对于依法行政制度体系的建设重视不足，亟待提升行政规范性文件的法治化水平，为下一步法治政府建设的深入开展提供支持。

三十四　黄冈市人民政府

一、黄冈市法治政府建设情况

黄冈市人民政府评估总分为618.27分，低于全国平均水平（654.34分）36.07分，在全部参与评估的100个城市中排名第75位，在中部区域32个城市中排名第23位。该市政府得分按一级指标分析如表12－34。

表12－34　黄冈市人民政府一级指标评估得分分析

指标 分析	依法全面履行政府职能	法治政府建设的组织领导	依法行政制度体系	行政决策	行政执法	政务公开	监督与问责	社会矛盾化解与行政争议解决	优化营商环境的法治保障	社会公众满意度调查
得分	51	45	60	67	46.21	48.50	79.94	68.29	23	129.33
与平均分差	-4.01	-0.99	14.5	-2.41	-8.05	-19.01	2.97	-4.28	-11.70	-3.11
与最高分差	-19	-21	-25	-19.5	-28.28	-18.07	-6.39	-16.86	-34	-19
排名	71	55	22	62	79	94	38	63	86	64

每项一级指标得分换算成百分比并与全国平均水平比较得出图12－34。

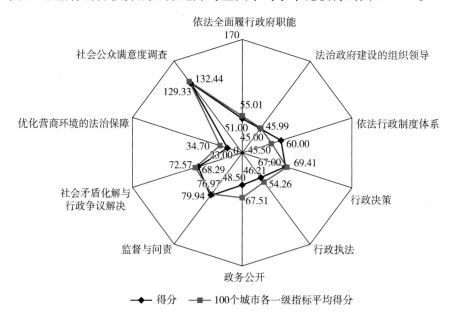

图12－34　黄冈市人民政府评估得分与全国平均得分比较

可以看出，该市依法行政制度体系、监督与问责这两个指标得分高于全国平均水平，说明该市政府在这两个方面评价较高。依法全面履行政府职能、法治政府建设的组织领导、行政决策、行政执法、政务公开、社会矛盾化解与行政争议解决、优化营商环境的法治保障与社会公众满意度调查这八个指标得分低于全国平均水平，说明该市政府在这八个方面评价较低。

二、黄冈市法治政府建设情况分析

在 2018 年全国法治政府评估中，黄冈市得到 618.27 分（总分 1000 分），在 100 个被测评城市中排名第 75 位，在中部区域 32 个城市中排名第 23 位（2017 年度评估中黄冈市得到 670.55 分，排名第 63 位；2016 年度评估中，黄冈市得到 683.66 分，排名第 38 位）。这一评估结果反映出黄冈市法治政府建设工作总体上并未取得良好进展，且呈倒退趋势，说明其存在诸多亟须解决的问题，应予以重视。

（一）成绩

1. 依法行政制度体系建设良好

本年度评估结果显示，在"依法行政制度体系"一级指标下，黄冈市得到 60 分，比全国平均分高出 14.5 分；2017 年度评估中，黄冈市在"依法行政制度体系"指标下得到 53 分，比全国平均分高出 7.08 分；2016 年度评估中，黄冈市在"依法行政制度体系"指标下得到 62 分，比全国平均分高出 11.24 分。对比连续三年的测评结果可以看出，黄冈市在该指标下连续三年排名中上位置，反映出黄冈市的依法行政制度体系建设工作处于全国优先位置。具体而言，黄冈市在行政规范性文件制定的制度化和规范化、行政规范性文件的合法性及行政规范性文件的监督和管理方面表现优异，值得其他地方政府学习。

2. 监督与问责成绩显著

评估结果显示，黄冈市在"监督与问责"指标上进步幅度最大。2017 年评估中，黄冈市在该指标上仅得到 61.25 分，比全国平均分低 12.2 分，排名第 91 位；本年度评估中，黄冈市在该指标下得到 79.94 分（该指标总分为 100 分），比全国平均分高 2.97 分，排名第 38 位。尽管黄冈市该项分数仍低于很多城市的分数，但是从该指标所涉及的观测点可以看出，黄冈市在外部监督、内部监督与问责方面都取得了巨大进步，值得肯定。

（二）问题

1. 政务公开情况欠佳

评估结果显示，2018年度黄冈市在"政务公开"指标下得分为48.5分（该指标总分为100分），比全国平均分低19.01分，得分率为48.5%。对比2017年度黄冈市在这一指标上所达到的87.5%的得分率，可以得出结论，黄冈市政务公开情况欠佳，亟须进一步完善。具体而言，重点领域信息公开情况不佳，政府信息获取效率较低，政府信息公开诉讼的胜诉率不高，主动公开和依申请公开工作都有很大的进步空间。

2. 行政执法不规范

评估结果显示，2018年度黄冈市在"行政执法"指标下得分为46.21分（该指标总分为100分），比全国平均分低8.05分，得分率为46.21%。对比2017年度该项46.25%的得分率及2016年度黄冈市在这一指标上51.92%的得分率，可以得出结论，黄冈市行政执法工作未能全面落实《法治政府建设实施纲要（2015—2020年)》在新形势下对法治政府建设提出的要求，存在行政执法体制改革不足、执法程序重视程度不够、执法人员管理漏洞等问题。

3. 优化营商环境的法治保障不足

在优化营商环境的法治保障方面，黄冈市在2018年评估中得到23分（该指标总分60分），比全国平均分低11.7分，排名全国第86位，说明黄冈市优化营商环境的法治保障严重不足。营商环境体现着一个地区经济社会发展的综合实力，也是一个地区文明程度的重要标志，其离不开有效的法治保障。一方面，必须大力完善涉及营商环境的法规体系，重点开展知识产权保护、市场秩序建设、社会诚信体系建设及行政效率提升等方面的经济立法。另一方面，必须大力推进依法行政，真正做到"法定职责必须为，法无授权不可为"。

三十五　吉林市人民政府

一、吉林市法治政府建设情况

吉林市人民政府评估总分为 622.24 分，低于全国平均水平（654.34 分）32.1 分，在全部参与评估的 100 个城市中排名第 70 位，在中部区域 32 个城市中排名第 19 位。该市政府得分按一级指标分析如表 12 - 35。

表 12 - 35　吉林市人民政府一级指标评估得分分析

指标分析	依法全面履行政府职能	法治政府建设的组织领导	依法行政制度体系	行政决策	行政执法	政务公开	监督与问责	社会矛盾化解与行政争议解决	优化营商环境的法治保障	社会公众满意度调查
得分	54	33	75	79	47.2	41.5	80.6	67.84	22	122.1
与平均分差	-1.01	-12.99	29.5	9.59	-7.06	-26.01	3.63	-4.73	-12.7	-10.34
与最高分差	-17	-39	0	-14	-31.08	-52.57	-12.35	-24.31	-38	-40.71
排名	57	84	1	23	74	99	34	65	90	92

每项一级指标得分换算成百分比并与全国平均水平比较得出图 12 - 35。

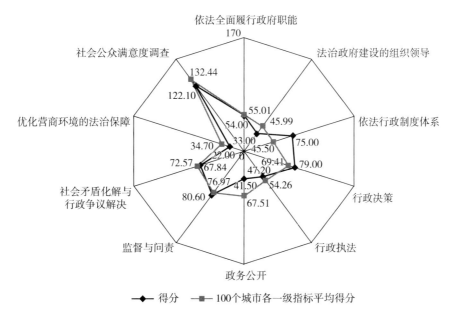

图 12 - 35　吉林市人民政府评估得分与全国平均得分比较

可以看出，该市依法行政制度体系、行政决策、监督与问责这三个指标得分高于全国平均水平，说明该市政府在这三个方面评价较高。依法全面履行政府职能、法治政府建设的组织领导、行政执法、政务公开、社会矛盾化解与行政争议解决、优化营商环境的法治保障与社会公众满意度调查这七个指标得分低于全国平均水平，说明该市政府在这七个方面评价较低。

二、吉林市法治政府建设情况分析

《法治政府蓝皮书：法治政府评估报告（2018）》显示，在 2018 年全国法治政府评估中，吉林市得到 622.24 分（总分 1000 分），在 100 个被测评城市中排名第 70 位，在中部区域 32 个城市中排名第 19 位（2017 年度评估中吉林市得到 648.22 分，排名第 76 位；2016 年度评估中，吉林市得到 672.56 分，排名第 43 位）。这一评估结果反映出在全国法治政府建设持续推进的大背景下，吉林市法治政府建设工作总体上并未取得良好进展，且呈现倒退趋势，说明其存在一些亟待重视和解决的问题。

（一）成绩

1. 依法行政制度体系建设良好

本年度评估结果显示，在"依法行政制度体系"一级指标下，吉林市得到 75 分，在 100 个城市中排名第 1 位；2017 年度评估中，吉林市在"依法行政制度体系"指标下得到 75 分，比全国平均分高出 29.08 分，排名全国第 3 位；2016 年度评估中，吉林市在"依法行政制度体系"指标下得到 75 分，比全国平均分高出 24.24 分。连续三年的评估结果反映出，吉林市的依法行政制度体系比较完善，处于全国领先位置，并在进一步完善和改进当中。

3. 行政决策法治化进步明显

评估结果显示，2018 年度吉林市在"行政决策"指标下得分为 79 分（该指标总分为 100 分），比全国平均分高 9.59 分，得分率为 79%；2017 年度吉林市在"行政决策"指标下得分为 54 分，比全国平均分低 18.19 分，得分率为 54%；2016 年度吉林市在"行政决策"指标下得分为 56 分，得分率为 56%。对比近三年该指标下吉林市的得分情况，可以得出结论，吉林市的行政决策工作取得了长足进步，法治化程度进步明显，不管是合法决策、民主决策、科学决策、公开决策还是行政决策的追踪搜集及反馈方面都表现良好。

3. 监督与问责日趋完善

评估结果显示，2016 年评估中，吉林市在"监督与问责"一级指标下得分 61.64 分，比全国平均分低 6.38 分，排名全国第 80 位；2017 年评估中，吉林市在 "监督与问责"一级指标下得分 68.07 分，比全国平均分低 5.38 分，排名全国第 77 位；而在本年度评估中，吉林市在该一级指标下得分 80.6 分，比全国平均分高 3.63 分，排名全国第 34 位。对比吉林市在该一级指标下近三年的得分情况可以发现，吉林市的监督与问责工作近年来得到了充分的重视与很好的开展和实施，这就给吉林市的法治政府建设工作提供了坚实的保障。

（二）问题

1. 社会公众满意度不高

本年度评估结果显示，在"社会公众满意度调查"一级指标下，吉林市得到 122.1 分（该指标总分为 200 分），比全国平均分低 10.34 分，排名全国第 92 位；在 2017 年评估中得到 124.67 分，比全国平均分低 3.48 分，排名全国第 58 位；在 2016 年评估中得到 151.32 分，比全国平均分高 21.71 分，排名全国第 6 位。对比近三年的评估结果可以发现，吉林市社会公众满意度呈现下降趋势，社会公众对吉林市法治政府建设不满程度有所增加，表明本年度吉林市法治政府建设水平远未达到社会公众的期望。

2. 优化营商环境的法治保障落后

在优化营商环境的法治保障方面，吉林市在 2018 年评估中得到 22 分（该指标总分 60 分），比全国平均分低 12.7 分，排名全国第 90 位，说明吉林市优化营商环境的法治保障水平远远落后。营商环境的优化提升有赖于完善的法治保障，而吉林市在创办企业所需时间的承诺、政务诚信在信用事件信息公开数量中的情况、市政府出台诚信相关规范性文件的数量、城市信用方面的排名情况及出台关于优化营商环境的专门规章或规范性文件情况方面均缺乏必要的工作力度，给吉林市营商环境的优化塑造造成了不小的障碍。

3. 政务公开情况欠佳

本年度评估结果显示，在"政务公开"一级指标下，吉林市得到 41.5 分（该指标总分为 100 分），比全国平均分低 26.01 分，排名全国第 99 位；在 2017 年评估中得到 79 分，比全国平均分低 18.98 分，排名全国第 91 位；在 2016 年评估中得到 80 分，比全国平均分低 12.58 分，排名全国第 84 位。可见，吉林市在政务公开工作中

得分一直较低，排名也较为靠后，且呈现下降趋势。具体而言，吉林市在政府网站的检索便利性、不当设置申请信息条件、对信息公开申请作出答复是否及时、提供所申请信息情况、答复文书格式的规范性等方面得分较低，政务公开情况欠佳，跟公开透明的法治政府建设目标还有很大的差距。

4. 法治政府建设的组织领导不力

本年度评估结果显示，在"法治政府建设的组织领导"一级指标下，吉林市得到 33 分，比全国平均分低 12.99 分，排名全国第 84 位；2017 年度评估中，吉林市在"法治政府建设的组织领导"指标下得到 55 分，排名全国第 21 位；2016 年度评估中，吉林市在"法治政府建设的组织领导"指标下得到 44 分，排名全国第 37 位。评估结果显示，吉林市本年度法治政府建设的组织领导工作十分不力，相较于前两年的良好态势下降明显，未为法治政府建设提供充分的组织保障。

三十六　济南市人民政府

一、济南市法治政府建设情况

济南市人民政府评估总分为 692.57 分，高于全国平均水平（654.34 分）38.23 分，在全部参与评估的 100 个城市中排名第 26 位，在东部区域 48 个城市中排名第 19 位。该市政府得分按一级指标分析如表 12 - 36。

表 12 - 36　济南市人民政府一级指标评估得分分析

分析 ＼ 指标	依法全面履行政府职能	法治政府建设的组织领导	依法行政制度体系	行政决策	行政执法	政务公开	监督与问责	社会矛盾化解与行政争议解决	优化营商环境的法治保障	社会公众满意度调查
得分	47	41	60	60	72.75	74.22	81.42	79.68	42	134.49
与平均分差	-8.01	-4.99	14.5	-9.41	18.49	6.71	4.45	7.11	7.3	2.05
与最高分差	-24	-31	-15	-33	-5.53	-19.85	-11.53	-12.47	-18	-28.32
排名	83	65	25	78	4	34	29	23	25	39

每项一级指标得分换算成百分比并与全国平均水平比较得出图 12 - 36。

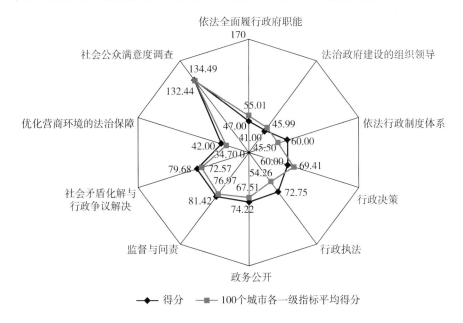

图 12 - 36　济南市人民政府评估得分与全国平均得分比较

可以看出，该市依法行政制度体系、行政执法、政务公开、监督与问责、社会矛盾化解与行政争议解决、优化营商环境的法治保障与社会公众满意度调查这七个指标得分高于全国平均水平，说明该市政府在这七个方面评价较高。依法全面履行政府职能、法治政府建设的组织领导与行政决策这三个指标得分低于全国平均水平，说明该市政府在这三个方面评价较低。

二、济南市法治政府建设情况分析

在 2018 年全国法治政府评估中，济南市得到 692.57 分（总分 1000 分），在 100 个被测评城市中排名第 26 位，在东部区域 48 个城市中排名第 19 位（2017 年度评估中济南市得到 737.24 分，排名第 23 位；2016 年度评估中，济南市得到 706.37 分，排名第 25 位）。这一评估结果反映出济南市法治政府建设工作取得了长足进步，但也存在一些亟待重视和解决的问题。

（一）成绩

1. 行政执法取得长足进步

评估结果显示，"行政执法"一级指标下，济南市在 2016 年评估中得到 73 分，比全国平均分高出 7.39 分，排名全国第 29 位；在 2017 年度评估中得到 68.2 分，比全国平均分低 0.83 分，排名全国第 49 位；在本年度评估中得到 72.75 分（该指标本年度总分为 100 分，之前两年为 120 分），比全国平均分高 18.49 分，排名全国第 4 位。从近三年的评估数据可以看出，相较于前两年较为靠后的排名和较低的分数，本年度济南市"行政执法"指标得分率与排名均显著提高，呈现出行政执法取得了长足进步，各项指标趋于规范。具体而言，济南市行政执法体制改革力度较大，重视行政执法程序与行政执法信息化，行政执法人员管理比较规范。

2. 社会矛盾化解与行政争议解决情况较好

评估结果显示，2016 年评估中，济南市在"社会矛盾化解与行政争议解决"一级指标下得分 69 分，比全国平均分高 0.9 分，排名全国第 48 位；2017 年评估中，济南市在该一级指标下得分 75.07 分，比全国平均分高 4.59 分，排名全国第 36 位；而在本年度评估中，济南市在该一级指标下得分 79.68 分，比全国平均分高 7.11 分，排名全国第 23 位。对比济南市近三年来该指标的得分和排名情况可以发现，济南市的社会矛盾化解与行政争议解决情况较好，排名和得分都有了明显提高，人民的权益得到切实有效的保障，社会秩序更加稳定。

3. 优化营商环境的法治保障比较完善

评估结果显示，在"优化营商环境的法治保障"一级指标下，济南市得到 42 分（该指标总分为 60 分），比全国平均分高 7.3 分，排名全国第 25 位。可见，济南高度重视优化营商环境的法治保障工作，在企业设立是否开通在线办理以及查找便捷程度、创办企业所需时间的承诺、市政府出台诚信相关规范性文件的数量、行政审批告知承诺制施行情况、行政审批在线办理快捷便民程度、出台关于优化营商环境的专门规章或规范性文件等方面都表现良好，为优化营商环境提供了比较完善的法治保障。

（二）问题

1. 依法全面履行政府职能情况不佳

本年度评估结果显示，在"依法全面履行政府职能"一级指标下，济南市得到 47 分（该指标本年度总分为 80 分，前两年总分为 100 分），比全国平均分低 8.01 分，排名全国第 83 位；在 2017 年评估中得到 85 分，排名全国第 36 位；在 2016 年评估中得到 82 分，排名全国第 35 位。对比近三年的评估结果可以发现，济南市依法全面履行政府职能情况呈现下降趋势，反映出济南市在依法全面履行政府职能方面情况不佳，有待进一步努力确保政府职能依法全面履行。

2. 行政决策法治化程度不高

评估结果显示，本年度济南市在"行政决策"指标下得分为 60 分（该指标总分为 100 分），比全国平均分低 9.41 分，得分率为 60%，排名全国第 78 位；2017 年度济南市在"行政决策"指标下得分为 71 分（该指标总分为 100 分），比全国平均分低 1.19 分，得分率为 71%，排名全国第 56 位；2016 年度济南市在"行政决策"指标下得分为 73 分，比全国平均分高 4.13 分，得分率为 73%，排名全国第 37 位。对比近三年该指标下济南的得分情况可以发现，济南市的行政决策得分长期不高，且排名呈现下降趋势，可见济南市的行政决策工作未能全面落实《法治政府建设实施纲要（2015—2020 年）》在新形势下对法治政府建设提出的要求，对合法决策、科学决策、民主决策、公开决策、决策追踪等重视不够，行政决策法治化程度不高。

3. 法治政府建设的组织领导不力

本年度评估结果显示，在"法治政府建设的组织领导"一级指标下，济南市得到 41 分（该指标总分为 80 分），比全国平均分低 4.99 分，排名全国第 65 位；在 2017 年评估中得到 56 分，排名全国第 18 位；在 2016 年评估中得到 35 分，排

名全国第 65 位。可见，济南市在法治政府建设的组织领导工作中得分一直较低，排名也较为靠后，且呈现下降趋势。具体而言，济南市在党对法治政府建设工作的领导、政府常务会议对法治政府建设工作讨论情况、法治政府建设情况报告和政府依法行政考核工作方面得分较低，法治政府建设的组织领导不力，缺乏充分的组织保障。

三十七　济宁市人民政府

一、济宁市法治政府建设情况

济宁市人民政府评估总分为 664.83 分，高于全国平均水平（654.34 分）10.49 分，在全部参与评估的 100 个城市中排名第 43 位，在东部区域 48 个城市中排名第 27 位。该市政府得分按一级指标分析如表 12 – 37。

表 12 – 37　济宁市人民政府一级指标评估得分分析

分析 指标	依法全面履行政府职能	法治政府建设的组织领导	依法行政制度体系	行政决策	行政执法	政务公开	监督与问责	社会矛盾化解与行政争议解决	优化营商环境的法治保障	社会公众满意度调查
得分	53	40	65	55	50	66	79	77.52	36	143.31
与平均分差	– 2.01	– 5.99	19.50	– 14.41	– 4.26	– 1.51	2.03	4.95	1.30	10.87
与最高分差	– 18.00	– 32.00	– 10.00	– 38.00	– 28.28	– 28.07	– 13.95	– 14.63	– 24.00	– 19.5
排名	59	68	7	90	66	55	44	39	42	11

每项一级指标得分换算成百分比并与全国平均水平比较得出图 12 – 37。

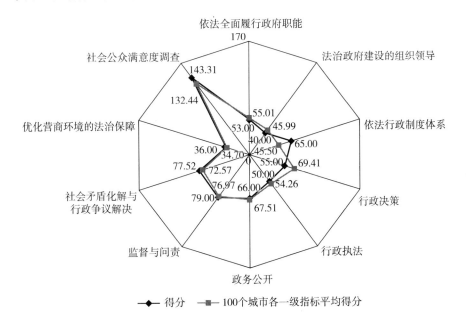

图 12 – 37　济宁市人民政府评估得分与全国平均得分比较

可以看出，该市依法行政制度体系、监督与问责、社会矛盾化解与行政争议解决、优化营商环境的法治保障、社会公众满意度调查这五个指标得分高于全国平均水平，说明该市政府在这五个方面评价较高。依法全面履行政府职能、法治政府建设的组织领导、行政决策、行政执法、政务公开这五个指标得分低于全国平均水平，说明该市政府在这些方面评价较低。

二、济宁市法治政府建设情况分析

在2018年全国法治政府建设评估中，济宁市得到664.83分（总分1000分），在100个被测评城市中排名第43位，在东部区域48个城市中排名第27位（2017年度评估中，济宁市得到721.49分，排名第31位；2016年度评估中济宁市得到690.02分，排名第35位）。这一评估结果反映出济宁市法治政府建设工作总体上并未取得良好进展，且呈现倒退趋势，说明其存在诸多亟须解决的问题，应予以重视。

（一）成绩

1. 社会矛盾化解与行政争议解决取得长足进步

评估结果显示，济宁市在"社会矛盾化解与行政争议解决"指标上进步幅度最大。2017年评估中，济宁市在该指标上仅得到68.89分，比全国平均分低1.59分，排名全国第57位；本年度评估中，济宁市在该指标下得到77.52分，比全国平均水平高出4.95分，排名第39位。对比结果反映出济宁市重视并加紧社会矛盾化解与行政争议解决的工作，取得如此进步和成就，值得肯定。

2. 社会公众满意度日益提高

评估结果显示，济宁市在"社会公众满意度调查"指标上得分呈现逐年上升趋势。2018年，济宁市该项一级指标得分为143.31分，全国排名第11位；2017年，济宁市在该项指标下得分为137.89分，排名全国第20位；2016年，济宁市在该项指标下得分为135.2分，排名全国第34位。对比三年的评估结果可以发现，相较于2016年、2017年得分、排名位居中位的社会公众满意度，本年度社会公众对济宁市法治政府建设满意度明显提高，该结果反映出济宁市政府在法治政府建设中注重民意表达，政务便民举措实施到位，公众认可度日益提高。

3. 监督与问责工作落实良好

评估结果显示，在"监督与问责"一级指标下，济宁市得到 79 分，高出全国平均水平 2.03 分；2017 年评估中，济宁市在该项指标下得到 74.11 分，高出全国平均水平 0.66 分；2016 年评估中，济宁市在该项指标下得到 60 分，比全国平均分低4.945 分。连续三年的评估结果反映出，济宁市监督与问责机制建立健全，能有效监督行政行为的合法性和合理性，违法行为得到有效的纠正和问责。

（二）问题

1. 行政执法规范性不足

在行政执法方面，济宁市在 2016 年评估中得到 65.2 分，比全国平均分低4.314 分，排名全国第 45 位；在 2017 年评估中得到 62.6 分，比全国平均分低6.43 分，排名全国第 45 位；在本年度评估中得到 50 分，比全国平均分低 4.26分，排名全国第 66 位。从近三年的评估数据可以看出，济宁市行政执法指标排名下降较多，呈现出行政执法不规范的现状，与法治政府理想状态还有较大差距。具体而言，济宁市行政执法监督平台不健全，执法程序尚须完善，执法整体状况较差。

2. 部分行政决策制度落实不到位

评估结果显示，2018 年度济宁市在"行政决策"指标下得分为 55 分，比全国平均分低 14.41 分，排名全国第 90 名；2017 年度济宁市在该项指标下得分为 84 分，比全国平均分高 12.89 分，排名全国第 8 位；2016 年度济宁市在"行政决策"指标下得分为 76 分，比全国平均分高 7.13 分，排名全国第 23 位。对比近三年该指标下济宁市的得分情况可以发现，济宁市的行政决策得分长期不高，且 2018 年排名急剧下降，可见济宁市的行政决策工作未能全面落实《法治政府建设实施纲要（2015—2020 年）》在新形势下对法治政府建设提出的要求，对合法决策、科学决策、民主决策、公开决策、决策追踪等重视不够，行政决策法治化程度不高。

3. 缺乏法治政府建设的组织领导保障

评估结果显示，济宁市在"法治政府建设的组织领导"指标上停滞不前。2016 年度评估中，济宁市在"法治政府建设的组织领导"指标下得到 39 分，比全国平均分低 0.39 分，排名全国第 49 位；2017 年度评估中，在"法治政府建设的组织领导"一级指标下，济宁市得到 43 分，比全国平均分低 4.22 分，排名全国第 67 位；本年度评估中，济宁市在该项指标下得到 40 分，比全国平均分低

5.99 分，排名全国第 68 名。从近三年评估的数据可以看出，尽管近年来济宁市法治政府建设的组织领导项得分浮动较小，但整体上处于较低水平。具体来讲，济宁市法治政府建设组织领导工作不够扎实，对政府法制组织的保障不够充分，未按照要求及时公布上一年度的法治政府建设情况，对依法考核的推进不够理想，政府法律顾问制度建设缓慢。

三十八　揭阳市人民政府

一、揭阳市法治政府建设情况

揭阳市人民政府评估总分为 580.29 分，低于全国平均水平（654.34 分）74.05 分，在全部参与评估的 100 个城市中排名第 89 位，在东部区域 48 个城市中排名第 47 位。该市政府得分按一级指标分析如表 12-38。

表 12-38　揭阳市人民政府一级指标评估得分分析

指标分析\指标	依法全面履行政府职能	法治政府建设的组织领导	依法行政制度体系	行政决策	行政执法	政务公开	监督与问责	社会矛盾化解与行政争议解决	优化营商环境的法治保障	社会公众满意度调查
得分	45	47	25	67	49.5	47.5	74.14	62	23	140.14
与平均分差	-10.01	1.01	-20.50	-2.41	-4.76	-20.01	-2.83	-10.57	-11.70	7.70
与最高分差	-26.00	-25.00	-50.00	-26.00	-28.78	-46.57	-18.81	-30.15	-37.00	-22.67
排名	89	48	86	62	68	96	70	85	85	17

每项一级指标得分换算成百分比并与全国平均水平比较得出图 12-38。

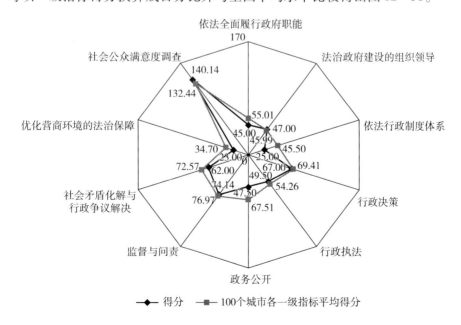

图 12-38　揭阳市人民政府评估得分与全国平均得分比较

可以看出，该市法治政府建设的组织领导、社会公众满意度调查这两个指标得分高于全国平均水平，说明该市政府在这两个方面评价较高。依法全面履行政府职能、依法行政制度体系、行政决策、行政执法、政务公开、监督与问责、社会矛盾化解与行政争议解决、优化营商环境的法治保障这八个指标得分低于全国平均水平，说明该市政府在这些方面评价较低。

二、揭阳市法治政府建设情况分析

《法治政府蓝皮书：法治政府评估报告（2018）》显示，在 2018 年全国法治政府评估中，揭阳市得到 580.29 分（总分 1000 分），在 100 个被测评城市中排名第 89 位，在中部区域 32 个城市中排名第 28 位（2017 年度评估中，揭阳市得到 683.14 分，排名第 56 位；2016 年度评估中，揭阳市得到 704.45 分，排名第 27 位）。这一评估结果反映出揭阳市法治政府建设工作总体上并未取得良好进展，且呈现倒退趋势，说明其存在诸多亟须解决的问题，应予以重视。

（一）成绩

1. 社会公众满意度日益提高

本年度评估结果显示，在"社会公众满意度调查"一级指标下，揭阳市得到 140.14 分，比全国平均分高 7.7 分，排名全国第 17 位；在 2017 年评估中得到 118.97 分，比全国平均分低 9.18 分，排名全国第 84 位；在 2016 年评估中得到 121.08 分，比全国平均分低 8.53 分，排名全国第 74 位。对比近三年的评估结果可以发现，相较于 2016 年、2017 年得分较低、排名较为靠后的社会公众满意度，2018 年社会公众对揭阳市法治政府建设满意度明显提高，得分远高于全国平均分，说明揭阳市法治政府建设成效与公众满意度之间实现了有效对接，社会公众对法治政府建设的成果产生相应的获得感。

2. 法治政府建设的组织领导工作较为扎实

评估结果显示，在"法治政府建设的组织领导"一级指标下，揭阳市得分为 47 分，比全国平均分高 1.02 分；2017 年度评估中，揭阳市此项指标得分 58 分，比全国平均分高 10.78 分；2016 年度评估中，揭阳市此项指标得分 53 分，比全国平均分高 13.61 分。观察对比揭阳市近三年在该项指标下的得分情况可以发现，尽管揭阳市的得分略有浮动，但总体上仍高于全国平均水平，说明揭阳市法治政府建设的组织领导工作在扎实推进，为法治政府建设工作的有序开展提供了充分的组织保障。

（二）问题

1. 依法行政制度体系不完备

本年度评估结果显示，在"依法行政制度体系"一级指标下，揭阳市得到 25 分，比全国平均分低 20.5 分，在 100 个评估城市中排名第 86 位；2017 年度评估中，揭阳市在该指标下得到 45 分，比全国平均分低 0.92 分，排名全国第 45 位；2016 年度评估中，揭阳市在该指标下得到 55 分，比全国平均分高出 4.24 分，排名全国第 34 位。连续三年的评估结果反映出揭阳市的依法行政制度体系建设的得分和排名严重下滑，已长期处于全国平均水平以下，依法行政制度体系尚未成型，还须进一步努力和完善。

2. 政务公开工作有待加强

本年度评估结果显示，在"政务公开"一级指标下，揭阳市得到 47.5 分，比全国平均分低 20.01 分，排名全国第 96 名；2017 年度，揭阳市在该项指标下得分为 94 分，比全国平均分低 3.98 分，排名全国第 64 位。对比近年来该指标下揭阳市的得分情况可以发现，揭阳市的"政务公开"得分长期不高，且 2018 年得分与排名急剧下降，与其他城市相比，揭阳市还应进一步加强向社会开放政府数据、及时全面对信息公开申请作出答复。

3. 依法全面履行政府职能工作进展缓慢

本年度评估结果显示，在"依法全面履行政府职能"一级指标下，揭阳市得到 45 分，比全国平均分低 10.01 分，排名全国第 89 位；2017 年度评估中，揭阳市在该指标下得分为 90 分，比全国平均分高 7.19 分，排名全国第 19 位；2016 年度评估中，揭阳市在该指标下得到 84 分，比全国平均分高 7.77 分，排名全国第 27 位。对比连续三年的测评结果可以看出，揭阳市在该指标下得分呈现下降趋势。依法全面履行政府职能是建设法治政府的内在要求，揭阳市政府应当将依法全面履行政府职能放在突出位置，在规范政府机构设置、落实简政放权、优化公共服务方面作出努力。

4. 社会矛盾化解与行政争议解决成效甚微

评估结果显示，2016 年评估中，揭阳市在"社会矛盾化解与行政争议解决"一级指标下得分 64 分，比全国平均分低 4.1 分，排名全国第 71 位；2017 年评估中，揭阳市在"社会矛盾化解与行政争议解决"一级指标下得分 67.17 分，比全国平均分

低 3.31 分，排名全国第 68 位。而在本年度评估中，揭阳市在该项指标下得分为 62 分，比全国平均分低 10.57 分，排名全国第 85 位。对比揭阳市近三年来该指标的得分和排名情况可以发现，揭阳市在社会矛盾化解与行政争议解决工作上得分和排名存在下滑趋势，说明该市政府对社会矛盾化解与行政争议解决方面的监督建设不佳，制度落实不足，今后还须继续改进与调整。

三十九　荆州市人民政府

一、荆州市法治政府建设情况

荆州市人民政府评估总分为 639.03 分，低于全国平均水平（654.34 分）15.31 分，在全部参与评估的 100 个城市中排名第 59 位，在中部区域 32 个城市中排名第 13 位。该市政府得分按一级指标分析如下（见表 12 - 39）。

表 12 - 39　荆州市人民政府一级指标评估得分分析

指标 分析	依法全面履行政府职能	法治政府建设的组织领导	依法行政制度体系	行政决策	行政执法	政务公开	监督与问责	社会矛盾化解与行政争议解决	优化营商环境的法治保障	社会公众满意度调查
得分	59.00	44.50	35.00	82.00	41.32	54.21	87.21	63.71	34.00	138.07
与平均分差	3.99	-1.49	-10.50	12.60	-12.94	-13.30	10.24	-8.86	-0.70	5.64
与最高分差	-12.00	-27.50	-40.00	-11.00	-36.96	-39.86	-5.74	-28.44	-26.00	-24.73
排名	35	56	67	15	84	83	5	82	48	23

每项一级指标得分换算成百分比并与全国平均水平比较得出图 12 - 39。

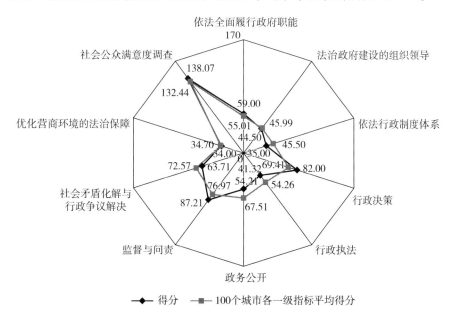

图 12 - 39　荆州市人民政府评估得分与全国平均得分比较

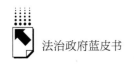
可以看出，该市依法全面履行政府职能、行政决策、监督与问责、社会公众满意度调查这四个指标得分高于全国平均水平，这说明该市政府在这四个方面评价较高。法治政府建设的组织领导、依法行政制度体系、行政执法、政务公开、社会矛盾化解与行政争议解决、优化营商环境的法治保障这六个指标得分低于全国平均水平，说明该市政府在这六个方面评价较低。

二、荆州市法治政府建设情况分析

在2018年全国法治政府建设评估中，荆州市得到639.03分（总分1000分），在100个被测评城市中排名第59位，在中部区域32个城市中排名第13位（2017年度评估中荆州市得到713.27分，排名第33位；2016年度评估中，荆州市得到705.45分，排名第27位）。这一评估结果反映出，在全国法治政府建设持续推进的大背景下，荆州市法治政府建设工作虽有一些成效，但也存在一些亟待重视和解决的问题，其法治政府建设水平与领先城市仍存在一定的差距，尚有进步的空间。

（一）成绩

1. 行政决策法治化程度较高

评估结果显示，2018年度荆州市在"行政决策"指标下得分为82分，比全国平均分高12.6分，排名全国第15位；2017年度荆州市在"行政决策"指标下得分为81分，比全国平均分高9.89分，排名全国第14位；2016年度荆州市在"行政决策"指标下得分为74分，比全国平均分高5.13分，排名全国第32位。对比近三年该指标下荆州的得分情况可以发现，荆州市高度重视行政决策工作，做出重大决策前积极开展合法性审查，并听取公众意见，且坚持重大决策集体决定，并将重大决策的结果予以公开，真正实现了合法决策、民主决策、科学决策和公开决策。

2. 监督问责工作成效显著

评估结果显示，荆州市在"监督与问责"指标上进步幅度最大。2017年度评估中，荆州市在该指标中得到76.16分，比全国平均分高出2.71分，在全国排第45名。本年度评估中，荆州市在该指标下得到87.21分（该指标总分为100分），比全国平均分高出10.24分，排名全国第5位，同2017年得分相比提高10多分。荆州市在内部监督、外部监督、问责等工作方面都取得良好成效，应予肯定。

3. 社会公众满意度较高

荆州市 2017 年度评估结果显示，在"社会公众满意度调查"一级指标下，荆州市得分比全国平均分低 5.77 分，排名全国第 71 位；在 2016 年评估中得到 123.94 分，比全国平均分低 5.67 分，排名全国第 64 位。在接连两年的低谷后，荆州市在 2018 年的评估中，"社会公众满意度调查"一级指标终于有了较大提升，得分 138.07 分，高于全国平均分 5.64 分，排名全国第 23 位。社会公众满意度是法治政府建设工作成效的晴雨表，是否让人民满意以及能否让人民满意，是检验法治政府建设成效的重要标准。荆州市的法治政府建设能让公众满意，说明其在法治政府建设过程中坚持了以人为本，充分考虑了人民的利益，给人民以方便和实惠，让人民群众充分享受法治政府建设带来的成果。

（二）问题

1. 行政执法不规范

评估结果显示，荆州市在 2016 年评估中得到 68 分，比全国平均分低 1.514 分，排名全国第 56 位；在 2017 年评估中得到 59.4 分，比全国平均分低 9.63 分，排名全国第 79 位；在本年度评估中得到 41.32 分，比全国平均分低 12.94 分，排名全国第 84 位。从近三年的评估数据可以看出，荆州市的行政执法工作一直在走下坡路，得分不断减少，排名也越来越靠后，这反映出荆州市在行政执法工作上的忽视。具体而言，荆州市需要加强实施行政执法全过程记录制度，执法信息平台建设需要完善。

2. 政务公开不到位

评估结果显示，2018 年度荆州市在"政务公开"指标下得分为 54.21 分，比全国平均分低 13.30 分，比全国最高分低 39.86 分，全国排名第 83 名。政务公开作为现代行政法基本理念的必然要求，对民众监督行使权力者和参与权力行使至关重要。但荆州市该指标的得分和排名不尽如人意，说明荆州市的政务公开活动的质量、实效和效率都有待进一步提升，荆州市应当进一步推动政务公开工作，加快透明政府的建设，增强政务公开工作的实效性、互动性和便民度。

3. 社会矛盾化解与行政争议解决有待增强

评估结果显示，2018 年度荆州市在"社会矛盾化解与行政争议解决"指标下得分为 63.71 分，比全国平均分低 8.86 分，比全国最高分低 28.44 分，全国排名第 82 名。该评估结果显示荆州市在社会矛盾化解与行政争议解决方面还未建立起健全的制度，行政调解、行政裁决与仲裁制度的建设还未发挥其应有的化解矛盾和争议的作用，多元化社会矛盾化解机制还需进一步加强建设。

四十　喀什市人民政府

一、喀什市法治政府建设情况

喀什市人民政府评估总分为 440.97 分，低于全国平均水平（654.34 分）213.37 分，在全部参与评估的 100 个城市中排名第 100 位，在西部区域 20 个城市中排名第 20 位。该市政府得分按一级指标分析如下（见表 12 - 40）。

表 12 - 40　喀什市人民政府一级指标评估得分分析

指标分析	依法全面履行政府职能	法治政府建设的组织领导	依法行政制度体系	行政决策	行政执法	政务公开	监督与问责	社会矛盾化解与行政争议解决	优化营商环境的法治保障	社会公众满意度调查
得分	42.00	14.00	15.00	30.00	32.00	50.50	60.00	50.00	10.00	137.47
与平均分差	-13.01	-31.99	-30.50	-39.41	-22.26	-17.01	-16.97	-22.57	-24.70	5.03
与最高分差	-29.00	-58.00	-60.00	-63.00	-46.28	-43.57	-32.95	-42.15	-50.00	-25.34
排名	95	100	98	100	97	90	100	100	100	26

每项一级指标得分换算成百分比并与全国平均水平比较得出图 12 - 40。

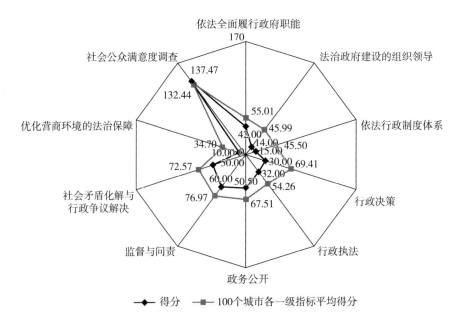

图 12 - 40　喀什市人民政府评估得分与全国平均得分比较

可以看出，该市社会公众满意度调查指标得分高于全国平均水平，说明该市政府在这个方面评价较高。依法全面履行政府职能、法治政府建设的组织领导、依法行政制度体系、行政决策、行政执法、政务公开、监督与问责、社会矛盾化解与行政争议解决、优化营商环境的法治保障这九个指标得分低于全国平均水平，说明该市政府在这九个方面评价较低。

二、喀什市法治政府建设情况分析

在 2018 年全国法治政府建设评估中，喀什市得到 440.97 分（总分 1000 分），在 100 个被测评城市中排名第 100 位，在西部区域 20 个城市中排名第 20 位。这一评估结果反映出，在全国法治政府建设持续推进的大背景下，喀什市法治政府建设工作的确有些差劲，因此需要克服诸多困难，迎头赶上，摆脱法治政府建设落后局面。

（一）成绩

社会公众满意度较高

评估结果显示，喀什市社会公众满意度调查总体得分较高。2017 该指标年得分 137.47 分，高出全国平均水平 5.03 分，全国排名第 26 名。该成绩对整体指标偏低的喀什市意义重大，该结果反映出喀什市在法治政府建设过程中注重公众的参与和感受，一切以人为本，公众能够充分感受到政府在法治政府建设中作出的努力，对法治政府建设产生较高认同度。

（二）问题

1. 尚未依法全面履行政府职能

本年度评估结果显示，在"依法全面履行政府职能"一级指标下，喀什市得到 42 分，比全国平均分低 13.01 分，排名全国第 95 位，由此可见喀什市并未重视依法全面履行政府职能工作，不管是机构设置、行政审批还是公共服务等方面都需要进行改进，政府职能需要进行转变。

2. 缺乏法治政府建设的组织领导保障

评估结果显示，本年度评估中，在"法治政府建设的组织领导"一级指标下，喀什市得到 14 分，比全国平均分低 31.99 分，排名全国第 100 位。这说明喀什市法治政府建设的组织领导工作明显不足，其法治政府建设工作缺乏组织领导保障。

3. 依法行政制度体系不稳定

评估结果显示，在"依法行政制度体系"指标下，喀什市得分15分，比全国平均水平低30.50分，全国排名第98名。该评估结果表明喀什市虽然建立了依法行政制度，但该制度在运行过程中稳定性较差，重点领域立法工作不完善，政府立法工作参与度不够，现行行政法规、规章、规范性文件的清理工作及清理结果向社会公布不及时。

4. 行政决策有待完善

本年度评估结果显示，在"行政决策"一级指标下，喀什市得到30分，比全国平均分低39.41分，排名全国第100位。实施重大行政决策的事项往往是涉及本地区社会经济发展全局、社会涉及面广、专业性强、与人民群众利益密切相关的重大事项，因此行政决策制度是否实施到位对法治政府建设至关重要。喀什市在本指标下得分较低，显示出其与依法决策、科学决策、民主决策有很大的差距，行政决策体系和制度有待完善。

5. 行政执法尚不规范

评估结果显示，在"行政执法"一级指标下，喀什市本年度评估中得到32分，比全国平均分低22.26分，排名全国第97位。该指标显示喀什市行政执法不严格、不规范、不公正、不文明。行政执法尚不规范，与法治政府建设理想状态相比还有较大差距。

6. 政务公开不到位

评估结果显示，2018年度喀什市在"政务公开"指标下得分为50.50分，比全国平均分低17.01分，比全国最高分低43.57分，全国排名第90名。深化政务公开对于推进行政体制改革、加强对行政权力监督制约、从源头上防治腐败和提供高效便民服务，都具有重要意义。喀什市在该指标下得分较低，显示出其政务公开做得还不到位，主要表现是政府网站提供的信息量少且更新慢，该公开的重点领域信息未公开，依申请公开未做到及时、完整、理由充分。

7. 监督与问责不力

评估结果显示，本年度评估中，喀什市在"监督与问责"一级指标下得分60.00分，比全国平均分低16.97分，排名全国第100位。其问题主要存在于外部监督和内部监督不到位，具体而言，对群众的举报投诉处理回应不及时，听取、审查政府执法情况报告不到位，审计报告和审计结果公开不充分，严格问责落实不到位。

8. 社会矛盾化解与行政争议解决有待增强

评估结果显示，2018 年度喀什市在"社会矛盾化解与行政争议解决"指标下得分为 50.00 分，比全国平均分低 22.57 分，比全国最高分低 42.15 分，全国排名第 100 名。该评估结果显示喀什市社会矛盾化解与行政争议解决工作有待进一步完善。具体而言，行政调解、行政裁决与仲裁制度的建设进展不佳，难以形成多元的社会矛盾化解机制；行政复议制度改革未有重大突破，复议工作信息公开还很不完善。

9. 营商环境的法治保障有待优化

评估结果显示，喀什市在本年度评估中"优化营商环境的法治保障"这一指标得到 10 分，比全国平均分低 24.70 分，比全国最高分低 50 分，排名全国第 100 位。营商环境是一个地区对外加强沟通与联系、开展互动与交流、参与竞争与合作的重要依托，体现着一个地区经济社会发展的综合实力，也是一个地区文明程度的重要标志。该评估结果显示喀什市在促进建设公平竞争的营商环境的法治保障还有待优化，相关地方性法规要加快建立，行政审批和服务效能有待提高，重审批、轻监管有待改变。

四十一 昆明市人民政府

一、昆明市法治政府建设情况

昆明市人民政府评估总分为 671.62 分，高于全国平均水平（654.34 分）17.28 分，在全部参与评估的 100 个城市中排名第 37 位。该市政府得分按一级指标分析如下（见表 12 -41）。

表 12 -41 昆明市人民政府一级指标评估得分分析

指标分析	依法全面履行政府职能	法治政府建设的组织领导	依法行政制度体系	行政决策	行政执法	政务公开	监督与问责	社会矛盾化解与行政争议解决	优化营商环境的法治保障	社会公众满意度调查
得分	63.00	37.00	45.00	85.00	68.29	81.00	75.88	80.00	22.00	114.45
与平均分差	7.99	-8.99	-0.50	15.59	14.03	13.49	-1.09	7.43	-12.70	-17.99
与最高分差	-8	-35	-30	-8	-9.99	-13.07	-17.07	-12.15	-38	-48.36
排名	10	78	53	9	13	19	62	24	89	99

每项一级指标得分换算成百分比并与全国平均水平比较得出图 12 -41。

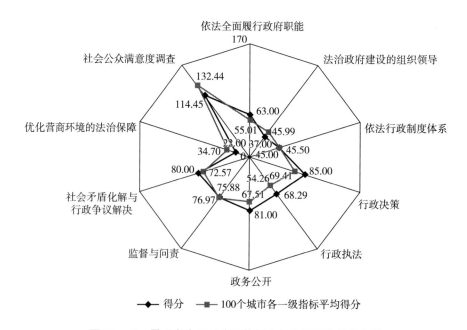

图 12 -41 昆明市人民政府评估得分与全国平均得分比较

可以看出，该市依法全面履行政府职能、行政决策、行政执法、政务公开、社会矛盾化解与行政争议解决这五个指标得分高于全国平均水平，说明该市政府在这五个方面评价较高。法治政府建设的组织领导、依法行政制度体系、监督与问责、优化营商环境的法治保障、社会公众满意度调查指标得分低于全国平均水平，说明该市政府在这五个方面评价较低。

二、昆明市法治政府建设情况分析

在 2018 年全国法治政府评估中，昆明市得到 671.62 分（总分 1000 分），在 100 个被评测城市中排名第 37 位，在西部区域 20 个城市中排名第 9 位（2017 年度评估中昆明市得到 704.08 分，排名第 43 位；2016 年度评估中，昆明市得到 638.97 分，排名第 70 位）。昆明市的法治政府建设评估的总分数和排名均较往年有了一定的提高，这反映出昆明市法治政府建设取得了一定的进步，同时也存在一些需要完善的地方。

（一）成绩

1. 依法全面履行政府职能进步明显

评估结果显示，在"依法全面履行政府职能"一级指标下，昆明市得到 63 分（该指标总分为 80 分），比全国平均分高 7.99 分，全国排名第 10 位。在 2017 年度评估中，本指标得分为 83 分（当年该指标总分为 100 分），全国排名第 49 名；在 2016 年度评估中，本指标得分为 81 分（当年该指标总分为 100 分），全国排名第 40 名。从得分和排名情况来看，昆明市在依法全面履行政府职能指标上进步明显，且该指标在排名上连续三年提高，取得了突出成绩。

2. 行政决策落实到位

本年度评估结果显示，昆明市在"行政决策"一级指标下得分 85 分（本指标总分为 100 分），得分率为 85.00%，全国排名第 9 位；在 2017 年度评估中，本指标得分为 80 分，全国排名第 21 名；在 2016 年度评估中，本指标得分为 70 分，全国排名第 49 名。从得分和排名情况来看，昆明市本指标得分呈明显上升趋势，说明昆明市在行政决策的制度建设及落实方面的工作扎实推进。

3. 行政执法工作扎实

本年度评估结果显示，昆明市在"行政执法"指标下得到 68.29 分（本指标总

分为 100 分），高于全国平均分 14.03 分，全国排名第 13 位；2017 年度评估中，该指标得分为 63.40 分（当年该指标总分为 120 分），全国排名第 65 位；2016 年度评估中，该指标得分 72 分（当年该指标总分为 120 分），全国排名第 43 位。该得分和排名发生较大变化的主要原因是，新《纲要》发布后，2018 年度"行政执法"指标的三级指标（观测点）作出了相应调整，昆明市能够及时响应国家行政执法制度建设和落实的新要求，所以在排名上大幅度上升。

（二）问题

1. 公众满意度持续偏低

评估结果显示，在"社会公众满意度调查"这一指标下，昆明市在 2018 年度评估中得分 114.45 分（该指标总分为 200 分），低于全国平均分 17.99 分，全国排名第 99 位；2017 年度评估中，昆明市得分 122.18 分，全国排名第 72 位；2016 年度评估中，昆明市得分 112.86 分，全国排名第 89 位。近三年来，昆明市的社会公众满意度指标排名一直在低位徘徊。社会公众的正向反馈对法治政府建设至关重要，昆明市需着重加强这方面的努力。

2. 优化营商环境的法治保障有待加强

在本次评估中，昆明市"优化营商环境的法治保障"指标下得分 22 分（该指标总分 60 分），全国排名第 89 位。该指标反映出昆明市在营商环境塑造上存在不足，市场准入便捷程度、政府诚信状况、行政审批便捷高效情况、优化营商环境的推进机制都需进一步完善落实。

3. 法治政府建设的组织领导方面需改进

2018 年昆明市在"法治政府建设的组织领导"这一指标下得分 37 分（该指标总分为 80 分），全国排名第 78 位；2017 年度评估中，昆明市得分 59 分，全国排名第 9 位；2016 年度评估中，该指标得分 32 分，全国排名第 77 位。昆明市历年来在该指标下的全国排名变动较大，反映了昆明市在法治政府建设的组织领导建设方面存在问题，昆明市应注重法治政府建设的组织保障及落实情况建设，加强依法行政考核、政府法律顾问等方面工作，提高法治政府建设的组织领导水平。

四十二　拉萨市人民政府

一、拉萨市法治政府建设情况

拉萨市人民政府评估总分为506.86分，低于全国平均水平（654.34分）147.48分，在全部参与评估的100个城市中排名第99位，在西部区域20个城市中排名第19位。该市政府得分按一级指标分析如下（见表12-42）。

表12-42　拉萨市人民政府一级指标评估得分分析

指标 分析	依法全面履行政府职能	法治政府建设的组织领导	依法行政制度体系	行政决策	行政执法	政务公开	监督与问责	社会矛盾化解与行政争议解决	优化营商环境的法治保障	社会公众满意度调查
得分	53.00	34.00	10.00	35.00	47.00	53.50	67.00	54.00	18.00	135.36
与平均分差	-2.01	-11.99	-35.50	-34.41	-7.26	-14.01	-9.97	-18.57	-16.70	2.92
与最高分差	-18.00	-38.00	-65.00	-58.00	-31.28	-40.57	-25.95	-38.15	-42.00	-27.45
排名	59	83	99	99	76	86	88	98	98	36

每项一级指标得分换算成百分比并与全国平均水平比较得出图12-42。

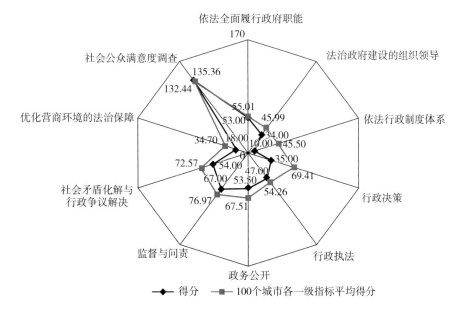

图12-42　拉萨市人民政府评估得分与全国平均得分比较

可以看出，该市社会公众满意度调查指标得分高于全国平均水平，说明该市政府在这方面评价较高。依法全面履行政府职能、法治政府建设的组织领导、依法行政制度体系、行政决策、行政执法、政务公开、监督与问责、社会矛盾化解与行政争议解决、优化营商环境的法治保障指标得分低于全国平均水平，说明该市政府在这九个方面评价较低。

二、拉萨市法治政府建设情况分析

在2018年全国法治政府评估中，拉萨市得到506.86分（总分1000分），在100个被评测城市中排名第99位，在西部区域20个城市中排名第19位（2017年度评估中拉萨市得到456.78分，排名第100位；2016年度评估中，拉萨市得到514.72分，排名第98位）。拉萨市的法治政府建设评估的总分数和排名历年来在被评估的100个城市中处于落后状态，有九个指标均低于全国平均水平，这反映出拉萨市法治政府建设工作仍需扎实推进。

（一）成绩

1. 依法全面履行政府职能方面进步明显

评估结果显示，2018年拉萨市"依法全面履行政府职能"指标下得分53分（该指标总得分80分），全国排名第59位；2017年度评估中，拉萨市该指标得分46分，全国排名第100位；2016年度评估中，拉萨市该指标得分40分，全国排名第99位。在排名上，拉萨市较往年有了巨大的进步，反映出拉萨市政府在依法全面履行政府职能方面尽管还未达到全国先进水平，仍有在规范政府机构设置、落实简政放权、优化公共服务等方面加强建设的需要，但总体水平有了明显的提升。

2. 社会公众满意度调查情况良好

2018年度评估中，拉萨市在"社会公众满意度调查"指标下得分135.36分（该指标总得分200分），全国排名第36位；2017年度评估中，拉萨市在该指标下得分121.28分，全国排名第76位；2016年度评估中，拉萨市在该指标下得分158.97分，全国排名第2位。可以看到，拉萨市法治政府建设的社会公众满意度情况，在经历了2017年的低迷情况之后，在2018年有所回升，这说明拉萨市政府在提高社会公众满意度方面的工作取得了一定的成效，但仍需要进一步加强。

（二）问题

1. 依法行政制度体系建设落后

在依法行政制度体系建设方面，拉萨市在 2018 年评估中得到 10 分（该指标总分为 80 分），全国排名第 99 位；在 2017 年评估中得到 15 分，全国排名第 100 位；在 2016 年评估中得到 15 分，排名第 100 位。根据评估结果，拉萨市在"依法行政制度体系"指标上常年位于落后位置，公开听取意见、公布率、"三统一"、报备、有效期和定期清理等制度落实仍不到位。拉萨市政府应当加强依法行政制度体系的建设，使其成为提高政府法治建设水平的突破口之一。

2. 行政决策制度落实不到位

"行政决策"一级指标下，拉萨市在 2018 年的评估中得到 35 分（该指标总分为 100 分），比全国平均分低 34.41 分，排名第 99 位；2017 年得分为 30 分，比全国平均分低 42.19 分，排名第 100 位；2016 年度拉萨市在该项指标上得到 33 分，比全国平均分低 35.87 分，排名第 100 位。这表明，拉萨市政府在重大决策合法性审查制度、重大决策专家论证制度、重大决策风险评估制度等方面水平落后，亟待加强。

3. 社会矛盾化解与行政争议解决得分较低

"社会矛盾化解与行政争议解决"一级指标下，拉萨市在 2018 年的评估中得到 54 分（该指标总分为 100 分），比全国平均分低 18.57 分，排名第 98 位；2017 年得分为 56 分，比全国平均分低 14.48 分，排名第 87 位；2016 年度拉萨市在该项指标上得到 64 分，比全国平均分低 4.10 分，排名第 76 位。从得分和排名情况上看，拉萨市政府在社会矛盾化解与行政争议解决这一指标上呈逐年下降趋势。这表明，拉萨市政府在社会矛盾化解的制度建设、社会矛盾化解渠道的畅通程度、社会矛盾解决方式多元化、行政复议制度、行政调解制度等建设上水平较低，仍需努力。

4. 优化营商环境的法治保障情况有待加强

在本次评估中，拉萨市"优化营商环境的法治保障"指标下得分 18 分（该指标满分 60 分），全国排名第 98 位。该指标反映出拉萨市在营商环境塑造上存在不足，市场准入便捷程度、政府诚信状况、行政审批便捷高效情况、优化营商环境的推进机制都需进一步完善落实。

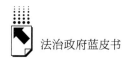

四十三　兰州市人民政府

一、兰州市法治政府建设情况

兰州市人民政府评估总分为 598.96 分，低于全国平均水平（654.34 分）55.38 分，在全部参与评估的 100 个城市中排名第 81 位，在西部区域 20 个城市中排名第 14 位。该市政府得分按一级指标分析如下（表 12 - 43）。

表 12 - 43　兰州市人民政府一级指标评估得分分析

指标 分析	依法全面履行政府职能	法治政府建设的组织领导	依法行政制度体系	行政决策	行政执法	政务公开	监督与问责	社会矛盾化解与行政争议解决	优化营商环境的法治保障	社会公众满意度调查
得分	38.00	53.00	30.00	74.00	47.55	56.08	73.20	64.29	34.00	128.85
与平均分差	-17.01	7.01	-15.50	4.59	-6.71	-11.43	-3.77	-8.28	-0.7	-3.59
与最高分差	-34	-19	-45	-19	-30.73	-37.99	-19.75	-27.86	-26	-33.96
排名	99	24	78	37	73	77	74	79	48	69

每项一级指标得分换算成百分比并与全国平均水平比较得出图 12 - 43。

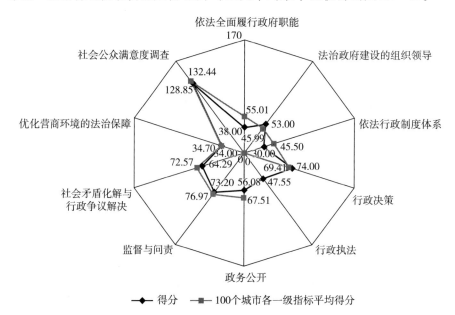

图 12 - 43　兰州市人民政府评估得分与全国平均得分比较

可以看出，该市法治政府建设的组织领导、行政决策这两个指标得分高于全国平均水平，说明该市政府在这两个方面评价较高。依法全面履行政府职能、依法行政制度体系、行政执法、政务公开、监督与问责、社会矛盾化解与行政争议解决、优化营商环境的法治保障、社会公众满意度调查指标得分低于全国平均水平，说明该市政府在这八个方面评价较低。

二、兰州市法治政府建设情况分析

在2018年全国法治政府评估中，兰州市得到598.96分（总分1000分），在100个被评测城市中排名第81位，在西部区域20个城市中排名第14位（2017年度评估中兰州市得到621.37分，排名第87位；2016年度评估中，兰州市得到618.59分，排名第80位）。可以看出，兰州市在法治政府建设评估中的总分数和排名数年来处于较为落后状态，有八个指标得分低于全国平均水平，兰州市法治政府建设工作仍需扎实推进。

（一）成绩

1. 法治政府建设的组织领导方面情况良好

评估结果显示，2018年兰州市"法治政府建设的组织领导"指标下得分53分（该指标总得分80分），全国排名第24位；2017年度评估中，兰州市该指标得分54分，全国排名第26位；2016年度评估中，兰州市该指标得分51分，全国排名第15位。在排名上，尽管较2016年有所回落，但仍体现出兰州市政府在法治政府建设的组织保障和落实机制方面表现良好，但还有进一步加强巩固的必要。

2. 行政决策工作进步明显

评估结果显示，"行政决策"一级指标下，2018年评估中兰州市得到74分（该指标总分为100分），比全国平均分高4.59分，排名第37位；2017年得到64分，全国排名第81位；2016年得分为61分，全国排名第85位。从评估结果可以看出，兰州市这一指标的得分和排名呈逐年上升趋势，这表明其在行政决策工作方面取得了一定的进步，重大决策合法性审查、风险评估、公众参与、集体决定、重大决策后的信息追踪和反馈等相关制度得到逐步落实。

（二）问题

1. 依法全面履行政府职能工作仍待加强

在"依法全面履行政府职能"一级指标下，2018年评估中，兰州市得到38分

（该指标总分为80分），比全国平均分低17.01分，全国排名第99位；2017年评估中得到74分（2017年度该指标总分为100分），比全国平均分低8.81分，全国排名第89位；在2016年评估中得到68分，比全国平均分低8.23分，排名第78位。结合近几年评估结果可以看出，近三年来兰州市在"依法全面履行政府职能"这一指标的得分和排名均处于下游位置，且逐年退步。兰州市在机构设置、公共服务建设、减证便民、生态环境保护等方面的工作仍有待进一步加强。

2. 依法行政制度体系建设落后

在依法行政制度体系建设方面，兰州市在2018年评估中得到30分（该指标总分为80分），全国排名第78位；在2017年评估中得到40分，全国排名第59位；在2016年评估中得到40分，排名第83位。评估结果显示，兰州市在"依法行政制度体系"指标上常年位于低位，2017年排名有所上升后2018年又回落至下游位置，这表明兰州市政府在公开听取意见、公布率、"三统一"、报备、有效期和定期清理等制度建设上仍需加强。

3. 社会矛盾化解与行政争议解决得分较低

"社会矛盾化解与行政争议解决"一级指标下，兰州市在2018年的评估中得到64.29分（该指标总分为100分），比全国平均分低8.28分，排名第79位；2017年得分为61.88分，比全国平均分低8.60分，排名第81位；2016年得分为60分，比全国平均分低8.10分，排名第87位。从得分和排名情况上看，兰州市政府在社会矛盾化解与行政争议解决这一指标上近三年来均处于下游位置，这表明其社会矛盾化解与行政争议解决工作仍需加强。

4. 政务公开工作明显退步

"政务公开"一级指标下，兰州市在2018年的评估中得到56.08分（该指标总分为100分），比全国平均分低11.43分，排名第77位；2017年得分为102.09分（当年该指标总分为120分），比全国平均分高4.11分，排名第44位；2016年得分为104.50分，比全国平均分高11.93分，排名第21位。从得分和排名情况上看，兰州市政府在政务公开这一指标上，近三年来呈明显下降趋势。兰州市政府应当在主动公开和依申请公开领域落实工作，增强政务透明度和公开性，提高政务公开水平。

四十四　聊城市人民政府

一、聊城市法治政府建设情况

聊城市人民政府评估总分为 661.57 分，高于全国平均水平（654.34 分）7.23 分，在全部参与评估的 100 个城市中排名第 46 位，在东部区域 48 个城市中排名第 30 位。该市政府得分按一级指标分析如下（见表 12-44）。

表 12-44　聊城市人民政府一级指标评估得分分析

指标分析	依法全面履行政府职能	法治政府建设的组织领导	依法行政制度体系	行政决策	行政执法	政务公开	监督与问责	社会矛盾化解与行政争议解决	优化营商环境的法治保障	社会公众满意度调查
得分	51.00	50.50	55.00	62.00	69.47	56.83	65.03	78.00	35.00	138.73
与平均分差	-4.01	4.52	9.50	-7.41	15.21	-10.68	-11.93	5.43	0.30	6.30
与最高分差	-20.00	-21.50	-20.00	-31.00	-8.81	-37.24	-27.92	-14.15	-25.00	-24.07
排名	73	37	40	72	10	73	94	35	47	22

每项一级指标得分换算成百分比并与全国平均水平比较得出图 12-44。

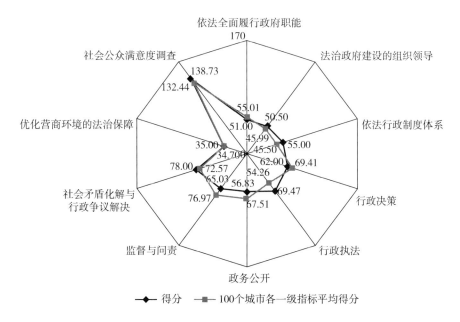

图 12-48　聊城市人民政府评估得分与全国平均得分比较

可以看出，该市法治政府建设的组织领导、依法行政制度体系、行政执法、社会矛盾化解与行政争议解决、优化营商环境的法治保障、社会公众满意度调查这六个指标得分高于全国平均水平，这说明该市政府在这六个方面评价较高。依法全面履行政府职能、行政决策、政务公开、监督与问责这四个指标得分低于全国平均水平，这说明该市政府在这个方面评价较低。

二、聊城市法治政府建设情况

在 2018 年全国法治政府评估中，聊城市人民政府评估总分为 661.57 分（总分1000 分），在全部参与评估的 100 个城市中排名第 46 位，在东部区域 48 个城市中排名第 30 位（2017 年度评估中聊城市得到 729.86 分，排名第 27 位；2016 年度评估中聊城市得到 693.46 分，排名第 32 位）。这一评估结果反映出，在全国法治政府建设持续推进的大背景下，聊城市法治政府建设有些退步，仍有较多需要完善的地方。

（一）成绩

1. 行政执法进步突出

本年度评估结果显示，在"行政执法"一级指标下，聊城市的得分为 69.47 分，比全国平均分高 15.21 分，排名为第 10 位；2017 年度评估中聊城市在该一级指标下的得分为 69.3 分，排名为第 42 位。尽管两年的分数所差无几，但是排名却得到了很大的提升，这说明在同样的评定体系和评定标准下，聊城市的行政执法相比其他市表现更为优异。

2. 社会公众满意度较高

本年度评估结果显示，在"社会公众满意度调查"一级指标中，聊城市得到138.73 分，比全国平均分高 6.30 分，排名第 9 名；2017 年度评估中聊城市在该一级指标下得分 134.47 分，高出平均分 6.32 分，排名为第 26 位；2016 年度评估中聊城市在该一级指标下得分 119.36 分，排名第 80 位。聊城市"公众满意度调查"一级指标名次的持续上升说明了聊城市三年以来在社会公众满意度方面做出了很大的努力，法治政府建设得到了人民的认可，法治政府建设的成果由人民享有。

（二）问题

1. 监督和问责落实不到位

本年度评估结果显示，在"监督与问责"一级指标下，聊城市的得分为 65.03 分，比全国平均分低 11.93 分，比全国最高分低 27.92 分，排名为第 94 位；2017 年度评估中，聊城市在该一级指标中的得分为 79 分，比全国平均分高 5.55 分，排名为第 28 位。从第 28 名跌落到第 94 名，说明聊城市 2017 年监督与问责相关工作不到位，未来要加强内部监督和外部监督，完善问责机制，发挥监督和问责在法治政府建设中的作用。

2. 依法全面履行政府职能尚需加强

本年度评估结果显示，在"依法全面履行政府职能"一级指标下的得分为 51 分，比全国平均分低 4.01 分，排名为第 73 位；2017 年度评估中，聊城市在该一级指标下的得分为 77 分，低于平均分 5.81 分，排名为第 80 位；2016 年度评估中，聊城市在该一级指标中的得分为 82 分，高出平均分 5.77 分，排名为第 36 位。对比三年的数据发现，聊城市在"政务公开"一级指标下近两年呈现下降的趋势，且排名较为靠后，这表明聊城市政务公开做得还不到位，主动公开和依申请公开都需要完善。

3. 行政决策工作仍需完善

本年度评估结果显示，在"行政决策"一级指标下，聊城市得分为 62 分，低于全国平均分 7.41 分，比最高分低 31 分，排名第 72 位；2017 年度评估中聊城市的得分为 85 分，排名为第 9 位；2016 年度评估中聊城市在该一级指标下的得分为 74 分，排名为第 30 位。连续三年的评估结果显示，聊城市在"行政决策"一级指标下得分并不稳定，但是本年度排名急剧下降，表明聊城市在行政决策工作中存在较多需要完善的地方，应予以更多的重视。

四十五 临沂市人民政府

一、临沂市法治政府建设情况

临沂市人民政府评估总分为 643.01 分，低于全国平均水平（654.34 分）11.33 分，在全部参与评估的 100 个城市中排名第 58 位，在东部区域 48 个城市中排名第 36 位。该市政府得分按一级指标分析如下（见表 12 - 45）。

表 12 - 45 临沂市人民政府一级指标评估得分分析

指标\分析	依法全面履行政府职能	法治政府建设的组织领导	依法行政制度体系	行政决策	行政执法	政务公开	监督与问责	社会矛盾化解与行政争议解决	优化营商环境的法治保障	社会公众满意度调查
得分	56.00	38.00	55.00	69.00	63.02	59.00	75.39	78.44	20.00	129.16
与平均分差	0.99	- 7.99	9.50	- 0.41	8.76	- 8.51	- 1.58	5.87	- 14.70	- 3.28
与最高分差	- 15.00	- 34.00	- 20.00	- 24.00	- 15.26	- 35.07	- 17.56	- 13.71	- 40.00	- 33.65
排名	51	73	40	53	22	70	63	32	94	66

每项一级指标得分换算成百分比并与全国平均水平比较得出图 12 - 45。

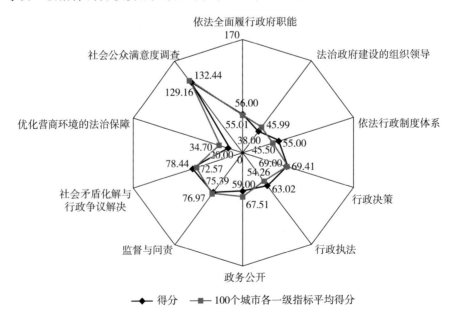

图 12 - 45 临沂市人民政府评估得分与全国平均得分比较

可以看出，该市依法全面履行政府职能、依法行政制度体系、行政执法、社会矛盾化解与行政争议解决这四个指标得分高于全国平均水平，说明该市政府在这四个方面评价较高。法治政府建设的组织领导、行政决策、政务公开、监督与问责、优化营商环境的法治保障、社会公众满意度调查这六个指标得分低于全国平均水平，说明该市政府在这六个方面评价较低。

二、临沂市法治政府建设情况分析

在 2018 年全国法治政府评估中，临沂市得到 643.01 分（总分 1000 分），在全部参与评估的 100 个城市中排名第 58 位，在东部区域 48 个城市中排名第 36 位（2017 年度评估中临沂市得到 759.8 分，全国排名第 13 位；2016 年度评估中临沂市得到 694.03 分，全国排名第 31 位）。这一评估结果反映出，在全国法治政府建设持续推进的大背景下，临沂市法治政府建设有一些落后，存在较多需要完善的问题。

（一）成绩

1. 行政执法表现稳定

本年度评估结果显示，在"行政执法"一级指标中，临沂市的得分为 63.02 分，高出全国平均分 8.76 分，排名为第 22 位；2017 年度评估中，临沂市的得分为 82 分，排名为第 20 位。临沂市在该项指标下排名一直比较靠前，说明其一直很重视行政执法工作，在依法、公正、文明执法方面做得比较到位。

2. 社会矛盾化解与行政争议解决能力稳步推进

本年度评估结果显示，在"社会矛盾化解与行政争议解决"一级指标中，临沂市的得分为 78.44 分，比全国平均分高 5.87 分，排名第 32 位；2017 年度评估中，临沂市的得分为 84 分，排名为第 11 位；2016 年度评估中，临沂市在该一级指标下的得分为 66 分，排名第 62 位。临沂市在这三年来化解社会矛盾和解决行政争议的能力较为稳定，发挥行政调解、行政复议、行政诉讼对行政争议的分流作用，加强三者之间的衔接，在公正高效解决行政争议、防止矛盾扩大化、维护社会安定方面起到了较大的作用。

（二）问题

1. 优化营商环境的法治保障亟须加强

本年度评估结果显示，临沂市在本年度评估中"优化营商环境的法治保障"这

一指标得到 20 分，比全国平均分低 14.70 分，比全国最高分低 40 分，排名全国第 94 位。营商环境体现着一个地区经济社会发展的综合实力，也是一个地区文明程度的重要标志。法治保障对优化营商环境、促进经济发展意义重大。该评估结果显示临沂市在促进建设公平竞争的营商环境的法治保障方面有待加强和改善。

2. 法治政府建设的组织领导需要完善

本年度评估结果显示，在"法治政府建设的组织领导"一级指标中，临沂市的得分为 38 分，比全国平均分低 7.99 分，排名第 73 位；2017 年度评估中，临沂市在该指标下的得分为 65 分，高出全国平均分 17.78 分，排名为第 3 位；2016 年度评估中，临沂市在该一级指标中的得分为 33 分，比全国平均分低 6.39 分，排名第 72 位。连续三年的评估结果显示，临沂市在"法治政府建设的组织领导"一级指标中表现出较大的不稳定性，在 2017 年排名急速上升后，本年度排名又回到了 2016 年度的排名水平。这说明临沂市对法治政府建设的组织领导建设有所松懈，应发挥组织领导在法治政府建设中的带头、指挥、引导作用。

3. 政务公开有待加强

本年度评估结果显示，在"政务公开"一级指标中，临沂市的得分为 59 分，比平均分低 8.51 分，排名第 70 位；2017 年度评估中，临沂市的得分为 94 分，比全国平均分低 3.98 分，排名第 63 位；2016 年度评估中，临沂市在该一级指标中的得分为 95.75 分，高出全国平均分 3.175 分。连续三年的数据显示，临沂市在政府公开方面得分和排名都不断下降，这说明临沂市在政府公开方面存在较多需要完善的地方。

四十六　六安市人民政府

一、六安市法治政府建设情况

六安市人民政府评估总分为 684.15 分，高于全国平均水平（654.34 分）29.81 分，在全部参与评估的 100 个城市中排名第 32 位，在中部区域 32 个城市中排名第 4 位。该市政府得分按一级指标分析如下（见表 12-46）。

表 12-46　六安市人民政府一级指标评估得分分析

指标分析	依法全面履行政府职能	法治政府建设的组织领导	依法行政制度体系	行政决策	行政执法	政务公开	监督与问责	社会矛盾化解与行政争议解决	优化营商环境的法治保障	社会公众满意度调查
得分	52.00	51.00	50.00	73.50	50.00	76.00	86.56	75.29	26.00	143.81
与平均分差	-3.01	5.02	4.50	4.10	-4.26	8.49	9.59	2.72	-8.70	11.37
与最高分差	-19.00	-21.00	-25.00	-19.50	-28.28	-18.07	-6.40	-16.86	-34.00	-19.00
排名	66	34	48	41	67	31	8	43	79	9

每项一级指标得分换算成百分比并与全国平均水平比较得出图 12-46。

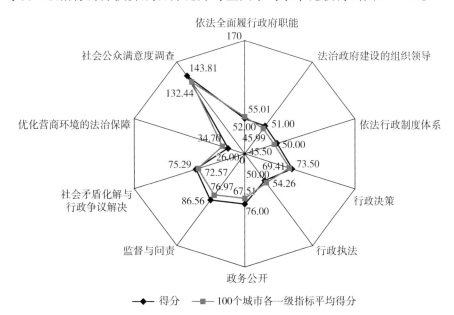

图 12-46　六安市人民政府评估得分与全国平均得分比较

可以看出，该市法治政府建设的组织领导、依法行政制度体系、行政决策、政务公开、监督与问责、社会矛盾化解与行政争议解决、社会公众满意度调查这七个指标得分高于全国平均水平，说明该市政府在这七个方面评价较高。依法全面履行政府职能、行政执法、优化营商环境的法治保障这三个指标得分低于全国平均水平，说明该市政府在这三个方面评价较低。

二、六安市法治政府建设情况分析

在 2018 年全国法治政府评估中，六安市得到 684.15 分（总分 1000 分），在 100 个被测评城市中排名第 32 位，在中部区域 32 个城市中排名 4 位（2017 年度评估中六安市得到 693.05 分，排名第 53 位；2016 年度评估中六安市得到 714.12 分，排名第 19 位）。这一评估结果反映出，在全国法治政府建设持续推进的大背景下，六安市法治政府建设取得较大的进步，但仍存在一些问题需要完善。

（一）成绩

1. 监督与问责成效显著

本年度评估结果显示，在"监督与问责"一级指标中，六安市的得分为 86.56 分，高出全国平均分 9.59 分，排名为第 8 位；2017 年度评估中，六安市的得分为 83.36 分，高出全国平均分 9.91 分，排名为第 6 位；2016 年度评估中，六安市在该一级指标中的得分为 77.47 分，排名为第 12 位。连续三年的评估结果显示六安市在"监督与问责"一级指标下的得分和排名一直处于较高水平，这表明六安市政府在监督与问责方面贯彻落实的比较到位。

2. 社会公众满意度调查表现突出

本年度评估结果显示，在"社会公众满意度调查"一级指标中，六安市的得分为 143.81 分，排名为第 9 位；2017 年度评估中，六安市的得分为 123.69 分，排名为第 64 位。六安市在"社会公众满意度调查"一级指标的得分和排名都有了很大的提高，表明六安市在社会公众满意度调查建设中做了较大的努力，法治政府建设更重视公众的满意度。

（二）问题

1. 营商环境的法治保障需优化

本年度评估结果显示，在"优化营商环境的法治保障"一级指标下，六安市的得分为 26 分，排名为第 79 位。这表明六安市在营商环境塑造方面需要加强，法治保障还没有发挥出营造良好营商环境的作用。

2. 行政执法工作尚需改进

本年度评估结果显示，在"行政执法"一级指标下，六安市的得分为 50 分，比全国平均分低 4.26 分，排名为第 67 位；2017 年度评估中，六安市在该一级指标中的得分为 67 分，低于全国平均分 2.03 分，排名为第 57 位。连续两年处于全国平均分之下，说明其在行政执法中对相关制度还未贯彻到位，影响行政执法公正性、合法性的因素还未消除。

3. 依法全面履行政府职能需要完善

本年度的评估结果显示，在"依法全面履行政府职能"一级指标下，六安市的得分为 52 分，比全国平均分低 3.01 分，排名为第 66 位；2017 年度评估中，六安市在该一级指标中的得分为 82 分，比全国平均分低 0.81 分，排名为第 57 位。两年的评估结果显示六安市在"依法全面履行政府职能"一级指标中的得分均低于平均分，这表明六安市政府依法全面履行政府职能还有很多做得不到位的地方，需要予以完善。

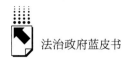

四十七　洛阳市人民政府

一、洛阳市法治政府建设情况

洛阳市人民政府评估总分为 657.89 分，高于全国平均水平（654.34 分）3.55 分，在全部参与评估的 100 个城市中排名第 51 位，在中部区域 32 个城市中排名第 8 位。该市政府得分按一级指标分析如下（见表 12 - 47）。

表 12 - 47　洛阳市人民政府一级指标评估得分分析

指标 分析	依法全面履行政府职能	法治政府建设的组织领导	依法行政制度体系	行政决策	行政执法	政务公开	监督与问责	社会矛盾化解与行政争议解决	优化营商环境的法治保障	社会公众满意度调查
得分	39.00	58.50	50.00	68.00	60.04	81.36	74.84	59.91	32.00	134.23
与平均分差	- 16.01	12.52	4.50	- 1.41	5.78	13.85	- 2.13	- 12.66	- 2.70	1.80
与最高分差	- 32.00	- 13.50	- 25.00	- 25.00	- 18.24	- 12.71	- 18.12	- 32.24	- 28.00	- 28.57
排名	98	14	48	61	33	18	68	92	59	41

每项一级指标得分换算成百分比并与全国平均水平比较得出图 12 - 47。

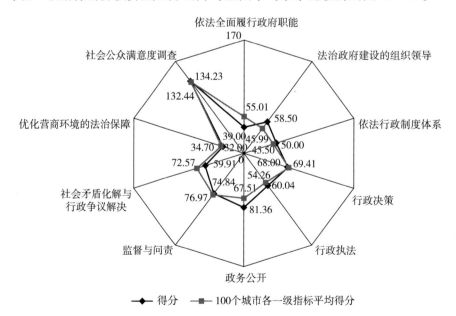

图 12 - 47　洛阳市人民政府评估得分与全国平均得分比较

可以看出，该市法治政府建设的组织领导、依法行政制度体系、行政执法、政务公开、社会公众满意度调查这五个指标得分高于全国平均水平，说明该市政府在这五个方面评价较高。依法全面履行政府职能、行政决策、监督与问责、社会矛盾化解与行政争议解决、优化营商环境的法治保障这五个指标得分低于全国平均水平，说明该市政府在这五个方面评价较低。

二、洛阳市法治政府建设情况分析

在 2018 年全国法治政府评估中，洛阳市人民政府评估总分为 657.89 分（总分 1000 分），在 100 个被测评城市中排名第 51 位，在中部区域 32 个城市中排名第 8 位（2017 年度评估中洛阳市得到 684.55 分，排名第 55 位；2016 年度评估中洛阳市得到 662.71 分，排名第 52 位）。这一评估结果反映出，在全国法治政府建设持续推进的大背景下，洛阳市法治政府建设稳中有升，但仍存在一些问题需要解决。

（一）成绩

1. 法治政府建设的组织领导工作稳步推进

本年度评估结果显示，在"法治政府建设的组织领导"一级指标中，洛阳市的得分为 58.50 分，高出全国平均分 12.52 分，排名为第 14 位；2017 年度评估中，洛阳市的得分为 55 分，高出全国平均分 7.78 分，排名为第 21 位；2016 年度评估中，洛阳市在该一级指标中的得分为 41 分，高出全国平均分 1.61 分，排名为第 45 位。连续三年的评估结果显示，洛阳市在"法治政府建设的组织领导"一级指标中得分和排名一直在上升，这说明洛阳市在法治政府建设的组织领导建设中投入了较大的精力，现阶段法治政府建设的组织领导制度较为健全，实施较为深入。

2. 政务公开方面进步明显

本年度评估结果显示，在"政务公开"一级指标下，洛阳市得分为 81.36 分，排名为第 18 位；2017 年度评估中，洛阳市政府在该一级指标中的得分为 99.61 分，排名为第 51 位。洛阳市在"政务公开"一级指标的排名有了较大的提升，表明洛阳市政府更加重视政务公开，打造阳光政府，自觉接受外部监督。

（二）问题

1. 依法全面履行政府职能尚需完善

本年度评估结果显示，在"依法全面履行政府职能"一级指标中，洛阳市的得

分为 39 分，比全国平均分低 16.01 分，排名为第 98 位；2017 年度评估中，洛阳市在该一级指标中的得分为 82 分，比全国平均分低 0.81 分，排名为第 57 位。洛阳市在"依法全面履行政府职能"一级指标中的分数和名次不仅有了大幅下降，且本年度得分较平均水平有较大差距，排名也倒数，这表明洛阳市在依法全面履行政府职能中存在较大的问题。政府职能需进一步加以明确，机构设置、行政审批、公共服务等方面需要进一步加强。

2. 社会矛盾化解与行政争议解决有待增强

本年度评估结果显示，在"社会矛盾化解与行政争议解决"一级指标中，洛阳市的得分为 59.91 分，比全国平均分低 12.66 分，排名为第 92 位；2017 年度评估结果显示，洛阳市在该一级指标中的得分为 74.67 分，比全国平均分高 4.19 分，排名为第 37 位。洛阳市在该指标下得分和排名出现急剧下降，表明洛阳市在社会矛盾化解与行政争议解决方面存在较大的问题，行政调解、行政复议、仲裁分流行政诉讼的作用尚未完全发挥，行政矛盾和争议未得到及时有效的处理。

四十八　茂名市人民政府

一、茂名市法治政府建设情况

茂名市人民政府评估总分为 629.90 分，低于全国平均水平（654.34 分）24.44 分，在全部参与评估的 100 个城市中排名第 67 位，在东部区域 48 个城市中排名第 39 位。该市政府得分按一级指标分析如下（见表 12－48）。

表 12－48　茂名市人民政府一级指标评估得分分析

指标分析	依法全面履行政府职能	法治政府建设的组织领导	依法行政制度体系	行政决策	行政执法	政务公开	监督与问责	社会矛盾化解与行政争议解决	优化营商环境的法治保障	社会公众满意度调查
得分	64.00	49.00	30.00	58.00	36.73	68.00	84.48	72.57	39.00	128.11
与平均分差	8.99	3.01	－15.50	－11.41	－17.53	0.49	7.51	0	4.3	－4.33
与最高分差	－7.00	－23.00	－45.00	－35.00	－41.55	－26.07	－8.47	－19.58	－21.00	－34.70
排名	9	45	82	82	96	50	17	50	36	71

每项一级指标得分换算成百分比并与全国平均水平比较得出图 12－48。

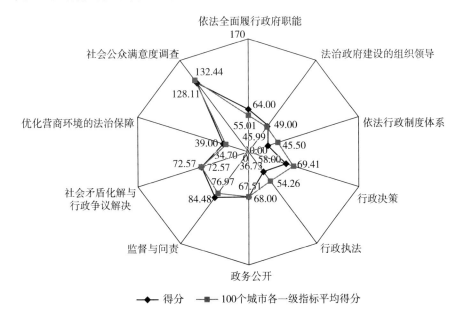

图 12－48　茂名市人民政府评估得分与全国平均得分比较

可以看出，该市依法全面履行政府职能、法治政府建设的组织领导、政务公开、监督与问责、优化营商环境的法治保障这五项指标得分高于全国平均水平，说明该市政府在这五个方面评价较高。依法行政制度体系、行政决策、行政执法、社会公众满意度调查低于全国平均水平，说明该市政府在这四个方面评价较低。

二、茂名市法治政府建设情况分析

在 2018 年全国法治政府评估中，茂名市得到 629.90 分（总分 1000 分），在 100 个被评估城市中排名第 67 位，在东部区域 48 个城市中排第 39 位（在 2017 年度评估中茂名市得到 656.23 分，在全国 100 个城市中排名第 71 位；2016 年度评估中茂名得到 608.89 分，在全国 100 个城市中排名第 84 位）。这一评估结果反映出，在全国法治政府建设持续推进的大背景下，茂名市法治政府建设也在不断进步，在全国的排名稳步上升。

（一）成绩

1. 依法全面履行政府职能表现突出

本年度评估结果显示，在"依法全面履行政府职能"一级指标下，茂名市得分为 64 分，高出全国平均分 8.99 分，排名第 9 位；在 2017 年度评估中，茂名市在该一级指标的得分为 90 分，高出全国平均分 7.19 分，排名第 15 位；在 2016 年度评估中，茂名市在该一级指标的得分为 82 分，高出全国平均分 5.77 分，排名第 37 位。连续三年的评估结果显示，茂名市在"依法全面履行政府职能"一级指标的得分高于全国平均分，在全国的名次稳步提升，这表明茂名市在依法全面履行政府职能方面表现较好。

2. 监督与问责工作进步显著

本年度评估结果显示，在"监督与问责"一级指标下，茂名市得分为 84.48 分，排名第 17 位；2017 年度评估中，茂名市在该一级指标的得分为 64 分，比全国平均分低 9.45 分，排名第 89 位；2016 年度评估中，茂名市在该一级指标的的得分为 59.83 分，比全国平均分低 8.1891 分。连续三年的评估结果显示，茂名市加强内、外监督，积极落实问责制度效果显著。

3. 优化营商环境的法治保障表现较好

本年度评估结果显示，在"优化营商环境的法治保障"一级指标下，茂名市得分为39分，高出全国平均分4.3分，排名第36位。该指标是今年新增的一项指标，茂名市在该一级指标下表现较好，高于全国平均水平。这表明茂名市在营商环境的法治保障方面工作较为优异，增强和完善对市场主体合法权益的保护，为激发市场发展活力、营造一方投资热土提供较为有力的法律支撑。

（二）问题

1. 依法行政制度体系不完善

本年度评估结果显示，在"依法行政制度体系"一级指标下，茂名市的得分为30分，比全国平均分低15.5分，排名第82位；2017年度评估中，茂名市在该一级指标下得分为40分，比全国平均分低5.92分，排名第59位；2016年度评估中，茂名市得分为50分，比全国平均分低0.76分。连续三年的评估结果显示，茂名市在"依法行政制度体系"一级指标下的排名逐年降低，在全国法治政府建设不断推进的大背景下，茂名市依法行政制度体系建设缓慢，缺乏对相关工作的重视。

2. 行政决策能力有待提高

本年度评估结果显示，在"行政决策"一级指标下，茂名市的得分为58分，比全国平均分低11.41分，排名第82位；2017年度评估中，茂名市在该一级指标的得分为67分，比全国平均分低5.19分，排名第70位。对比近两年数据，茂名市在"行政决策"这一指标的得分低于全国平均水平，且排名靠后，这表明其在行政决策方面水平较低，需要加强进一步的建设。

3. 行政执法水平较低

本年度评估结果显示，在"行政执法"一级指标下，茂名市的得分为36.73分，比全国平均分低17.53分，排名第96位；2017年度评估中，茂名市在该一级指标的得分为68分，比全国平均分低1.09分，排名第51位。对比近两年数据，茂名市在"行政执法"这一指标的得分低于全国平均水平，且排名靠后。茂名市需要大力加强行政执法体制建设，提升执法信息化水平，进一步加强执法事前事中事后监管，完善执法辅助人员的管理机制。

四十九　南昌市人民政府

一、南昌市法治政府建设情况

南昌市人民政府评估总分为 633.69 分，低于全国平均水平（654.34 分）20.65 分，在全部参与评估的 100 个城市中排名第 65 位，在中部区域 32 个城市中排名第 15。该市政府得分按一级指标分析如下（见表 12 – 49）。

表 12 – 49　南昌市人民政府一级指标评估得分分析

指标分析	依法全面履行政府职能	法治政府建设的组织领导	依法行政制度体系	行政决策	行政执法	政务公开	监督与问责	社会矛盾化解与行政争议解决	优化营商环境的法治保障	社会公众满意度调查
得分	45.00	52.00	35.00	66.00	61.28	64.17	73.21	77.84	27.00	132.19
与平均分差	– 10.01	6.01	– 10.50	– 3.41	7.02	– 3.34	– 3.76	5.27	– 7.7	– 0.25
与最高分差	– 26.00	– 20.00	– 40.00	– 27.00	– 17	– 29.90	– 19.74	– 14.31	– 33.00	– 30.62
排名	90	31	71	67	30	61	73	37	77	47

每项一级指标得分换算成百分比并与全国平均水平比较得出图 12 – 49。

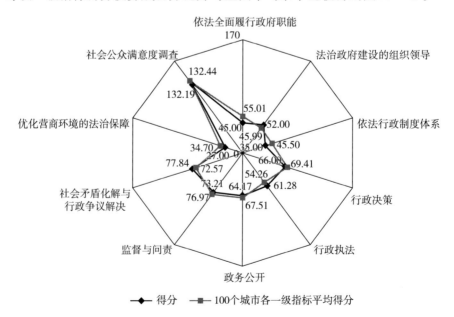

图 12 – 49　南昌市人民政府评估得分与全国平均得分比较

可以看出，该市法治政府建设的组织领导、行政执法、社会矛盾化解与行政争议解决这三项指标高于全国平均水平，说明该市政府在这三个方面评价较高。依法全面履行政府职能、依法行政制度体系、行政决策、政务公开、监督与问责、优化营商环境的法治保障、社会公众满意度调查低于全国平均水平，说明该市政府在这七个方面评价较低。

二、南昌市法治政府建设情况分析

《法治政府评估报告（2018）》显示，在2018年全国法治政府评估中，南昌市得到633.69分（总分1000分），在100个被评测城市中排名第65位，在中部区域32个城市中排名第15位（2017年度评估中南昌市得到709.73分，排名第37位；2016年度评估中南昌市得到692.22分，排名第34位）。这一评估结果反映出，在全国法治政府建设持续推进的大背景下，南昌市法治政府建设方面进展缓慢，有进一步完善的空间。

（一）成绩

1. 法治政府建设的组织领导工作得到强化

本年度的评估结果显示，在"法治政府建设的组织领导"一级指标下，南昌市的得分为52分，比全国平均分高6.01分；2017年度评估中，南昌市在该一级指标下的得分为47分，比全国平均分低0.22分；2016年度评估中，南昌市在该一级指标下的得分为45分，高出全国平均分5.61分。连续三年的评估结果显示，南昌市在该指标下的得分有所提高，法治政府建设的组织领导工作能力不断提升。

2. 监督与问责机制有所完善

本年度评估结果显示，在"监督与问责"一级指标下，南昌市的得分为73.21分，比全国平均分低3.76分；在2017年度评估中，南昌市在该一级指标的得分为65.14分，比全国平均分低8.31分，排名第87位；在2016年度评估中，南昌市在该一级指标下的得分为56.7分，比全国平均分低11.31分，排名第95位。连续三年的评估结果显示，南昌市在"监督与问责"一级指标的得分在逐年上升，虽然总体得分较低，但分数的逐年提升反映了南昌市对该方面的重视，在逐步完善监督与问责机制上做出了较大的努力。

（二）问题

1. 依法全面履行政府职能波动较大

本年度评估结果显示，在"依法全面履行政府职能"一级指标下，南昌市的得分为45分，排名第90位；2017年度评估中南昌市在该一级指标下的得分为87分，排名第31位；2016年度评估中南昌市在该一级指标下的得分为77分，排名第50位。连续三年的评估结果显示，南昌市在该指标的得分不稳定，各年份的得分波动较大，南昌市政府应扎实推进该项工作的进行，依法全面履行政府职能。

2. 行政执法水平下滑

本年度评估结果显示，在"行政执法"一级指标下，南昌市的得分为61.28分，排名第30位；2017年度评估中，南昌市在该一级指标的得分为86.9分，高出全国平均分17.88分，排名第13位；2016年度评估中，南昌市得分为77分，高于全国平均分7.486分，排名第28位。连续三年的评估结果显示，南昌市行政执法有进一步的提升空间，虽然该项指标南昌市得分较为理想，但是在全国大力推进法治政府建设，行政执法水平不断提升的大背景下，"逆水行舟，不进则退"，南昌要想保持行政执法较为领先的水平，还需要不断夯实行政执法的基础，进一步提高行政执法信息化水平，加强执法辅助人员的管理与培训。

3. 政务公开水平迟滞不升

本年度评估结果显示，在"政务公开"一级指标下，南昌市的得分为64.17分，比全国平均分低3.34分，排名第61位；2017年度评估中，南昌市在该级指标得分为93分，比全国平均分低4.98分，排名第66位；2016年度评估中，南昌市在该一级指标下的得分为107分，高出全国平均分14.425分，排名第14位。连续三年的评估结果显示，南昌市政务公开水平较为波动，近两年迟滞不前，没有得到有效的提升，这表明南昌市政府在政府信息公开领域的工作仍然存在不完善之处，需要进一步提升政务公开水平。

五十 南充市人民政府

一、南充市法治政府建设情况

南充市人民政府评估总分为 693.28 分，高于全国平均水平（654.34 分）38.94 分，在全部参与评估的 100 个城市中排名第 25 位，在西部区域 20 个城市中排名第 6 位。该市政府得分按一级指标分析如下（见表 12 – 50）。

表 12 – 50 南充市人民政府一级指标评估得分分析

分析 \ 指标	依法全面履行政府职能	法治政府建设的组织领导	依法行政制度体系	行政决策	行政执法	政务公开	监督与问责	社会矛盾化解与行政争议解决	优化营商环境的法治保障	社会公众满意度调查
得分	60.00	54.50	50.00	81.00	54.14	54.00	83.28	62.56	31.00	162.81
与平均分差	4.99	8.51	4.5	11.59	– 0.12	– 13.51	6.31	– 10.01	– 3.7	30.37
与最高分差	– 11.00	– 17.5	– 25.00	– 12.00	– 15.86	– 40.07	– 9.67	– 29.59	– 29.00	0
排名	25	20	41	20	48	85	20	83	64	1

每项一级指标得分换算成百分比并与全国平均水平比较得出图 12 – 50。

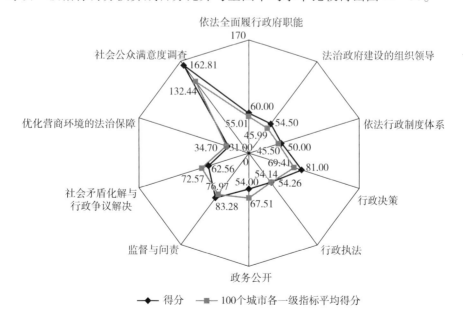

图 12 – 50 南充市人民政府评估得分与全国平均得分比较

可以看出，该市依法全面履行政府职能、法治政府建设的组织领导、依法行政制度体系、行政决策、监督与问责、社会公众满意度调查这六项指标高于全国平均水平，说明该市政府在这六个方面评价较高。行政执法、政务公开、社会矛盾化解与行政争议解决、优化营商环境的法治保障这四项指标低于全国平均水平，说明该市政府在这四个方面评价较低。

二、南充市法治政府建设情况分析

在2018年全国法治政府评估中，南充市得到693.28分（总分1000分），在100个被评估城市中排名第25位，在西部区域20个城市中排名第4位（2017年度评估中南充市得到719.09分，排名第33位；2016年度评估中南充市得到607.4分，排名第86位）。这一评估结果反映出，在全国法治政府建设持续推进的大背景下，南充市的法治建设不断深化，在取得长足进步的同时，也存在一些短板需要补齐。

（一）成绩

1. 社会公众满意度表现优异

本年度评估结果显示，在"社会公众满意度调查"一级指标下，南充市的得分为162.81分，比全国平均分高30.37分，排名全国第一；在2017年度评估中，南充市得分为167.98分，高出全国平均分39.83分，排名全国第一。南充市在"社会公众满意度调查"方面持续保持领先，表现优异，值得其他城市借鉴学习。

2. 依法全面履行政府职能进步显著

本年度评估结果显示，在"依法全面履行政府职能"一级指标下，南充市得分为60分，比全国平均分高4.99分，排名第25位；2017年度评估中，南充市在该一级指标的得分为77分，比全国平均分低5.81分，排名第80位；2016年度评估中，南充市在该一级指标的得分为83分，高出全国平均分6.77分，排名第32位。连续三年的评估结果显示，南充市在"依法全面履行政府职能"一级指标下的得分进一步提高，表明南充市逐步加深对依法全面履行政府职能重要性的认识，履行政府职能进步显著。

（二）问题

1. 社会矛盾化解与行政争议解决存在反复

本年度评估结果显示，在"社会矛盾化解与行政争议解决"一级指标下，南充市的得分为 62.56 分，比全国平均分低 10.01 分，排名第 83 位；2017 年度评估中，南充市在该一级指标的得分为 82 分，高出全国平均分 11.53 分，排名第 14 位；2016 年度评估中，南充市得分为 66 分，比全国平均分低 2.1 分，排名第 66 位。连续三年的评估结果显示，南充市在"社会矛盾化解与行政争议解决"的得分变动较大，存在一定程度的反复，这表明南充市需要进一步加强社会矛盾与行政争议解决的基础建设。

2. 政务公开水平亟待提升

本年度评估结果显示，在"政务公开"一级指标下，南充市的得分为 54 分，比全国平均分低 13.51 分，排名第 85 位；2017 年度评估中南充市在该一级指标得分为 92 分，比全国平均分低 5.98 分，排名第 71 位；2016 年度评估中，南充市在该一级指标下的得分为 77 分，比全国平均分低 15.57 分，排名第 89 位。连续三年的评估结果显示，南充市在该项指标的得分一直较低，与全国平均水平差距较大。南充市需要进一步推进政务公开工作法治化、制度化、规范化、常态化。

五十一　南京市人民政府

一、南京市法治政府建设情况

南京市人民政府评估总分为 747.54 分，高于全国平均水平（654.34 分）93.2 分，在全部参与评估的 100 个城市中排名第 8 位，在东部区域 48 个城市中排名第 8 位。该市政府得分按一级指标分析（见表 12 - 51）。

表 12 - 51　南京市人民政府一级指标评估得分分析

指标 分析	依法全面履行政府职能	法治政府建设的组织领导	依法行政制度体系	行政决策	行政执法	政务公开	监督与问责	社会矛盾化解与行政争议解决	优化营商环境的法治保障	社会公众满意度调查
得分	63	63	40	84	68.16	75.52	83.93	80.64	43	146.28
与平均分差	7.99	17.01	- 5.50	14.59	13.90	8.01	6.96	8.07	8.3	13.84
与最高分差	- 8	- 9	- 35	- 9	- 10.12	- 18.55	- 9.02	- 11.51	- 17	- 16.53
排名	11	11	58	10	14	32	18	23	19	7

每项一级指标得分换算成百分比并与全国平均水平比较得出图 12 - 51。

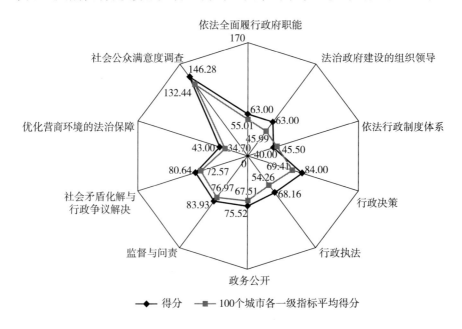

图 12 - 51　南京市人民政府评估得分与全国平均得分比较

可以看出，该市依法全面履行政府职能、法治政府建设的组织领导、行政决策、行政执法、政务公开、监督与问责、社会矛盾化解与行政争议解决、优化营商环境的法治保障、社会公众满意度调查这九个指标得分高于全国平均水平，说明该市政府在这九个方面评价较高。依法行政制度体系这个指标得分低于全国平均水平，说明该市政府在这个方面评价较低。

二、南京市法治政府建设情况分析

在 2018 年全国法治政府评估中，南京市得到 747.54 分（总分 1000 分），在 100 个被测评城市中排名第 8 位，在东部区域 48 个城市中排名第 8 位（2017 年度评估中，南京市得到 763.87 分，排名第 11 位；2016 年度评估中，南京市得到 772.46 分，排名第 4 位）。这一评估结果反映出，在全国法治政府建设持续推进的大背景下，南京市法治政府建设情况较好，但也存在有待完善的问题。

（一）成绩

1. 法治政府建设的组织领导工作水平不断提高

本年度评估结果显示，在"法治政府建设的组织领导"这一指标下，南京市得到 63 分（该指标总分为 80 分），比全国平均分高出 17.01 分，得分率为 79%；2017 年度评估中，南京市在该指标下得到 50 分，比全国平均分高出 2.78 分，得分率为 63%；2016 年度评估中，南京市在该指标下得到 47 分，比全国平均分高出 7.61 分，得分率为 59%。从以上评估结果来看，近年来南京市该指标得分呈快速上升趋势，且本年度该指标得分较 2017 年度的涨幅较大，法治政府建设的组织领导工作水平不断提升。具体而言，南京市在法治政府建设的组织保障、落实机制以及领导干部的法治思维和法治能力等方面均有较大改善，法治化程度不断提高。

2. 行政决策法治化程度稳步提升

本年度评估结果显示，在"行政决策"这一指标下，南京市得到 84 分（该指标总分为 100 分），比全国平均分高出 14.59 分，得分率为 84%；2017 年度评估中，南京市得到 78 分，比全国平均分高出 5.81 分，得分率为 78%；2016 年度评估中，南京市得到 81 分，比全国平均分高出 12.13 分，得分率为 81%。根据以上评估数据，可以看出，近年来南京市在该指标下的得分整体呈上升趋势，这反映出南京市积极落实《法治政府建设实施纲要（2015—2020 年）》中提出的要求，行政决策法治化程

度稳步提升。具体而言，南京市在重大决策合法性审查制度、风险评估制度、专家论证制度、公开制度等方面的建立与实施情况表现较好，各项制度的规范化水平持续提高。

3. 公众满意度较高

从本年度的评估结果来看，南京市在"社会公众满意度调查"这一指标下的得分为146.28分（该指标总分为200分），比全国平均分高出13.84分，排名全国第7位，得分率为73%；2017年度评估中，南京市的得分为136.17分，比全国平均分高出8.02分，得分率为68%；2016年度评估中，南京市的得分为138.63分，比全国平均分高出9.02分，得分率为69%。对比连续三年的测评结果，可以看出，南京市该指标得分整体呈上升趋势，这反映出近年来南京市法治政府建设的社会公众满意度不断提高，社会公众对当地法治政府建设成效产生较为充足的获得感。

（二）问题

1. 依法全面履行政府职能的表现下滑

评估结果显示，2018年度南京市在"依法全面履行政府职能"指标下的得分为63分（该指标总分为80分），比全国平均分高出7.99分，得分率为63%；2017年度评估中，南京市在该指标下的得分为94分，比全国平均分高出11.19分，得分率为94%；2016年度评估中，南京市在该指标下的得分为89分，比全国平均分高出12.77分，得分率为89%。根据近三年的评估数据，可以看出，本年度南京市这一指标的得分与2017年相比，有明显下滑的趋势，这反映出南京市依法全面履行政府职能仍有较大的提升空间。具体而言，当前南京市在政府机构设置、职能履行、公共服务、简政放权和行政审批便捷等方面仍需加强，法治化程度有待进一步提升。

2. 依法行政制度体系不完善

本年度评估结果显示，南京市在"依法行政制度体系"这一指标下仅得到40分（该指标总分为80分），比全国平均分低5.50分，得分率仅为50%。从纵向来看，2017年度评估中，南京市在该指标下的得分为55分，比全国平均分高出9.08分，得分率为69%；2016年度评估中，南京市在该指标下的得分为70分，比全国平均分高出19.24分，得分率为88%。从以上数据可以看出，近年来南京市该指标得分呈逐年快速下滑趋势，且2018年度该指标得分低于全国平均水平。这说明南京市依法行政制度体系仍不完善，行政规范性文件的制定与实施情况表现欠佳，部分制度的规范化、法治化水平有待提升。

3. 行政执法规范化还有待提高

本年度评估结果显示，南京市在"行政执法"指标下得到 68.16 分（该指标总分为 100 分），比全国平均分高出 13.90 分，得分率为 68%；2017 年度评估中，南京市得到 92 分，比全国平均分高出 22.98 分，得分率为 77%；2016 年度评估中，南京市得到 94 分，比全国平均分高出 24.49 分，得分率为 78%。从连续三年的评估结果来看，南京市这一指标的得分呈逐年下降趋势，且 2018 年该指标得分低于全国平均水平，这反映出近年来南京市的行政执法规范化程度还有待提高。具体而言，在执法体制、执法程序、执法责任、执法人员管理以及实际执法状况等方面，南京市存在一些不足，与严格、规范、公正、文明执法的法治政府建设目标尚有较大差距。

4. 政务公开工作的得分下降

评估结果显示，2018 年度南京市在"政务公开"指标下得到 75.52 分（该指标总分为 100 分），比全国平均分高出 8.01 分，得分率为 76%；2017 年度评估中，南京市得到 107.41 分，比全国平均分高出 9.43 分，得分率为 90%；2016 年度评估中，南京市得到 104 分，比全国平均分高出 11.425 分，得分率为 87%。从以上评估数据来看，本年度南京市这一指标的得分与 2017 年相比，呈明显下降趋势，这反映出南京市政务公开工作水平还有提高空间。具体而言，南京市在重点领域信息公开、政府网站的检索便利性、依申请信息公开等方面表现不佳，政务公开规范化程度有待提高。

五十二　南宁市人民政府

一、南宁市法治政府建设情况

南宁市人民政府评估总分为 720.72 分，高于全国平均水平（654.34 分）66.38 分，在全部参与评估的 100 个城市中排名第 18 位，在西部区域 20 个城市中排名第 3 位。该市政府得分按一级指标分析（见表 12 - 52）。

表 12 - 52　南宁市人民政府一级指标评估得分分析

指标分析	依法全面履行政府职能	法治政府建设的组织领导	依法行政制度体系	行政决策	行政执法	政务公开	监督与问责	社会矛盾化解与行政争议解决	优化营商环境的法治保障	社会公众满意度调查
得分	50	66.5	70	92	78.28	56.25	80.48	71.17	33	123.03
与平均分差	- 5.01	20.51	24.50	22.59	24.02	- 11.26	3.51	- 1.40	- 1.7	- 9.41
与最高分差	- 21	- 5.5	- 5	- 1	0	- 37.82	- 12.47	- 20.98	- 27	- 39.78
排名	50	7	6	2	1	76	35	59	53	88

每项一级指标得分换算成百分比并与全国平均水平比较得出图 12 - 52。

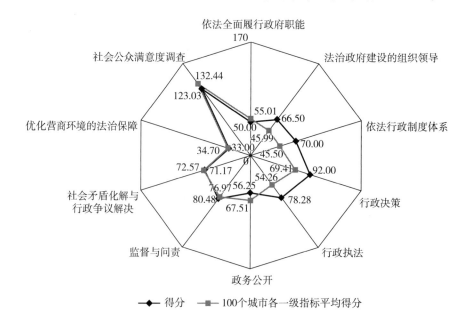

图 12 - 52　南宁市人民政府评估得分与全国平均得分比较

可以看出，该市法治政府建设的组织领导、依法行政制度体系、行政决策、行政执法、监督与问责这五个指标得分高于全国平均水平，说明该市政府在这五个方面评价较高。依法全面履行政府职能、政务公开、社会矛盾化解与行政争议解决、优化营商环境的法治保障、社会公众满意度调查这五个指标得分低于全国平均水平，说明该市政府在这五个方面评价较低。

二、南宁市法治政府建设情况分析

在 2018 年全国法治政府评估中，南宁市得到 720.72 分（总分 1000 分），在 100 个被测评城市中排名第 18 位，在西部区域 20 个城市中排名第 3 位（2017 年度评估中，南宁市得到 796.48 分，排名第 5 位；2016 年度评估中，南宁市得到 684.44 分，排名第 37 位）。这一评估结果反映出，在全国法治政府建设持续推进的大背景下，南宁市法治政府建设在取得长足进步的同时，也存在部分亟待重视和解决的问题。

（一）成绩

1. 法治政府建设的组织领导工作水平提升明显

本年度评估结果显示，在"法治政府建设的组织领导"这一指标下，南宁市得到 66.5 分（该指标总分为 80 分），比全国平均分高出 20.51 分，得分率为 83%；2017 年度评估中，南宁市在该指标下得到 66 分，比全国平均分高出 18.78 分，得分率也为 83%；2016 年度评估中，南宁市在该指标下仅得到 43 分，比全国平均分高出 3.61 分，得分率仅为 54%。从以上评估结果来看，近年来南宁市法治政府建设的组织领导工作水平有明显提升。具体而言，南宁市在法治政府建设的组织保障、落实机制以及领导干部的法治思维和法治能力等方面均有较大改善，法治化程度有所提高。

2. 依法行政制度体系日臻完善

本年度评估结果显示，南宁市在"依法行政制度体系"这一指标下得到 70 分（该指标总分为 80 分），比全国平均分高出 24.50 分，得分率为 88%。从纵向来看，2017 年度评估中，南宁市在该指标下的得分也为 75 分，比全国平均分高出 29.08 分，得分率为 94%；而在 2016 年度评估中，南宁市在该指标下得到 52 分，比全国平均分高出 1.24 分，得分率为 65%。根据近三年的评估数据，不难看出，近年来南宁市依法行政制度体系日臻完善，且各项制度的法治化建设水平快速提高。

3. 行政决策法治化程度不断提升

评估结果显示，2018 年度南宁市在"行政决策"这一指标下得到 92 分（该指标总分为 100 分），比全国平均分高出 22.59 分，得分率为 92%；2017 年度评估中，南宁市得到 95 分，比全国平均分高出 22.81 分，得分率为 95%；2016 年度评估中，南宁市得到 90 分，比全国平均分高出 21.13 分，得分率为 90%。根据以上评估数据，可以看出，南宁市在该指标下的得分呈平稳上升趋势。这反映出南宁市积极落实《法治政府建设实施纲要（2015—2020 年）》中所提出的要求，行政决策法治化程度不断提升。具体而言，南宁市在重大决策合法性审查制度、风险评估制度、专家论证制度、公开制度等方面的建立与实施情况较好，各项制度的规范化水平持续提高。

4. 行政执法较为规范

本年度评估结果显示，南宁市在"行政执法"指标下得到 78.28 分（该指标总分为 100 分），比全国平均分高出 24.02 分，得分率为 78%；2017 年度评估中，南宁市在该指标下的得分为 92.5 分，比全国平均分高出 23.48 分，得分率为 77%；2016 年度评估中，南宁市在该指标下得到 80 分，比全国平均分高出 10.486 分，得分率为 67%。从近三年的评估数据可以看出，南宁市该指标得分呈逐年平稳上升趋势，行政执法较为规范。具体而言，南宁市在执法体制、执法程序、执法责任、执法人员管理以及实际执法状况等方面进步较快，行政执法指标正在由及格向良好水平迈进。

（二）问题

1. 依法全面履行政府职能表现欠佳

评估结果显示，2018 年度南宁市在"依法全面履行政府职能"指标下的得分为 50 分（该指标总分为 80 分），比全国平均分低 5.01 分，得分率为 64%；2017 年度评估中，南宁市在该指标下的得分为 78 分，比全国平均分低 4.81 分，得分率为 78%；2016 年度评估中，南宁市在该指标下的得分为 61 分，比全国平均分低 15.23 分，得分率为 61%。根据以上评估数据，可以看出，本年度南宁市该指标得分与 2017 年相比，有明显下滑的趋势，且该指标连续三年均低于全国平均水平，这反映出南宁市依法全面履行政府职能表现欠佳，仍有较大的提升空间。具体而言，当前南宁市在政府机构设置、职能履行、公共服务、简政放权和行政审批便捷等方面仍需加强，法治化程度有待提升。

2. 政务公开工作水平下滑明显

评估结果显示，2018 年度南宁市在"政务公开"指标下仅得到 56.25 分（该指标总分为 100 分），比全国平均分低 11.26 分，得分率为 56%；2017 年度评估中，南宁市得到 107 分，比全国平均分高出 9.02 分，得分率为 89%；2016 年度评估中，南宁市得到 93.75 分，比全国平均分高出 1.175 分，得分率为 78%。从以上评估数据来看，2018 年度南宁市该指标的得分与 2017 年相比，呈明显下滑趋势，且 2018 年度该指标得分低于全国平均水平。这反映出，近年来南宁市政务公开工作表现不佳，且正在由优良水平滑向不及格水平。具体而言，南宁市在政府网站的检索便利性、依申请信息公开等方面表现较差，政务公开规范化程度有待提高。

3. 社会矛盾化解与行政争议解决水平有所下降

评估结果显示，2018 年度南宁市在"社会矛盾化解与行政争议解决"指标下得到 71.17 分（该指标总分为 100 分），比全国平均分低 1.40 分，得分率为 71%；2017 年度评估中，南宁市得到 72.82 分，比全国平均分高出 2.34 分，得分率为 73%；2016 年度评估中，南宁市得到 64 分，比全国平均分低 4.1 分，得分率为 64%。从以上数据来看，2018 年度南宁市该指标的得分与 2017 年相比，呈下滑趋势，且 2018 年度该指标得分低于全国平均水平，社会矛盾化解与行政争议解决水平有所下降。具体而言，南宁市的信访制度改革进展迟缓，行政复议工作的规范化水平和公开透明程度不高，行政复议决定的质量有待提升。

4. 社会公众满意度不高

评估结果显示，2018 年度南宁市法治政府建设的社会公众满意度得分为 123.03 分（该指标总分为 200 分），比全国平均分低 9.41 分，得分率为 62%。从纵向来看，2017 年度评估中，南宁市得到 123.68 分，比全国平均分低 4.47 分，得分率也为 62%；2016 年度评估中，南宁市得到 130.69 分，比全国平均分高出 1.08 分，得分率为 65%。对比连续三年的评估数据可以看出，近年来南宁市该指标得分整体上呈下降趋势，且 2018 年度和 2017 年度得分均低于全国平均水平。这反映出社会公众对当地法治政府建设工作的评价不高，未对当地法治政府建设成效产生充足的获得感。

五十三　南通市人民政府

一、南通市法治政府建设情况

南通市人民政府评估总分为 666.64 分，高于全国平均水平（654.34 分）12.3 分，在全部参与评估的 100 个城市中排名第 42 位，在东部区域 48 个城市中排名第 26 位。该市政府得分按一级指标分析（见表 12 - 53）。

表 12 - 53　南通市人民政府一级指标评估得分分析

指标分析	依法全面履行政府职能	法治政府建设的组织领导	依法行政制度体系	行政决策	行政执法	政务公开	监督与问责	社会矛盾化解与行政争议解决	优化营商环境的法治保障	社会公众满意度调查
得分	48	46	45	63	51.73	67.3	78.93	84.55	43	139.14
与平均分差	-7.01	0.01	-0.50	-6.41	-2.53	-0.21	1.96	11.98	8.3	6.70
与最高分差	-23	-26	-30	-30	-26.55	-26.77	-14.02	-7.6	-17	-23.67
排名	81	51	53	69	59	52	47	8	22	20

每项一级指标得分换算成百分比并与全国平均水平比较得出图 12 - 53。

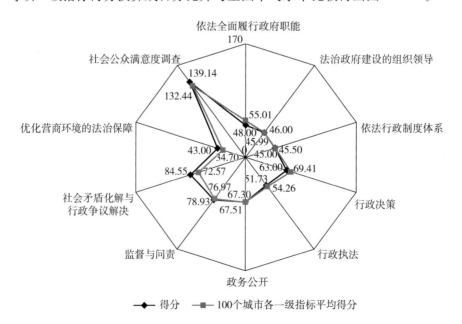

图 12 - 53　南通市人民政府评估得分与全国平均得分比较

可以看出，该市法治政府建设的组织领导、监督与问责、社会矛盾化解与行政争议解决、优化营商环境的法治保障、社会公众满意度调查这五个指标得分高于全国平均水平，说明该市政府在这五个方面评价较高。依法全面履行政府职能、依法行政制度体系、行政决策、行政执法、政务公开这五个指标得分低于全国平均水平，说明该市政府在这五个方面评价较低。

二、南通市法治政府建设情况分析

在 2018 年全国法治政府评估中，南通市得到 666.64 分（总分 1000 分），在 100 个被测评城市中排名第 42 位，在东部区域 48 个城市中排名第 26 位（2017 年度评估中，南通市得到 721.97 分，排名第 30 位；2016 年度评估中，南通市得到 712.52 分，排名第 21 位）。这一评估结果反映出，在全国法治政府建设持续推进的大背景下，南通市法治政府建设在取得一定进步的同时，也存在部分亟待重视和解决的问题。

（一）成绩

1. 行政监督与问责表现较好

本年度评估结果显示，南通市在"监督与问责"这一指标下的得分为 78.93 分（该指标总分为 100 分），比全国平均分高出 1.96 分，得分率为 79%；2017 年度评估中，南通市在该指标下的得分为 78.49 分，比全国平均分高出 5.04 分，得分率也为 79%；2016 年度评估中，南通市在该指标下的得分为 70.35 分，比全国平均分高出 2.3309 分，得分率为 70%。根据以上评估数据，可以看出，近年来南通市该指标得分呈不断上升趋势，行政监督与问责表现较好。具体而言，南通市的外部与内部具体监督制度日益完善，问责机制的制度化程度较高且落实情况较为理想。

2. 社会矛盾化解与行政争议解决稳步提升

本年度评估结果显示，南通市在"社会矛盾化解与行政争议解决"这一指标下得到 84.55 分（该指标总分为 100 分），比全国平均分高出 11.98 分，得分率为 81.5%。从纵向来看，2017 年度评估中，南通市在该指标下的得分为 86.81 分，比全国平均分高出 16.34 分，得分率为 87%；2016 年度评估中，南通市在该指标下得到 79 分，比全国平均分高出 10.9 分，得分率为 79%。根据近三年的评估数据，不难看出，近年来南通市在积极探索化解社会矛盾的新方式与途径，努力建立与经济社会发展相适应的矛盾纠纷化解机制，社会矛盾化解的水平稳步提升。

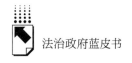
3. 公众满意度保持稳定

从本年度的评估结果来看，南通市在"社会公众满意度调查"这一指标下的得分为 139.14 分（该指标总分为 200 分），比全国平均分高出 6.70 分，得分率为 70%；2017 年度评估中，南通市在该指标下的得分为 138.37 分，比全国平均分高出 10.22 分，得分率为 69%；2016 年度评估中，南通市在该指标下的得分为 145.42 分，比全国平均分高出 15.81 分，得分率为 73%。对比连续三年的测评结果，可以看出，近年来南通市该指标表现比较稳定，这反映出社会公众对当地法治政府建设工作的评价较好，并对当地法治政府建设成效产生较为充足的获得感。

（二）问题

1. 依法全面履行政府职能表现欠佳

评估结果显示，2018 年度南通市在"依法全面履行政府职能"指标下的得分为 48 分（该指标总分为 80 分），比全国平均分低 7.01 分，得分率为 60%；2017 年度评估中，南通市在该指标下的得分为 79 分，比全国平均分低 3.81 分，得分率为 79%；2016 年度评估中，南通市在该指标下的得分为 78 分，比全国平均分高出 1.77 分，得分率为 78%。根据近三年的评估数据，可以看出，与 2017 年度和 2016 年度的得分相比，2018 年度南通市该指标得分下滑明显，且该指标连续两年均低于全国平均水平。这反映出南通市依法全面履行政府职能表现欠佳，仍有较大的提升空间。具体而言，当前南通市在政府机构设置、职能履行、公共服务、简政放权和行政审批便捷等方面仍需加强，法治化程度有待提升。

2. 依法行政制度体系不完善

本年度评估结果显示，南通市在"依法行政制度体系"这一指标下仅得到 45 分（该指标总分为 80 分），比全国平均分低 0.50 分，得分率仅为 56%。从纵向来看，2017 年度评估中，南通市在该指标下的得分为 53 分，比全国平均分高出 7.08 分，得分率为 66%；2016 年度评估中，南通市在该指标下的得分为 47 分，比全国平均分低 3.76 分，得分率为 59%。从以上数据可以看出，与 2017 年度得分相比，南通市 2018 年度的该指标得分下降明显，且 2018 年度和 2016 年度的该指标得分均低于全国平均水平。这说明南通市依法行政制度体系仍不完善，行政规范性文件的制定与实施情况表现欠佳，部分制度的规范化、法治化水平亟待提升。

3. 行政决策法治化程度不高

评估结果显示，2018 年度南通市在"行政决策"这一指标下得到 63 分（该指标总分为 100 分），比全国平均分低 6.41 分，得分率为 70%；2017 年度评估中，南通市得到 67 分，比全国平均分低 5.19 分，得分率为 67%；2016 年度评估中，南通市得到 62 分，比全国平均分低 6.87 分，得分率为 62%。根据以上评估数据，可以看出，尽管南通市在该指标下的得分逐年上升，但已经连续三年低于全国平均水平。这反映出南通市未能全面落实《法治政府建设实施纲要（2015—2020 年）》中所提出的全部要求，行政决策法治化程度不高。具体而言，南通市在重大决策合法性审查制度、风险评估制度、专家论证制度、公开制度等方面的建立或实施情况存在不足，各项制度的法治化水平有待提高。

4. 行政执法不规范

本年度评估结果显示，南通市在"行政执法"指标下得到 51.73 分（该指标总分为 100 分），比全国平均分低 2.53 分，得分率为 52%；2017 年度评估中，南通市得到 62.7 分，比全国平均分低 6.33 分，得分率为 52%；2016 年度评估中，南通市得到 64.5 分，比全国平均分低 5.014 分，得分率为 54%。从连续三年的评估结果来看，南通市这一指标的得分整体上呈下降趋势，且该指标连续三年均低于全国平均水平。这反映出，近年来南通市的行政执法规范化程度较低。具体而言，在执法体制、执法程序、执法责任、执法人员管理以及实际执法状况等方面，南通市存在较多不足，距离严格、规范、公正、文明执法的法治政府建设目标尚有较大差距。

5. 政务公开工作水平有所下降

评估结果显示，2018 年度南通市在"政务公开"指标下得到 67.3 分（该指标总分为 100 分），比全国平均分低 0.21 分，得分率为 67%；2017 年度评估中，南通市得到 109.6 分，比全国平均分高出 11.62 分，得分率为 91%；2016 年度评估中，南通市得到 116.25 分，比全国平均分高出 23.675 分，得分率为 97%。从以上评估数据来看，南通市这一指标的得分呈逐年下降趋势，尤其是 2018 年度得分相较于 2017 年下滑严重，且 2018 年度该指标低于全国平均水平。这反映出，近年来南通市政务公开工作水平有所下降。具体而言，南通市在投诉举报渠道设置、政府网站的检索便利性、依申请信息公开等方面表现不佳，政务公开规范化程度有待提高。

五十四 南阳市人民政府

一、南阳市法治政府建设情况

南阳市人民政府评估总分为 581.61 分，低于全国平均水平（654.34 分）72.73 分，在全部参与评估的 100 个城市中排名第 88 位，在中部区域 32 个城市中排名第 27 位。该市政府得分按一级指标分析，结果见表 12 - 54。

表 12 - 54　南阳市人民政府一级指标评估得分分析

指标 分析	依法全面履行政府职能	法治政府建设的组织领导	依法行政制度体系	行政决策	行政执法	政务公开	监督与问责	社会矛盾化解与行政争议解决	优化营商环境的法治保障	社会公众满意度调查
得分	60	52	25	53	37.61	59.42	77.58	64.31	22	130.69
与平均分差	4.99	6.01	-20.50	-16.41	-16.65	-8.09	0.61	-8.26	-12.7	-1.75
与最高分差	-11	-20	-50	-40	-40.67	-34.65	-15.37	-27.84	-38	-32.12
排名	32	32	91	95	94	69	53	78	91	54

每项一级指标换算成百分比并与全国平均水平比较得出图 12 - 54。

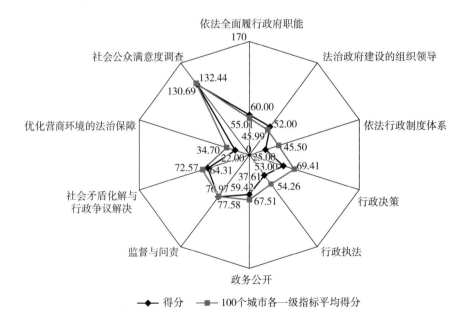

图 12 - 54　南阳市人民政府评估得分与全国平均得分比较

可以看出，该市依法行政制度体系、行政决策、行政执法、政务公开、社会矛盾化解与行政争议解决、优化营商环境的法治保障、社会公众满意度调查这七个指标得分低于全国平均水平，说明该市政府在这七个方面评价较低。依法全面履行政府职能、法治政府建设的组织领导、监督与问责这三个指标得分高于全国平均水平，说明该市政府在这三个方面评价较高。

二、南阳市法治政府建设情况分析

在 2018 年全国法治政府评估中，南阳市得到 581.61 分（总分 1000 分），在 100 个被测评城市中排名第 88 位，在中部区域 32 个城市中排名第 27 位（2017 年度评估中，南阳市得到 653.69 分，排名第 72 位；2016 年度评估中，南阳市得到 643.52 分，排名第 66 位）。这一评估结果反映出，在全国法治政府建设持续推进的大背景下，南阳市法治政府建设在取得一定进步的同时，也存在部分亟待重视和解决的问题。

（一）成绩

1. 依法全面履行政府职能表现较好

评估结果显示，2018 年度在"依法全面履行政府职能"一级指标下，南阳市得到 60 分（该指标总分为 80 分），比全国平均分高出 4.99 分，得分率为 75%；2017 年度评估中，南阳市在该指标下得到 79 分，比全国平均分低 3.81 分，得分率为 79%；2016 年度评估中，南阳市在该指标下得到 64 分，比全国平均分低 12.23 分，得分率为 64%。从连续三年的评估结果来看，南阳市该指标得分整体上呈平稳上升趋势，依法全面履行政府职能情况较好。具体而言，南阳市在政府机构设置、职能履行、公共服务、简政放权和行政审批便捷等方面都较为积极地推进法治政府建设，法治化程度稳步提升。

2. 行政监督与问责不断完善

评估结果显示，2018 年度南阳市在"监督与问责"这一指标下的得分为 77.58 分（该指标总分为 100 分），比全国平均分高出 0.61 分，得分率为 78%；2017 年度评估中，南阳市在该指标下的得分为 73.7 分，比全国平均分高出 0.25 分，得分率为 74%；2016 年度评估中，南阳市在该指标下的得分为 79.33 分，比全国平均分高出 11.3109 分，得分率为 79%。根据以上评估数据，可以看出，近年来南阳市该指标得分整体上呈平稳上升趋势，行政监督与问责不断进步。具体而言，南阳市的外部与内

部具体监督制度日益完善，问责机制的制度化程度快速提高，重大决策责任追究制度的建立情况及落实情况较为理想。

3. 法治政府建设的组织领导工作表现保持稳定

评估结果显示，2018 年度在"法治政府建设的组织领导"这一指标下，南阳市得到 52 分（该指标总分为 80 分），比全国平均分高出 6.01 分，得分率为 65%；2017 年度评估中，南阳市在该指标下得到 61 分，比全国平均分高出 13.78 分，得分率为 76%；2016 年度评估中，南阳市在该指标下得到 48 分，比全国平均分高出 8.61 分，得分率为 60%。从以上评估结果来看，近年来南阳市在该指标下的表现比较稳定，反映出南阳市的法治政府建设的组织领导工作优于全国平均水平。具体而言，南阳市在法治政府建设的组织保障、落实机制以及领导干部的法治思维和法治能力等方面逐渐改善，法治化程度不断提高。

（二）问题

1. 依法行政制度体系不完善

评估结果显示，2018 年度南阳市在"依法行政制度体系"这一指标下仅得到 25 分（该指标总分为 80 分），比全国平均分低 20.50 分，得分率仅为 31%。从纵向来看，2017 年度评估中，南阳市在该指标下的得分为 21 分，比全国平均分低 24.92 分，得分率仅为 26%；2016 年度评估中，南阳市在该指标下的得分为 44 分，比全国平均分低 6.76 分，得分率为 55%。从以上数据可以看出，尽管与 2017 年度相比，南阳市 2018 年度的该指标得分有所提升，但该指标得分已经连续三年低于全国平均水平。这说明南阳市依法行政制度体系不完善，行政规范性文件的制定与实施情况表现欠佳，部分制度的规范化、法治化水平亟待提升。

2. 行政决策法治化程度不高

评估结果显示，2018 年度南阳市在"行政决策"这一指标下得到 53 分（该指标总分为 100 分），比全国平均分低 16.41 分，得分率为 53%；2017 年度评估中，南阳市得到 67 分，比全国平均分低 5.19 分，得分率为 67%；2016 年度评估中，南阳市得到 69 分，比全国平均分高出 0.13 分，得分率为 69%。根据以上评估数据，可以看出，南阳市在该指标下的得分呈逐年下降趋势，且该指标得分已经连续两年低于全国平均水平。这反映出南阳市未能全面落实《法治政府建设实施纲要（2015—2020年)》中所提出的各项要求，行政决策法治化程度不高。具体而言，南阳市在重大决策合法性审查制度、风险评估制度、专家论证制度、公开制度等方面的建立或实施情况存在不足，各项制度的法治化水平有待提高。

3. 行政执法不规范

评估结果显示，2018 年度南阳市在"行政执法"指标下得到 37.61 分（该指标总分为 100 分），比全国平均分低 16.65 分，得分率为 38%；2017 年度评估中，南阳市得到 57.1 分，比全国平均分低 11.93 分，得分率为 48%；2016 年度评估中，南阳市得到 41.3 分，比全国平均分低 28.214 分，得分率为 34%。从连续三年的评估结果来看，与 2017 年相比，2018 年度南阳市这一指标的得分有所下降，且该指标得分已经连续三年低于全国平均水平。这反映出，近年来南阳市的行政执法规范化程度较低。具体而言，在执法体制、执法程序、执法责任、执法人员管理以及实际执法状况等方面，南阳市存在较多不足，距离严格、规范、公正、文明执法的法治政府建设目标尚有较大差距。

4. 政务公开工作水平下降明显

评估结果显示，2018 年度南阳市在"政务公开"指标下得到 59.42 分（该指标总分为 100 分），比全国平均分低 8.09 分，得分率为 59%；2017 年度评估中，南阳市得到 102.65 分，比全国平均分高出 4.67 分，得分率为 86%；2016 年度评估中，南阳市得到 94.5 分，比全国平均分高出 1.925 分，得分率为 79%。从以上评估数据来看，与 2017 年相比，2018 年度南阳市这一指标的得分下降明显，且 2018 年度该指标得分低于全国平均水平，政务公开工作水平有待提升。具体而言，南阳市在重点领域信息公开、政府门户网站的咨询服务功能、政府网站的检索便利性、依申请信息公开等方面存在不足，政务公开规范化程度有待加强。

5. 社会矛盾化解与行政争议解决水平不高

评估结果显示，2018 年度南阳市在"社会矛盾化解与行政争议解决"指标下得到 64.31 分（该指标总分为 100 分），比全国平均分低 8.26 分，得分率为 64%；2017 年度评估中，南阳市得到 67.57 分，比全国平均分低 2.91 分，得分率为 68%；2016 年度评估中，南阳市得到 66 分，比全国平均分低 2.1 分，得分率为 66%。从以上数据来看，尽管近年来南阳市该指标表现比较稳定，但该指标得分已经连续三年低于全国平均水平，社会矛盾化解与行政争议解决水平不高。具体而言，南阳市的信访制度改革进展迟缓，行政复议工作的规范化水平和公开透明程度不高，行政复议决定的质量较低。

五十五　宁波市人民政府

一、宁波市法治政府建设情况

宁波市人民政府评估总分为744.42分，高于全国平均水平（654.34分）90.08分，在全部参与评估的100个城市中排名第9位，在东部区域48个城市中排名第9位。该市政府得分按一级指标分析，结果见表12-55。

表12-55　宁波市人民政府一级指标评估得分分析

指标\分析	依法全面履行政府职能	法治政府建设的组织领导	依法行政制度体系	行政决策	行政执法	政务公开	监督与问责	社会矛盾化解与行政争议解决	优化营商环境的法治保障	社会公众满意度调查
得分	63	72	45	81	67.7	58.87	81.3	92.15	44	139.4
与平均分差	7.99	26.01	-0.50	11.59	13.44	-8.64	4.33	19.58	9.3	6.96
与最高分差	-8	0	-30	-12	-10.58	-35.2	-11.65	0	-16	-23.41
排名	12	1	49	19	16	71	31	1	17	19

每项一级指标换算成百分比并与全国平均水平比较得出图12-55。

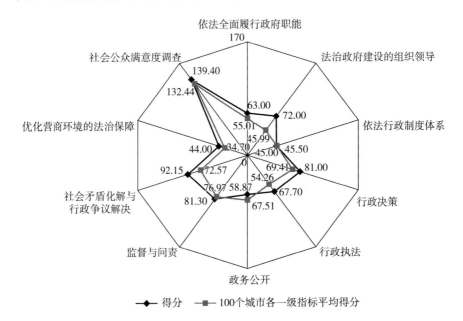

图12-55　宁波市人民政府评估得分与全国平均得分比较

可以看出，该市依法全面履行政府职能、法治政府建设的组织领导、行政决策、行政执法、监督与问责、社会矛盾化解与行政争议解决、优化营商环境的法治保障、社会公众满意度调查这八个指标得分高于全国平均水平，说明该市政府在这八个方面评价较高。依法行政制度体系、政务公开这两个指标得分低于全国平均水平，说明该市政府在这两个方面评价较低。

二、宁波市法治政府建设情况分析

在 2018 年全国法治政府评估中，宁波市得到 744.42 分（总分 1000 分），在 100 个被测评城市中排名第 9 位，在东部区域 48 个城市中排名第 9 位（2017 年度评估中，宁波市得到 793.3 分，排名第 6 位；2016 年度评估中，宁波市得到 825.61 分，排名第 1 位）。这一评估结果反映出，在全国法治政府建设持续推进的大背景下，宁波市法治政府建设走在全国的前列，并取得了长足的进步，但仍存在一定的提升空间。

（一）成绩

1. 法治政府建设的组织领导工作表现优异

评估结果显示，2018 年度在"法治政府建设的组织领导"这一指标下，宁波市得到 72 分（该指标总分为 80 分），比全国平均分高出 26.01 分，排名全国第一，得分率为 90%；2017 年度评估中，宁波市在该指标下得到 58 分，比全国平均分高出 10.78 分，得分率为 73%；2016 年度评估中，宁波市在该指标下得到 62 分，比全国平均分高出 22.61 分，排名全国第一，得分率为 78%。从以上评估结果来看，与 2017 年相比，2018 年度宁波市该指标得分增长明显，且 2018 年与 2016 年该指标得分均位列全国第一，这反映出近年来宁波市法治政府建设的组织领导工作表现优异。具体而言，宁波市在法治政府建设的组织保障、落实机制以及领导干部的法治思维和法治能力等方面均表现突出，法治化程度高。

2. 行政决策不断优化

评估结果显示，2018 年度宁波市在"行政决策"这一指标下得到 81 分（该指标总分为 100 分），比全国平均分高出 11.59 分，得分率为 81%；2017 年度评估中，宁波市得到 75 分，比全国平均分高出 2.81 分，得分率为 75%；2016 年度评估中，宁波市得到 78 分，比全国平均分高出 9.13 分，得分率为 78%。根据以上评估数据，可

以看出，宁波市该指标得分整体上呈上升趋势。这反映出宁波市积极落实《法治政府建设实施纲要（2015—2020年）》中所提出的要求，行政决策表现优秀。具体而言，宁波市在重大决策合法性审查制度、风险评估制度、专家论证制度、公开制度等的建立与实施方面表现较好，各项制度的规范化水平不断提高。

3. 社会矛盾化解与行政争议解决水平迅速提升

评估结果显示，2018年度宁波市在"社会矛盾化解与行政争议解决"这一指标下得到92.15分（该指标总分为100分），比全国平均分高出19.58分，排名全国第一，得分率为92%。从纵向来看，2017年度评估中，宁波市的得分为81.58分，比全国平均分高出11.11分，得分率为82%；2016年度评估中，宁波市得到80分，排名全国第三，比全国平均分高出11.9分，得分率为80%。根据以上评估数据，可以看出，近年来宁波市该指标得分呈逐年上升趋势，社会矛盾化解与行政争议解决表现优异。具体而言，近年来宁波市在积极探索化解社会矛盾的新方式与途径，努力建立与经济社会发展相适应的矛盾纠纷化解机制，社会矛盾化解的水平迅速提升。

（二）问题

1. 依法行政制度体系表现欠佳

评估结果显示，2018年度宁波市在"依法行政制度体系"这一指标下得到45分（该指标总分为80分），比全国平均分低0.50分，得分率为56%。从纵向来看，2017年度评估中，宁波市的得分为60分，比全国平均分高出14.08分，得分率为75%；2016年度评估中，宁波市的得分为70分，比全国平均分高出19.24分，得分率为88%。从以上数据可以看出，与2017年和2016年的得分相比，2018年度宁波市该指标得分下滑明显，且2018年度该指标得分低于全国平均水平。具体而言，宁波市行政规范性文件制定程序制度的建立情况不理想，行政规范性文件公开听取意见制度与"三统一"制度的实施表现不佳，依法行政制度体系有待完善。

2. 政务公开工作水平下滑严重

评估结果显示，2018年度宁波市在"政务公开"指标下得到58.87分（该指标总分为100分），比全国平均分低8.64分，得分率为59%；2017年度评估中，宁波市得到111.23分，比全国平均分高出13.25分，得分率为93%；2016年度评估中，宁波市得到120分，比全国平均分高出27.43分，排名全国第一，得分率为100%。从以上评估数据来看，与2017年和2016年相比，2018年度宁波市该指标得分严重下滑，且2018年度该指标得分低于全国平均水平。这反映出，近年来宁波市政务公开工作水平有待提升，且正在由优异水平滑向不及格水平。具体而言，宁波市在政府网站的检索便利性、依申请信息公开等方面表现不佳，政务公开规范化程度亟待提升。

3. 社会公众满意度有所下降

评估结果显示，2018 年度宁波市法治政府建设的"社会公众满意度调查"得分为 139.4 分（该指标总分为 200 分），比全国平均分高出 6.96 分，得分率为 70%。从纵向来看，2017 年度评估中，宁波市得到 149.1 分，比全国平均分高出 20.95 分，得分率为 75%；2016 年度评估中，宁波市得到 153.31 分，比全国平均分高出 23.70 分，得分率为 77%。对比连续三年的评估数据可以看出，近年来宁波市该指标得分呈逐年下降趋势。这反映出社会公众对当地法治政府建设工作的评价有所降低，未从当地法治政府建设中产生充足的获得感。

五十六 齐齐哈尔市人民政府

一、齐齐哈尔市法治政府建设情况

齐齐哈尔市人民政府评估总分为 638.14 分，低于全国平均水平（654.34 分）16.2 分，在全部参与评估的 100 个城市中排名第 61 位，在西部区域 20 个城市中排名第 12 位。该市政府得分按一级指标分析，结果见表 12 - 56。

表 12 - 56 齐齐哈尔市人民政府一级指标评估得分分析

分析 指标	依法全面履行政府职能	法治政府建设的组织领导	依法行政制度体系	行政决策	行政执法	政务公开	监督与问责	社会矛盾化解与行政争议解决	优化营商环境的法治保障	社会公众满意度调查
得分	57	27	40	56.5	47	78.5	76.69	74.05	46	135.4
与平均分差	1.99	-18.99	-5.50	-12.91	-7.26	10.99	-0.28	1.48	11.3	2.96
与最高分差	-14	-45	-35	-36.5	-31.28	-15.57	-16.26	-18.1	-14	-27.41
排名	46	97	63	89	76	27	55	47	14	35

每项一级指标换算成百分比并与全国平均水平比较得出图 12 - 56。

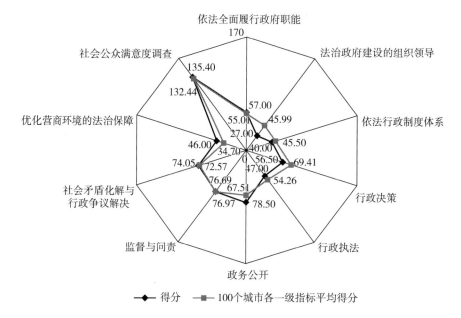

图 12 - 56 齐齐哈尔市人民政府评估得分与全国平均得分比较

可以看出，该市依法全面履行政府职能、政务公开、社会矛盾化解与行政争议解决、优化营商环境的法治保障、社会公众满意度调查这五个指标得分高于全国平均水平，说明该市政府在这五个方面评价较高。法治政府建设的组织领导、依法行政制度体系、行政决策、行政执法、监督与问责这五个指标得分低于全国平均水平，说明该市政府在这五个方面评价较低。

二、齐齐哈尔市法治政府建设情况分析

在 2018 年全国法治政府评估中，齐齐哈尔市得到 638.14 分（总分 1000 分），在 100 个被测评城市中排名第 61 位，在西部区域 48 个城市中排名第 12 位（2017 年度评估中，齐齐哈尔市得到 631.68 分，排名第 83 位；2016 年度评估中，齐齐哈尔市得到 692.37 分，排名第 33 位）。这一评估结果反映出，在全国法治政府建设持续推进的大背景下，齐齐哈尔市法治政府建设在取得一定进步的同时，也存在部分亟待重视和解决的问题。

（一）成绩

1. 政务公开工作水平有所提升

评估结果显示，2018 年度在"政务公开"这一指标下，齐齐哈尔市得到 78.5 分（该指标总分为 100 分），比全国平均分高出 10.99 分，得分率为 79%；2017 年度评估中，齐齐哈尔市得到 90 分，比全国平均分低 7.98 分，得分率为 75%；2016 年度评估中，齐齐哈尔市得到 102 分，比全国平均分高出 9.425 分，得分率为 85%。从以上数据可以看出，与 2017 年相比，2018 年度齐齐哈尔市该指标表现不错，说明政务公开工作取得一定进步。具体而言，齐齐哈尔市在重点领域信息公开、政府门户网站的咨询服务功能、依申请信息公开等方面表现较好，政务公开工作正进一步向纵深发展。

2. 社会矛盾化解与行政争议解决取得长足进步

评估结果显示，2018 年度齐齐哈尔市在"社会矛盾化解与行政争议解决"这一指标下得到 74.05 分（该指标总分为 100 分），比全国平均分高出 1.48 分，得分率为 74%。从纵向来看，2017 年度评估中，齐齐哈尔市在该指标下的得分为 72 分，比全国平均分高出 1.52 分，得分率为 72%；2016 年度评估中，齐齐哈尔市在该指标下得到 61 分，比全国平均分低 7.1 分，得分率为 61%。根据近三年的评估数据，不难看

出，近年来齐齐哈尔市该指标得分呈不断上升趋势，这反映出齐齐哈尔市在积极探索化解社会矛盾的新方式与途径，努力建立与经济社会发展相适应的矛盾纠纷化解机制，社会矛盾化解的水平稳步提升，且社会矛盾化解与行政争议解决指标正在由及格向中等水平迈进。

3. 公众满意度不断提高

从评估结果来看，2018年度齐齐哈尔市在"社会公众满意度调查"这一指标下的得分为135.4分（该指标总分为200分），比全国平均分高出2.96分，得分率为68%；2017年度评估中，齐齐哈尔市在该指标下的得分为123.93分，比全国平均分低4.22分，得分率为62%；2016年度评估中，齐齐哈尔市在该指标下的得分为170.04分，排名全国第一，比全国平均分高出40.43分，得分率为85%。根据以上评估数据，可以看出，与2017年相比，2018年度齐齐哈尔市的该指标得分有所上升。这反映出齐齐哈尔市法治政府建设的社会公众满意度不断提高，社会公众对当地法治政府建设成效的获得感不断增强。

（二）问题

1. 法治政府建设的组织领导工作不扎实

评估结果显示，2018年度齐齐哈尔市在"法治政府建设的组织领导"指标下的得分为27分（该指标总分为80分），比全国平均分低18.99分，得分率仅为34%；2017年度评估中，齐齐哈尔市在该指标下的得分为24分，比全国平均分低23.22分，得分率仅为30%；2016年度评估中，齐齐哈尔市在该指标下的得分为45分，比全国平均分高出5.61分，得分率为56%。根据以上评估数据，可以看出，尽管与2017年相比，齐齐哈尔市的该指标得分有所提升，但整体水平较低，且该指标得分已经连续两年低于全国平均水平。具体而言，当前齐齐哈尔市存在未及时公布法治政府建设情况报告、对法制工作的组织保障不充分、依法行政考核工作的推进不够理想等问题。

2. 依法行政制度体系有待完善

评估结果显示，2018年度齐齐哈尔市在"依法行政制度体系"这一指标下得到40分（该指标总分为80分），比全国平均分低5.50分，得分率为50%。从纵向来看，2017年度评估中，齐齐哈尔市在该指标下的得分为53分，比全国平均分高出7.08分，得分率为66%；2016年度评估中，齐齐哈尔市在该指标下的得分为44分，比全国平均分低6.76分，得分率为55%。从以上数据可以看出，与2017年相比，2018年度齐齐哈尔市的该指标得分有所下降，且2018年与2016年该指标得分均低于全国平均水平。这说明齐齐哈尔市依法行政制度体系还不完善，行政规范性文件的制定与实施情况表现欠佳，部分制度的规范化、法治化水平有待提升。

3. 行政决策法治化程度不高

评估结果显示，2018年度齐齐哈尔市在"行政决策"这一指标下得到56.5分（该指标总分为100分），比全国平均分低12.91分，得分率为57%；2017年度评估中，齐齐哈尔市得到68分，比全国平均分低4.19分，得分率为68%；2016年度评估中，齐齐哈尔市得到55分，比全国平均分低13.87分，得分率为55%。根据以上评估数据，可以看出，与2017年相比，2018年度齐齐哈尔市的该指标得分有所下降，且该指标得分已经连续三年低于全国平均水平。这反映出齐齐哈尔市未能全面落实《法治政府建设实施纲要（2015—2020年)》中所提出的要求，行政决策法治化程度不高。具体而言，齐齐哈尔市在重大决策合法性审查制度、风险评估制度、专家论证制度、公开制度等的建立或实施方面存在不足，各项制度的法治化水平有待提高。

4. 行政执法不规范

评估结果显示，2018年度齐齐哈尔市在"行政执法"指标下得到47分（该指标总分为100分），比全国平均分低7.26分，得分率为47%；2017年度评估中，齐齐哈尔市得到55.6分，比全国平均分低13.43分，得分率为46%；2016年度评估中，齐齐哈尔市得到83.5分，比全国平均分高出13.986分，得分率为70%。从连续三年的评估结果来看，齐齐哈尔市这一指标表现欠佳，且该指标得分已经连续两年低于全国平均水平。这反映出，近年来齐齐哈尔市的行政执法规范化程度较低。具体而言，在执法体制、执法程序、执法责任、执法人员管理以及实际执法状况等方面，齐齐哈尔市存在较多不足，距离严格、规范、公正、文明执法的法治政府建设目标尚有较大差距。

5. 行政监督与问责方面仍有欠缺

评估结果显示，2018年度齐齐哈尔市在"监督与问责"这一指标下得到76.69分（该指标总分为100分），比全国平均分低0.28分，得分率为77%；2017年度评估中，齐齐哈尔市得到76.15分，比全国平均分高出2.70分，得分率为76%；2016年度评估中，齐齐哈尔市得到56.83分，比全国平均分低11.1891分，得分率为57%。根据以上评估数据，可以看出，尽管齐齐哈尔市在该指标下的得分呈逐年上升趋势，但2018年与2016年该指标得分均低于全国平均水平，行政监督与问责方面仍有欠缺。具体而言，齐齐哈尔市的外部与内部具体监督制度仍不完善，问责机制的制度化程度较低且落实情况不甚理想。

五十七　青岛市人民政府

一、青岛市法治政府建设情况

青岛市人民政府评估总分为 774.44 分，高于全国平均水平（654.34 分）120.1 分，在全部参与评估的 100 个城市中排名第 2 位，在东部区域 48 个城市中排名第 2 位。该市政府得分按一级指标分析，结果见表 12 - 57。

表 12 -57　青岛市人民政府一级指标评估得分分析

指标 分析	依法全面 履行政府 职能	法治政府 建设的组 织领导	依法行 政制度 体系	行政 决策	行政 执法	政务 公开	监督与 问责	社会矛盾化 解与行政争 议解决	优化营商 环境的法 治保障	社会公 众满意 度调查
得分	66	50	70	82	76.17	77.69	83.04	79.67	49	140.87
与平均分差	10.99	4.01	24.50	12.59	21.91	10.18	6.07	7.10	14.3	8.43
与最高分差	-5	-22	-5	-11	-2.11	-16.38	-9.91	-12.48	-11	-21.94
排名	5	38	3	15	2	28	21	27	7	16

每项一级指标换算成百分比并与全国平均水平比较得出图 12 - 57。

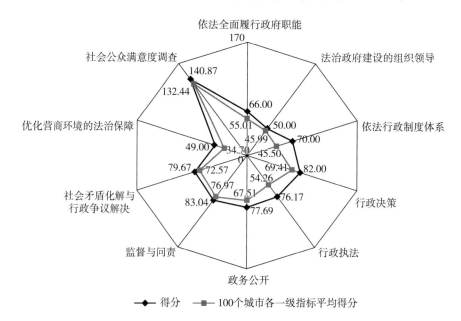

图 12 -57　青岛市人民政府评估得分与全国平均得分比较

可以看出，该市依法全面履行政府职能、法治政府建设的组织领导、依法行政制度体系、行政决策、行政执法、政务公开、监督与问责、社会矛盾化解与行政争议解决、优化营商环境的法治保障、社会公众满意度调查这十个指标得分均高于全国平均水平，说明该市政府在这十个方面评价均较高。

二、青岛市法治政府建设情况分析

在 2018 年全国法治政府评估中，青岛市得到 774.44 分（总分 1000 分），在 100 个被测评城市中排名第 2 位，在东部区域 48 个城市中排名第 2 位（2017 年度评估中，青岛市得到 816.33 分，排名第 1 位；2016 年度评估中，青岛市得到 727.15 分，排名第 15 位）。这一评估结果反映出，在全国法治政府建设持续推进的大背景下，青岛市法治政府建设走在全国的前列，并取得了长足的进步，但仍存在一定的提升空间。

（一）成绩

1. 依法行政制度体系日臻完善

评估结果显示，2018 年度青岛市在"依法行政制度体系"这一指标下得到 70 分（该指标总分为 80 分），比全国平均分高出 24.5 分，得分率为 88%。从纵向来看，2017 年度评估中，青岛市在该指标下的得分为 75 分，比全国平均分高出 29.08 分，得分率为 94%；而在 2016 年度评估中，青岛市在该指标下得到 57 分，比全国平均分高出 6.24 分，得分率为 71%。根据近三年的评估数据，可以看出，近年来青岛市该指标得分整体呈上升趋势。这反映出青岛市行政规范性文件法治化进程较快，行政规范性文件制定程序制度的建立情况较为理想，行政规范性文件公开听取意见制度与"三统一"制度的实施表现较好，依法行政制度体系日臻完善，且各项制度的法治化建设水平不断提高。

2. 行政决策法治化程度不断提升

评估结果显示，2018 年度青岛市在"行政决策"这一指标下得到 82 分（该指标总分为 100 分），比全国平均分高出 12.59 分，得分率为 82%；2017 年度评估中，青岛市得到 76 分，比全国平均分高出 3.81 分，得分率为 76%；2016 年度评估中，青岛市得到 73 分，比全国平均分高出 4.13 分，得分率为 73%。根据以上评估数据，可以看出，青岛市在该指标下的得分呈逐年平稳上升趋势。这反映出青岛市积极落实

《法治政府建设实施纲要（2015—2020年）》中所提出的要求，行政决策法治化程度不断提升。具体而言，青岛市在重大决策合法性审查制度、风险评估制度、专家论证制度、公开制度等的建立与实施方面表现较好，各项制度的规范化水平持续提高。

3. 行政执法日益规范

评估结果显示，2018年度在"行政执法"这一指标下，青岛市得到76.17分（该指标总分为100分），比全国平均分高出21.91分，得分率为76%；2017年度评估中，青岛市在该指标下得到90.5分，比全国平均分高出21.48分，得分率为75%；2016年度评估中，青岛市在该指标下得到84.5分，比全国平均分高出14.986分，得分率为70%。从连续三年的评估结果来看，青岛市这一指标的得分呈逐年上升趋势，这说明近年来青岛市行政执法方面表现较好。具体而言，青岛市在执法体制、执法程序、执法责任、执法人员管理以及实际执法状况等方面日益完善，行政执法规范化程度不断提升。

（二）问题

1. 法治政府建设的组织领导工作不扎实

评估结果显示，2018年度青岛市在"法治政府建设的组织领导"指标下的得分为50分（该指标总分为80分），比全国平均分高出4.01分，得分率为63%；2017年度评估中，青岛市在该指标下的得分为55分，比全国平均分高出7.78分，得分率为69%；2016年度评估中，青岛市在该指标下的得分仅为32分，比全国平均分低7.39分，得分率仅为40%。根据近三年的评估数据，可以得出结论，尽管近年来青岛市法治政府建设的组织领导工作有一定改善，但整体水平较低，仍有较大的提升空间。具体而言，当前青岛市存在未及时公布法治政府建设情况报告、对法制工作的组织保障不充分、依法行政考核工作的推进不够理想等问题。

2. 政务公开工作水平有所下降

评估结果显示，2018年度青岛市在"政务公开"指标下得到77.69分（该指标总分为100分），比全国平均分高出10.18分，得分率为78%；2017年度评估中，青岛市得到117.72分，比全国平均分高出19.74分，排名全国第一，得分率为98%；2016年度评估中，青岛市得到100.75分，比全国平均分高出8.175分，得分率为84%。从以上评估数据来看，与2017年相比，2018年度青岛市该指标得分下滑明显。这反映出青岛市政务公开工作水平有所下降。具体而言，青岛市在重点领域信息公开、投诉举报渠道设置情况、政府网站的检索便利性、依申请信息公开等方面仍有欠缺，政务公开规范化程度有待提高。

3. 社会矛盾化解与行政争议解决方面仍有欠缺

评估结果显示，2018 年度青岛市在"社会矛盾化解与行政争议解决"指标下得到 79.67 分（该指标总分为 100 分），比全国平均分高出 7.10 分，得分率为 80%；2017 年度评估中，青岛市得到 87.3 分，比全国平均分高出 16.83 分，得分率为 87%；2016 年度评估中，青岛市得到 78 分，比全国平均分高出 9.9 分，得分率为 78%。从连续三年的评估数据来看，青岛市 2018 年度得分较 2017 年度有所下降。由此可以看出，尽管近年来青岛市在社会矛盾化解与行政争议解决方面取得了一定的进步，但仍有提升的空间。具体而言，青岛市的信访制度改革须向纵深发展，行政复议工作的规范化水平和公开透明程度有待进一步提高。

五十八 曲靖市人民政府

一、曲靖市法治政府建设情况

曲靖市人民政府评估总分为605.21分，低于全国平均水平（654.34分）49.13分，在全部参与评估的100个城市中排名第79位，在西部区域20个城市中排名第13位。该市政府得分按一级指标分析，结果见表12-58。

表12-58 曲靖市人民政府一级指标评估得分分析

指标 分析	依法全面履行政府职能	法治政府建设的组织领导	依法行政制度体系	行政决策	行政执法	政务公开	监督与问责	社会矛盾化解与行政争议解决	优化营商环境的法治保障	社会公众满意度调查
得分	48	46.5	50	59	44.26	74	67.14	58.67	23	134.64
与平均分差	-7.01	0.51	4.50	-10.41	-10.00	6.49	-9.83	-13.90	-11.7	2.20
与最高分差	-23	-25.5	-25	-34	-34.02	-20.07	-25.81	-33.48	-37	-28.17
排名	82	50	47	81	82	37	87	94	87	38

每项一级指标换算成百分比并与全国平均水平比较得出图12-58。

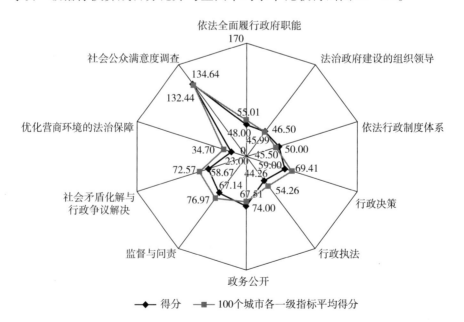

图12-58 曲靖市人民政府评估得分与全国平均得分比较

可以看出，该市法治政府建设的组织领导、依法行政制度体系、政务公开、社会公众满意度调查这四个指标得分高于全国平均水平，说明该市政府在这四个方面评价较高。依法全面履行政府职能、行政决策、行政执法、监督与问责、社会矛盾化解与行政争议解决、优化营商环境的法治保障这六个指标得分低于全国平均水平，说明该市政府在这六个方面评价较低。

二、曲靖市法治政府建设情况分析

在 2018 年全国法治政府评估中，曲靖市得到 605.21 分（总分 1000 分），在 100 个被测评城市中排名第 79 位，在西部区域 20 个城市中排名第 13 位（2017 年度评估中，曲靖市得到 603.09 分，排名第 92 位；2016 年度评估中，曲靖市得到 555.29 分，排名第 96 位）。这一评估结果反映出，在全国法治政府建设持续推进的大背景下，曲靖市法治政府建设在取得一定进步的同时，也存在部分亟待重视和解决的问题。

（一）成绩

1. 依法行政制度体系不断完善

评估结果显示，2018 年度曲靖市在"依法行政制度体系"这一指标下得到 50 分（该指标总分为 80 分），比全国平均分高出 4.50 分，得分率为 63%。从纵向来看，2017 年度评估中，曲靖市在该指标下的得分仅为 26 分，比全国平均分低 19.92 分，得分率仅为 33%；2016 年度评估中，曲靖市在该指标下仅得到 39 分，比全国平均分低 11.76 分，得分率仅为 49%。根据近三年的评估数据，可以看出，近年来曲靖市该指标取得了长足的进步，这反映出曲靖市的依法行政制度体系不断完善。具体而言，曲靖市行政规范性文件制定程序制度的建立情况日益好转，在行政规范性文件公开听取意见制度与"三统一"制度的实施方面进步较快。

2. 政务公开工作水平提升较快

评估结果显示，2018 年度曲靖市在"政务公开"这一指标下得到 74 分（该指标总分为 100 分），比全国平均分高出 6.49 分，得分率为 74%。从纵向来看，2017 年度评估中，曲靖市在该指标下的得分为 79 分，比全国平均分低 18.98 分，得分率为 66%；2016 年度评估中，曲靖市在该指标下得到 76.5 分，比全国平均分低 16.075 分，得分率为 64%。根据近三年的评估数据，可以看出，近年来曲靖市的这一指标得分呈逐年上升趋势，这反映出曲靖市的政务公开工作水平提升较快。具体而言，曲

靖市在重点领域信息公开、政府门户网站的咨询服务功能、依申请信息公开等方面表现较好，政务公开工作正向纵深发展。

3. 公众满意度不断提高

从评估结果来看，2018 年度曲靖市在"社会公众满意度调查"这一指标下的得分为 134.64 分（该指标总分为 200 分），比全国平均分高出 2.20 分，得分率为67%；2017 年度评估中，曲靖市的得分为 104.79 分，比全国平均分低 23.36 分，得分率为 52%；2016 年度评估中，曲靖市的得分为 110.2 分，比全国平均分低 19.41 分，得分率为 55%。对比连续三年的测评结果，可以看出，曲靖市该指标得分整体呈上升趋势，且 2018 年度该指标得分较 2017 年度增长明显。这反映出近年来曲靖市法治政府建设的社会公众满意度不断提高，社会公众对当地法治政府建设成效的获得感日益提升。

（二）问题

1. 依法全面履行政府职能方面仍有欠缺

评估结果显示，2018 年度曲靖市在"依法全面履行政府职能"指标下的得分为 48 分（该指标总分为 80 分），比全国平均分低 7.01 分，得分率为 60%；2017 年度评估中，曲靖市在该指标下的得分为 81 分，比全国平均分低 1.81 分，得分率为81%；2016 年度评估中，曲靖市在该指标下的得分为 85 分，比全国平均分高出 8.77 分，得分率为 85%。根据近三年的评估数据，可以看出，近年来曲靖市这一指标的得分呈逐年下降趋势，且该指标得分已经连续两年低于全国平均水平。这反映出曲靖市依法全面履行政府职能表现欠佳，仍有较大的提升空间。具体而言，当前曲靖市在政府机构设置、职能履行、公共服务、简政放权和行政审批便捷等方面仍有欠缺，法治化程度有待进一步提升。

2. 行政决策法治化程度有待提升

评估结果显示，2018 年度曲靖市在"行政决策"这一指标下得到 59 分（该指标总分为 100 分），比全国平均分低 10.41 分，得分率为 59%；2017 年度评估中，曲靖市得到 73 分，比全国平均分高出 0.81 分，得分率为 73%；2016 年度评估中，曲靖市得到 55 分，比全国平均分低 13.87 分，得分率为 55%。根据以上评估数据，可以看出，与 2017 年相比，2018 年度曲靖市该指标得分下降明显，且 2018 年与 2016 年该指标得分均低于全国平均水平。这反映出曲靖市未能全面落实《法治政府建设实施纲要（2015—2020 年）》中所提出的要求，行政决策法治化程度有待提升。具体而言，曲靖市在重大决策合法性审查制度、风险评估制度、专家论证制度、公开制度等的建立或实施方面存在不足，各项制度的法治化水平有待提高。

3.行政执法不规范

评估结果显示，2018年度曲靖市在"行政执法"指标下得到44.26分（该指标总分为100分），比全国平均分低10分，得分率为44%；2017年度评估中，曲靖市得到64.3分，比全国平均分低4.73分，得分率为54%；2016年度评估中，曲靖市得到44分，比全国平均分低25.514分，得分率为37%。从评估结果来看，近年来曲靖市这一指标的得分整体水平较低，且该指标得分已经连续三年低于全国平均水平。这反映出，近年来曲靖市的行政执法规范化程度较低。具体而言，在执法体制、执法程序、执法责任、执法人员管理以及实际执法状况等方面，曲靖市存在较多不足，距离严格、规范、公正、文明执法的法治政府建设目标尚有较大差距。

4.行政监督与问责表现欠佳

评估结果显示，2018年度曲靖市在"监督与问责"这一指标下得到67.14分（该指标总分为100分），比全国平均分低9.83分，得分率为67%；2017年度评估中，曲靖市得到60分，比全国平均分低13.45分，得分率为60%；2016年度评估中，曲靖市得到67.59分，比全国平均分低0.4291分，得分率为68%。根据以上评估数据，可以看出，尽管曲靖市在该指标下的得分表现较为稳定，但该指标得分已经连续三年低于全国平均水平，行政监督与问责方面表现欠佳。具体而言，曲靖市的外部与内部具体监督制度仍不完善，问责机制的制度化程度较低且落实情况不佳。

5.社会矛盾化解与行政争议水平不高

评估结果显示，2018年度曲靖市在"社会矛盾化解与行政争议解决"指标下得到58.67分（该指标总分为100分），比全国平均分低13.90分，得分率为59%；2017年度评估中，曲靖市得到72分，比全国平均分高出1.52分，得分率为72%；2016年度评估中，曲靖市仅得到46分，比全国平均分低22.1分，得分率仅为46%。从以上数据来看，与2017年相比，2018年曲靖市该指标得分有所下降，且2018年与2016年该指标得分均低于全国平均水平，社会矛盾化解与行政争议解决水平不高。具体而言，曲靖市的信访制度改革进展较为迟缓，行政复议工作的规范化水平和公开透明程度不高，行政复议决定的质量较低。

五十九　泉州市人民政府

一、泉州市法治政府建设情况

泉州市人民政府评估总分为 661.98 分，高于全国平均水平（654.34 分）7.64 分，在全部参与评估的 100 个城市中排名第 45 位，在东部区域 48 个城市中排名第 29 位。该市政府得分按一级指标分析，结果见表 12 – 59。

表 12 – 59　泉州市人民政府一级指标评估得分分析

指标 分析	依法全面履行政府职能	法治政府建设的组织领导	依法行政制度体系	行政决策	行政执法	政务公开	监督与问责	社会矛盾化解与行政争议解决	优化营商环境的法治保障	社会公众满意度调查
得分	63	44	35	60.5	55	83.75	78.28	71.66	46	124.78
与平均分差	7.99	– 1.99	– 10.50	– 8.91	0.74	16.24	1.31	– 0.91	11.3	– 7.66
与最高分差	– 8	– 28	– 40	– 32.5	– 23.28	– 10.32	– 14.67	– 20.49	– 14	– 38.03
排名	14	60	69	77	45	10	51	55	13	84

每项一级指标换算成百分比并与全国平均水平比较得出图 12 – 59。

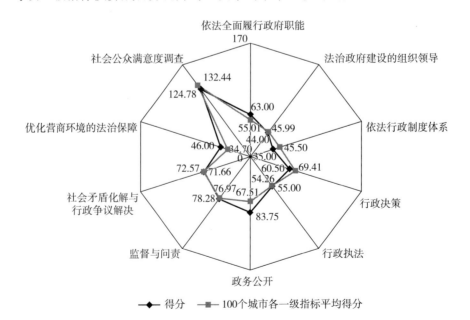

图 12 – 59　泉州市人民政府评估得分与全国平均得分比较

可以看出，该市依法全面履行政府职能、行政执法、政务公开、监督与问责、优化营商环境的法治保障这五个指标得分高于全国平均水平，说明该市政府在这五个方面评价较高。法治政府建设的组织领导、依法行政制度体系、行政决策、社会矛盾化解与行政争议解决、社会公众满意度调查这五个指标得分低于全国平均水平，说明该市政府在这五个方面评价较低。

二、泉州市法治政府建设情况分析

在 2018 年全国法治政府评估中，泉州市得到 661.98 分（总分 1000 分），在 100 个被测评城市中排名第 45 位，在东部区域 48 个城市中排名第 29 位（2017 年度评估中，泉州市得到 630.72 分，排名第 84 位；2016 年度评估中，泉州市得到 645.53 分，排名第 62 位）。这一评估结果反映出，在全国法治政府建设持续推进的大背景下，泉州市法治政府建设在取得长足进步的同时，也存在部分亟待重视和解决的问题。

（一）成绩

1. 依法全面履行政府职能表现较好

2018 年度评估结果显示，在"依法全面履行政府职能"一级指标下，泉州市得到 63 分（该指标总分为 80 分），比全国平均分高出 7.99 分，得分率为 79%；2017 年度评估中，泉州市在该指标下得到 82 分，比全国平均分低 0.81 分，得分率为 82%；2016 年度评估中，泉州市在该指标下得到 72 分，比全国平均分高出 4.23 分，得分率为 72%。从连续三年的评估结果来看，近年来泉州市该指标得分整体呈上升趋势，依法全面履行政府职能情况较好。具体而言，泉州市在政府机构设置、职能履行、公共服务、简政放权和行政审批便捷等方面都较为积极地推进法治政府建设，法治化程度稳步提升。

2. 政务公开工作水平不断提高

2018 年度评估结果显示，泉州市在"政务公开"这一指标下得到 83.75 分（该指标总分为 100 分），比全国平均分高出 16.24 分，得分率为 84%。从纵向来看，2017 年度评估中，泉州市在该指标下的得分为 93 分，比全国平均分低 4.98 分，得分率为 78%；2016 年度评估中，泉州市在该指标下得到 78.5 分，比全国平均分低 14.075 分，得分率为 65%。根据近三年的评估数据，可以看出，近年来泉州市的这一指标得分呈逐年上升趋势，政务公开工作水平不断提高。具体而言，泉州市在重点

领域信息公开、政府门户网站的咨询服务功能、投诉举报渠道设置情况、依申请信息公开等方面表现较好，政务公开工作正向纵深发展。

3. 行政监督与问责的表现稳中有进

2018 年度评估结果显示，泉州市在"监督与问责"这一指标下的得分为 78.28 分（该指标总分为 100 分），比全国平均分高出 1.31 分，得分率为 78%；2017 年度评估中，泉州市在该指标下的得分为 67.16 分，比全国平均分低 6.29 分，得分率为 67%；2016 年度评估中，泉州市在该指标下的得分为 75.95 分，比全国平均分高出 7.9309 分，得分率为 76%。根据以上评估数据，可以得出结论，近年来泉州市行政监督与问责表现稳中有进。具体而言，泉州市的外部与内部具体监督制度日益完善，问责机制的制度化程度度较高且落实情况较为理想。

（二）问题

1. 法治政府建设的组织领导工作不扎实

2018 年度评估结果显示，泉州市在"法治政府建设的组织领导"指标下得到 44 分（该指标总分为 80 分），比全国平均分低 1.99 分，得分率为 55%。从纵向来看，2017 年度评估中，泉州市的得分为 41 分，比全国平均分低 6.22 分，得分率为 51%；2016 年度评估中，泉州市的得分为 31 分，比全国平均分低 8.39 分，得分率为 39%。以上评估数据说明，尽管近年来泉州市该指标得分呈逐年上升趋势，但整体水平较低，且该指标得分已经连续三年低于全国平均水平，这反映出泉州市法治政府建设的组织领导工作不扎实。具体而言，泉州市法治政府建设的组织领导工作未能全面落实《法治政府建设实施纲要（2015—2020 年）》在新形势下提出的各项要求，对政府法制工作的组织保障不充分，依法行政考核工作的推进不理想，政府法律顾问制度建设缓慢。

2. 依法行政制度体系不完善

2018 年度评估结果显示，泉州市在"依法行政制度体系"这一指标下仅得到 35 分（该指标总分为 80 分），比全国平均分低 10.50 分，得分率仅为 44%。从纵向来看，2017 年度评估中，泉州市在该指标下的得分仅为 33 分，比全国平均分低 12.92 分，得分率仅为 41%；2016 年度评估中，泉州市在该指标下的得分为 42 分，比全国平均分低 8.76 分，得分率为 53%。从以上数据可以看出，虽然 2018 年度泉州市该指标得分相较于 2017 年有所提升，但该指标得分近年来整体水平较低，且该指标得分已经连续三年低于全国平均水平。这说明泉州市依法行政制度体系不完善，行政规范性文件的制定与实施情况不理想，部分制度的规范化、法治化水平亟待提升。

3. 行政决策法治化程度较低

评估结果显示，2018 年度泉州市在"行政决策"这一指标下得到 60.5 分（该指标总分为 100 分），比全国平均分低 8.91 分，得分率为 61%；2017 年度评估中，泉州市得到 63 分，比全国平均分低 9.19 分，得分率为 63%；2016 年度评估中，泉州市得到 57 分，比全国平均分低 11.87 分，得分率为 57%。根据以上评估数据，可以看出，尽管近年来泉州市该指标得分整体呈上升趋势，但长期处于刚及格水平，且该指标得分已经连续三年低于全国平均水平。这反映出泉州市未能全面落实《法治政府建设实施纲要（2015—2020 年)》中所提出的要求，行政决策法治化程度较低。具体而言，泉州市在重大决策合法性审查制度、风险评估制度、专家论证制度、公开制度等的建立或实施方面存在不足，各项制度的法治化水平亟待提高。

4. 社会公众满意度不高

评估结果显示，2018 年度泉州市"社会公众满意度调查"指标得分为 124.78 分（该指标总分为 200 分），比全国平均分低 7.66 分，得分率为 62%。从纵向来看，2017 年度评估中，泉州市得到 106.59 分，比全国平均分低 21.56 分，得分率仅为 53%；2016 年度评估中，泉州市得到 134.18 分，比全国平均分高出 4.57 分，得分率为 67%。对比连续三年的评估数据可以看出，尽管 2018 年度泉州市该指标得分相较于 2017 年有所上升，但近年来整体水平较低，且该指标得分已经连续两年低于全国平均水平。这反映出社会公众对当地法治政府建设工作的评价不高，未对法治政府建设成效产生充足的获得感。

六十　汕头市人民政府

一、汕头市法治政府建设情况

汕头市人民政府评估总分为 692.03 分，高于全国平均水平（654.34 分）37.69 分，在全部参与评估的 100 个城市中排名第 27 位，在东部区域 48 个城市中排名第 20 位。该市政府得分按一级指标分析，结果见表 12－60。

表 12－60　汕头市人民政府一级指标评估得分分析

指标 分析	依法全面履行政府职能	法治政府建设的组织领导	依法行政制度体系	行政决策	行政执法	政务公开	监督与问责	社会矛盾化解与行政争议解决	优化营商环境的法治保障	社会公众满意度调查
得分	54	58	55	92	51.5	66.17	85.75	72	34	123.61
与平均分差	－1.01	12.01	9.50	22.59	－2.76	－1.34	8.78	－0.57	－0.7	－8.83
与最高分差	－17	－14	－20	－1	－26.78	－27.9	－7.2	－20.15	－26	－39.2
排名	55	15	33	3	60	54	12	53	48	87

每项一级指标换算成百分比并与全国平均水平比较得出图 12－60。

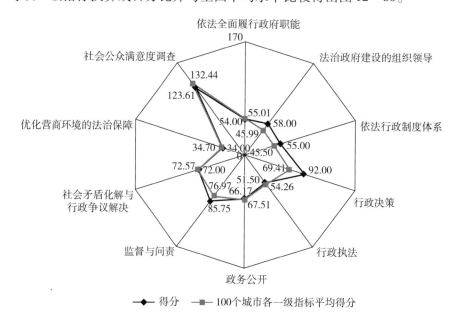

图 12－60　汕头市人民政府评估得分与全国平均得分比较

可以看出，该市法治政府建设的组织领导、依法行政制度体系、行政决策、监督与问责这四个指标得分高于全国平均水平，说明该市政府在这四个方面评价较高。依法全面履行政府职能、行政执法、政务公开、社会矛盾化解与行政争议解决、优化营商环境的法治保障、社会公众满意度调查这六个指标得分低于全国平均水平，说明该市政府在这六个方面评价较低。

二、汕头市法治政府建设情况分析

在 2018 年全国法治政府评估中，汕头市得到 692.03 分（总分 1000 分），在 100 个被测评城市中排名第 27 位，在东部区域 48 个城市中排名第 20 位（2017 年度评估中，汕头市得到 726.58 分，排名第 29 位；2016 年度评估中，汕头市得到 660.84 分，排名第 55 位）。这一评估结果反映出，在全国法治政府建设持续推进的大背景下，汕头市法治政府建设在取得长足进步的同时，也存在部分亟待重视和解决的问题。

（一）成绩

1. 行政决策法治化程度明显提升

评估结果显示，2018 年度汕头市在"行政决策"这一指标下得到 92 分（该指标总分为 100 分），比全国平均分高出 22.59 分，排名全国第三，得分率为 92%；2017 年度评估中，汕头市得到 78 分，比全国平均分高出 5.81 分，得分率为 78%；2016 年度评估中，汕头市得到 72 分，比全国平均分高出 3.13 分，得分率为 72%。根据以上评估数据，可以看出，汕头市在该指标下的得分呈逐年快速上升趋势。这反映出汕头市积极落实《法治政府建设实施纲要（2015—2020 年）》中所提出的要求，行政决策法治化程度明显提升。具体而言，汕头市在重大决策合法性审查制度、风险评估制度、专家论证制度、公开制度等的建立与实施方面表现较好，各项制度的规范化水平持续提高。

2. 行政监督与问责表现较好

评估结果显示，2018 年度汕头市在"监督与问责"这一指标下的得分为 85.75 分（该指标总分为 100 分），比全国平均分高出 8.78 分，得分率为 86%；2017 年度评估中，汕头市在该指标下的得分为 78.33 分，比全国平均分高出 4.88 分，得分率为 78%；2016 年度评估中，汕头市在该指标下的得分为 59.86 分，比全国平均分低 8.1591 分，得分率为 60%。根据以上评估数据，可以得出结论，近年来汕头市该指

标得分呈逐年快速上升趋势，且正由及格向优秀水平迈进，行政监督与问责表现较好。具体而言，汕头市的外部与内部具体监督制度日益完善，问责机制的制度化程度较高且落实情况较为理想。

（二）问题

1. 依法全面履行政府职能表现欠佳

评估结果显示，2018 年度汕头市在"依法全面履行政府职能"指标下的得分为54 分（该指标总分为 80 分），比全国平均分低 1.01 分，得分率为 68%；2017 年度评估中，汕头市在该指标下的得分为 96 分，比全国平均分高出 13.19 分，排名全国第三，得分率为 96%；2016 年度评估中，汕头市在该指标下的得分为 95 分，比全国平均分高出 18.77 分，排名全国第四，得分率为 95%。根据近三年的评估数据，可以看出，2018 年度汕头市该指标得分相较于 2017 年与 2016 年度下降明显，且 2018年该指标得分低于全国平均水平。这反映出汕头市依法全面履行政府职能表现欠佳，仍有较大的提升空间。具体而言，当前汕头市在政府机构设置、职能履行、公共服务、简政放权和行政审批便捷等方面仍需加强，法治化程度有待提升。

2. 行政执法不规范

评估结果显示，2018 年度汕头市在"行政执法"指标下得到 51.5 分（该指标总分为 100 分），比全国平均分低 2.76 分，得分率为 52%；2017 年度评估中，汕头市得到 81 分，比全国平均分高出 11.98 分，得分率为 68%；2016 年度评估中，汕头市得到 71.5 分，比全国平均分高出 1.986 分，得分率为 60%。从连续三年的评估结果来看，2018 年汕头市该指标得分相较于 2017 年有所下降，且 2018 年该指标得分低于全国平均水平，近年来该指标得分整体水平较低。这反映出，近年来汕头市的行政执法规范化程度不高。具体而言，在执法体制、执法程序、执法责任、执法人员管理以及实际执法状况等方面，汕头市存在较多不足，距离严格、规范、公正、文明执法的法治政府建设目标尚有较大差距。

3. 政务公开工作水平有所下降

评估结果显示，2018 年度汕头市在"政务公开"指标下得到 66.17 分（该指标总分为 100 分），比全国平均分低 1.34 分，得分率为 66%；2017 年度评估中，汕头市得到 112.75 分，比全国平均分高出 14.77 分，得分率为 94%；2016 年度评估中，汕头市得到 98.25 分，比全国平均分高出 5.675 分，得分率为 82%。从以上评估数据来看，与 2017 年相比，2018 年度汕头市该指标得分下滑明显，且 2018 年该指标得分低于全国平均水平。这反映出，汕头市政务公开工作水平有所下降。具体而言，汕头市在政府门户网站的咨询服务功能、政府网站的检索便利性、依申请信息公开等方面表现不佳，政务公开规范化程度有待提高。

4. 社会公众满意度较低

评估结果显示，2018 年度汕头市"社会公众满意度调查"指标得分为 123.61 分（该指标总分为 200 分），比全国平均分低 8.83 分，得分率仅为 62%。从纵向来看，2017 年度评估中，汕头市得到 122.5 分，比全国平均分低 5.65 分，得分率为 61%；2016 年度评估中，汕头市得到 106.23 分，比全国平均分低 23.38 分，得分率为 53%。对比连续三年的评估数据可以看出，尽管近年来汕头市该指标得分呈逐年上升趋势，但该指标得分已经连续三年低于全国平均水平。这反映出社会公众对当地法治政府建设工作的评价较低，未对当地法治政府建设成效产生充足的获得感。

六十一 商丘市人民政府

一、商丘市法治政府建设情况

商丘市人民政府评估总分为 578.20 分，低于全国平均水平（654.34 分）76.14 分，在全部参与评估的 100 个城市中排名第 90 位，在中部区域 32 个城市中排名第 29 位。该市政府得分按一级指标分析，结果见表 12 – 61。

表 12 – 61　商丘市人民政府一级指标评估得分分析

分析 \ 指标	依法全面履行政府职能	法治政府建设的组织领导	依法行政制度体系	行政决策	行政执法	政务公开	监督与问责	社会矛盾化解与行政争议解决	优化营商环境的法治保障	社会公众满意度调查
得分	57.00	49.00	30.00	58.00	28.41	61.91	81.37	65.44	22.00	125.07
与平均分差	1.99	3.01	– 15.50	– 11.41	– 25.85	– 5.60	4.40	– 7.13	– 12.70	– 7.37
与最高分差	– 14.00	– 23.00	– 45.00	– 35.00	– 49.87	– 32.16	– 11.58	– 26.71	– 38.00	– 37.74
排名	48	47	83	83	100	64	30	74	90	83

每项一级指标换算成百分比并与全国平均水平比较得出图 12 – 61。

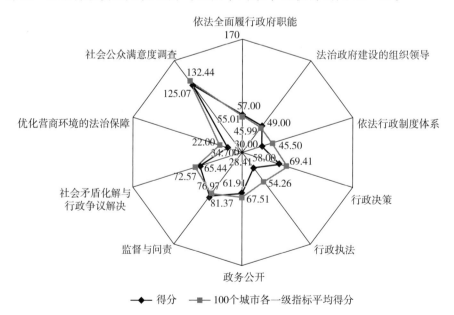

图 12 – 61　商丘市人民政府评估得分与全国平均得分比较

可以看出，该市依法全面履行政府职能、法治政府建设的组织领导、监督与问责这三个指标得分高于全国平均水平，说明该市政府在这三个方面评价较高。依法行政制度体系、行政决策、行政执法、政务公开、社会矛盾化解与行政争议解决、优化营商环境的法治保障、社会公众满意度调查这七个指标得分低于全国平均水平，说明该市政府在这七个方面评价较低。

二、商丘市法治政府建设情况分析

在2018年全国法治政府评估中，商丘市得到578.20分（总分1000分），在100个被测评城市中排名第90位，在中部区域32个城市中排名第29位（2017年度评估中商丘市得到556.35分，排名第97位；2016年度评估中，商丘市得到556.58分，排名第95位）。这一评估结果反映出，在全国法治政府建设持续推进的大背景下，商丘市法治政府建设存在一定的问题，未能及时解决。

（一）成绩

1. 法治政府建设的组织领导稳中有进

2017年度评估结果显示，商丘市本项一级指标得分超过全国100个被评测城市的平均得分（47.22分），达到了52分。同往年相比，组织领导能力获得长足进步，效果明显。2018年商丘市本项一级指标得分依旧超过了100个被评估城市的平均得分（45.99分），达到49分，表明了商丘市在公布法治政府建设情况报告、政府常务会议对法治政府建设工作讨论情况、政府领导干部思维培养等方面稳中有进。

2. 监督与问责有所加强

在2017年度评估中，商丘市政府在"监督与问责"一级指标下得分为55.06分，排名第97位。2018年度评估结果显示，商丘市在本项指标下得分为81.37分，排名第30位，超出全国平均分4.40分，进步明显。若对该项指标进一步分析可以得知，商丘市在行政机关负责人出庭应诉，定期听取、审查本级政府工作部门和下级政府的执法情况报告，公布重点领域执法工作报告，公开主要审计报告和审计结果等方面表现较好。但也存在一定问题，仍有很大的进步空间。

3. 依法全面履行政府职能得分连年上升

近四年的统计数据显示，商丘市在本项一级指标下的得分不断上升。在2014～2017年的评估中，得分分别为62分、64分、71分、80分，尽管各年的数据低于本

项指标的平均分,但与平均分的差距逐步缩小,尤其在 2018 年,超过了平均分 1.99 分。商丘市这些年在依法全面履行政府职能上的努力值得肯定,但仍需在行政服务中心对基本公共服务覆盖的比例、"减证便民"实施、生态环境保护等方面予以加强。

(二)问题

1. 行政执法得分远低于平均水平

2017 年度的评估报告显示,商丘市在 2017 年度行政执法的得分为 47.4 分,排名第 96 位,对比 2016 年度 57.5 分下滑 10.1 分。2018 年评估结果显示,在"行政执法"一级指标下,商丘市的得分为 28.41 分,比平均分低 25.85 分,排名进一步下滑至第 100 位。具体的失分点主要在执法重心下移落实情况差,执法信息公开制度、执法全过程记录制度、"双随机、一公开"制度没有得到贯彻落实。本项指标一直都是商丘市的薄弱项,问题已愈发严重,建议商丘市人民政府对此给予足够的重视。

2. 行政决策能力得分下降

2017 年法治政府评估报告显示,商丘市在行政决策方面得分虽然增长缓慢,但在重大决策专家论证制度,决策科学化、透明化方面有所进步,总体呈上升状态。但 2018 年商丘市在本项一级指标下的得分仅为 58 分,较 2017 年下降 4 分,且低于全国平均分 11.41 分。从这两年波动的成绩可以看出,商丘市在法治政府建设方面存在一定的积弊,需要予以重视。

3. 依法行政制度体系建设任重道远

2014 ~ 2017 年度商丘市依法行政制度体系建设得分分别为 38 分、37 分、44 分、26 分。2018 年本项一级指标的得分依旧不容乐观,仅为 30 分,低于全国平均分 15.50 分,排名第 83 位。具体来看,商丘市在规范性文件的公布、行政规范性文件管理的规范化、"三统一"、报备情况、行政规范性文件管理和监督的创新等方面亟待改进。

六十二　上海市人民政府

一、上海市法治政府建设情况

上海市人民政府评估总分为 754.95 分，高于全国平均水平（654.34 分）100.61 分，在全部参与评估的 100 个城市中排名第 6 位，在东部区域 48 个城市中排名第 6 位。该市政府得分按一级指标分析，结果见表 12－62。

表 12－62　上海市人民政府一级指标评估得分分析

指标 分析	依法全面履行政府职能	法治政府建设的组织领导	依法行政制度体系	行政决策	行政执法	政务公开	监督与问责	社会矛盾化解与行政争议解决	优化营商环境的法治保障	社会公众满意度调查
得分	67.00	70.00	55.00	67.00	72.21	79.76	78.84	77.88	52.00	135.26
与平均分差	11.99	24.01	9.50	－2.41	17.95	12.25	1.87	5.31	17.30	2.82
与最高分差	－4.00	－2.00	－20.00	－26.00	－6.07	－14.31	－14.11	－14.27	－8.00	－27.55
排名	2	3	28	63	6	23	48	36	6	37

每项一级指标换算成百分比并与全国平均水平比较得出图 12－62。

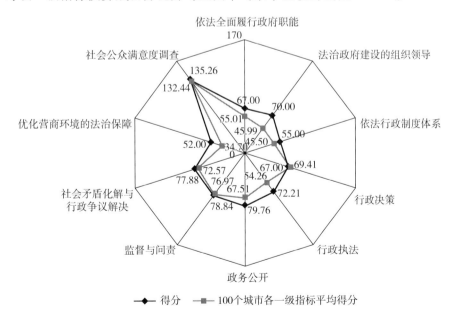

图 12－62　上海市人民政府评估得分与全国平均得分比较

可以看出，该市依法全面履行政府职能、法治政府建设的组织领导、依法行政制度体系、行政执法、政务公开、监督与问责、社会矛盾化解与行政争议解决、优化营商环境的法治保障、公众满意度调查这九个指标得分均高于全国平均水平，说明该市政府在这九个方面评价均较高。

二、上海市法治政府建设情况分析

在2018年全国法治政府评估中，上海市得到754.95分（总分1000分），在100个被测评城市中排名第6位，在东部区域48个城市中排名第6位（2017年度评估中上海市得到786.34分，排名第8位；2016年度评估中，上海市得到731.44分，排名第12位）。这一评估结果反映出，在全国法治政府建设持续推进的大背景下，上海市法治政府建设情况总体稳定，而且稳中有进。

（一）成绩

1. 依法全面履行政府职能表现突出

2017年度法治政府评估报告显示，上海市在依法全面履行政府职能方面的排名为第25位，但是2018年在该一级指标上的表现十分突出，跻身全国三甲。2018年度评估结果显示，上海市在该一级指标下的得分为67分，与最高分相差4分，排名第2位，进步十分明显。

2. 行政执法规范化程度高

长期以来，上海市行政执法能力都处于全国前列，在2017年的评估中，上海市的行政执法能力乃全国之最，高于平均分29.08分，行政执法能力突出。2018年度上海市本项指标得分为72.21分，高出平均分17.95分，排名第6位；排名仍然居于全国前列，但也要警惕其中所暴露出来的问题。具体来看，上海市在行政执法公示、全过程记录、"双随机、一公开"等方面需要进一步加强。

3. 法治政府建设的组织领导取得明显进步

2018年度评估中，在"法治政府建设的组织领导"一级指标下，上海市的得分为70分，排名第3位。而在2017年度评估中，上海市在该一级指标下的得分为53分，排名第31位，进步明显。尤其在党对法治政府建设工作的领导、政府常务会议对法治政府建设工作讨论、政府法律顾问开展工作等方面表现优异。

（二）问题

1. 监督与问责得分排名进一步下降

2018 年度评估结果显示，在"监督与问责"一级指标下，上海市的得分为 78.84 分，排名第 48 位，与最高分有 14.11 分的差距，较 2017 年度的排名下滑了 15 位，较 2016 年度的排名下滑了 29 位。从三年的数据来看，上海市在本项指标上的排名大幅下滑。具体来看，上海市在人大建议和政协提案答复的公开、政府负责人出庭应诉方面仍有较大的提升空间。

2. 行政决策法制化任重道远

2018 年度评估结果显示，在"行政决策"一级指标下，上海市的得分为 67 分，排名第 63 位，是各项一级指标中排名最低的。在 2017 年度评估中，上海市在该一级指标下的得分为 72 分，排名第 54 位；此次评估，排名呈现进一步下降趋势。具体来看，上海市行政决策合法性水平有待提升，需通过加大在合法性审查中借助"外脑"审查的比例、强化与细化集体决策程序、建立专家公平遴选机制等方式，进一步实现决策的法制化。

3. 依法行政制度体系建设或遇瓶颈

2016 年度评估结果显示，在"依法行政制度体系"一级指标下，上海市的得分为 42 分，与最高分相差 34 分，排名第 73 位；2017 年度评估中，上海市在该一级指标下的得分为 58 分，与最高分相差 20 分，排名第 27 位，进步明显；但是依 2018 年的数据来看，上海市在该一级指标下的得分为 55 分，与最高分相差 20 分，排名第 28 位，基本与 2017 年保持在同一水平，未有提升。上海市在依法行政制度体系建设方面或进入瓶颈期。

六十三　上饶市人民政府

一、上饶市法治政府建设情况

上饶市人民政府评估总分为 609.70 分，低于全国平均水平（654.34 分）44.64 分，在全部参与评估的 100 个城市中排名第 77 位，在中部区域 32 个城市中排名第 24 位。该市政府得分按一级指标分析，结果见表 12 - 63。

表 12 - 63　上饶市人民政府一级指标评估得分分析

指标 分析	依法全面 履行政府 职能	法治政府 建设的组 织领导	依法行 政制度 体系	行政 决策	行政 执法	政务 公开	监督与 问责	社会矛盾化 解与行政争 议解决	优化营商 环境的法 治保障	社会公众 满意度 调查
得分	37.00	39.50	35.00	68.00	53.08	67.00	69.69	79.28	30.00	131.15
与平均分差	-18.01	-6.49	-10.50	-1.41	-1.18	-0.51	-7.28	6.71	-4.70	-1.29
与最高分差	-34.00	-32.50	-40.00	-25.00	-25.20	-27.07	-23.26	-12.87	-30.00	-31.66
排名	100	72	76	60	53	53	79	28	68	51

每项一级指标换算成百分比并与全国平均水平比较得出图 12 - 63。

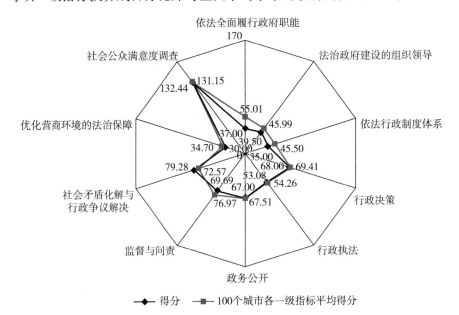

图 12 - 63　上饶市人民政府评估得分与全国平均得分比较

从上文可以看出，该市除了社会矛盾化解与行政争议解决这一指标外其余九个指标得分均低于全国平均水平，说明该市政府在这九个方面评价较低。在这十个指标中行政决策、行政执法、政务公开、社会满意度调查四个指标得分基本上接近被评估城市的平均水平。

二、上饶市法治政府建设情况分析

在 2018 年全国法治政府评估中，上饶市得到 609.70 分（总分 1000 分），在 100 个被测评城市中排名第 77 位，在中部区域 32 个城市中排名第 24 位（2017 年度评估中上饶市得 662.18 分，排名第 66 位；2016 年度评估中，上饶市得到 616.42 分，排名第 82 位）。这一评估结果反映出，在全国法治政府建设持续推进的大背景下，上饶市法治政府评估得分在全国排名中较为落后，存在需要解决的问题和提升的空间。

（一）成绩

1. 政务公开进步明显

2018 年度评估结果显示，在"政务公开"一级指标下，上饶市的得分为 67 分，排名第 53 位；2017 年度评估中，上饶市在该一级指标下的排名为第 81 位；2016 年度评估中，上饶市在该一级指标下的排名为第 82 位。从连续三年的评估结果来看，上饶市在"政务公开"一级指标下的排名呈现不断上升趋势。但值得注意的是，上饶市该项指标得分仍徘徊在全国平均水平，还有很大的进步空间。

2. 社会矛盾化解与行政争议解决水平有所提高

2018 年度的评估结果显示，在"社会矛盾化解与行政争议解决"一级指标中，上饶市的得分为 79.28 分，高出平均分 6.71 分，排名第 28 位；在 2017 年度评估中，上饶市在该一级指标中的得分为 60.25 分，低于平均分 10.23 分，排名第 82 位。可见，进步非常明显。但结合 2016 年的数据来看，上饶市该项指标得分排名为第 36 位，波动明显，所以上饶市政府在社会矛盾化解与行政争议解决方面仍需采取一定措施，以确保该方面的水平稳步提高。

（二）问题

1. 依法行政制度建设任重道远

2018 年度评估结果显示，在"依法行政制度体系"一级指标下，上饶市的得分

为35分，排名第76位，与最高分有着40分的差距。从近三年的数据中可以看出，上饶市该指标得分呈现不断下降的趋势，2016年度的得分为47分，2017年度的得分为43分，2018年度的得分为35分，表现不尽如人意。具体失分点主要在以下几个方面：行政规范性文件的制定是否切实公开听取意见、行政规范性文件管理的规范化、行政规范性文件的"三统一"、行政规范性文件的报备、行政规范性文件管理和监督的创新。

2. 依法全面履行政府职能得分排名下降明显

2018年度评估结果显示，在"依法全面履行政府职能"一级指标下，上饶市的得分为37分，比平均分低18.01分，排名第100位；2017年度评估中，上饶市在该一级指标下的得分为84分，高出平均分1.19分，排名第45位。上饶市本项指标得分的变化与2018年指标体系的修改不无关系，但是从得分排名上来看，其下降趋势明显，其中所暴露出来的问题值得注意。具体来说，在市政府机构、市政府副职领导的人数设置、权力清单的动态调整、"减证便民"实施方面仍有很大的进步空间。

3. 监督与问责表现不尽如人意

2018年度的评估结果显示，在"监督与问责"一级指标下，上饶市的得分为69.69分，比平均分低7.28分；2017年度评估中，上饶市在该一级指标下的得分为70.11分，比平均分低3.34分；2016年度评估中，上饶市在该一级指标下的得分为66.83分，比平均分低1.19分。连续三年的评估结果显示上饶市在"监督与问责"一级指标下的得分均低于平均分，表明上饶市政府在监督与问责方面需要作出努力。

六十四　邵阳市人民政府

一、邵阳市法治政府建设情况

邵阳市人民政府评估总分为 598.37 分，低于全国平均水平（654.34 分）55.97 分，在全部参与评估的 100 个城市中排名第 82 位，在中部区域 32 个城市中排名第 26 位。该市政府得分按一级指标分析，结果见表 12-64。

表 12-64　邵阳市人民政府一级指标评估得分分析

指标 分析	依法全面履行政府职能	法治政府建设的组织领导	依法行政制度体系	行政决策	行政执法	政务公开	监督与问责	社会矛盾化解与行政争议解决	优化营商环境的法治保障	社会公众满意度调查
得分	47.00	29.00	55.00	70.00	52.52	61.50	73.32	59.43	19.00	131.60
与平均分差	-8.01	-16.99	9.50	0.59	-1.74	-6.01	-3.65	-13.14	-15.70	-0.84
与最高分差	-24.00	-43.00	-20.00	-23.00	-25.76	-32.57	-19.63	-32.72	-41.00	-31.21
排名	86	93	40	50	55	66	72	93	97	49

每项一级指标换算成百分比并与全国平均水平比较得出图 12-64。

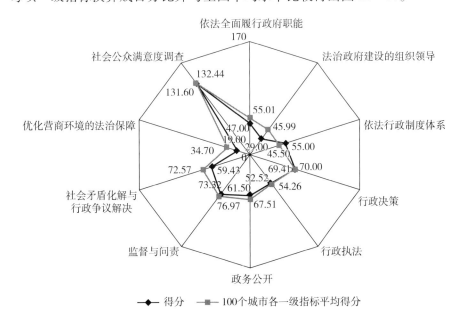

图 12-64　邵阳市人民政府评估得分与全国平均得分比较

可以看出，该市依法行政制度体系、行政决策这两个指标得分高于全国平均水平，说明该市政府在这两个方面评价较高。依法全面履行政府职能、法治政府建设的组织领导、行政执法、政务公开、监督与问责、社会矛盾化解与行政争议解决、优化营商环境的法治保障、社会公众满意度调查这八个指标得分低于全国平均水平，说明该市政府在这些方面评价较低。

二、邵阳市法治政府建设情况分析

在 2018 年全国法治政府评估中，邵阳市得到 598.37 分（总分 1000 分），在 100 个被测评城市中排名第 82 位，在中部区域 32 个城市中排名第 26 位（2017 年度评估中邵阳市得到 702.5 分，排名第 44 位；2016 年度评估中，邵阳市得到 659.62 分，排名第 57 位）。这一评估结果反映出，在全国法治政府建设持续推进的大背景下，邵阳市法治政府建设波动较大，仍存在一定的积弊，未能及时解决。

（一）成绩

1. 公众满意度方面表现稳定

2018 年度评估结果显示，在"社会公众满意度调查"一级指标下，邵阳市的得分为 131.60 分，基本与全国平均分持平，排名第 49 位；2017 年度评估中，邵阳市在该一级指标下的得分为 129.51 分，排名第 44 位。可见，表现稳定，但仍有很大的进步空间。公众满意度的提高离不开法治政府评估中各个指标增长所发挥的作用，邵阳市需要不断提高自身的法治建设水平，如此才能提高社会满意度。

2. 依法行政制度体系更趋完善

2018 年度评估结果显示，在"依法行政制度体系"一级指标下，邵阳市的得分为 55 分，排名第 40 位；2017 年度评估中，邵阳市在该一级指标下的得分为 31 分，排名第 80 位。可见，近两年邵阳市在依法行政制度体系建设方面的得分和排名进步明显。但同时也要注意到邵阳市本项指标的得分与最高分仍有 20 分的差距，还有很大的进步空间。

（二）问题

1. 法治政府建设的组织领导得分排名下滑严重

2018 年度评估结果显示，在"法治政府建设的组织领导"一级指标下，邵阳市的得分为 29 分，比平均分低 16.99 分，排名第 93 位。而在 2017 年度评估中，邵阳市在该一级指标下的得分为 59 分，高出平均分 11.78 分，排名第 8 位，成绩下滑明显。具体来看，主要的失分点在于法治政府建设情况报告、政府依法行政考核工作、政府法律顾问开展工作等方面，对此相关部门应当给予一定的重视。

2. 社会矛盾化解与行政争议解决任重道远

2018 年度评估结果显示，在"社会矛盾化解与行政争议解决"一级指标下，邵阳市的得分为 59.43 分，比平均分低 13.14 分，排名第 93 位。2017 年度的评估结果显示，邵阳市在该一级指标方面的工作存在反复。2017 年邵阳市在该项指标下的得分为 78.13 分，比平均分高 7.65 分，排名第 23 位；2016 年度评估中，邵阳市在该一级指标下的得分为 53 分，低于平均分 15.10 分，排名第 96 位。三年的评估结果显示，邵阳市在该一级指标下的得分波动明显，存在一定积弊。具体来看，主要的失分点在于行政复议制度、行政调解制度、人民调解、群体性事件处理等方面。

3. 依法全面履行政府职能落实不到位

2018 年度评估结果显示，在"依法全面履行政府职能"一级指标下，邵阳市的得分为 47 分，比平均分低 8.01 分，排名第 86 位；2017 年度评估中，邵阳市在该一级指标下的得分为 83 分，高出平均分 0.19 分，排名第 49 位；2016 年度评估中，邵阳市在该项一级指标下的得分为 80 分，排名第 42 位。连续三年的数据显示，邵阳市在依法全面履行政府职能方面的得分呈现不断下降趋势，表明邵阳市政府在依法全面履行政府职能方面存在一定不足，需要予以重视。

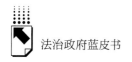

六十五　深圳市人民政府

一、深圳市法治政府建设情况

深圳市人民政府评估总分为 790.13 分,高于全国平均水平(654.34 分)135.79 分,在全部参与评估的 100 个城市中排名第 1 位,在东部区域 48 个城市中排名第 1 位。该市政府得分按一级指标分析,结果见表 12 – 65。

表 12 – 65　深圳市人民政府一级指标评估得分分析

指标分析	依法全面履行政府职能	法治政府建设的组织领导	依法行政制度体系	行政决策	行政执法	政务公开	监督与问责	社会矛盾化解与行政争议解决	优化营商环境的法治保障	社会公众满意度调查
得分	71.00	71.00	70.00	88.00	58.38	68.14	90.30	89.30	45.00	139.00
与平均分差	15.99	25.01	24.50	18.59	4.12	0.63	13.33	16.73	10.30	6.57
与最高分差	0.00	– 1.00	– 5.00	– 5.00	– 19.90	– 25.93	– 2.65	– 2.85	– 15.00	– 23.81
排名	1	2	2	5	38	48	2	5	15	21

每项一级指标换算成百分比并与全国平均水平比较得出图 12 – 65。

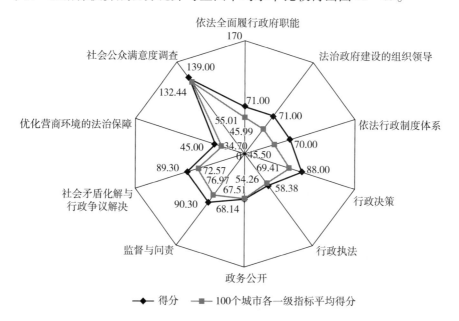

图 12 – 65　深圳市人民政府评估得分与全国平均得分比较

可以看出，该市依法全面履行政府职能、法治政府建设的组织领导、依法行政制度体系、行政决策、行政执法、政务公开、监督与问责、社会矛盾化解与行政争议解决、优化营商环境的法治保障、社会公众满意度调查这十个指标得分均高于全国平均水平，说明该市政府在这十个方面评价较高。

二、深圳市法治政府建设情况分析

在 2018 年全国法治政府评估中，深圳市得到 790.13 分（总分 1000 分），在 100 个被测评城市中排名第 1 位，在东部区域 48 个城市中排名第 1 位（2017 年度评估中深圳市得到 798.27 分，排名第 4 位；2016 年度评估中，深圳市得到 773.08 分，排名第 2 位）。这一评估结果反映出，在全国法治政府建设持续推进的大背景下，深圳市法治政府建设一直走在全国前列，但也存在需要解决的问题。

（一）成绩

1. 依法全面履行政府职能表现突出

2018 年度评估结果显示，在"依法全面履行政府职能"一级指标下，深圳市得分为 71 分，高出平均分 15.99 分，排名第 1 位；2017 年度评估中，深圳市在该一级指标下的排名为第 15 位。从这两年的数据来看，深圳该项指标的得分呈现上升趋势。深圳市该项一级指标的得分一直高于全国平均分，且排名靠前，表明深圳市在依法全面履行行政职能方面落实较好。

2. 监督与问责方面进步显著

2018 年度评估结果显示，在"监督与问责"一级指标下，深圳市得分为 90.30 分，与最高分相差 2.65 分，排名第 2 位；2017 年度评估中，深圳市在该一级指标下的得分为 81.11 分，与最高分相差 5.37 分，排名第 15 位。深圳市在加强监督与问责方面进步较快，值得肯定，但在行政机关负责人出庭应诉方面仍有一定的上升空间。

3. 法治政府建设的组织领导工作表现突出

2018 年度评估结果显示，在"法治政府建设的组织领导"一级指标下，深圳市的得分为 71 分，比平均分低 25.01 分，排名第 2 位；2017 年度深圳市在该一级指标下的得分为 63 分，比平均分高 15.78 分，排名第 4 位；2016 年度深圳市在该一级指标下的得分为 62 分，比平均分高 22.61 分，排名第 2 位；2015 年度深圳市在该一级指标下的得分为 74 分，比平均分高 40.67 分，排名第 1 位。这说明深圳市在法治政

府建设的组织领导方面的工作处于全国前列。这归功于深圳市政府在日常工作中对依法行政的高度重视，值得其他城市学习借鉴。

（二）问题

1. 行政执法得分排名下滑

2018 年度评估结果显示，在行政执法一级指标下，深圳市的得分为 58.38 分，比平均分高 4.12 分，排名第 38 位，但同 2017 年度相比，排名下滑 29 位，同 2016 年度相比，排名下滑 29 位。其在行政执法方面良好的工作势头未能得到保持。具体来看，其在执法全过程记录、"双随机、一公开"、执法辅助人员管理等方面的工作需要进一步加强。

2. 政务公开方面的工作任重道远

2018 年度评估结果显示，在"政务公开"一级指标下，深圳市的得分为 68.14 分，比平均分高 0.63 分，排名第 48 位；2017 年度评估中，深圳市在该一级指标下的得分为 110.86 分，比平均分高 12.88 分，排名第 17 位；2016 年度评估中深圳市在该一级指标下的得分为 87 分，比平均分低 5.88 分，排名第 71 位。连续三年的评估结果显示，深圳在"政务公开"一级指标下的得分波动明显，存在一定积弊。具体来看，其在网站检索的便利性、不当设置信息申请条件、政府有关部门对信息申请的答复等方面的表现不尽如人意，有待进一步提升。

六十六 沈阳市人民政府

一、沈阳市法治政府建设情况

沈阳市人民政府评估总分为 634.00 分，低于全国平均水平（654.34 分）20.34 分，在全部评估的 100 个城市中排名第 64 位，在东部区域 48 个城市中排名第 38 位。该市政府得分按一级指标分析，结果见表 12 - 66。

表 12 - 66 沈阳市人民政府一级指标评估得分分析

分析 指标	依法全面履行政府职能	法治政府建设的组织领导	依法行政制度体系	行政决策	行政执法	政务公开	监督与问责	社会矛盾化解与行政争议解决	优化营商环境的法治保障	社会公众满意度调查
得分	49.00	30.00	35.00	71.00	52.55	69.00	87.26	68.27	54.00	117.91
与平均分差	-6.01	-15.99	-10.50	1.59	-1.71	1.49	10.31	-4.30	19.30	-14.53
与最高分差	-22.00	-42.00	-40.00	-22.00	-25.73	-25.07	-5.69	-23.88	-6.00	-44.90
排名	79	90	77	47	54	47	4	64	5	97

每项一级指标换算成百分比并与全国平均水平比较得出图 12 - 66。

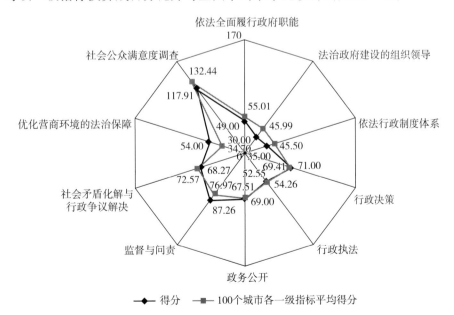

图 12 - 66 沈阳市人民政府评估得分与全国平均得分比较

可以看出，该市行政决策、政务公开、监督与问责、优化营商环境的法治保障这四个指标得分高于全国平均水平，说明该市政府在这四个方面评价较高。依法全面履行政府职能、法治政府建设的组织领导、依法行政制度体系、行政执法、社会矛盾化解与行政争议解决和社会公众满意度调查这六个指标得分低于全国平均水平，说明该市政府在这六个方面评价较低。

二、沈阳市法治政府建设情况分析

在 2018 年全国法治政府评估中，沈阳市得到 634.00 分（总分 1000 分），在 100 个被测评城市中排名第 64 位，在东部区域 48 个城市中排名第 38 位（2017 年度评估中沈阳市得到 682.49 分，排名第 57 位；2016 年度评估中，沈阳市得到 661.66 分，排名第 53 位）。这一评估结果反映出，在全国法治政府建设持续推进的大背景下，沈阳市法治政府建设动力不足，存在一定的积弊，需要予以重视。

（一）成绩

1. 优化营商环境的法治保障方面表现较好

优化营商环境的法治保障为 2018 年新设指标。2018 年度评估结果显示，沈阳市在"优化营商环境的法治保障"这一级指标下的得分为 54 分，高出平均分 19.30 分，排名第 5 位，在东北地区居第 1 位，具有较好的示范作用。具体来看，沈阳市在审批效率、政府诚信方面表现较好，但在市场准入的便捷度上仍然有一定的提升空间。

2. 监督与问责进步明显

2018 年度评估结果显示，在"监督与问责"一级指标下，沈阳市得到 87.26 分，高出平均分 10.31 分，排名第 4 位；2017 年度评估中，沈阳市在该级指标下得到 70.6 分，排名第 68 位。从 2018 年的数据来看，沈阳市在该方面的工作改观明显，尤其在人大代表建议和政协提案的公开、行政机关负责人出庭应诉、对重点领域执法情况的公布方面有所提升。

3. 依法全面履行政府职能取得一定进步

2018 年度评估结果显示，沈阳市在"依法全面履行政府职能"一级指标下得分为 49 分，排名第 79 位；2017 年度评估中，沈阳市该一级指标得分为 71 分，排名第 93 位。2018 年度排名较 2017 年上升 14 位，有一定的进步，但是仍然低于全国平均水平，还有很大的进步空间。

（二）问题

1. 法治政府建设的组织领导得分排名下滑明显

2018 年度评估结果显示，沈阳市在"法治政府建设的组织领导"一级指标下得分为 30 分，排名第 90 位；2017 年度评估中，沈阳市该一级指标得分为 45 分，排名第 61 位；2016 年度评估中，沈阳市该一级指标的得分为 36 分，排名第 61 位。连续三年的评估结果显示，沈阳市原本在"法治政府建设的组织领导"方面较为稳定，但 2018 年排名下滑明显，表明沈阳市在相关领域的工作有所松懈。具体来看，其在法治政府建设情况报告、政府依法行政考核工作、政府法律顾问开展等方面的工作有待进一步提升。

2. 依法行政制度体系建设不够完善

2018 年度评估结果显示，沈阳市在"依法行政制度体系"一级指标下的得分为 35 分，比平均分低 10.50 分，排名第 77 名；2017 年度评估中，沈阳市该一级指标得分为 44 分，比平均分低 1.92 分，排名第 50 位；2016 年度评估中，沈阳市该指标得分为 40 分，比平均分低 10.76 分。连续三年的评估结果显示沈阳市在"依法行政制度体系"一级指标下的得分均低于平均分，表明沈阳市在依法行政的制度建设方面存在一定的问题，需要有关部门予以重视。

3. 公众满意度不高

2018 年度评估结果显示，沈阳市在"社会公众满意度调查"一级指标下的得分为 117.91 分，比平均分低 14.53 分，排名第 97 位；2017 年度评估中，沈阳市该一级指标得分为 122.81 分，比平均分低 5.34 分，排名第 68 位。近两年，沈阳市在"公众满意度调查"一级指标下得分均低于全国平均分，且排名较落后，表明沈阳市在与社会公众的互动交流方面比较欠缺，公众对政府法治建设成果的获得感不够。

六十七 石家庄市人民政府

一、石家庄市法治政府建设情况

石家庄市人民政府评估总分为 647.62 分，低于于全国平均水平（654.34 分）6.72 分，在全部参与评估的 100 个城市中排名第 54 位，在东部区域 48 个城市中排名第 35 位。该市政府得分按一级指标分析，结果见表 12 – 67。

表 12 – 67 石家庄市人民政府一级指标评估得分分析

指标 分析	依法全面 履行政府 职能	法治政府 建设的组 织领导	依法行 政制度 体系	行政 决策	行政 执法	政务 公开	监督与 问责	社会矛盾化 解与行政争 议解决	优化营商 环境的法 治保障	社会公众 满意度 调查
得分	41.00	40.50	25.00	78.00	74.22	81.81	82.49	68.43	34.00	122.18
与平均分差	– 14.01	– 5.49	– 20.50	8.59	19.96	14.30	5.52	– 4.14	– 0.70	– 10.26
与最高分差	– 30.00	– 31.50	– 50.00	– 15.00	– 4.06	– 12.26	– 10.46	– 23.72	– 26.00	– 40.63
排名	96	67	91	27	3	17	24	62	50	90

每项一级指标换算成百分比并与全国平均水平比较得出图 12 – 67。

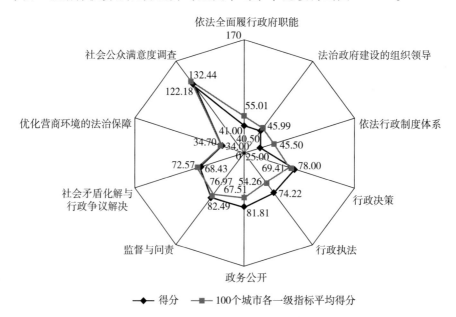

图 12 – 67 石家庄市人民政府评估得分与全国平均得分比较

可以看出，该市行政决策、行政执法、政务公开、监督与问责这四个指标得分高于全国平均水平，说明该市政府在这四个方面评价较高。依法全面履行政府职能、法治政府建设的组织领导、依法行政制度体系、社会矛盾化解与行政争议解决、优化营商环境的法治保障、社会公众满意度调查这六个指标得分均低于全国平均水平，说明该市政府在这六个方面评价均较低。

二、石家庄市法治政府建设情况分析

在 2018 年全国法治政府评估中，石家庄市得到 647.62 分（总分 1000 分），在 100 个被测评城市中排名第 54 位，在东部区域 48 个城市中排名第 35 位（2017 年度评估中石家庄市得到 663.34 分，排名第 65 位；2016 年度评估中，石家庄市得到 638.01 分，排名第 73 位）。这一评估结果反映出，在全国法治政府建设持续推进的大背景下，石家庄市的法治建设取得了长足的进步，但仍有需要改进之处。

（一）成绩

1. 政务公开一改颓势

2016 年度石家庄在"政务公开"一级指标下的排名为第 70 位；2017 年度评估结果显示，石家庄市的排名为第 80 位；2018 年度评估中，石家庄市在该一级指标下的得分为 81.81 分，排名第 17 位。近三年的评估结果显示，石家庄市在"政务公开"一级指标下的得分突破明显，一改颓势，跻身中上水平。但在政府门户网站咨询服务、网站检索的便利性方面仍有进步的空间。

2. 监督与问责情况进步明显

2018 年度评估结果显示，在"监督与问责"一级指标下，石家庄市的得分为 82.49 分，高出平均分 5.52 分，排名第 24 位；2017 年度评估中，石家庄市在该一级指标下的得分为 70.17 分，比平均分低 3.28 分，排名第 70 位；2016 年度评估中，石家庄市在该一级指标下的得分为 60.49 分，比平均分低 7.53 分，排名第 84 位。连续三年的评估结果显示，石家庄市在"监督与问责"一级指标下的得分和排名有很大提升，表明石家庄市在强化监督和落实问责方面工作进步显著。

3. 行政执法规范性加强

2018 年度评估结果显示，在"行政执法"一级指标下，石家庄市的得分为 74.22 分，比平均分高 19.96 分，排名第 3 位；2017 年度评估中，石家庄市在该一级

指标下的得分为74.1分，比平均分高5.07分；2016年度评估中，石家庄市在该一级指标下的得分为64.2分，比平均分低5.314分，排名第67位。连续三年的评估结果显示，石家庄市在"行政执法"一级指标下的得分呈现出了稳步增长的趋势。

（二）问题

1. 依法全面履行政府职能落实不到位

2018年度评估结果显示，在"依法全面履行政府职能"一级指标下，石家庄市的得分为41分，比平均分低14.01分，排名第96位；2017年度评估中，石家庄市在该一级指标下的排名为第25位；2016年度评估中，石家庄市在该级指标下的排名为第43位。连续三年的评估结果显示，石家庄市在"依法全面履行政府职能"一级指标下的排名波动明显，存在一定问题。具体来说，在政府机构设置、市政府副职领导人数设置以及减证便民、生态保护等方面仍有提升空间。

2. 依法行政制度体系建设不完善

2018年度评估结果显示，在"依法行政制度体系"一级指标下，石家庄市的得分为25分，比平均分低20.50分，排名第91位；2017年度评估中，石家庄市在该一级指标下的得分为35分，比平均分低10.92分，排名第70位；2016年度评估中，石家庄市的排名为第50位。连续三年的评估结果显示，石家庄市在"依法行政制度体系"一级指标下的排名呈现出下降趋势，石家庄市在依法行政制度体系建设方面任重道远。

3. 公众满意度遭遇滑坡

2018年度评估结果显示，在"社会公众满意度调查"一级指标下，石家庄市的得分为122.18分，比平均分低10.26分，排名第90位；2017年度评估中，石家庄市在该一级指标下的得分为123.62分，比平均分低4.53分，排名第66位；2016年度评估中，石家庄市在该一级指标下的得分为123.82分，比平均分低5.79分，排名第65位。连续三年的评估结果显示，石家庄市在该一级指标下的得分始终低于平均分且与平均水平差距不断拉大，这表明石家庄市的法治政府建设工作尚需群众认可。

六十八 苏州市人民政府

一、苏州市法治政府建设情况

苏州市人民政府评估总分为763.88分，高于全国平均水平（654.34分）109.54分，在全部参与评估的100个城市中排名第4位，在东部区域48个城市中排名第4位。该市政府得分按一级指标分析，结果见表12-68。

表12-68 苏州市人民政府一级指标评估得分分析

指标 分析	依法全面 履行政府 职能	法治政府 建设的组 织领导	依法行 政制度 体系	行政 决策	行政 执法	政务 公开	监督与 问责	社会矛盾化 解与行政争 议解决	优化营商 环境的法 治保障	社会公众 满意度 调查
得分	58.00	57.00	60.00	73.00	71.00	91.55	85.89	90.84	39.00	137.60
与平均分差	2.99	11.01	14.50	3.59	16.74	24.04	8.92	18.27	4.30	5.16
与最高分差	-13.00	-15.00	-15.00	-20.00	-7.28	-2.52	-7.06	-1.31	-21.00	-25.21
排名	40	16	17	42	7	2	10	3	34	25

每项一级指标换算成百分比并与全国平均水平比较得出图12-68。

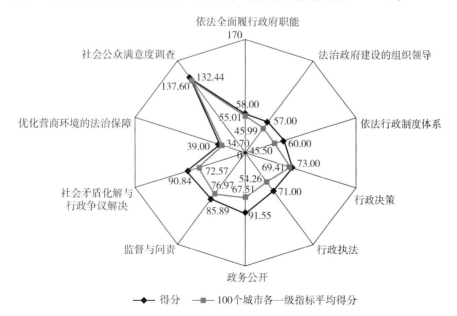

图12-68 苏州市人民政府评估得分与全国平均得分比较

可以看出，该市依法全面履行政府职能、法治政府建设的组织领导、依法行政制度体系、行政决策、行政执法、政务公开、监督与问责、社会矛盾化解与行政争议解决、优化营商环境的法治保障和公众满意度调查这十个指标得分均高于全国平均水平，说明该市政府在这十个方面评价较高。

二、苏州市法治政府建设情况分析

在 2018 年全国法治政府评估中，苏州市得到 763.88 分（总分 1000 分），在 100 个被测评城市中排名第 4 位，在东部区域 48 个城市中排名第 4 位（2017 年度评估中苏州市得到 738.27 分，排名第 22 位；2016 年度评估中，苏州市得到 745.87 分，排名第 8 位）。这一评估结果反映出，在全国法治政府建设持续推进的大背景下，苏州市法治政府建设持续健康发展，位居全国前列，但仍有一些突出的问题需要解决。

（一）成绩

1. 政务公开进步明显

2018 年度评估结果显示，在"政务公开"一级指标下，苏州市的得分为 91.55 分，高出平均分 24.04 分，排名第 2 位；2017 年度评估中，苏州市在该一级指标下的排名为第 32 位，高出平均分 8.86 分。从近两年的数据来看，苏州市在"政务公开"这一指标上的表现呈现出了明显的上升趋势。具体来说，苏州市在政府网站的检索便利性、政府对信息公开申请的答复等方面表现优异。

2. 行政执法工作稳中有进

2018 年度评估结果显示，在"行政执法"一级指标下，苏州市的得分为 71 分，高出平均分 16.74 分，排名第 7 位；2017 年度苏州市在该一级指标下的排名为第 15 位；2016 年度苏州市在该一级指标下的排名为第 23 位。三年的评估结果显示，苏州市在"行政执法"一级指标下的排名逐年提升，渐趋稳定，这表明苏州市行政执法的规范化得到了进一步加强。

3. 社会矛盾化解与行政争议解决

2018 年度评估结果显示，在"社会矛盾化解与行政争议解决"一级指标下，苏州市的得分为 90.84 分，排名第 3 位；2017 年度评估中苏州市在该一级指标下的得分为 82 分，排名第 14 位；2016 年度评估中苏州市在该一级指标下的得分为 72 分，排名第 27 位。连续三年的评估结果显示，苏州市在"社会矛盾化解与行政争议解决"一级指标下的排名稳步提升，表明苏州在社会矛盾化解与行政争议解决方面的工作不断趋于完善，值得肯定。

（二）问题

1. 行政决策水平有待提高

2018年度评估结果显示，在"行政决策"一级指标下，苏州市的得分为73分，比平均分高3.59分，排名第42位；2017年度评估中苏州市在该一级指标下的得分为66分，比平均分低6.19分，排名第75位；2016年度评估中，苏州市在该一级指标下的排名为第24位。连续三年的评估结果显示，苏州市在"行政决策"一级指标下的排名波动较大，而且位置较靠后，表明苏州市政府在行政决策方面存在一定积弊。具体来看，主要的失分点在重大决策的合法性审查上，对此该市政府应当给予一定重视。

2. 依法全面履行政府职能排名下滑

2018年度评估结果显示，在"依法全面履行政府职能"一级指标下，苏州市的得分为58分，比平均分高2.99分，排名第40位；2017年度评估中，苏州市在该一级指标下的得分为90分，高出平均分7.19分，排名第15位。从这两年的数据看，苏州市在该一级指标下的得分呈现出了下降趋势。具体来看，苏州市在生态环境保护、市政府副职领导人数设置、重特大安全事故预防方面，需要给予重视。

六十九 绥化市人民政府

一、绥化市法治政府建设情况

绥化市人民政府评估总分为551.08分，低于全国平均水平（654.34分）103.26分，在全部参与评估的100个城市中排名第98位，在东部区域48个城市中排名第48位。该市政府得分按一级指标分析，结果见表12-69。

表12-69 绥化市人民政府一级指标评估得分分析

指标 分析	依法全面 履行政府 职能	法治政府 建设的组 织领导	依法行 政制度 体系	行政 决策	行政 执法	政务 公开	监督与 问责	社会矛盾化 解与行政争 议解决	优化营商 环境的法 治保障	社会公众 满意度 调查
得分	55.00	27.50	45.00	39.00	29.67	61.00	60.00	61.00	29.00	143.91
与平均分差	-0.01	-18.49	-0.50	-30.41	-24.59	-6.51	-16.97	-11.57	-5.70	11.47
与最高分差	-16.00	-44.50	-30.00	-54.00	-48.61	-33.07	-32.95	-31.15	-31.00	-18.90
排名	53	96	57	97	98	68	99	89	73	8

每项一级指标换算成百分比并与全国平均水平比较得出图12-69。

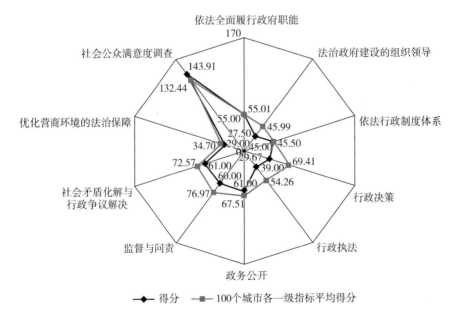

图12-69 绥化市人民政府评估得分与全国平均得分比较

可以看出，该市依法全面履行政府职能、法治政府建设的组织领导、依法行政制度体系、行政决策、行政执法、政务公开、监督与问责、优化营商环境的法治保障、社会矛盾化解与行政争议解决这九个指标得分均低于全国平均水平，说明该市政府在这九个方面评价较低。社会公众满意度调查这一指标得分高于全国平均水平，说明该市政府在这一方面评价较高。

二、绥化市法治政府建设情况分析

在 2018 年全国法治政府评估中，绥化市得到 551.08 分（总分 1000 分），在 100 个被测评城市中排名第 98 位，在东部区域 48 个城市中排名第 48 位（2017 年度评估中绥化市得到 515.76 分，排名第 98 位；2016 年度评估中，绥化市得到 428.14 分，排名第 99 位）。这一评估结果反映出，在全国法治政府建设持续推进的大背景下，绥化市法治政府建设问题较为突出，亟待改进。

（一）成绩

1. 公众满意度有所上升

2017 年度法治政府评估报告显示，绥化市在"公众满意度调查"这一指标下的得分呈现出了上升趋势。2016 年，绥化市在该指标下的排名是第 92 位，2017 年排名上升至第 60 位，2018 年度该项指标的排名进一步上升，跃至第 8 位。连续三年的评估结果显示，绥化市在"社会公众满意度调查"一级指标下的排名逐年提升，这说明绥化市依法行政工作取得了部分公众的认可。

2. 依法行政制度体系建设逐年完善

2016 年度评估中，绥化市该一级指标的得分为 19 分，排名为第 99 位；2017 年度评估中，绥化市该一级指标的得分为 33 分，排名为第 77 位；2018 年度评估结果显示，绥化市的得分为 45 分，排名第 57 位，接近全国平均水平。连续三年的评估结果显示，绥化市的依法行政制度体系建设处于不断完善的上升状态，但还是有很大的进步空间。

（二）问题

对三年来绥化市法治政府建设情况的评估进行汇总对比可以发现，该市依法全面履行政府职能、法治政府建设的组织领导、依法行政制度体系、行政决策、行政执

法、政务公开、监督与问责、优化营商环境的法治保障、社会矛盾化解与行政争议解决这九个指标的评估结果均低于全国平均水平。其中虽然一些评估指标的结果呈现出了上升的趋势，但是依然低于全国平均水平，仍有较大的进步空间。尤其是法治政府建设的组织领导、行政决策、行政执法、监督与问责这四项指标连续多年排名靠后。目前绥化市迫切需要一剂猛药，以荡除其在法治政府建设上的积弊沉疴。

七十 台州市人民政府

一、台州市法治政府建设情况

台州市人民政府评估总分为725.97分，高于全国平均水平（654.34分）71.63分，在全部参与评估的100个城市中排名第14位，在东部区域48个城市中排名第12位。该市政府得分按一级指标分析，结果见表12-70。

表12-70 台州市人民政府一级指标评估得分分析

指标 分析	依法全面履行政府职能	法治政府建设的组织领导	依法行政制度体系	行政决策	行政执法	政务公开	监督与问责	社会矛盾化解与行政争议解决	优化营商环境的法治保障	社会公众满意度调查
得分	52.00	37.00	65.00	76.00	67.86	80.19	74.95	84.00	42.00	146.98
与平均分差	-3.01	-8.99	19.50	6.59	13.60	12.68	-2.02	11.43	7.30	14.54
与最高分差	-19.00	-35.00	-10.00	-17.00	-10.42	-13.88	-18.00	-8.15	-18.00	-15.84
排名	63	80	13	31	15	21	67	11	24	6

每项一级指标换算成百分比并与全国平均水平比较得出图12-70。

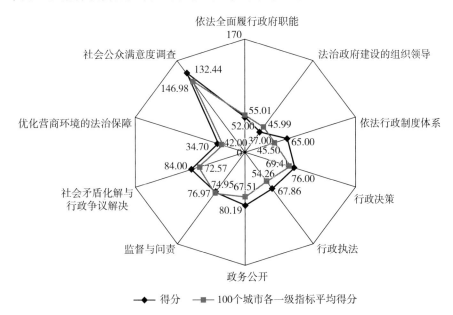

图12-70 台州市人民政府评估得分与全国平均得分比较

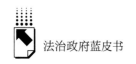

可以看出，该市依法行政制度体系、行政决策、行政执法、政务公开、社会矛盾化解与行政争议解决、优化营商环境的法治保障、社会公众满意度调查这七个指标得分高于全国平均水平，说明该市政府在这七个方面评价较高。依法全面履行政府职能、法治政府建设的组织领导、监督与问责这三个指标得分低于全国平均水平，说明该市政府在这三个方面评价较低。

二、台州市法治政府建设情况分析

在2018年全国法治政府评估中，台州市得到725.97分（总分1000分），在100个被测评城市中排名第14位，在东部区域48个城市中排名第12位（2017年度评估中台州市得到754.16分，排名第16位；2016年度评估中，台州市得到736.93分，排名第10位）。这一评估结果反映出，在全国法治政府建设持续推进的大背景下，台州市法治政府建设取得了长足的进步，但同时也存在部分待解决的问题。

（一）成绩

1. 公众满意度稳步提升

2016年度评估中，台州市在"社会公众满意度调查"一级指标下的得分为125.49分，低于平均分4.12分；2017年度评估中，台州市在该一级指标下的得分为139.85分，高出平均分11.70分；2018年度评估结果显示，台州市该一级指标得分为146.98分，高出平均分14.54分，排名第6位。连续三年的评估结果显示，台州市该一级指标的得分上升趋势明显，这表明台州市在是否让人民满意以及能否让人民满意上下了一定的功夫，更注重百姓本位，以百姓视角打造法治政府。

2. 社会矛盾化解与行政争议解决能力有所提升

2017年评估中，台州市在"社会矛盾化解与行政争议解决"一级指标下的分数为76.93分，高于平均分6.46分，排名第27位；2018年度评估结果显示，在该一级指标下，台州市的得分为84分，排名第11位。从近两年的数据来看，台州市在该一级指标下的排名有逐步上升的趋势。具体来看，其在社会矛盾化解的制度建设、复议制度完善等方面表现较好。

3. 政务公开排名上升明显

2017年度评估中，台州市在"政务公开"一级指标下的得分为91.22分，低于平均分6.76分，排名第75位；2018年度评估结果显示，台州市在"政务公开"一级指标下的得分为 80.19 分，高出全国平均分 12.68 分，排名第 21 位。从这两年的数据可以看出，台州市在政务公开方面的排名上升趋势明显，这说明该市在政府信息公开方面作出了一定的调整和努力。

（二）问题

1. 法治政府建设的组织领导方面持续低迷

2016 年的评估结果显示，在"法治政府建设的组织领导"一级指标下，台州市得分为 45 分，排名第 31 位；2017 年度评估中，台州市在该一级指标下的得分为 51 分，排名第 44 位；2018 年度评估结果显示，台州市在该一级指标下的得分为 37 分，排名第 80 位。连续三年的评估数据显示，台州市在该指标上的表现呈现出持续低迷的状态，表明台州市政府在法治政府建设的组织领导方面的工作存在欠缺，部分职能落实不到位。

2. 依法全面履行政府职能遭遇滑坡

2018 年度评估结果显示，在"依法全面履行政府职能"一级指标下，台州市得到 52 分，比最高分低了 19 分，排名第 63 位。而在 2017 年度和 2016 年度的评估中，台州市在该一级指标下的排名为第 1 位和第 3 位，排名下滑明显。具体来看，台州市在市政府机构数的设置、市政府副职领导人数设置、减证便民、重特大安全事故预防上的表现都不尽如人意。

3. 监督与问责工作需加强

2018 年度评估结果显示，在"监督与问责"一级指标下，台州市得分为 74.95 分，排名第 67 位；2017 年度评估中，台州市在该一级指标下的得分为 82.46 分，排名第 8 位。排名和得分的变动与 2018 年指标的调整存在一定的关系，但具体来看，台州市在行政机关负责人出庭应诉、对公众投诉举报答复的公布等方面的表现不尽如人意，有待进一步提升。

七十一 太原市人民政府

一、太原市法治政府建设情况

太原市人民政府评估总分为 557.76 分，低于全国平均水平（654.34 分）96.58 分，在全部参与评估的 100 个城市中排名第 95 位，在中部区域 32 个城市中排名第 31 位。该市政府得分按一级指标分析，结果见表 12-71。

表 12-71 太原市人民政府一级指标评估得分分析

指标\分析	依法全面履行政府职能	法治政府建设的组织领导	依法行政制度体系	行政决策	行政执法	政务公开	监督与问责	社会矛盾化解与行政争议解决	优化营商环境的法治保障	社会公众满意度调查
得分	51	15	40	68.5	49.3	54.07	62.47	65.58	28	123.84
与平均分差	-4.01	-30.99	-5.5	-0.91	-4.96	-13.44	-14.5	-6.99	-6.7	-8.6
与最高分差	-20	-57	-35	-24.5	-28.98	-40	-30.48	-26.57	-32	-38.97
排名	67	99	58	54	69	84	97	74	74	85

每项一级指标换算成百分比并与全国平均水平比较得出图 12-71。

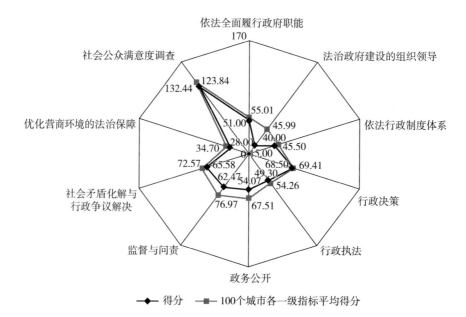

图 12-71 太原市人民政府评估得分与全国平均得分比较

可以看出，该市依法全面履行政府职能、法治政府建设的组织领导、依法行政制度体系、行政决策、行政执法、政务公开、监督与问责、社会矛盾化解与行政争议解决、优化营商环境的法治保障、社会公众满意度调查这十个指标得分全部低于全国平均水平，说明该市政府在这些方面评价较低。

二、太原市法治政府建设情况分析

在2018年度法治政府评估中，太原市得分为557.76分（总分1000分），在全国100个被测评城市中排名第95位，在中部区域32个城市中排名第31位（在2017年全国法治政府评估中，太原市得到640.78分，在100个被测评城市中排名第80位；在2016年度评估中，太原市得到642.19分，全国排名第67位）。这一评估结果反映出太原市法治政府建设水平呈现逐年下降的趋势，暴露了法治政府建设工作中的一些问题。

（一）成绩

1. 行政决策的法治化程度有所提高

2018年度评估结果显示，太原市在"行政决策"这一指标下得分68.5分，全国排名第54位。2016年和2017年度太原市该指标都得到了66分，相比之下尽管2018年度的评估分数只提高了2.5分，但排名已经由2017年的第75位上升了21位，与全国平均分的差值也已经从2017年低于全国平均分6.19分上升为仅低0.91分。通过分析评估数据可以看出，太原市政府近几年在行政决策方面取得了不小进步，在政府工作中能够基本做到合法、民主、科学、公开决策，行政决策的法治化程度有所提高，已经接近全国平均水平。实现重大行政决策的法治化是建设法治政府、实现依法行政的重点工作之一，太原市政府在今后的工作中应注重加强重大决策制度的落实情况，争取超过全国平均水平。

2. 社会公众满意度有所提升

在社会公众满意度调查方面，太原市所得分数连续三年都有所提高，表明太原市在该指标上取得了一定进步。2016年太原市该项指标的得分为119.71分，低于全国平均分9.9分，排名第79位；2017年得分为120.27分，排名第78位；而在2018年度的评估中太原市得到了123.84分，比全国平均分低8.6分。尽管太原市在该项指标上的分数有所提高，但排名情况仍不甚理想，太原市法治政府建设的社会公众满意度在全国仍处于落后状态，建议太原市政府在接下来的工作中应继续通过落实全面履

行政府职能、严格规范公正文明执法、提高政府工作人员办事效率和清正廉洁水平等制度措施来提高社会公众满意度。

（二）问题

1. 法治政府建设的组织领导工作持续滞后

评估结果显示，2018年度太原市在"法治政府建设的组织领导"指标下得分为15分，比全国平均分低30.99分，比全国最高分低57分，在全国100个城市中排名第99位；2017年，太原市在该项指标下得分为35分，比全国平均分低12.22分，排名第87位；2016年，太原市该项指标的得分为47分，高于全国平均分7.61分，排名第26位。由此可见，在该项指标上太原市的分数和排名连续三年急剧下降，在2018年度的评估中排名已经落至全国倒数第2位，这充分暴露了太原市近年来在法治政府建设的组织领导方面工作存在严重问题：对政府法治工作的组织保障不够充分，法治政府建设工作机制不能落实到位，领导干部的法治思维滞后，法治能力水平较低。因此，太原市政府在法治政府建设的组织领导方面亟须加大工作力度。

2. 政务公开表现欠佳

在政务公开方面太原市的表现不尽如人意，评估分数呈断崖式下跌，在2018年度的评估中仅得到54.07分，比全国平均分少13.44分，也远远低于2016年的88.25分和2017年的92.75分。从纵向排名来看，由2016年的第67名到2017年的第69名再到2018年度第84名，全国排名持续下滑。全面推进政务公开既是保障公民知情权等合法权益的必然要求，也有助于提升政府公信力，有效监督政府依法行政。太原市政府应高度重视政务公开工作，加大政务公开力度。

3. 监督与问责机制成为法治政府建设的短板

在"监督与问责"一级指标下，太原市在本年度的评估中得到62.47分，低于全国平均分14.5分，比全国最高分低30.48分，排名第97位，处于全国倒数水平。回顾往年的评估，2017年太原市得分69.06分，全国排名第74位；2016年得分59.23分，全国排名第90位。可知监督与问责机制已成为制约太原市法治政府建设的短板，实践中太原市未能建立健全责任追究制度，外部监督未能发挥应有的作用，政府部门内部层级监督力度不够。太原市应重视问责机制的落实效果，提高监督的透明度和公开度，综合发挥各种监督的作用。

4. 社会矛盾化解与行政争议解决机制亟须完善

根据评估结果，在本年度的评估中太原市在"社会矛盾化解与行政争议解决"

一级指标下得分65.58分，低于2016年和2017年的70分，分数有所下降。2016年太原市该指标的分数尚高于全国平均分1.9分，2017年也仅比全国平均分低0.48分，而在2018年的评估中已经落后于全国平均分6.99分，全国排名也由2016年的第45名和2017年的第51名下滑到第74名，呈现直线下降的趋势，由中上游落后到下游水平。由此可见太原市在社会矛盾化解与行政争议解决方面整体表现不佳，社会矛盾化解渠道不畅通，争议解决制度建设不完善，实施效果不佳。

七十二 泰安市人民政府

一、泰安市法治政府建设情况

泰安市人民政府评估总分为 678.67 分，高于全国平均水平（654.34 分）24.33 分，在全部评估的 100 个城市中排名第 34 位，在东部区域 48 个城市中排名第 23 位。该市政府得分按一级指标分析，结果见表 12-72。

表 12-72 泰安市人民政府一级指标评估得分分析

指标 分析	依法全面履行政府职能	法治政府建设的组织领导	依法行政制度体系	行政决策	行政执法	政务公开	监督与问责	社会矛盾化解与行政争议解决	优化营商环境的法治保障	社会公众满意度调查
得分	62	25	65	82	54.34	82.5	77.97	67.75	36	126.12
与平均分差	6.99	-20.99	19.5	12.59	0.08	14.99	1	-4.82	1.3	-6.32
与最高分差	-9	-47	-10	-11	-23.94	-11.57	-14.98	-24.4	-24	-36.69
排名	17	98	7	15	47	13	52	66	42	79

每项一级指标换算成百分比并与全国平均水平比较得出图 12-72。

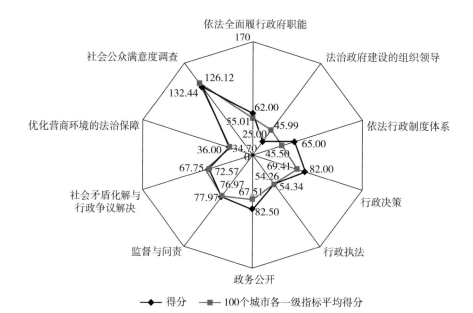

图 12-72 泰安市人民政府评估得分与全国平均得分比较

可以看出，该市依法全面履行政府职能、依法行政制度体系、行政决策、行政执法、政务公开、监督与问责、优化营商环境的法治保障这七个指标得分高于全国平均水平，说明该市政府在这七个方面评价较高。法治政府建设的组织领导、社会矛盾化解与行政争议解决、社会公众满意度调查指标得分低于全国平均水平，说明该市政府在这三个方面评价较低。

二、泰安市法治政府建设情况分析

在 2018 年度法治政府评估中，泰安市得到 678.67 分（总分 1000 分），在全国 100 个被测评城市中排名第 34 位，在东部区域 48 个城市中排名第 23 位（在 2017 年全国法治政府评估中，泰安市得到 675.76 分，在 100 个被测评城市中排名第 60 位；2016 年度评估中，泰安市得到 659.83 分，排名第 56 位）。这一评估结果反映出，泰安市的得分排名已在全国百城中跃居上游水平，说明泰安市在法治政府建设方面取得了较大进步，其法治政府建设水平有了显著提高。

（一）成绩

1. 依法行政制度体系较为健全

评估结果显示，泰安市连续三年在"依法行政制度体系"一级指标下表现突出。2016 年泰安市该项指标得分 66 分，全国排名第 12 位；2017 年得到 73 分，高于全国平均分 27.08 分，位列第 8 名；而在 2018 年度的评估中，泰安市得分 65 分，比全国平均分高 19.5 分，全国排名第 7 位，同时这也是泰安市全国排名最高的指标。通过分析数据发现，泰安市在依法行政制度体系建设方面始终处于全国前列，尽管 2018 年度的评估分数相比于上年有所下降，但排名进步了一位，仍位列全国前十，说明泰安市正在稳步推进依法行政制度体系建设，建立健全了较为科学规范、运行有效的依法行政制度体系。

2. 行政决策更加规范

在行政决策方面，泰安市的评估分数和全国排名连年升高，呈现稳步发展的态势。从 2016 年到 2018 年，泰安市的评估分数由 66 分增长到 77 分再到 82 分，从低于全国平均分 2.87 分增长到 2018 年度比全国平均分高出 12.59 分，名次也由 2016 年排名第 62 位的中下游水平进步到 2018 年度排名第 15 位的上游水平。这充分说明了近几年泰安市的行政决策法治化工作进展良好，政府决策日益规

范化。

3. 监督与问责取得有效进展

根据评估结果，在 2016 年和 2017 年的评估中"监督与问责"指标还是泰安市法治政府建设进程中的严重短板，2016 年泰安市在该项指标上得分 58.59 分，全国排名第 91 位，2017 年得分 57 分，全国排名第 95 位，分数也远远低于全国平均水平。在 2018 年度评估中泰安市已经拿到了 77.97 分，相比上年增加了近 21 分，比全国平均分高出 1 分，全国排名第 52 位，达到了全国平均水平。这说明泰安市政府在本年度的工作中对内外部监督与问责机制的建设与实施给予了高度重视，同时扫除了部分顽固性障碍，监督与问责工作取得突破性进展。

（二）问题

1. 法治政府建设的组织领导工作不到位

通过分析评估结果，泰安市在"法治政府建设的组织领导"指标下表现较差，连续三年分数未达 50 分，与全国平均分相差甚远，名次位列全国倒数水平（2016 年得分 25 分，全国排名第 93 位；2017 年得分 42 分，全国排名第 71 位；2018 年得到 25 分，全国排名第 98 位）。在泰安市法治政府建设整体态势良好、多项指标得分稳定增长的形势下，该项指标的持续走低暴露了泰安市在法治政府建设的组织领导方面工作的不到位，政府对相关工作的重视度不够。

2. 社会矛盾化解与行政争议解决问题突出

在社会矛盾化解与行政争议解决方面，泰安市在 2018 年度的评估中排名出现大幅度下滑，由 2017 年的第 21 名下滑到第 66 名，而在 2016 年的评估中泰安市的该项指标得分甚至已经位列全国前二十。2018 年泰安市该项指标得到 67.75 分，低于全国平均分 4.82 分，首次落到全国平均水平以下。从上游急剧落后到中下游水平说明了 2018 年度泰安市的社会矛盾问题较为尖锐，行政争议解决不力，建议泰安市政府找到问题所在并及时采取措施加以解决，避免该项指标成为法治政府建设的掣肘因素。

3. 社会公众满意度不甚理想

评估数据显示，泰安市"社会公众满意度调查"指标 2018 年得分为 126.12 分，比全国平均分低 6.32 分，全国排名第 79 位；2017 年度泰安市该项指标得分为 117.93 分，全国排名第 87 位，低于全国平均分 10.22 分；2016 年度泰安市得到 121.24 分，全国排名第 72 位，低于全国平均分 8.37 分。从三年数据分析，泰安市的社会公众满意度分数增长缓慢，排名变化不大，且始终处于倒数 30 位的行列，公众满意度不甚理想。因此，泰安市在法治政府建设过程中，应重视社会公众满意与否的反馈，尤其是注重依法全面履行政府职能、严格规范公正文明执法、科学民主行政决策、廉洁高效、守法诚信方面的公众满意度培养。

七十三　唐山市人民政府

一、唐山市法治政府建设情况

唐山市人民政府评估总分为 585.09 分,低于全国平均水平（654.34 分）69.25 分,在全部评估的 100 个城市中排名第 87 位,在东部区域 48 个城市中排名第 46 位。该市政府得分按一级指标分析,结果见表 12-73。

表 12-73　唐山市人民政府一级指标评估得分分析

指标 分析	依法全面履行政府职能	法治政府建设的组织领导	依法行政制度体系	行政决策	行政执法	政务公开	监督与问责	社会矛盾化解与行政争议解决	优化营商环境的法治保障	社会公众满意度调查
得分	50	51	25	55	61.58	57.96	60.32	55.78	31	137.46
与平均分差	-5.01	5.01	-20.5	-14.41	7.32	-9.55	-16.65	-16.79	-3.7	5.02
与最高分差	-21	-21	-50	-38	-16.7	-36.11	-32.63	-36.37	-29	-25.35
排名	74	33	86	90	27	72	98	96	60	27

每项一级指标换算成百分比并与全国平均水平比较得出图 12-73。

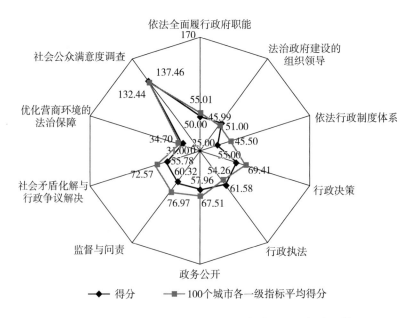

图 12-73　唐山市人民政府评估得分与全国平均得分比较

可以看出，该市法治政府建设的组织领导、行政执法、社会公众满意度调查这三个指标得分高于全国平均水平，说明该市政府在这三个方面评价较高。依法全面履行政府职能、依法行政制度体系、行政决策、政务公开、监督与问责、社会矛盾化解与行政争议解决、优化营商环境的法治保障这七个指标得分低于全国平均水平，说明该市政府在这些方面评价较低。

二、唐山市法治政府建设情况分析

在 2018 年全国法治政府评估中，唐山市得到 585.09 分（总分 1000 分），在 100 个被测评城市中排名第 87 位，在东部区域 48 个城市中排名第 46 位（2017 年度评估中，唐山市得到 671.74 分，排名第 62 位；2016 年度评估中唐山市得到 638.92 分，排名第 71 位）。这一评估结果反映出，在全国法治政府建设持续推进的大背景下，唐山市法治政府建设相较往年有所退步，在个别指标有进步的同时，也存在一些亟待重视和解决的问题。

（一）成绩

1. 行政执法水平逐步提高

根据评估数据，唐山市 2018 年度"行政执法"指标得分为 61.58 分，高出全国平均分数 7.32 分，在全国 100 座评估城市中排名第 27 位；2017 年唐山市在该项指标下的得分为 67.2 分，比全国平均分低 1.83 分，全国排名第 56 位；2016 年唐山市该项指标在 100 座评估城市中排名为全国第 74 位，得分为 60.6 分，低于全国平均分 8.914 分。根据近三年的数据分析可知，唐山市在"行政执法"指标上尽管分数有所回落，但排名连续三年稳步上升，2018 年度已经位列全国前三十，与全国平均分的差距也由相差近 9 分进步至高出 7 分多，说明唐山市在行政执法方面已经赶超全国平均水平，行政执法水平逐步提高，其进步值得肯定。

2. 社会公众满意度表现稳定

在社会公众满意度调查方面，2018 年度唐山市在该指标评估中得分 137.46 分，高于全国平均分 5.02 分，全国排名第 27 位；唐山市 2017 年该项指标的得分为 141.03 分，比全国平均分高出 12.88 分，在 100 所评估城市中排名第 12 位；在 2016 年的评估中唐山市得到了 140.64 分，比全国平均分高出 11.03 分，全国排名第 20 位。由连续三年数据分析可知，唐山市在建设法治政府过程中公众满意度始终处于全

国前列，社会公众满意度指标表现稳定。这充分体现了唐山市政府三年来持续努力，能够做到以人为本，为人民服务，积极提升政府工作的公众满意度。

（二）问题

1. 行政决策建设需加强

评估数据显示，唐山市的"行政决策"指标评估排名连续三年都处在相对落后的位置。2016 年度唐山市该项指标得分为 57 分，低于全国平均分 11.87 分，全国排名第 88 位；2017 年度唐山市该项指标得分为 61 分，全国排名第 92 位，比全国平均分低 11.19 分；而在本年度评估中，唐山市仅得到 55 分，比全国平均分少 14.41 分，排名全国第 90 位。唐山市在行政决策方面名次始终在低位徘徊，说明其在合法决策、民主决策、科学决策、公开决策及决策追踪方面存在某些问题，行政决策建设需要继续加强。

2. 监督与问责机制落实不到位

根据评估数据，唐山市"监督与问责"指标的分数和名次均呈现连年下降的趋势，暴露了政府的监督与问责机制落实不到位。唐山市该指标在本年度评估中得到 60.32 分，比全国平均分低 16.65 分，排名第 98 位；2017 年评估得分 68.07 分，低于全国平均分 5.38 分，排名第 77 位；2016 年评估中，唐山市在该指标下得到 71.18 分，排名第 35 位。由此可见，唐山市在 2017 年监督与问责机制暴露短板后并未采取有效措施加以改正，使得问题愈加严重，导致在 2018 年的评估中已经落后到全国倒数水平，值得认真反思。

3. 社会矛盾化解与行政争议解决能力有待提升

在"社会矛盾化解与行政争议解决"指标下，唐山市在本年度评估中得分 55.78 分，比全国平均分低 16.79 分，全国排名第 96 位。对比前两年的数据，2017 年度唐山市该项指标得分为 66.36 分，比全国平均分低 4.12 分，全国排名第 73 位；2016 年唐山市得分 59 分，低于全国平均分 9.1 分，全国排名第 91 位。经分析可知，唐山市该项指标在 2017 年度有明显改善，但在 2018 年的评估中再次滑落，无论是得分还是排名都有明显退步。由此说明，唐山市在社会矛盾化解与行政争议解决方面投入的时间和精力不稳定，其能力有待进一步提升。

七十四 天津市人民政府

一、天津市法治政府建设情况

天津市人民政府评估总分为 695.96 分，高于全国平均水平（654.34 分）41.62 分，在全部参与评估的 100 个城市中排名第 23 位，在东部区域 48 个城市中排名第 17 位。该市政府得分按一级指标分析，结果见表 12-74。

表 12-74 天津市人民政府一级指标评估得分分析

指标分析	依法全面履行政府职能	法治政府建设的组织领导	依法行政制度体系	行政决策	行政执法	政务公开	监督与问责	社会矛盾化解与行政争议解决	优化营商环境的法治保障	社会公众满意度调查
得分	53	45	25	83	58.5	84.24	79.1	76.58	48	143.54
与平均分差	-2.01	-0.99	-20.5	13.59	4.24	16.73	2.13	4.01	13.3	11.1
与最高分差	-18	-27	-50	-10	-19.78	-9.83	-13.85	-15.57	-12	-19.27
排名	59	53	86	13	37	9	43	41	10	10

每项一级指标换算成百分比并与全国平均水平比较得出图 12-74。

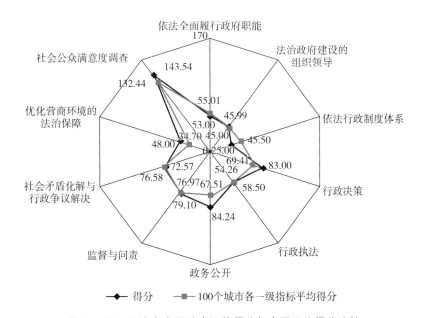

图 12-74 天津市人民政府评估得分与全国平均得分比较

可以看出，该市行政决策、行政执法、政务公开、监督与问责、社会矛盾化解与行政争议解决、优化营商环境的法治保障、社会公众满意度调查这七个指标得分高于全国平均水平，说明该市政府在这七个方面评价较高。依法全面履行政府职能、法治政府建设的组织领导、依法行政制度体系这三个指标得分低于全国平均水平，说明该市政府在这三个方面评价较低。

二、天津市法治政府建设情况分析

在 2018 年全国法治政府评估中，天津市得到 695.96 分（总分 1000 分），在 100 个被测评城市中排名第 23 位，在东部区域 48 个城市中排名第 17 位（2017 年度评估中，天津市得到 756.45 分，排名第 15 位；2016 年度评估中天津市得到 711.51 分，排名第 24 位）。这一评估结果反映出，在全国法治政府建设持续推进的大背景下，天津市法治政府建设在取得进步的同时，也存在一些亟待重视和解决的问题。

（一）成绩

1. 行政决策制度建立和落实效果明显

2018 年度评估结果显示，在"行政决策"这一指标下，天津市得到 83 分，比全国平均分高出 13.59 分，在 100 个评估城市中排名第 13 位；2017 年度评估中，天津市该指标得到 77 分，比全国平均分高出 4.81 分，排名全国第 34 位；2016 年度评估中，天津市在"行政决策"这一指标下得到 75 分，比全国平均分高出 6.13 分，排名全国第 25 位。对比连续三年的评估结果可以看出，天津市在该指标下表现良好，行政决策制度建立健全，相关工作落实到位。

2. 政务公开工作取得显著进步

2018 年度评估结果显示，天津市在"政务公开"一级指标下得到 84.24 分，比全国平均分高出 16.73 分，在 100 个评估城市中排名第 9 位；2017 年度评估中，天津市在"政务公开"指标下得到 91.23 分，比全国平均分低 6.75 分，排名全国第 73 位；2016 年度评估中，天津市该指标得到 100.25 分，比全国平均分高出 7.675 分，排名全国第 33 位。根据三年评估数据可知，天津市政务公开工作取得了显著进步，排名从 2017 年的第 73 位上升至 2018 年的第 9 位，说明天津市政务公开工作扎实推进，并取得成效。

3. 公众满意度位居前列

2018 年度评估结果显示，天津市在"社会公众满意度调查"这一指标下得到 143.54 分，比全国平均分高出 11.1 分，在 100 个评估城市中排名第 10 位；2017 年度评估中，天津市这一指标得到 155.85 分，比全国平均分高出 27.70 分，排名全国第 2 位；2016 年度评估中，天津市在该指标下得到 123.66 分，比全国平均分低 5.95 分，排名全国第 66 位。通过连续三年的评估结果可以看出，天津市的社会公众满意度自 2017 年以来有显著提高，2018 年仍处于全国前十，说明天津市在法治政府建设过程中，注重社会公众的评价，以服务群众为出发点，取得了良好成效。

（二）问题

1. 依法全面履行政府职能工作不扎实

根据评估结果，天津市近三年在依法全面履行政府职能方面驻足不前，相关工作无明显改善。2018 年度天津市在"依法全面履行政府职能"这一指标下得到 53 分，比全国平均分低 2.01 分，在 100 个评估城市中，排名第 59 位；2017 年度评估中，天津市该指标得到 79 分，比全国平均分低 3.81 分，排名全国第 74 位；2016 年度评估中，天津市该指标得到 83 分，比全国平均分高出 6.77 分，排名全国第 31 位。根据三年评估数据可知，天津市依法全面履行政府职能工作开展不扎实，连续两年得分均低于全国平均分，且排名靠后，应当注重制度建设，落实好有关工作，切实履行好政府职能。

2. 法治政府建设的组织领导不到位

2018 年度评估结果显示，天津市在"法治政府建设的组织领导"这一指标下得到 45 分，比全国平均分低 0.99 分，在 100 个评估城市中排名第 53 位；2017 年度评估中，天津市这一指标得到 72 分，比全国平均分高出 24.78 分，排名全国第 1 位；2016 年度评估中，天津市在该指标下得到 57 分，比全国平均分高出 17.61 分，排名全国第 6 位。对比连续三年的评估结果可以看出，本年度天津市"法治政府建设的组织领导"这一指标排名有大幅下降，从 2017 年度的第 1 位下降至第 53 位，说明天津市在法治政府建设的组织领导上未能保持优势，有关工作落实不到位，应当对法治政府建设的组织领导工作加大重视力度，加强组织保障。

3. 依法行政制度体系需进一步完善

2018 年度评估结果显示，在"依法行政制度体系"这一指标下，天津市得到 25 分，比全国平均分低 20.5 分，在 100 个评估城市中，排名第 86 位；2017 年度评估

中，天津市在该指标下得到 38 分，比全国平均分低 7.92 分，排名全国第 63 位；2016 年度评估中，天津市在该指标下得到 42 分，比全国平均分低 8.76 分，排名全国第 74 位。根据三年评估结果可知，天津市依法行政制度体系尚未建立健全，连续三年得分均低于全国平均水平，且得分呈逐年下降趋势。天津市应当对此予以重视，进一步完善依法行政制度体系，提高依法行政水平。

七十五　潍坊市人民政府

一、潍坊市法治政府建设情况

潍坊市人民政府评估总分为728.66分，高于全国平均水平（654.34分）74.32分，在全部参与评估的100个城市中排名第13位，在东部区域48个城市中排名第11位。该市政府得分按一级指标分析，结果见表12-75。

表12-75　潍坊市人民政府一级指标评估得分分析

指标 分析	依法全面 履行政府 职能	法治政府 建设的组 织领导	依法行 政制度 体系	行政 决策	行政 执法	政务 公开	监督与 问责	社会矛盾化 解与行政争 议解决	优化营商 环境的法 治保障	社会公 众满意 度调查
得分	58	50	55	73	69.96	85.45	78.93	75.03	42	141.29
与平均分差	2.99	4.01	9.5	3.59	15.7	17.94	1.96	2.46	7.3	8.85
与最高分差	-13	-22	-20	-20	-8.32	-8.62	-14.02	-17.12	-18	-21.52
排名	40	38	28	42	9	5	46	44	23	13

每项一级指标换算成百分比并与全国平均水平比较得出图12-75。

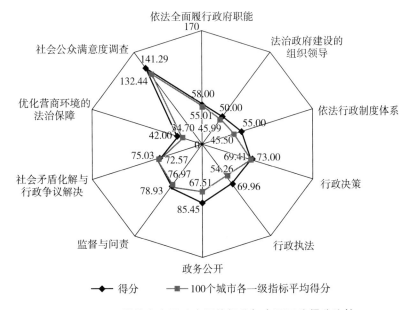

图12-75　潍坊市人民政府评估得分与全国平均得分比较

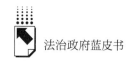

可以看出，该市依法全面履行政府职能、法治政府建设的组织领导、依法行政制度体系、行政决策、行政执法、政务公开、监督与问责、社会矛盾化解与行政争议解决、优化营商环境的法治保障、社会公众满意度调查这十个指标得分均高于全国平均水平，说明该市政府在这十个方面评价均较高。

二、潍坊市法治政府建设情况分析

在 2018 年全国法治政府评估中，潍坊市得到 728.66 分（总分 1000 分），在 100 个被测评城市中排名第 13 位，在东部区域 48 个城市中排名第 11 位（2017 年度评估中，潍坊市得到 783.4 分，排名第 9 位；2016 年度评估中潍坊市得到 742.89 分，排名第 9 位）。这一评估结果反映出，在全国法治政府建设持续推进的大背景下，潍坊市法治政府建设稳步推进，但也存在一些亟待重视和解决的问题。

（一）成绩

1. 行政执法工作落实到位

2018 年度评估结果显示，在"行政执法"这一指标下，潍坊市得到 69.96 分，比全国平均分高出 15.7 分，在 100 个评估城市中，排名第 9 位；2017 年度评估中，潍坊市在这一指标下得到 80.4 分，比全国平均分高出 11.38 分，排名全国第 23 位；2016 年度评估中，潍坊市该指标得到 84.9 分，比全国平均分高出 15.39 分，排名全国第 13 位。潍坊市"行政执法"这一指标连续三年得分均高于全国平均水平，且 2018 年度排名位列全国前十，说明潍坊市的行政执法规范程度有所提高，行政执法工作落实到位。

2. 政务公开工作稳步推进

2018 年度评估结果显示，潍坊市在"政务公开"这一指标下得到 85.45 分，比全国平均分高出 17.94 分，在 100 个评估城市中，排名第 5 位；2017 年度评估中，潍坊市在这一指标下得到 112.75 分，比全国平均分高出 14.77 分，排名全国第 10 位；2016 年度评估中，潍坊市该指标得到 109.5 分，比全国平均分高出 16.93 分，排名全国第 9 位。从以上评估数据可以看出，潍坊市在政务公开方面表现良好，连续三年排名均处于全国前十，说明潍坊市充分重视政务公开工作，建立健全有关制度，扎实推进政务公开各项工作。

3. 社会公众满意度较高

2018 年度评估结果显示，潍坊市在"社会公众满意度调查"这一指标下得到

141.29 分，比全国平均分高出 8.85 分，在 100 个评估城市中，排名第 13 位；2017 年度评估中，潍坊市在该指标下得到 153.12 分，比全国平均分高出 24.97 分，排名全国第 3 位；2016 年度评估中，潍坊市该指标得到 142.62 分，比全国平均分高出 13.01 分，排名全国第 17 位。根据连续三年的评估数据可以看出，潍坊市的社会公众满意度较高，潍坊市民对潍坊市法治政府建设工作较为满意，认同市政府的相关工作，对今后工作的开展提供了有力支撑。

（二）问题

1. 依法行政制度体系建设有待加强

2018 年度评估结果显示，在"依法行政制度体系"这一指标下，潍坊市得到 55 分，比全国平均分高出 9.5 分，在 100 个评估城市中，排名第 28 位；2017 年度评估中，潍坊市在该指标下得到 75 分，比全国平均分高出 29.08 分，排名全国第 3 位；2016 年度评估中，潍坊市该指标得到 76 分，比全国平均分高出 25.24 分，排名全国第 1 位。总体来看，潍坊市依法行政制度体系相对完善，但近三年排名逐年下降，尤其是 2018 年度得分与排名均有大幅度下滑，需要予以重视。

2. 监督与问责机制不完善

2018 年度评估结果显示，潍坊市在"监督与问责"这一指标下得到 78.93 分，比全国平均分高出 1.96 分，在 100 个评估城市中，排名第 46 位；2017 年度评估中，潍坊市在该指标下得到 79.38 分，比全国平均分高出 5.93 分，排名全国第 25 位；2016 年度评估中，潍坊市该指标得到 74.87 分，比全国平均分高出 6.85 分，排名全国第 21 位。可以看出，从 2016 年到 2018 年，潍坊市在"监督与问责"这一指标下的排名不断下滑，有关工作未能落实到位，应当从外部监督、内部监督与问责三方面着手，不断完善监督与问责机制。

3. 社会矛盾化解与行政争议解决工作不到位

2018 年度评估结果显示，潍坊市在"社会矛盾化解与行政争议解决"这一指标下得到 75.03 分，比全国平均分高出 2.46 分，在 100 个评估城市中，排名第 44 位；2017 年度评估中，潍坊市在该指标下得到 68.75 分，比全国平均分低 1.73 分，排名全国第 58 位；2016 年度评估中，潍坊市该指标得到 74 分，比全国平均分高出 5.9 分，排名全国第 20 位。尽管相较于 2017 年，2018 年的得分和排名均有所上升，但上升幅度不大，说明潍坊市社会矛盾化解与行政争议解决工作一直未取得突破性进展，应当进一步加强制度建设，努力化解社会矛盾、解决行政争议。

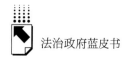

七十六 温州市人民政府

一、温州市法治政府建设情况

温州市人民政府评估总分为710.29分，高于全国平均水平（654.34分）55.95分，在全部参与评估的100个城市中排名第21位，在东部区域48个城市中排名第16位。该市政府得分按一级指标分析，结果见表12-76。

表12-76 温州市人民政府一级指标评估得分分析

指标分析	依法全面履行政府职能	法治政府建设的组织领导	依法行政制度体系	行政决策	行政执法	政务公开	监督与问责	社会矛盾化解与行政争议解决	优化营商环境的法治保障	社会公众满意度调查
得分	48	40	65	81	62.34	79.72	80.48	68.69	49	136.06
与平均分差	-7.01	-5.99	19.5	11.59	8.08	12.21	3.51	-3.88	14.3	3.62
与最高分差	-23	-32	-10	-12	-15.94	-14.35	-12.47	-23.46	-11	-26.75
排名	80	68	7	19	24	24	35	61	7	32

每项一级指标换算成百分比并与全国平均水平比较得出图12-76。

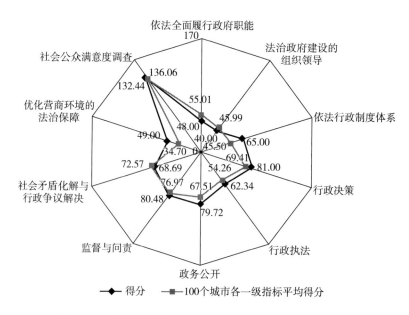

图12-76 温州市人民政府评估得分与全国平均得分比较

可以看出，该市依法行政制度体系、行政决策、行政执法、政务公开、监督与问责、优化营商环境的法治保障、社会公众满意度调查这七个指标得分高于全国平均水平，说明该市政府在这七个方面评价较高。依法全面履行政府职能、法治政府建设的组织领导、社会矛盾化解与行政争议解决这三个指标得分低于全国平均水平，说明该市政府在这三个方面评价较低。

二、温州市法治政府建设情况分析

在2018年全国法治政府评估中，温州市得到710.29分（总分1000分），在100个被测评城市中排名第21位，在东部区域48个城市中排名第16位（2017年度评估中，温州市得到741.92分，排名第19位；2016年度评估中温州市得到733.56分，排名第11位）。这一评估结果反映出，在全国法治政府建设持续推进的大背景下，温州市法治政府建设稳步推进，取得了一定成绩，但也存在一些亟待重视和解决的问题。

（一）成绩

1. 依法行政制度体系不断完善

2018年度评估结果显示，在"依法行政制度体系"这一指标下，温州市得到65分，比全国平均分高出19.5分，在100个评估城市中，排名第7位；2017年度评估中，温州市在该指标下得到60分，比全国平均分高出14.08分，排名第20位；2016年度评估中，温州市该指标得到57分，比全国平均分高出6.24分，排名第31位。根据连续三年的评估结果可知，温州市在"依法行政制度体系"这一指标下的排名逐年上升，说明温州市在建设法治政府的过程中，重视依法行政制度体系建设，不断完善依法行政制度体系。

2. 行政决策工作取得显著成效

2018年度评估结果显示，温州市在"行政决策"这一指标下得到81分，比全国平均分高出11.59分，在100个评估城市中，排名第19位；2017年度评估中，温州市在该指标下得到73分，比全国平均分高出0.81分，排名第49位；2016年度评估中，温州市该指标得到64分，比全国平均分低4.87分，排名第71位。通过以上评估结果可知，温州市"行政决策"指标的得分和排名有大幅提升，行政决策的民主化、科学化水平不断提高，相关工作取得显著成效。

3. 政务公开工作扎实开展

2018 年度评估结果显示，在"政务公开"这一指标下，温州市得到 79.72 分，比全国平均分高出 12.21 分，在 100 个评估城市中，排名第 24 位；在 2017 年度评估中，温州市在该指标下得到 113.32 分，比全国平均分高出 15.34 分，排名第 9 位；在 2016 年度评估中，温州市该指标得到 107.5 分，比全国平均分高出 14.93 分，排名第 13 位。尽管温州市"政务公开"这一指标的排名有所下降，但总体而言表现较好，连续三年得分均高于全国平均分，且排名靠前，说明近几年温州市的政务公开工作扎实开展，取得了良好成绩。

（二）问题

1. 政府职能履行不到位

2018 年度评估结果显示，温州市在"依法全面履行政府职能"这一指标下得到 48 分，比全国平均分低 7.01 分，在 100 个评估城市中，排名第 80 位；2017 年度评估中，温州市在该指标下得到 90 分，比全国平均分高出 7.19 分，排名第 15 位；2016 年度评估中，温州市该指标得分 90 分，比全国平均分高出 13.77 分，排名第 9 位。根据以上评估数据可以看出，2018 年度温州市在依法全面履行政府职能方面表现较差，排名从 2017 年度的第 15 位下降至第 80 位，得分与排名均有大幅下滑，应当加强重视，切实依法全面履行政府职能。

2. 法治政府建设的组织领导情况未改善

2018 年度评估结果显示，在"法治政府建设的组织领导"这一指标下，温州市得到 40 分，比全国平均分低 5.99 分，在 100 个评估城市中，排名第 68 位；2017 年度评估中，温州市在该指标下得到 52 分，比全国平均分高出 4.78 分，排名第 36 位；2016 年度评估中，温州市该指标得到 37 分，比全国平均分低 2.39 分，排名第 55 位。可以看出，温州市法治政府建设的组织领导工作整体水平不高，相关工作未能落实到位，相较于 2017 年，2018 年度得分与排名出现较大幅度下滑，应当引起重视，改善法治政府建设的组织领导情况。

3. 社会矛盾化解与行政争议解决水平下降

2018 年度评估结果显示，在"社会矛盾化解与行政争议解决"这一指标下，温州市得到 68.69 分，比全国平均分低 3.88 分，在 100 个评估城市中，排名第 61 位；2017 年度评估中，温州市在该指标下得到 74.48 分，比全国平均分高出 4.01 分，排名第 38 位；2016 年度评估中，温州市该指标得到 72 分，比全国平均分高出 3.9 分，排名第 28 位。从以上评估结果可以看出，温州市该指标的排名有较大幅度下降，社会矛盾化解与行政争议解决实效不足，应当进一步建立健全相关制度，提升化解社会矛盾和解决行政争议的工作水平。

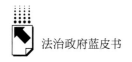

七十七　乌鲁木齐市人民政府

一、乌鲁木齐市法治政府建设情况

乌鲁木齐市人民政府评估总分为 554.81 分，低于全国平均水平（654.34 分）99.53 分，在全部参与评估的 100 个城市中排名第 96 位，在西部区域 20 个城市中排名第 18 位。该市政府得分按一级指标分析，结果见表 12 – 77。

表 12 – 77　乌鲁木齐市人民政府一级指标评估得分分析

指标 分析	依法全面履行政府职能	法治政府建设的组织领导	依法行政制度体系	行政决策	行政执法	政务公开	监督与问责	社会矛盾化解与行政争议解决	优化营商环境的法治保障	社会公众满意度调查
得分	47	40	20	57	38.98	50.12	66.64	72.08	32	131
与平均分差	– 8.01	– 5.99	– 25.5	– 12.41	– 15.28	– 17.39	– 10.33	– 0.49	– 2.7	– 1.44
与最高分差	– 24	– 32	– 55	– 36	– 39.3	– 43.95	– 26.31	– 20.07	– 28	– 31.81
排名	83	68	94	85	92	91	90	52	56	52

每项一级指标换算成百分比并与全国平均水平比较得出图 12 – 77。

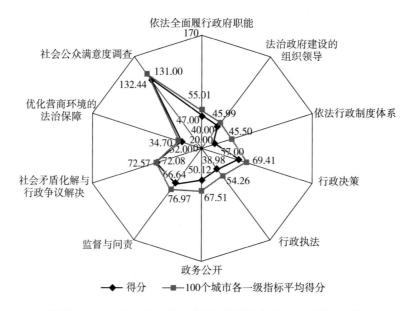

图 12 – 77　乌鲁木齐市人民政府评估得分与全国平均得分比较

可以看出，乌鲁木齐市政府所有一级指标得分均低于全国平均水平，表明该城市的法治政府建设非常不到位，有极大的提升空间。

二、乌鲁木齐市法治政府建设情况分析

在 2018 年全国法治政府评估中，乌鲁木齐市得到 554.81 分（总分 1000 分），在 100 个被测评城市中排名第 96 位，在西部区域 20 个城市中排名第 18 位（2017 年度评估中乌鲁木齐市得到 572.12 分，排名第 95 位；2016 年度评估中，乌鲁木齐市得到 553.08 分，排名第 97 位）。这一评估结果反映出，乌鲁木齐市在法治政府建设工作中存在诸多问题，需要进一步加强相关工作。

（一）成绩

1. 法治政府建设的组织领导情况持续改善

乌鲁木齐在 2018 年的评估中，"法治政府建设的组织领导"这一指标的得分为 40 分，排第 68 位。在 2017 年该指标得分为 39 分，排第 78 位。2016 年得到 32 分，排第 82 位。可以看出，从 2016 年到 2018 年，乌鲁木齐法治政府建设的组织领导情况持续改善，不论是具体得分还是排名均有向好发展的趋势，说明近年来乌鲁木齐更加重视发挥法制机构和领导干部在法治政府建设进程中的作用。

2. 行政决策的法治化程度有所提升

在 2018 年评估中，乌鲁木齐的"行政决策"指标得分为 57 分，排第 85 位。在 2017 年的评估中得分为 42 分，排第 98 位。2016 年评估得分为 40 分，排第 99 位。从这些数据可以看出，虽然乌鲁木齐该指标整体得分较低、排名居后，但是已经取得一些进步，表明其充分发挥专家、公众等多元主体在行政决策中的作用，使决策过程更加完善和合理，增强了决策的合法性、民主性、科学性和公开性。

3. 社会公众对政府的满意度提高

乌鲁木齐的"社会公众满意度调查"这一指标在 2018 年的得分为 131 分，排第 52 位。在 2017 年评估中得分为 110.83 分，排第 96 位。2016 年评估中该指标得分为 120.31 分，排第 77 位。乌鲁木齐的社会公众满意度有所起伏，但在 2018 年的评估当中公众对政府的满意程度较上一年度有了明显的提升，表明政府更加关切民众的呼声，行政服务更贴合民众的实际需求。

（二）问题

1. 依法行政制度体系建设出现滑坡

在 2018 年评估中，乌鲁木齐的"依法行政制度体系"指标得分为 20 分，排第 94 位。在 2017 年评估当中得分为 23 分，排第 91 位。而 2016 年该指标得分为 42 分，排第 80 位。这体现了乌鲁木齐对依法行政制度体系的重视程度和建设力度不够，使本就落后的依法行政制度体系建设情况进一步恶化。今后该市应当严格遵循《国务院办公厅关于加强行政规范性文件制定和监督管理工作的通知》的要求，使规范性文件的制定、清理、监督更加规范化。

2. 行政执法水平不断下降

2018 年，乌鲁木齐的"行政执法"指标得分为 38.98 分，排第 92 位。2017 年该指标得分为 52.2 分，排第 90 位。而 2016 该指标的得分为 60 分，排第 80 位。前述数据表明，乌鲁木齐的行政执法水平不断下滑。乌鲁木齐应当促使行政执法程序规范化，推进行政执法信息化，加强对行政执法人员的管理，从而提升行政执法的整体水平，使行政执法合法、合理，维护行政相对人的合法权益。

3. 监督问责落实不到位

在 2018 年的评估中，乌鲁木齐的"监督与问责"指标得分为 66.64 分，排第 90 位。2017 年该指标的评估得分为 55.09 分，排第 96 位。2016 年该指标得分为 60.02 分，排第 86 位。从这些数据可以看出，当地监督与问责工作不力，始终低于全国平均水平，排名靠后，体现了乌鲁木齐对监督与问责工作不重视。乌鲁木齐应当加强对政府机关工作人员的监督，对于违纪违法问题依法问责，并将相关情况进行公布，使行政机关工作人员严格遵守法律法规，真正做到全心全意为人民服务。

七十八 无锡市人民政府

一、无锡市法治政府建设情况

无锡市人民政府评估总分为 723.03 分，高于全国平均水平（654.34 分）68.69 分，在全部参与评估的 100 个城市中排名第 17 位，在东部区域 48 个城市中排名第 14 位。该市政府得分按一级指标分析，结果见表 12-78。

表 12-78 无锡市人民政府一级指标评估得分分析

指标\\分析	依法全面履行政府职能	法治政府建设的组织领导	依法行政制度体系	行政决策	行政执法	政务公开	监督与问责	社会矛盾化解与行政争议解决	优化营商环境的法治保障	社会公众满意度调查
得分	57	49.5	35	71	61.59	83.49	85.8	91.6	41	147.04
与平均分差	1.99	3.51	-10.5	1.59	7.33	15.98	8.83	19.03	6.3	14.6
与最高分差	-14	-22.5	-40	-22	-16.69	-10.58	-7.15	-0.55	-19	-15.77
排名	45	43	67	45	26	11	11	2	29	5

每项一级指标换算成百分比并与全国平均水平比较得出图 12-78。

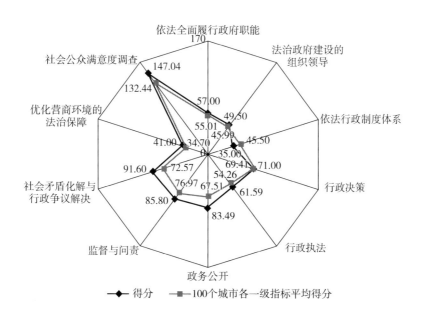

图 12-78 无锡市人民政府评估得分与全国平均得分比较

可以看出，该市依法全面履行政府职能、法治政府建设的组织领导、行政决策、行政执法、政务公开、监督与问责、社会矛盾化解与行政争议解决、优化营商环境的法治保障、社会公众满意度调查这九个指标得分高于全国平均水平，说明该市政府在这九个方面评价较高。依法行政制度体系这个指标得分低于全国平均水平，说明该市政府在这个方面评价较低。

二、无锡市法治政府建设情况分析

在 2018 年全国法治政府评估中，无锡市得到 723.03 分（总分 1000 分），在 100 个被测评城市中排名第 17 位，在东部区域 48 个城市中排名第 14 位（2017 年度评估中无锡市得到 715.42 分，排名第 34 位；2016 年度评估中，无锡市得到 705.49 分，排名第 26 位）。这一评估结果反映出，无锡市的法治政府建设工作总体向好，在过去的几年中取得了一些成就，但也存在一些不足。

（一）成绩

1. 监督与问责工作到位

2018 年法治政府评估当中，无锡的"监督与问责"指标得分为 85.8 分，居第 11 位。2017 年评估中该指标得分为 83.51 分，列第 5 位。在 2016 年评估当中，无锡该指标得分为 70.82 分，排第 39 名。前述数据表明，无锡的监督问责整体情况有了很大的改善，现居于全国领先水平。这表明当地政府严格贯彻中央精神，认真落实监督问责工作，对于行政机关工作人员提出了较高的要求。

2. 化解社会矛盾与解决行政争议力度稳步提升

在 2018 年评估中，无锡的"社会矛盾化解与行政争议解决"指标得分为 91.6 分，排名第 2 位。2017 年该指标得分为 79.27 分，排第 22 位。该指标在 2016 年的得分为 72 分，居于第 30 位。这些数据反映出无锡对于社会矛盾化解与行政争议解决工作十分重视，并且大力推进此项工作，使矛盾纠纷得以通过多元渠道得到化解，矛盾化解渠道更加畅通，社会矛盾有所缓和，增强了社会稳定性。

3. 社会公众满意程度高

在 2018 年评估中，无锡"社会公众满意度调查"指标获得了 147.04 分，列第 5 位。在 2017 年评估中，无锡该项指标得分为 150.67 分，居第 4 位。而该指标在 2016 年的得分为 144.42 分，排第 15 名。这些数据反映出无锡的公众对于当地政府的法治水平评价很高，对行政机关及其工作人员的办事服务水平非常认可。同时，这也体现了当地政府关注民生需求，致力于提升服务质量。

（二）问题

1. 依法全民履行政府职能存在欠缺

2018 年，无锡"依法全面履行政府职能"这一指标的得分为 57 分，排第 45 名。而在 2017 年评估当中，无锡获得 88 分，列第 25 位。2016 年无锡该指标得分为 76 分，排第 55 名。这些数据反映出无锡在依法全面履行政府职能方面存在较大的不足，今后应当加大此方面的工作力度，合理设置市政府机构，扩大行政服务中心对基本公共服务的覆盖率，提高行政服务的效率和质量。

2. 法治政府建设的组织领导水平下滑

2018 年评估中，无锡"法治政府建设的组织领导"这一指标的得分为 49.5 分，排在第 43 名。2017 年这一指标得分为 54 分，排第 26 名。而 2016 年该指标获得 51 分，居于第 12 名。通过这些数据可以看出，无锡法治政府建设的组织领导水平逐渐下滑。该市应当强化法治政府建设情况报告工作，重视依法行政的考核工作，并且完善政府法律顾问制度，充分发挥法律顾问在行政机关履职过程中的参与作用。

3. 依法行政制度体系不够完善

在 2018 年评估中，无锡"依法行政制度体系"这一指标得分为 35 分，排第 67 名。在 2017 年评估中，无锡该指标得分为 28 分，排第 84 位。2016 年该指标得分为 37 分，排第 88 名。这反映出无锡的依法行政制度体系的建设进展缓慢，始终低于全国平均水平，有待加强。当地应当公布行政规范性文件，对规范性文件及时进行报备，完善规范性文件的管理，并且使规范性文件的制定过程更加合法化、规范化。

七十九 武汉市人民政府

一、武汉市法治政府建设情况

武汉市人民政府评估总分为 698.83 分，高于全国平均水平（654.34 分）44.49 分，在全部参与评估的 100 个城市中排名第 22 位，在中部区域 32 个城市中排名第 3 位。该市政府得分按一级指标分析，结果见表 12 - 79。

表 12 - 79 武汉市人民政府一级指标评估得分分析

指标分析	依法全面履行政府职能	法治政府建设的组织领导	依法行政制度体系	行政决策	行政执法	政务公开	监督与问责	社会矛盾化解与行政争议解决	优化营商环境的法治保障	社会公众满意度调查
得分	65	42.5	45	84。	68.69	61.15	75.98	82.9	44	129.61
与平均分差	9.99	- 3.49	- 0.5	14.59	14.43	- 6.36	- 0.99	10.33	9.3	- 2.83
与最高分差	- 6	- 29.5	- 30	- 9	- 9.59	- 32.92	- 16.97	- 9.25	- 16	- 33.2
排名	7	62	49	10	12	67	60	13	17	60

每项一级指标换算成百分比并与全国平均水平比较得出图 12 - 79。

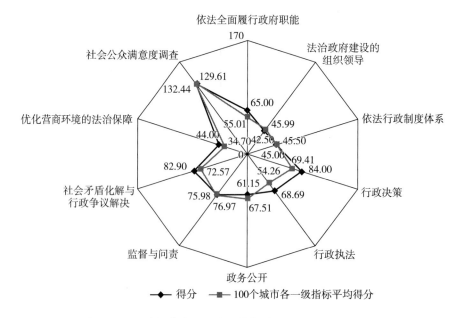

图 12 - 79 武汉市人民政府评估得分与全国平均得分比较

可以看出，该市依法全面履行政府职能、行政决策、行政执法、社会矛盾化解与行政争议解决、优化营商环境的法治保障这五个指标得分高于全国平均水平，说明该市政府在这五个方面评价较高。法治政府建设的组织领导、依法行政制度体系、政务公开、监督与问责、社会公众满意度调查这五个指标得分低于全国平均水平，说明该市政府在这五个方面评价较低。

二、武汉市法治政府建设情况分析

在 2018 年全国法治政府评估中，武汉市评估总分为 698.83 分，高于全国平均水平（654.34 分）44.49 分，在全部评估的 100 个城市中排名第 22 位，在中部区域 32 个城市中排名第 3 位（2017 年度评估中武汉市得到 738.88 分，在 100 个城市中排名第 21 位；2016 年度评估中，武汉市得到 669.85 分，排名第 44 位）。这一评估结果反映出，武汉市比较重视法治政府建设，而且法治政府建设水平高于全国平均水平。但是，仍然存在一些问题需要改进。

（一）成绩

1. 依法行政制度体系日渐完善

在 2018 年评估中，武汉"依法行政制度体系"这一指标的得分为 45 分，排第 49 名。该指标在 2017 年评估的得分为 33 分，排第 77 名。而在 2016 年，该指标获得 37 分，排第 89 名。这些数据反映出武汉更加重视和加强依法行政制度体系的建设，行政规范性文件更加规范化，整体水平有了比较明显的提升。

2. 行政决策水平有所提升

武汉的"行政决策"这一指标在 2018 年评估中获得 84 分，列第 10 位。而在 2017 年评估当中，武汉的该项指标得分为 76 分，排第 39 名。"行政决策"这一指标在 2016 年的评估得分为 79 分，排第 15 名。这体现了武汉的行政决策水平基本处于全国前列，行政决策日益科学化、合法化、民主化，充分听取多元主体的意见，使行政规范性文件更加合理，更易于推行。

3. 行政执法进步明显

在 2018 年评估中，武汉的"行政执法"指标得分为 68.69 分，列第 12 位。2017 年该指标的得分为 83.3 分，排第 17 名。"行政执法"指标在 2016 年评估中的得分为 73 分，排第 38 名。通过这些数据可以看出，武汉的行政执法水平始终

保持在比较靠前的位置，并且稳步提升，反映出武汉对行政执法持续保持较高的重视度。

（二）问题

1. 政务公开程度不高

在 2018 年评估中，武汉的"政务公开"指标得分为 61.15 分，排第 67 名。而该指标在 2017 年评估中获得 116.04 分（总分为 120 分），列第 3 位。2016 年评估中，这一指标的得分为 95 分（总分为 120 分），排第 42 名。这反映出武汉的政务公开工作不是特别理想，波动幅度非常大。武汉应当使政府网站检索更加便利，及时对政府信息公开申请进行答复，同时应当重视答复内容和答复文书的规范化，从而使政务公开水平得到提升。

2. 监督与问责力度持续减弱

2018 年评估中，武汉的"监督与问责"指标获得 75.98 分，排第 60 名。该指标在 2017 年评估中的得分为 77.08 分，排第 40 名。而在 2016 年评估中，"监督与问责"指标的得分为 76.29 分，居于第 16 名。这些数据表明武汉的监督与问责水平不断下滑，这方面工作有待加强。武汉应当落实行政机关负责人出庭应诉制度，公开主要审计报告和审计结果，及时公开政府负责人及工作人员违法情况，加大对行政机关的监督力度，促使其严格依法行政。

3. 社会公众满意度不高

在 2018 年评估中，武汉的"社会公众满意度调查"这一指标得分为 129.61 分，排第 60 名。2017 评估中该指标得分为 111.96 分，排第 94 名。2016 年"社会公众满意度调查"指标得分为 130.56 分，排第 46 名。这些数据表明武汉公众对于政府的满意度整体不高，对行政机关及其工作人员存在许多负面印象。武汉在今后的法治政府建设进程中应当更加重视民众的诉求，回应民生关切，增强为人民服务的能力，使建设法治政府与提升公众幸福感齐头并进。

八十　西安市人民政府

一、西安市法治政府建设情况

西安市人民政府评估总分为 676.60 分，高于全国平均水平（654.34 分）22.26 分，在全部参与评估的 100 个城市中排名第 35 位，在西部区域 20 个城市中排名第 8 位。该市政府得分按一级指标分析结果见表 12-80。

表 12-80　西安市人民政府一级指标评估得分分析

指标分析	依法全面履行政府职能	法治政府建设的组织领导	依法行政制度体系	行政决策	行政执法	政务公开	监督与问责	社会矛盾化解与行政争议解决	优化营商环境的法治保障	社会公众满意度调查
得分	47	42.5	60	70	56.35	82.34	80.34	63.92	42	132.15
与平均分差	-8.01	-3.49	14.5	0.59	2.09	14.83	3.37	-8.65	7.3	-0.29
与最高分差	-24	-29.5	-15	-23	-21.93	-11.73	-12.61	-28.23	-18	-30.66
排名	83	62	17	48	43	14	37	81	23	48

每项一级指标得分换算成百分比并与全国平均水平比较得出图 12-80。

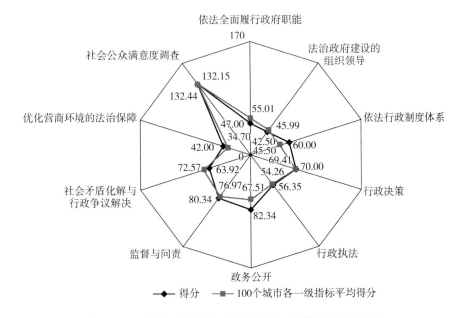

图 12-80　西安市人民政府评估得分与全国平均得分比较

可以看出，该市依法行政制度体系、行政决策、行政执法、政务公开、监督与问责、优化营商环境的法治保障这六个指标得分高于全国平均水平，说明该市政府在这六个方面评价较高。依法全面履行政府职能、法治政府建设的组织领导、社会矛盾化解与行政争议解决、社会公众满意度调查这四个指标得分低于全国平均水平，说明该市政府在这四个方面评价较低。

二、西安市法治政府建设情况分析

在 2018 年全国法治政府评估中，西安市评估总分为 676.60 分，在全部参与评估的 100 个城市中排名第 35 位，在西部区域 20 个城市中排名第 8 位（在 2017 年度评估中，西安市得到 675.17 分，全国排名第 61 位；在 2016 年度评估中，西安市得到 665.15 分，全国排名第 49 位）。评估结果表明，西安市法治政府建设取得了一定进步，法治水平有所提升。但是，也应当对一些不足之处予以重视。

（一）成绩

1. 政务公开程度不断增强

在 2018 年评估中，西安"政务公开"指标得分为 82.34 分（总分为 100 分），位列第 14。在 2017 年的评估中，得分为 91.23 分（总分为 120 分），排第 73 位。在 2016 年评估中，"政务公开"的得分为 84 分（总分为 120 分），排第 77 位。通过这些数据可以看出，西安政务公开水平有所提升，反映了行政机关尊重和保障民众的知情权，依法主动或者依申请公开相关政府信息。

2. 社会公众满意度有所进步

西安"社会公众满意度调查"指标在 2018 年评估中的得分为 132.15 分，排第 48 位。该指标在 2017 年评估中的得分为 119.51 分，排第 83 位。在 2016 年评估中，这一指标的得分为 122.02 分，排第 71 位。这些数据反映出，西安的社会公众满意度整体水平虽然不太高，但是在 2018 年评估中进步非常明显，这表明公众对行政机关及其工作人员更加满意，从侧面反映出当地法治水平有所进步。

（二）问题

1. 依法全面履行政府职能水平下降

在 2018 年评估中，西安"依法全面履行政府职能"指标得分为 47 分，排第 83

位。而该指标在 2017 年的评估得分为 87 分，排第 31 位。2016 年该指标的评估得分为 77 分，排第 51 位。通过这些数据可以看出，西安依法全面履行政府职能工作不十分到位，2018 年的评估得分下降得十分明显。西安应当重视对权力清单的动态调整，推进"减证便民"制度的实施，加强对生态环境的保护与治理，从而全面履行政府职能。

2. 法治政府建设的组织领导持续退步明显

在 2018 年评估中，西安"法治政府建设的组织领导"指标得分为 42.5 分，排第 62 位。而该指标在 2017 年评估中得分为 52 分，排第 36 位。在 2016 年评估中，西安该项指标获得 47 分，排第 24 位。这些数据表明西安法治政府建设的组织领导水平持续下降。西安应当重视报告当地的法治政府建设情况，并且将依法行政纳入考核，同时应当组建由政府法制工作人员、法学专家或律师组成的法律顾问团队，发挥法律顾问在法治政府建设中的作用。

3. 行政决策法治化程度有待加强

在 2018 年评估中，西安"行政决策"指标得分为 70 分，排第 48 位。西安该指标在 2017 年得到 74 分，排第 46 位。在 2016 年评估中，西安该指标得分为 75 分，排第 27 位。这些数据反映出西安行政决策水平不断下降，与当前推进行政决策法治化的轨道相背离。在作出重大行政决策前，行政机关应当对决策进行合法性审查和风险评估，并且听取专家的相关意见，增强行政决策的科学性和合理性。

4. 社会矛盾化解与行政争议解决程度不高

在 2018 年评估中，西安"社会矛盾化解与行政争议解决"指标得分为 63.92 分，排第 81 位。该指标 2017 年得分为 54.45 分，排第 90 位。2016 年该指标得分为 67 分，排第 57 位。这些数据反映出西安矛盾纠纷化解决水平比较低，社会冲突比较尖锐。西安应当推进行政复议改革，加强行政调解制度和信访法治化建设，引导公众通过多元纠纷解决机制解决社会矛盾，避免群体性事件或重大负面舆情事件的发生。

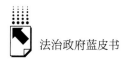

八十一　厦门市人民政府

一、厦门市法治政府建设情况

厦门市人民政府评估总分为742.39分，高于全国平均水平（654.34分）88.05分，在全部参与评估的100个城市中排名第11位，在东部区域48个城市中排名第10位。该市政府得分按一级指标分析结果见表12-81。

表12-81　厦门市人民政府一级指标评估得分分析

指标分析	依法全面履行政府职能	法治政府建设的组织领导	依法行政制度体系	行政决策	行政执法	政务公开	监督与问责	社会矛盾化解与行政争议解决	优化营商环境的法治保障	社会公众满意度调查
得分	67.00	40.50	70.00	66.50	66.34	69.08	82.48	84.41	55.00	141.07
与平均分差	11.99	-5.49	24.50	-2.91	12.08	1.57	5.51	11.84	20.30	9.26
与最高分差	-4.00	-31.50	-5.00	-26.50	-11.94	-24.99	-10.47	-7.74	-5.00	-21.11
排名	2	66	2	65	19	46	25	9	3	14

每项一级指标得分换算成百分比并与全国平均水平比较得出图12-81。

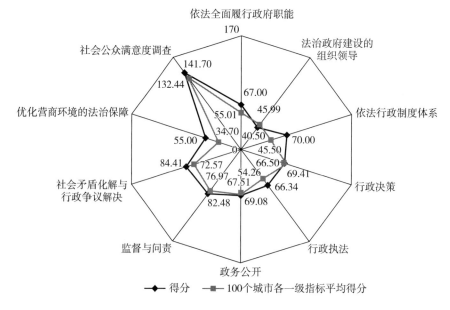

图12-81　厦门市人民政府评估得分与全国平均得分比较

可以看出，该市依法全面履行政府职能、依法行政制度体系、行政执法、政务公开、监督与问责、社会矛盾化解与行政争议解决、优化营商环境的法治保障、社会公众满意度调查这八个指标得分高于全国平均水平，说明该市政府在这八个方面评价较高。法治政府建设的组织领导、行政决策指标得分低于全国平均水平，说明该市政府在这两个方面评价较低。

二、厦门市法治政府建设情况分析

在2018年全国法治政府评估中，厦门市评估总分为742.39分，高于全国平均水平（654.34分）88.05分，在全部评估的100个城市中排名第11位，在东部区域48个城市中排名第10位（在2016年度评估中，厦门市得到745.61分，全国排名第17位；在2016年度评估中，厦门市得到724.72分，全国排名第16位）。评估结果表明，厦门市法治政府建设一直处于较高水平，法治化程度较高。当然，其在法治建设中存在的一些缺点也不容小觑，应有所改进。

（一）成绩

1. 切实依法全面履行政府职能

评估结果显示，2018年厦门市"依法全面履行政府职能"指标得分为67分，比全国平均分高11.99分，位列全国第2。2017年度的得分为92分，比全国平均分高9.19分，位居全国第8。上述数据反映出厦门市大力推进依法全面履行政府职能工作，并且取得了很好的成效。具体而言，厦门市的政府机构设置和领导职数合理，基本公共服务覆盖率高，应急管理工作到位。

2. 依法行政制度体系逐渐完善

评估结果显示，2018年厦门市"依法行政制度体系"指标得分为70分，高出全国平均分24.50分，位列全国第2。该指标2017年的得分为70分，比全国平均分高24.08分，位居全国第10。而2016年度的得分为75分，比全国平均分高24.24分，位居全国第3。从上述数据可以看出，厦门市政府本指标得分的排名在全国排名中较为靠前，得分率较为稳定。该市依法行政制度体系建设一直处于全国领先地位。

3. 社会矛盾化解与行政争议解决工作取得较大进步

评估结果显示，2018年厦门市"社会矛盾化解与行政争议解决工作"指标得分

为 84.41 分，比全国平均分高出 11.84 分，排名第 9 位；在 2017 年度评估中，厦门市"社会矛盾化解与行政争议解决"指标得到 67.33 分，低于全国平均分 3.15 分，排名第 67 位。这说明厦门市在社会矛盾化解与行政争议解决方面的工作取得了较大的进步。

（二）问题

1. 法治政府建设的组织领导程度下降

评估结果显示，2018 年厦门市"法治政府组织领导"指标得分为 40.50 分，比全国平均分低 5.49 分，排名第 66 位。2017 年该指标得分为 45 分，比全国平均分低 2.22 分，排名第 61 位。同一指标在 2016 年的得分为 38 分，比全国平均分低 1.39 分，排名第 52 位。从上述数据可以看出，厦门市法治政府建设组织领导水平非但没有提升，反而呈现下降的趋势。厦门市应当加强对法治政府建设的组织和领导工作。

2. 重大行政决策法治化程度低

评估结果显示，2018 年厦门市在"行政决策"这一指标上的得分为 66.5 分，比全国平均分低 2.91 分，排名第 65 位。该指标在 2017 年的得分为 69 分，低于全国平均分 3.19 分，排名第 62 位。2016 年的得分也是 69 分，仅高于全国平均分 0.13 分，位列全国第 50 位。从上述数据可以看出，厦门市行政决策的法治化水平非但没有提升，反而呈现下降的趋势。具体来看，厦门市的重大决策合法性审查制度与专家论证制度尚未健全，重大决策过程公开有待加强。

3. 政务公开工作不到位

评估结果显示，2018 年厦门市的"政务公开"指标得分为 69.08 分，仅高于全国平均分 1.57 分，排名第 46 位。该指标在 2017 年的得分为 90 分，比全国平均分低 7.98 分，排名第 77 位。该指标在 2016 年的得分为 82 分，比全国平均分低 10.575 分，排名第 78 位。数据表明厦门市的政务公开水平虽然有所提升，但仍有很大的进步空间。厦门市对重点领域信息的公开积极性欠缺，亦未提高公众申请信息获取的效率与便捷性，应当有所改进。

八十二　西宁市人民政府

一、西宁市法治政府建设情况

西宁市人民政府评估总分为 669.71 分，高于全国平均水平（654.34 分）15.37分，在全部参与评估的 100 个城市中排名第 39 位，在西部区域 20 个城市中排名第 10位。该市政府得分按一级指标分析结果见表 12-82。

表 12-82　西宁市人民政府一级指标评估得分分析

指标 分析	依法全面履行政府职能	法治政府建设的组织领导	依法行政制度体系	行政决策	行政执法	政务公开	监督与问责	社会矛盾化解与行政争议解决	优化营商环境的法治保障	社会公众满意度调查
得分	52.00	55.50	65.00	71.50	39.98	68.00	66.82	82.39	40.00	128.52
与平均分差	-3.01	9.51	19.50	2.09	-14.46	0.49	-10.15	9.82	5.30	-3.92
与最高分差	-19.00	-16.50	-10.00	-21.50	-38.30	-26.07	-26.08	-9.15	-20.00	-34.29
排名	65	17	7	44	89	49	89	15	30	70

每项一级指标得分换算成百分比并与全国平均水平比较得出图 12-82。

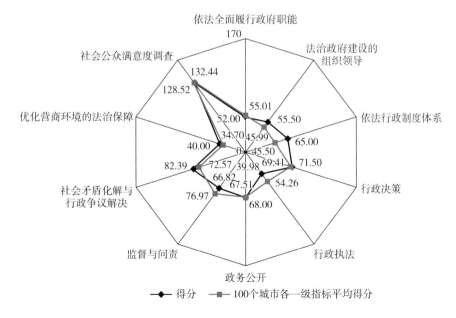

图 12-82　西宁市人民政府评估得分与全国平均得分比较

507

可以看出，该市法治政府建设的组织领导、依法行政制度体系、行政决策、政务公开、社会矛盾化解与行政争议解决、优化营商环境的法治保障这六个指标得分高于全国平均水平，说明该市政府在这六个方面评价较高。依法全面履行政府职能、行政执法、监督与问责、社会公众满意度调查指标得分低于全国平均水平，说明该市政府在这四个方面评价较低。

二、西宁市法治政府建设情况分析

在 2018 年全国法治政府评估中，西宁市人民政府评估总分为 669.71 分，高于全国平均水平（654.34 分）15.37 分，在全部参与评估的 100 个城市中排名第 39 位，在西部区域 20 个城市中排名第 10 位（在 2017 年度评估中，西宁市得到 696 分，排名第 48 位；在 2016 年度评估中，西宁市得到 677.78 分，排名第 41 位）。这一评估结果反映出在全国法治政府建设持续推进的大背景下，西宁市法治政府建设取得了明显的进步，得分率波动上升，但也存在一些问题需要予以重视。

（一）成绩

1. 法治政府建设的组织领导工作取得进步

本年度评估结果显示，西宁市"法治政府建设的组织领导"一级指标得分为 55.5 分（该指标总分为 80 分），比全国平均分高出 9.51 分；在 2017 年度评估中，西宁市得到 53 分，比全国平均分高出 5.78 分；在 2016 年度评估中，西宁市在该指标下得到 37 分，比全国平均分低 2.39 分。对比前两年的评估结果可以看出，西宁市在法治政府建设的组织领导方面取得了长足的进步，在公布法治政府建设情况报告、设置独立的法制机构及对领导干部的法治思维培养等方面都有突出表现。

2. 依法行政的制度体系不断完善

评估结果显示，西宁市"依法行政制度体系"这一指标得分为 65 分（该指标总分为 80 分），比全国平均分高出 19.5 分，排名第 7 位；在 2017 年评估中，该指标得分为 60 分，高于全国平均分 14.08 分，排名第 20 位；在 2016 年评估中，西宁市的得分为 54 分，排名第 40 位。这说明西宁市依法行政的制度体系在不断完善，为依法行政提供了有力的制度保障，行政规范性文件的制定实现了制度化和规范化，行政规范性文件的定期清理制度也得以落实。

3. 社会矛盾化解与行政争议解决成效显著

评估结果显示，西宁市"社会矛盾化解与行政争议解决"一级指标得到 82.39 分（该指标总分为 100 分），比全国平均分高出 9.82 分，排名第 15 位；在 2017 年度评估中，西宁市在该指标下得到 80.18 分，比全国平均分高出 9.71 分，排名第 20 位；在 2016 年度评估中，西宁市在该指标下得到 78 分，比全国平均分高 9.9 分。连续三年的评估结果反映出西宁市的社会矛盾化解与行政争议解决成效显著，社会矛盾化解制度、行政调解、人民调解制度不断健全，行政复议体制改革取得明显成效，能够及时化解社会矛盾、解决行政争议。

（二）问题

1. 行政执法力度减小

评估结果显示，2018 年度西宁市"行政执法"这一指标得分为 39.98 分（该指标总分为 100 分），比全国平均分低 14.46 分，在参与评估的 100 个城市中排名第 89 位。在 2017 年度评估中，西宁市在该指标下的得分为 64.7 分，排名第 62 位；在 2016 年度评估中，西宁市在该指标下得到 75.5 分，排名第 31 位。对比前两年的数据可知，西宁市在行政执法方面的工作评分逐年下降，该项有待提高。

2. 监督与问责水平大幅下降

评估结果显示，本年度西宁市的"监督与问责"指标得分为 66.82 分，比平均分低 10.15 分，排名第 89 位。2017 年度的得分为 75 分，比平均分高 1.55 分，排名第 51 位。2016 年度的得分为 69.28 分，比平均分高 1.26 分，排名第 46 位。该数据反映出西宁市监督与问责得分不断下降，总体情况十分不佳。西宁市应当加强外部监督与来自行政系统的内部监督，健全责任追究制度，使权力得到有效的监督与制约。

3. 社会公众满意度不高

评估结果显示，西宁市法治政府建设的"社会公众满意度调查"得分为 128.52 分（该指标总分为 200 分），比全国平均分低 3.92 分。在 2017 年度评估中，西宁市在该指标下得分 121.52 分，比全国平均分低 6.63 分。在 2016 年度评估中得分为 131 分。对比前两年的数据，西宁市的社会公众满意度有所下降，整体水平仍然偏低，得分率不高。尤其是在行政执法方面的工作有待加强，政府工作人员的工作效率及依法办事的能力仍有欠缺。

八十三　襄阳市人民政府

一、襄阳市法治政府建设情况

襄阳市人民政府评估总分为 643.36 分，低于全国平均水平（654.34 分）10.98
分，在全部参与评估的 100 个城市中排名第 57 位，在中部区域 32 个城市中排名第 12
位。该市政府得分按一级指标分析结果见表 12 - 83。

表 12 - 83　襄阳市人民政府一级指标评估得分分析

指标 分析	依法全面 履行政府 职能	法治政府 建设的组 织领导	依法行 政制度 体系	行政 决策	行政 执法	政务 公开	监督与 问责	社会矛盾化 解与行政争 议解决	优化营商 环境的法 治保障	社会公 众满意 度调查
得分	41.00	44.50	35.00	75.00	60.44	69.17	74.73	72.11	36.00	135.41
与平均分差	-14.01	-1.49	-10.50	5.59	6.18	1.66	-2.24	-0.46	1.30	2.97
与最高分差	-30.00	-27.50	-40.00	-18.00	-17.84	-24.9	-18.22	-20.04	-24.00	-27.46
排名	96	56	67	34	32	44	69	51	42	34

每项一级指标得分换算成百分比并与全国平均水平比较得出图 12 - 83。

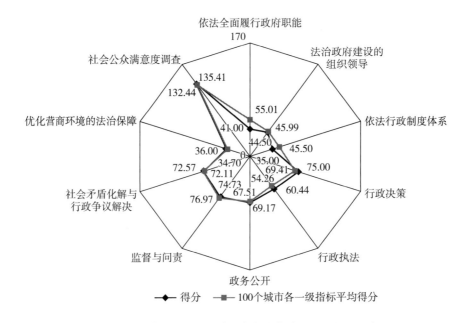

图 12 - 83　襄阳市人民政府评估得分与全国平均得分比较

可以看出，该市行政决策、行政执法、政务公开、优化营商环境的法治保障、社会公众满意度调查这五个指标得分高于全国平均水平，说明该市政府在这五个方面评价较高。依法全面履行政府职能、法治政府建设的组织领导、依法行政制度体系、监督与问责、社会矛盾化解与行政争议解决指标得分低于全国平均水平，说明该市政府在这五个方面评价较低。

二、襄阳市法治政府建设情况分析

在 2018 年全国法治政府评估中，襄阳市人民政府评估总分为 643.36 分，低于全国平均水平（654.34 分）10.98 分，在全部参与评估的 100 个城市中排名第 57 位，在中部区域 32 个城市中排名第 12 位（在 2017 年度评估中，襄阳市得到 618.81 分，排名第 89 位；在 2016 年度评估中，襄阳市得到 658.83 分，排名第 58 位）。这一评估结果反映出襄阳市在法治政府建设的过程中，尽管取得了一些成果，但仍存在亟须解决的问题。

（一）成绩

1. 法治政府建设的组织领导有大幅提升

本年度评估结果显示，襄阳市"法治政府建设的组织领导"这一指标得分为 44.5 分（该指标总分为 100 分），排名第 56 位；在 2017 年度评估中，襄阳市该指标得分为 40 分，排名第 75 位；在 2016 年度评估中，襄阳市得分为 26 分，排名第 91 位。对比前两年的数据可以看出，襄阳市法治政府建设的组织领导水平逐渐提高，虽然依旧低于全国平均值，但是仍然取得了大幅度的进步，襄阳市政府在该项上还需要继续努力。

2. 社会矛盾化解与行政争议解决取得进步

评估结果显示，在"社会矛盾化解与行政争议解决"一级指标上，襄阳市得到 72.11 分（该指标总分为 100 分），排名第 51 位；在 2017 年度评估中，襄阳市该指标得到 71.23 分；在 2016 年度评估中，襄阳市该指标得到 69 分。通过近三年的数据可以得知，襄阳市的社会矛盾化解与行政争议解决水平不断提高，矛盾纠纷解决机制逐步完善，通过多种途径化解社会矛盾、解决行政争议取得了长足的进步。

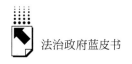
（二）问题

1. 依法履行政府职能不全面

本年度评估结果显示，在"依法全面履行政府职能"一级指标上，襄阳市得分为 41 分（该指标总分为 100 分），比全国平均分低 14.01 分，排名第 96 位；在 2016 年度评估中，襄阳市在该指标下的得分为 75 分，比全国平均分低 7.81 分；在 2015 年度评估中，襄阳市得分为 89 分，比全国平均分高 12.77 分。连续三年的评估数据显示，襄阳市在依法全面履行政府职能方面仍有许多工作不到位，得分有较大幅度的下滑，机构设置与领导职数方面有待改善，应急预案和突发事件信息发布平台建设进程缓慢。

2. 依法行政制度体系还须加强

本年度评估结果显示，襄阳市"依法行政制度体系"这一指标得分为 35 分（该指标总分为 80 分），比全国平均分低 10.5 分，排名第 67 位；在 2016 年度评估中，襄阳市在该指标下得到 23 分，比全国平均分低 22.92 分；在 2016 年度评估中，襄阳市得分为 42 分，比全国平均分低 8.76 分。通过近三年的数据对比可以看出，襄阳市在"依法行政制度体系"这一指标下，虽然得分有所上升，但依旧有很大的上升空间，行政规范性文件的合法性仍有欠缺，制定行政规范性文件的制度化和规范化程度低。

3. 监督与问责水平下降

评估结果显示，本年度襄阳市的"监督与问责"指标得分为 74.73 分，比平均分低 2.24 分，排名第 69 位。2017 年度得分为 72.79 分，比平均分低 0.66 分，排名第 62 位。2016 年度的得分为 66.49 分，比平均分低 1.52 分，排名第 63 位。该数据反映出襄阳市监督与问责评分波动下降，总体情况十分不佳。襄阳市应当加强外部监督与来自行政系统的内部监督，健全责任追究制度，使权力得到有效的监督与制约。

八十四　新乡市人民政府

一、新乡市法治政府建设情况

新乡市人民政府评估总分为 634.89 分，低于全国平均水平（654.34 分）19.45 分，在全部参与评估的 100 个城市中排名第 63 位，在中部区域 32 个城市中排名第 14 位。该市政府得分按一级指标分析结果见表 12-84。

表 12-84　新乡市人民政府一级指标评估得分分析

指标分析	依法全面履行政府职能	法治政府建设的组织领导	依法行政制度体系	行政决策	行政执法	政务公开	监督与问责	社会矛盾化解与行政争议解决	优化营商环境的法治保障	社会公众满意度调查
得分	60.00	53.00	35.00	61.00	62.57	56.33	73.95	71.30	38.00	123.75
与平均分差	4.99	7.01	-10.5	-8.41	8.31	-11.18	-3.02	-1.27	3.30	-8.69
与最高分差	-11.00	-19.00	-40.00	-32.00	-15.71	-37.74	-19.00	-20.85	-22.00	-39.06
排名	25	24	67	74	23	75	71	58	37	86

每项一级指标得分换算成百分比并与全国平均水平比较得出图 12-84。

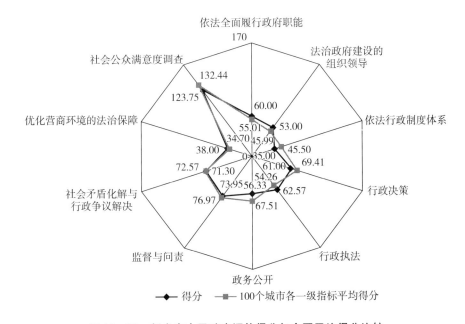

图 12-84　新乡市人民政府评估得分与全国平均得分比较

可以看出，该市依法全面履行政府职能、法治政府建设的组织领导、行政执法、优化营商环境的法治保障这四个指标得分高于全国平均水平，说明该市政府在这四个方面评价较高。依法行政制度体系、行政决策、政务公开、监督与问责、社会矛盾化解与行政争议解决、社会公众满意度调查指标得分低于全国平均水平，说明该市政府在这六个方面评价较低。

二、新乡市法治政府建设情况分析

在 2018 年全国法治政府评估中，新乡市人民政府评估总分为 634.89 分，低于全国平均水平（654.34 分）19.45 分，在全部参与评估的 100 个城市中排名第 63 位，在中部区域 32 个城市中排名第 14 位（在 2017 年度评估中，新乡市得到 634.04 分，排名第 82 位；在 2016 年度评估中，新乡市得到 610.32 分，排名第 83 位）。这一评估结果反映出，在全国法治政府建设持续推进的大背景下，新乡市法治政府建设取得了一定的成绩，但也因一些问题未能得到有效解决而导致进步迟缓。

（一）成绩

1. 依法全面履行政府职能评价较高

评估结果显示，新乡市"依法全面履行政府职能"指标得分进步幅度最大。在 2017 年评估中，新乡市在该指标上得到 81 分，比全国平均分低 1.81 分，排名第 63 位；在本年度评估中，新乡市在该指标下得到 60 分（该指标总分为 100 分），分数虽然有所降低，但是排名上升至第 25 位。可见，新乡市在深入推进简政放权、放管结合、转变政府职能等重要领域的工作中取得明显突破。

2. 社会矛盾化解与行政争议解决明显改善

评估结果显示，在"社会争议化解与行政争议解决"一级指标上，新乡市得到 71.3 分，排名第 58 位；在 2017 年度评估中，新乡市在该指标下得到 56.67 分，排名第 86 位。2017 ~ 2018 年的评估结果反映出，新乡市社会矛盾化解与行政争议解决机制明显得到改善。

（二）问题

1. 政务公开水平有待提升

在推进政务公开工作方面，新乡市在 2018 年评估中得到 56.33 分，比全国平均分低 11.18 分，排名第 75 位；在 2017 年评估中得到 83.75 分，比全国平均分低 14.23 分，排名第 87 位；在 2016 年评估中得到 88.25 分，比全国平均分低 4.3 分，排名第 68 位。从近三年的评估数据可以看出，新乡市政务公开工作在整体上依然处于较低水平，与理想状态相比还有较大差距。具体而言，新乡市法制办网站上没有公布应主动公开的信息，职能部门未能及时答复信息公开申请。

2. 社会公众满意度大幅下降

评估结果显示，新乡市法治政府建设的社会公众满意度得分为 123.75 分（该指标总分为 200 分），比全国平均分低 8.69 分。在 2017 年度评估中，新乡市在该指标下得分 128.25 分，比全国平均分高 0.1 分。在 2016 年度评估中得到 128.26 分。对比前两年的数据，可知新乡市的社会公众满意度大幅下降，整体水平偏低，得分率不高。尤其是在行政执法方面的工作有待加强，政府工作人员的工作效率及依法办事的能力仍有欠缺。

3. 监督与问责评价大幅下降

本年度评估结果显示，在"监督与问责"一级指标上，新乡市得到 73.95 分，比全国平均分低 3.02 分，排名全国第 71 位；在 2016 年度评估中，新乡市在"监督与问责"指标下得到 81.57 分，排名全国第 13 位；在 2015 年度评估中，新乡市在"监督与问责"指标下得到 68.81 分，排名全国第 51 位。对比连续三年的测评结果可以看出，新乡市在该指标下评价得分大幅下降，需要对这一项指标引起足够重视。

八十五　信阳市人民政府

一、信阳市法治政府建设情况

信阳市人民政府评估总分为 621.14 分，低于全国平均水平（654.34 分）33.20 分，在全部参与评估的 100 个城市中排名第 74 位，在中部区域 32 个城市中排名第 22 位。该市政府得分按一级指标分析结果见表 12-85。

表 12-85　信阳市人民政府一级指标评估得分分析

指标 分析	依法全面履行政府职能	法治政府建设的组织领导	依法行政制度体系	行政决策	行政执法	政务公开	监督与问责	社会矛盾化解与行政争议解决	优化营商环境的法治保障	社会公众满意度调查
得分	47.00	60.00	40.00	59.00	61.75	55.00	76.45	65.67	29.00	127.27
与平均分差	-8.01	14.01	-5.50	-10.41	7.49	-12.51	-0.52	-6.90	-5.70	-5.17
与最高分差	-24.00	-12.00	-35.00	-34.00	-16.53	-39.07	-16.50	-26.48	-31.00	-35.54
排名	83	13	58	80	25	79	58	73	71	75

每项一级指标得分换算成百分比并与全国平均水平比较得出图 12-85。

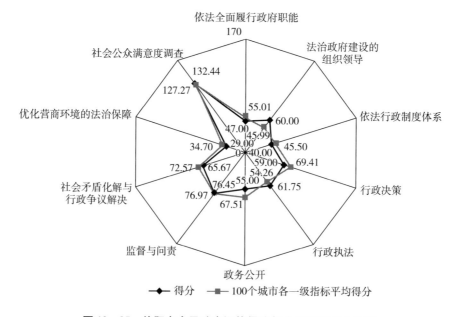

图 12-85　信阳市人民政府评估得分与全国平均得分比较

可以看出，该市法治政府建设的组织领导、行政执法这两个指标得分高于全国平均水平，说明该市政府在这两个方面评价较高。依法全面履行政府职能、依法行政制度体系、行政决策、政务公开、监督与问责、社会矛盾化解与行政争议解决、优化营商环境的法治保障、社会公众满意度调查指标得分低于全国平均水平，说明该市政府在这八个方面评价较低。

二、信阳市法治政府建设情况分析

在 2018 年全国法治政府评估中，信阳市人民政府评估总分为 621.14 分，低于全国平均水平（654.34 分）33.20 分，在全部参与评估的 100 个城市中排名第 74 位，在中部区域 32 个城市中排名第 22 位（在 2017 年度评估中，信阳市得到 650.4 分，排名第 75 位；在 2016 年度评估中，信阳市得到 598.65 分，排名第 89 位）。这一评估结果反映出，在全国法治政府建设持续推进的大背景下，信阳市法治政府建设成效良好、逐年进步，但依然存在一些亟待解决的问题。

（一）成绩

1. 法治政府建设的组织领导较为优秀

本年度评估结果显示，在"法治政府建设的组织领导"一级指标上，信阳市得到 60 分，比全国平均分高出 14.01 分，排名全国第 13 位；在 2016 年度评估中，信阳市在"法治政府建设的组织领导"指标下得到 63 分，排名全国第 4 位；在 2016 年度评估中，信阳市在"法治政府建设的组织领导"指标下得到 30 分，排名全国第 87 位。对比连续三年的测评结果可以看出，信阳市在该指标下表现进步明显，反映出信阳市政府重视强化法治政府建设领导机制和责任机制，切实加强组织领导。

2. 行政执法工作落实到位

评估结果显示，信阳市在"行政执法"指标上进步幅度较为明显。在本年度评估中，信阳市该指标得到 61.75 分，得分高于全国平均分 7.49 分，排名第 25 位。在 2017 年评估中，信阳市该指标得到 44.8 分，得分低于全国平均分 24.23 分；在 2016 年评估中，信阳市该指标得到 60.5 分，比全国平均分低 9 分。可见，信阳市在行政执法领域的工作取得了进步。

3. 依法行政制度体系评价有所上升

评估结果显示，在"依法行政制度体系"一级指标上，信阳市得到40分，排名第58位；在2017年度评估中，信阳市该指标得到35分，排名第70位；在2016年度评估中，信阳市该指标得到50分，排名第53位。连续三年的评估结果反映出，信阳市依法行政制度体系得分波动上升，较上年有所改善。

（二）问题

1. 依法全面履行政府职能成效下滑

评估结果显示，2017年度信阳市"依法全面履行政府职能"指标得分为47分，比全国平均分低8.01分，排名第83位。2016年度信阳市这一指标得分为85分，排名第36位。可以得出结论，信阳市依法全面履行政府职能成效大幅度减弱，还有待提升。

2. 行政决策工作质量下降

在"行政决策"工作方面，信阳市在2018年评估中得到59分，比全国平均分低10.41分，排名第80位；在2017年评估中得到66分，比全国平均分高6.19分，排名第75位；在2016年评估中得到63分，比全国平均分低5.87分，排名第79位。从近三年的评估数据可以看出，近年来信阳市在推进行政决策方面工作水平一直不高，在该项上存在很大的进步空间。

3. 社会公众满意度较低

评估结果显示，信阳市法治政府建设的"社会公众满意度调查"得分为127.27分，比全国平均分低5.17分，比最高分低35.54分，排名第75位。该指标2017年得分为117.35分，全国排名第88位；2016年得分为96.2分，全国排名第97位。可以看出，该项指标的排名和分数虽然在逐年递增，但是社会公众满意度依旧较低。此指标反映出信阳市民众对政府职能的履行、行政执法、行政服务表现满意度不高，政府的行政执法能力和水平需要进一步提升。

八十六　邢台市人民政府

一、邢台市法治政府建设情况

邢台市人民政府评估总分是 668.75 分，高于全国平均水平（654.34 分）14.41 分，在全国参与评估的 100 个城市中排名第 41 位，在东部区域 48 个城市中排名第 25 位。该市政府得分按一级指标分析结果见表 12 – 86。

表 12 – 86　邢台市人民政府一级指标评估得分分析

指标分析	依法全面履行政府职能	法治政府建设的组织领导	依法行政制度体系	行政决策	行政执法	政务公开	监督与问责	社会矛盾化解与行政争议解决	优化营商环境的法治保障	社会公众满意度调查
得分	58.00	55.50	55.00	83.00	50.87	55.06	70.79	76.53	38.00	126.00
与平均分差	2.99	9.51	9.50	13.59	– 3.39	– 12.45	– 6.18	3.96	3.30	– 6.44
与最高分差	– 13.00	– 16.50	– 20.00	– 10.00	– 27.41	– 39.01	– 21.36	– 15.62	– 22.00	– 36.81
排名	40	17	28	13	65	78	77	42	37	80

每项一级指标得分换算成百分比并与全国平均水平比较得出图 12 – 86。

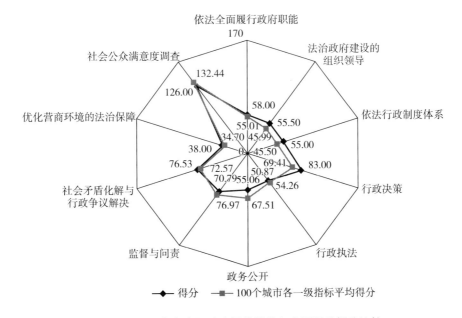

图 12 – 86　邢台市人民政府评估得分与全国平均得分比较

可以看出，该市依法全面履行政府职能、法治政府建设的组织领导、依法行政制度体系、行政决策、社会矛盾化解与行政争议解决、优化营商环境的法治保障这六个指标得分高于全国平均水平，说明该市在这六个方面评价较高。行政执法、政务公开、监督与问责、社会公众满意度调查这四个指标得分低于全国平均水平，说明该市政府在这四个方面评价较低。

二、邢台市法治政府建设情况分析

在 2018 年全国法治政府评估中，邢台市人民政府评估总分是 668.75 分，高于全国平均水平（654.34 分）14.41 分，在全国参与评估的 100 个城市中排名第 41 位，在东部区域 48 个城市中排名第 25 位（在 2017 年度评估中，邢台市得到 693.13 分，排名第 52 位；在 2016 年度评估中，邢台市得到 712.97 分，排名第 20 位）。这一评估结果反映出，在全国法治政府建设持续推进的大背景下，邢台市法治政府建设在取得进步的同时，存在一些亟待重视和解决的问题。

（一）成绩

1. 依法全面履行政府职能水平大幅提高

本年度评估结果显示，在"依法全面履行政府职能"一级指标上，邢台市得到 58 分（该指标总分为 100 分），比全国平均分高出 2.99 分，排名全国第 40 位；在 2017 年度评估中，邢台市该指标得到 71 分，低于全国平均分 11.81 分，排名第 93 位；在 2016 年度评估中，邢台市该指标得到 81 分，排名全国第 39 位。对比连续三年的测评结果可以看出，邢台市在依法全面履行政府职能方面比上一年度有了明显的进步，水平大幅提高。

2. 行政决策法治化程度得到提高

评估结果显示，邢台市"行政决策"指标得分进步幅度较大。在 2016 年度评估中，邢台市在该指标上得分 63 分（该指标总分为 100 分），比全国平均分低 5.87 分，全国排名仅为第 76 位；在 2017 年度评估中，邢台市在该指标上得分为 74 分，比全国平均分高 1.81 分，全国排名为第 46 位；在本年度评估中，邢台市该指标得到 83 分，比全国平均分高出 13.59 分，全国排名第 13 位。这说明邢台市在行政决策过程中，不断注重决策的合法性、民主性和科学性，值得学习和肯定。

3. 法治政府建设的组织领导工作能力大幅提升

评估结果显示，2018 年度邢台市"法治政府建设的组织领导"指标得分为 55.5 分（该指标总分为 80 分），比全国平均分高 9.51 分，全国排名第 17 位。对比 2016 年度和 2015 年度邢台市在这一指标上 44 分和 57 分的得分，以及第 65 位和第 5 位的排名，可以得出结论，邢台市法治政府建设的组织领导工作能力有所提升，能够按要求及时公布上一年度的法治政府建设情况，对依法行政考核的工作推进理想。

（二）问题

1. 监督与问责得分大幅下降

本年度评估结果显示，在"监督与问责"一级指标上，邢台市得到 70.79 分，比全国平均分低 6.18 分，排名全国第 77 位；在 2017 年度评估中，邢台市"监督与问责"指标得到 79.29 分，排名全国第 26 位；在 2016 年度评估中，邢台市"监督与问责"指标得到 68.49 分，排名全国第 53 位。对比连续三年的测评结果可以看出，邢台市在该指标下得分大幅下降，需要对这一项指标引起足够重视。

2. 行政执法规范化程度低

在"行政执法"方面，邢台市在 2016 年评估中得到 63 分（该指标总分为 120 分），比全国平均分低 6.51 分，全国排名第 69 位；在 2017 年评估中得到 61.7 分，比全国平均分低 7.33 分，排名为第 71 位；在 2018 年评估中得到 50.87 分，比全国平均分低 6.514 分，全国排名第 69 位；在 2017 年评估中得到 61.7 分，比全国平均分低 3.39 分，全国排名第 65 位。从近三年的评估数据可以看出，邢台市在行政执法方面无论是得分还是排名都比较低，并且处于不断后退的状态。暴露出邢台市行政执法体制改革动作迟缓、执法程序建设存在漏洞、执法人员培训流于形式、执法部门怠于履行职能等问题。

八十七　徐州市人民政府

一、徐州市法治政府建设情况

徐州市人民政府评估总分是655.14分，高于全国平均水平（654.34分）0.8分，在全国参与评估的100个城市中排名第53位，在东部区域48个城市中排名第34位。该市政府得分按一级指标分析结果见表12-87。

表12-87　徐州市人民政府一级指标评估得分分析

指标分析	依法全面履行政府职能	法治政府建设的组织领导	依法行政制度体系	行政决策	行政执法	政务公开	监督与问责	社会矛盾化解与行政争议解决	优化营商环境的法治保障	社会公众满意度调查
得分	43.00	52.00	45.00	68.00	70.03	50.00	81.94	77.57	38.00	129.61
与平均分差	-12.01	6.01	-0.50	-1.41	15.77	-17.51	4.97	5.00	3.30	-2.83
与最高分差	-28.00	-20.00	-30.00	-25.00	-8.25	-44.07	-11.01	-14.58	-22.00	-33.20
排名	94	30	49	56	8	92	27	38	37	60

每项一级指标得分换算成百分比并与全国平均水平比较得出图12-87。

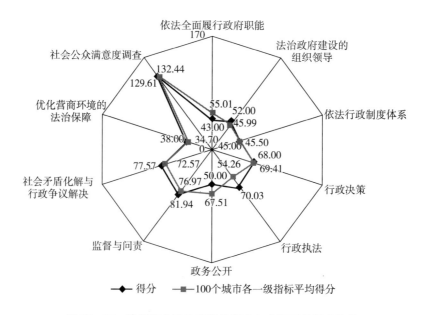

图12-87　徐州市人民政府评估得分与全国平均得分比较

可以看出，该市法治政府建设的组织领导、行政执法、监督与问责、社会矛盾化解与行政争议解决、优化营商环境的法治保障这五个指标得分高于全国平均水平，说明该市在这五个方面评价较高。依法全面履行政府职能、依法行政制度体系、行政决策、政务公开、社会公众满意度调查这五个指标得分低于全国平均水平，说明该市政府在这五个方面评价较低。

二、徐州市法治政府建设情况分析

在 2018 年全国法治政府评估中，徐州市人民政府评估总分是 655.14 分，高于全国平均水平（654.34 分）0.8 分，在全国参与评估的 100 个城市中排名第 53 位，在东部区域 48 个城市中排名第 34 位（在 2017 年度评估中，徐州市得到 706.41 分，排名第 41 位；在 2016 年度评估中，徐州市得到 663.24 分，排名第 51 位）。这一评估结果反映出，在全国法治政府建设持续推进的大背景下，徐州市法治政府建设在取得进步的同时，存在一些亟待重视和解决的问题。

（一）成绩

1. 监督和问责能力良好

评估结果显示，徐州市在"监督和问责"指标上分数较为稳定。2018 年评估中，徐州市在该指标上得到 81.94 分，比全国平均分高 4.97 分，全国排名第 27 位。在 2017 年度评估中，徐州市该指标得到 81.45 分（该指标总分为 100 分），比全国平均分高出 8 分，全国排名第 14 位。在 2016 年评估中，徐州市该指标得到 67.08 分，排名第 59 位。从得分的增加和排名的提升中可以看出，徐州市重视对政府工作的监督和问责，并取得了较好的成绩，值得学习和肯定。

2. 法治政府建设的组织领导工作取得进步

评估结果显示，2018 年度徐州市"法治政府建设的组织领导"指标得分为 52 分（该指标总分为 80 分），比全国平均分高 6.01 分，全国排名第 30 位。2017 年度徐州市"法治政府建设的组织领导"指标得分为 47 分（该指标总分 80 分），比全国平均分低 0.22 分，全国排名第 55 位。可以看出，徐州市法治政府建设的组织领导工作得到较为全面的落实，对政府法制工作的组织保障充分，按要求及时公布上一年度的法治政府建设情况，对依法行政考核的工作推进理想，加强政府法律顾问制度建设顺利。

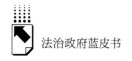
3. 行政执法工作取得了大幅进步

评估结果显示，徐州市"行政执法"指标得分进步幅度较大。在 2016 年评估中，徐州市在该指标上得到 66 分，全国排名第 61 位；在 2017 年评估中，徐州市在该指标上得到 71 分，全国排名第 56 位；在本年度评估中，徐州市在该指标上得到 70.03 分（该指标总分为 100 分），比全国平均分高出 15.77 分，全国排名第 8 位，排名大幅提升。从数据对比中可以看出，徐州市在行政执法工作方面付出了较大的努力，取得了较大的进步，值得肯定。

（二）问题

1. 政务公开得分大幅退步

评估结果显示，徐州市在"政务公开"指标上得分退步幅度较大。在 2016 年评估中，徐州市在该指标上得到 92 分，全国排名第 54 位；在 2017 年评估中，徐州市在该指标上得到 110 分，全国排名第 18 位；在本年度评估中，徐州市在该指标上得到 50 分（该指标总分为 120 分），比全国平均分低 17.51 分，全国排名下降至第 92 位，排名倒退至后 10 位。从数据对比中可以看出，徐州市在政务公开工作方面有所放松，有较大的退步，需要继续加强相关领域工作。

2. 社会公众满意度显著下降

评估结果显示，徐州市在"社会公众满意度"指标上得分下降幅度较大。在 2016 年评估中，徐州市在该指标上得到 122.16 分，比全国平均分低 7.45 分，全国排名第 70 位；在 2017 年评估中，徐州市在该指标上得到 138.49 分，比全国平均分高 10.34 分，全国排名第 16 位；在本年度评估中，徐州市该指标得到 129.61 分（该指标总分为 200 分），比全国平均分低 2.83 分，全国排名第 60 位，排名下降幅度明显。反映出徐州市法治政府建设工作水平有所下降，使人民群众对政府工作不够满意。

3. 依法行政的制度体系不完善

在依法行政制度体系建设方面，徐州市在 2016 年评估中得到 45 分（该指标总分为 80 分），比全国平均分低 5.76 分，全国排名第 65 位；在 2017 年评估中得到 35 分，比全国平均分低 10.92 分，全国排名第 70 位；在 2018 年评估中得到 45 分，比全国平均分低 0.5 分，全国排名第 49 位。从近三年的评估数据可以看出，徐州市在依法行政的制度体系建设方面整体上依然处于较低水平。具体而言，徐州市在行政规范性文件制定的制度化和规范化、行政规范性文件的合法性及行政规范性文件定期清理制度的建立和落实方面存在问题和不足。

八十八　烟台市人民政府

一、烟台市法治政府建设情况

烟台市人民政府评估总分是685.80分,高于全国平均水平(654.34分)31.46分,在全国参与评估的100个城市中排名第31位,在东部区域48个城市中排名第22位。该市政府得分按一级指标分析结果见表12-88。

表12-88　烟台市人民政府一级指标评估得分分析

指标 分析	依法全面 履行政府 职能	法治政府 建设的组 织领导	依法行 政制度 体系	行政 决策	行政 执法	政务 公开	监督与 问责	社会矛盾化 解与行政争 议解决	优化营商 环境的法 治保障	社会公 众满意 度调查
得分	62.00	39.50	60.00	66.50	51.78	62.50	78.52	82.12	43.00	139.87
与平均分差	0.99	-4.49	4.50	-2.91	-2.48	-5.01	1.55	9.55	8.3	7.43
与最高分差	-9.00	-32.50	-15.00	-26.50	-26.50	-31.57	-14.43	-10.03	-17.00	-22.94
排名	17	71	17	65	58	63	50	19	19	18

每项一级指标得分换算成百分比并与全国平均水平比较得出图12-88。

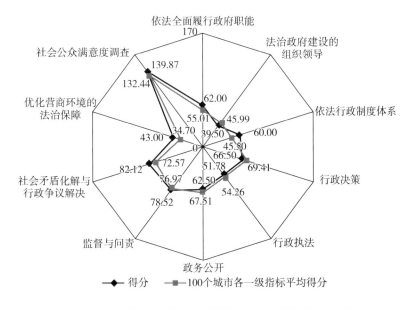

图12-88　烟台市人民政府评估得分与全国平均得分比较

可以看出，该市依法全面履行政府职能、依法行政制度体系、监督与问责、社会矛盾化解与行政争议解决、优化营商环境的法治保障、公众满意度调查这六个指标得分高于全国平均水平，说明该市在这六个方面评价较高。法治政府建设的组织领导、行政决策、行政执法、政务公开这四个指标得分低于全国平均水平，说明该市政府在这四个方面评价较低。

二、烟台市法治政府建设情况分析

在 2018 年法治政府评估中，烟台市人民政府评估总分是 685.80 分，高于全国平均水平（654.34 分）31.46 分，在全国参与评估的 100 个城市中排名第 31 位，在东部区域 48 个城市中排名第 22 位。（在 2017 年度评估中，烟台市得到 758.63 分，排名第 14 位；在 2016 年度评估中，烟台市得到 682.62 分，排名第 39 位）。这一评估结果反映出，在全国法治政府建设持续推进的大背景下，烟台市法治政府建设取得了长足进步，同时存在一些亟待重视和解决的问题。

（一）成绩

1. 依法全面履行政府职能表现较好

本年度评估结果显示，在"依法全面履行政府职能"一级指标下，烟台市得到 62 分（该指标总分为 100 分），比全国平均分高出 0.99 分；在 2017 年度评估中，烟台市该指标得到 91 分，比全国平均分高出 8.19 分；在 2016 年度评估中，烟台市该指标得到 90 分，比全国平均分高出 13.77 分。从连续三年的评估结果来看，烟台市依法全面履行政府职能情况较好。具体而言，烟台市在政府机构设置、职能履行、公共服务、简政放权和行政审批便捷等方面都较为积极地推进法治政府建设，法治化程度稳步提升。

2. 依法行政制度体系日臻完善

本年度评估结果显示，烟台市"依法行政制度体系"这一指标得到 60 分（该指标总分为 80 分），比全国平均分高出 4.50 分，排名第 17 位。在 2017 年度评估中，烟台市该指标的得分为 65 分，比全国平均分高出 19.08 分，得分率为 81%；在 2016 年度评估中，烟台市该指标的得分也为 65 分，比全国平均分高出 14.24 分，排名为第 18 位。根据近三年的评估数据，不难看出，近年来烟台市依法行政制度体系日臻完善，且各项制度的法治化建设水平快速提高。

3. 社会公众满意度较高

从本年度的评估结果来看，烟台市"社会公众满意度调查"这一指标的得分为139.87 分（该指标总分为 200 分），比全国平均分高出 7.43 分，排名第 18 位；在2017 年度评估中，烟台市该指标的得分为 144.07 分，得分率为 72%；在 2016 年度评估中，烟台市该指标的得分为 131.06 分，得分率为 66%。对比连续三年的测评结果可以看出，近年来烟台市法治政府建设的社会公众满意度提升较为明显，且社会公众满意度评价正在由刚及格向中等水平迈进。

4. 监督与问责方面表现有所进步

评估结果显示，2018 年度烟台市"监督与问责"这一指标得到 78.52 分（该指标总分为 100 分），比全国平均分高 1.55 分，排名第 50 位；在 2017 年度评估中，烟台市得到 73.26 分，比全国平均分低 0.19 分，排名第 60 位；在 2016 年度评估中，烟台市得到 60.96 分，比全国平均分低 7.06 分，排名第 81 位。根据以上评估数据可以看出，烟台市在该指标下的得分逐年增加，行政监督与问责方面表现有所进步。

（二）问题

1. 法治政府建设的组织领导工作不扎实

评估结果显示，2018 年度烟台市"法治政府建设的组织领导"指标的得分为 39.5 分（该指标总分为 80 分），比全国平均分低 4.49 分，排名第 71 位；在 2017 年度评估中，烟台市该指标的得分为 53 分，排名第 31 位；在 2016 年度评估中，烟台市该指标的得分仅为 25 分，排名第 92 位。根据近三年的评估数据可以得出结论，尽管近年来烟台市法治政府建设的组织领导工作有明显改善，但整体水平不高，名次排位起伏较大，仍有较大的提升空间。具体而言，当前烟台市存在未及时公布法治政府建设情况报告、对法制工作的组织保障不充分、依法行政考核工作的推进不够理想等问题。

2. 行政执法不规范

本年度评估结果显示，烟台市"行政执法"指标得到 51.78 分（该指标总分为 120 分），比全国平均分低 2.48 分，排名第 58 位。2017 年度烟台市该指标的得分为 69.5 分，排名第 41 位。在 2016 年度评估中，烟台市该指标的得分仅为 58.6 分，排名第 84 位。连续三年的评估结果反映出，烟台市的行政执法不够规范。具体而言，无论是在执法体制、执法程序、执法责任方面，还是在执法人员管理及实际执法状况方面，烟台市均有较大的提升空间，距离严格、规范、公正、文明执法的法治政府建设目标尚有一定的差距。

八十九　盐城市人民政府

一、盐城市法治政府建设情况

盐城市人民政府评估总分是 660.33 分，高于全国平均水平（654.34 分）5.99 分，在全国参与评估的 100 个城市中排名第 47 位，在东部区域 48 个城市中排名第 31 位。该市政府得分按一级指标分析结果见表 12 - 89。

表 12 - 89　盐城市人民政府一级指标评估得分分析

指标 分析	依法全面 履行政府 职能	法治政府 建设的组 织领导	依法行 政制度 体系	行政 决策	行政 执法	政务 公开	监督与 问责	社会矛盾化 解与行政争 议解决	优化营商 环境的法 治保障	社会公众 满意度 调查
得分	50.00	29.50	40.00	68.00	59.50	76.70	85.66	80.00	29.00	141.97
与平均分差	-5.01	-16.49	-5.50	-1.41	5.24	9.19	8.69	7.43	-5.70	9.53
与最高分差	-21.00	-42.50	-35.00	-25.00	-18.78	-17.37	-7.29	-12.15	-31.00	-20.84
排名	74	91	58	56	35	29	13	24	71	12

每项一级指标得分换算成百分比并与全国平均水平比较得出图 12 - 89。

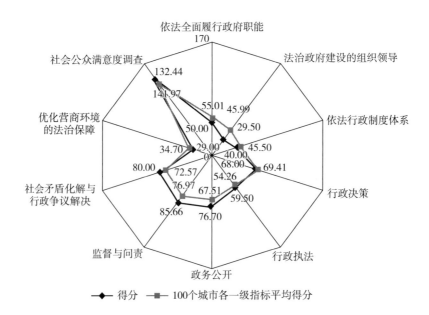

图 12 - 89　盐城市人民政府评估得分与全国平均得分比较

可以看出，该市行政执法、政务公开、监督与问责、社会矛盾化解与行政争议解决、社会公众满意度调查这五个指标得分高于全国平均水平，说明该市在这五个方面评价较高。依法全面履行政府职能、法治政府建设的组织领导、依法行政制度体系、行政决策、优化营商环境的法治保障这五个指标得分低于全国平均水平，说明该市政府在这五个方面评价较低。

二、盐城市法治政府建设情况分析

在 2018 年全国法治政府评估中，盐城市人民政府评估总分是 660.33 分，高于全国平均水平（654.34 分）5.99 分，在全国参与评估的 100 个城市中排名第 47 位，在东部区域 48 个城市中排名第 31 位（在 2017 年度评估中，盐城市得到 699.48 分，排名第 46 位；在 2016 年度评估中，盐城市得到 669.74 分，排名第 45 位）。这一评估结果反映出，在全国法治政府建设持续推进的大背景下，盐城市法治政府建设仍然处于徘徊阶段，虽有一定成绩，但也存在一些亟待重视和解决的问题。

（一）成绩

1. 行政监督与问责取得长足进步

本年度评估结果显示，盐城市"监督与问责"这一指标的得分为 85.66 分（该指标总分为 100 分），比全国平均分高出 8.69 分，排名第 13 位；在 2017 年度评估中，盐城市该指标的得分为 79.51 分，比全国平均分高出 6.06 分，排名第 23 位；在 2016 年度评估中，盐城市该指标的得分为 77.33 分，比全国平均分高出 9.31 分，排名第 13 位。根据以上评估数据，可以得出结论，近年来盐城市行政监督与问责表现较好。具体而言，盐城市的外部与内部具体监督制度日益完善，问责机制的制度化程度较高且落实情况较为理想。

2. 社会矛盾化解与行政争议解决表现较好

本年度评估结果显示，盐城市"社会矛盾化解与行政争议解决"这一指标得到 80 分（该指标总分为 100 分），排名为 24 位。从纵向来看，在 2017 年度评估中，盐城市该指标的得分为 81.47 分，比全国平均分高出 11 分，排名第 17 位；在 2016 年度评估中，盐城市该指标的得分为 78 分，比全国平均分高出 9.9 分，排名第 12 位。根据近三年的评估数据，不难看出，近年来盐城市在积极探索化解社会矛盾的新方式与途径，努力建立与经济社会发展相适应的矛盾纠纷化解机制，社会矛盾化解的水平

快速提高，且社会矛盾化解与行政争议解决指标得分正在由不及格向中等水平迈进。

3. 社会公众满意度不断提高

从本年度的评估结果来看，盐城市"社会公众满意度调查"这一指标的得分为141.97分（该指标总分为200分），比全国平均分高出9.53分，排名第12位；在2017年度评估中，盐城市该指标的得分为138.15分，比全国平均分高出10分，排名第19位；在2016年度评估中，盐城市该指标的得分为136.91分，比全国平均分高出7.3分，排名为30位。对比连续三年的测评结果可以看出，近年来盐城市法治政府建设的社会公众满意度逐年提高，且社会公众满意度评价得分正在由不及格向中等水平迈进。

（二）问题

1. 法治政府建设的组织领导工作水平大幅下降

本年度评估结果显示，在"法治政府建设的组织领导"这一指标上，盐城市得到29.5分（该指标总分为80分），比全国平均分低16.49分，排名第91位；在2017年度评估中，盐城市该指标得到54分，比全国平均分高出6.78分，排名第26位；2016年度评估中，盐城市该指标得到51分，比全国平均分高出11.61分，排名第13位。从以上评估结果来看，近年来盐城市法治政府建设的组织领导工作水平大幅下降。具体而言，盐城市在法治政府建设的组织保障、落实机制及领导干部的法治思维和法治能力等方面工作都不够完善，法治化程度有待提高。

2. 依法全面履行政府职能表现欠佳

评估结果显示，2018年度盐城市"依法全面履行政府职能"指标的得分为50分（该指标总分为100分），比全国平均分低5.01分，排名第74位；在2017年度评估中，盐城市该指标的得分为80分，比全国平均分低2.81分，排名第70位；在2016年度评估中，盐城市该指标的得分为69分，比全国平均分低7.23分，排名第75位。根据近三年的评估数据可以看出，尽管近年来盐城市这一指标连续三年均低于全国平均水平。这反映出盐城市依法全面履行政府职能表现欠佳，仍有较大的提升空间。具体而言，当前盐城市在政府机构设置、职能履行、公共服务、简政放权和行政审批便捷等方面仍须加强，法治化程度有待进一步提升。

3. 行政决策法治化程度不高

评估结果显示，2018年度盐城市"行政决策"这一指标得到68分（该指标总分为100分），比全国平均分低1.41分，排名第56位；在2017年度评估中，盐城市得到70分，比全国平均分低2.19分，排名第60位；在2016年度评估中，盐城市得到

65 分，比全国平均分低 3.87 分，排名第 66 位。根据以上评估数据可以看出，盐城市该指标得分连续三年低于全国平均水平。这反映出盐城市未能全面落实《法治政府建设实施纲要（2015—2020 年）》中所提出的要求，行政决策法治化程度不高。具体而言，盐城市在重大决策合法性审查制度、风险评估制度、专家论证制度、公开制度等方面的建立或实施情况存在不足，各项制度的法治化水平有待提高。

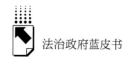
九十　宜春市人民政府

一、宜春市法治政府建设情况

宜春市人民政府评估总分是 566.22 分，低于全国平均水平（654.34 分）88.12 分，在全国参与评估的 100 个城市中排名第 93 位，在中部区域 32 个城市中排名第 30 位。该市政府得分按一级指标分析结果见表 12 - 90。

表 12 - 90　宜春市人民政府一级指标评估得分分析

指标 分析	依法全面履行政府职能	法治政府建设的组织领导	依法行政制度体系	行政决策	行政执法	政务公开	监督与问责	社会矛盾化解与行政争议解决	优化营商环境的法治保障	社会公众满意度调查
得分	50.00	31.00	25.00	57.00	55.00	52.50	65.34	81.00	20.00	129.38
与平均分差	- 5.01	- 14.99	- 20.50	- 12.41	- 0.74	- 15.01	- 11.63	8.43	- 14.70	- 3.06
与最高分差	- 21.00	- 41.00	- 50.00	- 36.00	- 23.28	- 41.57	- 27.61	- 11.15	- 40.00	- 33.43
排名	74	89	86	85	45	87	93	22	94	63

每项一级指标得分换算成百分比并与全国平均水平比较得出图 12 - 90。

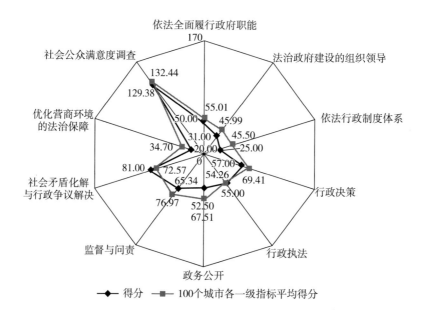

图 12 - 90　宜春市人民政府评估得分与全国平均得分比较

可以看出，该市行政执法社会矛盾化解与行政争议解决这两个指标高于全国平均水平，说明该市在这两个方面评价较高。依法全面履行政府职能、法治政府建设的组织领导、依法行政制度体系、行政决策、政务公开、监督与问责、优化营商环境的法治保障、公众满意度调查这八个指标低于全国平均水平，说明该市政府在这八个方面评价较低。

二、宜春市法治政府建设情况分析

在 2018 年全国法治政府评估中，宜春市人民政府评估总分是 566.22 分，低于全国平均水平（654.34 分）88.12 分，在全国参与评估的 100 个城市中排名第 93 位，在中部区域 32 个城市中排名第 30 位（在 2017 年度评估中，宜春市得到 656.37 分，排名第 70 位；在 2016 年度评估中，宜春市得到 640.44 分，排名第 68 位）。这一评估结果反映出，在全国法治政府建设持续推进的大背景下，宜春市法治政府建设评估得分排名在不断下滑，其在取得一定进步的同时，存在一些亟待重视和解决的突出问题。

（一）成绩

1. 依法全面履行政府职能有所提升

评估结果显示，2018 年度宜春市"依法全面履行政府职能"这一指标得到 50 分（该指标总分为 100 分），排名第 74 位；在 2017 年度评估中，宜春市的得分为 73 分，排名第 91 位；在 2016 年度评估中，宜春市的得分为 69 分，比全国平均分低 7.23 分，排名第 77 位。根据近三年的评估数据可以看出，近年来宜春市该指标的得分整体上呈不断上升趋势，但该指标得分连续三年均低于全国平均水平。这反映出当前宜春市在政府机构设置、职能履行、公共服务、简政放权和行政审批便捷等方面工作仍须加强，法治化程度有待继续提升。

2. 社会矛盾化解与行政争议解决水平大幅提升

评估结果显示，2018 年度宜春市"社会矛盾化解与行政争议解决"指标得到 81 分（该指标总分为 100 分），比全国平均分高 0.57 分，排名第 22 位；在 2017 年度评估中，宜春市得到 64.67 分，排名第 76 位；在 2016 年度评估中，宜春市得到 71 分，比全国平均分高出 2.9 分，排名第 42 位。从连续三年的评估数据来看，2018 年宜春市社会矛盾化解与行政争议解决取得了大幅进步。具体而言，宜春市的信访制度改革

进展较好，行政复议工作的规范化水平和公开透明程度高，行政复议决定的质量较高。

（二）问题

1. 政务公开评价下滑

本年度评估结果显示，宜春市"政务公开"这一指标得到 52.5 分（该指标总分为 120 分），比全国平均分低 25.61 分，排名第 87 位。在 2017 年度评估中，宜春市该指标的得分为 109 分，排名第 22 位；在 2016 年度评估中，宜春市该指标的得分为 87 分，比全国平均分低 5.56 分，排名第 72 位。根据近三年的评估数据可以看出，近年来宜春市的这一指标得分整体上呈大幅下降趋势。具体而言，宜春市在重点领域信息公开、政府门户网站建设维护、政府数据开放、依申请信息公开等方面工作表现较差，政务公开工作需要向纵深发展。

2. 行政监督与问责制度不规范

本年度评估结果显示，宜春市"监督与问责"指标得到 65.34 分（该指标总分为 100 分），比全国平均分低 17.46 分，排名第 93 位；在 2017 年度评估中，宜春市得到 65.5 分，排名第 86 位；在 2016 年度评估中，宜春市得到 71 分，比全国平均分高出 2.98 分，排名第 36 位。从连续三年的评估结果来看，宜春市连续三年的排名都在下降。这反映出近年来宜春市行政监督与问责制度建设的总体形势不好，同时在整体上依然处于较低水平。具体而言，宜春市的外部与内部具体监督制度仍不规范，问责机制的制度化程度较低，且落实情况不甚理想。

3. 社会公众满意度下降明显

评估结果显示，2018 年度宜春市法治政府建设的社会公众满意度调查得分为 129.38 分（该指标总分为 200 分），比全国平均分低 9.5 分，排名第 63 位。在 2017 年度评估中，宜春市得到 126.2 分，排名第 52 位；在 2016 年度评估中，宜春市得到 130.94 分，比全国平均分高出 1.33 分，排名第 44 位。对比连续三年的评估数据可以看出，宜春市社会公众满意度指标得分呈逐年下降趋势，且正在由中等水平滑向及格水平。这反映出社会公众对当地法治政府建设工作的评价不高，未对法治政府建设成效产生充足的获得感。

九十一　银川市人民政府

一、银川市法治政府建设情况

银川市人民政府评估总分为 692 分，高于全国平均水平（654.34 分）37.66 分，在全部参与评估的 100 个城市中排名第 28 位，在西部区域 20 个城市中排名第 5 位。该市政府得分按一级指标分析结果见表 12－91。

表 12－91　银川市人民政府一级指标评估得分分析

指标 分析	依法全面履行政府职能	法治政府建设的组织领导	依法行政制度体系	行政决策	行政执法	政务公开	监督与问责	社会矛盾化解与行政争议解决	优化营商环境的法治保障	社会公众满意度调查
得分	45	50.5	60	74	50.98	78.5	82.84	78	42	130.18
与平均分差	－10.01	4.52	14.50	4.60	－3.28	10.99	5.87	5.43	7.30	－2.26
与最高分差	－26	－21.5	－15	－19	－27.3	－15.57	－10.11	－14.15	－18	－32.63
排名	89	35	17	37	64	26	22	34	23	57

每项一级指标得分换算成百分比并与全国平均水平比较得出图 12－91。

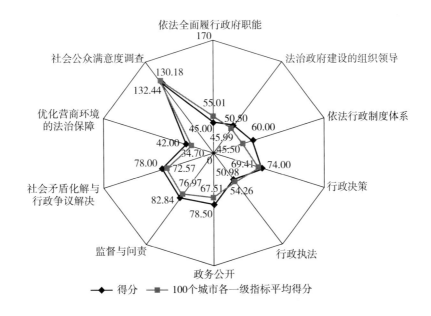

图 12－91　银川市人民政府评估得分与全国平均得分比较

可以看出，该市法治政府建设的组织领导、依法行政制度体系、行政决策、政务公开、监督与问责、社会矛盾化解与行政争议解决、优化营商环境的法治保障这七个指标得分高于全国平均水平，说明该市政府在这七个方面评价较高。依法全面履行政府职能、行政执法、社会公众满意度调查这三个指标得分低于全国平均水平，说明该市政府在这三个方面评价均较低。

二、银川市法治政府建设情况分析

在 2018 年全国法治政府评估中，银川市得到 692 分（总分为 1000 分），在 100 个参与评估城市中排名第 28 位，在西部区域 20 个城市中排名第 5 位（在 2017 年度评估中，银川市得到 669.11 分，排名第 64 位；在 2016 年度评估中，银川市得到 608.8 分，排名第 85 位；在 2015 年度评估中，银川市得到 527.39 分，排名第 94 位）。这一评估结果反映出，在全国法治政府建设持续推进的大背景下，银川市法治政府建设取得了长足进步，排名不断上升，同时存在部分亟待重视和解决的问题。

（一）成绩

1. 依法行政制度体系建设进步明显

评估结果显示，银川市 2018 年"依法行政制度体系建设"指标的得分为 60 分，高于平均分 14.50 分。2017 年"依法行政制度体系建设"得分为 41 分，低于平均分 4.92 分；2016 年"政府制度建设"得分为 608.8 分。从近三年的评估结果中可以看出，银川市在依法行政制度体系建设方面的表现较好，虽然与全国先进城市仍有一定的差距，但是高于全国平均水平。这反映出银川市积极落实《法治政府建设实施纲要（2015—2020 年）》中所提出的要求，依法行政法治化程度不断提升。具体而言，银川市行政规范性文件法治化进程较快，行政规范性文件制定程序制度的建立情况理想，行政规范性文件公开听取意见制度与"三统一"制度的实施情况良好，依法行政制度体系较为完善。

2. 监督与问责制度建设不断提升

从历年评估结果可以看出，银川市政府在"监督与问责"方面表现良好。2018 年银川市政府"监督与问责"得到 82.84 分，高出平均分 5.87 分，排名第 22 位；在 2017 年评估中，银川市得到 67.55 分，低于平均分 5.90 分，排名第 79 位。银川市政府在该指标上的得分呈逐年上升趋势。这反映出银川市在监督与问责机制建设方面不断进步，在外部监督、内部监督与问责方面均取得了一定成绩。具体而言，近年来银川市的外部与内部监督制度日益规范，问责机制的制度化水平快速提高，重大决策责任追究制度的建立情况及落实情况较为理想，行政监督与问责指标正向中等水平迈进。

3. 社会矛盾化解与行政争议解决表现较好

本年度评估结果显示，银川市在"社会矛盾化解与行政争议解决"这一指标下得到 78 分，高出全国平均水平 5.43 分，排名第 34 位。在 2017 年度评估中，银川市得分为 76 分，比全国平均分高出 5.52 分；在 2016 年度评估中，银川市的得分为 72 分，比全国平均分高出 3.9 分，得分率为 72%；在 2015 年度评估中，银川市的得分为 34 分，比全国平均分低 19.7 分，得分率为 34%。根据近四年的评估数据可以看出，银川市这一指标得分呈逐年上升趋势。这反映出近年来银川市在积极探索化解社会矛盾的新方式与途径，努力建立与经济社会发展相适应的矛盾纠纷化解机制，社会矛盾化解的水平明显提高，且社会矛盾化解与行政争议解决指标正向更优水平迈进。

（二）问题

1. 依法全面履行政府职能表现欠佳

评估结果显示，2018 年度银川市"依法全面履行政府职能"指标得分为 45 分，比全国平均分低 10.01 分；在 2017 年度评估中，银川市得分为 69 分，低于全国平均分 13.81 分；在 2016 年度评估中，银川市的得分为 62 分，比全国平均分低 14.23 分；在 2015 年度评估中，银川市的得分为 64 分，比全国平均分低 15.8 分。根据近四年的评估数据可以看出，尽管近年来银川市这一指标的得分呈上升趋势，但该指标连续四年均低于全国平均水平。这反映出银川市依法全面履行政府职能表现欠佳，仍有较大的提升空间。具体而言，当前银川市在政府机构设置、职能履行、公共服务、简政放权和行政审批便捷等方面的工作仍须加强，法治化程度有待进一步提升。

2. 行政执法不规范

评估结果显示，2018 年度银川市在"行政执法"指标得到 50.98 分，比全国平均分低 3.28 分。在 2017 年度评估中，银川市得到 64.8 分，低于全国平均分 4.23 分；在 2016 年度评估中，银川市得到 67.6 分，比全国平均分低 1.91 分；在 2015 年度评估中，银川市得到 69 分，比全国平均分高出 6.23 分。从连续四年的评估结果来看，银川市这一指标的得分呈逐年下降趋势，且 2018 年与 2017 年的得分均低于全国平均水平。这反映出，近年来银川市行政执法规范化程度较低。具体而言，在执法体

制、执法程序、执法责任、执法人员管理及实际执法状况等方面，银川市存在较多不足，距离严格、规范、公正、文明执法的法治政府建设目标尚有较大的差距。

3. 社会公众满意度不高

从本年度的评估结果来看，2018 年银川市"社会公众满意度调查"这一指标得分为 130.18 分，比全国平均分低 2.26 分；在 2017 年度评估中，银川市得分为 130.76 分，比全国平均分高出 2.61 分；在 2016 年度评估中，银川市的得分为 125.68 分，比全国平均分低 3.93 分；在 2015 年度评估中，银川市的得分为 119.39 分，比全国平均分高出 2.03 分。对比连续四年的测评结果可以看出，银川市本年度与上年度在得分方面基本持平，但是社会公众对服务型政府的期待越来越高，因此银川市政府的行政执法能力和水平需要进一步提升。

九十二　玉林市人民政府

一、玉林市法治政府建设情况

玉林市人民政府评估总分为 558.18 分，低于全国平均水平（654.34 分）96.16分，在全部参与评估的 100 个城市中排名第 94 位，在西部区域 20 个城市中排名第 17位。该市政府得分按一级指标分析结果见表 12 – 92。

表 12 – 92　玉林市人民政府一级指标评估得分分析

指标分析	依法全面履行政府职能	法治政府建设的组织领导	依法行政制度体系	行政决策	行政执法	政务公开	监督与问责	社会矛盾化解与行政争议解决	优化营商环境的法治保障	社会公众满意度调查
得分	45	33	20	88	40.63	45	69.5	55.25	40	121.8
与平均分差	– 10.01	– 12.99	– 25.50	18.60	– 13.63	– 22.51	– 7.47	– 17.32	5.30	– 10.64
与最高分差	– 26	– 39	– 55	– 5	– 37.65	– 49.07	– 23.45	– 36.9	– 20	– 41.01
排名	89	84	94	5	87	98	81	97	30	93

每项一级指标得分换算成百分比并与全国平均水平比较得出图 12 – 92。

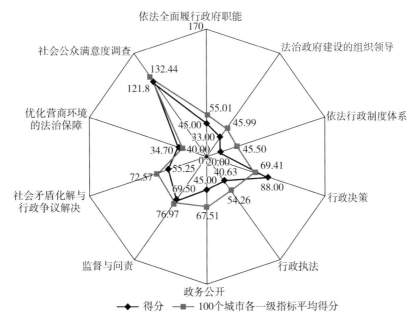

图 12 – 92　玉林市人民政府评估得分与全国平均得分比较

可以看出，该市行政决策和优化营商环境的法治保障这两个指标得分高于全国平均水平，说明该市政府在这两个方面评价较高。依法全面履行政府职能、法治政府建设的组织领导、依法行政制度体系、行政执法、政务公开、监督与问责、社会矛盾化解与行政争议解决和社会公众满意度调查这八个指标得分低于全国平均水平，说明该市政府在这八个方面评价较低。

二、玉林市法治政府建设情况分析

在 2018 年全国法治政府评估中，玉林市人民政府评估总分为 558.18 分，低于全国平均水平（654.34 分）96.16 分，在全部参与评估的 100 个城市中排名第 94 位，在西部区域 20 个城市中排名第 17 位（2017 年度玉林市得到 607.18 分，排名第 91 位；在 2016 年度评估中，玉林市得到 620.65 分，排名第 79 位；在 2015 年度评估中，玉林市得到 560.49 分，排名第 83 位）。这一评估结果反映出，在全国法治政府建设持续推进的大背景下，玉林市法治政府建设水平仍然在低位徘徊，虽然取得了一定成绩，但也存在一些亟待重视和解决的突出问题。

（一）成绩

1. 行政决策得到大幅提升

评估结果显示，2018 年度玉林市"行政决策"这一指标得到 88 分（该指标总分为 100 分），比全国平均分高 18.60 分；2017 年度玉林市得分为 60 分，比全国平均分低 1.11 分；2016 年度玉林市得到 65 分，比全国平均分低 3.87 分，得分率为 65%；在 2015 年度评估中，玉林市得到 63 分，比全国平均分低 1.55 分，得分率为 63%。根据以上评估数据可以看出，玉林市在决策法治化方面的工作有长足发展。这反映出玉林市较好地落实《法治政府建设实施纲要（2015—2020 年）》中所提出的要求，行政决策法治化程度不断提高。具体而言，玉林市在重大决策合法性审查制度、风险评估制度、专家论证制度、公开制度等方面的建立或实施情况良好，各项制度的规范化、法治化水平显著提高。

（二）问题

1. 依法全面履行政府职能表现欠佳

评估结果显示，2018 年度玉林市"依法全面履行政府职能"指标的得分为 45 分

（该指标总分为 100 分），比全国平均分低 10.01 分；在 2017 年度评估中，玉林市得分为 75 分，低于全国平均分 7.81 分；在 2016 年度评估中，玉林市在该指标下的得分为 71 分，比全国平均分低 5.23 分；在 2015 年度评估中，玉林市在该指标下的得分为 77 分，比全国平均分低 2.8 分。根据近四年的评估数据可以看出，玉林市该指标得分整体上处于徘徊阶段，该指标连续四年均低于全国平均水平。这反映出玉林市依法全面履行政府职能表现欠佳，仍有较大的提升空间。具体而言，当前玉林市在政府机构设置、职能履行、公共服务、简政放权和行政审批便捷等方面仍须加强，法治化程度有待进一步提升。

2. 法治政府建设的组织领导工作不扎实

本年度评估结果显示，玉林市"法治政府建设的组织领导"指标得到 33 分（该指标总分为 80 分），比全国平均分低 12.99 分。从纵向来看，在 2017 年度评估中，玉林市得分为 31 分，低于全国平均分 16.22 分；在 2016 年度评估中，玉林市的得分为 45 分，比全国平均分高出 5.61 分；在 2015 年度评估中，玉林市的得分为 25 分，比全国平均分低 8.33 分。以上评估数据说明，玉林市 2018 年与 2017 年的该指标得分均低于全国平均水平，法治政府建设的组织领导工作不扎实。具体而言，玉林市法治政府建设的组织领导工作未能全面落实《法治政府建设实施纲要（2015—2020年)》在新形势下提出的各项要求，对政府法制工作的组织保障不充分，对依法行政考核的推进不理想，政府法律顾问制度建设缓慢。

3. 依法行政制度体系不完善

本年度评估结果显示，玉林市"依法行政制度体系"这一指标仅得到 20 分（该指标总分为 80 分），比全国平均分低 25.50 分。从纵向来看，在 2017 年度评估中，玉林市的得分为 26 分，低于全国平均分 19.92 分；在 2016 年度评估中，玉林市的得分为 39 分，比全国平均分低 11.76 分；在 2015 年度评估中，玉林市的得分为 35 分，比全国平均分低 8.46 分。从以上数据可以看出，玉林市该指标得分始终处于较低水平，且该指标已经连续四年低于全国平均水平。这表明玉林市行政规范性文件法治化进程缓慢，行政规范性文件制定程序制度的建立情况不理想，行政规范性文件公开听取意见制度与"三统一"制度的实施表现不佳，依法行政制度体系还不完善。

4. 政务公开工作水平较低

评估结果显示，2018 年度玉林市"政务公开"指标得到 45 分（该指标总分为120 分），比全国平均分低 22.51 分；在 2017 年度评估中，玉林市该指标得分为 70分，低于全国平均分 27.98 分；在 2016 年度评估中，玉林市得到 80 分，比全国平均

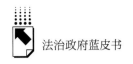

分低 12.58 分；在 2015 年度评估中，玉林市得到 89 分，比全国平均分低 8.5 分。从以上评估数据来看，玉林市这一指标的得分较低，且该指标连续四年均低于全国平均水平。这反映出，近年来玉林市政务公开工作水平较低，且正在由中等水平滑向不及格水平。具体而言，玉林市在重点领域信息公开、政府门户网站建设维护、政府数据开放、依申请信息公开等方面表现不佳，政务公开规范化程度有待提高。

九十三　岳阳市人民政府

一、岳阳市法治政府建设情况

岳阳市人民政府评估总分为 659.91 分，高于全国平均水平（654.34 分）5.57 分，在全部参与评估的 100 个城市中排名第 48 位，在中部区域 32 个城市中排名第 7 位。该市政府得分按一级指标分析结果见表 12 - 93。

表 12 - 93　岳阳市人民政府一级指标评估得分分析

指标 分析	依法全面履行政府职能	法治政府建设的组织领导	依法行政制度体系	行政决策	行政执法	政务公开	监督与问责	社会矛盾化解与行政争议解决	优化营商环境的法治保障	社会公众满意度调查
得分	60	42.5	65	79	49.17	69.17	86.97	60	19	129.1
与平均分差	4.99	- 3.49	19.50	9.60	- 5.08	1.66	10.00	- 12.57	- 15.70	- 3.34
与最高分差	- 11	- 29.5	- 10	- 14	- 29.11	- 24.9	- 5.98	- 32.15	- 41	- 33.71
排名	25	62	7	23	70	44	6	91	96	67

每项一级指标得分换算成百分比并与全国平均水平比较得出图 12 - 93。

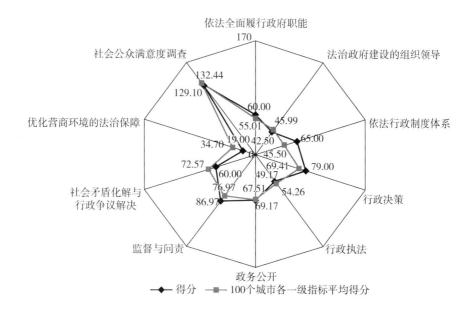

图 12 - 93　岳阳市人民政府评估得分与全国平均得分比较

可以看出，该市依法全面履行政府职能、依法行政制度体系、行政决策、政务公开、监督与问责这五个指标得分高于全国平均水平，说明该市政府在这五个方面评价较高。法治政府建设的组织领导、行政执法、社会矛盾化解与行政争议解决、优化营商环境的法治保障、社会公众满意度调查这五个指标低于全国平均水平，说明该市政府在这五个方面评价较低。

二、岳阳市法治政府建设情况分析

在 2018 年全国法治政府评估中，岳阳市得到 659.91 分（总分 1000 分），在 100 个被测评城市中排名第 48 位，在中部区域 32 个城市中排名第 7 位（在 2017 年度评估中，岳阳市得到 670.77 分，排名第 62 位；在 2016 年度评估中，岳阳市得到 666.62 分，排名第 47 位；在 2015 年度评估中，岳阳市得到 646.15 分，排名第 30 位）。这一评估结果反映出，在全国法治政府建设持续推进的大背景下，岳阳市法治政府建设评估的排名上升，成绩显著，但也存在着很多亟待重视和解决的突出问题。

（一）成绩

1. 行政决策取得长足发展

评估结果显示，2018 年度岳阳市"行政决策"这一指标得到 79 分（该指标总分为 100 分），比全国平均分高出 9.60 分；在 2017 年度评估中，岳阳市得到 80 分，比全国平均分高出 8.89 分；在 2016 年度评估中，岳阳市得到 84 分，比全国平均分高出 15.13 分；在 2015 年度评估中，岳阳市得到 80 分，比全国平均分高出 15.45 分。根据以上评估数据可以看出，岳阳市在该指标下的得分较为稳定。这反映出岳阳市积极落实《法治政府建设实施纲要（2015—2020 年)》中所提出的要求，行政决策法治化程度不断提升。具体而言，岳阳市在重大决策合法性审查制度、风险评估制度、专家论证制度、公开制度等方面的建立与实施情况表现较好，各项制度的规范化水平持续提高。

2. 行政监督与问责制度日益规范

本年度评估结果显示，岳阳市在"监督与问责"这一指标下得到 86.97 分（该指标总分为 100 分），比全国平均分高出 10 分。从纵向来看，在 2017 年度评估中，岳阳市得分为 75.09 分，比全国平均分高出 1.64 分；在 2016 年度评估中，岳阳市在该指标下的得分为 74.99 分，比全国平均分高出 6.97 分；在 2015 年度评估中，岳阳市在该指标下得到 72.5 分，比全国平均分高出 7.56 分。从近四年的评估数据可以看出，岳阳市该指标得分呈逐年上升趋势，行政监督与问责制度日益规范。具体而言，近年来岳阳市的外部与内部监督制度日益规范，问责机制的制度化程度快速提高，重大决策责任追究制度的建立及落实情况较为理想。

3. 依法行政制度体系进一步完善

本年度评估结果显示，岳阳市"依法行政制度体系"这一指标得到 65 分（该指标总分为 80 分），比全国平均分高出 19.5 分。在 2017 年度评估中，岳阳市得分为 53 分，比全国平均分高出 7.08 分；在 2016 年度评估中，岳阳市的得分为 55 分，比全国平均分高出 4.24 分；在 2015 年度评估中，岳阳市的得分为 57 分，比全国平均分高出 13.54 分。从以上数据可以看出，近年来岳阳市该指标得分呈逐年下滑趋势。这表明岳阳市行政规范性文件法治化进程较快，行政规范性文件制定程序制度的建立情况理想，行政规范性文件公开听取意见制度与"三统一"制度的实施情况良好，依法行政制度体系较为完善。

（二）问题

1. 法治政府建设的组织领导工作不扎实

本年度评估结果显示，岳阳市"法治政府建设的组织领导"指标得到 42.5 分（该指标总分为 80 分），比全国平均分低 3.49 分。在 2017 年度评估中，岳阳市得分为 28 分，比全国平均分低 19.22 分；在 2016 年度评估中，岳阳市的得分为 34 分，比全国平均分低 5.39 分；在 2015 年度评估中，岳阳市的得分为 26 分，比全国平均分低 7.33 分。以上评估数据说明，岳阳市该指标已经连续四年低于全国平均水平，法治政府建设的组织领导工作不扎实。具体而言，岳阳市法治政府建设的组织领导工作未能全面落实《法治政府建设实施纲要（2015—2020 年）》在新形势下对法治政府建设提出的要求，对政府法制工作的组织保障不充分，对依法行政考核的推进不理想，政府法律顾问制度建设缓慢。

2. 行政执法不规范

评估结果显示，2018 年度岳阳市"行政执法"指标得到 49.17 分（该指标总分为 120 分），比全国平均分低 5.08 分；在 2017 年度评估中，岳阳市得到 59.4 分，比全国平均分低 9.63 分；在 2016 年度评估中，岳阳市得到 66 分，比全国平均分低 3.51 分；在 2015 年度评估中，岳阳市得到 40 分，比全国平均分低 22.8 分。从连续四年的评估结果来看，尽管近年来岳阳市该指标得分整体呈上升趋势，但该指标已经连续四年低于全国平均水平。这反映出，近年来岳阳市的行政执法规范化程度较低。

具体而言，在执法体制、执法程序、执法责任、执法人员管理以及实际执法状况等方面，岳阳市存在较多不足，距离严格、规范、公正、文明执法的法治政府建设目标尚有较大的差距。

3. 社会矛盾化解与行政争议解决水平不高

评估结果显示，2018 年度岳阳市在"社会矛盾化解与行政争议解决"指标下得到 60 分（该指标总分为 100 分），比全国平均分低 12.57 分；在 2017 年度评估中，岳阳市得到 68 分，比全国平均分低 2.48 分；在 2016 年度评估中，岳阳市得到 46 分，比全国平均分低 22.1 分；在 2015 年度评估中，岳阳市得到 42 分，比全国平均分低 11.7 分。从以上数据来看，尽管近年来岳阳市该指标得分整体呈上升趋势，但该指标连续四年均低于全国平均水平，社会矛盾化解与行政争议解决水平不高。具体而言，岳阳市的信访制度改革进展迟缓，行政复议工作的规范化水平和公开透明程度不高，行政复议决定的质量较低。

九十四　湛江市人民政府

一、湛江市法治政府建设情况

湛江市人民政府评估总分为 659.77 分，高于全国平均水平（654.34 分）5.43 分，在全部参与评估的 100 个城市中排名第 49 位，在东部区域 48 个城市中排名第 32 位。该市政府得分按一级指标分析结果见表 12 - 94。

表 12 - 94　湛江市人民政府一级指标评估得分分析

指标分析	依法全面履行政府职能	法治政府建设的组织领导	依法行政制度体系	行政决策	行政执法	政务公开	监督与问责	社会矛盾化解与行政争议解决	优化营商环境的法治保障	社会公众满意度调查
得分	60	49	60	57	51.25	72.5	82.67	62.56	38	126.79
与平均分差	4.99	3.02	14.50	- 12.41	- 3.01	4.99	5.70	- 10.01	3.30	- 5.65
与最高分差	- 11	- 23	- 15	- 36	- 27.03	- 21.57	- 10.28	- 29.59	- 22	- 36.02
排名	25	44	17	85	62	41	23	83	37	76

每项一级指标得分换算成百分比并与全国平均水平比较得出图 12 - 94。

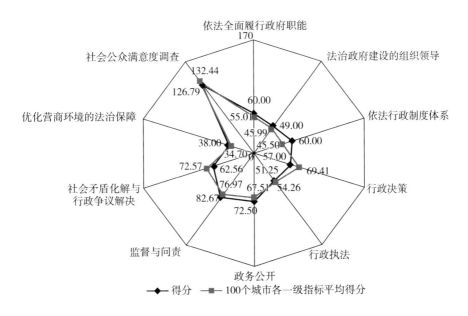

图 12 - 94　湛江市人民政府评估得分与全国平均得分比较

可以看出，该市依法全面履行政府职能、法治政府建设的组织领导、依法行政制度体系、政务公开、监督与问责、优化营商环境的法治保障这六个指标得分高于全国平均水平，说明该市政府在这六个方面评价较高。行政决策、行政执法、社会矛盾化解与行政争议解决、社会公众满意度调查这四个指标得分低于全国平均水平，说明该市政府在这四个方面评价较低。

二、湛江市法治政府建设情况分析

在 2018 年全国法治政府评估中，湛江市得到 659.77 分（总分 1000 分），在 100 个参评城市中排名第 49 位，在东部区域 48 个城市中排名第 32 位（2017 年度评估中，湛江市得到 677.1 分，排名第 58 位；2016 年度评估中，湛江市得到 635.22 分，排名第 74 位；2015 年度评估中，湛江市得到 611.73 分，排名第 51 位）。这一评估结果反映出，在全国法治政府建设持续推进的大背景下，湛江市法治政府建设在取得长足进步的同时，也存在部分亟待重视和解决的问题。

（一）成绩

1. 依法全面履行政府职能情况较好

本年度评估结果显示，在"依法全面履行政府职能"一级指标上，湛江市得到 60 分（该指标总分为 100 分），比全国平均分高出 4.99 分；2017 年度评估中，湛江市得到 89 分，比全国平均分高出 6.19 分；2016 年度评估中，湛江市得到 85 分，比全国平均分高出 8.77 分；2015 年度评估中，湛江市得到 92 分，比全国平均分高出 12.2 分。从连续四年的评估结果来看，湛江市该指标情况整体上发展较好，依法全面履行政府职能情况较好。具体而言，湛江市在政府机构设置、职能履行、公共服务、简政放权和行政审批便捷等方面都积极推进法治政府建设，法治化程度稳步提升。

2. 依法行政制度体系进一步完善

本年度评估结果显示，湛江市"依法行政制度体系"这一指标得到 60 分（该指标总分为 80 分），比全国平均分高出 14.5 分。2017 年度评估中，湛江市得分为 45 分，比全国平均分低 0.92 分；2016 年度评估中，湛江市的得分为 55 分，比全国平均分高出 4.24 分；2015 年度评估中，湛江市的得分为 44 分，比全国平均分高出 0.54 分。从以上数据可以看出，2018 年度湛江市该指标得分较 2017 年度有所上升，且 2017 年度得分高于全国平均水平。这表明湛江市推进行政规范性文件法治化进程加快，行政规范性文件制定程序制度的建立情况理想，行政规范性文件公开听取意见制度与"三统一"制度的实施情况良好，依法行政制度体系进一步完善。

3. 行政监督与问责日益规范

本年度评估结果显示，湛江市"监督与问责"这一指标得到 72.5 分（该指标总分为 100 分），比全国平均分高出 4.99 分。2017 年度评估中，湛江市得分为 74.37 分，比全国平均分高出 0.92 分；2016 年度评估中，湛江市的得分为 60.15 分，比全国平均分低 7.87 分；2015 年度评估中，湛江市得到 56.5 分，比全国平均分低 8.45 分。从近四年的评估数据可以看出，湛江市该指标得分整体上呈逐年上升趋势，行政监督与问责制度日益规范。具体而言，近年来湛江市的外部与内部监督制度日益规范，问责机制的制度化程度快速加深，重大决策责任追究制度的建立情况及落实情况较为理想，行政监督与问责指标正在由不及格向中等水平迈进。

（二）问题

1. 行政决策法治化程度不高

评估结果显示，2018 年度湛江市"行政决策"这一指标得到 57 分（该指标总分为 100 分），比全国平均分低 12.41 分；2017 年度评估中，湛江市得到 67 分，比全国平均分低 4.11 分；2016 年度评估中，湛江市得到 72 分，比全国平均分高出 3.13 分；2015 年度评估中，湛江市得到 64 分，比全国平均分低 0.55 分。根据以上评估数据可以看出，2018 年度湛江市该指标得分较 2017 年度得分有所下降，且均低于全国平均水平。这反映出湛江市未能全面落实《法治政府建设实施纲要（2015—2020年)》中所提出的要求，行政决策法治化程度不高。具体而言，湛江市在重大决策合法性审查制度、风险评估制度、专家论证制度、公开制度等方面的建立与实施情况存在不足，各项制度的法治化水平有待进一步提升。

2. 社会矛盾化解与行政争议解决水平较低

评估结果显示，2018 年度湛江市"社会矛盾化解与行政争议解决"指标得到 62.56 分（该指标总分为 100 分），比全国平均分低 10.01 分；2017 年度评估中，湛江市得到 54 分，比全国平均分低 16.48 分；2016 年度评估中，湛江市得到 64 分，比全国平均分低 4.1 分；2015 年度评估中，湛江市得到 52 分，比全国平均分低 1.7 分。从以上数据来看，2018 年度湛江市该指标得分较 2017 年度有所下滑，且该指标连续四年均低于全国平均水平，社会矛盾化解与行政争议解决水平较低。具体而言，湛江市的信访制度改革进展迟缓，行政复议工作的规范化水平和公开透明程度不高，行政

复议决定的质量较低。

3. 社会公众满意度较低

评估结果显示，2018 年度湛江市法治政府建设的社会公众满意度调查得分为126.79 分（该指标总分为 200 分），比全国平均分低 5.65 分。2017 年度评估中，湛江市得到 105.23 分，比全国平均分低 22.92 分；2016 年度评估中，湛江市得到113.07 分，比全国平均分低 16.54 分；2015 年度评估中，湛江市得到 116.23 分，比全国平均分低 1.13 分。对比连续四年的评估数据可以看出，湛江市社会公众满意度指标得分整体呈逐年下降趋势，且该指标得分连续四年均低于全国平均水平。这反映出社会公众对当地法治政府建设工作的评价较低，未对当地法治政府建设成效产生充足的获得感。

九十五　郑州市人民政府

一、郑州市法治政府建设情况

郑州市人民政府评估总分为 622.73 分，低于全国平均水平（654.34 分）31.61分，在全部参与评估的 100 个城市中排名第 69 位，在中部区域 32 个城市中排名第 18 位。该市政府得分按一级指标分析结果见表 12－95。

表 12－95　郑州市人民政府一级指标评估得分分析

指标 分析	依法全面履行政府职能	法治政府建设的组织领导	依法行政制度体系	行政决策	行政执法	政务公开	监督与问责	社会矛盾化解与行政争议解决	优化营商环境的法治保障	社会公众满意度调查
得分	58	37.5	45	38	52.2	64.57	86.6	82.49	31	127.37
与平均分差	2.99	－ 8.49	－ 0.50	－ 31.41	－ 2.06	－ 2.94	9.63	9.92	－ 3.70	－ 5.07
与最高分差	－ 13	－ 34.5	－ 30	－ 55	－ 26.08	－ 29.5	－ 6.35	－ 9.66	－ 29	－ 35.44
排名	40	74	49	98	57	60	7	14	60	74

每项一级指标得分换算成百分比并与全国平均水平比较得出图 12－95。

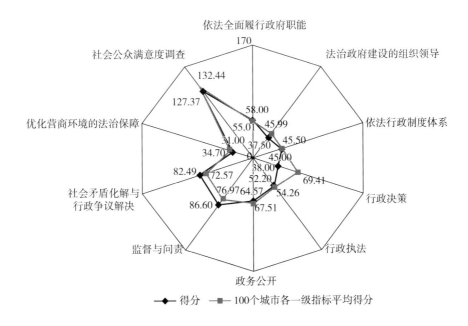

图 12－95　郑州市人民政府评估得分与全国平均得分比较

可以看出，该市依法全面履行政府职能、监督与问责、社会矛盾化解与行政争议解决这三个指标得分高于全国平均水平，说明该市政府在这三个方面评价较高。法治政府建设的组织领导、依法行政制度体系、行政决策、行政执法、政务公开、优化营商环境的法治保障、社会公众满意度调查这七个指标得分低于全国平均水平，说明该市政府在这五个方面评价较低。

二、郑州市法治政府建设情况分析

在 2018 年全国法治政府评估中，郑州市得到 622.73 分（总分 1000 分），在 100 个参评城市中排名第 69 位，在中部区域 32 个城市中排名第 18 位（2017 年度评估中，郑州市得到 661.09 分，排名第 67 位；2016 年度评估中，郑州市得到 643.79 分，排名第 65 位；2015 年度评估中，郑州市得到 695.19 分，排名第 14 位）。这一评估结果反映出，在全国法治政府建设持续推进的大背景下，郑州市法治政府建设的取得了一定成绩，但存在一些亟待重视和解决的问题。

（一）成绩

1. 依法全面履行政府职能情况较好

本年度评估结果显示，在"依法全面履行政府职能"一级指标上，郑州市得到 58 分（该指标总分为 100 分），比全国平均分高出 2.99 分；2017 年度评估中，郑州市得到 83 分，比全国平均分高出 0.19 分；2016 年度评估中，郑州市得到 67 分，比全国平均分低 9.23 分；2015 年度评估中，郑州市得到 80 分，比全国平均分高出 0.2 分。从连续四年的评估结果来看，郑州市该指标得分整体上呈波动趋势，2018 年度得分较 2017 年度有有所降低，但仍高于全国平均分，在本年度参与评估的城市中依法全面履行政府职能情况较好。具体而言，郑州市在政府机构设置、职能履行、公共服务、简政放权和行政审批便捷等方面都积极地推进法治政府建设，法治化程度稳步提升。

2. 行政监督与问责取得长足进步

本年度评估结果显示，郑州市"监督与问责"这一指标的得分为 86.6 分（该指标总分为 100 分），比全国平均分高出 9.63 分；2017 年度评估中，郑州市该指标的得分为 75.24 分，比全国平均水平高出 6.25 分；2016 年度评估中，郑州市该指标的得分为 71.57 分，比全国平均分高出 3.55 分；2015 年度评估中，郑州市该指标的得分为 65 分，比全国平均分高出 0.06 分。根据以上评估数据可以看出，近年来郑州市该指标得分呈逐年上升趋势，行政监督与问责取得长足进步。具体而言，郑州市的外部与内部具体监督制度日益完善，问责机制的制度化程度快速提高，重大决策责任追究制度的建立情况及落实情况较为理想，行政监督与问责指标正在由及格向中等水平迈进。

（二）问题

1. 法治政府建设的组织领导工作不扎实

本年度评估结果显示，郑州市"法治政府建设的组织领导"指标得到 37.5 分（该指标总分为 80 分），比全国平均分低 8.49 分。2017 年度评估中，郑州市的得分为 36 分，比全国平均分低 11.22 分；2016 年度评估中，郑州市的得分为 31 分，比全国平均分低 8.39 分；2015 年度评估中，郑州市的得分为 47 分，比全国平均分高出 13.67 分。以上评估数据说明，尽管近年来郑州市该指标得分呈整体上升趋势，但该指标已经连续三年低于全国平均水平，法治政府建设的组织领导工作不扎实。具体而言，郑州市法治政府建设的组织领导工作未能全面落实《法治政府建设实施纲要（2015—2020 年）》在新形势下对法治政府建设提出的要求，对政府法制工作的组织保障不充分，对依法行政考核的推进不理想，政府法律顾问制度建设缓慢。

2. 依法行政制度体系不完善

本年度评估结果显示，郑州市"依法行政制度体系"这一指标得到 45 分（该指标总分为 80 分），比全国平均分低 0.5 分。2017 年度评估中，郑州市得分为 30 分，比全国平均分低 15.92 分；2016 年度评估中，郑州市的得分为 50 分，比全国平均分低 0.76 分；2015 年度评估中，郑州市的得分为 60 分，比全国平均分高出 16.54 分。从以上数据可以看出，近年来郑州市该指标得分整体上呈下滑趋势，且 2016～2018 年该指标得分均低于全国平均水平。这表明郑州市行政规范性文件法治化进程较为缓慢，行政规范性文件制定程序制度的建立情况不甚理想，行政规范性文件公开听取意见制度与"三统一"制度的实施情况一般，依法行政制度体系不完善。

3. 行政执法不规范

本年度评估结果显示，郑州市"行政执法"指标得到 52.2 分（该指标总分为 120 分），比全国平均分低 2.06 分；2017 年度评估中，郑州市得到 67.6 分，比全国平均分低 1.43 分；2016 年度评估中，郑州市得到 67.2 分，比全国平均分低 2.31 分；2015 年度评估中，郑州市得到 90 分，比全国平均分高出 27.21 分。从连续四年的评估结果来看，近年来郑州市该指标得分呈下降趋势，且 2016～2018 年该指标得分均

法治政府蓝皮书

低于全国平均水平，行政执法指标正在由中等滑向不及格水平。这反映出近年来郑州市的行政执法规范化程度较低。具体而言，在执法体制、执法程序、执法责任、执法人员管理及实际执法状况等方面，郑州市存在较多不足，距离严格、规范、公正、文明执法的法治政府建设目标尚有较大的差距。

4. 行政决策法治化程度不高

评估结果显示，2017 年度郑州市"行政决策"这一指标得到 38 分（该指标总分为 100 分），比全国平均分低 31.41 分；2017 年度评估中，郑州市得到 62 分，比全国平均分低 9.11 分；2016 年度评估中，郑州市得到 66 分，比全国平均分低 2.87 分；2015 年度评估中，郑州市得到 68 分，比全国平均分高出 3.45 分。根据以上评估数据，可以看出，近年来郑州市该指标得分呈逐年下滑趋势，且 2016～2018 年该指标得分均低于全国平均水平。这反映出郑州市未能全面落实《法治政府建设实施纲要（2015—2020 年）》中所提出的要求，行政决策法治化程度不高。具体而言，郑州市在重大决策合法性审查制度、风险评估制度、专家论证制度、公开制度等方面的建立或实施情况存在不足，各项制度的法治化水平有待进一步提升。

5. 社会公众满意度较低

评估结果显示，2018 年度郑州市法治政府建设的社会公众满意度调查得分为 127.37 分（该指标总分为 200 分），比全国平均分低 5.07 分，比最高分低 35.44 分。2017 年度评估中，郑州市得到 127.05 分，比全国平均分低 1.1 分；2016 年度评估中，郑州市得到 138.02 分，比全国平均分高出 8.41 分。对比连续三年的评估数据可以看出，2017～2018 年郑州市该指标得分低于全国平均水平，有待提升。这反映出社会公众对当地法治政府建设工作的评价较低，未对当地法治政府建设成效产生充足的获得感。

九十六　周口市人民政府

一、周口市法治政府建设情况

周口市人民政府评估总分为 604.94 分，低于全国平均水平（654.34 分）49.4 分，在全部参与评估的 100 个城市中排名第 80 位，在中部区域 32 个城市中排名第 25 位。该市政府得分按一级指标分析如下（见表 12-96）。

表 12-96　周口市人民政府一级指标评估得分分析

指标分析	依法全面履行政府职能	法治政府建设的组织领导	依法行政制度体系	行政决策	行政执法	政务公开	监督与问责	社会矛盾化解与行政争议解决	优化营商环境的法治保障	社会公众满意度调查
得分	60	32	50	68	51	47.83	66.6	64	32	133.5
与平均分差	4.99	-13.99	4.50	-1.41	-3.26	-19.68	-10.37	-8.57	-2.70	1.06
与最高分差	-11	-40	-25	-25	-27.28	-46.24	-26.35	-28.15	-28	-29.31
排名	25	87	41	56	63	95	91	80	56	43

每项一级指标得分换算成百分比并与全国平均水平比较得出图 12-96。

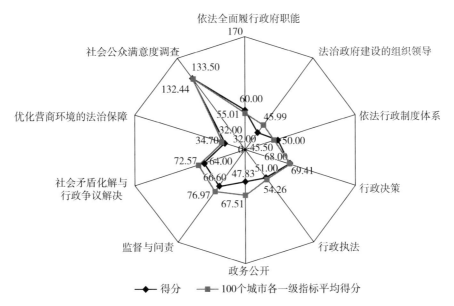

图 12-96　周口市人民政府评估得分与全国平均得分比较

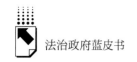
可以看出，该市依法全面履行政府职能、依法行政制度体系、社会公众满意度调查这三个指标得分高于全国平均水平，说明该市政府在这三个方面评价较高。该市法治政府建设的组织领导、行政决策、行政执法、政务公开、监督与问责、社会矛盾化解与行政争议解决、优化营商环境的法治保障这七个指标得分低于全国平均水平，说明该市政府在这三个方面评价较低。

二、周口市法治政府建设情况分析

在 2018 年全国法治政府评估中，周口市得到 604.94 分（总分 1000 分），在 100 个参评城市中排名第 80 位，在中部区域 32 个城市中排名第 25 位（2017 年度评估中，周口市得到 580.58 分，排名第 94 位；2016 年度评估中，周口市得到 597.97 分，排名第 90 位；2015 年度评估中，周口市得到 621.04 分，排名第 45 位）。这一评估结果反映出，在全国法治政府建设持续推进的大背景下，周口市法治政府建设得分排名波动上升，但仍然存在较多亟待重视和解决的问题。

（一）成绩

1. 依法全面履行政府职能表现突出

评估结果显示，2018 年度周口市"依法全面履行政府职能"这一指标得到 60 分（该指标总分为 100 分），比全国平均分高出 4.99 分；2017 年度评估中，周口市的得分为 77 分，比全国平均分低 5.81 分；2016 年度评估中，周口市的得分为 65 分，比全国平均分低 11.23 分；2015 年度评估中，周口市的得分为 65 分，比全国平均分低 14.8 分。根据近三年的评估数据可以看出，近年来周口市该指标的得分整体呈上升趋势，该指标从 2015 ~ 2017 年均低于全国平均水平，到 2018 年表现优异，高出全国平均水平。这反映出周口市依法全面履行政府职能建设工作有较大的提升。具体而言，当前周口市在政府机构设置、职能履行、公共服务、简政放权和行政审批便捷等方面仍须加强，法治化程度提升。

2. 社会公众满意度不断提高

从本年度的评估结果来看，周口市"社会公众满意度调查"这一指标的得分为 133.5 分（该指标总分为 200 分），比全国平均分高 1.06 分；2017 年度评估中，周口市的得分为 125.48 分，比全国平均分低 2.67 分；2016 年度评估中，周口市的得分为 121.16 分，比全国平均分低 8.45 分；2015 年度评估中，周口市的得分为 106.04 分，比全国平均分低 11.32 分。对比连续四年的测评结果可以看出，周口市该指标得分呈逐年上升趋势，反映出近年来周口市法治政府建设的社会公众满意度逐年提高，且社会公众满意度评价正在由不及格向及格水平迈进。

3. 依法行政制度体系进一步完善

本年度评估结果显示，周口市"依法行政制度体系"这一指标得到 50 分（该指标总分为 80 分），比全国平均分高出 4.50 分。2017 年度评估中，周口市的得分为 21 分，比全国平均分低 24.92 分；2016 年度评估中，周口市的得分为 47 分，比全国平均分低 3.76 分；2015 年度评估中，周口市的得分为 44 分，比全国平均分高出 0.54 分。从以上数据可以看出，2018 年度周口市评估得分较 2017 年度有大幅提升，2018 年已经超过全国平均水平。这表明周口市行政规范性文件法治化进程加快，行政规范性文件制定程序制度的建立情况进一步改善，行政规范性文件公开听取意见制度与"三统一"制度的实施情况也有所改善，依法行政制度体系不断完善。

（二）问题

1. 行政执法取得有待改进

本年度评估结果显示，周口市"行政执法"指标得到 51 分（该指标总分为 120 分），比全国平均分低 3.26 分。2017 年度评估中，周口市该指标得分为 68.1 分，比全国平均分低 0.93 分；2016 年度评估中，周口市该指标得分为 47 分，比全国平均分低 22.51 分；2015 年度评估中，周口市该指标得到 43 分，比全国平均分低 19.8 分。从 2015～2017 年的评估数据可以看出，周口市该指标得分呈逐年上升趋势，但 2018 年较上年有回落。具体而言，周口市在执法体制、执法程序、执法责任、执法人员管理及实际执法状况等方面的工作不断完善，但仍然有进步空间。

2. 法治政府建设的组织领导工作不扎实

本年度评估结果显示，周口市"法治政府建设的组织领导"指标得到 32 分（该指标总分为 80 分），比全国平均分低 13.99 分。从纵向来看，2017 年度评估中，周口市该指标得分为 40 分，比全国平均分低 7.22 分；2016 年度评估中，周口市该指标得分为 39 分，比全国平均分低 0.39 分；2015 年度评估中，周口市该指标得分为 67 分，比全国平均分高出 33.67 分。以上评估数据说明，周口市该指标得分已经连续三年低于全国平均水平，且该指标正在由中等滑向不及格水平，法治政府建设的组织领导工作不扎实。具体而言，周口市法治政府建设的组织领导工作未能全面落实《法治政府建设实施纲要（2015—2020 年）》提出的各项要求，对政府法制工作的组织保障不充分，对依法行政考核的推进不理想，政府法律顾问制度建设工作推进缓慢。

3. 政务公开工作水平不高

评估结果显示，2018 年度周口市在"政务公开"指标上得到 47.83 分（该指标总分为 120 分），比全国平均分低 19.68 分；2017 年度评估中，周口市的得到 78 分，比全国平均分低 19.98 分；2016 年度评估中，周口市得到 79 分，比全国平均分低 13.58 分；2015 年度评估中，周口市得到 82 分，比全国平均分低 15.5 分。从以上评估数据来看，周口市这一指标的得分呈逐年下降趋势，且该指标连续四年均低于全国平均水平。这反映出，近年来周口市政务公开工作水平不高。具体而言，周口市在重点领域信息公开、政府门户网站建设维护、政府数据开放、依申请信息公开等方面表现不佳，政务公开规范化程度有待提高。

4. 监督与问责表现较差

本年度评估结果显示，周口市"监督与问责"指标得到 66.6 分（该指标总分为 100 分），比全国平均分低 10.37 分；2017 年度评估中，周口市的得到 53 分，比全国平均分低 20.45 分；2016 年度评估中，周口市得到 67.81 分，比全国平均分低 0.21 分；2015 年度评估中，周口市得到 66 分，比全国平均分高出 1.06 分。从连续四年的评估结果来看，虽然周口市 2018 年度该指标得分较 2017 年度有所提升，但仍然低于全国平均水平。这反映出周口市监督与问责工作表现较差。具体而言，周口市的外部与内部具体监督制度仍不规范，问责机制的制度化程度较低，重大决策责任追究制度的建立及落实情况不甚理想。

九十七　珠海市人民政府

一、珠海市法治政府建设情况

珠海市人民政府评估总分为 688.36 分，高于全国平均水平（654.34 分）34.02 分，在全部参与评估的 100 个城市中排名第 30 位，在东部区域 48 个城市中排名第 21 位。该市政府得分按一级指标分析如下（见表 12 - 97）。

表 12 - 97　珠海市人民政府一级指标得分分析

指标 分析	依法全面履行政府职能	法治政府建设的组织领导	依法行政制度体系	行政决策	行政执法	政务公开	监督与问责	社会矛盾化解与行政争议解决	优化营商环境的法治保障	社会公众满意度调查
得分	62	28	65	75	52.33	85	75	65.29	45	135.77
与平均分差	6.99	-17.99	19.50	5.60	-1.93	17.49	-1.97	-7.28	10.30	3.33
与最高分差	-9	-44	-10	-18	-25.95	-9.07	-17.95	-26.86	-15	-27.04
排名	17	94	7	34	56	7	65	76	15	33

每项一级指标得分换算成百分比并与全国平均水平比较得出图 12 - 97。

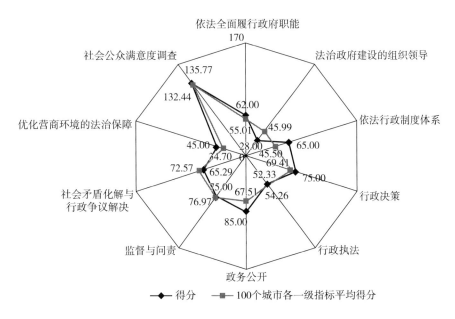

图 12 - 97　珠海市人民政府评估得分与全国平均得分比较

可以看出，该市依法全面履行政府职能、依法行政制度体系、行政决策、政务公开、优化营商环境的法治保障、社会公众满意度调查这六个指标得分高于全国平均水平，说明该市政府在这六个方面评价较高。法治政府建设的组织领导、行政执法、监督与问责、社会矛盾化解与行政争议解决这四个指标得分低于全国平均水平，说明该市政府在这四个方面评价较低。

二、珠海市法治政府建设情况分析

在 2018 年全国法治政府评估中，珠海市得到 688.36 分（总分 1000 分），在 100 个参评城市中排名第 30 位，在东部区域 48 个城市中排名第 21 位（2017 年度评估中，珠海市得到 706.87 分，排名第 38 位；2016 年度评估中，珠海市得到 701.74 分，排名第 29 位；2015 年度评估中，珠海市得到 719.11 分，排名第 12 位）。这一评估结果反映出，在全国法治政府建设持续推进的大背景下，珠海市法治政府建设评估得分排名上升，但也存在部分亟待重视和解决的问题。

（一）成绩

1. 依法全面履行政府职能情况较好

本年度评估结果显示，在"依法全面履行政府职能"一级指标上，珠海市得到 62 分（该指标总分为 100 分），比全国平均分高出 6.99 分；2017 年度评估中，珠海市得到 87 分，比全国平均分高出 4.19 分；2016 年度评估中，珠海市得到 89 分，比全国平均分高出 12.77 分；2015 年度评估中，珠海市得到 84 分，比全国平均分高出 4.2 分。从连续三年的评估结果来看，珠海市该指标得分整体表现良好，依法全面履行政府职能情况较好。具体而言，珠海市在政府机构设置、职能履行、公共服务、简政放权和行政审批便捷等方面都积极推进法治政府建设，法治化程度不断提升。

2. 政务公开表现优异

本年度评估结果显示，在"政务公开"这一指标上，珠海市得到 85 分（该指标总分为 120 分），比全国平均分高出 17.49 分，排名全国第 7 位；2017 年度评估中，珠海市得到 117 分，比全国平均分高出 19.02 分，排名全国第 2 位；2016 年度评估中，珠海市得到 92 分，比全国平均分低 0.58 分；2015 年度评估中，珠海市得到 112 分，比全国平均分高出 14.5 分。从以上数据可以看出，2015～2018 年珠海市该指标得分较为稳定，政务公开表现优异。具体而言，珠海市在重点领域信息公开、政府门户网站建设维护、政府数据开放、依申请信息公开等方面工作进步显著，政务公开工作法治化水平迅速提升并正进一步向纵深发展。

3. 依法行政制度体系较为完善

本年度评估结果显示，珠海市"依法行政制度体系"这一指标得到 65 分（该指标总分为 80 分），比全国平均分高出 19.5 分。2017 年度评估中，珠海市得分为 50 分，比全国平均分高出 4.08 分；2016 年度评估中，珠海市的得分为 50 分，比全国平均分低 0.76 分；2015 年度评估中，珠海市的得分为 48 分，比全国平均分高出 4.54 分。从以上数据可以看出，近年来珠海市该指标得分呈上升趋势，本年度有大幅提升。具体而言，珠海市行政规范性文件法治化进程加快，行政规范性文件制定程序制度的建立情况理想，行政规范性文件公开听取意见制度与"三统一"制度的实施表现出色，依法行政制度体系逐渐完善。

（二）问题

1. 法治政府建设的组织领导工作不扎实

本年度评估结果显示，珠海市"法治政府建设的组织领导"指标得到 28 分（该指标总分为 80 分），比全国平均分低 17.99 分。2017 年度评估中，珠海市得分为 35 分，比全国平均分低 12.27 分；2016 年度评估中，珠海市的得分为 45 分，比全国平均分高出 5.61 分；2015 年度评估中，珠海市的得分为 45 分，比全国平均分高出 11.67 分。以上评估数据说明，2018 年珠海市该指标得分较 2017 年下降明显，且 2018 年度该指标得分低于全国平均水平，法治政府建设的组织领导工作不扎实。具体而言，珠海市法治政府建设的组织领导工作未能全面落实《法治政府建设实施纲要（2015—2020 年）》在新形势下对法治政府建设提出的要求，对政府法制工作的组织保障不充分，对依法行政考核的推进不理想，政府法律顾问制度建设缓慢。

2. 行政监督与问责仍须规范

本年度评估结果显示，珠海市"监督与问责"这一指标的得分为 75 分（该指标总分为 100 分），比全国平均分低 1.97 分；2017 年度评估中，珠海市得分为 75，比全国平均分高出 1.55 分；2016 年度评估中，珠海市的得分为 70.66 分，比全国平均分高出 2.64 分；2015 年度评估中，珠海市的得分为 67 分，比全国平均分高出 2.06 分。根据以上评估数据可以看出，2018 年珠海市该指标得分排名较上年有较大下滑，行政监督与问责亟须规范。具体而言，珠海市的外部与内部具体监督制度有待完善，问责机制的制度化程度有待提高，重大决策责任追究制度的建立及落实情况并不理想。

3. 行政执法不规范

本年度评估结果显示，珠海市"行政执法"指标得到 52.33 分（该指标总分为 120 分），比全国平均分低 1.93 分；2017 年度评估中，珠海市得到 68.8 分，比全国平均分低 0.23 分；2016 年度评估中，珠海市得到 78 分，比全国平均分高出 8.49 分；2015 年度评估中，珠海市得到 68 分，比全国平均分高出 5.21 分。从以上评估数据来看，2018 年珠海市该指标得分较 2017 年有明显下降，且 2018 年该指标得分低于全国平均水平。这反映出近年来珠海市的行政执法规范化程度较低。具体而言，珠海市在执法体制、执法程序、执法责任、执法人员管理及实际执法状况等方面仍存在较多不足，距离严格、规范、公正、文明执法的法治政府建设目标尚有较大的差距。

九十八　驻马店市人民政府

一、驻马店市法治政府建设情况

驻马店市人民政府评估总分为 668.81 分，高于全国平均水平（654.34 分）14.47 分，在全部参与评估的 100 个城市中排名第 40 位，在中部区域 32 个城市中排名第 6 位。该市政府得分按一级指标分析如下（见表 12 - 98）。

表 12 - 98　驻马店市人民政府一级指标得分分析

分析\指标	依法全面履行政府职能	法治政府建设的组织领导	依法行政制度体系	行政决策	行政执法	政务公开	监督与问责	社会矛盾化解与行政争议解决	优化营商环境的法治保障	社会公众满意度调查
得分	65	49	30	61.5	49.03	80	75	72.67	36	150.61
与平均分差	9.99	3.02	- 15.50	- 7.91	- 5.23	12.49	- 1.97	0.10	1.30	18.17
与最高分差	- 6	- 23	- 45	- 31.5	- 29.25	- 14.07	- 17.95	- 19.48	- 24	- 12.2
排名	7	44	78	73	71	22	65	49	42	3

每项一级指标得分换算成百分比并与全国平均水平比较得出图 12 - 98。

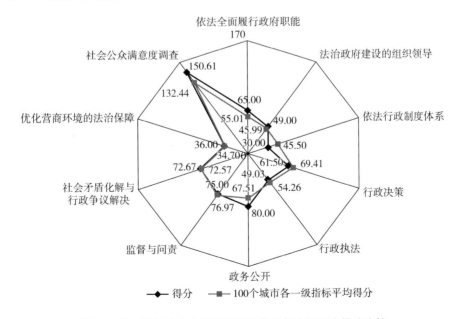

图 12 - 98　驻马店市人民政府评估得分与全国平均得分比较

可以看出，该市依法全面履行政府职能、法治政府建设的组织领导、政务公开、社会矛盾化解与行政争议解决、优化营商环境的法治保障和社会公众满意度调查这六个指标得分高于全国平均水平，说明该市政府在这六个方面评价较高。依法行政制度体系、行政决策、行政执法、监督与问责这四个指标得分低于全国平均水平，说明该市政府在这四个方面评价较低。

二、驻马店市法治政府建设情况分析

在 2018 年全国法治政府评估中，驻马店市得到 668.81 分（总分 1000 分），在 100 个参评城市中排名第 40 位，在中部区域 32 个城市中排名第 6 位（2017 年度评估中，驻马店市得到 648.12 分，排名第 77 位；2016 年度评估中，驻马店市得到 622.35 分，排名第 78 位；2015 年度评估中，驻马店市得到 576.7 分，排名第 71 位）。这一评估结果反映出，在全国法治政府建设持续推进的大背景下，驻马店市的法治政府建设成绩显著，排名大幅上升，但也存在部分亟待重视和解决的问题。

（一）成绩

1. 依法全面履行政府职能情况较好

本年度评估结果显示，驻马店市"依法全面履行政府职能"一级指标得到 65 分（该指标总分为 100 分），比全国平均分高出 9.99 分；2017 年度评估中，驻马店市得到 83 分，比全国平均分高出 0.19 分；2016 年度评估中，驻马店市得到 78 分，比全国平均分高出 1.77 分；2015 年度评估中，驻马店市得到 79 分，比全国平均分低 0.8 分。从连续四年的评估结果来看，驻马店市该指标得分排名呈整体上升趋势，依法全面履行政府职能情况较好。具体而言，驻马店市在政府机构设置、职能履行、公共服务、简政放权和行政审批便捷等方面都积极推进法治政府建设，法治化程度快速提升。

2. 社会公众满意度提升明显

从本年度的评估结果来看，驻马店市"社会公众满意度调查"这一指标得分为 150.61 分（该指标总分为 200 分），比全国平均分高出 18.17 分；2017 年度评估中，驻马店市得分为 129.64 分；2016 年度评估中，驻马店市的得分为 125.3 分，比全国平均分低 4.31 分；2015 年度评估中，驻马店市的得分为 89.2 分，比全国平均分低 28.16 分。对比连续四年的测评结果可以看出，驻马店市该指标得分呈逐年上升趋势，反映出近年来驻马店市法治政府建设的社会公众满意度不断提高，且社会公众满意度评价正在由不及格向优秀水平迈进。

（二）问题

1. 行政决策法治化水平下降

评估结果显示，2017 年度驻马店市"行政决策"这一指标得到 61.5 分（该指标总分为 100 分），比全国平均分低 7.91 分；2017 年度评估中，驻马店市得到 80 分，比全国平均分高出 8.89 分；2016 年度评估中，驻马店市得到 75 分，比全国平均分高出 6.13 分；2015 年度评估中，驻马店市得到 82 分，比全国平均分高出 17.45 分。根据以上评估数据可以看出，驻马店市该指标得分本年度较 2017 年有所下降。这反映出驻马店市未能全面落实《法治政府建设实施纲要（2015—2020 年）》中所提出的要求，行政决策法治化水平有待提高。具体而言，驻马店市在重大决策合法性审查制度、风险评估制度、专家论证制度、公开制度等方面的建立与实施情况表现不尽如人意，各项制度的规范化水平有待提升。

2. 依法行政制度体系不完善

本年度评估结果显示，驻马店市"依法行政制度体系"这一指标得到 30 分（该指标总分为 80 分），比全国平均分低 15.5 分；2017 年度评估中，驻马店市得分为 21 分，比全国平均分低 24.92 分；2016 年度评估中，驻马店市的得分为 44 分，比全国平均分低 6.76 分；2015 年度评估中，驻马店市的得分为 30 分，比全国平均分低 13.46 分。从以上数据可以看出，2018 年度驻马店市该指标得分仍然较低，且该指标连续四年均低于全国平均水平。这表明驻马店市行政规范性文件法治化进程较为缓慢，行政规范性文件制定程序制度的建立情况不甚理想，行政规范性文件公开听取意见制度与"三统一"制度的实施情况较差，依法行政制度体系不完善。

3. 行政执法不规范

本年度评估结果显示，驻马店市"行政执法"指标得到 49.03 分（该指标总分为 120 分），比全国平均分低 5.23 分；2017 年度评估中，驻马店市得到 56.4 分，比全国平均分低 12.63 分；2016 年度评估中，驻马店市得到 58.5 分，比全国平均分低 11.01 分；2015 年度评估中，驻马店市仅得到 30 分，比全国平均分低 32.8 分。从连续四年的评估结果来看，驻马店市该指标得分连续四年均低于全国平均水平。这反映出近年来驻马店市的行政执法规范化程度较低。具体而言，在执法体制、执法程序、执法责任、执法人员管理及实际执法状况等方面，驻马店市存在较多不足，距离严

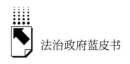
格、规范、公正、文明执法的法治政府建设目标尚有较大的差距。

4. 监督与问责的法治化程度较低

本年度评估结果显示，驻马店市"监督与问责"指标得到 75 分（该指标总分为 100 分），比全国平均分低 1.97 分；2017 年度评估中，驻马店市得到 67.08 分，比全国平均分低 6.37 分；2016 年度评估中，驻马店市得到 60.55 分，比全国平均分低 7.47 分；2015 年度评估中，驻马店市得到 64.5 分，比全国平均分低 0.45 分。从连续四年的评估结果来看，尽管近年来驻马店市该指标得分整体呈上升趋势，但该指标得分已经连续四年低于全国平均水平，监督与问责的法治化程度较低。具体而言，驻马店市的外部与内部具体监督制度仍不规范，问责机制的制度化程度较低，重大决策责任追究制度的建立及落实情况不甚理想。

九十九　淄博市人民政府

一、淄博市法治政府建设情况

淄博市人民政府评估总分为712.53分，高于全国平均水平（654.34分）58.19分，在全部参与评估的100个城市中排名第19位，在东部区域48个城市中排名第15位。该市政府得分按一级指标分析如下（见表12－99）。

表12－99　淄博市人民政府一级指标评估得分分析

指标 分析	依法全面履行政府职能	法治政府建设的组织领导	依法行政制度体系	行政决策	行政执法	政务公开	监督与问责	社会矛盾化解与行政争议解决	优化营商环境的法治保障	社会公众满意度调查
得分	62	45	65	79	51.48	74.46	79	86.77	33	136.82
与平均分差	6.99	－0.98	19.50	9.60	－2.78	6.94	2.03	14.20	－1.70	4.39
与最高分差	－9	－27	－10	－14	－26.8	－19.61	－13.95	－5.38	－27	－25.99
排名	17	53	7	23	61	33	44	6	53	30

每项一级指标得分换算成百分比并与全国平均水平比较得出图12－99。

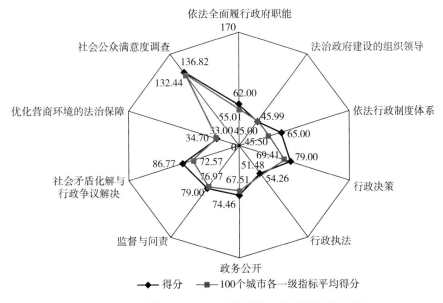

图12－99　淄博市人民政府评估得分与全国平均得分比较

可以看出，该市依法全面履行政府职能、依法行政制度体系、行政决策、政务公开、监督与问责、社会矛盾化解与行政争议解决、社会公众满意度调查这七个指标得分高于全国平均水平，说明该市政府在这七个方面评价较高。法治政府建设的组织领导、行政执法、优化营商环境的法治保障这三个指标得分低于全国平均水平，说明该市政府在这三个方面评价较低。

二、淄博市法治政府建设情况分析

在 2018 年全国法治政府评估中，淄博市得到 712.53 分（总分 1000 分），在 100 个参评城市中排名第 19 位，在东部区域 48 个城市中排名第 15 位（2017 年度评估中，淄博市得到 754.96 分，排名第 14 位；2016 年度评估中，淄博市得到 711.88 分，排名第 23 位；2015 年度评估中，淄博市得到 589.68 分，排名第 67 位）。这一评估结果反映出，在全国法治政府建设持续推进的大背景下，淄博市法治政府建设取得了良好成绩，但也存在一些需要重视和解决的问题。

（一）成绩

1. 依法全面履行政府职能情况较好

本年度评估结果显示，在"依法全面履行政府职能"一级指标上，淄博市得到 62 分（该指标总分为 100 分），比全国平均分高出 6.99 分；2017 年度评估中，淄博市得到 89 分，比全国平均分高 6.19 分；2016 年度评估中，淄博市得到 82 分，比全国平均分高出 5.77 分；2015 年度评估中，淄博市得到 73 分，比全国平均分低 6.8 分。从连续四年的评估结果来看，淄博市该指标得分整体呈上升趋势，依法全面履行政府职能情况较好。具体而言，淄博市在政府机构设置、职能履行、公共服务、简政放权和行政审批便捷等方面都积极推进法治政府建设，法治化程度稳步提升。

2. 依法行政制度体系进一步完善

本年度评估结果显示，淄博市"依法行政制度体系"这一指标得到 65 分（该指标总分为 80 分），比全国平均分高出 19.5 分，排名全国第 7 位。2017 年度评估中，淄博市得分为 75 分，比全国平均分高 29.08 分；2016 年度评估中，淄博市的得分为 65 分，比全国平均分高出 14.24 分；2015 年度评估中，淄博市的得分为 34 分，比全国平均分低 9.46 分。从以上数据可以看出，近年来淄博市该指标得分快速上升，且 2018 年和 2017 年该指标得分均较高，依法行政制度体系不断完善。具体而言，淄博市行政规范性文件法治化进程不断加快，行政规范性文件制定程序制度的建立情况较为理想，行政规范性文件公开听取意见制度与"三统一"制度的实施情况较好。

3. 社会矛盾化解与行政争议解决表现较好

本年度评估结果显示，淄博市"社会矛盾化解与行政争议解决"这一指标得到 86.77 分（该指标总分为 100 分），比全国平均分高出 14.2 分。2017 年度评估中，淄博市得分为 83.47 分；2016 年度评估中，淄博市的得分为 74 分，比全国平均分高出 5.9 分；2015 年度评估中，淄博市得到 58 分，比全国平均分高出 4.3 分。根据近四年的评估数据可以看出，近年来淄博市该指标得分逐年快速上升，社会矛盾化解与行政争议解决表现较好。具体而言，近年来淄博市在积极探索化解社会矛盾的新方式与途径，努力建立与经济社会发展相适应的矛盾纠纷化解机制，社会矛盾化解的水平不断提高，社会矛盾化解与行政争议解决指标得分正在向优良水平迈进。

4. 监督与问责仍须完善

本年度评估结果显示，淄博市"监督与问责"这一指标的得分为 79 分（该指标总分为 100 分），比全国平均分高出 2.03 分；2017 年度评估中，淄博市得分为 77.45 分，比全国平均分高出 4 分；2016 年度评估中，淄博市的得分为 57.01 分，比全国平均分低 11 分；2015 年度评估中，淄博市的得分为 57.5 分，比全国平均分低 7.45 分。根据以上评估数据可以看出，近年来淄博市该指标得分呈整体上升趋势，监督与问责制度日趋完善。具体而言，淄博市的外部与内部具体监督制度有所发展，问责机制的制度化程度有所提高，重大决策责任追究制度的建立情况及落实情况表现较好。

（二）问题

1. 法治政府建设的组织领导工作仍须加强

本年度评估结果显示，淄博市"法治政府建设的组织领导"指标得到 45 分（该指标总分为 80 分），比全国平均分低 0.98 分。2017 年度评估中，淄博市得分为 50 分，比全国平均分高出 2.78 分；2016 年度评估中，淄博市的得分为 32 分，比全国平均分低 7.39 分；2015 年度评估中，淄博市的得分仅为 19 分，比全国平均分低 14.33 分。以上评估数据说明，尽管近年来淄博市该指标得分呈波动上升趋势，但整体水平依然较低，法治政府建设的组织领导工作仍须提升。具体而言，淄博市法治政府建设的组织领导工作未能全面落实《法治政府建设实施纲要（2015—2020 年）》在新形势下对法治政府建设提出的要求，对政府法制工作的组织保障不充分，依法行政考核工作推进不理想，政府法律顾问制度建设缓慢。

2. 行政执法仍须规范

本年度评估结果显示，淄博市"行政执法"指标得到 51.48 分（该指标总分为120 分），比全国平均分低 2.78 分；2017 年度评估中，淄博市得分为 78.9 分，比全国平均分高出 9.87 分；2016 年度评估中，淄博市得分为 75.4 分，比全国平均分高出 5.89 分；2015 年度评估中，淄博市得到 50.5 分，比全国平均分低 12.3 分。从近四年的评估数据可以看出，淄博市该指标得分呈波动下降趋势，行政执法仍待规范。具体而言，淄博市在执法体制、执法程序、执法责任、执法人员管理及实际执法状况等方面进步较慢。

一〇〇 遵义市人民政府

一、遵义市法治政府建设情况

遵义市人民政府评估总分为646.17分，低于全国平均水平（654.34分）8.18分，在全部参与评估的100个城市中排名第55位，在西部区域20个城市中排名第11位。该市政府得分按一级指标分析如下（见表12-100）。

表12-100 遵义市人民政府一级指标评估得分分析

分析 \ 指标	依法全面履行政府职能	法治政府建设的组织领导	依法行政制度体系	行政决策	行政执法	政务公开	监督与问责	社会矛盾化解与行政争议解决	优化营商环境的法治保障	社会公众满意度调查
得分	56	52.5	30	68.5	53.5	54.5	85	78.44	30	137.73
与平均分差	0.99	6.52	-15.50	-0.91	-0.76	-13.01	8.03	5.87	-4.70	5.29
与最高分差	-15	-19.5	-45	-24.5	-24.78	-39.57	-7.95	-13.71	-30	-25.08
排名	49	28	78	54	50	81	15	31	67	24

每项一级指标得分换算成百分比并与全国平均水平比较得出图12-100。

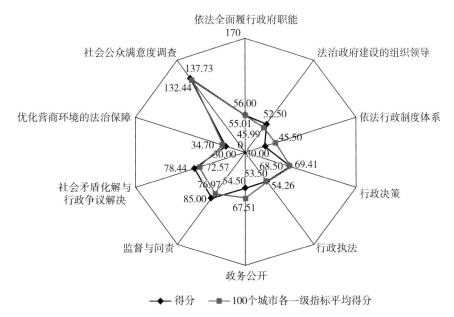

图12-100 遵义市人民政府评估得分与全国平均得分比较

可以看出，该市依法全面履行政府职能、法治政府建设的组织领导、监督与问责、社会矛盾化解与行政争议解决、社会公众满意度调查这五个指标得分高于全国平均水平，说明该市政府在这五个方面评价较高。依法行政制度体系、行政决策、行政执法、政务公开、优化营商环境的法治保障这五个指标得分低于全国平均水平，说明该市政府在这五个方面评价较低。

二、遵义市法治政府建设情况分析

在 2018 年全国法治政府评估中，遵义市得到 646.17 分（总分 1000 分），在 100 个参评城市中排名第 55 位，在西部区域 20 个城市中排名第 11 位（2017 年度评估中，遵义市得到 707.75 分，排名第 37 位；2016 年度评估中，遵义市得到 661.49 分，排名第 54 位；2015 年度评估中，遵义市得到 589.68 分，排名第 67 位）。这一评估结果反映出，在全国法治政府建设持续推进的大背景下，遵义市法治政府建设取得了显著成就，但也存在一些需要进一步解决的问题。

（一）成绩

1. 监督与问责制度快速完善

本年度评估结果显示，遵义市"监督与问责"这一指标的得分为 85 分（该指标总分为 100 分），比全国平均分高出 8.03 分；2017 年度评估中，遵义市得分为 76.39 分，比全国平均分高出 2.94 分；2016 年度评估中，遵义市的得分为 53.52 分，比全国平均分低 14.5 分；2015 年度评估中，遵义市的得分为 56 分，比全国平均分低 8.9 分。根据以上评估数据可以看出，近年来遵义市该指标得分呈波动上升趋势，监督与问责制度不断完善。具体而言，遵义市的外部与内部具体监督制度日益完善，问责机制的制度化水平快速提高，重大决策责任追究制度的建立及落实情况较为理想，行政监督与问责指标正在由及格向中等水平迈进。

2. 社会矛盾化解与行政争议解决水平提升

评估结果显示，2018 年度遵义市在"社会矛盾化解与行政争议解决"指标下得到 78.44 分（该指标总分为 100 分），比全国平均分高 5.87 分；2017 年度评估中，遵义市得到 70 分，比全国平均分低 0.48 分；2016 年度评估中，遵义市得到 62 分，比全国平均分低 6.1 分；2015 年度评估中，遵义市仅得到 44 分，比全国平均分低 9.7 分。从以上数据来看，近年来遵义市该指标得分呈逐年上升趋势，且该指标本年度得分超过了全国平均水平。具体而言，遵义市的信访制度改革有所进展，行政复议工作的规范化水平和公开透明程度较高，行政复议决定的质量较高。

3. 社会公众满意度上升明显

评估结果显示，2018 年度遵义市法治政府建设的社会公众满意度得分为 137.73 分（该指标总分为 200 分），比全国平均分高出 5.29 分。2017 年度评估中，遵义市得到 140.07 分，比全国平均分高出 11.92 分；2016 年度评估中，遵义市得到 138.92 分，比全国平均分高出 9.31 分；2015 年度评估中，遵义市得到 144.06 分，比全国平均分高出 26.7 分。对比连续四年的评估数据可以看出，近年来遵义市该指标得分均超过了全国平均水平。这反映出社会公众对当地法治政府建设工作的评价较为稳定，对当地法治政府建设成效产生充足的获得感。

（二）问题

1. 依法行政制度体系不完善

本年度评估结果显示，遵义市"依法行政制度体系"这一指标得到 30 分（该指标总分为 80 分），比全国平均分低 15.5 分；2017 年度评估中，遵义市得分为 45 分，比全国平均分低 0.92 分；2016 年度评估中，遵义市的得分为 55 分，比全国平均分高出 4.24 分；2015 年度评估中，遵义市的得分为 42 分，比全国平均分低 1.46 分。从以上数据可以看出，近年来遵义市该指标得分整体水平较低，且 2017 ～ 2018 年连续两年低于全国平均水平。这表明遵义市行政规范性文件法治化进程较为缓慢，行政规范性文件制定程序制度的建立情况不甚理想，行政规范性文件公开听取意见制度与"三统一"制度的实施情况一般，依法行政制度体系不完善。

2. 行政决策仍需改善

评估结果显示，2018 年度遵义市"行政决策"这一指标得到 68.5 分（该指标总分为 100 分），比全国平均分低 0.91 分，排名全国第 54 位；2017 年度评估中，遵义市得到 87 分，比全国平均分高出 15.89 分；2016 年度评估中，遵义市得到 82 分，比全国平均分高出 13.13 分；2015 年度评估中，遵义市得到 70 分，比全国平均分高出 5.45 分。根据以上评估数据可以看出，2018 年遵义市该指标得分较上年下降明显。这反映出遵义市仍须落实《法治政府建设实施纲要（2015—2020 年）》中所提出的要求，行政决策表现不尽如人意。具体而言，遵义市在重大决策合法性审查制度、风险评估制度、专家论证制度、公开制度等方面的建立与实施情况表现较差，各项制度的规范化水平有待提升。

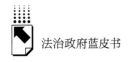
4. 政务公开有待进步

本年度评估结果显示，遵义市"政务公开"这一指标得到54.5分（该指标总分为120分），比全国平均分低13.01分；2017年度评估中，遵义市得到105分，比全国平均分高出7.02分；2016年度评估中，遵义市得到90.75分，比全国平均分低1.83分；2015年度评估中，遵义市得到112分，比全国平均分高出14.5分。从以上数据可以看出，2018年遵义市该指标得分有明显下滑，政务公开需要改善。具体而言，遵义市在重点领域信息公开、政府门户网站建设维护、政府数据开放、依申请信息公开等方面工作需要加强，政务公开工作需要进一步向纵深发展。

附录一

2018年中国法治政府评估指标得分表

一级指标	二级指标	三级指标	
		三级指标	三级指标得分率
依法全面履行政府职能（80分）	（一）机构设置（10分）	1. 市政府机构数是否超过平均值（平均值为所有被评估市的平均值）（10分）	72.80%
	（二）领导职数（10分）	2. 市政府副职领导的人数是否超过平均值（平均值为所有被评估市的平均值）（10分）	73.40%
	（三）公共服务（35分）	3. 行政服务中心对基本公共服务覆盖的比例（15分）	73.00%
		4. 权力清单的动态调整情况（10分）	88.00%
		5. "减证便民"实施情况。（10分）	55.20%
	（四）公共安全（10分）	6. 重特大安全事故发生情况。（10分）	62.80%
	（五）生态保护（15分）	7. 生态环境保护情况。（15分）	58.93%
法治政府建设的组织领导（80分）	（一）法治政府建设的组织保障（40分）	1. 加强党对法治政府建设工作的领导（20分）	69.30%
		2. 政府常务会议对法治政府建设工作讨论情况（20分）	58.38%
	（二）法治政府建设的落实机制（40分）	3. 法治政府建设情况报告（20分）	44.75%
		4. 政府依法行政考核工作（10分）	49.50%
		5. 政府法律顾问同开展工作情况（10分）	65.50%

续表

一级指标	二级指标	三级指标	三级指标得分率
依法行政制度体系(80分)	(一)行政规范性文件基础性程序的制度化(10分)	1. 是否建立了完备的行政规范性文件制定程序制度(10分)	83.50%
	(二)行政规范性文件的合法性(35分)	2. 地方网约车新规的合法性(15分)	35.33%
		3. 行政规范性文件的制定是否切实公开听取意见(10分)	39.00%
		4. 行政规范性文件的公布情况(10分)	56.00%
	(三)行政规范性文件的管理和监督(35分)	5. 行政规范性文件管理的规范化(10分)	44.50%
		6. 行政规范性文件是否切实做到"三统一"(10分)	45.00%
		7. 行政规范性文件的报备情况(5分)	44.00%
		8. 是否按规定对现行行政规范性文件开展清理并公布清理结果(10分)	88.00%
	(四)行政规范性文件的制度创新(加分项:10分)	9. 行政规范性文件管理和监督的创新(10分)	24.00%
行政决策(100分)	(一)合法决策(25分)	1. 制定重大决策事项目录情况(10分)	83.65%
		2. 重大决策合法性审查情况(15分)	41.67%
	(二)科学决策(30分)	3. 重大决策风险评估(包括社会稳定风险、生态环境风险、经济风险)情况(10分)	36.40%
		4. 建立行政决策咨询论证专家库及专家论证程序情况(10分)	64.70%
		5. 重大决策专家论证情况(10分)	43.60%
	(三)民主决策(25分)	6. 制定和公布重大行政决策听证项目录及听证程序情况(5分)	88.20%
		7. 公众参与重大决策情况(10分)	88.60%
		8. 重大决策集体决定情况(10分)	91.60%
	(四)公开决策(10分)	9. 重大决策结果及依据公开情况(10分)	91.40%
	(五)决策追踪(10分)	10. 重大决策后的信息追踪蒐集以及向决策层进行反馈制度情况(10分)	87.50%

续表

一级指标	二级指标	三级指标		三级指标得分率
行政执法(100分)	(一)行政执法体制(10分)	1. 执法重心向市县两级政府下移情况(10分)		81.30%
	(二)行政执法制度及程序建设(30分)	2. 行政处罚裁量基准制度落实情况(5分)		56.80%
		3. 推行行政执法公示制度情况(10分)		70.00%
		4. 推行行政执法全过程记录情况(10分)		33.10%
		5. "双随机、一公开"制度落实情况(5分)		56.20%
	(三)行政执法信息化(20分)	6. 行政执法平台建设情况(10分)		41.90%
		7. 网上执法快速处理程序(10分)		84.80%
	(四)行政执法人员管理(10分)	8. 执法辅助人员清理(10分)		21.30%
	(五)行政执法状况(30分)	9. 违法行为投诉体验情况(20分)		40.03%
		10. 非诉执行申请被法院裁定不予执行情况(10分)		73.60%
政务公开(100分)	(一)主动公开(50分)	1. 重点领域信息公开(20分)	(1)公布食品监督抽检信息(10分);(2)公开产品质量监管的政策法规、标准、程序和结果(10分)	90.93%
		2. 政府门户网站的咨询服务功能(10分)		67.90%
		3. 是否设置投诉举报渠道并提供使用说明(10分)		85.40%
		4. 政府网站的检索便利性(10分)		30.50%
	(二)依申请公开(50分)	5. 政府是否当设置申请信息条件(10分)		92.50%
		6. 政府是否及时对信息公开申请作出了答复(10分)		59.50%
		7. 政府提供所申请信息的情况(10分)		50.00%
		8. 答复文书格式的规范性(10分)		29.75%
		9. 政府信息公开诉讼的胜诉率(10分)		77.70%

续表

一级指标	二级指标	三级指标		三级指标得分率
监督与问责（100分）	（一）外部监督（30分）	1. 是否执行本级人大及其常委会的监督决定，对人大代表的批评、意见建议是否认真及时答复，是否及时办理政协协商建议案、提案，是否公开办理情况报告（10分）		83.05%
		2. 行政机关负责人出庭应诉情况评估（10分）		61.92%
		3. 对公众的举报投诉是否及时处理回应（10分）		80.60%
	（二）内部监督（30分）	4. 是否定期听取、审查本级政府工作部门和下级政府的执法情况报告，是否公布重点领域执法工作报告（20分）		78.25%
		5. 是否公开主要审计报告和审计结果（10分）		67.30%
	（三）问责及对违法违规问题的查处（40分）	6. 政府及其组成部门负责人是否存在违法被处以行政处分的情况（15分）		90.60%
		7. 政府其他工作人员是否存在违法被处以行政处分的情况（10分）		92.60%
		8. 政府负责人及工作人员违法的公开情况。（15分）		61.20%
社会矛盾化解与行政争议解决（100分）	（一）制度建设情况（50分）	1. 社会矛盾化解的制度建设（10分）		92.40%
		2. 行政复议制度的发展完善（10分）		71.60%
		3. 行政调解制度的建设（10分）		28.90%
		4. 人民调解制度的建设（10分）		49.80%
		5. 信访法治化（10分）		40.80%
	（二）制度实施情况（50分）	6. 群体性事件和重大舆情发生情况（10分）		85.60%
		7. 社会矛盾化解渠道的畅通程度（10分）		96.80%
		8. 社会矛盾解决的方式（10分）		98.40%
		9. 行政复议信息公开情况（10分）		72.00%
		10. 行政复议决定正确率（10分）		89.42%

续表

一级指标	二级指标	三级指标		三级指标得分率
优化营商环境的法治保障（60分）	（一）市场准入的便捷程度（15分）	1. 创办企业所需条件查找的便捷程度（5分）		59.60%
		2. 企业设立是否开通在线办理以及查找便捷程度（5分）		76.60%
		3. 创办企业所需时间的承诺（5分）		69.40%
	（二）政府诚信状况（20分）	4. 政务诚信事件的公开数量（5分）		34.00%
		5. 政府是否制定推进诚信建设的专门规章或规范性文件（5分）		63.80%
		6. 在城市信用方面的排名情况（10分）		32.60%
	（三）行政审批制度改革情况（15分）	7. 行政审批告知承诺制的推进情况（5分）		61.20%
		8. 行政审批在线办理快捷便民程度（10分）		91.00%
	（四）优化营商环境的制度化水平（10分）	9. 出台关于优化营商环境的专门规章或规范性文件的数量（10分）		42.90%
社会公众满意度调查（200分）		1. 市政府在保护生态环境方面的工作情况（10分）		66.34%
		2. 市政府在保障食品安全方面的工作情况（10分）		65.89%
		3. 市政府在城市交通管理方面的工作情况（10分）		66.55%
		4. 市政府在维护社会安治方面的工作情况（10分）		67.88%
		5. 市政府在保障"市容市貌"和环境卫生方面的工作情况（10分）		68.90%
		6. 市政府在解决"看病难"方面的工作情况（10分）		65.42%
		7. 市政府在社会救助，社会福利（如扶贫，慈善等）方面的工作情况（10分）		66.92%
		8. 市政府在发展教育事业方面的工作情况（10分）		67.59%
		9. 市政府在保障公共安全方面的工作情况（10分）		69.46%
		10. 市政府在开展治法宣传教育方面的工作情况（10分）		68.12%

附录二

《中国法治政府评估报告（2018）》各市政府一级指标得分表

排名	城市	依法全面履行政府职能（80分）	法治政府建设的组织领导（80分）	依法行政制度体系（80分）	行政决策（100分）	行政执法（100分）	政务公开（100分）	监督与问责（100分）	社会矛盾化解与行政争议解决（100分）	优化营商环境的法治保障（60分）	社会公众满意度调查（200分）	总分（1000分）
1	深圳	71.00	71.00	70.00	88.00	58.38	68.14	90.30	89.30	45.00	139.00	790.13
2	青岛	66.00	50.00	70.00	82.00	76.17	77.69	83.04	79.67	49.00	140.87	774.44
3	广州	63.00	64.00	70.00	93.00	64.70	79.44	90.06	82.29	39.00	125.34	770.83
4	苏州	58.00	57.00	60.00	73.00	71.00	91.55	85.89	90.84	39.00	137.60	763.88
5	杭州	62.00	67.50	55.00	76.00	72.61	76.33	85.28	81.24	47.00	140.90	763.87
6	上海	67.00	70.00	55.00	67.00	72.21	79.76	78.84	77.88	52.00	135.26	754.95
7	北京	62.00	67.50	30.00	77.00	63.97	94.07	81.81	83.63	60.00	129.49	749.46
8	南京	63.00	63.00	40.00	84.00	68.16	75.52	83.93	80.64	43.00	146.28	747.54
9	宁波	63.00	72.00	45.00	81.00	67.70	58.87	81.30	92.15	44.00	139.40	744.42
10	成都	61.00	65.00	40.00	87.00	66.86	83.45	86.47	74.39	54.00	125.74	743.91
11	厦门	67.00	40.50	70.00	66.50	66.34	69.08	82.48	84.41	55.00	141.07	742.39
12	合肥	46.00	65.00	55.00	78.50	69.08	73.18	82.40	90.51	42.00	127.67	729.34
13	潍坊	58.00	50.00	55.00	73.00	69.96	85.45	78.93	75.03	42.00	141.29	728.66
14	台州	52.00	37.50	65.00	76.00	67.86	80.19	74.95	84.00	42.00	146.98	725.97
15	重庆	54.00	37.50	55.00	73.50	59.69	90.76	79.34	86.50	60.00	128.97	725.26
16	佛山	59.00	68.00	65.00	61.00	56.52	84.55	70.69	79.10	43.00	137.36	724.21
17	无锡	57.00	49.50	35.00	71.00	61.59	83.49	85.80	91.60	41.00	147.04	723.03
18	南宁	50.00	66.50	70.00	92.00	78.28	56.25	80.48	71.17	33.00	123.03	720.72
19	淄博	62.00	45.00	65.00	79.00	51.48	74.46	79.00	86.77	33.00	136.82	712.53
20	长沙	59.00	44.50	60.00	86.00	61.13	72.71	80.87	77.52	40.00	129.66	711.39
21	温州	48.00	40.00	65.00	81.00	62.34	79.72	80.48	68.69	49.00	136.06	710.29

续表

排名	城市	依法全面履行政府职能（80分）	法治政府建设的组织领导（80分）	依法行政制度体系（80分）	行政决策（100分）	行政执法（100分）	政务公开（100分）	监督与问责（100分）	社会矛盾化解与行政争议解决（100分）	优化营商环境的法治保障（60分）	社会公众满意度调查（200分）	总分（1000分）
22	武汉	65.00	42.50	45.00	84.00	68.69	61.15	75.98	82.90	44.00	129.61	698.83
23	天津	53.00	45.00	25.00	83.00	58.50	84.24	79.10	76.58	48.00	143.54	695.96
24	大连	51.00	53.50	35.00	77.00	47.06	85.24	83.87	81.70	47.00	133.06	694.43
25	南充	60.00	54.50	50.00	81.00	54.14	54.00	83.28	62.56	31.00	162.81	693.28
26	济南	47.00	41.00	60.00	60.00	72.75	74.22	81.42	79.68	42.00	134.49	692.57
27	汕头	54.00	58.00	55.00	92.00	51.50	66.17	85.75	72.00	34.00	123.61	692.03
28	银川	45.00	50.50	60.00	74.00	50.98	78.50	82.84	78.00	42.00	130.18	692.00
29	贵阳	59.00	55.00	55.00	71.00	61.35	73.41	80.76	82.20	30.00	120.90	688.62
30	珠海	62.00	28.00	65.00	75.00	52.33	85.00	75.00	65.29	45.00	135.74	688.36
31	烟台	62.00	39.50	60.00	66.50	51.78	62.50	78.52	82.12	43.00	139.87	685.80
32	六安	52.00	51.00	50.00	73.50	50.00	76.00	86.56	75.29	26.00	143.81	684.15
33	毕节	60.00	44.00	45.00	84.00	67.63	86.50	75.91	67.67	25.00	126.21	681.92
34	泰安	62.00	25.00	65.00	82.00	54.34	82.50	77.97	67.75	36.00	126.12	678.67
35	西安	47.00	42.50	60.00	70.00	56.35	82.34	80.34	63.92	42.00	132.15	676.60
36	德州	51.00	50.50	60.00	80.00	53.28	70.00	71.88	74.09	32.00	129.22	671.97
37	昆明	63.00	37.00	45.00	85.00	68.29	81.00	75.88	80.00	22.00	114.45	671.62
38	常德	55.00	32.00	65.00	69.00	53.16	62.50	92.95	78.88	24.00	137.38	669.88
39	西宁	52.00	55.50	65.00	71.50	39.98	68.00	66.82	82.39	40.00	128.52	669.71
40	驻马店	65.00	49.00	30.00	61.50	49.03	80.00	75.00	72.67	36.00	150.61	668.81
41	邢台	58.00	55.50	55.00	83.00	50.87	55.06	70.79	76.53	38.00	126.00	668.75
42	南通	48.00	46.00	45.00	63.00	51.73	67.30	78.93	84.55	43.00	139.14	666.64
43	济宁	53.00	40.00	65.00	55.00	50.00	66.00	79.00	77.52	36.00	143.31	664.83
44	东莞	66.00	50.00	40.00	90.00	41.00	65.00	78.63	84.05	33.00	116.78	664.46
45	泉州	63.00	44.00	35.00	60.50	55.00	83.75	78.28	71.66	46.00	124.78	661.98
46	聊城	51.00	50.50	55.00	62.00	69.47	56.83	65.03	78.00	35.00	138.73	661.57
47	盐城	50.00	29.50	40.00	68.00	59.50	76.70	85.66	80.00	29.00	141.97	660.33
48	岳阳	60.00	42.50	65.00	79.00	49.17	69.17	86.97	60.00	19.00	129.10	659.91

续表

排名	城市	依法全面履行政府职能（80分）	法治政府建设的组织领导（80分）	依法行政制度体系（80分）	行政决策（100分）	行政执法（100分）	政务公开（100分）	监督与问责（100分）	社会矛盾化解与行政争议解决（100分）	优化营商环境的法治治保障（60分）	社会公众满意度调查（200分）	总分（1000分）
49	湛江	60.00	49.00	60.00	57.00	51.25	72.50	82.67	62.56	38.00	126.79	659.77
50	海口	59.00	47.00	60.00	77.00	58.65	81.00	69.65	69.00	17.00	120.51	658.82
51	洛阳	39.00	58.50	50.00	68.00	60.04	81.36	74.84	59.91	32.00	134.23	657.89
52	哈尔滨	52.00	50.00	45.00	81.50	47.87	82.25	69.12	66.44	40.00	122.13	656.32
53	徐州	43.00	52.00	45.00	68.00	70.03	50.00	81.94	77.57	38.00	129.61	655.14
54	石家庄	41.00	40.50	25.00	78.00	74.22	81.81	82.49	68.43	34.00	122.18	647.62
55	遵义	56.00	52.50	30.00	68.50	53.50	54.50	85.00	78.44	30.00	137.73	646.17
56	淮南	51.00	52.50	35.00	74.50	40.17	56.64	79.53	71.95	34.00	148.29	643.59
57	襄阳	41.00	44.50	35.00	75.00	60.44	69.17	74.73	72.11	36.00	135.41	643.36
58	临沂	56.00	38.00	55.00	69.00	63.02	59.00	75.39	78.44	20.00	129.16	643.01
59	荆州	59.00	44.50	35.00	82.00	41.32	54.21	87.21	63.71	34.00	138.07	639.03
60	达州	63.00	61.50	40.00	60.00	39.57	67.50	79.38	82.29	23.00	122.44	638.68
61	齐齐哈尔	57.00	27.00	40.00	56.50	47.00	78.50	76.69	74.05	46.00	135.40	638.14
62	菏泽	58.00	53.00	55.00	62.00	40.91	65.00	71.98	66.78	30.00	134.05	636.72
63	新乡	60.00	53.00	35.00	61.00	62.57	56.33	73.95	71.30	38.00	123.75	634.89
64	沈阳	49.00	30.00	35.00	71.00	52.55	69.00	87.26	68.27	54.00	117.91	634.00
65	南昌	45.00	52.00	35.00	66.00	61.28	64.17	73.21	77.84	27.00	132.19	633.69
66	长春	53.00	54.00	35.00	61.00	45.68	64.98	76.63	78.09	31.00	131.19	630.57
67	茂名	64.00	49.00	30.00	58.00	36.73	68.00	84.48	72.57	39.00	128.11	629.90
68	阜阳	54.00	53.00	50.00	53.50	39.50	62.67	79.67	71.39	35.00	130.29	629.02
69	郑州	58.00	37.50	45.00	38.00	52.20	64.57	86.60	82.49	31.00	127.37	622.73
70	吉林	54.00	33.00	75.00	79.00	47.20	41.50	80.60	67.84	22.00	122.10	622.24
71	衡阳	54.00	34.50	55.00	70.00	55.16	52.00	85.00	60.75	26.00	129.68	622.09
72	抚顺	51.00	46.00	50.00	62.00	38.00	74.00	76.42	71.33	21.00	132.29	622.04
73	赣州	57.00	54.50	25.00	76.00	43.00	74.00	66.06	58.63	31.00	136.53	621.73
74	信阳	47.00	60.00	40.00	59.00	61.75	55.00	76.45	65.67	29.00	127.27	621.14
75	黄冈	51.00	45.00	60.00	67.00	46.21	48.50	79.94	68.29	23.00	129.33	618.27

续表

排名	城市	依法全面履行政府职能（80分）	法治政府建设的组织领导（80分）	依法行政制度体系（80分）	行政决策（100分）	行政执法（100分）	政务公开（100分）	监督与问责（100分）	社会矛盾化解与行政争议解决（100分）	优化营商环境的法治保障（60分）	社会公众满意度调查（200分）	总分（1000分）
76	邯郸	50.00	50.00	50.00	74.00	57.77	45.67	68.75	67.67	24.00	130.37	618.22
77	上饶	37.00	39.50	35.00	68.00	53.08	67.00	69.69	79.28	30.00	131.15	609.70
78	保定	60.00	44.00	30.00	69.00	45.18	64.89	63.03	52.52	24.00	153.05	605.67
79	曲靖	48.00	46.50	50.00	59.00	44.26	74.00	67.14	58.67	23.00	134.64	605.21
80	周口	60.00	32.00	50.00	68.00	51.00	47.83	66.60	64.00	32.00	133.50	604.94
81	兰州	38.00	53.00	30.00	74.00	47.55	56.08	73.20	64.29	34.00	128.85	598.96
82	部阳	47.00	29.00	55.00	70.00	52.52	61.50	73.32	59.43	19.00	131.60	598.37
83	福州	67.00	27.50	20.00	53.50	53.69	54.38	68.21	72.91	49.00	130.92	597.10
84	敷山	56.00	29.00	20.00	68.00	56.74	55.00	76.67	64.89	31.00	134.30	591.60
85	呼和浩特	44.00	33.00	60.00	57.00	61.53	48.50	77.43	61.00	38.00	109.77	590.23
86	本溪	62.00	35.00	25.00	55.00	37.45	82.00	75.15	61.00	28.00	127.86	588.46
87	唐山	50.00	51.00	25.00	55.00	61.58	57.96	60.32	55.78	31.00	137.46	585.09
88	南阳	60.00	52.00	25.00	53.00	37.61	59.42	77.58	64.31	22.00	130.69	581.61
89	揭阳	45.00	47.00	25.00	67.00	49.50	47.50	74.14	62.00	23.00	140.14	580.29
90	商丘	57.00	49.00	30.00	58.00	28.41	61.91	81.37	65.44	22.00	125.07	578.20
91	沧州	60.00	37.50	30.00	65.00	56.36	52.50	68.64	61.26	25.00	120.50	576.76
92	包头	60.00	37.00	40.00	50.00	46.44	40.00	67.68	66.00	28.00	132.25	567.37
93	宜昌	50.00	31.00	25.00	57.00	55.00	52.50	65.34	81.00	20.00	129.38	566.22
94	玉林	45.00	33.00	20.00	88.00	40.63	45.00	69.50	55.25	40.00	121.80	558.18
95	太原	51.00	15.00	40.00	68.50	49.30	54.07	62.47	65.58	28.00	123.84	557.76
96	乌鲁木齐	47.00	40.00	20.00	57.00	38.98	50.12	66.64	72.08	32.00	131.00	554.81
97	大同	63.00	37.50	5.00	58.00	28.63	72.50	64.49	66.38	31.00	126.72	553.22
98	绥化	55.00	27.50	45.00	39.00	29.67	61.00	60.00	61.00	29.00	143.91	551.08
99	拉萨	53.00	34.00	10.00	35.00	47.00	53.50	67.00	54.00	18.00	135.36	506.86
100	喀什	42.00	14.00	15.00	30.00	32.00	50.50	60.00	50.00	10.00	137.47	440.97

附录三

《中国法治政府评估报告（2018）》各市政府得分总分图

各市政府得分总分（第 1～50 位）

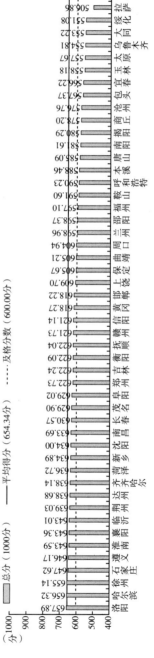

各市政府得分总分（第 51～100 位）

附录四

《中国法治政府评估报告（2018）》各市一级指标得分图

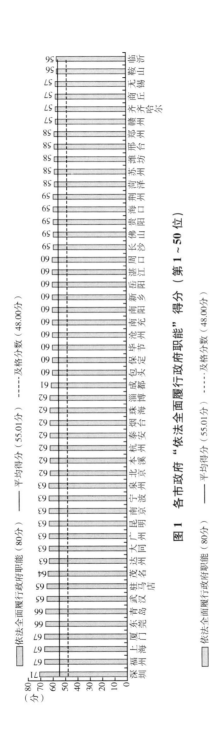

图 1　各市政府"依法全面履行行政职能"得分（第 1 ～ 50 位）

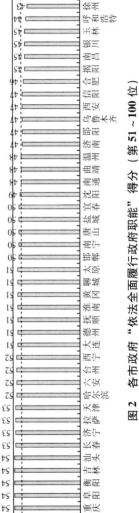

图 2　各市政府"依法全面履行行政职能"得分（第 51 ～ 100 位）

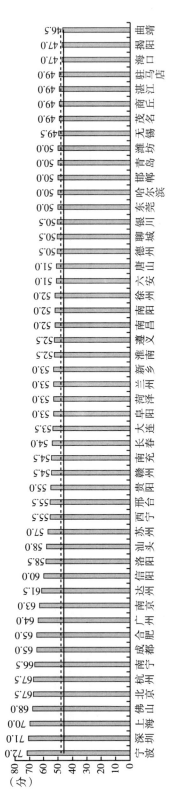

图 3　各市政府"法治政府建设的组织领导"得分（第 1～50 位）

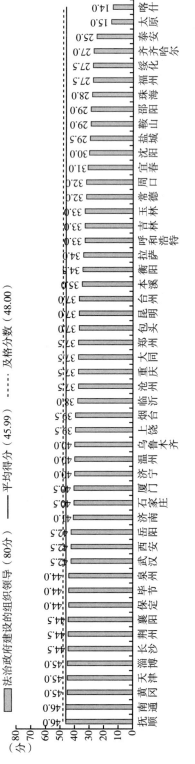

图 4　各市政府"法治政府建设的组织领导"得分（第 51～100 位）

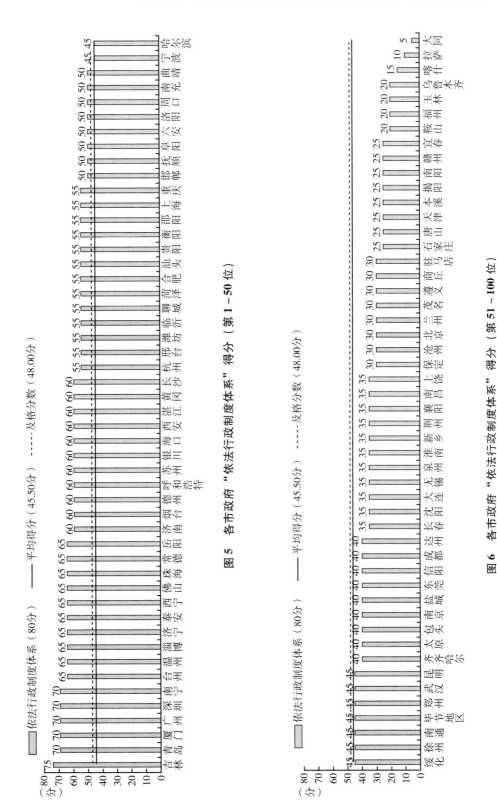

图 5 各市政府"依法行政制度体系"得分（第 1~50 位）

图 6 各市政府"依法行政制度体系"得分（第 51~100 位）

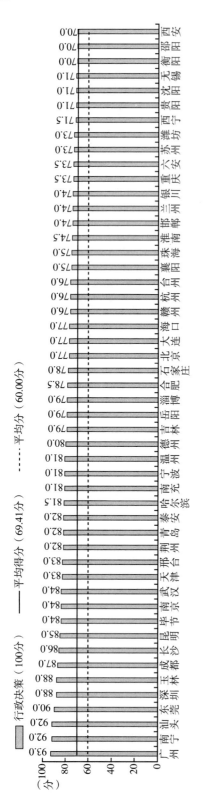

图 7　各市政府"行政决策"得分（第 1～50 位）

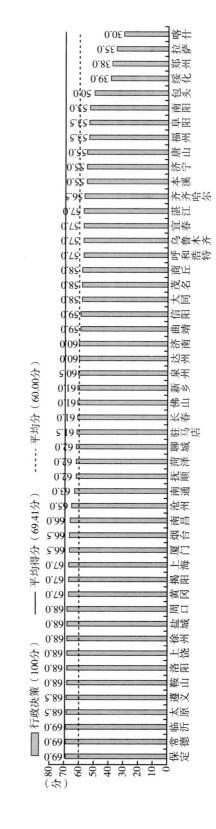

图 8　各市政府"行政决策"得分（第 51～100 位）

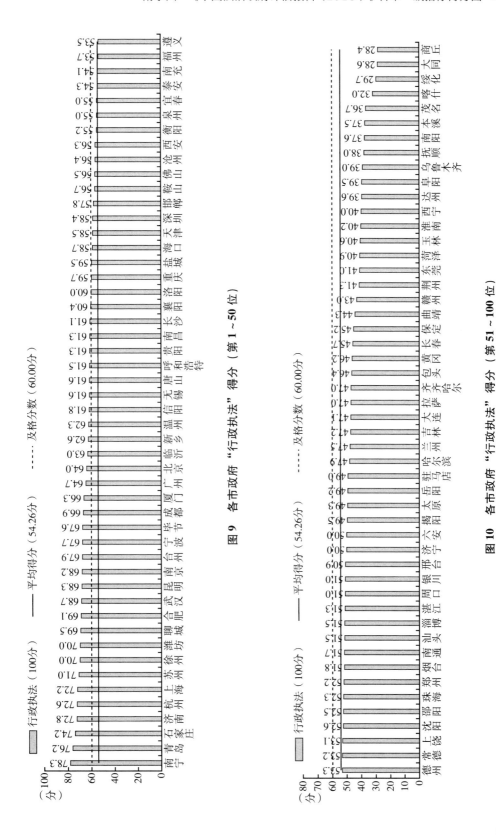

图 9 各市政府"行政执法"得分（第 1~50 位）

图 10 各市政府"行政执法"得分（第 51~100 位）

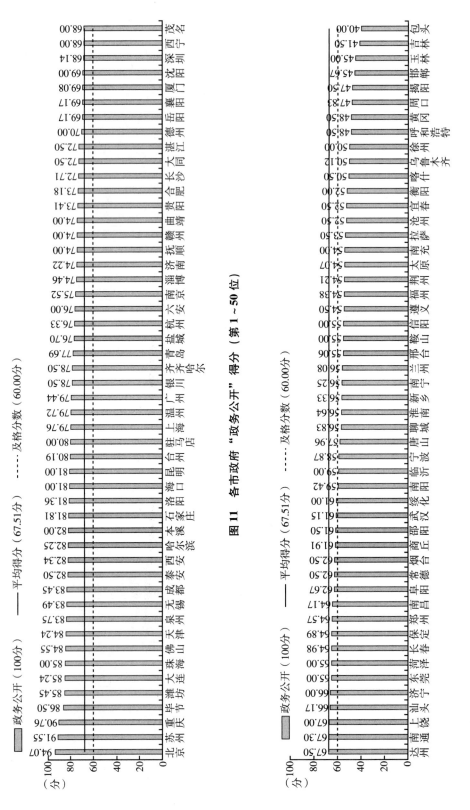

图11 各市政府"政务公开"得分（第1～50位）

图12 各市政府"政务公开"得分（第51～100位）

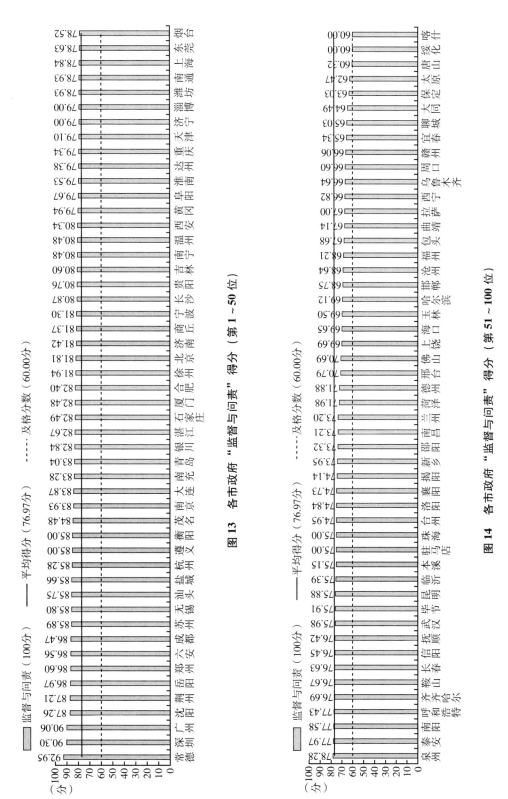

图 13 各市政府"监督与问责"得分（第 1～50 位）

图 14 各市政府"监督与问责"得分（第 51～100 位）

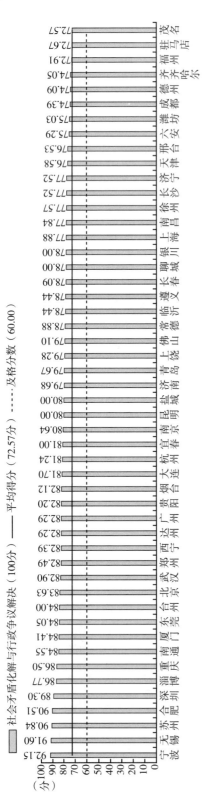

图 15　各市政府 "社会矛盾化解与行政争议解决" 得分 （第 1 ~ 50 位）

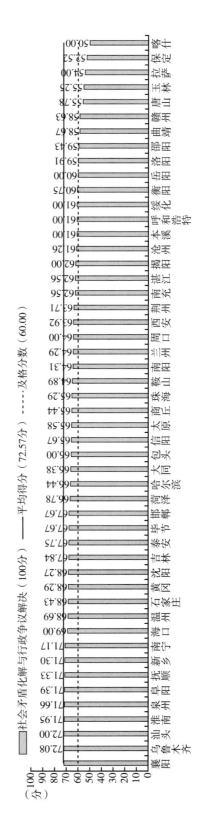

图 16　各市政府 "社会矛盾化解与行政争议解决" 得分 （第 51 ~ 100 位）

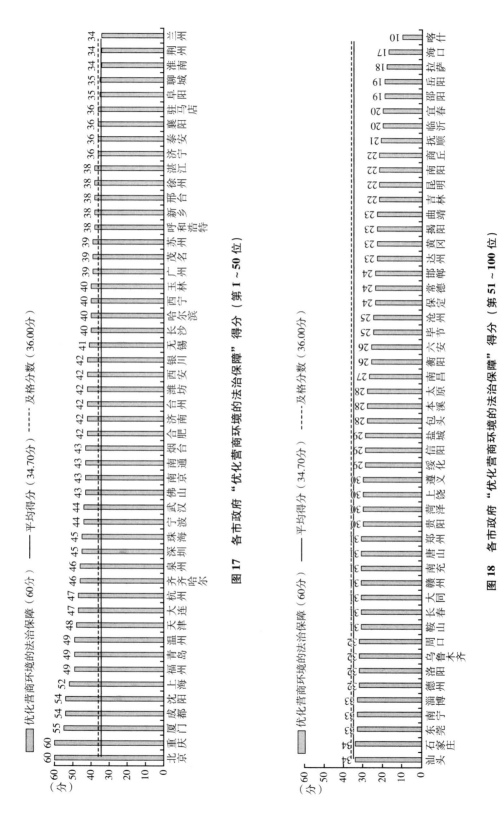

图17 各市政府"优化营商环境的法治保障"得分（第1~50位）

图18 各市政府"优化营商环境的法治保障"得分（第51~100位）

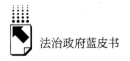

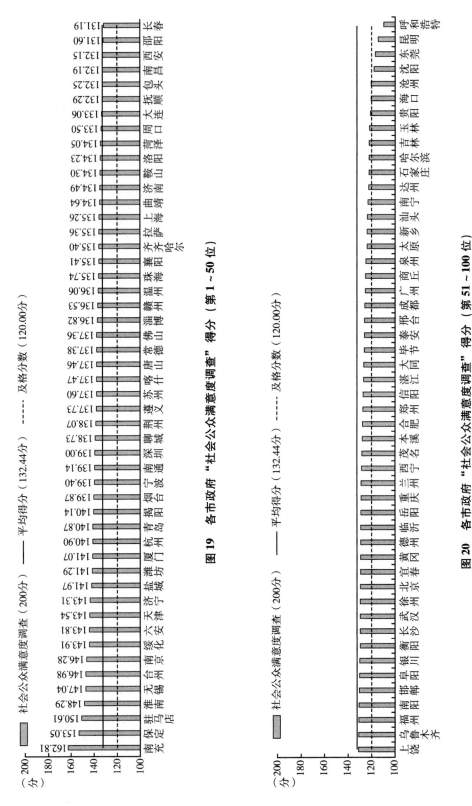

图 19 各市政府"社会公众满意度调查"得分（第 1 ~ 50 位）

图 20 各市政府"社会公众满意度调查"得分（第 51 ~ 100 位）

Abstract

This report is the final assessment result of "law-abiding of government", which was carried out by School of Law-Based Government (SLBG) of China University of Political Science and Law. It is also the continuation of evaluation of "law-abiding of government" project started from 2013. SLBG finished this assessment based on "2018 revised edition of index system", which was independently designed according to the basic requirements of a series of programmatic documents on the construction of a government ruled by law issued by the Central Committee of the CPC and the State Council in recent years, and combined with the evaluation practice of the past four years. This project evaluated 100 local governments in China which includes 4 municipalities, 27 province capitals, 23 metropolis approved by the State Council and 46 regular cities. The project team chooses the governments, all the departments of governments and parts of the departments of governments as the objects of observation according to the three level indicators in evaluation. The project started at January 2018, and lasted for 8 months. Data acquisition is mainly accomplished in three ways: network retrieval, information disclosure, and field survey. The Research Center is a academic community trying to promote the construction of rule of law which has shown its social responsibility. This report is based on a more complete and scientific index system, which objectively reflects the new progress made in the construction of the rule of law in China and profoundly reveals the severe problems of the government construction.

Contents

I General Report

Abstract：The 2018 assessment showed that the level of local government ruled by law has improved slightly, with 80% of local governments passing the assessment. The regional imbalance exists objectively, the gap between eastern cities is widening, and the gap between central and western cities is narrowing. The organization and leadership of the government under the rule of law, the system of administration according to law, and the short board of administrative enforcement are obvious. The list of power is generally established, and the boundary between government power and responsibility is gradually determined, but its practical application needs to be strengthened. The key to improving the effectiveness of the rule of law is to improve the organization and working mechanism of the rule of law. E-government is developing rapidly, but the user experience is poor. Interaction function should be enhanced. The government's honesty and credit situation are worrying, the improvement of business environment has not been given due attention, and the honest society needs the guidance of honest and credit government. The public's satisfaction with the government's work is not high, and the sense of obtaining a government ruled by law is not strong, which should be paid great attention to.

Keywords：2018; Law-based Government; Assessment

II Topicel Reports

Abstract：In the assessment of 2018, the indicator one "fully perform government functions according to law" consists of "institutional settings", "number of leadership positions", "public service", "public safety", "ecological" five secondary indicators and divided into seven concrete observation points, observation point on the new "reduce administrative proof materials" and "environment protection", so that we can assess these city more precise. At the same time, the evaluation process more emphasis on the government to perform the functions of quality inspection. From the perspective of various indicators, the performance of institutional reform and leadership compilation optimization is relatively unchanged from previous years. This is because the institutional reform has not been launched in 2017, so the changes at the local government level are not significant. In terms of public services, although the scores have declined, the internal quality of public services has improved significantly. It can be felt that local governments are in a metamorphosis period in terms of public services, and at the same time, they are faced with a hardtime, that is, they have generally been able to provide better basic public services, but they are still in the process of exploring how to continue to optimize the content of services and innovate the way of services. There is a big gap between cities in cleaning up the newly added "reduce administrative proof materials", which is related to some cities taking the lead in optimizing services and achieving better results. The scores of "major safety accidents" and "ecological environment protection" are relatively good. However, from the perspective of individual cases, some evaluated cities still have insufficient risk prevention awareness and insufficient eco-environmental protection awareness.

Keywords: Institutional Functions; Streamline Administration; Public Service; Public Security; Ecological Protection

B. 3　Organizational Leadership in the Construction of the Law-based government

Abstract: The index of "organizational leadership in the construction of the law-based government" has a total score of 80, and the average score of the 100 cities assessed is 45. 99. The city with the highest score was 72, and the city with the lowest score was 14, reflecting a greater degree of differentiation. The evaluation results show that most cities attach great importance to strengthening the leadership of the Party in the construction of a government ruled by law. The openness of the report on the construction of a government ruled by law has been improved to a certain extent. The evaluated cities have made remarkable progress in publicly promoting the examination of administration according to

law. At the same time, there are still some problems in the government of the evaluated cities, such as the Party committees' organization in daily work, the need to further strengthen the construction of the government under the rule of law, and the lack of depth in the report on the construction of the government under the rule of law. In view of the problems existing in the evaluation, the project team puts forward some suggestions that the leadership of the Party Committee in the construction of the government under the rule of law should go deep into the daily organization and supervision, that the leading cadres should study the law carefully and systematically, and that the standardization of the report on the construction of the government under the rule of law should be promoted.

Keywords: Organizational Leadership; Party Leadership; Implementation Mechanism

B. 4　The Perfection of the System of Administration according to Law　　/ 054

Abstract: "The perfection of the system of administration according to law" is one of the seven standards for judging the basic establishment of a law-based government. This section mainly inspects the establishment and implementation of administrative normative documents. The index design is mainly based on the specific requirements of a series of programmatic documents concerning the promotion of administration by law and the construction of a law-based government issued by the Party Central Committee and the State Council. The evaluation results show that the vast majority of local governments can closely promote the rule of law construction of administrative normative documents in close combination with the actual situation and actual needs of the region, and the progress is obvious. However, the overall scoring rate of this part of the indicators is low, and still constitutes a major shortcoming of the current construction of a law-based government. There is a big gap and room for improvement between it and the goal of building a law-based government.

Keywords: Administrative Normative Documents; Rule of Law; Top-level Design

B. 5　Administrative Decision-making　　　　　　　　　　/ 078

Abstract: According to the latest legal documents, the evaluation team has revised and improved the indicators and scoring standards of "administrative decision-making". The evaluation shows that the average scoring rate of administrative decision-making in 2017 has declined compared with the previous year. And the main reason is that the evaluation team has made considerable adjustments to the evaluation indicators and scoring standards of administrative decision-making. Specifically, the legitimacy of major decision-making has been further improved, the establishment of major decision-making expert pool and expert argumentation procedures has been accelerated, collective decision-making has been more common, the disclosure of decision-making have maintained a good level, and decision-making tracing has obtained a good result. At the same time, the evaluation team finds that the proportion of putting forward opinions after the legitimacy review is low, the risk assessment of major decision-making is not ideal, the expert argumentation system needs to be refined, the way of expert argumentation is single, the transparency level of expert argumentation is low, and the hearing system needs to be strengthened. In order to solve these problems, we must improve the reviewing system of the legitimacy of major decision-making, enhance the systematicness and comprehensiveness of risk assessment, promote the orderly implementation of the risk assessment, establish and improve the expert argumentation system, innovate the expert argumentation methods, enhance its transparency, and perfect the rules of hearing procedures.

Keywords: Administrative Decision-making; Evaluation; Legalization

B. 6　Administrative Law Enforcement　　　　　　　/ 101

Abstract: "Administrative law enforcement" is one of the important links of building rule of law government process in China, and from the perspective of assessment result of administrative law enforcement, the building of rule of law government is progressing steadily. Remarkable results are achieved regarding the immediate processing and down-shift of law enforcement online in particular. Despite the achievements, series of problems are revealed in the field of administrative law enforcement, such as the overlook of dynamic adjustments of administrative discretion standard by law enforcement department and the slow updates of legal regulations, the lack of management over the assistants of law enforcement and the absence of system, and imposing punishment instead of management at the grass-root law enforcement level with poor efficiency in social governance. The stress should be placed on the actual effect of administrative law enforcement rather than on the law enforcement for the form only under the current times of emphasizing the modernization of national

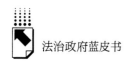
governance capacity. In the field of administrative law enforcement, the pace of comprehensive law enforcement must be accelerated; the subject of law enforcement must be standardized; the process of law enforcement must be transparent; the way of law enforcement must be creative; and the level and efficiency of law enforcement must be improved in bid to build a law-based environment where strict, standardized and civilized rule of law can be carried out.

Keywords: Administrative Law Enforcement; Comprehensive Law Enforcement; Process Control

B. 7　Opening Government　　　　　　　　　　　　　　/ 125

Abstract: In 2018, the opening government in local level makes great progress, but there are also some problems, including the lack of communication, of intelligence, and of standardization. In order to deal with these "three lacks", to motivate the opening government, we should enhance the communication of opening government, the intelligence of opening government, and the standardization of opening government.

Keywords: Opening Government; Positive Disclosure; Disclosure Upon Application; Searching In Website

B. 8　Supervision and Accountability　　　　　　　　　/ 152

Abstract: In the 2018 Rule of Law Government Assessment, the average score of the first-level indicator "supervision and accountability" increased from 73. 45 in 2017 to 76. 97, with 54 cities above the average score, four fewer than last year, basically flat. However, it needs to be pointed out that the index system has been revised this year, and the three-level indicators under "supervision and accountability" have been reduced from 11 to 8, and the scores of some indicators have also been adjusted to some extent. From the results of five consecutive years of evaluation, the supervision of the NPC and CPPCC is relatively more effective and stable; the chief executives of administrative organs appear in court to respond to complaints at the level of the city government under evaluation is obviously better than the lower government; the handling of complaints reported by the masses to a certain extent in a mere formality; the level of supervision continues to be strengthened; major audit reports and major audit reports The degree of openness of audit results have been improved, but there is still room for improvement; the overall compliance of the heads of the assessed urban government and its constituent departments is better. The average score of "supervision and accountability" in the construction of China's government ruled by law shows a steady upward trend year by year. However, we should also note that the overall level is still not high, and there are obvious problems, including the NPC and CPPCC supervision transparency is still not high, the implementation of the system of administrative organs in charge of appearing in court to respond to litigation is lack of unity, the degree of openness of court supervision is low, the role and effectiveness of various kinds of supervision are quite different and unbalanced to the government. The Department and other staff members are not fully open to the law. In view of the existing problems, suggestions are made to make up for the shortcomings of supervision and give full play to the role of various kinds of supervision; to ensure public participation and improve the transparency of supervision effect; to further strengthen court supervision; and to take effective measures to promote better use of modern information means and improve supervision effect.

Keywords: External Supervision; Internal Supervision; Accountability and Investigation of Illegal Issues

B. 9　Resolving Social Conflicts and Administrative Disputes　　　/ 173

Abstract: In 2017, the 100 cities assessed scored an average of 72. 57 points, or 72. 57 percent, in resolving social conflicts and administrative disputes. Generally speaking, the assessed cities have made some progress in resolving social contradictions and administrative disputes, but there are still some problems such as imperfect system construction and poor implementation effect. The construction of social contradiction resolution system has the characteristics of "sudden attack" and insufficient attention to network security; the lack of administrative mediation procedure system and the weakening of people's mediation system; the lack of innovation and strength of reconsideration reform, and the inadequate openness of reconsideration; the occurrence of intense social contradictions from time to time, and the obstruction of channels for resolving contradictions in individual regions . We should strengthen the construction of social contradiction

法治政府蓝皮书

resolution system, attach importance to the maintenance of network security; strengthen the construction of administrative mediation system and people's mediation system, and promote the cooperation of multiple dispute resolution mechanisms; innovate the reform methods of reconsideration, increase the publicity of reconsideration information; resolve social contradictions in a multi-pronged manner, and rationally treat appeals.

Keywords: Resolving Social Contradictions; Administrative Dispute; Administrative Reconsideration; Letter and Visit

B. 10　Optimizing the Business Environment　　　　/ 202

Abstract: Optimizing the business environment is an important part of promoting supply and reform, and is also an important link in promoting the transformation of government functions and the construction of a government ruled by law. Incorporating the rule of law guarantee of optimizing business environment into the evaluation system of the government ruled by law will help to evaluate the actual effect of the construction of the government ruled by law more scientifically, completely and thoroughly. Considering the compatibility with other evaluation indicators, the objectivity of evaluation indicators and the availability of data, this evaluation is based on the State Council's "Opinions on Promoting the Modernization of Domestic Trade Circulation and Ruling by Law Business Environment" and "Guiding Opinions on Strengthening the Construction of Honesty and Credit in Government Affairs", etc. Through nine observation points, the paper examines the implementation of four aspects: the convenience of market access, the construction of government integrity, the convenience and efficiency of administrative examination and approval, and the institutionalization level of optimizing business environment. According to the evaluation results, the score of convenience degree of market access is 68. 20% , the score of government honesty construction is 43. 06% , the score of administrative examination and approval is 46. 80% , and the score of institutionalization level of optimizing business environment is 41. 60% . The main problems reflected include: the opening of online administrative examination and approval is not comprehensive enough, the relevant conditions for the establishment of enterprises are not clear enough, promote the integrity of the construction of proactive and inadequate, on the optimization of the business environment of the institutionalized level is not high. The future direction of improvement mainly includes: implementing the policy requirements of the central government's "release uniform", improving the construction of government websites, further improving the convenience of market access and the efficiency of administrative examination and approval; strengthening the construction of government integrity, and continuously improving the city's credit level; promulgating relevant regulations or normative documents, and so on. We should optimize the business environment to provide an adequate institutional guarantee and establish and strengthen the physical examination and evaluation of the legal guarantee of the business environment.

Keywords: Optimizing Business Environment; The Guarantee of the Rule of Law; Market Access; Administrative Examination and Approval; Government Integrity

B. 11　Public Satisfaction Research　　　　　　　　　　　　　　/ 222

Abstract: In order to fully and accurately reflect the public's satisfaction or sense of acquisition with the construction of a government ruled by law, the project team designed three sets of questionnaires for ordinary citizens, experts and administrative service personnel in government centres. Questionnaire topics mainly from the government to protect the ecological environment, ensure food safety, urban traffic management, maintenance of public order and other aspects of public functions, improve administrative services and systems, strictly standardize fair and civilized law enforcement, scientific and democratic administrative decision-making according to law, government affairs open and prevent and resolve social contradictions and so on. An important aspect is a design. Questionnaire method adopts stratified sampling and random sampling combined with field interviews to investigate. The project team makes statistics and analyses on the questionnaire data and puts forward corresponding improvement suggestions according to the analysis results, which can provide an important reference for improving the public satisfaction and sense of acquisition in the construction of a government ruled by law.

Keywords: Public Satisfaction; Government under the Rule of Law; Survey Data

❖ 皮书起源 ❖

"皮书"起源于十七、十八世纪的英国，主要指官方或社会组织正式发表的重要文件或报告，多以"白皮书"命名。在中国，"皮书"这一概念被社会广泛接受，并被成功运作、发展成为一种全新的出版形态，则源于中国社会科学院社会科学文献出版社。

❖ 皮书定义 ❖

皮书是对中国与世界发展状况和热点问题进行年度监测，以专业的角度、专家的视野和实证研究方法，针对某一领域或区域现状与发展态势展开分析和预测，具备原创性、实证性、专业性、连续性、前沿性、时效性等特点的公开出版物，由一系列权威研究报告组成。

❖ 皮书作者 ❖

皮书系列的作者以中国社会科学院、著名高校、地方社会科学院的研究人员为主，多为国内一流研究机构的权威专家学者，他们的看法和观点代表了学界对中国与世界的现实和未来最高水平的解读与分析。

❖ 皮书荣誉 ❖

皮书系列已成为社会科学文献出版社的著名图书品牌和中国社会科学院的知名学术品牌。2016年，皮书系列正式列入"十三五"国家重点出版规划项目；2013~2018年，重点皮书列入中国社会科学院承担的国家哲学社会科学创新工程项目；2018年，59种院外皮书使用"中国社会科学院创新工程学术出版项目"标识。

中国皮书网

（网址：www.pishu.cn）

发布皮书研创资讯，传播皮书精彩内容
引领皮书出版潮流，打造皮书服务平台

栏目设置

关于皮书：何谓皮书、皮书分类、皮书大事记、皮书荣誉、
　　　　　皮书出版第一人、皮书编辑部

最新资讯：通知公告、新闻动态、媒体聚焦、网站专题、视频直播、下载专区

皮书研创：皮书规范、皮书选题、皮书出版、皮书研究、研创团队

皮书评奖评价：指标体系、皮书评价、皮书评奖

互动专区：皮书说、社科数托邦、皮书微博、留言板

所获荣誉

2008 年、2011 年，中国皮书网均在全
国新闻出版业网站荣誉评选中获得"最具
商业价值网站"称号；

2012 年,获得"出版业网站百强"称号。

网库合一

2014 年，中国皮书网与皮书数据库端
口合一，实现资源共享。

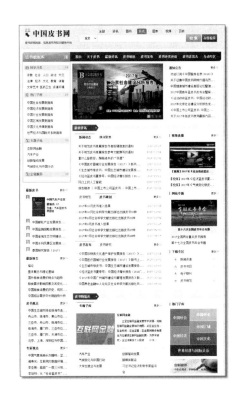

权威报告・一手数据・特色资源

皮书数据库
ANNUAL REPORT(YEARBOOK) DATABASE

当代中国经济与社会发展高端智库平台

所获荣誉

- 2016年，入选"'十三五'国家重点电子出版物出版规划骨干工程"
- 2015年，荣获"搜索中国正能量 点赞2015""创新中国科技创新奖"
- 2013年，荣获"中国出版政府奖・网络出版物奖"提名奖
- 连续多年荣获中国数字出版博览会"数字出版・优秀品牌"奖

成为会员

　　通过网址www.pishu.com.cn访问皮书数据库网站或下载皮书数据库APP，进行手机号码验证或邮箱验证即可成为皮书数据库会员。

会员福利

- 使用手机号码首次注册的会员，账号自动充值100元体验金，可直接购买和查看数据库内容（仅限PC端）。
- 已注册用户购书后可免费获赠100元皮书数据库充值卡。刮开充值卡涂层获取充值密码，登录并进入"会员中心"—"在线充值"—"充值卡充值"，充值成功后即可购买和查看数据库内容（仅限PC端）。
- 会员福利最终解释权归社会科学文献出版社所有。

社会科学文献出版社 皮书系列
SOCIAL SCIENCES ACADEMIC PRESS (CHINA)

卡号：714578748478
密码：

数据库服务热线：400-008-6695
数据库服务QQ：2475522410
数据库服务邮箱：database@ssap.cn
图书销售热线：010-59367070/7028
图书服务QQ：1265056568
图书服务邮箱：duzhe@ssap.cn

基本子库
SUB DATABASE

中国社会发展数据库（下设 12 个子库）

　　全面整合国内外中国社会发展研究成果，汇聚独家统计数据、深度分析报告，涉及社会、人口、政治、教育、法律等 12 个领域，为了解中国社会发展动态、跟踪社会核心热点、分析社会发展趋势提供一站式资源搜索和数据分析与挖掘服务。

中国经济发展数据库（下设 12 个子库）

　　基于"皮书系列"中涉及中国经济发展的研究资料构建，内容涵盖宏观经济、农业经济、工业经济、产业经济等 12 个重点经济领域，为实时掌控经济运行态势、把握经济发展规律、洞察经济形势、进行经济决策提供参考和依据。

中国行业发展数据库（下设 17 个子库）

　　以中国国民经济行业分类为依据，覆盖金融业、旅游、医疗卫生、交通运输、能源矿产等 100 多个行业，跟踪分析国民经济相关行业市场运行状况和政策导向，汇集行业发展前沿资讯，为投资、从业及各种经济决策提供理论基础和实践指导。

中国区域发展数据库（下设 6 个子库）

　　对中国特定区域内的经济、社会、文化等领域现状与发展情况进行深度分析和预测，研究层级至县及县以下行政区，涉及地区、区域经济体、城市、农村等不同维度。为地方经济社会宏观态势研究、发展经验研究、案例分析提供数据服务。

中国文化传媒数据库（下设 18 个子库）

　　汇聚文化传媒领域专家观点、热点资讯，梳理国内外中国文化发展相关学术研究成果、一手统计数据，涵盖文化产业、新闻传播、电影娱乐、文学艺术、群众文化等 18 个重点研究领域。为文化传媒研究提供相关数据、研究报告和综合分析服务。

世界经济与国际关系数据库（下设 6 个子库）

　　立足"皮书系列"世界经济、国际关系相关学术资源，整合世界经济、国际政治、世界文化与科技、全球性问题、国际组织与国际法、区域研究 6 大领域研究成果，为世界经济与国际关系研究提供全方位数据分析，为决策和形势研判提供参考。

法律声明